Hans Aebli

Grundlagen
des Lehrens

Eine Allgemeine Didaktik
auf psychologischer Grundlage

– Klett-Cotta –

Klett-Cotta
© J.G. Cotta'sche Buchhandlung Nachfolger GmbH, gegr. 1659,
Stuttgart 1987
Alle Rechte vorbehalten
Fotomechanische Wiedergabe
nur mit Genehmigung des Verlags
Printed in Germany
Umschlag: Klett-Cotta-Design
Auf säure- und holzfreies Werkdruckpapier
gedruckt und gebunden von Ludwig Auer, Donauwörth
Zweite Auflage, 1993

Die Deutsche Bibliothek – CIP-Einheitsaufnahme
Aebli, Hans:
Grundlagen des Lehrens : eine allgemeine Didaktik auf
psychologischer Grundlage / Hans Aebli. – 2. Aufl. – Stuttgart :
Klett-Cotta, 1993
ISBN 3-608-93116-3

INHALT

Vorwort 11

Einleitung 13

ERSTER TEIL
Lehren: vom Tun zum Lernen führen 17

Kapitel 1: Lebenstätigkeiten und Lerntätigkeiten 19

Nicht Stoff, sondern Tätigkeit ist attraktiv 20
Eine Taxonomie von Tätigkeiten und Wissen 21
Wissen als Verhaltensbasis 26
Ein Standort in der Welt, ein Weg gemäß einem Lebensplan 28
Der „Stoff" des Unterrichts 30
Die lebenspraktische und die wissenschaftliche Ausprägung der
    unterrichtlichen Tätigkeiten und ihrer stofflichen Ergebnisse 32

Kapitel 2: Drei Qualitäten des Tuns 37

Wahrheit 37
Schönheit 39
Das Gute 41
Wahrheit, Schönheit und Güte als motivierende Kräfte 43

Kapitel 3: Von der Tätigkeit zum Lernen und zum Lehren 46

Strukturelles Lernen 47
Verstärkendes Lernen 49
Vom Lernen zum Lehren 50
Sachgemäß und konsistent handeln lernen 53
Tätigkeiten ästhetisch gestalten lernen 55
Gutes Handeln erfahren 56
Zusammenfassung 59

ZWEITER TEIL
Soziales Lernen: der Umgang mit dem Nächsten, der Gruppe und
den Institutionen 61

Kapitel 4: Soziales Lernen in der Schule 63

Formen des Sozialen in der Schule 63
Können, Wissen und Wollen im sozialen Bereich 66
Informelles Sozialverhalten und die Institutionen 68

Kapitel 5: Soziales Lernen in vier Lebenskreisen 71

Schule und Familie. 71
Die Schule und die Berufs- und Wirtschaftswelt 74
Soziales Lernen im politischen und im staatlichen Bereich 84

Kapitel 6: Inhalte und Ziele des sozialen Lernens. 89

Einfühlung. 90
Selbstkontrolle (Reflexivität) und Festigkeit (Assertivität) 92
Die Konventionen des Verhaltens und die Erscheinung 93
Soziales Verhalten in hierarchischen Ordnungen 96
Soziales Verhalten in egalitären Ordnungen 100

Kapitel 7: Antike und christliche Tugenden im Sozialverhalten 102

Mut (Standhaftigkeit) 103
Maß 104
Gerechtigkeit 105
Weisheit 107
Liebe und Nächstenliebe. 107

Kapitel 8: Theorien des sozialen Lernens und der sozialen
            Entwicklung. 112

Angeborene und gelernte soziale Reaktionen 113
Verstärkungslernen 116
Beobachtungs- und Nachahmungslernen 120
Strukturelles Lernen. 122
Handlungen und Haltungen internalisieren und interiorisieren: der Weg zur
    Selbststeuerung und zur Autonomie 125
Soziale Entwicklung 129

DRITTER TEIL
Lernmotivation und Motivlernen 133

Kapitel 9: Motivation und Motive bei Kindern und Jugendlichen 135

Motivation in den natürlichen Lebenstätigkeiten 137
Das Ziel aktiviert die Mittel 138
Hoffnung auf Erfolg, Angst vor Mißerfolg und der „Pygmalion-Effekt". 141
Was Kinder und Jugendliche zur Tätigkeit motiviert. 143

Kapitel 10: Lernmotive, Interessen- und Wertbildung 149

Tätigkeitsmotivation und Lernmotivation 149
Motivation zu quantitativen und qualitativen Lernfortschritten 150
Motivation im problemlösenden Aufbau 152
Lernmotivation beim Durcharbeiten und Üben 156
Lernmotivation beim Anwenden 157

Interessen- und Wertbildung. 159
Schulen und Lehrer haben ihre Wertsysteme 161
Hinter den Stoffen die Werte suchen 163

Kapitel 11: Erfolg und Mißerfolg, Zuversicht und Angst im
             Schulalltag. 166

Individuelle Erfolgsbilanzen: Auswirkungen auf das Selbstbild des Schülers . . 166
Interne Differenzierung 168
Prüfungsangst, Leistungsangst, Schulangst 170
Erlernte Hilflosigkeit bei Schülern. 171
Zusammenfassung. 174

VIERTER TEIL
Das Lernen lernen. 177

Kapitel 12: Autonomes Lernen 179

Wozu das Lernen lernen? 179
Was lernen lernen? (Grundformen des autonomen Lernens) 181
Die drei Säulen des autonomen Lernens: Wissen, Können und Wollen 185

Kapitel 13: Zur Didaktik des Lernenlernens 189

Eine klare Vorstellung vom idealen und vom realen Verlauf des Lernprozesses
    gewinnen 190
Die Selbststeuerung und die Selbstprüfung des Lernens einüben 191
Autonomes Problemlösen. 199
Problemlösen in vier Schritten 203
Die Regeln des Problemlösens anwenden können – und wollen 205

Kapitel 14: Stillbeschäftigung und Hausaufgaben: Gelegenheiten
             zum autonomen Lernen 208

Wie Hausaufgaben vielerorts gestellt werden und was sie bei den Schülern
    und den Eltern bewirken 208
Die Stillbeschäftigung und die Hausaufgaben im Rahmen des schulischen
    Lernens. 209
Motivation und Selbstverantwortung beim Lösen von Hausaufgaben 212
Praktisch-didaktische Hinweise zum Hausaufgabenproblem 214

FÜNFTER TEIL
Miteinander zurechtkommen 219

Kapitel 15: Gesprächsführung und Beratung 221

Kritische Ereignisse und kritische Zustände im Umkreis von Schule und
    Unterricht. 223

Allgemeine Ziele der Gesprächsführung. 227
Die Teilziele und Phasen des Beratungsgesprächs 232
Beratung: ein neues Element im Berufsbild des Lehrers und der Lehrerin. . . . 238

Kapitel 16: Lehrer-Eltern-Kontakte 241

Die Schwierigkeit der Elternkontakte 241
Erste Kontaktnahme in der Schule. 242
Der Heimbesuch des Lehrers und der Lehrerin 244
Elternkontakte lohnen den Aufwand 246

Kapitel 17: Die Autorität des Erziehers und das Problem der Disziplin 247

Die Komponenten der Autorität. 248
Die Entwicklung der Autorität 251
Bedingungen der Autorität 253
Die didaktische Seite des Disziplinproblems. 256
Wie wir mit schwierigen Schülern verfahren 259
Wie man eine neue Klasse antritt 261
Die erste Begegnung. 264
Organisatorische Regeln des Verhaltens in der Klasse 267
Keine Diskrepanz zwischen der guten Ordnung des privaten und des
    schulischen Lernens. 270

Kapitel 18: Die ruhige Festigkeit lernen: Assertivität 272

Der Begriff der Assertivität 273
Die drei Komponenten der Assertivität 274
Die Schulung der Assertivität („Assertivitätstraining") 276
Assertivität in der Schule lernen? 277

SECHSTER TEIL
Lehrpläne, Lernziele und die Unterrichtsvorbereitung 281

Kapitel 19: Lehrpläne sind Lernpläne: das Curriculum 283

Die Mittel zur Bewältigung der Lebensaufgaben aufbauen 285
Interessen wecken, Werte bilden 287
Gefühlserziehung 288
Anknüpfungspunkte des schulischen Lernens: Lernvoraussetzungen 289
Gedanklich erhellte Lebenspraxis: Theoriefelder 291
Der Rückbezug theoretischer Erkenntnis auf die Lebenspraxis:
    Anwendungsfelder 294
Zusammenfassung. 296

Kapitel 20: Diachrone und synchrone Stoffanordnung im Unterricht . 297

Prinzipien der vertikalen (diachronen) Anordnung der Unterrichtsstoffe 297
Prinzipien der horizontalen (synchronen) Koordination der Unterrichtsstoffe. . 302

Gesamtunterrichtliche Koordination zwischen den Unterrichtsfächern 304
Begriffs- und methodenzentrierte Koordination zwischen den
   Unterrichtsfächern 307

Kapitel 21: Lernziele 311

Wie genau sollen offizielle Lehrpläne die Lernziele festlegen? 311
Inhalte und Formen der Lernzielbestimmung 312
Kognitive Lernziele 314
Und die „operationalisierten Lernziele"? 320
Zur Geschichte der Curriculumtheorie 322
Wo steht die Curriculumtheorie heute? 325

Kapitel 22: Die Unterrichtsvorbereitung 329

Das Ziel der Unterrichtseinheit klären 331
Vom Stoffziel zur Zieltätigkeit 333
Von der Zieltätigkeit zu ihrer wesentlichen Struktur 336
Von der Struktur der Unterrichtstätigkeit zu ihrer Repräsentation 338
Das Vorgehen planen 340
Die äußere Form der Präparation 344
Die ausführliche Präparation des Novizen 347
Die Kurzpräparation des Experten 352

SIEBTER TEIL
Prüfen und Benoten 355

Kapitel 23: Prüfen wozu? 357

Legitime Funktionen der Prüfungen 357
Das Wesen der Prüfungen 359
Prüfungen – Lernprozesse – Lebenssituationen 361
„Bildende Evaluation": dem Schüler helfen, die Prüfung zu verarbeiten . . . 364
Psychologische Tests, Schulleistungstests und Schulprüfungen 366
Lernzielorientierte und gruppenbezogene Prüfungen 367

Kapitel 24: Gültige und verläßliche Prüfungen 371

Die diagnostische Gültigkeit oder Validität einer Prüfung 372
Die prognostische Gültigkeit und das Problem der Aufnahmeprüfungen . . . 373
Die Verläßlichkeit von Schulprüfungen 377

Kapitel 25: Wie man schriftliche Prüfungen konstruiert und in mündlichen Prüfungen verfährt 380

Allgemeine Regeln zur Gestaltung von Prüfungen 380
Typen von Prüfungsaufgaben 382
Mündliche Prüfungen 390
Die Beurteilung der Antworten 393

Kapitel 26: Wie man Prüfungen bewertet: die Notengebung 396

Wie man Noten nicht definieren soll 397
Wie man Noten mit Hilfe von Prozentrangbereichen in einer Bezugsgruppe
definiert 399
Die Klasse als Stichprobe aus der Bezugsgruppe: Notengebung unter Berück-
sichtigung dieses Stichprobencharakters 402
Welche Bezugsgruppe? 407
Zusammenfassung des praktischen Vorgehens bei der Notengebung 408
Und die sprachlich gefaßten Prädikate? 409

Bibliographie 411

Namenverzeichnis 420

Sachverzeichnis 423

Vorwort

Spät kommt er, muß ich leider, *doch er kommt*, kann ich glücklicherweise von diesem Band sagen. Die Leser der „Zwölf Grundformen des Lehrens" wissen es: ich hatte bei ihrem Erscheinen 1983 angekündigt, daß die „Grundlagen des Lehrens" als zweiter Band in etwa zwei Jahren fertig sein würden. Ein Forschungsprojekt zur Metakognition, über dessen praktische Ergebnisse ich im Kapitel 12 referiere, hat mich bis Ende 1985 in Atem gehalten, und als alles vorbei war, ist noch ein gesundheitliches Problem dazugekommen. Indessen hat sich meine unkrautliche Natur noch einmal bewährt, und ich konnte mich im August 1986 an den zweiten Band machen. Zu Frühlingsanfang 1987 ist er endlich fertig geworden. Ich danke all den Lesern, die sich immer wieder nach dem Buch erkundigt haben, für ihre Geduld und entschuldige mich für die Verspätung...

Ein Versprechen, das ich im ersten Band gemacht habe, habe ich allerdings nicht einlösen können. Ich wollte eine Einleitung in die Fachdidaktiken schreiben, sozusagen die Brücke zwischen der Allgemeinen und den Fachdidaktiken schlagen. Nachdem ich das Kapitel über den Mutterspracheunterricht geschrieben hatte, sah ich ein, daß ich diese Aufgabe in diesem Band nicht mehr lösen konnte. Das Problem ist auch zu eigenständig, als daß es hier am Platze gewesen wäre. Anderseits will ich nun nicht den gleichen Fehler machen und für den Herbst 1989 einen dritten Band ankündigen. Kommt er noch, so kommt er, sonst wird ihn ein anderer schreiben.

Auch dieses Mal habe ich bei der Abfassung der Arbeit große Hilfe erfahren. Die Erziehungsdirektion des Kantons Bern hat mir im Winter 1986/87 ein Freisemester gewährt, ohne das das Buch heute nicht fertig wäre. Meine Mitarbeiter haben auch diesmal den Betrieb gesichert, während ich in Burgdorf am Schreibtisch saß: Roland Rüegg, indem er die Geschäfte der Abteilung Pädagogische Psychologie führte, Kurt Reusser und Matthias Baer, indem sie für mich Lehrveranstaltungen hielten. In der Schlußphase haben dann wiederum alle Mitarbeiter, einschließlich Martin Riesen und Fritz Staub, das Buch gelesen und die letzten (?) Schwächen tilgen geholfen. Martin Riesen hat das Sachverzeichnis verfaßt. Aber das Buch mußte auch geschrieben werden. Marina Radicevic-Lucchetta und Brigitte Allimann haben es nicht nur geschrieben, sondern recht eigentlich gesetzt. Denn wir haben es diesmal dem Klett-Cotta Verlag auf Disketten übergeben. Allen diesen Mitarbeitern danke ich herzlich für ihren großen

11

Einsatz und die hervorragende Arbeit, die sie geleistet haben. Schließlich bin ich glücklich, daß die Zusammenarbeit mit dem Klett-Cotta Verlag auch diesmal im alten guten Einvernehmen funktioniert hat.

Burgdorf/Bern, am 21. März 1987   *Hans Aebli*

Einleitung

Die „Grundlagen des Lehrens" schließen als zweiter selbständiger Band an die „Zwölf Grundformen des Lehrens" an. Zusammen umfassen die beiden Bücher das, was in den alten Fassungen der „Grundformen" noch in einem Band vereinigt war. Diese letzteren hatte ich ja über die Jahre immer wieder überarbeitet. Das Buch hatte am Ende einem Haus mit vielen Anbauten und Umbauten geglichen, sympathisch vielleicht in seiner Vielschichtigkeit, aber sicher auch z.T. unübersichtlich.

In den „Zwölf Grundformen" habe ich mich sodann bemüht, die Strukturen zu bereinigen. Das fiel relativ leicht, weil es wirklich nur noch zwölf Grundformen waren. Aber wohin mit den Kapiteln über das Curriculum, das Prüfen und die Notengebung? Im vorliegenden Band findet man sie in überarbeiteter Form wieder. Zugleich habe ich eine ganze Reihe von Fragen angesprochen, welche wie das Lehrplan- und das Prüfungsproblem den weiteren Kontext des Lehrens betreffen. Zugleich habe ich mich bemüht, das Problem der Ziele des Unterrichts tiefer und systematischer zu stellen, als dies in den alten „Grundformen" geschehen war.

Dazu mußte man fragen, wie es in natürlichen Lebenssituationen zum Lernen kommt, und was es braucht, damit dieses auch in der Schulsituation gelingt. Das Leitmotiv heißt hier *Tätigkeit*, aber welche Tätigkeiten? Ich schlage eine 8-teilige Taxonomie der Tätigkeiten im Unterricht vor. Ihnen entsprechen acht Lernbereiche. Unter diesen erforderte besonders das *soziale Lernen* eine vertiefte Behandlung. Was man unter diesem Titel in den sogenannten „Pädagogischen Sozialpsychologien" liest, hat mich nie befriedigt. Man muß aus einigen weiteren Quellen schöpfen, wenn man etwas Substantielles sagen will. Das habe ich versucht, indem ich das soziale Lernen in vier Lebenskreisen beschrieben und Beziehungen zur Ethik hergestellt habe.

Dann das *Problem der Lernmotivation und des Motivlernens*, ein Hauptproblem für jeden Lehrer und jede Lehrerin[1]. (Hans Schiefele möge ent-

---

[1] Beim Schreiben dieses Buches habe ich mich bemüht, nicht nur an meine Geschlechtsgenossen, die Lehrer, sondern auch an die Lehrerinnen, die auf mancher Schulstufe ja die Mehrzahl der Lehrkräfte stellen, zu denken und dies auch in meinen Formulierungen („der Lehrer und die Lehrerin") sichtbar zu machen. Leider kompliziert das die Syntax beträchtlich. Darum habe ich an einigen Orten den alten Sammelbegriff „der Lehrer" stehen gelassen, in der Meinung, daß man ihn geschlechtsneutral verstehen kann. Ich entschuldige mich bei den Lehrerinnen, die diese Praxis nicht ohne weiteres akzeptieren, und hoffe, sie stoßen sich nicht allzusehr daran. Sie werden bemerken, daß ich mir diese Freiheit häufig dort genommen

schuldigen, daß ich den Titel von seinem schönen Buch entliehen habe.) Ich versuche zu zeigen, wie man dieses Problem angehen muß, wenn man echte Lösungen sucht, und was man tun kann, um Schüler für den Unterricht zu interessieren und in ihnen Interessen und Werte zu wecken. Das *Problem des Lernenlernens* hängt eng mit dem Motivationsproblem zusammen. Das ist der vierte Teil des Buches. Auch hier gibt es viele oberflächliche Lernprogramme. Meine Vorschläge sind anspruchsvoll, aber realisierbar. Allerdings nicht durch einen zweitägigen Blockkurs, den ein Spezialist in der Schule hält, worauf dann im Unterricht alles wie vorher weiterläuft. Das autonome Lernen muß in allen Fächern und durch jeden einzelnen Lehrer gepflegt werden. Jede Stillbeschäftigung und jede Hausaufgabe bietet dazu die Gelegenheit.

Und dann ein heißes Eisen: das Problem der *Autorität* und der *Disziplin* in der Schule. Nicht alle Leser werden meine Auffassungen teilen. Aber ich hoffe, daß man mir zugute hält, daß ich das Eisen angefaßt habe. Vielleicht löst das Kapitel eine weiterführende Diskussion aus. Dann hätte es seine Aufgabe erfüllt.

Sodann die Frage der *Lehrpläne* und der *Lernziele*. Die Antworten ergeben sich aus den vorangehenden Kapiteln. Ohne diese hingen sie in der Luft. Das Modell eines parallel laufenden Doppelstranges von Praxis und Theorie, mit den Problem- und Anwendungsfeldern im ersten und den Theoriefeldern im zweiten Bereich, versucht, zwischen den polaren Auffassungen der handlungs- und der theorieorientierten Lehrpläne und Lernziele zu vermitteln. Neu ist in diesem Teil das Kapitel über die *Unterrichtsvorbereitung*.

Schließlich das Problem der *Prüfungen* und der *Notengebung*. Wie im Falle der Lernziele wird der aufmerksame Leser einige Akzentverschiebungen gegenüber den 76-er Grundformen entdecken. Die Schlacht um die operationalisierten Lernziele ist geschlagen, und die feindlichen Lager betrachten sich mit milderen Blicken. Ich bin auch zum Schlusse gekommen, daß man die lernzielbezogenen Prüfungen stärker pflegen müßte, als dies bis heute der Fall ist. Ich meine aber weiterhin, daß aussagekräftige Noten auf Gruppen bezogen werden müssen. Einen anderen praktikablen Weg gibt es nicht. Auch hier löst das Buch vielleicht einige fruchtbare Diskussionen aus. Nötig ist es auf jeden Fall, daß man positive Vorschläge zur Lösung des Notenproblems macht und nicht nur über die Schwächen der Benotungspraxis forscht – und schimpft. Mit der Aufdeckung ihrer Schwächen wird die Welt nicht besser.

---

habe, wo ich weniger schmeichelhafte Dinge zu sagen hatte, und in Zusammenhängen, die ganz offensichtlich so technisch sind, daß sich niemand für das Geschlecht desjenigen interessiert, der sich mit ihnen herumschlägt.

Wer soll nun dieses Buch lesen? Ich stelle mir vor, daß im Anschluß an allgemein-didaktische Kurse an Institutionen der Lehrerbildung immer auch das Bedürfnis besteht, über die unmittelbare Praxis des Unterrichtens hinaus die größeren Zusammenhänge und die Tiefenstrukturen des Unternehmens „Schule" in den Blick zu nehmen. Dem könnte dieses Buch dienen. Umgekehrt gibt es wohl auch viele Pädagogen und Schultheoretiker, welche einen Schritt in der Richtung der Unterrichtspraxis tun möchten. Vielleicht finden sie dieses Buch nützlich. Es siedelt sich ja in einer Zwischenzone der Didaktik und der Pädagogik an.

So hoffe ich, daß das Buch beiden, dem praktisch und dem theoretisch interessierten Erzieher etwas zu geben vermag. Es läßt beiden auch etwas zu tun übrig: dem Didaktiker, die Visionen dieses Buches zu konkretisieren, dem Pädagogen, die Besinnung auf die Grundlagen weiterzutreiben.

ERSTER TEIL
Lehren: vom Tun zum Lernen führen

Kapitel 1:
Lebenstätigkeiten und Lerntätigkeit

Kapitel 2:
Drei Qualitäten des Tuns

Kapitel 3:
Von der Tätigkeit zum Lernen
und zum Lehren

Kapitel 1: Lebenstätigkeiten
und Lerntätigkeit

Macht Lernen Spaß? Wer wollte daran zweifeln! Man braucht nur ein Kleinkind zu beobachten, das gehen, einen Schüler, der schwimmen, oder einen Jugendlichen, der autofahren lernt. Beim Lernen spüren wir, daß wir weiter kommen, sich uns neue Möglichkeiten erschließen, daß wir wirkungsvoller handeln, weiter oder tiefer sehen. Sollte das nicht Spaß machen?

Macht Lehren Spaß? Um sich davon zu überzeugen, braucht man nur einer Mutter zuzusehen, die ihr Kind sprechen lehrt oder einem Vater, der seinem Jungen erklärt, wie man die neue elektrische Eisenbahn in Betrieb setzt. Beim Lehren haben wir Teil an der Entwicklung des Lernenden, wir erleben noch einmal das Abenteuer der Entdeckung, der Erweiterung der Wirkungsmöglichkeiten. Wir sehen den Lernenden weiterkommen – und kommen dabei selbst ein wenig weiter.

Wenn dem so ist: warum macht dann das Lernen den Schülern und das Lehren den Lehrern so häufig keinen Spaß? Warum blicken so viele Schüler dem Schulanfang nach den Ferien mit Sorge entgegen? Warum verdüstert sich das Lebensgefühl so manchen Lehrers in den letzten Ferientagen? Beide, Lehrer und Schüler, könnten sich doch daran freuen, daß das Abenteuer des Lehrens und des Lernens wieder einsetzt. Offenbar ist es nicht für alle ein Abenteuer, das sie gerne aufsuchen!

Wenn man Lehrer über die Gründe ihrer negativen Gefühle befragt, so klagen sie häufig über den Druck und die Schwierigkeiten, unter denen sie stehen. „Stoffdruck", „schwierige Schüler", „mangelnde Lernmotivation" sind die häufigen Klageworte. Schüler klagen über Anforderungen, denen sie nicht gewachsen sind, über Lehrstoff, für den sie sich nicht interessieren. Auch sie sprechen von „Stoffdruck". Aber es gibt doch auch interessante Stoffe, mit denen man sich gerne beschäftigt: Stoffe, die nicht drücken. Welcher Fahrschüler klagt darüber, daß er lernen muß, wie ein Anlasser, eine Kupplung funktioniert? Das Fernsehen hat doch auch seinen „Stoff"! Warum drückt er nicht?

Wir wollen diese Fragen nicht vermehren, sondern Antworten suchen. Wir möchten wissen, wie eine Schule und ein Unterricht aussehen müßten, in der das Lernen Spaß macht, und wir möchten erkennen, in welcher Rolle und in welcher Form der Lernstoff auftreten müßte, damit er vom Schüler bereitwillig aufgenommen wird. Wir möchten dabei auch zu verstehen suchen, was wir überhaupt meinen, wenn wir von „Stoff" sprechen. Und vor allem müßten wir zu verstehen suchen, wie ein Umfeld des Lernens beschaffen ist, das alle Beteiligten – die Lernenden und die Lehrenden – anzieht. Das ist das erste Ziel, das wir uns in diesem Kapitel setzen.

Nicht Stoff, sondern Tätigkeit ist attraktiv

Die Beispiele attraktiven Lernens, die wir oben gegeben haben, sprechen eine deutliche Sprache: nicht „Lehrstoff" ist primär attraktiv, sondern Tätigkeit. Gehen, schwimmen, autofahren, eine Eisenbahn in Betrieb setzen, mit einem Partner sprechen, sind Tätigkeiten. Lernen findet im Zuge ihrer Ausführung statt. Es ist sozusagen ein Nebenprodukt der Tätigkeit. Das Kind will nicht vor allem lernen, es will die Tätigkeit meistern und dabei ein bestimmtes Ergebnis erreichen: sich freier oder schneller bewegen, ein konkretes Produkt erzeugen. Manchmal sucht der Mensch auch einfach ein bestimmtes Erlebnis: den Wechsel von Spannung und Lösung, von Bewegung und Ruhe, von Gefahr und wiedergefundener Sicherheit. So können wir sagen, daß alle jene Tätigkeiten attraktiv sind, die zu einem anschaubaren Ergebnis, zu erweiterten Aktionsmöglichkeiten oder zum erlebnishaften Wechsel von Spannung und Ruhe führen. Dies aber setzt wiederum voraus, daß eine Tätigkeit ihre innere Ordnung hat oder zu einer besseren Ordnung oder Struktur führt (AEBLI, 1980/81).

Dabei muß allerdings eine weitere Bedingung erfüllt sein: Die Tätigkeit muß gelingen. Mindestens muß sie den Lernenden seinem Ziel näher bringen, und er muß dies wahrnehmen können. Wovon hängt das Gelingen einer Tätigkeit ab? Offensichtlich davon, daß der Tätige über Kräfte und Mittel verfügt, die der Aufgabe angemessen sind. Diese muß also seiner Leistungsfähigkeit – wir sagen auch: seiner Entwicklungsstufe – angepaßt sein, darf weder zu leicht, noch zu schwierig sein. Wir sprechen von der *optimalen Passung* von Aufgabe und Mitteln zu ihrer Lösung.

Auch hier wird die Wichtigkeit der Ordnung sichtbar. Eine gelingende Tätigkeit hat ihre innere Ordnung gefunden. Mißlingen bedeutet immer Verwirrung, Konflikt, Widerspruch. Die innere Ordnung, die „gute Gestalt" (KÖHLER, 1921) liefert auch die Voraussetzung dafür, daß Bewegung und Unruhe der Tätigkeit immer wieder von Ruhe und Sicherheit abgelöst werden. Bloße Unruhe und Unsicherheit sind nicht attraktiv. Es ist der Wechsel der beiden entgegengesetzten Zustände, der anzieht und befriedigt.

Aufgrund der vorangehenden Kennzeichnung attraktiver Tätigkeiten könnte man zum Schlusse kommen, daß sie überhaupt nichts mit der Aneig-

20

nung von Stoff zu tun haben. Dem ist aber nicht so. Es geht nicht darum, die „Stoffe" aus der Schule und dem Unterricht zu verbannen und z.B. nur noch die Prozesse zu pflegen. Aber das ist wahr: Stoff kann man nicht „netto" vermitteln. Er muß im Kontext attraktiver Tätigkeiten vorkommen. Was das bedeutet, bedarf allerdings der Klärung. Damit ist die nächste Aufgabe gestellt. Wir müssen ein plastisches Bild von den Tätigkeiten gewinnen, in deren Rahmen der Schüler Wissen erwirbt und sich jene „Stoffe" aneignet, deren Kenntnis ihm die heutige Welt erschließt.

Eine Taxonomie von Tätigkeit und Wissen

Wir betrachten nun also die Tätigkeiten, welche sich im Leben moderner Gesellschaften abspielen, und wir fragen uns, welches Wissen sie erzeugen und voraussetzen. Wenn unsere Schulen ihre Aufgaben erfüllen sollen und wenn sie zugleich attraktiv sein wollen, dann müssen diese Tätigkeiten in irgendeiner Form auch in ihrem Rahmen Platz finden, und sie müssen das entsprechende Wissen erzeugen. Wir entwickeln also eine Taxonomie bildender Tätigkeiten und für diese bedeutungsvollen Wissens. Diese Taxonomie erlaubt uns, Ziele des Tätigkeits- und Wissenserwerbs – also Lernziele – zu definieren.[1]

---

[1] Wir führen in diesem Band den Begriff der Tätigkeit als terminus technicus neu ein und heben ihn vom Begriff der Handlung ab. Der Unterschied ist der folgende: Eine Handlung hat ein Ziel, dessen sich der Handelnde deutlich bewußt ist und das er alle Einzelschritte bewußt ihm zuordnet. Auch eine Tätigkeit hat ihr Ziel. Aber dieses ist dem Tätigen häufig nur teilweise oder gar nicht bewußt. Das ist besonders dann der Fall, wenn es von einem anderen gesetzt worden ist, die Tätigkeit von diesem gesteuert wird oder wenn es sich um eine kollektive Tätigkeit handelt, an der mehrere Individuen mitwirken, z.B. in einem Produktionsbetrieb. Hier ist sich der Tätige über die Funktion der einzelnen Handlungen, die er ausführt, im gesamten Ablauf nicht notwendig im klaren. Seine Motivation gilt daher häufig nur der unmittelbaren Teilhandlung, für die er verantwortlich ist.
Die Grenzen zwischen Handlung und Tätigkeit sind aber fließend. In dem Maße, wie sich der Tätige des Gesamtziels bewußt wird, er dieses bejaht und die Teilhandlungen bewußt zu seiner Erreichung einsetzt, wird die Tätigkeit zur Handlung. Beispiele von Tätigkeiten wären der Bau eines Biotops, das der Lehrer geplant hat und das von den Schülern nur ausgeführt wird, oder auch eine Unterrichtsstunde, in der die Schüler ausführen, was der Lehrer anordnet. Im Rahmen beider Tätigkeiten führen Schüler Teilhandlungen aus: eine Grube graben, Pflanzen herbeischaffen im ersten Fall, Rechnungen ausführen, Texte lesen oder abschreiben im zweiten Fall. Der Gesamtablauf kann jedoch für die Schüler nur eine Tätigkeit und keine Handlung darstellen. Je mehr sie jedoch an der Planung der Tätigkeit beteiligt werden und je mehr sie sich daher mit ihrem Ziel identifizieren und die Teilhandlungen bewußt in den Dienst des

Unsere Taxonomie hat drei Dimensionen mit je zwei Werten. Ihre Multiplikation (2 x 2 x 2) führt zu einem würfelförmigen Körper, der aus acht Teilwürfeln besteht. Jeder von diesen stellt eine bestimmte Tätigkeitsform dar (Abb. 1).

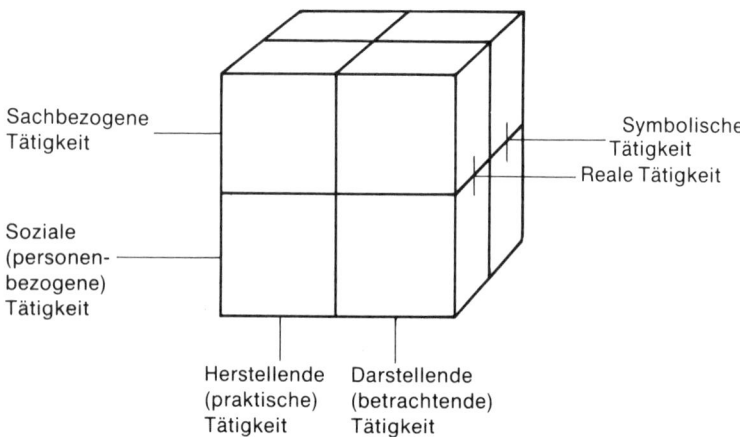

Abb. 1. Drei Dimensionen der Tätigkeit im Unterricht: (1) sachbezogen oder sozial (personenbezogen), (2) herstellend (praktisch) oder darstellend (erkennend) und (3) real oder symbolisch. Aus der Kombination dieser Merkmale ergeben sich acht Teilwürfel, denen acht Tätigkeitsformen entsprechen: eine Taxonomie der Schülertätigkeiten.

Menschliche Tätigkeiten richten sich zum Teil auf Sachen und zum Teil auf Personen. Wir sprechen von *sachbezogenen* und von *sozialen*, nämlich personenbezogenen Tätigkeiten. Eine Pumpe betätigen ist eine sachbezogene Tätigkeit, einen Mitschüler um eine Auskunft bitten eine personenbezogene, soziale Tätigkeit.

Eine *zweite Dimension* unserer Taxonomie der Tätigkeiten ergibt sich aus der folgenden Überlegung. Tätigkeiten können dazu dienen, ein Produkt *herzustellen* oder eine Sache oder einen Vorgang zu *erkennen* und *darzustellen*. Herstellende Tätigkeiten nennen wir auch *praktische* Tätigkeiten. Die grundlegenden darstellenden Tätigkeiten sind das *Beobachten* und das *Deuten*. Ein Gefäß mit Wasser zu füllen oder einen Brief zu schreiben, wären

---

Gesamtziels stellen, desto mehr wird ihre Tätigkeit (ihr „Tun") zum Handeln. Da die Schüler im Unterricht vieles tun, dessen Funktion im Dienste des Lernens sie nur teilweise kennen können, sprechen wir im folgenden eher von ihren Tätigkeiten als von ihren Handlungen.

herstellende Tätigkeiten; die erstere sachbezogen, die zweite personenbezogen. Einen Stoff bei seiner Auflösung in einer Flüssigkeit beobachten oder ein geschichtliches Ereignis deuten, wären darstellende (erkennende) Tätigkeiten.

Beide Arten der Tätigkeit weisen eine Vielfalt von Varianten auf. Es gibt auch Überschneidungen der beiden Bereiche, und an einigen Punkten sind die Grenzen unscharf. Hierzu bloß einige Hinweise. Eine praktische Tätigkeit braucht nicht einen ganzen Gegenstand zu erzeugen. Sie kann ihn auch bloß verändern, ja sogar zerstören, und diese Veränderung kann direkt oder indirekt erfolgen, indem die Sache direkt angegriffen, etwa ein Brett zersägt wird, oder indem man sie indirekt beeinflußt, indem man etwa eine Pflanze begießt oder düngt. Bei sozialen Handlungen kann das Ergebnis eine Beziehung sein, welche ich zu einem oder mehreren Menschen herstelle, indem ich zum Beispiel einen Vertrag schließe oder einer Vereinigung beitrete. Die Vereinigung wird durch meinen Beitritt verändert, und auch ich selber erwerbe damit ein neues Merkmal (ich bin Mitglied des XY-Vereins). Das ist das Besondere der herstellenden Tätigkeit, daß sie Realitäten und Tatbestände schafft, die vorher nicht bestanden haben.

Die darstellenden (erkennenden) Tätigkeiten verändern nur das beobachtende oder deutende Subjekt. In ihm entsteht ein *Bild* der beobachteten Sache oder Person, oder des beobachteten sachlichen oder menschlichen Geschehens. Diese selber aber werden weder hergestellt noch verändert. Beobachten, deuten, verstehen und erklären sind *betrachtende (kontemplative)* Tätigkeiten. Sie greifen nicht in die Wirklichkeit ein, sondern machen sie nur zum Gegenstand ihrer Betrachtung. Darum hat man ja auch immer wieder gesagt, daß das Betrachten von Wirklichkeit risikolos und unverpflichtend sei. Man kann sich dabei höchstens täuschen; das ist ein subjektiver Vorgang ohne objektives Risiko. Für Tätigkeiten, die in die Wirklichkeit eingreifen und die neue Tatbestände herstellen, trägt der Handelnde dagegen Verantwortung. Der Ernstcharakter dieser Handlungen ist daher größer als derjenige von bloß darstellenden Tätigkeiten. (Wir erkennen schon an dieser Stelle, daß sich das Verhältnis von darstellenden und herstellenden Tätigkeiten, und damit der Grad der Verantwortung, die der Lernende zu übernehmen hat, und damit wiederum die Chancen seiner persönlichen Reifung in verschiedenen Ausbildungsgängen stark unterscheiden können: man denke nur an den Lehrling, der in echte Produktionsprozesse einbezogen wird und an den Schüler, dem man vor allem die Welt „darstellt". So erklärt sich der kontemplative Überhang des Gymnasiums gegenüber der Berufslehre.)

Unsere Taxonomie der Tätigkeitsformen hat damit vier Felder erhalten: (1) sachbezogene Tätigkeiten herstellender (praktischer) Art,

(2) sachbezogene Tätigkeiten darstellender (erkennender) Art,

(3) soziale (personenbezogene) Tätigkeiten herstellender (praktischer) Art, und

(4) soziale Tätigkeiten darstellender (erkennender) Art.

Es ist schon an dieser Stelle sichtbar, daß diesen vier Formen von Tätigkeiten vier Gruppen von Lernzielen entsprechen werden: Lernziele im Bereiche des sachbezogenen Handelns herstellender (praktischer) und darstellender Art und soziale Lernziele der herstellenden und der darstellenden (erkennenden) Art.

Die *dritte Dimension* unseres Modelles ergibt sich aus der Unterscheidung von realer und symbolischer Tätigkeit. Reale Tätigkeiten gehen direkt mit der Realität, also mit Personen und Sachen, um. Symbolische Tätigkeiten sind durch Zeichen – oder Symbole – vermittelt, wobei wir den Begriff des Symbols weit fassen und darunter nicht nur die natürliche Sprache, sondern auch die Kunstsprachen (Mathematik, Notenschrift usw.) und die bildhaften Anschauungsmittel fassen: Schemata, Graphiken, Zeichnungen und Bilder. So entsteht in unserem Würfel eine vordere und eine hintere Scheibe. Reale, sachbezogene Tätigkeiten stellen Sachen real her oder sie stellen sie konkret dar. So bäckt die Unterstufenlehrerin mit den kleinen Schülern ein Brot, auf der Mittelstufe der Primarschule richtet man ein Aquarium oder ein Terrarium ein, und auf der Sekundarstufe II nehmen die Schüler im polytechnischen Unterricht an realen produktiven Arbeiten teil: alles reale, sachbezogene Tätigkeiten. Wenn wir anderseits im Geographieunterricht das Modell einer Bachverbauung oder im Chemieunterricht das Modell eines Moleküls bauen, so stellen wir eine andere Wirklichkeit dar: den Bach draußen, das Molekül im Reagenzglas. Das ist reale, sachbezogene Tätigkeit der darstellenden Art.

Über die entsprechenden symbolischen Tätigkeiten können wir uns kurz fassen. Sie stellen im herkömmlichen Unterricht die Regel dar. Wenn sich die Schüler im Geographieunterricht überlegen, wie man eine Strassenverbindung zwischen England und Frankreich herstellen könnte, oder wenn sie im Biologieunterricht Vorschläge zur Bekämpfung des Waldsterbens machen, so sind dies sachbezogene Tätigkeiten der herstellenden Art, die in einem sprachlichen, also symbolischen, Medium stattfinden. (Wir dürfen anderseits nicht sagen: „denkend stattfinden", denn auch bei einer realen Konstruktion muß man denken.) Noch häufiger sind natürlich die sachbezogenen Tätigkeiten der darstellenden Art, welche Sprache und andere symbolische Mittel benützen: Der Lehrer referiert über die Lautverschiebungen, die Schüler reproduzieren eine Darstellung, die sie im Physikbuch gelesen haben, oder sie stellen dar, was sie auf einer Exkursion beobachtet haben. Diese Aktivitäten sind sachbezogen, darstellend, und sie benützen symbolische Mittel.

Soziale Tätigkeiten können real und herstellend sein: dann zum Beispiel, wenn wir Arbeitsgruppen bilden und zwischen den Schülern Beziehungen der realen Zusammenarbeit entstehen. Wir sagen: Sie stellen diese Beziehungen her. Allerdings: viele soziale Beziehungen werden auch mit sprachlichen, also symbolischen Mitteln hergestellt. Die moderne Linguistik hat bekanntlich darauf hingewiesen, daß viele Sprechakte dazu dienen, zwischen Menschen Beziehungen zu stiften: der eine verspricht dem anderen etwas, ein anderer tröstet seinen Kameraden usw. Soziale Vorgänge werden in der Schule natürlich auch häufig dargestellt. Man redet *über* ein soziales Geschehen. Der ganze Geschichtsunterricht und ein großer Teil des Literaturunterrichts stellen zwischenmenschliche, individuelle und gesellschaftliche Vorgänge dar. Gewöhnlich geschieht dies mit sprachlichen Mitteln, also als „symbolische Tätigkeit". Die Anschauungsmittel, die diese Darstellung unterstützen, zählen wir wie oben zu den Symbolen. Von Zeit zu Zeit stellen wir diese Vorgänge jedoch auch im Rollenspiel dar. Dann wird die Darstellung des sozialen Vorgangs eine reale. Wir nennen das eine reale, soziale (oder personenbezogene) Tätigkeit der darstellenden Art. Natürlich spielt dabei wiederum die Sprache eine wichtige Rolle. Aber es ist eine Sprache, die im Dienste realer Handlungen steht und nicht nur der Darstellung eines vergangenen oder anderswo sich abspielenden Vorgangs dient.

Nun haben wir einleitend bemerkt, daß den acht Tätigkeitsformen dieses Ordnungssystems auch acht Formen des Wissens und Könnens entsprechen. Die obere, waagrecht liegende Scheibe des Würfels stellt offensichtlich das Sachwissen und das sachliche Können dar, das der Schüler im Zusammenhang mit seinen sachbezogenen Tätigkeiten erwirbt. Die untere Scheibe repräsentiert das soziale, also zwischenmenschliche und gesellschaftliche Wissen und Können. Die linke, nach hinten laufende Scheibe steht für das praktische Wissen und Können des Schülers. Es befähigt ihn, produktiv-herstellend tätig zu sein. Die rechts daneben stehende Scheibe stellt das Wissen dar, das wir *über* Menschen und Dinge erwerben. Man kann es das Weltwissen des jungen Menschen nennen. Die vordere querstehende Scheibe schließlich repräsentiert das im direkten Kontakt mit der Realität erworbene Wissen und Können, während die hintere Scheibe das sprachlich und mit anderen symbolischen Mitteln erworbene Wissen und Können darstellt. Im Englischen nennt man es „verbal knowledge".

Damit ist der Würfel gekennzeichnet, mit dessen Hilfe wir uns die Tätigkeits- und Wissensmerkmale und die aus ihrer Kombination entstehenden acht Tätigkeits- und Wissensformen vergegenwärtigen. Das Ganze ist eine

Taxonomie, also ein Ordnungssystem. Warum dieser theoretische Aufwand? Wir werden in der Fortsetzung dieses Buches sehen, daß es immer wieder notwendig wird, sich zu fragen, was wir in der Schule eigentlich tun, welcher Art die Tätigkeiten und das Wissen sind, die wir pflegen. Auch wenn wir unseren eigenen Unterricht planen, ist es gut, wenn wir uns Rechenschaft darüber ablegen, welche Tätigkeiten und welche Arten des Wissens wir auslösen und vermitteln. Idealerweise gelänge es uns, ein Gleichgewicht zwischen den acht Erfahrungsbereichen herzustellen. Wir werden sehen, daß dies gar nicht leicht ist und daß es Ungleichgewichte der verschiedensten Art gibt. Sie wirken sich in der Lernmotivation der Schüler und in den Kompetenzen aus, die sie ins Leben mitbringen.

Wissen als Verhaltensbasis

Wir haben bisher vor allem von den Tätigkeiten gesprochen, die sich in der Schule abspielen sollten, damit sich Lernen ereignet. Aber letztlich geht es natürlich nicht darum, daß in der Schule die Mühle betriebsamer Tätigkeit klappert. Schüler sollen etwas lernen. Sie sollen ein Wissen erwerben. Wie Lernprozesse einzuleiten und zu steuern sind, werden wir noch sehen. Wir können aber schon jetzt sagen, wie sich Wissen und Tätigkeit zueinander verhalten. Der Zusammenhang ist einfach: jede ausgeführte Tätigkeit läßt eine Spur im lebendigen Organismus zurück. Es ist, wie wenn der aktive Vollzug der Tätigkeit mit jedem Durchgang eine Bahn im zentralen Nervensystem hinterließe und diese Bahn mit jeder Wiederholung vertieft würde, so daß man ihr mit jeder neuen Wiederholung wahrscheinlicher und leichter folgt. (Skifahrer verstehen diesen Vergleich sehr gut!) Diese Bahn ist im Bereich des herstellenden Handelns ebenso deutlich wie im Bereiche des Beobachtens und Deutens, das zu einer Darstellung der betrachteten Erscheinung führt. Wenn ich eine komplizierte Pumpe mehrmals in Bewegung gesetzt habe, tue ich es immer leichter. Ich habe ein Können erworben. Wir nennen es ein „Handlungswissen". Dieses existiert natürlich auch im Bereiche des sozialen Handelns, und es existiert sowohl in der indirekten, durch Sprache vermittelten Form, wie auch in der direkten, durch physischen Zugriff erzeugten Form. Wer sich mehrmals auf Englisch oder Französisch nach einer Straße erkundigt hat, „weiß sich zu erkundigen", ein soziales Handlungswissen, sprachlich vermittelt; und wer mehrmals bei einem Personenwagen ein Rad gewechselt hat, „weiß sich zu helfen". Er besitzt das notwendige reale Handlungswissen.

Genau das gleiche gilt für die Tätigkeiten des Beobachtens und Deutens von Gegenständen und Vorgängen. Sie schlagen sich im menschlichen Geist als Vorstellungen und Begriffe, etwas umfassender, als Theorien nieder. Das ist *Weltwissen*, also Wissen, wie die Welt beschaffen ist und funktioniert, und dies im sachlichen wie im menschlichen, individuellen und gesellschaftlichen Bereich. Dieses Wissen kann sprachlich oder in einem anderen Zeichensystem (mathematisch, musikalisch usw.) kodiert, also verschlüsselt sein, es kann aber auch anschaulich sein, indem die entsprechenden Beobachtungen über die Sinne an der Sache selber gewonnen sind und als Vorstellungsbilder gespeichert sind. Darum spricht man auch vom „*Weltbild*".

Nun haben wir bisher davon gesprochen, daß sich die herstellende und die darstellende Tätigkeit *als Wissen* (und Können) *niederschlägt*. Umgekehrt stellen wir aber auch fest, daß dieses Wissen die Grundlage neuer Tätigkeiten ist, sei es, daß wir sie unverändert reproduzieren, sei es, daß wir verschiedene Wissenselemente zu neuen Handlungen und Gedanken kombinieren. Darum nennt man das Wissen die Basis des Verhaltens, „die *Verhaltensbasis*". Ohne Wissen keine Tätigkeit. Ein Organismus, in dem vergangene Tätigkeiten keine Spur hinterlassen würden, der also kein Gedächtnis besäße, könnte nicht handeln, nichts beobachten und deuten, außer jenen Leistungen vielleicht, die in ihm anlagemäßig vorgebildet sind. Das ist aber beim Menschen bekanntlich sehr wenig.

Nachdem wir nun den Begriff des Wissens als Verhaltensbasis eingeführt haben, erkennen wir auch, daß zwischen dem Handlungswissen und dem Weltwissen innere Beziehungen bestehen. Damit ich meine Pumpe richtig bediene, muß ich auch etwas über ihren Aufbau wissen: das Handlungswissen erfordert Weltwissen. Umgekehrt aber erwerbe ich im Zuge des Handelns mit den Dingen meiner Umwelt auch ein (Welt-) Wissen über sie. Wir werden weiter unten sehen, daß gerade diese Tatsache von hoher didaktischer Bedeutung ist und daß sie zum „handelnden Erarbeiten" und zur Wichtigkeit der Praxis für die theoretische Erkenntnis führt.

Auch Sachwissen und soziales Wissen (die beiden waagrechten Scheiben unseres Wissens) weisen innere Zusammenhänge auf. Wenn in einem Industriebetrieb eine Arbeitsequipe gemeinsam ein praktisches Problem löst oder eine Arbeit ausführt, ein gesunkenes Schiff hebt oder eine Theateraufführung gestaltet, dann braucht dies bei allen Beteiligten, vor allem aber bei den Leitern, sowohl Sachwissen als auch soziales Wissen. Denn es müssen bei diesen Arbeiten ja sowohl sachliche Probleme gelöst und sachliche Zusammenhänge beobachtet und hergestellt als auch menschliche Reaktionen und Handlungen aufeinander abgestimmt und untereinander koordiniert werden.

Schließlich die vordere und die hintere Scheibe unseres Würfels: die realen und die symbolisch verschlüsselten Tätigkeiten. Auch hier erkennt man sofort ein Grundproblem unserer Schulen: Wo diese beiden Welten, die Welt der Worte und der Anschauungen und die der praktischen Taten nicht miteinander verbunden sind, leiden beide Teile. Das symbolisch verschlüsselte Wissen wird steril, „verbalistisch". Es fehlt den Zeichen die Golddeckung der konkreten und anschaulichen Bedeutungen. Umgekehrt aber hat man jederzeit beobachtet, daß Anschauungen ohne (sprachlich verschlüsselte) Begriffe blind sind (KANT 1781), und daß eine theoretisch unerhellte Praxis bald in den ausgefahrenen Gleisen der Routine versandet. Die Zeichensysteme machen theoretische Erkenntnis, stringentes Schließen, Verallgemeinerungen und damit Transfer möglich. Die unmittelbare Wahrnehmung und die reale Handlung an der Sache selber vermitteln uns eine lebendige und konkrete Erkenntnis der Wirklichkeit. Beides ist notwendig. Theorie verschafft Einsicht in Wirklichkeit und menschliches Handeln, konkretes Wissen verschafft Tuchfühlung mit der Realität sachlicher und menschlicher Vorgänge.

Ein Standort in der Welt, ein Weg gemäß einem Lebensplan

Eine Gesamtschau der Tätigkeiten und des Wissens, die das menschliche Leben konstituieren und fundieren, legt es auch nahe, darüber nachzudenken, wie das Insgesamt des Tuns und Wissens eines Menschen geordnet sei. Wird sich darin der orientierungslose Pluralismus unserer Kultur widerspiegeln? Werden unsere Schulen als getreues Abbild dieses Pluralismus ein unzusammenhängendes Vielerlei von Tätigkeiten ins Spiel setzen, und werden sie ein ebensolches Konglomerat von Wissen erzeugen? Das Ich des Schülers ist ja keine Instanz außerhalb oder neben der Wissensbasis seines Handelns und Weltwissens. Der Mensch ist, was er weiß und was er tut (diese Begriffe in der tiefen und allgemeinen Weise verstanden, in der wir sie oben eingeführt haben). Helfen wir dem heranwachsenden Menschen durch unseren Unterricht, seinem Handeln und seinem Wissen also eine gewisse Ordnung, einen – wenn auch nicht vollkommenen – inneren Zusammenhang, Einheit und „Identität" zu verleihen? Wird im Insgesamt seines Handelns allmählich ein Lebensplan (SPRANGER 1921) sichtbar, und helfen wir ihm, diesen zu entwickeln und auszurichten?

Einige Lehrer werden sagen, das sei nicht ihre Aufgabe. Sie möchten sich nicht in diesen persönlichen Bereich der Schüler und der Familien einmischen. Ist das vornehme Zurückhaltung, oder ist es das Feigenblatt vor der Unfähigkeit und dem mangelnden Willen, sich dieser erzieherischen Aufgabe zu stellen?

Wir meinen, eine Schule, die diesen Namen verdient, dürfe sich nicht im

Vielerlei tätiger Betriebsamkeit verlieren; sie müsse dem Insgesamt des von ihr vermittelten Wissens eine innere Ordnung zu geben suchen. Das Weltwissen des Schülers sollte, mindestens ansatzweise (es handelt sich hier um eine Lebensaufgabe) zu einem *Weltbild* werden. Und aus den Handlungsmöglichkeiten, die der Schüler kennenlernt, sollte er mit der Hilfe seiner Erzieher allmählich einen *Lebensplan*, eine Zukunftsperspektive für sein persönliches Leben und für seine soziale Umwelt zu sehen beginnen. In diesem Weltbild sollte er allmählich seinen *Standort* erkennen und ihn bewußt beziehen, und sein Lebensplan sollte ihm die Möglichkeit und die Kraft geben, einen persönlichen Lebensweg – etwas kühler formuliert: eine Laufbahn – einzuschlagen.

Es ist erschreckend, wie viele Abiturienten heute die Schule verlassen, ohne die geringste Vorstellung davon erhalten zu haben, wo sie in dieser Welt einen Standort beziehen und eine Aufgabe übernehmen könnten. Kein Wunder, daß darunter auch die Zielbewußtheit der Studien leidet. Die immer längere Dauer universitärer Studien ist zum Teil die Folge der Tatsache, daß die Studenten kein Ziel, keinen Lebensplan und keine Vorstellung von einem möglichen Standort in dieser Welt haben. Kein Wunder, daß sie sich in dieser Lage auch an der Hochschule verloren fühlen. Damit sich einer verliert, braucht es nicht nur eine undurchsichtige Umwelt, es braucht auch einen Menschen, der nicht „durch sieht", dem die „Perspektive", der Lebensplan fehlt.

So weist uns der Versuch, das Insgesamt des Tuns und Wissens eines Menschen in den Blick zu nehmen, auch auf die Wichtigkeit der Entwicklung eines Weltbildes und des Bezugs eines Standortes in diesem Bilde hin. Zugleich sehen wir, daß sich die Handlungsmöglichkeiten des jungen Menschen zu einem Lebensplan verdichten und ausrichten können, zu einem Plan, der die Laufbahnentscheidungen und die Schritte ihrer Realisierung leitet. Auch aus diesem Grunde ist es so wichtig, daß die Schule nicht bloß unverbindliche Darstellungen von sachlicher und historischer gesellschaftlicher Wirklichkeit liefert, sondern dem Schüler Gelegenheit zum praktischen und kooperativen Tun gibt. Darin begegnet er nicht nur der Welt der Dinge und der Mitmenschen in lebendiger und aktiver Weise, er lernt dabei auch sich selbst, seine Möglichkeiten und Grenzen, kennen. Er bezieht in diesem vorläufigen, noch vornehmlich auf das Lernen ausgerichteten Tun seinen Standort, und er geht hier die ersten Schritte auf einem Wege, der sich in einen Lebensplan einordnet.

Der „Stoff" des Unterrichts

Wir haben nun schon einiges über Schule und Unterricht ausgesagt. Den Begriff des „Unterrichtsstoffes" haben wir aber noch nicht gebraucht. Wir führen ihn jetzt ein. Der Begriff des „Wissens" zeigt die Richtung. Der „Unterrichtsstoff" ist eine Beschreibung des Wissens, also der Ergebnisse der Tätigkeiten, die im Unterricht ausgeführt werden sollen. Man erkennt: wir sprechen von einer *Beschreibung* von Wissen. Das Wissen selbst ist im Geiste der Schüler niedergelegt: ein psychologischer Tatbestand, in seinem „Gedächtnis" aufsuchbar. Aber Schulen brauchen Lehrpläne, Lehrer verfassen Lektionspläne. In ihnen wird das Wissen aufgeschrieben, das sich der Schüler am Ende der Lektion angeeignet haben sollte: wissen, wie ein Haus gebaut wird, wie sich der Frosch fortpflanzt; der Begriff der Genossenschaft, der Legislative, der quadratischen Gleichung, Beweise des pythagoräischen Lehrsatzes, aber auch Handlungen: wie eine Uhr regulieren, einen Beschwerdebrief verfassen, usw. Das sind die Stoffe des Unterrichts.

Als erstes erkennen wir die Notwendigkeit, das Wissen zu umschreiben, das aus den unterrichtlichen Tätigkeiten resultieren sollte. Wer behaupten wollte, das dürfe man nicht tun, „das müsse sich im Verlaufe der Lektion ergeben", gliche einem Reisenden, der nur Fahrten ins Blaue unternehmen wollte. Es könnte leicht sein, daß er in dieser scheinbaren Spontaneität gar nicht so viele verschiedene Ergebnisse gewänne, sondern immer wieder am gleichen Ort ankäme. Auch das Unbewußte hat seine Stoffe: das haben wir von Freud gelernt.

Warum spielen die Stoffpläne in einigen Schulen eine so verhängnisvolle Rolle, und warum sprechen Lehrer und Schüler so gerne von der Last des Wissensstoffes und vom Stoffdruck? Das hat verschiedene Gründe. Sie liegen zum Teil an der Eigenart von Stoffsammlungen in Lehrplänen und zum Teil an der Art der Aneignung der Stoffe. Wir haben gesehen, daß Unterrichtsstoffe Beschreibungen von Wissen darstellen, das im Unterricht erworben werden soll. Die große Gefahr besteht darin, daß Wissensstoffe unabhängig von den unterrichtlichen Tätigkeiten gesehen werden, deren Niederschlag und Ergebnis sie eigentlich darstellen sollten. Sie werden dem Schüler unmittelbar vorgetragen oder zum Lesen im Lehrbuch „aufgegeben". Er versucht, sie sich einzuprägen. Einige Unglücksraben lernen sie auswendig, auch wenn sie sie nicht verstehen. Im Unterricht werden sie wiederum hergesagt, „wieder hervorgewürgt", wie MONTAIGNE (1580) treffend formuliert hat.

Wir erkennen: Stoffsammlungen, also Beschreibungen von Wissen, Zusammenfassungen von Unterrichtsergebnissen, sind dann gefährlich, wenn sie im Unterricht nicht in Tätigkeiten zurückverwandelt werden, die von lebendigen Problemen ausgehen und vom Schüler eigenes Handeln, Beobachten und Nachdenken erfordern. Der *didaktische Kurzschluß* besteht darin, bloße Ergebnisse zu vermitteln und zu meinen, man habe nicht die Zeit oder es sei zu umständlich, mit den Schülern jene Tätigkeiten in Gang zu setzen, deren Ergebnis die Einsicht, die Problemlösung, der Begriff ist.

Aber wo Stoffdruck herrscht, liegt es in der Regel am Lehrer – abgesehen von den wenigen Fällen, wo Lehrpläne so verpflichtend vorgeschlagen und Prüfungen so breit angelegt und auf die Wiedergabe von Stoff ausgerichtet sind, daß der Lehrer nicht anders kann, als diesen Stoff kurzschlüssig zu vermitteln. Stoffdruck entsteht dort, wo es dem Lehrer nicht gelingt, und manchmal auch dort, wo der Lehrer und die Schüler die entsprechende Anstrengung nicht machen, hinter dem Wissen die Tätigkeiten zu entdek-ken und zu verwirklichen, die zu ihm hinführen. Hier stellen sich alle didaktischen Probleme, welche wir in den „Zwölf Grundformen des Leh-rens" behandelt haben. Wir deuten sie hier nur an: Tätigkeiten müssen aufgrund einer lebendigen und vom Schüler verstandenen Problemstellung eingeleitet werden. Sie sollen nicht nur der Beobachtung und Deutung von Wirklichkeit dienen, sondern auch herstellende Handlungen umfassen. Handlungen, Operationen und Begriffe müssen durchgearbeitet, d.h. viel-fältigen Transformationen unterworfen und aus verschiedenen Perspekti-ven beleuchtet werden, damit sie beweglich werden. Nach ihrer Konsolidie-rung in der Übung müssen Handlungen, Operationen und Begriffe in neuen Situationen und an neuen Gegenständen und Erscheinungen erprobt und angewendet werden. Symbolische Darstellungen müssen mit realen Hand-lungen und Beobachtungen an der Sache selber in Verbindung gebracht werden. Echte Kommunikations- und Kooperationssituationen müssen her-gestellt werden.

Indem wir diese Bedingungen erfüllen, vermeiden wir den „didaktischen Kurzschluß". Der Stoff wird im Geiste des Schülers lebendig. Er ist attrak-tiv, weil die Tätigkeiten, in deren Rahmen er gewonnen wurde, attraktiv sind. Indem wir das Wissen suchend und forschend, also entdeckend, aufbauen, ist der Stoff auch nicht mehr die Krücke, mit deren Hilfe wir uns eine falsche Sicherheit, vielleicht sogar ein Disziplinierungsmittel, ver-schaffen.

Diese letztere Verwendung stellt sozusagen den Endpunkt eines verhängnisvollen *circulus viciosus* dar. Der Lehrer hat den Eindruck, daß sich die Schüler nicht für seinen Unterricht interessieren. Aufmerksamkeit und Beteiligung beginnen zu lei-den; es entstehen Disziplinprobleme. Der Lehrer fühlt sich dadurch verunsichert und bedroht. In dieser Lage klammert er sich an die „Stoffe", so wie sie in den Lehrplä-nen und in den Lehrbüchern stehen. Indem er die Lehrpläne erfüllt, stehen wenigstens die Behörden, die diese aufgestellt haben, hinter ihm. Das Lehrbuch scheint Struktur und Ordnung zu sichern. Ihm scheint man sich anvertrauen zu können. Stoffsammlungen können wiederum in Prüfungen umgesetzt werden. Einige strebsame und brave Schüler eignen sie sich irgendwie an. Der Lehrer sieht sich in seinem Vorgehen bestätigt. Allerdings: glücklich kann er in dieser Situation nicht werden. Er ist, ebenso wie seine Schüler, das Opfer des selbsterzeugten Stoffdruckes durch kurzschlüssige Stoffvermittlung.

Die lebenspraktische und die wissenschaftliche Ausprägung der unterrichtlichen Tätigkeiten und ihrer stofflichen Ergebnisse

Das Bild unterrichtlicher Tätigkeiten, das wir entworfen haben, ist bisher noch relativ unbestimmt geblieben. Das hat einen systematischen Grund. Wir haben noch nicht mit Deutlichkeit gesagt, in welcher Weise sie sich ausprägen sollen: lebenspraktisch oder wissenschaftlich. Die herkömmliche Option unserer Schulen ist eindeutig: sie orientieren sich an den Wissenschaften.

Dies hat historische und systematische Gründe. Die historischen beruhen darauf, daß fast alle höheren Schulen seit der Renaissance und dem Humanismus Gelehrtenschulen waren und auf universitäre Studien vorbereiteten. Die Primarstufe orientierte ihre Lehrpläne und ihre Lehrmittel ihrerseits an denjenigen der höheren Schulen. Die Fächereinteilung war und ist praktisch die gleiche. Man denke etwa an den Mathematikunterricht oder den Literaturunterricht an der Primarschule, im Gymnasium und an der Universität, oder daran, daß die Anwendungen bis vor wenigen Jahren im Mathematikunterricht der Primarschulen ein ebenso schattenhaftes Dasein geführt haben wie an den Gymnasien und an den mathematischen Instituten der Universitäten. Man bedenke weiter, daß an den Primarschulen, am Gymnasium und an der Universität zwar Geographie und Physik, aber kaum ein technologischer Unterricht angeboten wird, und daß weder am durchschnittlichen Gymnasium, und noch viel weniger an den durchschnittlichen Primarschulen, die einfachsten Begriffe des Rechts und der Ökonomie gelehrt werden, auch wenn diese Wissenschaften ein großes Gewicht in der modernen Lebenspraxis haben. Nur die amerikanischen Schulen kennen „Social Studies", welche geographische, historische, staatsbürgerliche und wirtschaftliche Begriffe in lebensnaher Weise integrieren!

Man kann also wirklich sagen, daß Einteilung und Inhalt der Unterrichtsstoffe unserer Schulen noch auf weite Strecken einem humanistischen Gelehrtenideal entsprechen. Kein Wunder, daß die *darstellenden* Tätigkeiten im Unterricht aller Stufen vorherrschen. Das ist der *kontemplative Überhang* einer Schule, die unbewußt oder bewußt der Lebenshaltung des Gelehrten und des Humanisten nahesteht. Nur auf der Primarschule ist diese Auffassung durch Vorstellungen der Kindgemäßheit des Unterichts teilweise gemildert. Aber was ist kindgemäß? Die Auffassungen sind hier sehr schwankend und unterliegen allen möglichen Modeströmungen.

Wir meinen, es sei nützlich, wenn sich unsere Schulen mehr darauf besinnen, daß sie „auf das Leben vorbereiten", und daß sie sich nicht nur an den wissenschaftlichen Disziplinen, sondern auch an den großen Bereichen der Tätigkeiten im außerschulischen Leben orientieren, an den Lebenskreisen der Familie, des Berufs und des Staates. Aus der Betrachtung dieser Lebenskreise können und müssen die Vorstellungen über die Gestaltung unterrichtlicher Tätigkeiten und über die Eigenart der zu gewinnenden Ergebnisse abgeleitet werden. Die herkömmlichen Schulfächer sollen nicht abgeschafft oder gänzlich umgekrempelt werden. Es ist jedoch notwendig, daß zum systematischen Unterricht Tätigkeiten und Betrachtungsweisen hinzutreten, welche sich von der rein kontemplativen Haltung der herkömmlichen Wissenschaften unterscheiden und die in ihr Zentrum das praktische Handeln rücken. DEWEY (1916) hat dieses pädagogische Programm schon zu Anfang dieses Jahrhunderts mit Deutlichkeit und mit guten Gründen entworfen. Es harrt noch heute der Realisierung.

Um seine Berechtigung zu erkennen, denke man nur an die Probleme, welche sich jungen Vätern und Müttern in der *Familie* stellen: Probleme wirtschaftlicher, technologischer, rechtlicher, psychologischer und sozialer Art. Eine Wohnung muß gemietet werden – es stellt sich die Frage, ob ihr Preis dem Einkommen angemessen sei; der Kauf von Haushaltgeräten und Fahrzeugen stellt wirtschaftliche, technologische und rechtliche Probleme; im Umkreis der Entwicklung und Schulung von Kindern stellen sich psychologische und pädagogische Fragen. Es ist erstaunlich und traurig festzustellen, wie wenig von diesen Dingen in unseren Schulen die Rede ist. Die Beispiele könnten mit Leichtigkeit vermehrt werden. So wie unsere Schulen heute beschaffen sind, tragen sie kaum etwas dazu bei, den jungen Menschen darauf vorzubereiten, die Probleme zu lösen, die sich im Rahmen der Familie stellen.

Sodann die beruflichen Tätigkeiten. Natürlich treten hier überall Sachprobleme auf, die auch Gegenstand der schulischen Unterrichtsfächer sind. Aber wie groß ist auch hier der Unterschied zur Betrachtungsweise im Berufsleben und in der Schule! Im Berufsleben herrscht das herstellende Handeln vor, in der Schule die darstellende Betrachtung. Im Leben stellen sich technologische, also praktische Probleme. In der Schule wird Theorie beschreibend vermittelt. Man bedenke, wie und worüber an Schulen aller Stufen Aufsätze geschrieben werden und wie die Texte aussehen, die im Leben notwendig sind: Briefe, Exposés, Protokolle, Anträge, Eingaben usw. Linguistisch gesprochen, sind dies alles Sprachproduktionen von der Art des Sprechaktes. Sie sollen im Hörer und Leser eine Wirkung auslösen („Zwölf Grundformen", 148 ff.). Kein Wunder, daß diese Art des Schreibens in unseren Schulen, in denen keine Wirkungen ausgeübt werden, sondern im besten Falle Wirklichkeit betrachtet wird, ein Schattendasein fristen. Man wird uns antworten, daß man ja nicht wisse, welche Berufe unsere Schüler später einmal ergreifen werden. Das ist wahr, aber weiß man denn, ob sie in ihrem späteren Leben die theoretische Belehrung über die schiefe Ebene, die Oxydation, die Ergänzung im Wes-Fall und die französische Revolution brauchen werden?

Auch im beruflichen Leben erweist sich die Wichtigkeit rechtlicher und ökonomischer Probleme. Auch hier stellt sich die Frage, ob es sich die Schule leisten kann, praktisch nichts über sie zu sagen. Kann man diese Probleme wirklich dem Selbststudium jedes Menschen überlassen? Müssen die Steigungsregen am Alpenrand und die kalten Meeresströmungen vor Labrador ihrerseits unbedingt in der Schule behandelt werden?

Staat und Gesellschaft stellen weitere wichtige Lebenskreise dar. Was für ein Schattendasein führt das Schulfach „Staatskunde" im Vergleich zur Wichtigkeit dieser Realitäten! Natürlich kann die Geschichte einen Beitrag zum Verständnis von Staat und Gesellschaft liefern, denn beide haben historische Wurzeln. Wiederum muß jedoch die Frage nach dem Geist gestellt werden, in dem die Geschichte gelehrt wird. Dies geschieht wohl heute noch meistens ohne jeden Bezug zur Gegenwart und die darin zu lösenden Probleme. Geschichte ist nicht „Ortsbestimmung der Gegenwart", sondern sie betrachtet die historischen Phänomene, wie wenn sie nur um ihrer selbst Willen interessant wären. Das genügt nicht, wenn wir dem Schüler helfen wollen, die komplexen Probleme der Gegenwart zu verstehen und zu bewältigen.

Die Ergebnisse des schulischen Unterrichts müßten ihre Anwendung auch im Bereich des *kulturellen Lebens* finden. Unter diesem Begriff verstehen wir nicht nur die „hohe Kultur", die man mit klassischer Literatur, bildender Kunst und Musik verbindet. Wir meinen vielmehr, daß man den Begriff im kulturanthropologischen Sinne erweitern müsse, so daß er auch die Bereiche der Alltagskultur umfaßt: die Freizeitbetätigungen, das Wohnen, die Kleidung zum Beispiel, aber auch die Gestaltung der markanten Punkte im Menschenleben wie Taufe, Geburtstag, Hochzeit und Tage der Trauer. Nun könnte man sagen, die Schule versuche eben gerade nicht nützlich zu sein, ihr Kulturbegriff sei vor allem auf die Betätigungen der Mußezeit ausgerichtet, und dieser Ausrichtung sei sie durchaus treu. Vielleicht. Aber auch hier hat der theoretische und kontemplative Geist zu viel Gewicht. Die Schule verhält sich, wie wenn der moderne Mensch in seiner Freizeit nur Bücher lesen, Museen, Theater, Konzerte und vielleicht Ausstellungen besuchen würde. Indessen bedeutet das wirkliche Kulturleben im Bereiche der Freizeit zu einem guten Teil aktive Betätigung, nicht nur Lektüre und Kontemplation. Daher müßte auch die Schule viel mehr auf ein tätiges Kulturleben vorbereiten: nicht nur Botanik, sondern auch Gartenbau, nicht nur Geographie, sondern auch Wandern und Reisen, nicht nur die Zoologie, sondern auch Tierhaltung und nicht nur Musiktheorie und -geschichte, sondern auch ihre Ausübung und die Teilnahme am lebendigen Musikleben.

Im Zusammenhang der Teilnahme am kulturellen Leben kommt für den Abiturienten auch die Teilnahme am wissenschaftlichen Leben in Frage. Aber auch hier müßte man noch einmal definieren, in welcher Form dies geschehen könne. Es geht zwar zum Teil darum, dem Abiturienten die Möglichkeit zu geben, im Bereiche seiner Wahl ein Studium anzutreten (nicht nur ein Universitätsstudium, auch eine praktische Ausbildung oder ein Studium an einer höheren Fachschule), anderseits aber müssen wir ihn auch in die Lage versetzen, außerhalb seines Fachgebietes an den Fortschritten der Wissenschaft teilzunehmen, indem er sich in einigen Bereichen lesend orientiert und eventuell praktisch betätigt. Die Frage ist auch hier, ob ihm die Schule die Grundlagen in der richtigen Form vermittelt und ob sie ihn über die praktischen Möglichkeiten der Teilnahme orientiert, indem sie ihn – im deutschen Sprachgebiet – beispielsweise auf Publikationen wie „Spektrum der Wissenschaft" oder auf die wissenschaftlichen Beilagen guter Tageszeitungen hinweist.

Es geht nicht darum, die klassischen Schulfächer abzuschaffen. Es gibt auch Gründe, den Unterricht in Zukunft in einem gewissen Maße wissenschaftsorientiert, systematisch und theoretisch zu betreiben, denn die Allgemeinheit und die Übertragbarkeit der reinen wissenschaftlichen Begriffe ist größer als diejenige ihrer Anwendungen. Auch die verfügbaren guten Lehrbücher werden noch über Jahre vor allem wissenschafts- und theorieorientiert sein. Gute Autoren sind häufig theoretisch interessierte Autoren und gute Schüler theoretisch interessierte Schüler. Gegenüber Anwendungen besteht in unserer Kultur leider bei vielen Fachleuten eine falsche Reserve. Nur langfristig ist zu hoffen, daß in der Ausbildung und auf dem Büchermarkt gute, praxis- und anwendungsorientierte, auf die Lebensbereiche der Familie, des Berufs, des Staates und auf ein konkretes Kulturleben ausgerichtete Lernangebote und Publikationen erhältlich sein werden.

Was kann der Lehrer inzwischen tun? Das, was die Lehrpläne und die Lehrmittel noch nicht tun: an die mutmaßliche spätere Lebensform der Schüler denken, sich vorzustellen suchen, was einmal aus ihnen wird und was sie betreiben werden, und aus diesem Wissen heraus selbst Anwendungen des theoretischen Unterrichtsstoffes entwickeln, welche den späteren Lebenstätigkeiten nachgebildet sind und in vereinfachter Form auf sie vorbereiten, entsprechende Kompetenzen aufbauen und Interessen wekken.

Vorderhand stellen wir einfach fest, daß es nicht genügt, die unterrichtlichen Tätigkeiten und das aus ihnen resultierende Wissen gemäß den psychologischen und anthropologischen Kategorien, die wir in unserem achtteiligen Würfel entwickelt haben, einzuteilen und sie dem Lehrer ins Bewußtstein zu rufen. Die unterrichtlichen Tätigkeiten müssen nicht nur wissenschaftlich, sondern auch so durchdacht und ausgearbeitet werden, wie sie sich in den genannten Lebensbereichen ausprägen. Nur so erhalten die Unterrichtstätigkeiten und die in ihnen behandelten Stoffe jene Form, die für die Mehrzahl der Schüler attraktiv und für ihr späteres Leben fruchtbar sind.

Kapitel 2: Drei Qualitäten des Tuns

Unsere Beschreibung unterrichtlicher Tätigkeiten und des aus ihnen hervorgehenden Wissens (das auch ein Können umfaßt) wäre nicht vollständig, wenn wir nicht die Qualitäten definierten, die sie in einem tieferen Sinne attraktiv machen. Denn ihre bisher erwähnten Züge sind eher oberflächlicher Art: der Wechsel von Spannung und Lösung, Bewegung und Ruhe, Risiko und Sicherheit. Auch ihre didaktischen Qualitäten, die Entwicklung der Ergebnisse aus einem verstehbaren Problem, das Beweglichwerden der Handlungen, Operationen und Begriffe, ihre Konsolidierung in der Übung und ihre Wirksamkeit in der Anwendung, bleiben letztlich unfruchtbar, wenn sie nicht drei grundlegende anthropologische Qualitäten aufweisen: Wahrheit, Schönheit und Güte.

Nun sind dies uralte philosophische Begriffe, und sie haben in den Ohren vieler Zeitgenossen einen hohlen Ton. Es gilt daher, ihnen eine moderne und praktische Bedeutung zu geben. Wir meinen, daß dies möglich sei.

Wahrheit

Was Wahrheit sei, ist von Philosophen seit mehr als zweitausend Jahren diskutiert worden. Dies hat zu zwei klassischen Definitionen von Wahrheit geführt: Wahrheit als Übereinstimmung unseres Denkens mit der Wirklichkeit und Wahrheit als Widerspruchslosigkeit oder Konsistenz unseres Denkens und Wissens. Hier ist nicht der Ort, Stärken und Schwächen dieser Wahrheitsdefinitionen abzuwägen. Wir begnügen uns mit dem Hinweis, daß wir die zweite Begriffsbestimmung vorziehen. Beide leuchten ein.

Der Schüler, der behaupten würde, daß alle Schwäne weiß seien, spräche nicht die Wahrheit, denn in Australien gibt es auch schwarze Schwäne. Derjenige, der meinte, daß der Delphin ein Fisch sei, würde gleichermaßen irren, denn der Delphin bringt bekanntlich lebende Junge zur Welt, ist ein Warmblüter und atmet durch eine Lunge wie ein Säugetier. Diese Aussagen entsprechen also nicht der Wirklichkeit, sie sind ihr nicht adäquat. Sachadäquatheit ist daher eine Qualität der wahren Aussage. Ähnliche Überlegungen kann man zum Denken und Handeln als Prozeß anstellen: die Überlegungen und Handlungen eines Menschen können insgesamt der Situation angepaßt („adäquat") sein, in der er steht, oder sie können inadäquat und daher wirkungslos sein. Man denke etwa an die Belehrungen und Maßnahmen, mit denen Entwicklungshelfer in einer fremden Kultur an die dortige Bevölkerung herantreten.

Auch die Widerspruchslosigkeit ist ein Merkmal wahrer Aussagen. Der obenerwähnte Schüler, dem man einen schwarzen Schwan zeigen würde, müßte zugeben: „Da haben wir einen schwarzen Schwan vor uns." Damit befände er sich aber im Widerspruch mit seiner Behauptung, daß alle Schwäne weiß seien. Ebenso, wenn wir ihn fragen würden, wie denn Fische den lebensnotwendigen Sauerstoff aus dem Wasser bezögen. Er müßte antworten: „Durch Kiemen und nicht mit einer Säugetier-Lunge." Darum würde er sich widersprechen, wenn er den Delphin als Fisch bezeichnete, denn dieser weist dieses und andere Merkmale des Fisches ja gerade nicht auf. Die Definition der Wahrheit als Widerspruchslosigkeit hat den Vorteil, auch in Wissensbereichen anwendbar zu sein, die nicht aufgrund von Beobachtungen gewonnen worden sind; auf die Mathematik zum Beispiel, aber auch auf erdachte dichterische Schöpfungen. Mathematische Sätze sind wahr, wenn sie widerspruchsfrei sind. Wer behaupten würde, daß 7 + 5 = 13 gibt, oder daß eine quadratische Gleichung nur eine einzige Lösung haben kann, würde sich bald in Widersprüche verwickeln. Aber auch ein dichterisches Werk kann Widersprüche enthalten, ohne daß es möglich wäre, den Irrtum an der Wirklichkeit zu prüfen. Schließlich erwähnen wir eine weitere Form der Konsistenz, die nicht Widerspruchslosigkeit im engen Sinne des Wortes, sondern eher die Lückenlosigkeit der Denkprozesse bezeichnet. Auch Lücken in der Gedankenführung sprechen gegen ihren Wahrheitsgehalt. Es überzeugt nicht nur derjenige nicht, der sich widerspricht, sondern auch derjenige, der sprunghaft denkt. Auch seine Argumente sind nicht nachvollziehbar, daher nicht attraktiv.

Nun sollen nicht nur die Überlegungen und Darstellungen des Schülers, sondern auch diejenigen des Lehrers „wahr" sein, und dies nicht bloß in einem abstrakten theoretischen Sinne. Vielmehr sollen sie *dem Schüler* konsistent erscheinen. *Der Schüler* soll den Eindruck gewinnen, daß die Darstellung oder das Argument der Sache entspricht. Es handelt sich also um eine neue Form der Konsistenz: nicht an sich, sondern für den mitdenkenden und -lernenden Schüler. Die Alternative ist hier nicht so sehr der Irrtum, obschon auch in vielen Schulen schlicht falsche Informationen übermittelt werden. Gefährlicher erscheint vielmehr ein Unterricht, in dem die Grenzen zwischen Wahrheit und Irrtum, zwischen Konsistenz und Widerspruch ständig unscharf sind, so daß der Schüler nie erfährt, was ein streng durchgeführter und klar formulierter Gedankengang ist. Wenn die Schüler zudem ihrerseits dazu verführt werden (oder wenn auch nur geduldet wird), daß sie unklare und unzusammenhängende Aussagen machen, so wird dies in ihrer geistigen Entwicklung großen Schaden anrichten. Gute

Schüler leiden in einer derartigen geistigen Umwelt, durchschnittliche Schüler verpassen eine wichtige Erfahrung, den schlechten Schülern aber wird damit das Leben noch schwerer gemacht, als es für sie an sich schon ist.

Aber es geht, wie gesagt, um mehr als um das Überleben. Ein klarer und konsistenter Unterricht ist attraktiv. Tätigkeiten, in denen Klarheit und Ordnung herrscht, machen Freude. Das Licht des klaren Denkens trägt dazu bei, daß man sich gegenseitig versteht und daß die Arbeit fruchtbar ist. Im Dämmerlicht mangelnder Rationalität gedeihen alle möglichen Formen des Vorurteils und der Unehrlichkeit. Vernunft allein macht den Menschen nicht glücklich, aber wo sie fehlt, kann ein denkender Mensch auch nicht froh werden. Die Welt braucht Licht und Wahrheit, damit das Schöne und das Gute in ihr gedeihen können. Diesen beiden anderen Qualitäten wenden wir uns nunmehr zu.

Schönheit

Wir denken uns die Schule also mit DEWEY (1916) als einen Ort des Lebens, nicht bloß der Vorbereitung auf das Leben. Darum soll hier eine Tätigkeit herrschen, die den Lebenstätigkeiten in ihren verschiedenen Bereichen gleicht. Hier soll die Qualität der Rationalität, d.h. der Wahrheit, herrschen: Denken und Handeln sollen sachadäquat und konsistent sein. Aber dem Anspruch der Wahrheit und der Rationalität gerecht zu werden, erfordert immer wieder Anstrengung. Das schwächere Ich empfindet dies als eine Last und als seiner elementaren Natur fremd. So entsteht die Sehnsucht nach einer Qualität des Tuns und des Lebens, die natürlicher ist als diejenige der Wahrheit und der Rationalität: die Sehnsucht nach der Schönheit.

Auch dieser Begriff wird leicht mißverstanden. Wir sind alle Kinder jenes Geistes, den HUIZINGA (1975[11]) an der Grenze von Renaissance und neuerer Zeit entstehen sieht, der die alte Entgegensetzung von heiligem Gott und sündiger Welt nur scheinbar überwindet und sie in Wirklichkeit in der Entgegensetzung von erhabener Kunst und banalem Alltagsleben wiederholt. So sehen es auch heute noch viele: es gibt ein erhabenes Schönes und ein ungutes Alltagsleben, vielleicht nicht ein sündiges, aber doch eines, in dem Gewinnstreben und Leistungsdruck herrschen. In einem so gearteten Alltagsleben braucht man immer mehr Freiheit und Freizeit, um ein besseres, nämlich „schöneres" Leben zu suchen: auf der akademischen Studienreise bei den Tempeln Griechenlands, vor den romanischen Kirchen des Burgund oder Kataloniens, im Symphoniekonzert oder beim Besuch einer bedeutenden Kunstsammlung...

Nichts gegen alle diese Formen des Schönheitserlebnisses, und nichts gegen die Schulfächer, in denen den Schülern Augen und Ohren dafür geöffnet werden! Aber wenn im übrigen Leben und im übrigen Unterricht nur kaltes Rechnen, sinnloses Wissen, Leistungsdruck und Sorge um das Fortkommen und die Promotion das Bild beherrschen, so stimmt etwas nicht: wir sind nicht über das Mittelalter hinausgekommen, vielleicht sogar hinter es zurückgefallen. Daher eine Vorstellung des Schullebens, in dem es menschlicher zugeht, und das soll hier bedeuten: in dem Tätigkeiten stattfinden und Produkte erzeugt werden, die erfreuen, weil sie ein inneres Gleichgewicht haben, den Betrachter positiv anmuten (also „anmutig" sind), eine Gestalt haben und einen Rhythmus zeigen, der dem Pulsschlag des Lebens entspricht.

Was wir hier zu sagen versuchen, ist eine Umschreibung des Schönen. Sie ist tastend und unsicher, wie man leicht bemerkt, denn in dieser Hinsicht verläßt uns die moderne Ästhetik. Die Sprache der Kunsttheorien verrät, daß sie unsicher und in der Krise sind. In Kunstausstellungen, in denen Betonblöcke, mit Sand bestreute Bodenflächen und Ziegelsteine als Kunstobjekte gezeigt werden, konkretisiert sich diese Unsicherheit. Die Welt ist der „hohen Kunst" müde geworden, aber sie kommt nicht über ihre Entzweiung von der natürlichen Welt hinaus, sondern wechselt einfach die Vorzeichen und wird zur „niedrigen Kunst".

Da loben wir uns die einfachen Hausfrauen, die die Fenster ihres Hauses mit Blumen schmücken, einen Garten anlegen, der den Betrachter erfreut, den Redner an einer Feier, der nicht nur die Zuhörer zum Lachen bringt, sondern das Heitere und Ernste, das er zu sagen hat, in einer gefälligen Form vorträgt, die Sekretärin, die einen Brief schreibt, dessen graphische Gestaltung man gerne anschaut, den Konstrukteur eines Gerätes, das nicht nur funktioniert, sondern das man auch gerne betrachtet und in die Hand nimmt. Alles dies sind Beispiele von Tätigkeiten und ihren Produkten, die ästhetisch gestaltet sind, in denen, mit anderen Worten, jene Qualität der Schönheit verwirklicht ist, die wir auch im schulischen Unterricht und seinen Tätigkeiten gerne zum Zuge kommen sähen.

Damit dies geschieht, muß die Blickrichtung und die Aufmerksamkeit des Tätigen anders gerichtet sein als dann, wenn er sachgemäß und konsistent zu agieren versucht. Dort geht es letztlich um eine kühle Vernunfts- und Wirkungsqualtität. Hier wenden wir uns „an die Sinne" des Menschen, etwas technischer: an seine Wahrnehmung.

Die Sinne des Menschen stellen einen Wahrnehmungsapparat dar, der nach gewissen Gesetzen funktioniert. In allen Kulturen werden bestimmte Harmonien als schön und andere als unangenehm empfunden. Zwar ist dabei auch einiges Lernen und einige Erfahrung beteiligt, und im Verlaufe der Stilepochen und in verschiedenen Kulturen hat das Schönheitsideal daher gewisse Abwandlungen erfahren. Ebenso deutlich ist aber die Tatsache, daß den heutigen Menschen die ästhetischen Schöpfungen anderer Epochen und Kulturen zugänglich sind. Das wäre nicht möglich, wenn es nicht einen gemeinsamen Kern alles ästhetischen Tuns gäbe.

Die pädagogische Schlußfolgerung ist klar. Die unterrichtlichen Tätigkeiten, die wir meinen, sollen eine ästhetische Qualität haben. Nicht nur in einigen „Kunstfächern", nein, in jedem Fach wenden Lehrer und Schüler immer wieder einen Teil ihrer Aufmerksamkeit auf die ästhetische Gestaltung der Tätigkeit, auf die Art des Sprechens und Schreibens (phonetisch, graphisch, inhaltlich), auf die sprachliche, zahlenmäßige und räumliche Darstellung dessen, was sie studiert haben, auf die herstellenden Handlungen in konkret-praktischer und in symbolischer Form, aber auch im menschlichen Umgang und in den mannigfaltigen Zeichen, die zwischen den Angehörigen einer Gruppe ausgetauscht werden, inbegriffen die Kleidung und die Manieren. Auch am Ende des 20. Jahrhunderts gibt es noch anmutige Menschen, Frauen und Männer, in deren Nähe einem wohl ist. Ist das alles überholt? Das meinen nur ein paar provinzielle Geister, die Angst haben, als solche erkannt zu werden, und die sich daher ultra-modern geben.

Wiederum geht es hier nicht darum, den Gedanken der ästhetischen Gestaltung unterrichtlicher Tätigkeit im einzelnen auszumünzen. Vielmehr soll nunmehr die schwierigste der drei Qualitäten (oder „Dimensionen") unterrichtlicher Tätigkeit, ihre Güte, betrachtet werden. Wir werden sehen, daß es sich hier nicht nur um eine moralische Frage handelt, sondern daß dahinter ganz überraschend das Problem der Lernmotivation auftaucht. Was wäre das also, eine Schule, in deren Tätigkeiten ein „Gutes" sichtbar wird?

Das Gute

Das Gute ist vorerst eine moralische Qualität. Sie kommt im Handeln dort in ihrer elementaren Form zum Zuge, wo Menschen miteinander zu tun haben und der eine dem andern zu merken gibt, daß er es mit ihm „gut meint". In seinem Verhalten wird Wohlwollen gegenüber dem anderen sichtbar. Der andere merkt es, und er kann fast nicht anders, als selbst ein wenig freundlicher dreinzublicken und etwas von diesem Wohlwollen zurückzugeben. In der christlichen und jüdischen Ethik spricht man von Nächstenliebe, und diese spiegelt im menschlichen Bereich die göttliche Liebe wider. Aber dieser Begriff ist so gewichtig und so tief, daß wir ihn in einer nüchternen Didaktik zurückhaltend verwenden wollen.

41

So sagen wir bescheidener: wer einem andern wohl will, nimmt auf seine Lage und seine Bedürfnisse Rücksicht, und er respektiert seine Persönlichkeit, deren Integrität und Würde, und er versucht, ihm das zu geben oder zu tun, was gut für ihn ist. Was ist aber gut für ihn? Wir würden antworten: Das, was ihm ermöglicht, seinen Lebensplan, vielleicht dürfen wir sogar sagen: seine Bestimmung, zu verwirklichen. Indem wir die Persönlichkeit eines Menschen ernst nehmen und ihre Würde respektieren, ermöglichen wir ihm, sich zu entfalten und seinen Weg zu finden. Immer wieder fehlt ihm etwas, ein Materielles oder ein Immaterielles: wenn wir es ihm zu geben vermögen, so helfen wir ihm weiter. Im Schulleben können es einfache Dinge sein: einen Gegenstand ausleihen, eine Auskunft (freundlich) erteilen, den andern, der unsicher ist, stützen, ihn in den eigenen Kreis aufnehmen, statt ihn auszuschließen, ihn nicht auslachen, nicht beleidigen. Offenheit und Ehrlichkeit gehören auch dazu. Falschheit widerspricht der Achtung des Mitmenschen. Wer einen anderen belügt, mißachtet dessen Menschlichkeit. Es geht hier sowohl um die Beziehungen zwischen dem Lehrer und den Schülern als auch um die Beziehungen der Schüler untereinander. Da wir dieses Buch jedoch primär für den Lehrer schreiben, so werden wir vor allem an die Haltung denken, die er selbst einnimmt. Die Beziehungen der Schüler untereinander spiegeln in den meisten Fällen die Beziehung des Lehrers zu den Schülern wider.

Man versteht unmittelbar, daß die moralische Qualität, die wir „Güte" nennen, im Leben und in den Tätigkeiten einer Schule wichtig ist. Das spricht nicht nur für sie, es zeigt auch, daß das Konzept der unterrichtlichen Tätigkeit richtig ist. Wenn Schulen nur dazu da wären, Stoffe zu vermitteln, so sähe man schlecht ein, was in diesem Unternehmen moralische Qualitäten zu suchen hätten. So sprechen ja auch heute noch einige Lehrer, die der Meinung sind, in der Schule gehe es nur um den Stoff und die Wissenschaft. Was sie sehen müßten, ist, daß auch in einer derartigen Schule zwischenmenschliche Beziehungen existieren, und daß diese eine moralische Qualität haben.

Nun gibt es jedoch andere Auffassungen vom Guten, Auffassungen, welche nicht vor allem auf der Idee des Wohlwollens (der Nächstenliebe) und ihrer verschiedenen Ausdrucksformen basieren. Wir haben das Problem schon angetroffen, als wir fragten, was denn dieses Gute sei, das wir dem Nächsten zu tun versuchen. Auch darüber haben die Philosophen nachgedacht. Sie haben das Gute zum Teil als Idee in einen Ideenhimmel verlegt oder es in Gott verwirklicht gesehen. Die vorfindlichen Güter sind dann ein Widerschein des absoluten Guten. Für uns, die wir die Tätigkeit des Menschen – und des Schülers – ins Zentrum der Betrachtung rücken, folgt aus diesen Auffassungen, daß der Mensch in seinen Handlungen versucht, der Idee des Guten näherzukommen, das eigene Tun zu dessen Spiegel werden zu lassen.

In der Neuzeit haben die Philosophen immer mehr das menschliche Streben oder die menschliche Liebe an den Anfang ihres Philosophierens gestellt. Dann ist das Gute das richtig Geliebte (BRENTANO), das im besten Streben des Menschen Gesuchte (SPINOZA), wobei der liebende und strebende Mensch in diesem Akte auch Freude und Glück erleben kann (BENTHAM). Immer wieder hat man darauf hingewiesen, daß der Mensch ein Vollkommenes suche (LEIBNITZ), das auch Schönheit und Wahrheit und eine gute Ordnung in sich schließe, und immer wieder hat man dieses Gute in der Natur und im Menschen als ein Mögliches angelegt gesehen (ROUSSEAU).

Das sind hohe und zum Teil schwierige philosophische Begriffe. Aber ist es nicht möglich, auch im Leben einer Schule diese Qualitäten am Werke zu sehen – oder doch zu versuchen, etwas von ihnen in den Tätigkeiten einer Klasse lebendig werden zu lassen? Merken nicht die Schüler in den besten Momenten des Nachdenkens und des Zuhörens, daß hinter den oberflächlichen Gegenständen der Betrachtung und der Tätigkeit etwas Grundlegendes, Wichtiges, Schönes – ein Gutes – steht? Es kann nur in seltenen Fällen ausgesprochen und begrifflich fixiert werden. (Vielleicht versuchen wir es allerdings auch zu wenig!). Aber die Bereitschaft junger Menschen, sich für etwas zu begeistern, es zu lieben, an es zu glauben, ist doch mit Händen zu greifen. Ahnen sie, daß es ein Gutes gibt, das ihrem Tun und ihrem Streben einen Sinn verleiht? Und ist es nicht ebenso deutlich, daß Lehrer, die etwas von diesem Guten ahnen und es zur Richtschnur ihres Tuns nehmen, eine Überzeugungskraft und eine Strahlung entwickeln, die ihre Tätigkeit wirksam macht? Man kann nicht ein Leben lang lehren, ohne in dem Vielerlei, das man tun muß, ein Tiefes, Wichtiges, ein Gutes zu sehen. Je deutlicher es dem Lehrer und den Schülern bewußt wird, desto eher ordnet es ihr Tun, richtet es aus und verleiht es ihm Sinn. In seinem Dienste gelingt es dem Menschen in Krisensituationen auch, tapfer zu sein. Seine Ordnung schützt gegen Maßlosigkeit, sichert also das Maß und die Gerechtigkeit.

Wahrheit, Schönheit und Güte als motivierende Kräfte

So präsentiert sich die dritte der Qualitäten schulischer Tätigkeit im Lichte der Philosophie. Die Sache hat aber auch eine psychologische Seite. Jeder, der heute mit Schule zu tun hat, weiß, wie wichtig die Frage der *Motivation* ist, nicht nur die Lernmotivation der Schüler, sondern auch die Motivation des Lehrers. Die Schüler sollten lernen wollen. Man kann auch bescheidener sagen: sie sollten zu den Tätigkeiten motiviert sein, die wir ihnen vorschlagen. (Das Lernen ergibt sich dann meistens von selbst.) Aber auch der Lehrer sollte jeden Tag wieder Kraft zu seiner Arbeit finden. Auch er braucht „Motivation" für seine Tätigkeit.

Nun haben die Psychologen viele Theorien über die Entstehung von Motiven und von Motivation entwickelt. Sie haben viel von elementaren körperlichen Bedürfnissen wie Hunger und Durst gesprochen, versucht, die höheren Motive als deren Sublimate, also als Ableitungen und Verwandlungen der elementaren Motive, zu verstehen. Alle diese Theorien haben dem Erzieher wenig geholfen. Hat man das Pferd von der falschen Seite aufzuzäumen versucht? Vielleicht müßten wir einmal an die Kraftquellen denken, die sich aus der Idee eines Guten, Schönen und Wahren ergeben. Haben wir als Lehrer den entschiedenen Versuch gemacht, von daher unsere Kräfte zu schöpfen – auch unsere Überzeugungskraft? Haben wir versucht, die Schüler ahnen zu lassen, daß wir ihnen etwas Gutes anzubieten haben: daß wir im Leben der Schule und in ihren Tätigkeiten eine Ordnung und einen Geist zum Leben zu erwecken versuchen, der für alle anziehend, befriedigend, erfreulich ist? Haben wir unserem Unterrichtsstoff etwas von der Strahlung des Vollkommenen zu geben versucht? Wo es uns gelungen ist, haben wir immer wieder bemerkt, daß die Schüler sich von unserer Begeisterung, unserer Liebe zur Sache, anstecken ließen. Diese entsteht natürlich nicht aus dem Nichts. Wir Lehrer müssen uns zuerst „bewegen lassen". Motivation kommt ja von „movere": sich bewegen.

Die moderne Klage über die mangelnde Lernmotivation der Schüler hat tiefere Gründe. Diese liegen zum Teil an einem Zeitgeist, der orientierungslos und daher sinnentleert ist. Aber das Klagen führt da nicht weiter. Beginnen wir mit dem, was wir in der Hand haben. Das sind unsere eigenen Triebkräfte, und es sind die Leitvorstellungen, die uns bewegen, es ist unser Streben, unser Lieben, das das Gute schafft oder es sichtbar macht. Wiederum stellen sich hier viele Einzelprobleme, die mit diesen philosophischen Vorüberlegungen nicht gelöst sind. Wir kommen auf die Frage der Lernmotivation zurück. Aber wir sehen schon jetzt: diese Frage führt zu den Fragen des Sinnes unseres Tuns, sie sind nicht mit kleinen psychologischen Rezepten zu lösen. Es geht darum, dem eigenen Tun seinen Sinn zu geben – oder diesen zu entdecken.

Damit haben wir die Leitvorstellungen des Schullebens und der in ihm sich abspielenden Tätigkeiten entwickelt. Es ist die Vorstellung einer reichen, auf Sachen und auf Menschen ausgerichteten Tätigkeit, die Realitäten schafft und die Realität darstellt, real und symbolisch. Diese Tätigkeiten stellen wir uns nicht abstrakt, sondern konkret auf die Lebenskreise der Gesellschaft bezogen vor: auf die Familie, den Beruf, den Staat und auf die

Alltagskultur. Damit diese Tätigkeiten aber nicht in der oberflächlichen Betriebsamkeit versanden, und damit sie in einem tiefen Sinne attraktiv, „motivierend" bleiben, möchten wir ihnen die gute Ordnung der Sachgemäßheit und der Konsistenz, die gute Gestalt der Schönheit und den Geist der Güte verleihen.

Kapitel 3: Von der Tätigkeit zum Lernen und zum Lehren

Wir haben bisher wenig vom Lernen gesagt. Der Akzent lag auf der Idee der Tätigkeiten, die sich im Schulleben abspielen sollten. Das ist die Deweyische Idee des Pragmatismus: die Schule als einen Ort der Tätigkeit, eine kleine Welt zu verstehen, in der sich Ähnliches wie in der großen Welt abspielt (DEWEY 1916). Als Lehrer und als Pädagoge kann man zu viel und zu wenig ans Lernen denken. Die herkömmliche Schule wollte direkt zum Lernen kommen. Sie vergaß dabei, daß sie zuerst hätte dafür sorgen müssen, daß sie echte Tätigkeiten in Gang setzt. Das Ergebnis waren Kümmerformen der Tätigkeit: ein Übergewicht der symbolischen und sachbezogenen Tätigkeit, und – aus anderen Gründen – ein Vorherrschen der darstellenden Tätigkeiten. Weil jedoch die Frage, was denn in der Schule überhaupt für eine Art von Tätigkeit stattfinde, nicht bewußt gestellt wurde, war man sich dieser Ungleichgewichte kaum bewußt.

Die Reformpädagogik, insbesondere in ihrer pragmatistischen Ausprägung als „progressive education", krankte am gegenteiligen Übel. Sie wollte weg von der „Lernschule". Das Leben sollte in sie einziehen. Deweys Projekte, man denke etwa an das berühmte Thyphus-Projekt (DEWEY & KILPATRICK), waren wirklichkeitsnahe, praktische Unternehmungen, in deren Rahmen sich interessante, Lehrer und Schüler begeisternde Tätigkeiten abspielten: Den betroffenen Bauernhof kennenlernen, herausfinden, warum der Typhus darin immer wieder auftrat, Sanierungsvorschläge machen, sie durchführen. Diese Tätigkeiten lösten sicher mannigfaltiges Lernen aus. Dieses war aber so komplex, daß DEWEY es nicht systematisch zu fassen vermochte – außer dem Nachweis des Problemlösens. Entsprechend war auch bei den Lehrern der Reformschulen immer wieder das Bewußtsein, welche Lernprozesse man eigentlich herbeiführen wollte, nicht klar ausgebildet. Lernen ereignete sich bei der Durchführung der Projekte irgendwie. Man wußte davon so wenig wie alle jene Väter und Mütter, Lehrmeister und Animatoren, die mit Kindern und Jugendlichen Tätigkeiten durchführen und die immer wieder erstaunt feststellen, daß ihre Zöglinge dabei lernen.

Wir werden im folgenden also beide Gefahren zu vermeiden suchen: das sterile Lernen „netto", ohne genügenden Handlungskontext, und ein bloßes Handeln, ohne genügendes Bewußtsein der auszulösenden Lernprozesse.

Unser Vorgehen ist also klar: wir vermeiden den Kurzschluß des bloßen Stofflernens, denn wir wissen, daß Stoffe nur das objektivierte, sozusagen „kristallisierte" Ergebnis von Tätigkeit darstellen. Lernen setzt also dort ein, wo es dem Lehrer gelungen ist, die Klasse hinter den Stoff zu den Tätigkeiten zurückzuführen. Damit ist auch gesagt, daß wir eine Vorstellung von Lernen entwickeln müssen, die auf die acht Tätigkeitsformen unseres Würfels paßt: sachbezogene und soziale, reale und symbolische, herstellende und darstellende Tätigkeiten. Ihre Ausprägung gemäß den vier Bereichen, in denen sie sich im wirklichen Leben abspielen, kompliziert dieses Bild nicht, sondern eröffnet eher didaktische Chancen. Aber es wird eine interessante Frage sein, wie die Lernprozesse aussehen, welche innerhalb der acht Tätigkeitsformen die drei Qualitäten der Wahrheit (Sachgemäßheit und Konsistenz), der Schönheit (gute Gestalt) und der Güte (Werthaftigkeit, Sinn) ausbilden. Wenn wir vor diesen Problemen weiterkommen wollen, müssen wir eine grundlegende Unterscheidung einführen. Sie scheidet das „strukturelle Lernen" vom „verstärkenden Lernen".

Strukturelles Lernen

Jede Tätigkeit hat ihre Struktur. Beobachtungen müssen mit Beobachtungen, Beobachtungen mit Tätigkeiten und Tätigkeiten unter sich verknüpft werden. Ich beobachte, daß bei einer Pflanzenzwiebel zuerst Blätter seitlich herauswachsen, daß sich dann an ihrem Grunde eine neue kleine Zwiebel bildet und daß sich diese schließlich von der Mutterzwiebel ablöst, ihrerseits Wurzeln schlägt und sich so verselbständigt: eine Reihe von Beobachtungen, die untereinander zusammenhängen und eine Entwicklungsreihe bilden. Bei einer romanischen Kirche beobachte ich einen erhöhten Chor. Ich entdecke darunter eine Kellerkirche, eine „Krypta". Auch diese beiden Beobachtungen gehören zusammen. Die Krypta erklärt den erhöhten Chor. Ebenso zahlreich sind Zusammenhänge von Beobachtungen und Tätigkeiten, von „Reizen und Reaktionen", wie man früher gesagt hat. Ich beobachte, daß die Flüssigkeit in einem Gefäß zu sieden beginnt. Ich weiß, daß ich jetzt die Wärme drosseln muß, sonst siedet die Flüssigkeit über. Wir verknüpfen die Wahrnehmung mit der Handlung. Diese verhindert, daß sich der beobachtete Vorgang ungünstig weiterentwickelt. Oder ich beobachte, daß sich zwei Gesprächspartner mißverstehen, eventuell im Begriffe sind, einen Streit anzufangen. Ich greife ein, indem ich das Mißverständnis kläre und so den drohenden Streit verhindere. Schließlich die Verknüpfungen von Teilhandlungen untereinander: An einem Orientierungslauf folgt die Gruppe einem Bach bis zu einer Stelle, an der sie ihn überschreiten

47

kann. Die erste Teilhandlung „dem Bach folgen" ermöglicht die zweite Teilhandlung „den Bach überschreiten". Bei der Konstruktion eines Kraftwerkes im Sandkasten wird ein Gewässer gestaut, damit der Wasservorrat in der Folge auf die mit den Stromgeneratoren verbundenen Turbinen im Tal unten geleitet werden kann. „Das-Wasser-stauen" und „Es-auf-die-Turbinen-leiten" sind hier die Teilhandlungen. In Wirklichkeit umfassen beide eine Vielzahl elementarerer Teilhandlungen, die ihrerseits verknüpft sind. In der Mathematik kürzen wir einen Bruch, um ihn sodann auszudividieren, oder wir addieren eine Anzahl von Meßwerten, um sie sodann durch diese Anzahl zu dividieren und den Mittelwert zu erhalten. Das sind alles Beispiele von unter sich verknüpften und aufeinander aufbauenden Wahrnehmungen, Handlungen und Operationen. Die Struktur der entsprechenden Vorgänge und Handlungen wird sichtbar, wenn wir uns bewußt werden, wie die Beobachtungen und Teilhandlungen untereinander zusammenhängen, wenn wir die Beziehungen erkennen, die sie verbinden. Im Grenzfall handelt es sich um ganze Beziehungsgeflechte, um „Netze" oder „Netzwerke" von Beziehungen (AEBLI 1980/81) innerhalb der beobachteten Vorgänge und der erzeugten Handlungen. Sie können sachlicher und sozialer Art sein, und sie können wirklich beobachtet und ausgeführt oder nur symbolisch (sprachlich, mathematisch) repräsentiert sein.

Nun ist auch klar, was strukturelles Lernen heißt. Lernen bedeutet hier *eine Struktur aufbauen,* bzw. sie dem darzustellenden Vorgang oder Gegenstand *nachbauen.* Beides sind konstruktive Prozesse. Der Kern ist die Verknüpfung der Handlungs- und Beobachtungselemente zu einem komplexen Ganzen, eben zu einer Struktur. Dieser Aufbau kann dem Schüler gelingen oder mißlingen: vor dem Gefäß, dessen Inhalt zu sieden beginnt, vor dem drohenden Streit der zwei Kameraden oder vor dem Bruch, dessen Wert zu ermitteln ist, kann er ratlos sein, nicht wissen, was er tun soll, oder er kann das Falsche tun. (Es ist schon hier klar, daß „Lehren" heißen wird, den Schüler, der aus eigener Kraft nicht weiterkommt, anzuleiten, das Richtige zu beobachten und zu tun.) Die Leistung des erfolgreichen Lerners besteht also darin, laufend die richtigen Verknüpfungen herzustellen und damit die neue Tätigkeit schrittweise aufzubauen. Strukturelles Lernen ist also eine produktive, konstruktive Tätigkeit. Wenn sie der Schüler selbständig ausführt, nennen wir sie „Problemlösen". Wenn der Lehrer dabei vordenkt, so nennen wir das „Erklären". Aber auch durch „Erzählen" und „Vorzeigen und Nachmachen" kann der Schüler eine neue gedankliche Struktur oder eine Handlungsstruktur erwerben (AEBLI 1983).

Verstärkendes Lernen

Vom strukturellen Lernen unterscheiden wir nun das verstärkende Lernen. Hier werden keine neuen Beziehungen zwischen Beobachtungen und Handlungen hergestellt. Vielmehr werden schon hergestellte Beziehungen – wir nennen sie zum Teil auch „Assoziationen" – verstärkt, so daß sie kräftiger, rascher, sicherer und manchmal auch harmonischer ablaufen. Diese Lernvorgänge sind nicht produktiver oder konstruktiver Natur. Es wird bloß konsolidiert, was schon verknüpft ist. Die klassische Lerntheorie (BOWER & HILGARD 1983/84) hat vor allem diese Vorgänge untersucht und eine Vielzahl von Gesetzen dieses Lernens entdeckt. Wir haben sie im Kapitel über das Üben kurz zusammengefaßt ("Zwölf Grundformen", Kap. XII). Denn das Üben strebt ja gerade die Konsolidierung an. Diese geschieht durch geeignete Wiederholungen und vor allem dadurch, daß der Lernende die Wirkung seines Tuns wahrnimmt. Diese Wirkungen nennt man aus diesem Grunde auch „Verstärkungen". Es sind die Folgen des Tuns, die eine Tätigkeit, bzw. die Tendenz, sie auszuführen, stärken oder abschwächen.

Diese Verstärkung kann in allen Tätigkeitsbeispielen, deren Konstruktion wir oben beschrieben haben, stattfinden. Wenn wir uns die erwähnte Entwicklung einer neuen Zwiebel oder die Konstruktion der romanischen Kirche einzuprägen versuchen, so stellen wir uns die einzelnen Bilder mehrmals vor, so daß wir sie mit der Zeit leicht hintereinander vor das innere Auge rufen können. Die Abfolge von Wahrnehmungen und Handlungen, von „Reizen und Reaktionen", konsolidieren wir ihrerseits derart, daß der Reiz die Reaktion kräftig, prompt und sicher hervorruft. Das nennt man eine Reaktion „konditionieren". Die Wahrnehmung wird zur „Kondition" (zur Bedingung) für die Auslösung der Handlung. Die positive Folge verstärkt, die negative schwächt die Handlungstendenz. Ähnliches gilt für die Abfolge von Teilhandlungen. Ihre Verbindung muß konsolidiert werden, dann automatisiert sich der gesamte Ablauf. Allgemein können wir sagen, daß die Konsolidierung von Handlungsabläufen und von Gedankenfolgen durch Üben und Wiederholen geschieht. Sie spielt sich bei sachlichen und sozialen Tätigkeiten (Wärmezufuhr drosseln, Streit verhindern), bei herstellenden und darstellenden Tätigkeiten (Kraftwerk bauen, Zwiebel beobachten) und bei realen und symbolischen Tätigkeiten ab (Bach überqueren, Mittelwert ausrechnen).

Strukturelles und verstärkendes Lernen findet häufig statt, wenn der Lerner ein Verhaltensmodell beobachtet und nachahmt. Man spricht daher auch von *Beobachtungs-* und *Nachahmungslernen*. Diese Lernform ist von großer praktischer Bedeutung, stellt indessen keine Alternative zum strukturellen und verstärkenden Lernen dar, sondern bezeichnet dessen Anlaß. Wir kommen darauf im Zusammenhang der Theorien des sozialen Lernens zurück.

Vom Lernen zum Lehren

Was ist in dieser Sicht nun das Lehren? Nichts anderes als das Auslösen und Steuern von Lernprozessen durch eine kompetente Person. Das ist die Aufgabe des „Lehrers". Was braucht es dazu? Offenbar ein intuitives und womöglich auch theoretisch untermauertes Wissen um die Möglichkeiten, bei Schülern Lernprozesse in Gang zu setzen, „auszulösen", und sie in ihrem Verlauf richtig anzuleiten, also zu „steuern".

Wie kann ein Mensch in einem anderen Lernprozesse in Gang setzen? Diese Frage kann man verschieden tief beantworten. Die „Zwölf Grundformen" geben dazu Hinweise: Schüler sind bereit, einer interessanten *Erzählung*, einem lebendigen *Bericht* zu folgen, und dabei lernen sie. An die Stelle der mündlichen Darstellung kann der schriftliche Text treten. Wenn er gewisse Bedingungen erfüllt, lernt der Schüler, indem er den Text *liest*. Auch die *Demonstration* von Handlungen und Prozessen kann Lernen auslösen. Es wird dies um so mehr der Fall sein, je interessanter die Demonstration ist. Was heißt das? Interessant sind alle jene Angebote, welche auf eine Frage des Lernenden antworten, ein Problem, das ihn treibt, lösen. Das gilt nicht nur für Erzählungen und Demonstrationen, es gilt auch für *Erklärungen*. Ja, es gilt nicht nur für „Angebote"von seiten des Lehrers, sondern auch für *selbstentwickelte Handlungen* und *Beobachtungen*. Meine Fragen und Probleme treiben mich dazu an, Beobachtungen anzustellen und Handlungen (Maßnahmen, Verfahren, Methoden) zu entwickeln, die meine Frage beantworten und das Problem lösen. Ich ereifere mich für eine Sache, wenn ich spüre, daß ich der Beantwortung der Frage, der Lösung des Problems näher komme. Das Problem ist der Motor des Denkens und des Handelns, „le dynamognisateur de la conduite" hat CLAPARÈDE (1931) gesagt.

Nun gibt es aber offensichtlich Erklärungen, Berichte, Demonstrationen und auch Problemlösungen, die Schüler kalt lassen. Man kann daher tiefer zu dringen versuchen und fragen, welche Qualitäten die Angebote des Lernens haben müssen, um Kinder und Jugendliche zu erreichen und sie zu bewegen. Die nächste Antwort beruft sich auf einen Gedanken des russischen Psychologen WYGOTSKI (1934/69). Er hat davon gesprochen, daß es für jedes Kind in jedem Moment seiner Entwicklung eine „Zone des nächsten Entwicklungsschrittes" gebe. Auf unser Problem bezogen, würde das heißen: Attraktiv sind für den jungen Menschen jene Angebote, die es ihm ermöglichen, den nächsten Entwicklungsschritt zu realisieren.

Man müßte dabei annehmen, daß diese Schritte individuell verschieden sind. Das jedoch widerspräche der Tatsache, daß eine ganze Schulklasse, deren einzelne Glieder doch in der Regel in ihrer Entwicklung verschieden weit sind, auf gewisse Angebote positiv reagieren. Das ist indessen keine grundsätzliche Schwierigkeit. Man müßte einfach vom Gedanken eines einheitlichen Entwicklungsstandes, der die ganze Persönlichkeit und alle Fähigkeiten eines Kindes einheitlich kennzeichnet, wegkommen und annehmen, daß in jedem Menschen viele Entwicklungen in verschiedenen Bereichen seines Wissens und Könnens im Gange sind. Der Ort der menschlichen Entwicklung gleicht viel eher einem großen Bauplatz, auf dem die verschiedensten Konstruktionen im Gange sind. Dann ist es auch denkbar, daß ein bestimmtes Angebot, das ja auch seinerseits viele verschiedene inhaltliche und gefühlsmäßige Elemente enthält, bei verschiedenen Kindern an verschiedenen Orten eine neue Erfahrung, ein neues Erleben und eine neue Einsicht auslöst. Man weiß ja auch, daß Kinder in einer Geschichte ganz verschiedene Dinge hören und verstehen. Ähnlich ist es, wenn der Lehrer etwas vorzeigt; und es braucht nicht anders zu sein, wenn der Schüler eine Aufgabe erhält und sie löst. Es könnte auch sein, daß gewisse Angebote dem Schüler auf ganz verschiedenen Niveaupunkten einen Fortschritt ermöglichen, weil das Angebot sozusagen polyvalent ist oder eine „Breitbandwirkung" hat.

Wie dem auch sei: es ist möglich, im Schüler Lernen auszulösen, weil er lebendig ist, sich betätigen möchte, weil er es spürt, daß ihm das Angebot des Erziehers ermöglicht, einen Entwicklungsschritt zu vollziehen, für den er gemäß seiner bisherigen Erfahrung und seinem Entwicklungsstand bereit ist. Man erkennt sofort, daß dies vom Lehrer Feingefühl und Beobachtungsfähigkeit erfordert. Er muß spüren, ob sein Angebot den Schüler dort erreicht, wo er gemäß dem Stand seines Lernens und seiner Entwicklung steht, und er muß es ständig so dosieren, daß auf den Schüler ein Zug ausgeübt wird, dem er zu folgen vermag. Das Problem erlaubt eine weitere Vertiefung, wenn wir an die motivierende Kraft des Guten denken.

So stellen wir vorerst fest, daß Lehren bedeutet, Lernen im Schüler in Gang zu setzen, eine hohe Kunst, in der psychologische Erkenntnisse einige Hilfe leisten können, das Entscheidende aber vom Erzieher in der konkreten Situation je und je erspürt werden muß.

In der Folge geht es darum, daß er den Verlauf des Lernprozesses in der geeigneten Weise *steuert*. Kinder wie Erwachsene kennen ihre eigenen Lernprozesse schlecht, wenn sie auch immer wieder spüren, daß sie das eine Mal weiterkommen und das andere Mal in Schwierigkeiten geraten und steckenbleiben. Die Gründe sind ihnen selten klar, und noch weniger vermögen sie in jedem Moment, die Maßnahmen selbst zu treffen, die notwendig wären, um den Lernprozeß in Gang und auf der richtigen Bahn zu halten. Denn dieser Prozeß ist äußerst komplex. Wir haben gesehen, daß er strukturelle Aspekte und Aspekte der Verstärkung hat, und wir wissen, daß die Motivation irgendwie aufrechterhalten, also richtig gesteuert werden muß. Doch das sind bloß die allgemeinsten Aspekte des Lernens. Wir denken an die Lernfunktionen, die in den „Zwölf Grundformen" beschrieben sind: Aufbauen, Durcharbeiten, Üben und Anwenden. Jede von diesen muß zum Zuge kommen, damit klare Begriffe, bewegliche Operationen und übertragbare Handlungsschemata entstehen. Der Schüler kann nicht wissen, was dazu alles nötig ist. Darum haben Lernende jederzeit Lehrer gesucht, die ihnen weiterhelfen. Aristoteles hat bei Plato studiert, Augustin ist bei Ambrosius in die Lehre gegangen, Kant hat von Hume gelernt, Bach von Vivaldi, Michelangelo von Donatello, Picasso von Toulouse-Lautrec. Große Instrumentalisten nehmen noch Stunden, große Schachspieler und Sportler haben ihren „Coach" . Offenbar trauen sogar sie es sich nicht auf der ganzen Linie zu, ihren Lernprozeß selbst opitmal zu steuern. Wie sollte der Schüler dies können?

So erkennen wir eine der wichtigsten Qualifikationen des Lehrers: er müßte ein Experte im Bereiche der Lernprozesse sein, eine ausgebildete, in ein unmittelbares Gespür umgesetzte Fähigkeit besitzen, zu beurteilen, wo der Schüler im Lernprozeß steht und welche nächsten Schritte bei ihm ausgelöst werden können und müssen.

Wir erkennen jetzt, wie schief jene Auffassung von Lehrern ist, die von sich sagen, sie seien eben nur Wissenschaftler, Technologen oder Organisatoren, ihre alleinige Aufgabe bestehe darin, den Schülern gewisse Stoffe vorzutragen oder anzubieten. Ihre Blickrichtung sollte eine andere sein. Sie müßten vom Lernprozeß des Schülers aus denken: aus ihm ergeben sich die Maßnahmen des Lehrens. Didaktik ist in diesem Sinne angewandte Lernpsychologie.

Ist das Wahre, das Schöne und das Gute lehrbar? Trotz des wohlklingenden Titels, der an die Frage des Sokrates erinnert, geht es hier um sehr praktische Dinge. Unser Ziel ist es, Schülern und Lehrern die Tätigkeiten, die sie in der Schule ausführen, attraktiv zu machen, und dies in einem tiefen Sinne: so daß sie diese Tätigkeiten innerlich bejahen, sie um ihrer selbst und nicht um einer äußerlichen Belohnung willen oder zur Vermeidung von Bestrafung ausführen. Sie werden sie bejahen, wenn sie sie als befriedigend erleben, wenn sie den Eindruck haben, daß sie bei ihrer Ausführung leben und weiterkommen. Damit dies möglich wird, müssen diese Tätigkeiten, so haben wir gesagt, drei Qualitäten aufweisen. Sie

müssen wahr, schön und gut sein. Hier stellen wir nun die Frage, ob diese
Qualitäten lehrbar seien.

Sachgemäß und konsistent handeln lernen

Inwiefern eine Tätigkeit „wahr" sein kann, wird klar, wenn wir diesen
Ausdruck in die moderneren und technischeren Begriffe der Sachgemäßheit und der Konsistenz übersetzen. KERSCHENSTEINER (1928 a,b) hat es
schon deutlich gesagt: Der Schüler muß lernen, der Sache gemäß zu handeln. Er wollte das genau wissen, daher hielt er wenig von Papp- und
Kleisterarbeiten. Bei der Holzarbeit, so meinte er, sei exakte Kontrolle der
Maße möglich, und man sehe hier genau, ob eine Konstruktion richtig
geplant und ausgeführt sei. Wenn die Schüler einen Starenkasten konstruieren, so sollen die Brettchen richtig verbunden sein, keine Spalten aufweisen, und am Ende soll er von den Staren akzeptiert und bezogen werden:
dann ist die Arbeit der Sache adäquat.

In ähnlicher Weise zeigt KERSCHENSTEINER (1928 b), was eine sachlich
richtige Übersetzung ist. Sie muß dem Originaltext adäquat sein, seinen
Sinn genau wiedergeben. Sogleich wird hier sichtbar, daß ein sachlich
richtiges Produkt auch konsistent ist. Erste Vermutungen über den Sinn
einzelner Wörter und Ausdrücke des Textes erweisen sich als anderen
Stellen widersprechend, keinen Zusammenhang, keinen Gesamtsinn erge-
bend. Die ersten vermuteten Bedeutungen sind falsch. Die neue Vermu-
tung löst den Widerspruch auf, überbrückt die Lücke, stellt eine in sich
geschlossene Bedeutung des Textes her. Der Übersetzer freut sich über
seinen Erfolg. Jetzt versteht er den Text.

Wir haben damit eine praktische und eine symbolische Tätigkeit gesehen,
welche zugleich das eine Mal herstellend, das andere Mal darstellend ist.
(Der Übersetzer hat den Text in einer anderen Sprache „dargestellt".)
Unsere allgemeine pädagogische Zielsetzung ist es also, im Schüler die
Fähigkeit und den Willen zu entwickeln, seine Tätigkeiten sachgemäß und
konsistent auszuführen, und die Frage lautet, ob dies lernbar und lehrbar
sei.

KERSCHENSTEINER war jedenfalls dieser Meinung. Wir haben unsererseits
keinen Grund, daran zu zweifeln. Wie wird es gelingen? Die Grundlage ist,
daß sich sachgemäßes Handeln bewährt und unsachgemäßes Handeln im
Mißerfolg endet. Wenn die Bretter nicht passen, entsteht kein Starenkasten, und wenn seine Öffnung zu klein oder zu groß ist, wird er von den
Staren nicht bezogen. Das ist der Vorteil des praktischen Handelns, daß
Erfolg und Mißerfolg deutlich sichtbar werden. Zugleich ist es die Crux der

Lernschule, daß diese Kriterien häufig fehlen oder doch sehr indirekt und spät wirksam werden. Es ist fast nur der Lehrer, der Lob und Tadel verteilt, statt daß die Sachgemäßheit der Arbeit an ihrem Produkt abzulesen wäre. Darum lebt auch der Lehrling in einer so viel natürlicheren Umwelt als der Gymnasiast. Wir ziehen daraus den Schluß, daß jeder praktische, projektartige Unterricht für das Lernen und Lehren sachgemäßen Handelns günstig ist.

Auch im theoretischen Unterricht gibt es sachgemäßes Handeln, das Übersetzungsbeispiel hat es gezeigt. Hier geht es jedoch vor allem darum, dem Schüler die Konsistenz oder die Inkonsistenz seiner Überlegungen zu zeigen. Dies gilt insbesondere für die exakten Wissenschaften. Wenn ich eine Gleichung gelöst habe, kann ich die Werte für die Unbekannte einsetzen und nachsehen, ob links und rechts des Gleichheitszeichens der gleiche Betrag entsteht. Im anderen Fall habe ich den Prototyp des Widerspruchs erzeugt. In den Humanwissenschaften sind alle diese Kriterien weicher. Aber auch hier kann man den Schüler für sachlich schiefe und inkonsistente Züge seiner Arbeit sensibilisieren. Wir sensibilisieren ihn damit für ihre Wahrheit.

Wie geschieht diese Sensibilisierung? Zwei Elemente sind dazu notwendig. Einmal muß der Schüler immer wieder erfahren und erleben, was sachgemäßes und konsistentes Denken und Handeln ist. Das Vorbild des Lehrers, seine Art zu sprechen, zu argumentieren und zu handeln, spielen hier eine große Rolle. Das zweite ist die sorgfältige und kritische Betrachtung der eigenen Arbeit, als Arbeitsrückschau und als Prüfung des Produktes. Auch in dieser Hinsicht sollte der Lehrer als Vorbild wirken, zeigen, wie er seine eigene Arbeit und sein eigenes Produkt (das er zur Demonstration hergestellt hat) kritisch betrachtet. Wir kommen später auf das autonome Lernen zu sprechen und werden dort sehen, welche Rolle das laute Denken des Lehrers in diesem Lernprozesse spielt.

Es ist möglich, die Aufmerksamkeit der Schüler auf diese formalen Qualitäten der Tätigkeit zu lenken und sie dafür zu sensibilisieren. Voraussetzung dazu ist, daß sich der Lehrer dieses Aspektes der Tätigkeit bewußt ist, daß er selber eine lebendige Vorstellung davon hat und daß er Zeit und Kraft für diesen Aspekt der Arbeit reserviert. Wenn der Schüler seinerseits an vielen Beispielen immer wieder erfahren hat, was eine sachgemäße und konsistente Arbeit ist, wird er die entsprechende Leitvorstellung und die Fähigkeit entwickeln, ihr nachzuleben. Denn noch einmal: Keiner widerspricht sich gerne, und jeder freut sich, wenn sich sein Produkt bewährt.

Tätigkeiten ästhetisch gestalten lernen

Über die Lehrbarkeit der ästhetischen Gestaltung menschlicher Tätigkeiten ist Ähnliches zu sagen wie über ihre sachgemäße und konsistente Gestaltung. Es handelt sich darum, dem Schüler die entsprechenden Leitvorstellungen zu vermitteln und ihn zu befähigen, seinem Tun die gute Form zu geben. Das Vorbild des Lehrers und seine Maßnahmen zu einer entsprechenden Lenkung der Aufmerksamkeit und damit zur Sensibilisierung des Schülers sind auch hier grundlegend. Ebenso grundlegend ist es, daß dieses Ziel dem Lehrer selbst am Herzen liegt.

Aus verschiedenen Gründen sind diese Dinge in den heutigen Schulen nicht selbstverständlich. Einmal denken wir daran, daß sich die Welt der Schule in den westlichen Ländern weithin verselbständigt hat. Während in der Wirtschaft ebenso wie im privaten Bereich die ästhetische Gestaltung der Umwelt und der Arbeitsprodukte eine immer größere – zum Teil vielleicht sogar übertriebene – Bedeutung erhalten hat (man denke etwa an die Verpackungen, an das Design der Autos, der Maschinen und der Geräte, aber auch an die graphische Gestaltung von Geschäftsbriefen, Offerten usw.), so sieht man in den Schulen häufig die umgekehrte Tendenz zur Formlosigkeit. Wir denken hier nicht nur an den Zerfall der Schriften bei vielen Lehrern und Schülern, an betont unordentliche Kleidung, sondern auch daran, daß viele Schulzimmer unordentlich und unwohnlich sind. Wenn man anderseits an die Schriften unserer Großväter denkt, die schön schreiben wollten und es auch konnten, wenn man daran denkt, daß in den Betrieben fast alle Angehörigen verstehen, daß ihre äußere Erscheinung bei den Kontakten mit Kunden und Geschäftspartnern eine wichtige Rolle spielt, und wenn man schließlich bedenkt, daß auch im privaten Bereich, demjenigen des Wohnens und der Freizeit, bei der großen Mehrheit der Bevölkerung ein deutlicher Wille zur ästhetisch ansprechenden Gestaltung des eigenen Lebenskreises sichtbar ist, so versteht man schlecht, warum sich viele Schulen ganz anders verhalten. Ist es ein falsches Ideal der *Eigentlichkeit?* Will man seine Verachtung für Äußerlichkeiten demonstrieren? Meinen einige Schüler, sie erscheinen um so intelligenter, je unleserlicher ihre Schriften sind, und einige Lehrer, ihre Lektionen seien um so genialer, je chaotischer ihr Tafelbild erscheint? Wir wissen es nicht. Es bräuchte hier wohl eine Psychoanalyse der Unordentlichkeit, um deren unbewußte Motive ans Tageslicht zu befördern.

Wer nun aber überzeugt ist, daß die Schule auch in ihrer wahrnehmbaren Form das außerschulische Leben widerspiegeln sollte, und wer meinte, daß die dort lebendigen Ideale einer ansprechenden Gestaltung auch innerhalb der Schule Geltung haben, der müßte auch die ästhetische Gestaltung von

Tätigkeiten und Produkten als ein wichtiges Lehrziel betrachten. Schriften sind da, um von einem Adressaten gelesen zu werden, und ein graphisch gut gestaltetes Blatt erfreut den Leser und stimmt ihn positiv, auch zum Inhalt. In einem Schulzimmer verbringen Schüler Stunden und Tage ihres Lebens: dürfte es da nicht einen Geist der „guten Form" atmen? Und, etwas tiefer betrachtet: haben nicht auch die zwischenmenschlichen Austauschhandlungen ihre Form, und könnte sie nicht eine gute sein? Im 18. Jahrhundert hat man von der „schönen Seele" gesprochen. Anmut des Verhaltens war ein Ideal. Cervantes beschreibt den einfachen Schildknappen des Don Quijote, Sancho Panza, als „personaje gracioso", eine Persönlichkeit mit Grazie. Verstehen wir das noch? Wenn nicht: ist unserer Welt nicht etwas verlorengegangen? Und sind wir nicht angenehm berührt, wenn wir einen Menschen kennenlernen, in dessen Verhalten ein Hauch der guten Form, der Anmut sichtbar wird?

Es ist klar, daß der Lehrer hier gegen unästhetische Zeitströmungen antritt. Aber die Aufgabe ist nicht unlösbar, vorausgesetzt, daß er selbst das Problem mit etwas Distanz und einiger Tiefe durchdacht hat. Die erste Wirkung wird dann sein, daß er in seiner eigenen Erscheinung versucht, die rechte Form zu finden. Sodann wird er mit seinen Schülern nach einer Arbeitsphase, in der man sich vor allem um sachliche und logische Richtigkeit bemüht hat, auch über die ästhetische Gestaltung des Produktes sprechen, nicht theoretisch, sondern schlicht unter der Fragestellung, ob und in welchem Maße es einen unbefangenen Betrachter aus der außerschulischen Welt ansprechen würde. Das kann man auch experimentell versuchen, indem die Schüler kleine psychologische Versuche durchführen und ihre Produkte von verschiedenen Beurteilern innerhalb und außerhalb der Schule auf einer Skala, die von „ansprechend" bis „unerfreulich" reicht, bewerten lassen, so, wie das durch Meinungs- und Marktforschungsinstitute geschieht. So kann die Motivation für den Prozeß des ästhetischen Lernens erzeugt werden. Wenn diese einmal vorhanden ist, wird es leicht fallen, auch das notwendige Können zu vermitteln. Unsere Vorfahren haben es erfolgreich getan, warum sollte uns dies an der Wende des zweiten Jahrtausends nicht mehr gelingen?

Gutes Handeln erfahren

Mit der dritten der möglichen Qualitäten des Handelns betreten wir den Bereich der Ethik, nicht primär als philosophische Lehre, sondern als praktisches Problem. Auch hier gibt es zwar einen formulierbaren Stoff des Unterrichts. Am Anfang steht jedoch die Wirklichkeit des Tuns. In

Abwandlung von Erich Kästners berühmtem Satz („Es gibt nichts Gutes, außer man tut es") würden wir sagen: „Es entsteht kein Begriff des Guten, außer man tut es."

Unsere Leitvorstellung ist die folgende. Im Leben und in den Tätigkeiten der Schule müßte ein Geist des gegenseitigen Wohlwollens, der Rücksichtnahme und des Helfens lebendig sein. Schüler und Lehrer müßten sich, bei allen möglichen kleinen Störungen im Alltag, zusammengehörig und solidarisch fühlen. Diese Verbundenheit, so haben wir gesehen, ergibt sich dort, wo dem gemeinsamen Tun und Lernen gemeinsame Werte, Überzeugungen und bewegende Ideen zugrundeliegen. Je tiefer diese begründet sind, desto größer und dauernder ihre Wirkung. In den besten Momenten wird dem Lehrer wie den Schülern klar, daß hinter den oberflächlichen Zielen der Tätigkeit ein grundlegendes Gutes steht, dem wir näherzukommen suchen. Dieses Gute liefert eine tragfähige Motivation des Tuns und des Lernens, welche weiter reicht, als die bloße Beunruhigung durch eine offene Frage oder ein ungelöstes Problem.

Wie können wir dem Schüler diese Erfahrungen verschaffen? Es ist nicht so schwierig, wie es scheinen möchte. Wenn der Schüler das Glück hat, in seiner Familie bei einer guten Mutter und einem verständnisvollen und Wärme verbreitenden Vater Sicherheit und Geborgenheit zu erfahren, so sind in seinem Erleben die Anlagen, die ihn kontaktfähig machen, schon entwickelt worden. Er wird die entsprechenden Haltungen auf seine Kameraden und auf die Lehrpersonen übertragen, sofern diese den Schemata entsprechen, die er in der Familie entwickelt hat.

Dazu ist allerdings mehr als Belehrung notwendig. Die erste sittliche Erfahrung ist die Erfahrung der Liebe oder, bescheidener: des Wohlwollens durch einen anderen Menschen. Hier muß der Lehrer zuerst etwas geben, damit im Schüler eine Antwort erzeugt wird. Das ist nicht für jeden jungen Erzieher selbstverständlich. Er fühlt sich vor einer neuen Klasse, vor den neuen Aufgaben, die er lösen sollte, häufig unsicher, im Grenzfall bedroht. Er versucht, diese Situation zu bewältigen, indem er sich stark zeigt, seine Strenge hervorkehrt. Das ist wahrscheinlich notwendig, aber dies macht es nicht leicht, den Schülern zugleich Wohlwollen und Güte zu zeigen. Erste Auftritte vor einer Klasse brauchen mehr als eine didaktische Vorbereitung. Es geht um die Herstellung der rechten Beziehung. Darin muß bei aller Ankündigung von Konsequenz und Unerbittlichkeit in der Durchsetzung der richtigen Ordnung auch das Wohlwollen des Lehrers und das Angebot der Gemeinsamkeit sichtbar werden. Aber das ist eben nur Versprechen. In der Folge muß es der Lehrer einlösen. In seinen Handlungen muß sichtbar werden, daß er zwar seine sachlichen Lernziele verfolgt, weiß, was er will und wohin er zu kommen versucht, zugleich aber die Schularbeit in einem guten Geiste verwirklichen möchte, so daß sich alle Beteiligten wohl fühlen, weil sie sich akzeptieren, gegenseitig achten und helfen, wo es nötig ist. Das braucht zuerst einmal innere Stärke. Anderseits aber kommen auf diese Weise dem Lehrer bald einmal Antworten des Wohlwollens von Seiten der Schüler entgegen, die ihm helfen, auf diesem Wege weiterzugehen. Wenn es gut geht, entsteht eine echte Gemeinschaft.

Nun haben wir aber gesagt, daß ein derartiger Geist der gemeinsamen Tätigkeit nicht aus der natürlichen Gutmütigkeit (PESTALOZZI, 1801/1826) des Menschen allein erwächst. Die tiefste Begründung erhält die Verbundenheit der Menschen daraus, daß sie einem gemeinsamen Guten nachstreben. Hier stoßen wir nun auf ein tiefes Problem. Der Lehrer müßte hinter dem, was er seinen Schülern anzubieten hat, einen Sinn sehen, der das einzelne Angebot in einem grundlegenden Gut – oder Wert – verankert. Das hätte zur Folge, daß das einzelne Angebotene an der Strahlung des dahinterstehenden Wertes teilhat. Wenn der Lehrer genügend von ihm ergriffen ist, so wird sich seine Überzeugung auf die Schüler übertragen, und es wird sich eine Gemeinsamkeit des Wollens ergeben, die über das Interessant-Finden von Unterrichtslektionen hinausreicht.

Pädagogen haben mit ihren Zöglingen immer wieder über den Geist, der in ihren Kontakten herrscht, nachgedacht. PESTALOZZI (1799) beschreibt es in seinem Stanser Brief. Man sieht darin, wie die Kinder des von ihm unter schwierigsten Umständen geführten Heimes spüren, worum es Pestalozzi geht. Als einmal die praktische Erfahrung der Gemeinsamkeit vorhanden war, wurde es notwendig und möglich, das Erlebte auch auszusprechen. Das wäre die Aufgabe des Unterrichtsfaches „Gemeinschaftskunde" oder – wie es früher hieß – der Sittenlehre, also der Lehre von der Alltagsethik. Diese Aufgabe ist nicht schwieriger als die entsprechenden Aufgaben im Bereiche der wahren und der schönen Gestaltung der unterrichtlichen Tätigkeiten. Die Ethik liefert dazu die Begriffe. Wenn dahinter die Erfahrung und das Erleben steht, die in der Praxis des Schullebens gewachsen sind, so tritt das bekannte Phänomen, daß Worte und Begriffe an Köpfe stoßen und hohle Töne erzeugen, nicht ein. Denn in den Köpfen ist etwas vorhanden, welches dem Wort und dem Begriff Substanz und Kraft verleiht. Weil aber ein verstandener Begriff und ein verstandenes Motiv wirkungsvoller als ein bloß Erlebtes ist, wird diese Reflexion der sittlichen Qualität des gemeinsamen Tuns auf dieses zurückstrahlen und es stärken.

Zusammenfassung

Die Grundlagen für die weiteren Überlegungen dieses Buches, die technischer und vielleicht auch praktischer sein werden, sind damit gelegt. Wir haben uns eine Vorstellung von einer Schule zu verschaffen versucht, in der die Lernprozesse Platz finden, welche Schulgesetze und Lehrpläne von Lehrern und Schülern verlangen. Wir haben gesehen, daß diese Vorgaben in Begriffen der Lehrstoffe formuliert sind. Das ist notwendig und richtig. Es ist zugleich aber auch gefährlich, wenn Lehrer und Schüler nicht verstehen, daß man Stoffe nicht kurzschlüssig vermitteln kann, sondern zu den lebendigen Wirklichkeiten zurückkehren muß, die hinter ihnen stehen. Das wären für uns vorerst Tätigkeiten in konkreten und praktischen Situationen. Wir haben diese Tätigkeiten in eine sinnvolle Ordnung zu bringen versucht, indem wir sie unter drei Gesichtspunkten unterschieden haben: sachlich orientierte und soziale Tätigkeiten, reale und symbolische Tätigkeiten, herstellende (praktische) und darstellende Tätigkeiten. Die herkömmliche Schule krankt daran, daß die sachlich orientierten, symbolischen und darstellenden Tätigkeiten vorherrschen. Der Lehrstoff kann eben relativ leicht sprachlich-symbolisch gefaßt werden. Er ist sachlich ausgerichtet. Das Zwischenmenschliche vergessen wir leicht, wenn die Schüler schön ordentlich in den Schulbänken sitzen und auf den Lehrer blicken, und zugleich meinen wir, unsere Pflicht erfüllt zu haben, wenn wir den Schülern beschreiben und erklären, was es alles auf der Welt gibt: wichtige Bücher, mathematische Beweise, kalte Meeresströmungen, historische Ereignisse, Vorgänge im Blattgrün, Gesetze des freien Falles ...

Die Taxonomie der schulischen Tätigkeiten, die wir entworfen haben, findet ihr Gegenstück in den außerschulischen Tätigkeiten, die wir beobachten. Wir haben darauf hingewiesen, daß sie sich in den Lebenskreisen der Familie, des Berufs, des Staates und des kulturellen Lebens verschieden ausprägen, und wir erwarten, daß sich daraus Schlußfolgerungen für die Gestaltung der Lehrpläne ergeben. Schließlich haben wir erkannt, daß diese Tätigkeiten drei grundlegende formale, also inhaltsunabhängige, Qualitäten aufweisen können, die wir mit den klassischen philosophischen Begriffen der Wahrheit, der Schönheit und der moralischen Güte umschrieben haben. Die acht Tätigkeitsformen und die in ihnen realisierbaren formalen Qualitäten bilden den Kontext des strukturellen und verstärkenden Lernens, nämlich des Aufbaus und des Umbaus von Strukturen des Handelns und Denkens und der Konsolidierung der aufgebauten Strukturen. Lehren heißt nichts anderes als derartige Lernprozesse auszulösen und zu steuern. Wie dieses auszusehen habe, haben wir in den „Zwölf Grundformen" gezeigt. Hier haben wir diese Lernprozesse zum Schluß auf die wahren, d.h. sich bewährenden, die schönen, d.h. ansprechend gestalteten, und die guten, d.h. im Geiste des Wohlwollens und der Wärme vollzogenen Tätigkeiten bezogen.

ZWEITER TEIL
Soziales Lernen: der Umgang mit dem Nächsten, der Gruppe und den Institutionen

Kapitel 4:
Soziales Lernen in der Schule

Kapitel 5:
Soziales Lernen in vier Lebenskreisen

Kapitel 6:
Inhalte und Ziele des sozialen Lernens

Kapitel 7:
Antike und christliche Tugenden
im Sozialverhalten

Kapitel 8:
Theorien des sozialen Lernens und der
sozialen Entwicklung

Kapitel 4: Soziales Lernen in der Schule

Man hat den Menschen ein „animal sociale", ein soziales Wesen, genannt. Das ist nicht nur eine philosophische, sondern auch eine Erkenntnis des Alltagsdenkens. Wenn man im Berufsleben einen Mitarbeiter einstellt, wenn in einem Verein oder einer Gesellschaft ein neues Mitglied aufgenommen wird, wenn ein neuer Kollege in einen Lehrkörper eintritt, so fragt man vorerst: „Was kann und weiß der Kandidat?" Aber bald einmal lautet die Frage auch: „Was ist er für ein Mensch? Kann man mit ihm zusammenarbeiten? Kommt man mit ihm aus? Wird er sich in unseren Kreis einfügen?" Das sind alles Fragen, die sich auf das soziale Verhalten, auf die mitmenschlichen Eigenschaften des Betreffenden beziehen. Es ist auch interessant, daß jedermann der Meinung ist, daß diese, und nicht sein Wissen und Können, den *Menschen* kennzeichnen. Wir scheinen den sozialen Charakter als den Kern des Menschen anzusehen, und sein Wissen und Können als seine oberflächlicheren Züge. Eine solche Auffassung wird auch durch zahlreiche Erfahrungen gestützt. Sie gehen dahin, daß alle Tüchtigkeit eines Menschen nichts nützt, wenn er mit seiner Umwelt nicht auskommt, ein schwieriger Mensch oder ein Egoist ist. (Allerdings darf man bei solchen Erfahrungen die umgekehrte Tatsache nicht vergessen: daß soziale Qualitäten, Kooperationsbereitschaft und Umgänglichkeit auch nichts nützen, wenn der Betreffende die notwendigen fachlichen Qualifikationen nicht besitzt.) Wir können daher die sozialen Qualitäten eines Menschen als notwendige, wenn auch nicht hinreichende Bedingung dafür bezeichnen, daß er seine Funktion in einer arbeitenden Gemeinschaft erfüllt. In diesem Kapitel geht es nun um die Frage, welches die Inhalte und die Methoden des sozialen Lernens in der Schule sind und wie dieses Lernen durch geeignete Maßnahmen des Lehrens ausgelöst und in die richtigen Bahnen geleitet werden kann.

Formen des Sozialen in der Schule

Als erstes verschaffen wir uns Klarheit über die Formen, in denen zwischenmenschliche Beziehungen und Tätigkeiten im Unterricht zur Geltung kommen können. Mit den folgenden Überlegungen finden wir Anschluß an die Taxonomie der Tätigkeiten, welche wir im Kapitel 1 entwickelt haben. Wir erinnern uns, daß es sinnvoll schien, Tätigkeiten in reale und symbolische, und in herstellende und darstellende zu unterteilen. Was bedeutet das für die sozialen Tätigkeiten? Etwas vereinfacht und vorläufig können wir sagen: In der Schule gibt es ein reales Handeln zwischen Lehrern und Schülern, zwischen Schülern untereinander und, sofern wir das Nötige vorkehren, auch ein reales Handeln von Lehrern und Schülern mit Menschen der außerschulischen Umwelt. Die Beschäftigung mit eigenem und fremdem sozialem Handeln kann jedoch auch symbolisch geschehen, sei es, daß die Klasse über ihr eigenes Leben spricht und nachdenkt, sei es, daß in Fächern wie der Geschichte, der Geographie, im Muttersprachunterricht, aber auch in der Ethik oder Lebenskunde zwischenmenschliche Beziehungen und Vorgänge zur Sprache kommen. In der Tat handelt ja der Geschichtsunterricht fast ausschließlich von Geschehnissen zwischen Menschen, und auch die sogenannte Humangeographie (im Gegensatz zur physikalischen Geographie) behandelt kulturelle und wirtschaftliche Tätigkeiten der Menschen, die immer auch soziale Tätigkeiten sind. Wenn wir uns schließlich fragen, welches denn der sachliche Gehalt der literarischen Stoffe sei, die im Muttersprachunterricht gelesen und in Aufsätzen behandelt werden, so erkennen wir rasch, daß sie zu einem guten Teil zwischenmenschliche Probleme betreffen. Daß schließlich Fächer wie Ethik und Lebenskunde dieselben Probleme grundsätzlich aufrollen, liegt auf der Hand. Für unsere Systematik ist es jedoch wichtig, zu erkennen, daß alle diese Formen der Behandlung zwischenmenschlicher Probleme und Beziehungen symbolischer, nämlich größtenteils sprachlicher Natur sind. Grob formuliert: Hier wird nicht real gehandelt, sondern geredet. Das begründet sowohl Chancen als auch Gefahren.

Sodann unterscheiden wir zwischen der *Herstellung* und Pflege sozialer Beziehungen im realen und symbolischen Handeln von der *Darstellung* sozialer (gesellschaftlicher, historischer, dem Schulalltag entnommener) Beziehungen und Ereignisse. Der entscheidende Unterschied betrifft die Rolle von Schülern und Lehrern in diesem Vorgang. Wo soziale Beziehungen in konkreten Handlungen hergestellt werden, sind Lehrer und Schüler selbst betroffen und engagiert. Sie tun etwas, und ihnen widerfährt etwas. Ihre Erfahrung ist eine persönliche. Wenn sie darüber berichten, können sie sagen: „*Wir* haben dieses und jenes unternommen. Wir haben dabei erfahren, wie ...". Das drücken wir mit der abstrakten Formel aus, daß Lehrer und Schüler *Subjekte* und/oder *Objekte* dieser Handlungen sind. Ganz anders ist ihre Rolle, wenn sie selber nicht erlebte soziale Vorgänge betrachten und eine Darstellung derselben erarbeiten. Ihre Rolle dabei ist diejenige von *Zuschauern*, nicht notwendig von gleichgültigen, aber doch nicht direkt beteiligten. Die Tätigkeit ist eine kognitive. Das Ergebnis ist ein *Wissen* über die dargestellten Sachverhalte. Wenn es gut geht, gelangen die Schüler auch zu einer bestimmten Einstellung dazu. Deren Handlungswirksamkeit ist aber immer fraglich, denn von den Gefühlen und Meinungen von Betrachtern bis zu ihrem realen Handeln ist es ein weiter Weg. Das hat jeder erfahren, der versucht hat, Mitmenschen zu Taten zu bewegen.

Unter systematischen Gesichtspunkten erkennt man leicht, daß *herstellendes* soziales Handeln in der Regel ein *reales* Handeln und daß anderseits *darstellende* Tätigkeiten im Bereiche des Sozialen meist *symbolisch* geschehen. Man kann sich daher fragen, ob es auch ein herstellendes soziales Handeln in einem symbolischen Medium und ein darstellendes soziales Handeln in einem realen, enaktiven Medium gebe. Das ist der Fall. Um sich von der Existenz symbolischen Handelns der herstellenden Art zu überzeugen, braucht man nur daran zu denken, daß sehr viele Beziehungen zwischen Menschen nicht durch reale Einwirkung aufeinander hergestellt werden (einen anderen stützen, mit einem anderen kämpfen usw.), sondern daß dies durch „Sprechakte", redend, geschieht: Einem Anderen etwas versprechen, einen Vertrag abschließen usw. Soziales Handeln ist auf weite Strecken „*symbolische Interaktion*". Umgekehrt können soziale Beziehungen auch handelnd dargestellt werden. Dies geschieht auf der Unterstufe bei der Dramatisierung und mit älteren Schülern im Rollenspiel oder, noch anspruchsvoller, beim Theaterspielen. In allen diesen Fällen wird eine Situation oder ein Geschehen handelnd und nicht bloß in Worten dargestellt.

So entsprechen den vier Teilen der unteren Scheibe unseres taxonomischen Würfels von Abb. 1 wirklich reale, schulische Situationen. Es sind Situationen der Herstellung und Pflege zwischenmenschlicher Beziehungen durch reale Handlungen und mit Hilfe von symbolischen sprachlichen Mitteln, und es sind Situationen der Betrachtung und Darstellung sozialer Tatbestände durch reales Handeln und, symbolisch, mit Hilfe von Worten. Es scheint uns wichtig, daß sich der Lehrer diese vier Möglichkeiten vor Augen hält, wenn er an das soziale Lernen in seinem Unterricht denkt. Welche Beziehungen entstehen im realen Handeln unseres Schullebens? Welche Beziehungen stellen wir durch unsere Gespräche, durch die Art unseres Redens miteinander, her? Welche sozialen Situationen spielen wir dramatisierend und im Rollenspiel durch? Und: über welche sozialen (gesellschaftlichen, historischen, zwischenmenschlichen) Probleme sprechen wir miteinander, um sie zu klären und in unserem Geiste klar darzustellen?

Wenn wir uns nun vorzustellen versuchen, was der Schüler an sozialen Realitäten kennenlernen sollte, so brauchen wir noch einmal zwei Gruppen von Unterscheidungen. Einmal geht es um ein *Können*, ein *Wissen* und ein *Wollen*. Sodann geht es darum, daß wir nicht nur die informellen zwischenmenschlichen Probleme ins Auge fassen, sondern auch die *formell gefaß*-

ten, so wie sie uns im Rahmen der Institutionen begegnen. Beide Einteilungen sind nicht selbstverständlich, und beide öffnen sie uns die Augen für wichtige Unterrichtsziele.

Können, Wissen und Wollen im sozialen Bereich

Können im sozialen Bereich, das ist, was die Angelsachsen „*social skills*" nennen. Eher als von „sozialen Fertigkeiten" sollten wir wahrscheinlich von *sozialer Urteils- und Handlungsfähigkeit* sprechen. Es geht darum, daß junge Menschen lernen, zwischenmenschliche Beziehungen richtig zu sehen und entsprechend zu handeln. „Praktische Menschenkenntnis" könnte man sagen. Auf den Schmeichler nicht hereinfallen, die Bedürfnisse eines anderen wahrnehmen, sein Problem verstehen können, wären Beispiele. Darum sprechen die Sozialpsychologen auch von „sozialer Wahrnehmung". Es geht dabei nicht bloß um Eigenschaften des Anderen und um mögliche Vorurteile bezüglich dieser Eigenschaften („die gründlichen Deutschen", „die wortgewandten Franzosen", „die subversiven Linken", „die ausbeuterischen Kapitalisten" usw.), sondern vor allem um die Wahrnehmung und Beurteilung ganzheitlicher Situationen und Prozesse, in die der Beurteiler selbst einbezogen ist. Darum setzt sich diese Beurteilung auch unmittelbar im sozialen Handeln fort. Es geht darum, daß der junge Mensch lernt, aufgrund einer richtigen Beurteilung der Situation richtig zu handeln. Darum sprechen wir von einem Können, vom richtigen Handeln-Können. Wir werden sehen, daß man das nicht von Rezepten lernen kann. Bücher der Art von Dale Carnegies „Wie man Freunde gewinnt und sie beeinflußt" greifen zu kurz. Soziale Urteils- und Handlungsfähigkeit bringt die ganze Persönlichkeit des Menschen ins Spiel.

Insbesondere basiert die soziale Urteils- und Handlungsfähigkeit auf einem *Wissen über menschliche Dinge*. Man kann dieses Wissen im Geschichts- und im Deutschunterricht, aus historischen Begebenheiten und aus belletristischen Werken erwerben. Die Gefahr ist jedoch groß, daß es abstrakt und wirklichkeitsfern bleibt. Es sollte ein Wissen hinzukommen, das auf persönlicher Erfahrung beruht. Sie ergibt sich dort, wo man selbst in konkreten Handlungen engagiert ist, wo man also selbst Beziehungen herstellt und pflegt. Umgekehrt ist es wichtig, daß das Selbsterlebte auch richtig verarbeitet und „auf den Begriff gebracht wird". Alle Schüler erleben eine Vielfalt von sozialen Problemen in ihrem informellen Zusammenleben, auf dem Schulweg und auf dem Pausenplatz. Die Verarbeitung ist häufig oberflächlich und der Ertrag daher begrenzt. Es braucht beides: ein soziales Schulleben, das dem Schüler Erfahrungen verschafft, und seine

Reflexion, welche ein formuliertes Wissen darüber abwirft. Die Einsichten aus dem historischen und literarischen Unterricht können sodann zu diesem persönlichen Wissen in Beziehung gesetzt werden, mit der Folge, daß das eine das andere erhellt und bereichert.

Wenn es gut geht, so werfen derartige Erfahrungen und ihre Reflexion ein Können und Wissen über menschliche Dinge ab. Die Frage ist, ob und in welchem Masse dieses das Handeln der Menschen bestimme. Es ist die Frage nach der Handlungswirksamkeit sozialen Wissens und Könnens. Alles, was wir hierüber wissen, muß uns skeptisch stimmen. Damit aus einem Können und Wissen ein Tun wird, muß der *Wille* hinzukommen. Fähigkeiten sind bloße Werkzeuge oder Instrumente im Verhalten der Menschen. Sie müssen sie brauchen wollen, sonst geschieht nichts. Es ist recht und gut, wenn ein Schüler gesehen hat, wie man einem Ausländerkind etwas erklärt, das es nicht versteht, wenn er weiß, wie eine Parlamentswahl organisiert wird und wie die Ergebnisse berechnet werden. Ob er aber einem Ausländer helfen und sich an der Wahl beteiligen wird, ist dabei noch völlig offen. Es ist eine Frage der Motivation, sagen wir. In der älteren psychologischen Terminologie, die jedoch heute wieder eine Renaissance erlebt (HECKHAUSEN, 1980, 1986; KUHL & WALDMANN 1985), ist es eine Frage des Willens.

Wir müssen es fertigbringen, daß die Schüler das Gute auch tun wollen. Die entsprechenden Werte müssen in ihnen aufgebaut und zur Wirksamkeit gebracht werden. Gewisse Normen müssen ihr Verhalten zu leiten beginnen, nicht nur als einschränkende Barrieren im Sinne des „Du sollst nicht …", sondern vor allem im positiven Sinne: „Das möchte ich tun" und „Es ist gut (wichtig, nötig), wenn ich dieses und jenes tue". Bezüglich der Institutionen, von denen wir in der Folge sprechen werden, geht es um die Ausbildung der richtigen Einstellung. Es ist wünschenswert, daß junge Menschen ihr Land lieben lernen, nicht im überheblichen Sinne, aber so, daß sie auch bereit sind, Aufgaben in seinem Rahmen zu übernehmen, ein Amt zum Beispiel, oder indem sie sich an seinem öffentlichen Leben beteiligen.

Das ist die Unterscheidung zwischen dem Erwerb von Fähigkeiten und dem Willen, sie zu brauchen. Es ist die Unterscheidung zwischen dem Erwerb eines Wissens und Könnens und eines Wollens, psychologisch gesprochen: zwischen dem Lernen im instrumentellen und im motivationalen Bereich. Der letztere stellt sehr viel schwierigere Probleme als der erstere.

Informelles Sozialverhalten und die Institutionen

Wenn Psychologen heute von Sozialverhalten sprechen, so denken sie meistens an das informelle, private Verhalten der Menschen zueinander. So hat man auch das soziale Lernen in der Schule gesehen. Es soll etwa dem gehemmten Kind zu Kontakten verhelfen, dem agressiven Kind beibringen, seine Agressivität zu meistern, dem Außenseiter die Integration in der Klassengemeinschaft ermöglichen, dem leistungsstarken Schüler Rücksicht und Hilfsbereitschaft beibringen. Das sind wichtige Erziehungsziele. Ähnliche Probleme hat man auch in Lehrerkollegien gesehen und Vorschläge zu ihrer Lösung in der Lehrerweiterbildung gemacht (LUCHT, MUENKEMUELLER & OELKERS 1978). Die Verarbeitung und Lösung von Konflikten ist auf allen Stufen des Unterrichts untersucht worden, auch auf der Hochschule. RUTH COHNS (1975) themenzentrierte Interaktion spielte hier lange Zeit eine wichtige Rolle (siehe z.B. OELKERS 1978). Das hier gemeinte „private" soziale Verhalten ist wichtig, ja, man kann mit PESTALOZZI (1801, 1826) die Hypothese aufstellen, daß jedes soziale Lernen in den „engen Kreisen" der unmittelbaren Kontakte von Menschen beginnen muß.

Es wäre indessen ein großer Fehler, wollte man bei diesen Formen des Sozialen stehen bleiben. Wir würden damit Opfer eines Zeitgeistes, der sich immer wieder von den institutionellen Ordnungen abwendet, um bloß die privaten Beziehungen zu beachten und zu pflegen. Ein realistisches Bild von den Bildungsnotwendigkeiten muß jedoch auch die institutionellen Ordnungen umfassen. Der junge Mensch muß sie verstehen, er muß in ihnen seine Rolle und seinen Platz finden. Insbesondere die Wirtschaft und die Politik spielen sich in festgefügten Institutionen ab: in der Unternehmung und im Staat, d.h. der Gemeinde, im Land (dem Kanton) und auf der Ebene des Bundes. Diese Einheiten besitzen wiederum komplexe Organe zur Erfüllung ihrer Aufgaben, genauso wie größere wirtschaftliche Unternehmungen in Untereinheiten gegliedert sind. In den Institutionen haben zwischenmenschliche Beziehungen und Vorgänge ihre sozusagen kristallisierte, nämlich relativ festgefügte Form gefunden, mit allen Chancen und Gefahren dieser Festlegung und Reglementierung. Eine oberflächliche Kritik sieht nur die Schwächen der Institutionen. Nur wer Länder gesehen hat, in denen die Institutionen schlecht funktionieren, beginnt zu realisieren, daß sie für den Menschen lebensnotwendig sind.

Daraus ergeben sich wichtige Ziele für das soziale Lernen. Der Schüler muß auch das institutionelle Leben kennenlernen, und er muß erste Erfahrungen eigenen Verhaltens in einem institutionellen Rahmen sammeln. Das ist nicht schwierig, denn die Schule selbst ist ja eine derartige Institution. Es ist also möglich, den Schülern das Funktonieren der Institution Schule klarzumachen und sie zu einem verantwortlichen Verhalten in diesem Rahmen anzuleiten. Das beginnt mit einfachen Dingen wie dem Umgang mit den Ausrüstungen und Materialien, welche die Schule zur Verfügung stellt. Es geht weiter zu einer Reflexion der Schulorganisation, die unter anderem auch die verschiedenen Schultypen umfaßt. Was weiß der durchschnittliche Gymnasiast von der Realschule, der Hauptschule, der Berufsschule und der Berufslehre? Fast nichts! Entsprechendes gilt natürlich für den Hauptschüler und den Realschüler. Vorurteile und Berührungsängste sind die Folge; nicht nur bei den Schülern, auch bei den Lehrern. Im Bereiche der politischen und wirtschaftlichen Institutionen stellen sich ähnliche Probleme. Diese summarischen Andeutungen machen sichtbar, daß soziales Lernen in der Schule sich vom informell-privaten Bereich auf den öffentlichen und wirtschaftlichen Bereich ausdehnen sollte. Die schwierige Aufgabe besteht darin, auch in diesen kristallisierten Strukturen die menschlichen Grundfunktionen zu sehen, den Schülern zu zeigen, daß die Institutionen von Menschen getragen werden und dazu da sind, menschliche Bedürfnisse zu befriedigen, für Ausbildung (Schule), Gerechtigkeit (Justiz), Gesundheit (öffentliches Gesundheitswesen) und für Arbeit und Verdienst (wirtschaftliche Betriebe) zu sorgen.

Die Beschäftigung mit institutionellen sozialen Ordnungen ist aus einem anderen Grunde wichtig. In den privaten Kontakten der Menschen untereinander ist häufig der sachliche Aspekt der Tätigkeiten nicht, oder nur undeutlich, sichtbar. Institutionen der Wirtschaft und des Staates sind dazu da, eine Aufgabe zu erfüllen. Wir sehen hier, wie menschliche Beziehungen im Hinblick auf die Lösung dieser sachlichen Aufgaben organisiert sind, und das Verhalten in ihrem Rahmen ist immer sowohl von den sachlichen Aufgaben wie auch von den menschlichen Beziehungen her bestimmt. Das ist eine realistische Situation. Menschliche Kontakte ohne harte Sachzwänge sind relativ leicht zu gestalten. Die wirklichen Belastungsproben ergeben sich dort, wo anspruchsvolle sachliche Aufgaben zur gemeinsamen Lösung anstehen. Dann wird die Frage akut, wie die Menschen miteinander umgehen, welche Regeln sie befolgen, ob auch dann noch Hilfsbereitschaft, Rücksicht und Wille zur Gemeinsamkeit herrschen. Soziale Regeln und soziale Werte müssen sich in den harten sachlichen Auseinandersetzungen bewähren. In dieser Hinsicht ist die Schule natürlich eine wenig günstige Umwelt. Es werden hier ja kaum Aufgaben gelöst, an die die sachlichen Anforderungen gestellt werden, die in der außerschulischen Welt gelten. Letzlich geht es immer um das Lernen der Schüler. Aber vielleicht wären hier auch Veränderungen denkbar. Wir kommen hier auf einem neuen Wege zur Forderung nach der Einführung praktischer Tätigkeiten und projektartiger Unternehmungen. In ihrem Rahmen verbinden sich soziale und sachliche Gesichtspunkte, soziales Lernen wird hier in einem realistischen Kontext möglich.

Ist auch vor diesen Fragen für ein Wissen und ein Können zu sorgen und gilt es auch hier, Normen und Werte, d.h. ein Wollen zu wecken? Ganz sicher! Was wir oben gesagt haben, betrifft vorerst einmal ein Wissen über schulische, öffentliche und wirtschaftliche Dinge: verstehen, wie das Schulsystem organisiert ist, wie die Schule funktioniert, die staatlichen Institutionen verstehen, einsehen, wie ein industrieller Betrieb aufgebaut ist und funktioniert. Aber auch hier geht es nicht nur um Betrachtung und Darstellung. Wir haben es angedeutet: Der Schüler muß lernen, sich in einem derartigen System richtig zu verhalten. Das bedeutet nicht nur passive Anpassung, sondern vor allem kritische Wachsamkeit, Zivilcourage und Handeln, wo man Schwächen entdeckt. Schließlich kann dies nicht alles auf einer kühlen instrumentellen Ebene geschehen. Eine Gemeinde, ein Land, ein Staat, der gerecht geordnet ist und die Würde des Menschen respektiert, verdient unsere Liebe und unsere aktive Mitarbeit. Er stellt, mit anderen Worten, einen Wert dar. Wie sollte Gerechtigkeit und Menschenwürde in ihm gesichert werden, so die Bürger nur Schlechtes von ihm denken und nicht zu ihm halten? Der gerechte Staat ist ein Wert. Seine Normen sollen auch unser Verhalten in seinem Rahmen leiten. Entsprechendes ist von einer Gerechtigkeit und Menschenwürde respektierenden Wirtschaft zu sagen. Wo sie es nicht ist, müssen wir etwas tun, um sie zu verändern. Dies wiederum erfordert den Glauben an die gerechte menschlichere Ordnung. Man mag es drehen, wie man will: Werterziehung ist auch im Bereiche des institutionellen Denkens und Handelns notwendig. Ihr Ziel ist es, im Menschen den rechten staatsbürgerlichen Willen und den Willen zum rechten Verhalten gegenüber und in den wirtschaftlichen Unternehmungen zu wecken und zu entwickeln.

Kapitel 5: Soziales Lernen in vier Lebenskreisen

Wir haben in der einleitenden Darstellung der schulischen Tätigkeiten schon darauf hingewiesen, daß die acht grundlegenden Tätigkeiten, die wir in der Form eines Würfels geordnet haben, nicht abstrakt realisiert werden können. Sie müssen vielmehr so ausgemünzt werden, wie sie in den großen Lebenskreisen vorkommen. Diese Forderung ist für die sozialen Tätigkeiten besonders wichtig. Das ist schon in den Überlegungen des vorangehenden Kapitels deutlich geworden, als wir forderten, daß unsere Schüler nicht nur Regeln und Leitvorstellungen für den privaten und informellen Umgang, sondern auch für institutionelle Ordnungen und das Verhalten in und zu ihnen kennenlernen. Wir stoßen damit auf die Konkretisierungen des sozialen Lebens in den schulischen und außerschulischen Lebenskreisen.

Unter dem Gesichtspunkt der Lebenskreise sehen wir die Situation von Schülern und Lehrern folgendermaßen. Der Schüler lebt in zwei Welten, derjenigen der *Familie* und der *Schule*. Weitgehend unbekannt ist dem Schüler die Welt des *Staates* und der *Politik* und die Welt der *Wirtschaft* und der *beruflichen Tätigkeiten*. Aber er weiß, daß er in diese Lebenskreise eintreten wird. Folglich stellt sich der Schule die Aufgabe, das soziale Lernen in der Schule im Kontakt mit der Familie zu gestalten, und es andernteils so auszurichten, daß es den Schüler darauf vorbereitet, im Staat und in der Wirtschaft eine Rolle zu übernehmen.

Schule und Familie

Die Welt der Schule und die Welt der Familie hängen in komplexer Weise zusammen. Das Verbindungsglied ist vorerst der Schüler. Er lebt in beiden Welten, in Stunden ausgedrückt, zu sechs Siebenteln in der Familie und zu einem Siebentel in der Schule. (Die Woche hat 168 Stunden. 24 Wochenstunden Unterricht stellen ein Siebentel davon dar. Natürlich ist das eine sehr grobe Aussage, die die Zeit des Schlafs und des außerfamiliären und außerschulischen Lebens nicht berücksichtigt.) Der Schüler steht in der Schule unter der Aufsicht und in der Verantwortung des Lehrers, zu Hause in derjenigen der Eltern. Die Regeln und die Zielsetzungen des Verhaltens in den beiden Kreisen unterscheiden sich einmal nach den verschiedenen

Funktionen von Familie und Schule. Hinzu können verschiedene pädagogische Auffassungen und Haltungen kommen. Diese sind auf der Seite der Eltern häufig nicht bewußt und explizit formuliert, beim Lehrer sind sie es teilweise. Der Schüler, der beiden Institutionen[1] angehört, hat natürlicherweise die Tendenz, Verhaltensweisen und Haltungen, die er in der einen erworben hat, auf die andere zu übertragen. Und da die sozialen Lernprozesse in der Familie schon sechs bis sieben Jahre vor denjenigen der Schule einsetzen und auch in der Folge ein Vielfaches der Zeit beanspruchen, in direkterem Kontakt mit den Eltern als mit dem Lehrer erfolgen (zwei Eltern auf ein bis zwei Kinder in der Familie, ein Lehrer auf zwanzig Schüler in der Schule) und in Tätigkeiten von größerem Ernstcharakter geschehen, so wird unmittelbar klar, daß die *Übertragungsprozesse* von der Familie auf die Schule eine viel größere Rolle spielen als in der umgekehrten Richtung. Das Kind überträgt also Verhaltensweisen und Haltungen, die es gegenüber den Eltern entwickelt hat, auf den Lehrer und die Lehrerin, Verhaltensweisen und Haltungen zu seinen Geschwistern auf seine Mitschüler. Es kann nicht anders, denn es muß die neue Situation der Schule ja mit dem Verhaltensrepertoire bewältigen, das es im Umgang mit seinen Eltern und Geschwistern entwickelt hat.

Für das soziale Lernen in der Schule ergibt sich daraus eine wichtige Schlußfolgerung. Der Schüler ist kein unbeschriebenes Blatt. Das soziale Lernangebot der Schule trifft auf ein reiches Repertoire von vorhandenen Verhaltensweisen. Es ist ein großer Glücksfall, wenn die Regeln und Haltungen von Familie und Schule übereinstimmen. Wenn sie es nicht tun, sei es, daß sie einander fremd sind, sei es, daß sie sich sogar widersprechen, so ergeben sich für den Schüler und die Lehrerin bedeutende, zum Teil schwer lösbare Probleme. Indessen ist die Situation in den meisten Fällen nicht hoffnungslos. Man kann etwas tun, damit Eltern und Schule am gleichen Strick ziehen. Wir kommen auf diese Möglichkeiten zurück. Bevor wir es tun, weisen wir noch auf einen anderen Zusammenhang zwischen familiärem und schulischem sozialem Lernen hin. Es betrifft seine Zielsetzungen.

Die Kinder, die wir als Lehrer vor uns haben, sind zukünftige Eltern, die meisten wenigstens. In jedem Falle, wenige Waisenkinder ausgenommen,

---

[1] Die Soziologen nennen sowohl die Schule als auch die Familie eine „Institution", denn beide sind festgefügte Verbindungen von Individuen, mit ihren Regeln und Zielsetzungen. In diesem Gebrauch verstehen wir „Institution" in einem weiteren Sinne, als wir es oben getan haben, als wir von staatlichen und wirtschaftlichen Institutionen gesprochen haben. Diese letzteren sind in der Regel stärker reglementiert und durchorganisiert als die Familie. Wir richten indessen wohl keine hoffnungslose Verwirrung an, wenn wir gelegentlich auch von der Familie als einer „Institution" sprechen.

leben sie in einer Familie. Was sie in der Schule an Formen, Regeln und Leitvorstellungen über menschliches Zusammenleben, aber auch über mögliche Organisationsformen gemeinsamen Lebens gelernt haben, müßte daher etwas abwerfen für ihr Familienleben, für das gegenwärtige als Kinder, wie für das künftige als Eltern. Was wir hier abstrakt postulieren, wird besonders deutlich sichtbar, wenn wir an die Kinder aus benachteiligten sozialen Verhältnissen denken. Stellen wir uns ein Kind vor, das zu Hause nicht gelernt hat, wie man einen Konflikt löst, wie man sich bei einer Arbeit hilft oder wie man etwas teilt. Es ist klar, daß wir diesem Kind einen großen Dienst leisten, wenn wir ihm dies im sozialen Leben der Schule beibringen. Wenn es gut geht, wird es etwas davon nach Hause tragen und dort anzuwenden versuchen. Vielleicht wird es später einmal, als Vater oder Mutter, sich so zu verhalten versuchen, wie es es in der Schule erlebt hat. Das braucht nicht nur in ungünstigen Verhältnissen zu spielen. Ein entwickeltes soziales Leben in der Schule ist in jedem Falle eine Bereicherung für die Familie, insbesondere auch darum, weil in der Schule die Dinge ja zusätzlich zum praktischen Tun auch formuliert, bewußt und explizit gemacht werden.

Die Schlußfolgerung ist klar. Der Lehrer, die Lehrerin müßten sich immer wieder die Frage stellen, ob das soziale Leben in der Schule, sein Geist und seine Formen so geartet sind, daß sie auch auf die Familie übertragen werden können und daß diese Übertragung eine Bereicherung für die Kultur der Familie darstellt. Es ist ein einfacher Gedanke. Aber die Wirkungen auf die Schule können dramatisch sein, denn der Gesichtspunkt ist bei weitem nicht selbstverständlich. Es ist der Gedanke, daß die Leitvorstellungen eines guten Familienlebens auch dem Leben in der Klassengemeinschaft vorschweben. Entsprechende Schlußfolgerungen ergeben sich, wenn wir uns vorstellen, ob die Art des Umgangs in der Schulklasse für einen jungen Menschen auch vorbildlich sein könnte, wenn er später einmal seine Rolle als Vater oder Mutter, Ehegatte und Ehegattin zu finden sucht. Wir haben damit nicht gesagt, daß die Schule neben ihren vielen Aufgaben auch alle Probleme des Heims und der Familie des Kindes lösen und dazu noch Elternbildung treiben sollte. Wir meinen einfach, daß der Gedanke eines guten Zusammenlebens in der Familie auch die Schule leiten sollte und daß die Schule in diesem Falle auch einen positiven Beitrag zum gegenwärtigen und künftigen Verhalten des Kindes in der Familie leisten wird.

Aus diesen Überlegungen ergeben sich auch Folgerungen für den Kontakt von Lehrern und Eltern. Denn die Wirkungen in beiden Richtungen, vom Elternhaus auf die Schule und umgekehrt, spielen sich günstiger ab, wenn zwischen ihnen lebendige und natürliche Kontakte bestehen. Wir plädieren daher für regelmäßige und geregelte Begegnungen von Lehrern und Eltern. Wie dies geschehen kann, führen wir im fünften Teil dieses Buches aus.

Die Schule und die Berufs- und Wirtschaftswelt

In den Gesprächen des Lehrers mit den Eltern spielt naturgemäß die Laufbahnberatung eine wichtige Rolle. Was soll das Kind dereinst werden? Welche weiteren Schulen soll es im Hinblick auf dieses Ziel besuchen? Auch im Unterricht wird er mit den Schülern immer wieder über diese Probleme sprechen. Anknüpfungspunkte sind die Schultätigkeiten: warum gehen wir so und so vor? Wie gehen entsprechende Tätigkeiten in der Berufs- und Wirtschaftswelt vor sich? Welche Anforderungen richten wir daher an eine Schularbeit und an den „Arbeiter", d.h. den Schüler? Damit verbindet sich das soziale Lernen des Schülers, das wir vorerst als ein Lernen zwischen Familie und Schule gesehen haben, mit einem weiteren wichtigen Lebenskreis, demjenigen des Berufs und der Wirtschaft. Es geht nicht mehr nur darum, daß der Lehrer mit den Eltern des Schülers über diese Fragen spricht. Er wird auch im Unterricht dafür sorgen, daß immer wieder die berufliche und die wirtschaftliche Wirklichkeit aufscheinen, und er wird derartige Situationen mit den Schülern herstellen, sie „simulieren", wie wir sehen werden.

Das wäre also der neue Gesichtspunkt: im Denken und in der tätigen Erfahrung der Schüler mit der Wirklichkeit des Berufs- und Wirtschaftslebens zu rechnen. Ist das möglich? Und wie könnte das geschehen? Zur Möglichkeit stellen wir als erstes fest, daß es sich hier um einen Aufgabenkomplex der Schule handelt, den zu erfüllen wir heute erst in bescheidenem Maße vorbereitet sind, einstellungsmäßig und gemäß den Hilfsmitteln und Materialien, die zur Verfügung stehen. Denn diese Aufgabe haben die Schulen der westlichen Länder bisher nicht ernst genommen. Das war auch nicht so nötig, solange die obligatorische Schulzeit für den Großteil der Bevölkerung nur acht oder neun Jahre dauerte. Die Aufgabe, die wir hier definieren, wurde von der Berufslehre ja sehr erfolgreich gelöst. Die wenigen Schüler, die die Schule zwölf oder dreizehn Jahre lang besuchten (bis zum Abitur), waren in der Vergangenheit die künftigen Gelehrten, die Juristen und die Ärzte. Die ersteren brauchten keine praktische Ausbildung, und für die praktische Ausbildung der Juristen und Ärzte sorgte die Universität und die Ausbildung „vor Ort", nach Abschluß des Studiums. Die Tatsache, daß viele junge Leute damals noch aus der Beobachtung ihrer Väter und Verwandten schon während der Ausbildung sehen konnten, wie es in den juristischen und medizinischen Berufen zuging, vereinfachte ihrerseits die Situation.

Seither haben sich die Verhältnisse gründlich geändert. Die Beteiligung an der höheren Bildung hat sich in der zweiten Hälfte des zwanzigsten Jahrhunderts in den westlichen Ländern stark erhöht. 15 - 25 % der jugendlichen Bevölkerung der europäischen Länder besuchen die Schule während zwölf oder dreizehn Jahren, und von ihnen besucht ein hoher Prozentsatz anschließend noch eine Hochschule. Zugleich sind die Möglichkeiten der Einsicht in, und der Beteiligung an, beruflichen Tätigkeiten und wirtschaftlichen Prozessen für die meisten jungen Menschen geringer geworden. Es gibt immer weniger gewerbliche Kleinbetriebe in der Nähe der Wohnungen der Familien. Väter fahren viele Kilometer zur Arbeit. Die wirtschaftlichen Vorgänge selbst sind komplexer geworden. Viele Väter vermögen ihren Kindern nicht mehr zu berichten, was sie eigentlich bei der Arbeit tun. Es ist auch schwierig, einem Zehn- oder Fünfzehnjährigen zu erklären, was in der Devisenabteilung einer Großbank, in einer metallverarbeitenden Fabrik, die Bestandteile für größere Anlagen herstellt, oder in der Steuerverwaltung einer mittleren Stadt geschieht. Die Folge ist, daß junge Menschen heranwachsen, ohne jene Tätigkeiten kennenzulernen, welche die ökonomische Basis ihres Lebens betreffen. Kein Wunder, daß in dieses Vakuum alle möglichen Ideologien einströmen und die schiefsten Vorstellungen entstehen.

Wenn wir also einen großen Teil der jungen Generation schon zwanzig Jahre oder länger aus der Welt der Berufe und der Wirtschaft heraushalten, so müssen wir in der Schule einiges veranstalten, das diese Lücke ausfüllt. Wir müssen dafür sorgen, daß im Unterricht Probleme zur Sprache kommen, die den Schülern Wissen über die Welt vermitteln, und wir müssen ihnen darüberhinaus tätige Erfahrungen vermitteln, die diese Welt betreffen. Die Schule muß – mit anderen Worten – ihre Haltung zur Welt der Berufe und der Wirtschaft grundlegend ändern (AEBLI 1985). Insbesondere die höheren Schulen dürfen sich nicht weiterhin so verhalten, wie wenn sie die 1 - 2 % der Bevölkerung vor sich hätten, die Gelehrte, Juristen und Ärzte sein werden. Das stellt vorerst natürlich wichtige Probleme der Lehrerbildung, insbesondere der Gymnasiallehrerbildung. Die philosophischen Fakultäten, die zu einem großen Teil künftige Gymnasiallehrer ausbilden, realisieren diese Aufgabe heute noch kaum und bilden weiterhin Gelehrte und Lehrer für Gelehrtenschulen aus. In der Zukunft müßte auch diese Ausbildung der Wirklichkeit des Berufs- und Wirtschaftslebens Rechnung tragen und die Schüler etwas davon erfahren lassen.

Wenn es nur darum ginge, darüber zu reden und zu lesen, wäre alles einfach. Aber es braucht mehr. Wir haben es gesagt: wir müssen versuchen, einiges soziale Lernen auszulösen, das dem jungen Menschen tätige Erfahrungen in diesen Bereichen vermittelt. Also noch einmal: wie ist dies möglich?

Wir wollen hier keine bloßen Utopien aufstellen. Wir beschreiben daher eine Stufenreihe von realisierbaren Schritten, in denen soziales Lernen mit beruflicher und wirtschaftlicher Ausprägung in einer Schule eingeführt werden kann.

(1) Darstellung und Studium menschlichen Zusammenwirkens in Beruf und Wirtschaft (Stufe I)

Im theoretischen Unterricht können einmal Probleme der Arbeit dargestellt werden. Die Tätigkeit des Schülers ist hier eine bloß nachvollziehende, verstehende. Er hört und liest, was auf dem Bahnhof, beim Handwerker in einem Industriebetrieb, in einer Verwaltung, geschieht. Das hat man auf der Unterstufe der Primarschule und im Geographieunterricht schon immer getan, und es hat seinen Wert. Man hat diese Unterrichtseinheiten auch jederzeit mit Unterrichtsgängen und Exkursionen verbunden und dafür gesorgt, daß das theoretisch Behandelte durch einige Anschauung ergänzt wurde. Das ist wertvoll. Es führt zu einigem Wissen über berufliche und wirtschaftliche Tätigkeit. Es ist auch möglich, hier das Zusammenwirken verschiedener Arbeitsgänge und der Arbeitenden, die sie ausführen, zu zeigen. Dies allerdings erfordert schon eine bewußte Entscheidung des Lehrers: nicht bloß individuelle, sondern auch kooperative Arbeitsprozesse zu zeigen und über ihre Problematik zu sprechen. Wenn der Lehrer in seiner Ausbildung etwas von diesen Problemen am eigenen Leib erfahren hat und wenn die Lehrmittel diese Probleme aufwerfen, können daraus erste Einsichten entstehen. Aber wir erkennen: der Schüler selber ist in diesem Vorgang ein theoretisch Lernender wie eh und je. Im besten Fall gewinnt er eine lebendige *Anschauung* der behandelten Arbeitsvorgänge und versteht er ihre inneren Zusammenhänge.

(2) Problemlösen im Rahmen fiktiver, aber realistischer beruflicher und wirtschaftlicher Handlungssituationen (Stufe II)

Darum der nächste Gedanke: Im Kontext der Darstellung tätigen Berufs- und Wirtschaftslebens gewisse Probleme zu stellen und sie durch die Schüler lösen zu lassen. Auch dazu gibt es Ansätze im herkömmlichen Unterricht. Wir denken hier vor allem an die sogenannten *Anwendungsaufgaben* im Mathematikunterricht, in einigen Realfächern und auch im Sprachunterricht. In den Textrechnungen der Primarschule treten allerlei Handwerker auf. Praktische Probleme kommen gelegentlich im Physik-, Chemie- und im Geographieunterricht vor: Probleme der industriellen Produktion oder des

Verkehrs z.B. Schließlich haben Schüler zu allen Zeiten Geschäftsbriefe verfaßt, die auf supponierte praktische Situationen bezogen sind: Antworten auf Inserate, Offerten auf Ausschreibungen, Erkundigungen über angebotene Waren. Der moderne Sprachunterricht hat ganz allgemein gefordert, Texte in definierten Situationen zu verfassen. Diese Situationen können aus dem Berufs- und Wirtschaftsleben stammen.

Der Schüler übernimmt in diesen Situationen in der Vorstellung eine bestimmte Rolle und formuliert darin seinen Text. Wenn diese Aufgaben geeignet gestellt werden, löst der Schüler, stellvertretend für eine der im Text auftretenden Personen, ein Teilproblem. (Allerdings fehlt in vielen Anwendungsaufgaben gerade dieser Akteur, und die Notwendigkeit, in der beschriebenen praktischen Situation das Problem zu lösen, erscheint gering.) Im besten Fall übernimmt aber der Schüler eine Rolle in der im Text beschriebenen Handlung. Ist diese realistisch dargestellt und ist sie kooperativ konzipiert, so kann er gewisse Einsichten über das Zusammenwirken von Menschen in Arbeitsprozessen gewinnen. Dazu ist es allerdings notwendig, daß der Lehrer entweder die wenigen Sätze der Aufgabe mit den Schülern zusammen elaboriert und ein anschauliches und realistisches Bild der Handlungssituation entwirft, oder die Textprobleme selber müssen sich in unseren Schulbüchern verändern, nämlich reichhaltiger werden. Das bedeutet längere Texte mit mehr Information über die Sache, die Situation und das darin stattfindende Geschehen (AEBLI 1987).

Hier stellen wir fest: Beim Lösen derartiger Aufgaben führt der Schüler bestimmte problemlösende Tätigkeiten in einem sprachlich geschilderten Handlungsrahmen aus. Im günstigsten Falle wird dieser durch Abbildungen und Graphiken ergänzt, so wie sie zum Beispiel auch dem Handelnden vorliegen, der sein Problem am Schreibtisch löst. Die Realitätsnähe dieser Aufgaben ist schon größer, aber von realer sozialer Tätigkeit können wir noch nicht sprechen.

(3) Simulation beruflichen und wirtschaftlichen Handelns in Plan- und Rollenspielen (Stufe III)

Darum der nächste Gedanke: derartige Tätigkeiten zu *simulieren* und sie mit verteilten Rollen durchzuspielen. Die Angelsachsen sprechen auch von „gaming". Im Deutschen spricht man eher von Planspielen (THIEMANN 1978[2], LEHMANN 1977). Derartige Simulationen von Handlungssituationen aus dem Berufs- und Wirtschaftsleben werden bis heute vor allem in der Aus- und Fortbildung der betrieblichen Kader verwendet. Der Gedanke kann jedoch leicht verallgemeinert werden. Er besteht darin, Handlungssituationen den Schülern nicht einfach zu beschreiben, wie wir das auf der ersten Stufe unserer Darstellung angenommen haben, und sie auch nicht bloß als – wiederum beschriebenen – Rahmen für bestimmte Problemlösungen zu brauchen, wie wir das auf der zweiten Stufe getan haben, sondern die Rollen innerhalb einer kooperativen und/oder kompetitiven Situation durch die Schüler wirklich übernehmen zu lassen und ihnen den Auftrag zu erteilen, diese Problemsituationen zu analysieren, die nötigen Berechnungen auszuführen, Texte zu verfassen, und vor allem Entscheidungen zu treffen und zu *handeln*. Dabei ergeben sich neue, hochinteressante Probleme. Wenn Schüler in Situationen handeln sollen, so müssen sie diese Situationen und ihre Möglichkeiten genau kennen. Das erfordert sorgfältige, längerdauernde Vorbereitung. Sodann lösen die Handlungen in den fingierten Situationen *Wirkungen* aus, die den Spielern zurückgemeldet werden. Wenn sie auf die Spielpartner gerichtet sind, so werden diese mit ihren Gegenzügen antworten. Offerten werden angenommen oder abgelehnt, Vereinbarungen geschlossen, Aufträge erteilt. Verhandlungen bereiten diese Handlungen vor und müssen ihrerseits vorbereitet werden. Bei alledem muß jede Seite mit ihren Mitteln und Möglichkeiten zurechtkommen; wer es nicht tut, riskiert das Fiasko, im wirtschaftlichen Bereich den Bankrott.

Welches sind mögliche Themen? Sie sollten so nahe am Erlebnisbereich der Schüler wie möglich liegen. Bei den 10- bis 13jährigen denken wir an Transaktionen, die etwa zwischen Gästen, einem Gasthaus und dessen Lieferanten stattfinden. 14- bis 17jährige spielen „Schulhausrenovation", in deren Verlauf die Schulkommission mit den Architekten, den Baumeistern und den Handwerkern zusammenwirken, und die 17- bis 19jährigen gründen eine Firma oder regieren und verwalten eine fiktive Kleinstadt, mit ihren Steuereinkommen, ihren Bauaufgaben, aber auch mit ihren Problemen mit den Arbeitgeber- und Arbeitnehmerorganisationen und mit den Bürgergruppierungen.

Häufig müssen in Planspielen auch Rückmeldungen und Handlungen von Partnern angenommen werden, deren Rollen nicht durch Schüler selbst vertreten sind. In diesen Fällen gibt es zwei Möglichkeiten: diese Wirkungen werden den Spielern von dem oder den Spielleitern nach bestimmten Regeln mitgeteilt, oder ein Computerprogramm berechnet diese Wirkungen und meldet sie den Spielern zurück. Es existieren nämlich Computerprogramme, die einem einzelnen Lerner oder einer Gruppe von Spielern eine Problemumwelt darbieten und ihnen ermöglichen, ihre Handlungen zu planen und auszuführen.

Im deutschen Sprachraum ist das bekannteste Simulationsprogramm an den Universitäten Giessen und Bayreuth von Dietrich Dörner und seiner Forschergruppe entwickelt worden (DÖRNER et al. 1983). Es heißt „Lohhausen" und modelliert eine fiktive deutsche Kleinstadt von 3372 Einwohnern. Der Spieler erfährt von ihr, daß die Stadt eine etwas veraltete Uhrenfabrik, eine Bank, Gaststätten und Kaufgeschäfte hat. Es gibt Schulen, ein Schwimmbad, einen Sportverein mit Fußballplatz und natürlich eine Stadtverwaltung. Die Stadt liegt am Ende einer Zweiglinie der Bundesbahn.

Der Spieler erhält den Auftrag, die Stadt während 10 Jahren als Bürgermeister mit großen Vollmachten zu regieren. Er kann auf die Höhe der Steuern, der Einkommen, auf die Güte der öffentlichen Versorgung und den Wohnungsbau Einfluß nehmen. Auch Eingriffe in die Wirtschaft, insbesondere die Uhrenfabrik, sind möglich. Und schließlich kann er die Geschäftspolitik der Bank bestimmen.

Der Versuch dient nicht eigentlich didaktischen, sondern denkpsychologischen Zwecken. Er könnte aber ohne weiteres auch didaktisch genutzt werden, denn die Versuchspersonen lernen in den acht zweistündigen Sitzungen sehr viel. Insbesondere muß sich der Spieler am Ende jeder Sitzung für eine Anzahl Maßnahmen entscheiden, die dem Computer eingegeben werden. Am Anfang der nächsten Sitzung erfährt er deren Auswirkungen. Je nach der Güte der Entscheidungen floriert die Stadt Lohhausen, oder es entwickeln sich soziale und wirtschaftliche Probleme. Im ungünstigsten Fall treibt die Stadt dem Ruin entgegen.

Derartige Programme sind auch im Handel erhältlich und können auf Personalcomputern durchgespielt werden. Mit deren Verfügbarkeit in den Schulen wird das Angebot an Simulationsprogrammen in den nächsten Jahren mit Sicherheit ansteigen. Allerdings: vor einem Bildschirm zu sitzen, Beschreibungen von Situationen zu lesen, nachzudenken und Entscheidungen einzugeben, um aufgrund der am Bildschirm zurückgemeldeten Wirkungen der eigenen Handlungen weiterzudenken und neue Entscheidungen zu treffen, wird man nicht ohne weiteres als klassischen sozialen Lernvorgang anerkennen. Immerhin weiß man, daß derartige Programme sehr realistisch konzipiert sein und dem Spieler die Wirkungen seiner Handlungen sehr deutlich machen können.

Indessen denken wir eher an eine andere Art von Planspielen. Sie werden nicht durch ein Computerprogramm, sondern durch Lehrer als Spielleiter gesteuert. Nun muß man wissen, daß ein gutes Spiel nicht leicht zu erfinden und bereitzustellen ist. Da helfen die zahlreichen veröffentlichten Spiele, die man an die örtlichen Verhältnisse anpassen kann (LEHMANN 1977, THIEMANN 1978[2], MEGARRY 1977).

Wenn der Lehrer oder die Lehrerin aufgrund ihrer Lektüre zum Schluß gekommen sind, daß sie mit ihrer Klasse zu bestimmten Themen Planspiele veranstalten möchten, so ist es am besten, wenn sie vorerst selbst als Mitspieler an einem Planspiel teilnehmen. Das kann an einem Fortbildungskurs geschehen, in dessen Verlauf ein Planspiel gerade erarbeitet wird. Praktische Anleitungen bieten JONES (1980) und – allgemeiner – ELLINGTON et al. (1982).

Das Spiel setzt sich aus einer *Vorbereitungsperiode* zusammen, in deren Verlauf das Sachwissen erarbeitet wird, das jeder in die Spielsituation mitbringen muß. Das Spiel selber setzt sich aus den folgenden Abschnitten zusammen: *vier bis sechs Spielphasen* von der ungefähren Dauer einer Unterrichtslektion, eingeschalteten *Besinnungs- und Evaluationsperioden* und – unter Umständen – Unterrichtsstunden, in deren Verlauf aufgetauchte sachliche Probleme gelöst und die Information ergänzt werden. Am Schluß steht eine intensive *Nachbesinnung.* Im ganzen wird man also 10 bis 20 Unterrichtslektionen (oder deren zeitliches Äquivalent) für ein Planspiel einsetzen. Diese werden daher häufig auch in Konzentrations- oder Landschulwochen durchgeführt. Sie können jedoch auch im Rahmen des gewöhnlichen Unterrichtes veranstaltet werden. THIEMANN (1978[2]) beschreibt kürzer dauernde Vorstufen.

Die Ausgangslage braucht vom Lehrer nicht in allen Einzelheiten festgelegt zu werden. Die Klasse und die einzelnen Spielgruppen können selber noch spezifische Annahmen über die Ausgangslage einbringen. Die Kommunikation zwischen den Spielgruppen muß in einem gewissen Maße formalisiert werden. Sie erfolgt häufig am Schluß einer Arbeitsperiode schriftlich, über die Spielleitung, der auch Schüler angehören können, mit einem Doppel, das bei dieser bleibt. Das Gleiche geschieht, wenn eine Gruppe eine wichtige Entscheidung trifft (Anschaffung, Umstellung der Produktion, Erhöhung der Löhne, Maßnahmen des Umweltschutzes usw.). Dies erlaubt der Spielleitung, die Auswirkungen der Maßnahmen zu bestimmen und diese der Spielgruppe am Anfang der nächsten Spielperiode mitzuteilen. Wichtige Interaktionen können auch mündlich geschehen, wobei die ganze Klasse der Auseinandersetzung beiwohnt und die Spielleiter für den geordneten Verlauf sorgen (Verhandlung zwischen Arbeitgebern und Arbeitnehmern, Gemeindeversammlung mit Voten verschiedener Gruppen und Parteien, Gerichtsverhandlung, ähnlich wie in Rollenspielen).

Eine wichtige Frage betrifft die Erfolgskriterien. Wir unterscheiden allgemeine und gruppenspezifische Kriterien. Allgemeine Kriterien können sein: die Lebensqualität in der Spielwelt, die Steuerbelastung, die Güte der öffentlichen Versorgung, die Einkommenshöhe, die Beschäftigungslage. Einzelne Gruppen werden den wirtschaftlichen Erfolg zu optimieren suchen, andere ihre Akzeptanz in der Bevölkerung, die dritte den reibungslosen Arbeitsverlauf. Für alle sind die Harmonie innerhalb der Gruppe und die guten Beziehungen zu den Gruppen, mit denen sie zusammenarbeiten, wichtig. Der finanzielle Erfolg ist also keinesfalls das einzige Erfolgskriterium. Allerdings wird man einige Wirkungen nach objektiven Regeln bestimmen, um nicht den Eindruck zu erwecken, daß diese willkürlich angenommen worden sind. Häufig werden die Spielleiter daher begründen, wie sie die Wirkungen bestimmt haben, die sie den Gruppen zurückmelden.

Planspiele gleichen also den Gruppenarbeiten. Sie unterscheiden sich von diesen dadurch, daß die Gruppen nicht nur Erkenntnisse zu gewinnen suchen, sondern Entscheidungen treffen und supponierte Handlungen ausführen, die sich auf die anderen Gruppen und auf das Gesamtsystem richten, und daß diese Handlungen Wirkungen haben, die den Gruppen zurückgemeldet werden und als Basis für ihre weiteren Entscheidungen dienen.

Die Herstellung derartiger Spiele ist anspruchsvoll, zum Teil ist es sogar ihre Durchführung. Wir können uns vorstellen, daß mehrere Lehrer dabei zusammenwirken, indem sie z.B. gemeinsam, unter Anleitung, anläßlich eines Fortbildungskurses die notwendigen Materialien erarbeiten und in der Folge als Spielleiterteam fungieren. Wir meinen, daß dies auch für den Lehrer und seine Fortbildung, insbesondere seine Kenntnisse über das Geschehen in der Welt der Wirtschaft und des Staates, wertvoll ist. Es muß auch ein Anliegen der wirtschaftlichen und der öffentlichen Institutionen sein, daß das Informationsniveau über ihre Probleme in den Schulen steigt. Wir können uns daher vorstellen, daß Vertreter der Wirtschaft und der Gemeinden ihrerseits bereit sind, an derartigen Fortbildungskursen mitzuwirken.

Wenn Planspiele gut vorbereitet und in der Rückschau gut verarbeitet werden, so können sie den Schülern nicht nur wichtige Einsichten in die Wirklichkeit des wirtschaftlichen und des öffentlichen Lebens und daher in die Anwendungsfelder des schulischen Unterrichts verschaffen, sondern ihnen auch Gelegenheit zu sozialem Lernen geben. Das Ziel ist ja nicht einfach die Optimierung irgend eines finanziellen Erfolges, sondern auch die menschliche und soziale Qualität der Tätigkeit.

Es kann natürlich leicht geschehen, daß einige Spieler ihre Sichtweise einengen und nur die materiellen Effekte beachten, das Spiel als Wettkampf auffassen und dieses um jeden Preis gewinnen wollen. So verständlich der Impuls ist, so sehr wird es die Aufgabe des Lehrers sein, derartigen Verengungen entgegenzuwirken. Das ist ja gerade die Schwäche des Verhaltens vieler „Spieler" in der echten wirtschaftlichen Auseinandersetzung, daß sie nur noch den (kapitalistischen) Gewinn oder die (sozialistische) Erfüllung des Plansolls sehen, ungeachtet aller menschlichen, sozialen und ökologischen Nebenwirkungen ihres Handelns. Anderseits ist es aber auch leicht, alle diese Tendenzen aus der Warte des unbeteiligten Zuschauers (und des fixbesoldeten Beamten!) zu verurteilen. Die Rollenspiele, welche wir hier beschrieben haben, verbinden die realistische Motivation des engagierten Spielers mit den Betrachtungen der umfassenderen Wirkungen des Spiels. Es sind realistische Situationen. Wenn es hier gelingt, Gesichtspunkte der materiellen Optimierung mit solchen der Optimierung menschlicher, gesellschaftlicher und ökologischer Qualitäten zu verbinden, leisten wir wirkliche Erziehungsarbeit. Wir lösen soziales Lernen im Rahmen realistischer Handlungsziele aus.

(4) Soziales Lernen in der realen Interaktion
mit außerschulischen Partnern (Stufe IV)

Schließlich erwähnen wir eine vierte Stufe sozialen Lernens. Sie wird dort erreicht, wo die Handlungen nicht nur fingiert sind, sondern wo Schüler und Lehrer mit den beruflichen, wirtschaftlichen und staatlichen Realitäten außerhalb der Schule in Kontakt kommen. Außerschulische Praktika haben diese Wirkung jederzeit gesucht. Das duale System der Berufsbildung, das die Ausbildung im Betrieb mit der Ausbildung in der Berufsschule verbindet, stellt seinerseits eine klassische Lösung dieses Problems dar. Die Idee der polytechnischen Bildung (BECK, IPFLING & KUPSER 1984, FRANKIEWICZ, ROTHE & VIETS 1986) strebt entsprechende Lernprozesse an. Während der Schwerpunkt in der Berufslehre auf der Bildung im Betrieb liegt und die Berufsschule nur eine ergänzende Funktion hat, so liegt der Schwerpunkt der polytechnischen Bildung auf der Ausbildung in der Schule mit ergänzender Funktion der außerschulischen Praktika. In beiden wird der Schüler oder Lehrling in echte Arbeitsprozesse integriert. Man ist sich dabei jedoch der Tatsache bewußt, daß es theoretische Grundlagen und umfassende Zusammenhänge gibt, die den Schüler und Lehrling bei der bloßen praktischen Arbeit nicht oder zu wenig deutlich bewußt werden. Daher der Auftrag der Schule: sie soll die praktische Arbeit gedanklich aufarbeiten und dem Schüler die Hintergründe seines Tuns sichtbar machen.

Nun wäre es wiederum utopisch, wollten wir hier fordern, daß die höheren Schulen der westlichen Länder demnächst den Gedanken der polytechnischen Bildung rezipierten und in die Praxis überführten. Unglücklicherweise wirken dem zu viele Kräfte entgegen. Die polytechnische Bildung wird immer wieder mit den sozialistischen Wirtschaftssystemen identifiziert – was keineswegs denknotwendig ist, findet man den Gedanken doch auch schon bei PESTALOZZI (1781). Sodann wirkt im westlichen pädagogischen Denken noch heute der antike Dualismus von nützlicher Arbeit und zweckfreier Wissenschaft und Bildung nach, ein Erbe der griechischen Gesellschaftsstruktur, in der die Sklaven arbeiteten und sich die freie Oberschicht der Wissenschaft und den Künsten widmete (AEBLI 1981, 375 f.). Diesen Dualismus sollten wir am Ende des 20. Jahrhunderts überwinden und zu sehen versuchen, daß nicht nur das Sprechen (HÖRMANN 1976), sondern auch das Denken das Handeln (und das Arbeiten) mit anderen Mitteln fortsetzt. Handeln und Arbeiten ohne Denken ist Routine und Plackerei, Denken ohne Handlung und Praxis ist ein Glasperlenspiel.

Soziales Lernen muß sich in einem Kontext der Arbeit und des Denkens verwirklichen.

Aber wie gesagt: Heute und morgen werden wir diese Veränderungen in unseren Schulen, insbesondere den höheren, nicht realisieren. Daher die Frage, ob es nicht auch möglich ist, in ihrem Rahmen eine Verbindung von Tätigkeit und sozialem Lernen herzustellen. Auf der Stufe IV, die wir durch echte Interaktionen von Schülern und Lehrern mit außerschulischen Partnern definieren, ist das nicht leicht. Es kann nur in ausgewählten Situationen stattfinden, dann z.B., wenn die Schüler auf Reise oder in ein Klassenlager gehen, oder wenn Schulleitung, Lehrer und Schüler gewisse reale Projekte, wie die Einrichtung eines Schulgartens, eines Biotops, oder, bescheidener, gewisse anspruchsvollere Anschaffungen wie diejenige von Mikroskopen oder von Rechnern tätigen. Derartige Handlungen erfordern Kontakte, Gespräche, Korrespondenzen, Berechnungen und Entscheidungen. Wenn diese durch körperliche Arbeit ergänzt werden, etwa beim Ausheben des Teiches für das Biotop, umso besser. Die Interaktionen der Schüler und die Gelegenheiten zum sozialen Lernen werden davon gewinnen.

Dabei muß man sich bewußt sein, daß die Fächergrenzen bei allen derartigen Projekten rasch fragwürdig werden. Ihre Realisierung setzt in einer Schule mit Fachlehrern also Teamteaching, mindestens die Koordination zwischen verschiedenen Lehrern, voraus. Dies gelingt, wie man weiß, nicht überall auf Anhieb. Hier stellen sich für die Schulleitung interessante und dankbare Aufgaben: die Kollegen zur Realisierung eines Projektes zu animieren und zusammenzubringen.

Derartige Projekte können beim heutigen Aufbau der Schulen nur in Abständen realisiert werden. Wenn jedoch die Lehrer von der Idee des sozialen Lernens in einem Kontext praktischer, wirtschaftlicher und beruflicher Arbeit durchdrungen sind, so werden sie diese Gelegenheiten schaffen. In den Zwischenzeiten aber wird die entsprechende pragmatische Grundhaltung auch auf den traditionellen Unterricht ausstrahlen und zu sozialem Lernen der Stufen I, II und III führen.

Zusammenfassung

Unsere Schulen müssen die Wirklichkeit der Berufs- und Wirtschaftswelt in ihr Bewußtsein aufnehmen. Sie müssen das soziale Lernen der Schüler in Situationen anstreben, die dem wichtigen Lebenskreis der wirtschaftlichen und öffentlichen Tätigkeit angehören, nicht, um einem engen Utilitarismus zu huldigen und den materiellen Gewinn oder die äußerliche Erfüllung irgendeines Plansolls zur alleinigen Richtschnur des Handelns zu machen, sondern mit dem Ziel, auch in der Berufsarbeit und in der wirtschaftlichen

Tätigkeit menschlichen und geistigen Werten Geltung zu verschaffen. Wir wollen damit verhindern, daß sich die Welt und das Bewußtsein der Menschen in eine ökonomische und in eine moralisch-geistige trennt. Wir versuchen sie vielmehr zusammenzubringen, so daß ethische und kulturelle Gesichtspunkte die berufliche und wirtschaftliche Tätigkeit kontrollieren und ihr zugleich eine tiefere Rechtfertigung geben. So hindern wir auch das geistige und das ethische Denken daran, wirklichkeitsfremd und damit wirkungslos zu werden.

Im Dienste dieses Zieles haben wir vier Stufen des sozialen Lernens in einem beruflichen und wirtschaftlichen Kontext beschrieben und diese mit den folgenden Stichworten gekennzeichnet:
I) Darstellung und Studium menschlichen Zusammenwirkens in Beruf und Wirtschaft,
II) Problemlösen im Rahmen fiktiver, aber realistischer beruflicher und wirtschaftlicher Handlungssituationen,
III) Simulation beruflichen und wirtschaftlichen Handelns in Rollenspielen,
IV) Soziales Lernen in der realen Interaktion mit außerschulischen Partnern.

Soziales Lernen im politischen und im staatlichen Bereich

Wirtschaftliche Tätigkeit zielt auf ein materielles Ergebnis, und weil dieses einen Preis hat, kann man auch sagen, sie ziele auf „Gewinn". Aber dies ist nur ein Teil ihrer Zielsetzung. Menschen empfinden bei ihrer Arbeit auch Zufriedenheit und Freude, und sie ist für sie attraktiv, weil ihnen die Arbeit Kontakte und menschliche Beziehungen verschafft. Nicht zufällig gibt es ja den sogenannten Pensioniertentod: für einige Menschen sind die Anregungen und die menschlichen Kontakte, die ihnen die Arbeit vermittelt, lebenswichtig, im ursprünglichen Sinne des Wortes.

Worum geht es bei politischer Tätigkeit? Wozu ist der Staat da? Und was für ein soziales Lernen erfordern und ermöglichen diese Bereiche menschlicher Tätigkeit? Man hat immer wieder gesagt, im Staat und in der Politik gehe es um die Macht. Politiker streben die Macht an, der Staat verkörpere die Macht, seine Funktion sei die Beherrschung der Menschen. Das ist so schief, wie wenn man sagen wollte, berufliche Tätigkeit finde nur um des Geldes und um des materiellen Gewinnes willen statt. Auch die Motive politischer Tätigkeit und die Zwecke des Staates sind vielfältig. Der Staat sind wir ja selber, insofern wir unserem Zusammenleben eine gesetzliche und rechtliche Ordnung geben. Heinrich PESTALOZZI (1815) hat es lapidar gesagt: „Wir sind, durch Gesetz und Recht untereinander verbunden, unser

Staat selber." Es ist oberflächlich und aus der Froschperspektive beurteilt, wenn man den Staat mit seinen Organen identifiziert, und es ist noch einmal falsch, wenn man meint, alle seine Organe seien nur von Macht- und Herrschaftswillen beseelt. Es gibt ja auch das Wort vom Staatsdienst. Es ist Dienst am Mitmenschen. Und der Lehrer, den dies nicht überzeugen sollte, müßte bedenken, daß auch die Schule ein staatliches Organ ist und daß auch er nicht wollte, daß man ihm nur Machthunger und Herrschaftsgelüste als Motive seines Handelns mit Schülern zuschreibt.

Darum müssen wir soziales Lernen auch in einem staatlichen und in einem politischen Kontext sehen. Das Sich-Verbinden der Menschen, von dem Pestalozzi spricht, ist kein Naturprodukt, es will gelernt sein. Insbesondere die Demokratie ist eine schwierige Staatsform. Fähig zu werden, eine demokratische Ordnung zu tragen und sein Leben in der Freiheit zu ordnen, erfordert ein lange dauerndes, intensives soziales Lernen. Darum ist es notwendig, daß wir diesem Bereich des sozialen Lernens einige Überlegungen widmen.

Ein flüchtiger Blick auf unsere Schulen zeigt, daß soziales Lernen in seiner staatlichen und politischen Ausprägung an den wenigsten Orten direkt und unmittelbar angestrebt und realisiert wird. Sicher gibt es viele Schulen, deren Geist demokratisch in dem Sinne ist, daß die Würde des Schülers geachtet wird, keine Willkür herrscht, sondern Schulleiter, Lehrer und Schüler sich gemeinsamen Regeln unterwerfen, und Schulleiter und Lehrer ihr Amt in verantwortlicher Weise ausüben. An einigen höheren Schulen gibt es auch gut funktionierende Schulparlamente und ähnliche Einrichtungen der Schülermitbestimmung. Das sind Elemente einer demokratischen Ordnung, die sicher ihre erzieherische Wirkung auf die Schüler ausüben.

Sodann gibt es natürlich einen staatsbürgerlichen Unterricht, und auch der Geschichtsunterricht kann Erkenntnisse und Begriffe zum politischen Denken abwerfen. Insbesondere die Geschichte der neuesten Zeit, die Ideen der französischen Revolution und die liberalen Staatsgründungen des 19. Jahrhunderts bieten die Gelegenheit, den Staat, in dem wir leben, besser zu verstehen. Die Staatskrisen des 20. Jahrhunderts und die Kriege, die sie ausgelöst haben, können ihrerseits klärend wirken. Aber damit bewegen wir uns nur auf der untersten Stufe des sozialen Lernens, wie wir im vorangehenden Kapitel unterschieden haben, auf der Stufe der *Darstellung und des Studiums menschlichen Zusammenwirkens in Politik und Staat.*

Wenn wir die Parallele zum beruflichen und wirtschaftlichen Lernen weiterziehen, so ergibt sich die Frage, ob es auch ein *Problemlösen im Rahmen fiktiver, aber realistischer politischer und staatlicher Handlungssituationen* gebe, und ob dieses einen Beitrag zum sozialen Lernen leisten könnte. Wir meinen, ja. Dabei müssen wir uns jedoch daran erinnern, daß politische und staatliche Tätigkeit nicht auf materielle Ergebnisse zielt, sondern darauf, das Zusammenleben gesetzlich und rechtlich zu ordnen bzw. da, wo Unordnung und Konflikt droht, die Ordnung wiederherzustellen und gerechte Konfliktlösungen zu finden. Das Problemlösen darf hier also nicht als mathematisches oder naturwissenschaftliches gesehen werden. Es geht um Probleme zwischen Menschen und Menschengruppen, um die Frage z.B., wie für die alten Menschen zu sorgen sei (staatliche Sozialversicherung, private Vorsorge), wie der Verkehr sich zu entwickeln habe (auf der Strasse, mit Hilfe von Verbrennungsmotoren? oder auf der Schiene, mit Hilfe von elektrischer Energie?), darum auch, wo die Energie herzunehmen und wie die Energieträger zu besteuern seien. Es geht auch um die Frage, in welchem Maße und in welcher Form Menschen oder Betriebe zu bestrafen seien, die Recht und Gesetz brechen, indem sie z.B. die Umwelt verschmutzen oder durch ihre Fahrweise Menschen gefährden und töten (Strafrecht, Verkehrsrecht). Es geht schließlich um so einfache Dinge wie die Erstellung eines Quartierplans und die Aufstellung von Regeln über die Art des Bauens, damit ein Nachbar dem anderen mit seinem Haus nicht zuviel Sonne und Licht wegnimmt und zu jedem Grundstück eine Zufahrt möglich wird, Fragen, über die man sich bekanntlich trefflich streiten kann. Der Staat und die Rechtssprechung sorgen hier für Frieden. Endlich geht es um die Form, in der der Staat seine Unabhängigkeit zu verteidigen gedenkt, ob hierzu Waffen nötig seien, und von welcher Art sie sein müßten, damit die beste Aussicht besteht, den Frieden zu wahren: Fragen der Verteidigungspolitik.

Der Unterricht in der Muttersprache, in Geschichte, Geographie und in Staatskunde behandelt genau diese Probleme. Wir werden sie den Schülern nicht nur vortragen, sondern zur selbständigen Lösung mit Hilfe des erworbenen Wissens und der gelernten Begriffe vorlegen. Es geht dabei um die Argumentation für und wider bestimmte staatliche und politische Ziele, um die Findung von Lösungen in bestimmten Situationen und um die Bildung entsprechender Wert- und Zielvorstellungen. Zu diesem Zwecke wird man auch Themen der Tagespolitik aufgrund gemeinsamer Zeitungslektüre besprechen und sie sodann im Aufsatzunterricht schriftlich bearbeiten. Im Geschichtsunterricht wird man Begriffe und Sachwissen vermitteln, das den Schüler befähigt, zu einer historischen Sachfrage Stellung zu nehmen. Auch den Staatskundeunterricht wird man so praktisch gestalten, daß die Schüler lernen, in konkreten Problemsituationen zu handeln, indem sie z.B. eine Einsprache gegen einen Quartierplan, ein Plakat für eine politische Partei oder ein Votum an einer Gemeindeversammlung entwerfen. Wir meinen also nichts anderes als einen *problemlösenden Unterricht in Kontexten von realistischen politischen und staatlichen Handlungssituationen:* die Stufe II des sozialen Lernens.

Dies führt natürlicherweise weiter zur Stufe III, *Simulation politischen Handelns im Rollenspiel.* Wenn die Schüler schon echte, auf Handlungssituationen bezogene Texte verfaßt haben, so können sie die darin ausgeführten Argumente auch im Rollenspiel vortragen und über ihre Referate hinaus in lebendiger Diskussion die Klinge kreuzen. Wichtig erscheint auch hier, daß die sachliche Vorbereitung eingehend und solide ist. Politische Gremien behandeln Sachgeschäfte. Die Reden haben einen sachlichen und auch einen Hintergrund von handfesten Interessen. Proponenten und Opponenten sprechen aus ihrem Sachwissen heraus und von ihren Interessen her. Dem müssen auch die Rollenspiele Rechnung tragen, die wir in der Schule veranstalten. In vielen Fällen ist es sogar denkbar, daß Probleme, die unter wirtschaftlichen Gesichtspunkten behandelt worden sind, auf einer politischen und staatlichen Ebene weiterverfolgt werden, z.B. die Gründung eines Wirtschaftsbetriebes in einer fiktiven Gemeinde unter gemeindepolitischen Gesichtspunkten (Baubewilligung, Gemeindebeitrag an Gleisanschluß, Regelung der Abwasserfrage, Steuerprobleme usw.). Auch hier geht es darum, daß der Schüler einenteils erkennt, daß in politischen Auseinandersetzungen die Kontrahenten, der Staat, die politischen Parteien und die Verbände verschiedene Interessen verfolgen, daß aber bei aller Auseinandersetzung das Wohl des Ganzen, hier der Gemeinde, gesucht werden muß. Denn letztlich gedeiht auch der Einzelne und die einzelne Gruppierung nur, wenn das ganze Gemeinwesen gedeiht.

Ist es auch möglich, *reale politische Interaktionen mit außerschulischen Partnern* einzuleiten und durchzuführen (Stufe IV)? Hier sind der Aktivität der Schule wohl Grenzen gesetzt, denn als Staatsschule muß sie sich ja politisch neutral verhalten. Immerhin ist es denkbar, daß eine Schule im Umfeld von Wahlen und Abstimmungen Kontakte zu den Parteien und ihren Exponenten herstellt oder die gewählten Vertreter des Staates und der Gemeinde einlädt, vor den Schülern zu sprechen. Das sind zwar keine politischen Handlungen von großer Tragweite; sie können trotzdem fruchtbar sein, wenn sich die Schüler z.B. darauf vorbereiten, den Behördevertretern Fragen zu stellen und im Grenzfall Vorschläge zu unterbreiten.

Man erkennt: wir bewegen uns hier in jenem Felde, das dem großen amerikanischen Pädagogen John DEWEY (1916) als Projekte der „social studies" vorschwebte. Europa hat hier Chancen, ein eigenständiges Konzept der politischen Bildung zu entwickeln, das sein vielfältiges politisches Leben und seine reiche Tradition widerspiegelt. Soziales Lernen gewinnt in diesem Rahmen einen wirklichkeitsnahen und ideell vertieften Gehalt, der für die übrige Welt vorbildlich sein könnte. Es geht im sozialen Lernen um

mehr als um Methoden des Lösens von praktischen Konflikten, es geht
darum, daß Bürger, die von sich wissen, daß sie, durch Gesetz und Recht
verbunden, der Staat selber sind, die Verantwortungen tragen lernen, die
sich aus dieser Rolle ergeben.

Kapitel 6: Inhalte und Ziele des sozialen Lernens

Die bisherigen Überlegungen haben uns einige Klarheit über die Formen des sozialen Verhaltens und Lernens verschafft. Die psychologischen Unterscheidungen von realer und symbolischer Handlung und von Darstellung (Betrachtung) und Herstellung sozialer Beziehungen und Kontakte sind hierzu hilfreich gewesen. Wir haben auch gesehen, daß das soziale Lernen ein Können und ein Wissen vermitteln muß, daß aber ebenso wichtig die Bildung von Werten und Zielvorstellungen ist. Denn diese bewegen („motivieren") den jungen Menschen, sich in einer bestimmten Weise zu verhalten. Diese Unterscheidungen haben wir sowohl auf die Bereiche des privaten Lebens als auch auf das Leben in den Institutionen, auf die Lebenskreise der Familie, des wirtschaftlichen und des politischen Handelns bezogen. Soziales Lernen bereitet den jungen Menschen darauf vor, in ihrem Rahmen seinen Platz zu finden. In großer Vereinfachung betrachtet, haben wir das soziale Lernen also von zwei Seiten her eingegrenzt: von der psychologischen und von der gesellschaftlichen.

Eines fehlt unserem Bild sozialer Tätigkeit und sozialen Lernens noch: die konkreten Inhalte und Ziele. Diese Lücke soll nun geschlossen werden. Zur Lösung dieser Fragen kann die Ethik und – bescheidener – die Lehre von den menschlichen Tugenden einen wichtigen Beitrag leisten. Wir bauen unsere Darstellung sozusagen von unten nach oben auf, beginnen mit den elementaren Verhaltensweisen und Tugenden, die moralisch weitgehend neutral sind, und kommen schließlich zu den Leitvorstellungen, welche die antike und die jüdisch-christliche Ethik entwickelt haben. Wir sind uns dabei bewußt, daß wir hier an Grundfragen des menschlichen Daseins rühren, über die ein Konsens nicht leicht herzustellen ist. Das braucht auch nicht vorschnell zu geschehen. Das erste ist, daß der Erzieher die großen Optionen mit Klarheit vor sich sieht. Die Wahl muß er in jedem Falle ganz alleine treffen.

Sozialverhalten ist das Verhalten von Menschen, bei dessen Vollzug ein einzelner Mitmensch, eine Gruppe oder mehrere eine aktive oder passive Rolle spielen. Sozialverhalten muß sich nicht direkt auf den Mitmenschen oder die Gruppe richten, wie das z.B. dann der Fall ist, wenn wir jemanden um Hilfe bitten oder uns mit einer Gruppe solidarisieren. Sozialverhalten kann sich auch beim Lösen eines Sachproblems ereignen, bei dem mehrere Menschen zusammenarbeiten. Bei der Ausführung einer sachlichen, z.B.

technischen Handlung kann ein anderer Mensch auch bloß „betroffen", statt bewußt angezielt sein. Ein Beispiel wäre das Rasenmähen, das den Nachbarn durch den entstehenden Lärm „betrifft". Welches immer die Rolle des Mitmenschen ist: Sozialverhalten erfordert, daß der Handelnde die Situation nicht nur aus der eigenen Perspektive wahrnimmt, sondern sich auch bewußt ist, wie die Dinge vom anderen gesehen und erlebt werden.

Einfühlung

Wir beginnen mit einer Verhaltensweise, die noch jenseits von Gut und Böse ist: mit der Einfühlung oder „Rollenübernahme". Diese ist überall dort grundlegend, wo Menschen zusammenkommen, sei es zur Zusammenarbeit, sei es, daß sie zusammenstoßen und einen Konflikt auszutragen haben.

In beiden Fällen ist es notwendig, aber keineswegs selbstverständlich, daß sich Partner oder Gegner *verstehen*. Damit eine gemeinsame Arbeit gut herauskommt, sollte jeder wissen, was der andere tut. Desgleichen, wenn Gegner aufeinanderstoßen: ob sie den anderen zu besiegen (etwa im Schachspiel) oder sich mit ihm zu einigen suchen, sie müssen ihre gegenseitigen Lagen und Interessen verstehen.

In der Psychologie nennt man das „Sich-in-die-Lage-eines-anderen-Versetzen" *Rollenübernahme*, ein Ausdruck, der nicht ganz glücklich ist. Denn um einen anderen zu verstehen, braucht man dessen Rolle nicht aktiv zu übernehmen und zu spielen. Es geht zuerst und vor allem um die *Sicht der Situation mit den Augen des anderen* und um die Einfühlung in seine Lage.

Der Begriff der *Einfühlung (Empathie)* bezeichnet einen zweiten Aspekt des Verstehens. In der Tat hat das Verstehen eines anderen Standpunktes sowohl eine intellektuelle als auch eine affektive Seite. Sich in die Lage des anderen zu versetzen, erfordert einmal eine gewisse geistige Reife. Man muß bestimmte Überlegungen richtig anstellen. PIAGET (1949) hat dies anhand seines berühmten Drei-Berge-Versuches gezeigt: Kleinkinder meinen, ein Bergrelief, neben das man eine kleine Puppe stellt, welche die Berge einmal aus der Perspektive des Kindes, einmal von der gegenüberliegenden Seite, einmal von rechts und einmal von links, betrachtet (photographiert, abzeichnet ...), sehe immer gleich aus, nämlich wie aus ihrer eigenen Perspektive. Sie sind „egozentrisch". Von acht bis neun Jahren an verstehen sie, daß vorne-hinten und recht-links in der Sicht des Betrachters mit dessen Standpunkt wechseln. Sie haben ihr Urteil „dezentriert", wie PIAGET sagt. Heute sagt man auch: Sie sind zur Übernahme der Rolle des fremden Betrachters fähig geworden (AEBLI, MONTADA & SCHNEIDER 1968, FLAVELL

1975, Monika Keller 1976, Edelstein & Keller 1982). In der letztgenannten Anthologie findet man eine Reihe von Beiträgen weiterer Forscher zu diesem Problem.

Das Problem hat aber, wie gesagt, auch eine affektive Seite, ja, diese ist in der Praxis häufig entscheidend. Bei sozialen Handlungen spielen Gefühle und Erleben eine wichtige Rolle. Wenn die Zusammenarbeit gelingen und das Verhältnis der Partner gut bleiben soll, muß der eine „nachfühlen" können, wie es dem anderen zumute ist. (Man denke an das Rasenmähen!) Darum sprechen wir von Einfühlung. Schon ganz kleine Kinder merken, wenn ihre Mutter betrübt ist, und wenn beim gemeinsamen Spielen ein Kind zu weinen beginnt, zeigen die anderen deutliche Zeichen der Verlegenheit und suchen es zu trösten.

Zeigen diese Beispiele, daß das Verstehen fremder Standpunkte und die Einfühlung in fremde Gefühle in der Menschennatur angelegt sind und keiner Erziehung oder Schulung bedürfen? So einfach liegen die Dinge nicht. Man braucht nur auf Reisen die Augen offen zu halten und ein wenig Kulturgeschichte zu treiben, um zu sehen, daß viele Reaktionen des Verstehens anderer Menschen und Tiere, die uns selbstverständlich erscheinen, keineswegs die Regel sind. Noch zu Anfang dieses Jahrhunderts hat man rothaarige Kinder grausam ausgelacht und geplagt, nicht zu reden von Rassenverfolgungen, die auch heute noch an der Tagesordnung sind. Im Don Quijote von Cervantes (1605 und 1615) machen sich zahllose Menschen über den geistesgestörten Sonderling Don Quijote lustig, und er bekommt immer wieder Schläge. Don Quijote ist zwar nur ein Dichtwerk. Historisch ist jedoch die Tatsache, das zahllose Leser von diesen Verhaltensweisen der Umwelt nicht abgestoßen worden sind, sondern ihrerseits über die Mißgeschicke des armen Narren gelacht haben. Auch das Verhalten zu den Tieren ist zu verschiedenen Zeiten und in verschiedenen Kulturen sehr verschieden gewesen.

Diese einfachen Überlegungen und Beobachtungen zeigen, daß Empathie und Rollenübernahme in ihren höheren Formen ein Produkt der Erziehung sind. Sie müssen gelernt werden. Wir meinen, daß im schulischen Unterricht immer wieder das Einnehmen des anderen Standpunktes geübt werden muß. Der Schüler muß lernen, seinen Egozentrismus zu überwinden und die sozialen Situationen, in denen er steht, mit den Augen der übrigen Beteiligten wahrzunehmen. Das Vorbild des Lehrers spielt hier eine wichtige Rolle. Entsprechende Regungen bei den Kindern werden von ihm verstärkt.

Selbstkontrolle (Reflexivität) und Festigkeit (Assertivität)

Womöglich noch elementarer als die Empathie ist die *Selbstkontrolle* oder *Reflexivität* des Kindes in sozialen Situationen. Das Gegenteil ist die *Impulsivität*, das Handeln nach kurzschlüssigen, rasch aufsteigenden Impulsen und das kurzschlüssige Reagieren auf Umweltreize, welche von weitergesteckten und überlegeneren Verhaltenszielen ablenken. Impulsive Kinder prüfen die Gegebenheiten einer Situation zu wenig gründlich, und sie planen ihre Handlungen nicht genügend. Wenn sie einen Plan gefaßt haben, so lassen sie sich leicht davon abbringen.

Impulsivität ist heute ein gut bekanntes psychologisches Fehlverhalten, und man weiß auch, daß es mindestens teilweise korrigiert werden kann (zusammenfassend: HARTER 1983). Sprachlich formulierte Regeln, die sich das Kind selber wiederholt, sogenannte Selbstinstruktionen, spielen dabei eine wichtige Rolle. („Nicht dreinfahren, ruhig überlegen ...Was ist das Problem? Wie liegen die Dinge? ...Jetzt machen wir einen Plan ..."). Ein derartiges Vorgehen kann geübt werden. Das laute Vordenken durch ein Verhaltensmodell ist hilfreich. Nachahmung durch den Schüler führt zu Verbesserungen.

Haltungen der ruhigen, umsichtigen Beurteilung von Problemsituationen, die Planung von Reaktionen und Handlungen, die Steuerung der eigenen Motive und die Selbstbelohnungen helfen dem Schüler, sein Handeln zu kontrollieren. Dies ist für ihn insbesondere dann wichtig, wenn er weitgesteckte Ziele und in der Zukunft liegende Erfolge ansteuern lernt. Im Zusammenhang der sozialen Tätigkeiten wird der Lehrer also immer wieder darauf achten, daß die Schüler Tendenzen zur Impulsivität überwinden und eine Haltung der Selbstkontrolle und der Reflexivität entwickeln.

Mit Reflexivität ist eine andere Haltung verwandt, diejenige der *Assertivität*, zu deutsch: der *nicht-verletzenden Geltendmachung des eigenen Standpunktes*. Etwas kürzer sprechen wir von „ruhiger Festigkeit". Es mag überraschen, daß wir in einem Kapitel über soziales Lernen von der Geltendmachung eigener Rechte sprechen. Häufig tut man so, als ob nur Selbstlosigkeit und Opferbereitschaft notwendig wären, damit zwischenmenschliche Beziehungen und Gemeinschaften gedeihen. Das ist falsch. Eine solche Auffassung geht davon aus, daß alle Menschen eine naturwüchsige Selbstliebe und die entsprechende Fähigkeit besitzen, für ihr Recht zu sorgen. Das ist nicht der Fall. Einigen Menschen, Kindern und Erwachsenen, fällt es schwer, sich zu wehren. Es fehlen ihnen die entsprechenden Motive und/oder Fähigkeiten. Positive zwischenmenschliche Beziehungen, gute Zusammenarbeit und ein guter Gruppengeist können auch dadurch gefährdet sein, daß einzelne Glieder ihre Rechte nicht oder nicht in geeigneter Weise geltend machen können. Es fehlt ihnen mit anderen Worten die nötige „Assertivität". Sie können ihre Gefühle der Benachteiligung nicht beizeiten äußern, können auf Zumutungen nicht adäquat reagieren und haben Schwierigkeiten, andere Menschen um etwas zu bitten. Für sie ist also eine besondere Art des sozialen Lernens notwendig, das man „Assertivitätstraining" genannt hat. Aber auch normale Kinder und Jugendliche ziehen Gewinn aus diesen Übungen, denn auch ihnen kann es nicht ohne weiteres gelingen, ihre Rechte in einer nicht-verletzenden, dem guten Einvernehmen dienlichen Weise wahrzunehmen. Wir erachten diese Probleme für neu und wichtig genug, um ihnen ein eigenes kurzes Kapitel zu widmen (Kapitel 18). Da diese Probleme jedoch die Lehrkräfte ebenso wie die Schüler betreffen, plazieren wir dieses in jenem Teil des Buches, der sich mit den Problemen der Autorität und der Disziplin im Unterricht beschäftigt.

Die Konventionen des Verhaltens und der Erscheinung

Es gibt in allen Gesellschaften Normen des Verhaltens und der äußeren Erscheinung der Menschen, die wie die bisher besprochenen Charakterzüge und Haltungen nicht viel mit Gut und Böse zu tun haben und trotzdem für das Funktionieren menschlicher Beziehungen wichtig sind. Wenn wir später von Normen der Sittlichkeit sprechen werden, so könnte man hier von solchen der *Sitte* sprechen. Sitten können sich von Kultur zu Kultur und im Verlaufe der Geschichte (der „Sittengeschichte") ändern. Das zeigt, daß sie nicht tief in der Natur des Menschen verankert sind. Dies ist auch der Grund dafür, daß sie von vielen Zeitgenossen, die meinen, alles und jedes grundsätzlich betrachten zu müssen, nicht ernst genommen werden. Ja, viele versuchen, sich selbst und der Welt zu beweisen, daß sie moderne Menschen sind, indem sie diese Regeln mißachten. Wir denken z.B. an die Sauberkeit, die Pünktlichkeit, die Ordnung und an Manieren. Sie regeln das Verhalten der Menschen, die Gestaltung ihrer persönlichen Umwelt (Wohnung, Arbeitsplatz ...) und ihre Erscheinung.

Man hat diese Normen der Sitte immer wieder mit den Normen der Sittlichkeit, also mit Gut und Böse, verwechselt, unordentliche Menschen z.B. als schlechte Menschen angesehen. Das ist natürlich falsch. Aber der umgekehrte Schluß, daß wegen des Fehlens eines inneren Zusammenhangs von Sitten und Sittlichkeit die ersteren unerheblich oder ihre Beachtung gar schädlich seien, ist ebenso falsch. Das würde ja bedeuten, daß es in menschlichen Dingen nur auf die Moral ankäme; es wäre also ein radikaler Moralismus. Moralische Werte sind wichtig, wir werden es noch sehen. Aber die

Prinzipien von Gut und Böse geben weder die Regeln dafür ab, wie eine gute Mahlzeit bereitet, noch wie sie gegessen werden soll. Sie sagen auch nichts darüber aus, wie es an einem Arbeitsplatz aussehen sollte, noch ob und wie man einen Freund oder eine Freundin einer dritten Person vorstellt.

Das ist gerade die Funktion der Regeln, die wir hier meinen, daß sie die menschlichen Kontakte und das – zugegeben oberflächliche – Verstehen erleichtern. Wo Menschen zusammenleben, braucht es sie. Sie erlauben, die Handlungen des Anderen vorauszusehen und das eigene Verhalten auf es einzustellen. Wenn wir abmachen, uns zu einem bestimmten Zeitpunkt zu treffen, so dient es beiden Seiten, wenn wir zum verabredeten Zeitpunkt am verabredeten Orte sind. Das nennt man Pünktlichkeit. Ordnung ihrerseits dient einmal der Effizienz der Arbeit. Sie schafft dem Arbeitenden Übersicht über die Situation. Diese ist auch von Arbeitskollegen einsehbar. Nichts ist ärgerlicher, als am Arbeitsplatz eines unordentlichen Kollegen etwas suchen zu müssen. Sauberkeit wiederum dient der Hygiene. Europa hat sie im 17. und 18. Jahrhundert entdeckt. Sie hat unter anderem die Kindersterblichkeit entscheidend gesenkt.

Was aber ist von den Regeln der äußeren Erscheinung und den sogenannten Manieren zu halten? Sie sind Konventionen. Etwa zwischen 1850 und 1950 haben in gewissen Berufen alle Männer eine Krawatte und alle Frauen und Mädchen Röcke getragen. Heute ist das nicht mehr so. Trotzdem bestehen auch heute mächtige Konventionen. Das kann man gerade in sogenannt unkonventionellen Gruppen am deutlichsten bemerken. Der Druck der Gruppe auf Einhaltung bestimmter Regeln der Kleidung und der Erscheinung ist hier besonders stark. Wer sie nicht einhält, wird sofort zum Außenseiter. Menschen brauchen Regeln der Erscheinung und des Verhaltens, um sich gegenseitig die Zusammengehörigkeit zu signalisieren und auf dem Hintergrund des regelhaften Verhaltens und der regelhaften Kleidung außerordentliche Zustände kundzugeben: Trauer z.B., oder die Tatsache, daß man eine Feier begeht. Wenn wir das selber nicht mehr tun, so reisen wir doch gerne an einen Ort in den Urlaub, wo Sitten und Bräuche noch lebendig sind. Warum eigentlich? Warum verbringen wir unseren Urlaub in Südspanien oder Kreta und nicht in Zürich oder Hannover?

Wir haben diese Dinge hier ein wenig ausführlicher besprochen, weil sie dem Lehrer und Erzieher vielleicht da und dort als Argumente dienen können. Denn es besteht heute bezüglich dieser Regeln eine verbreitete Antikultur, die sich relativ aggressiv gebärdet. Da ist es nützlich, wenn man sich darüber Klarheit verschafft hat, was Sitten sind und was sie nicht sind. Man wird in ihnen dann weder eine Bedeutung suchen, die sie nicht haben, insbesondere eine moralische, und man wird sie dort aufrechterhalten und verteidigen, wo sie echte Funktionen erfüllen. Es sind weithin symbolische Funktionen, Zeichen, die sich die Menschen über ihre Identität, ihre Solidarität und ihre Zugehörigkeit zu bestimmten Gruppen und den von diesen vertretenen Werten und Ideen geben. Diese Zeichen sind nötig, damit Kommunikation stattfinden kann (WATZLAWICK et al. 1972, 1980; POSTMAN 1983[2]).

Es liegt auf der Hand, daß Normen auch im Leben von Schulklassen eine Rolle spielen. Sie tun es umso mehr, je reichhaltiger das Sozialleben und die gemeinschaftlichen Tätigkeiten einer Schule sind. Denn in diesem Falle gleicht das Leben der Schule ja dem wirklichen Leben. Damit die Tätigkeiten gelingen, sind Regeln wie Pünktlichkeit, Zuverlässigkeit, Ordnung notwendig. Und damit die Kommunikation zwischen den Schülern und zwischen Lehrern und Schülern funktioniert, sind auch Regeln des Umgangs miteinander und der äußeren Erscheinung notwendig. Daß in vielen Schulen Schüler und Lehrer so formlos daherkommen, ist gerade ein Zeichen dafür, daß zwischen ihnen keine wirkliche Gemeinschaft besteht. Damit plädieren wir allerdings weder für die Seidenkrawatte noch für den schwarzen, rechteckigen Aktenkoffer. Es geht auch anders.

Wie kann man nun derartige Regeln vermitteln? Das wichtigste ist, daß der Lehrer selbst davon überzeugt ist, daß sie wichtig sind. Dazu sind einige Überlegungen der Art, wie wir sie einleitend dargestellt haben, notwendig. Sodann müssen die Regeln definiert und den Schülern verständlich gemacht werden. Einige bringen die entsprechenden Erfahrungen von zu Hause nicht mit. Dann muß man die entsprechenden Verhaltensweisen in der Schule einführen. Kleinen Schülern muß man zeigen, wie man den Schulsack einräumt und ihn in Ordnung hält. Anderen Schülern muß man erklären, wie man sich verhält, um zur Zeit an einem abgemachten Orte zu sein. Vieles, was wie böser Wille oder Nachlässigkeit aussieht, ist vorerst Nichtwissen und Nichtkönnen.

Das Nächste ist, daß die Einhaltung von Regeln geübt werden muß. Sie können automatisiert und dem Menschen „zur zweiten Natur" werden. Das spart Kraft und Aufmerksamkeit (AEBLI 1983, 328ff.). Damit dies geschieht, muß der Lehrer die Ordnungen selbst in sein Bewußtsein aufnehmen. Der Verfasser dieses Buches erinnert sich noch sehr gut, wie schwer ihm das als junger Lehrer gefallen ist. Er merkte, daß er zuerst und vor allem die Ordnungen, nach denen das Schulleben sich abwickeln sollte, lernen mußte. Wenn sie der Lehrer in sein Bewußtsein aufgenommen hat, gelingt es ihm auch, sie konsequent durchzusetzen, nicht mit Gewalt, aber dadurch, daß er Abweichungen wahrnimmt und sofort die kleinen Zeichen aussendet, die nötig sind, um den Regelzustand wieder herzustellen.

Bei alledem ist es wesentlich, daß die Regeln, die ja moralisch neutral, also weder gut noch böse sind, dem Schüler attraktiv erscheinen. Man darf diese Attraktivität durchaus betonen und die Schüler von ihr zu überzeugen suchen. Das darf auch kontrastiv geschehen, indem wir den Schülern zum Bewußtsein bringen, daß sich in Unordnung und bei fehlenden Manieren doch eigentlich niemand wohl fühlt. Natürlich spielt hierbei die Autorität und die Attraktivität der Lehrerpersönlichkeit selbst eine Rolle: wenn die Person des Lehrers und der Lehrerin attraktiv ist, so werden die Schüler auch die Regeln übernehmen, die sie vertritt (BANDURA 1969). Auf keinen Fall sollten diese Regeln mit Gewalt und mit Strafen eingetrichtert werden, denn sie sollen nicht den Beigeschmack der Unmenschlichkeit erwerben. Gerade weil man dies in der Vergangenheit so häufig getan hat, gibt es heute eine Antikultur, die meint, mit jeder Zerstörung einer Verhaltensnorm einen Sieg des Fortschrittes errungen zu haben.

Im Ganzen gelten hier also einfache didaktische Prinzipien. Wie gesagt: die Schwierigkeit liegt nicht in ihrer Vermittlung, sondern darin, daß sich die Lehrenden selbst davon überzeugen, daß sie sinnvoll sind.

Soziales Verhalten in hierarchischen Ordnungen

In Institutionen und in informellen Gruppierungen von Menschen (und Tieren!) gibt es meistens Beziehungen der Über- und Unterordnung, „vertikale Beziehungen", und es gibt Beziehungen der Gleichordnung, also „horizontale Beziehungen". Die vertikalen nennen wir auch „hierarchische Ordnungen". (Hieros, griechisch, heisst „heilig", „archon" ist der Regierende. Der Ausdruck stellt eine Verallgemeinerung der Idee der Priesterhierarchie dar, so wie sie beispielsweise die katholische Kirche kennt.) In den Feudalstaaten des europäischen Mittelalters waren die hierarchischen Ordnungen sehr ausgeprägt, und es war hier auch klar, welches die Rechte und Pflichten beider Teile waren: die übergeordnete Stelle nahm für sich Autorität, also ein Weisungsrecht, in Anspruch, zugleich aber hatte sie die Pflicht der Fürsorge für den Untergebenen. Dessen Pflicht war der Gehorsam, sein Recht dasjenige auf Schutz, Fürsorge und auf Beihilfe in Notsituationen. Die Französische Revolution hat diese Ordnungen im gesellschaftlichen und im staatlichen Bereich stark verändert, nicht nur faktisch, sondern auch im Bewußtsein der Menschen. Die egalitären, also horizontalen Beziehungen wurden betont und als modellhaft für menschliche Beziehungen überhaupt dargestellt. Die Losung lautete bekanntlich „Freiheit, Gleichheit, Brüderlichkeit". Seither kann man in immer neuen Bereichen der westlichen Gesellschaft, auch in denjenigen der Schule und der Erziehung, einen Abbau der hierarchischen Ordnungen beobachten. Die antiautoritären Bewegungen sind bloß besonders auffällige Ausprägungen dieses Prozesses.

Indessen erfordern gewisse Institutionen und informelle Zusammenschlüsse auch heute noch eine Verbindung von vertikalen und horizontalen Strukturen mit den dazugehörigen Rechten und Pflichten. So kann man sich schlecht eine Feuerwehr vorstellen, die nur egalitär organisiert wäre und in der alle Entscheidungen unter gleichberechtigten Feuerwehrleuten diskutiert und sodann ausgeführt würden. Ebenso ist es wohl notwendig, daß ein ärztliches Operationsteam einen Chef und eine Gruppe von Mitarbeitern hat, die seine Weisungen ausführen. Die Frage ist nicht, ob es nur hierarchische oder nur egalitäre Beziehungen geben solle; vielmehr ist in jeder menschlichen Gruppe zu entscheiden, wieviel Über- und Unterordnung und wieviel Gleichordnung darin herrschen solle, wer die einzelnen Positionen einzunehmen habe und wie die Rechte und Pflichten darin zu definieren seien.

Soziales Lernen bedeutet daher auch dies: daß junge Menschen lernen, wie man sich in einer Position der Über- und der Unterordnung verhält, wie man darin seine Pflicht erfüllt und seine Rechte wahrnimmt, wie man Maßnahmen anordnet und ihre Ausführung leitet, und wie man Weisungen annimmt und sie ausführt. Dies sind Lernprozesse in hierarchischen Ordnungen. Zugleich sollen junge Menschen aber auch lernen, sich unter Gleichberechtigten und Gleichgeordneten, also unter Kameraden und Freunden, richtig zu verhalten: ihre Interessen in gerechter Weise auszugleichen, egoistische Impulse zu kontrollieren, zu teilen, sich gegenseitig zu helfen und solidarisch zu sein. Gerade in einer liberalen Wirtschaftsordnung ist es entscheidend wichtig, daß die Menschen das richtige Wettbewerbsverhalten erlernen, denn die Marktwirtschaft, die im Westen die Regel ist und die in den sozialistischen Ländern gegenwärtig in verschiedenen Bereichen wieder eingeführt wird, erfordert ein Gleichgewicht zwischen Impulsen des Übertreffens des Konkurrenten ebenso wie der Solidarität mit und der korrekten Verhaltensweise gegenüber dem Konkurrenten. Diese Haltungen sind dem Menschen nicht angeboren. Im Dschungel herrscht das Gesetz des Stärkeren. Nur durch Erziehung, d.h. durch soziales Lernen, wird dieser Dschungel gebändigt und entsteht eine menschliche Gesellschaft.

So stellt sich uns die Frage, ob die Schule hierzu einen Beitrag leisten könne und solle. Wir möchten es wünschen. Dabei ist die Situation die gleiche wie in allen Bereichen des sozialen Lernens: Man kann diese Probleme nicht über Jahre vernachlässigen und dann hoffen, von einem bestimmten Alter an das notwendige Wissen und Können zu vermitteln. So wie man nicht nicht kommunizieren kann (WATZLAWICK et al. 1972[3]), so kann ein Schüler auch nicht nicht sozial lernen. Wenn er es nicht bewußt tut, so geschieht es unbewußt. Die Ergebnisse sind dabei leider häufig schief. In der einen Schule herrschen nur sinnentleerte hierarchische Beziehungen. Es ist nur von Pflichten der Schüler, aber nicht von ihren Rechten die Rede. An der anderen sind Rechte und Pflichten unklar definiert und es herrscht daher Willkür. An der dritten versucht man einer egalitären Ideologie nachzuleben, unter der Oberfläche entwickeln sich aber unkontrollierte Beziehungen der Abhängigkeit und der Unfreiheit.

Wie lernt der Schüler also anordnen und gehorchen, führen und ausführen in Situationen der Über- und Unterordnung, und wie lernt er teilen, helfen, solidarisch sein und in der rechten Weise wetteifern? Wir sehen hier zwei große Erfahrungsbereiche.

Einmal ist jedes erzieherische Verhältnis ein Verhältnis des Kompetenzgefälles und in diesem Sinn der Über- und Unterordnung. Der Lehrer und die Lehrerin haben ihren Auftrag, für dessen Ausführung sie verantwortlich sind. Damit sie ihn ausführen können, sind ihnen gewisse Rechte zugebilligt. Sie sagen, wie es in ihrer Klasse zugeht, und sie setzen den Tätigkeiten das Ziel. Das heißt nicht, daß die Schüler in gewissen Situationen nicht ihre Meinungen und Präferenzen einbringen könnten. Aber letzlich liegt die Verantwortung und damit auch das Weisungsrecht beim Lehrenden. Der Schüler muß seine Autorität anerkennen und ihm gegenüber Gehorsam zeigen. Dafür darf er aber auch erwarten, daß der Lehrende alles tut, um ihn zu fördern und ihm in seinem Fortkommen zu helfen. Aber der Schüler soll mehr als diese Hilfsbereitschaft des Lehrenden erfahren. Er soll auch erfahren, wie dieser seine Autorität ausübt, nämlich indem er seine Würde respektiert. Es wäre oberflächliches Denken, wollte man Beobachtung von Menschenwürde nur in egalitären Strukturen sehen. In ihrem Rahmen sind die Probleme leicht lösbar. Das viel wichtigere Problem besteht darin, in einer Weise zu führen und zu befehlen, welche die Würde des Untergebenen achtet. Das soll der Schüler im Verhalten seines Lehrers und seiner Lehrerin erleben. Dann ist die Wahrscheinlichkeit hoch, daß er selber einmal in einer Führungsstellung diese Haltung einnimmt und ein anständiger Vorgesetzter wird. Wir nennen diesen Lernprozeß Beobachtungslernen (Aebli 1983/81ff.).

Auch die Verhaltensweisen des Ausführenden müssen gelernt werden: aufmerksame Übernahme von Anordnungen, Verstehen ihres Sinnes, keine blinde, sondern eine sinngemäße Ausführung, Ablegen von Rechenschaft. Diese Dinge lernt der Lehrling im Betrieb, in den er integriert ist. Die Schulen müßten den Schülern ähnliche Erfahrungs- und Lerngelegenheiten geben. Sie tun es vielerorts zu wenig.

Der Schüler soll lernen, welches die Beiträge des Ausführenden zur

Lösung einer Gesamtaufgabe sind. Wenn er sich mit einem Tätigkeitsziel identifiziert und die Arbeit aufmerksam und interessiert ausführt, wird er Beobachtungen und Erfahrungen machen, die zu Verbesserungsvorschlägen führen. In der Industrie spielt das Vorschlagswesen eine wichtige Rolle. Es funktioniert dort, wo die Vorgesetzten für Vorschläge offen sind, diese unvoreingenommen prüfen und sie nicht als Kritik an ihren Anordnungen verstehen. Die japanische Industrie ist bekannt für ein sehr gut funktionierendes Vorschlagswesen.

Die Schule kann von diesen Erfahrungen lernen. Auch der Lehrer wird die Schüler ermuntern, Vorschläge zur Verbesserung der Handlungsabläufe zu machen, die in der Schule geschehen. Dies wird natürlich vor allem praktische Tätigkeiten betreffen, denn die Handlungen höherer Ordnung, die das Lernen betreffen, sind für die Schüler schlechter einsehbar. Immerhin ist es auch hier denkbar, daß sie Vorschläge zur Gestaltung von Übungen und Anwendungen machen. Wie dem auch sei: wesentlich ist die Grundhaltung, in der die Schularbeiten ausgeführt werden. Der Schüler soll lernen, unter Anleitung sinnvoll und zielbewußt zu handeln, sich mit der Aufgabe zu identifizieren und Vorschläge zur Verbesserung zu machen, wo dies möglich und sinnvoll ist.

Aber die Rolle des Schülers darf nicht nur diejenige eines untergeordneten Ausführenden von Tätigkeiten sein. Er soll schon früh auch Gelegenheit erhalten, eine Arbeit zu planen und eine Gruppe bei ihrer Durchführung anzuleiten. Dazu ist die Gruppenarbeit da, und zwar nicht nur in einer egalitären Organisation von gleichberechtigten Mitgliedern, sondern zeitweise auch in der Weise, daß einzelne Schüler die Verantwortung für die Planung und die Durchführung eines Auftrages übernehmen. Sie lernen auf diese Weise die Probleme der Führung kennen und können sich darin üben. Natürlich wird man auch hier darauf achten, die Schüler nicht zu überfordern und die sachliche Aufgabe, ebenso wie die Zusammensetzung der Gruppe, ihren Möglichkeiten anzupassen. Dabei ist es wesentlich, daß die sich stellenden Probleme formuliert und gemeinsam durchdacht werden. Dazu dient insbesondere die Nachbesinnung nach der Durchführung einer Aufgabe. Sie betrifft nicht nur die sachlichen Probleme, die man bei der Ausführung angetroffen hat, sondern auch die Probleme des Verhaltens der Gruppenmitglieder zueinander, hier im besonderen also die Kritik des Führungsverhaltens des Schülers, dem diese Rolle zugefallen ist. Wenn die Schüler wissen, daß sie alle Gelegenheit haben, derartige Rollen zu übernehmen und zu üben, wird dies dazu führen, daß sie den jeweiligen Anführer auch in rücksichtsvoller und positiver Weise kritisieren. Es geht ja darum, Führungsverhalten zu erlernen.

Soziales Verhalten in egalitären Ordnungen

Die andere Hälfte der Aufgabe betrifft das Erlernen des Verhaltens in egalitär organisierten Gruppen. Zwar darf man nicht vergessen, daß sich auch in derartigen Situationen sehr rasch einzelne Schüler auszeichnen und die Führung übernehmen. Trotzdem können die egalitären Beziehungen betont und zum Gegenstand von Übungen gemacht werden (GORDON 1981). Die Vorbesprechung sorgt dafür, daß dies geschieht, und in der Nachbesprechung wird man darüber nachdenken, in welchem Maße es gelungen ist, Gleichberechtigung und Gleichheit der Beiträge in der Gruppenarbeit zu realisieren. Hier geht es nun um Fragen der kameradschaftlichen Haltung, des gerechten Ausgleichs von Interessen und um das Sich-Helfen. Gegen außen geht es um den inneren Zusammenhalt, die Solidarität. Es ist klar, daß der Lehrer hier nicht unmittelbar eingreifen und steuern kann. Möglich ist jedoch folgendes. In den Vorbesprechungen der Arbeit können die Probleme, die sich bei einer egalitären Form der gemeinsamen Arbeit stellen, vorausgenommen werden. Die Schüler haben in ihren gemeinsamen Spielen mannigfaltige Erfahrungen zu den hier angesprochenen Problemen gemacht. Der Lehrer kennt diese aus den vorangehenden Gruppenarbeiten und Projekten. Damit sensibilisiert die Vorbesprechung für die kommenden Probleme. Wir laden die Schüler ein, bei der Durchführung der Arbeit ständig auf sie zu achten. Ein Gruppenmitglied kann eigens damit beauftragt werden, die Art des Zusammenarbeitens zu beobachten und darüber Protokoll zu führen. Wiederum wird man in der Nachbesprechung auf diese Probleme zurückkommen, die Ergebnisse diagnostizieren und die notwendigen Schlußfolgerungen ziehen. Häufig wird man eine Arbeit mit ähnlichem sachlichem Inhalt wiederholen, wobei der explizite Zweck darin besteht, das Sozialverhalten zu verbessern.

Im Rahmen derartiger Tätigkeiten spielen auch *Gesetze und Regeln* eine Rolle. Diese können den Schülern von außen auferlegt sein. Wir denken daran, daß sie bei der Ausführung einer Arbeit beispielsweise mit dem Fahrrad irgendwohin fahren oder öffentliche Verkehrsmittel benützen. In zweiter Linie hat natürlich jede Schule und hat jede Schulklasse Regeln, mögen diese nun vom Lehrer oder von der Klasse selbst aufgestellt sein. In dritter Linie werden Schüler, die gewisse Tätigkeiten gemeinsam ausführen, *ad hoc* Regeln der Durchführung aufstellen: so lange lesen wir in verschiedenen Lehrmitteln und Handbüchern nach, dann planen wir die Arbeit, jeder führt seinen Teilauftrag aus, schließlich setzen wir die Teile zusammen (etwa beim Bau eines Heißluftballons oder bei der Erarbeitung einer Ausstellung). Wie nun immer die Gesetze, Regeln und Pläne beschaffen sind und wer immer sie aufgestellt hat: die Gesetze müssen beachtet und die Regeln und Pläne ernstgenommen und eingehalten werden. Dies ist nicht selbstverständlich. Es erfordert immer wieder Selbstdisziplin und die Einsicht, daß sie der Sache dienen und nicht nur „Freiheitsräume einengen".

Wir verfolgen daher auch das Ziel, den Schülern die Wichtigkeit der Beachtung von Gesetzen und Regeln zu Bewußtsein zu bringen. Damit dies möglich wird, müssen sie vorerst ihren Sinn einsehen. Das braucht nicht theoretisch zu geschehen. Der praktische Nachweis der Folgen ihrer Nichtbeachtung kann ebenso wirksam sein. Dabei muß natürlich auch sichtbar werden, daß der Lehrer diese Normen selbst ernst nimmt. Die Schüler haben ein feines Gespür für die Einstellungen des Lehrers. Wenn die Regeln einmal aufgestellt sind, so müssen sie auch eingehalten werden. Im Grenzfall sorgen Sanktionen dafür. Dabei ist es aber noch einmal wichtig, daß die Mehrheit der Schüler von ihrer Richtigkeit überzeugt ist.

An einigen Schulen wird im Rahmen der Beteiligung der Schüler an der Führung der Schule die Aufsicht und die Sanktionierung von Regelübertretungen von den Schülern selbst oder von einem quasi-richterlichen Schülerorgan ausgeübt. Das kann sinnvoll sein, erfordert jedoch sorgfältige Vorbereitung und Einübung. Entscheidend ist, daß im Leben einer Schule ein grundlegender Konsens über Ziele und die Formen und Regeln ihrer Erreichung besteht. Dann werden sowohl die Weisungen des Lehrenden als auch die selbst aufgestellten Regeln beachtet werden.

Kapitel 7: Antike und christliche Tugenden im Sozialverhalten

Bisher haben wir die Merkmale eines wünschbaren Sozialverhaltens sozusagen von unten her aufgerollt: von den neutralen Grundlagen (Einfühlung, Rollenübernahme, Selbstkontrolle, ruhige Festigkeit) und von den elementaren Regeln des Umgangs in der Gemeinschaft (Sauberkeit, Ordnung, Pünktlichkeit) her. Ganz zum Schluß sind wir allerdings im Zusammenhang mit dem Verhalten in hierarchischen und egalitären Sozialordnungen auf Merkmale gestoßen, die tiefer reichen und grundlegender begründet werden müssen: Verantwortung und Gehorsam, Identifikation mit der Gruppe und ihrem Auftrag, Solidarität und Kameradschaft.

Alle diese Überlegungen haben wir in eher praktischer Weise angestellt. Nun haben aber die Philosophen und teilweise auch die Theologen über die gleichen Probleme nachgedacht. Wenn wir mit den Schülern – und nicht nur mit den älteren und den begabteren – unsererseits über die Probleme des Zusammenlebens nachdenken, wie wir es hier vorschlagen, so werden wir immer wieder auf die Fragen der *Begründung* und der *Rechtfertigung* von Regeln und Zielvorstellungen stoßen. Dann ist es gut, wenn wir Lehrer etwas über die Hintergründe dieser Fragen wissen und dafür sorgen können, daß die Diskussionen mit der Klasse einige Tiefe gewinnen. Die Schüler danken es uns, und als Lehrer ziehen wir selber Gewinn daraus, denn es wird uns dabei selbst etwas vom Sinn unserer Arbeit klar.

Als Ergebnis des Nachdenkens über das menschliche Zusammenleben entstand jener Teil der Philosophie, den wir die Ethik (ethos – griechisch – die Sitte) oder die Moral (moralis – lateinisch – zu den Sitten, mores, gehörig) nennen. Die Merkmale der Menschen und ihres Verhaltens, die darin als wünschenswert dargestellt werden, nennen wir „Tugenden", ein Ausdruck, den man am Ende des 20. Jahrhunderts wieder brauchen kann, nachdem er durch oberflächlichen Gebrauch lange Zeit abgewertet worden ist. Es ist hier natürlich nicht möglich, auch nur einen Abriß der Ethik anzubieten. Wir beschränken uns darauf, einige wenige Bemerkungen über die vier Kardinaltugenden der antiken Ethik und über den Grundbegriff der jüdisch-christlichen Ethik, über die Nächstenliebe, zu machen. Wir folgen in unserer Darstellung auf weite Strecken den Darstellungen in RITTERS (1972) Historischem Wörterbuch der Philosophie.

Seit PLATO (429 - 347 v.Chr.) pflegt man den *Mut*, das *Maß*, die *Gerechtigkeit* und die *Weisheit* als die vier Kardinaltugenden zu bezeichnen.

(Cardo – lateinisch – bedeutet „die Türangel", es sind also die Angelpunkte der Ethik.) Seit Moses, also seit dem 13. Jahrhundert vor Christus, haben das Alte und sodann das Neue Testament die *Liebe* als die grundlegende Tugend des Christen angesehen. Wenn wir nun nicht der Meinung Rousseaus sind, daß das Kind bis zum 15. Altersjahr ein amoralisches Wesen sei und daß die Moral sodann im 16. Altersjahr im Gefolge eines Reifungsprozesses plötzlich auftauche, so wird man mit PIAGET (1932/1983²) eine moralische Entwicklung annehmen, die schon in der frühen Kindheit beginnt. Demnach haben auch die Tugenden ihre Vorläufer im Verhalten der Kinder und Jugendlichen, und die Schule wird sich bemühen, einen Beitrag zu ihrer Entwicklung zu leisten. In der Tat haben ja PIAGET (1932/1983²) und KOHLBERG (1974) gezeigt, daß der Gerechtigkeitsbegriff des Kindes eine lange Entwicklung durchläuft, und wir haben keinen Anlaß, daran zu zweifeln, daß dies auch für die übrigen Tugenden gilt.

Allerdings beschränkt sich praktisch unser ganzes Wissen über moralische Entwicklung auf die Entwicklung des Gerechtigkeitsbegriffs und auf die damit zusammenhängenden Begriffe von Verantwortlichkeit, Schuld und Sühne. PIAGET (1932/1983²) sieht diese Begriffe sich überall dort spontan entwickeln, wo man Kindern und Jugendlichen die Gelegenheit zur selbständigen, von Erwachsenen unbeeinflußten Kooperation gibt. Wenn dem so wäre, bräuchte es natürlich keine Lehrer, und es gäbe auch keine moralische Erziehung, sondern nur eine spontane moralische Reifung des Kindes.

KOHLBERG und seine Mitarbeiter und Anhänger (s. z.B. OSER 1976) sind nicht so pessimistisch. Sie sehen Beeinflussungsmöglichkeiten vor allem durch Reflexion und Belehrung. Wir kommen auf diese Lernvorgänge zurück. Hier geht es vorerst darum, daß wir ein etwas breiteres Bild der Ethik und ihren Grundlagen entwerfen und sagen, was die Tugenden im Kontext des sozialen Lebens der Schule bedeuten. Wir argumentieren hier, mit anderen Worten, vor allem philosophisch und nicht psychologisch.

Mut (Standhaftigkeit)

Die erste der vier Kardinaltugenden ist der Mut oder, wie man nach Plato gesagt hat, die Festigkeit oder Standhaftigkeit des Menschen. DÖBERT & NUNNER (1983) sprechen von der Verläßlichkeit als einem Handeln, das den moralischen Überzeugungen entspricht. Wir finden hier einen Charakterzug wieder, den wir auch im Zusammenhang mit der Assertivität kennengelernt haben. Seit Plato hat man erkannt, daß die Festigkeit des Menschen sowohl von innen als auch von außen bedroht ist. Im Inneren sind es die Wünsche des Menschen, die ihn hin und her reißen, von außen sind es Verlockungen oder Versuchungen aller Art, denen er zu·widerstehen lernen muß. Wir haben anderseits gesehen, daß Assertivität danach strebt, legitime Interessen und Rechte mutig zu verteidigen. Der Hinweis auf deren Legitimität soll dabei nicht nur sichern, daß der Mensch nicht Forderungen durchzusetzen versucht, die unrecht sind. Die Einsicht in die Legitimität gibt ihm auch die Kraft, für sein Recht einzustehen. Genau dies sagen uns auch die Philosophen: Mut und Festigkeit setzen voraus, daß der Mensch weiß, was wesentlich ist, und daß er einen klaren Blick für sein eigenes und das Recht des anderen hat. Diese Einsicht kennzeichnet in der antiken Philosophie den weisen Menschen. In der Schule werden wir die Ansprüche nicht so hoch schrauben. Aber der Grundgedanke gilt auf jeder Stufe des Lernens und der Entwicklung: daß Mut und Festigkeit aus der Kraft der Überzeugung und aus einer klaren Sicht dessen wachsen, was recht ist.

Darum geht es auch in der Schule nicht bloß darum, daß wir den Schülern raten, standhaft zu sein und für das Recht einzustehen. Wir müssen mit ihnen darüber nachdenken, was Recht ist und müssen ihnen klare Begriffe darüber vermitteln. Dies ist nicht nur eine Sache des Redens: indem der Schüler in eine Gemeinschaft eingeordnet ist, in der es gerecht zugeht und die Würde der Person geachtet wird und wo auch er die Rechte des Mitschülers achtet, wird er einen Begriff des Rechtes entwickeln, für den einzustehen er im entscheidenden Moment auch die Kraft findet. Dies muß jedenfalls unser Lernziel sein. Es klar zu sehen und etwas von seinem philosophischen Hintergrund zu wissen, kann hierzu einen Beitrag leisten. Wir erkennen hier schon einen Zusammenhang mit dem Begriff der Gerechtigkeit, auf den wir in Kürze zu sprechen kommen.

Maß

Auch die Tugend des Maßes haben wir schon angetroffen. In der modernen Sprache der Psychologie heißt sie Selbstkontrolle. Was soll hier kontrolliert und in Maßen gehalten werden? Nach Plato ist es unser eigenes Begehren. Unkontrollierte Begierden und Affekte erzeugen Maßlosigkeit. Diese kann darauf beruhen, daß grundlegende Regeln und Normen des Verhaltens nicht anerkannt werden. Die Gründe können aber auch darin liegen, daß Kinder und Jugendliche noch nicht gelernt haben, besonnen zu reagieren. Dann sprechen wir von Impulsivität.

Maß und Form gehören zusammen, sagt der Philosoph HEGEL. Er erinnert uns daran, daß Maß nicht nur das soziale Verhalten der Menschen bestimmen sollte, sondern daß auch der Arbeitende und Gestaltende das rechte Augenmaß braucht, nicht nur das äußere, sondern vor allem das innere. Wie gelangt der Mensch dazu? PESTALOZZI (1799) hat dazu Beobachtungen angestellt. Ihm waren in Stans Kinder aus verwahrlosten Verhältnissen anvertraut, die zum Teil roh, frech und verwildert waren. In heutigen Begriffen hätten wir von der Impulsivität dieser Kinder gesprochen. Was hat Pestalozzi getan? Er versuchte als erstes, der von ihm geleiteten Institution die Ordnung und den Geist der Familie zu geben. Die Kinder sollten erleben, daß er für ihre materiellen und seelischen Bedürfnisse sorgte. Dann versuchte er, in ihrem Denken „Vorstellungen und Begriffe von Recht und Pflicht ... zu erzeugen", die auf den täglichen Anschauungen und Erfahrungen gründeten. Dies umfaßte auch die Reflexion der Grundlagen und Regeln der neu eingeführten Ordnung. Schließlich aber veranstaltete er mit den Kindern „Übungen der Selbstüberwindung" und der gesammelten Aufmerksamkeit. Perioden der Stille trugen dazu bei. Der Erfolg war trotz ungünstiger Verhältnisse ermutigend.

Wir sehen hier den Versuch, Kindern, denen es an innerem Gleichgewicht und an Selbstkontrolle fehlte, zu helfen, ihre Impulsivität zu überwinden und in ihrem Verhalten Maß und Form einzuführen: eine Therapie von Verwahrlosung. In den meisten Schulen sind die Verhältnisse zum Glück nicht so schwierig. Die sozialen Lernprozesse sind wohl aber die gleichen. Sie lassen sich auf die Stichworte (1) Befriedigung der materiellen und geistigen Grundbedürfnisse der Kinder und Jugendlichen, (2) Herstellung einer funktionierenden Gemeinschaftsordnung, (3) Nachdenken über ihre Regeln und (4) Übungen der Selbstkontrolle reduzieren.

Gerechtigkeit

In der antiken Philosophie ist Gerechtigkeit vorerst eine Tugend, also ein wünschenswertes Merkmal des Einzelnen. In der Folge dehnt sich der Begriff jedoch auf die menschliche Gemeinschaft aus. Bei Kant ist Gerechtigkeit ein Zustand der Gesellschaft, ein Merkmal ihrer Ordnung. In der jüdischen und in der christlichen Tradition ist die Gerechtigkeit in der Orientierung der menschlichen Gemeinschaft an der göttlichen Ordnung begründet. Die Vollendung findet sie im Reiche Gottes. Die Römer haben einen handfesten Gerechtigkeitsbegriff: sie ist dort gegeben, wo jeder zugeteilt erhält, was ihm zukommt. Diese Definition hat allerdings ihre Probleme, denn es stellt sich natürlich sofort die Frage, was den beteiligten Menschen in einer gegebenen Situation zukomme. Hier muß man annehmen, daß es Regeln gebe, um die Bedürfnisse und Verdienste abzuschätzen. Wenn dies geschehen ist, kann *distributive Gerechtigkeit* hergestellt werden, indem ein Gut so verteilt (distribuiert) wird, daß die Teile dem entsprechen, „was jedem zukommt". Auch wenn Menschen unter sich

Interessen auszugleichen haben, sind gerechte Lösungen dadurch gekennzeichnet, daß zwischen den einzelnen Ansprüchen ein Ausgleich gemäß Bedürfnis und Verdienst gefunden wird. Man spricht in diesem Falle von *ausgleichender* oder *kommutativer Gerechtigkeit.*

Der Begriff der Gerechtigkeit hat die Gesellschaftswissenschaften zu allen Zeiten bewegt. HUME sieht darin das Glück und die Sicherheit der Menschen garantiert. Philosophen und Psychologen unseres Jahrhunderts haben die rechte Gesellschaft dort verwirklicht gesehen, wo Menschen in Harmonie zusammenleben und wo zwischen ihnen echte Begegnung möglich ist.

HABERMAS setzt an die Stelle des Begegnungsbegriffs denjenigen der Kommunikation: Die Mitglieder einer gerechten Gesellschaft schöpfen ihr Ausdrucks- und Kommunikationspotential aus. Sie können lernen, sich selbst zu finden, mit ihren eigenen Konflikten umzugehen und gemeinsame Konflikte gemeinsam, also auf dem Wege kollektiver Willensbildung, zu lösen (HABERMAS 1975).

Auch eine Schulgemeinschaft kann gerecht geordnet werden. Sie verwirklicht so einen der höchsten Werte. Letztlich ist Gerechtigkeit jedoch eine Frage des rechten Verhaltens des Einzelnen. Was immer wir über die Struktur von Schulklassen oder ganzen Gesellschaften zu sagen haben: Kein System und keine Systemveränderung führen daran vorbei, daß Gerechtigkeit nur dort zur Realität wird, wo diese im Verhalten des einzelnen lebendig ist. Dann aber stellen sich sofort wieder die Fragen, ob die Mitglieder der Gruppe gelernt haben, zu verteilende Güter materieller und immaterieller Art gerecht zu verteilen, und ob es ihnen gelingt, auf widerstrebende Interessen, in Konfliktsituationen, gerechte Lösungen zu finden (OSER 1981).

Dies ist einenteils eine Frage des Könnens und andernteils eine Sache des Wollens. Das Können ist durch Übung lernbar. Zu diesem Zwecke werden wir Handlungssituationen und Projekte realisieren, in deren Verlauf divergierende Interessen ausgeglichen und selbsterzeugte oder zur Verfügung gestellte Güter (Materialien usw.) und Pflichten gerecht verteilt werden müssen. Das andere ist schwieriger: im Schüler auch den Willen zu gerechten Verfahren zu wecken. Hier gibt es nur eines: gerechtes Zusammenleben und -arbeiten muß attraktiv werden. Schüler müssen erleben, daß sie sich in einer derartigen Ordnung wohl fühlen, mit sich und den Kameraden zufrieden sind und daß dabei etwas herauskommt. Wenn diese Erfahrung real ist, kann sie auch reflektiert, formuliert und „auf den Begriff gebracht werden". Die Erfahrung der Gerechtigkeit im konkreten zwischenmenschlichen Geschehen vermittelt den entsprechenden Begriffen ihren Sinn.

Weisheit

Die Philosophen haben Weisheit verschieden verstanden. Für einige ist sie einfach die Zusammenfassung der drei bisher besprochenen Tugenden der Standhaftigkeit, des Maßes und der Gerechtigkeit. Andere weisen ihr eine selbständige Stellung zu, wobei sie Weisheit in der Regel als *Einsicht* verstehen. Einsicht ist mehr als Vernunft oder Intellekt. Sie sieht das Wesen der Dinge, nicht nur ihre Oberfläche, und sie sieht sie in ihren großen Zusammenhängen, statt sich im einzelnen zu verlieren.

Für uns stellt sich nur die Frage, ob wir die Weisheit als eine besondere Tugend des sozialen Verhaltens definieren und als Lernziel postulieren wollen. Wir sehen dazu keinen Anlaß. Indem wir immer wieder darauf hingewiesen haben, daß die Erfahrungen des Zusammenlebens und -arbeitens durchdacht, in ihren Zusammenhängen betrachtet und auf den Begriff gebracht werden müssen, leisten wir alles, was möglich ist, um dem Schüler Einsicht in das soziale Geschehen zu verschaffen. Wenn wir dies konsequent und über längere Zeit tun, so bestehen gute Aussichten, daß der Schüler eine gewisse Übersicht und ein Verständnis der inneren Zusammenhänge des zwischenmenschlichen Geschehens gewinnt. Das könnte einen Anfang von Lebensweisheit darstellen. Mehr zu fordern, wäre wohl unrealistisch.

Liebe und Nächstenliebe

Liebe ist natürlich ein großes Wort, und der Begriff der Nächstenliebe hat in der christlichen Ethik ein derartiges Gewicht, daß man sich fragen kann, ob es sinnvoll und gerechtfertigt ist, ein Ziel des sozialen Lernens mit Hilfe dieser Begriffe zu definieren. Genügt hier nicht vielleicht der näherliegende Begriff der Solidarität oder des prosozialen Verhaltens? Das mag sein. Aber dann müßte man sich über den Bedeutungskern dieser Begriff einigen. Man müßte sich zum Beispiel fragen, was uns denn bewegt, uns mit Mitmenschen solidarisch zu fühlen? Wohl vorerst ein gemeinsames Anliegen. Die Frage wäre sodann, welcher Art es sein müßte, denn offensichtlich teilen wir gewisse Anliegen mit Mitmenschen, ohne uns deswegen mit ihnen solidarisch zu fühlen. Und wie ist es, wenn die Aufgabe erfüllt ist? Sind uns dann die Menschen, mit denen wir uns vorher solidarisch gefühlt haben, plötzlich gleichgültig? Solidarität auf Zeit? Dann hätten wir doch höchstens einen Zweckverband gebildet! Man erkennt: auch wenn wir nur von Solidarität sprechen, so schwingt eine tiefere Bedeutung mit. Hat sie vielleicht doch etwas mit Nächstenliebe zu tun?

Und was sagt der Begriff des prosozialen Verhaltens, den die amerikanische Sozial- und Entwicklungspsychologie in den letzten Jahren eingeführt hat (RADKE-YARROW, ZAHN, WAXLER & CHAPMAN 1983)? Prosoziales Verhalten ist ein Verhalten für (pro) den Nächsten (socius). Was heißt hier „für"? Etwa „zum Wohle von"? Dann könnte man prosoziales Verhalten mit „wohlwollendem Verhalten" übersetzen. Damit aber befinden wir uns ganz nahe am Begriff der Nächstenliebe.

Die praktischen Probleme haben wir schon mehrmals angetroffen. In einer gerechten Schulgemeinschaft werden Konflikte, die aus Interessengegensätzen entstehen, in einvernehmlicher Weise gelöst („ausgleichende Gerechtigkeit"). Jeder kommt dem anderen ein Stück weit entgegen, jeder bringt ein gewisses Opfer. Das mag im eigenen, wohlverstandenen Interesse geschehen und daher nicht viel mit Wohlwollen oder Nächstenliebe zu tun haben. Wenn wir jedoch sehen, in welchen Fällen derartige Lösungen zustandekommen und in welchen Fällen sie unmöglich sind und in auswegloser Zerstrittenheit enden, so erkennen wir rasch, daß ausgleichende Lösungen dort zustandekommen, wo zwischen den Partnern ein Stück Sympathie herrscht: eine Variation des Gedankens der Nächstenliebe.

Desgleichen, wenn es um das Helfen und das Sorgen für einen anderen, also um Haltungen der Verantwortlichkeit geht. Man hat immer wieder gesagt, daß das reinste Helfen nicht um des Dankes willen geschehe, den wir für die Hilfe erwarten. KANT hat als Motiv der guten Tat die Hoffnung auf den Lohn sogar ausdrücklich verworfen. Sie soll aus dem guten Willen allein geschehen, und das Prinzip der guten Tat soll bloß so definiert werden, daß ihr Motiv für alle Menschen gelten könnte („daß die Maxime deines Handelns zum allgemeinen Gesetz werden könnte", der „kategorische Imperativ", KANT 1785). Wenn ich aber keinen Lohn für meine gute Tat erwarte: warum tue ich sie dann? Es ist wohl nötig, daß ich eine bestimmte Haltung zum Nächsten oder zur Gesellschaft als Ganzer einnehme. Müßten wir sie nicht eine Haltung der Nächstenliebe nennen?

Schließlich hat man immer wieder auf die grundlegende Bedeutung der Art hingewiesen, wie sich Menschen begegnen, Lehrer ihren Schülern, der Schüler dem Mitschüler. Wir versuchen, die Würde des Nächsten zu achten, in unserem Handeln seinen Bedürfnissen und seinen Interessen Rechnung zu tragen, Rücksicht auf ihn zu nehmen, ihn zu akzeptieren. TAUSCH & TAUSCH (1971[6]) haben dies immer wieder gefordert, zum Teil im Anschluß an die amerikanische Sozial- und Erziehungspsychologie (ROGERS 1961, zusammenfassend: HARTER 1983). Alle diese Autoren stellen auch fest, daß die *Entwicklung der Selbstachtung* davon abhängt, daß das Kind von seinen Mitmenschen, insbesondere von seinen Eltern und Lehrern, Achtung und Rücksicht (consideration) erfährt. Aber was ist das für eine Haltung, die darin besteht, die Würde des Nächsten zu achten und auf seine Bedürfnisse Rücksicht zu nehmen? Was bewegt uns, den Nächsten anzunehmen und ihn nicht abzulehnen? Es hat wohl etwas mit Nächstenliebe zu tun.

Die *Religionsgeschichte* zeigt mit Deutlichkeit, wie sich die Idee der Nächstenliebe entwickelt hat. Im jüdischen Volk ist der Nächste vorerst der Angehörige der Sippe und des Stammes, dem man selbst angehört. Aber schon im Alten Testament wird das Angebot der Nächstenliebe zeitweise auf den Fremdling, wir würden heute sagen: den Ausländer, ausgedehnt. Dieser Gedanke wird dann bei Jesus Christus ganz klar formuliert: der Nächste ist jemand, der Hilfe braucht, und von dem man keine Gegenleistung erwarten kann, wie das bei Freunden, Verwandten und Gleichgesinnten der Fall ist. Das Gleichnis vom barmherzigen Samariter beantwortet genau diese Frage (LUKAS 10, 29-37).

Die theoretischen und philosophischen Überlegungen der folgenden zweitausend Jahre kreisen sodann um die Frage, ob die Nächstenliebe eine natürliche Wurzel in der menschlichen Natur habe und ob es daher legitim sei, in der Liebe zum anderen für sich selbst Befriedigung und Glück zu finden. AUGUSTINUS (354-430) ist dieser Meinung. Für ihn ist das Liebesbegehren die elementare Lebensäußerung des Menschen. In der Liebe ist ein legitimes Element der Selbstliebe enthalten. Anderseits erwächst die Nächstenliebe aus der Liebe des Menschen zu Gott. Diese Liebe enthält auch ein kognitives Element: Der Mensch versucht, das geliebte Objekt auch zu erkennen. (PESTALOZZI wird in diesem Sinne von „sehender Liebe" sprechen, MEIER 1987.) *Die Liebe sucht* den anderen, aber sie sucht ihn auch *zu erkennen*. Und den Menschen, mit dem wir es gut meinen, suchen wir auch mitzunehmen auf dem Weg zum Guten, das wir erkennen.

Aber schon im Hochmittelalter, nämlich im 12. Jahrhundert, entbrennen heftige Kontroversen um die Frage, ob AUGUSTINs Bejahung der Selbstliebe und der Suche nach Glückseligkeit in der Liebe legitim sei. BERNHARD VON CLAIRVAUX (1091 - 1153) bejaht es, sein unglücklicher Zeitgenosse und Gegenspieler PETRUS ABAELARDUS (1079 - 1142), Rektor der Universität von Paris und wortgewaltiger Lehrer bis zu seinem jähen Sturz wegen der Liebesaffäre mit Heloise, verneint es. Er spricht seine Überzeugung bezüglich der Gottesliebe aus: Gott soll nur um seiner selbst, nicht um seiner guten Gaben willen geliebt werden. Hier ist schon vorgebildet, was wir bei KANT als kategorischen Imperativ angetroffen haben. Die gute Tat darf nur aus dem guten Willen entspringen, nicht aus der Hoffnung auf Belohnung. LUTHER führt hierzu eine Präzisierung ein. Es stellt sich nämlich die Frage, was am Anfang stehe, unser Wunsch nach Glück, der uns in der Folge den anderen suchen lasse, oder die Liebe zum anderen, die uns in der Folge auch Glück erleben lasse. Das erstere, das einem Handel mit Gott oder dem Nächsten gleichkomme, verwirft LUTHER. Wir würden heute sagen: Liebe soll intrinsisch motiviert sein.

Im 20. Jahrhundert hat man schließlich den Zusammenhang von Liebe und Kom-

munikation (RAHNER 1965) und von Liebe und Solidarität (HARTMANN, N. 1962[4])
mit Klarheit herausgearbeitet.

Was werfen diese theologischen und philosophischen Gedanken zur Klärung der erzieherischen Fragen ab, die wir zu Anfang dieses Abschnittes
gestellt haben? Wir erinnern uns, daß wir gefragt haben, ob ausgleichende
Gerechtigkeit, der Wille, Konflikte einvernehmlich zu lösen, als Formen
der Nächstenliebe verstanden werden könnten, oder, stärker formuliert: ob
dieser Wille aus der Nächstenliebe heraus erwachsen könnte. Wir haben
nun gesehen, daß sich die Idee der Liebe immer wieder von der Idee einer
Welt des Friedens und der Harmonie inspiriert hat. Ausgleichende Gerechtigkeit stellt diese Harmonie her. Wo sie vorhanden ist, können sich die
ehemaligen Gegner wieder finden. Sie ist eine Erscheinungsform von Nächstenliebe.

Wir haben uns sodann gefragt, worauf der Wille beruhe, einem anderen
zu helfen, für ihn zu sorgen, ihn zu stützen, sich für ihn verantwortlich zu
fühlen? Wir sehen jetzt, daß dies die Grundform der Nächstenliebe ist. Im
Gleichnis vom barmherzigen Samariter hat sie ihre klassische Form gefunden. Wir müssen dabei höchstens bedenken, daß diese Haltung nicht nur
dem armen und dem kranken Menschen gilt, sondern auch dem Kind und
dem Jugendlichen. Auch sie sind auf unsere Hilfe, auf Erziehung nämlich,
angewiesen. Denn sie sind bei aller Vitalität insofern schwach, als sie den
Weg zur Reife und zur Selbständigkeit aus eigener Kraft nicht finden. Wir
müssen ihnen auf diesem Wege helfen, im kognitiven wie im affektiven und
im Bereich der Wertbildung. AUGUSTINUS sagt uns auch wie: indem wir sie
auf dem Weg zu guter Erkenntnis und zu gutem Erleben (zum „Glück",
„beatitudo") mitnehmen. Sie folgen uns bereitwillig, weil der Drang zur
Erkenntnis und zur Liebe in ihnen angelegt ist.

Schließlich die Achtung des Mitmenschen, ob er ein Kind oder ein
Erwachsener sei, und die Kraft, ihn zu akzeptieren. Die jüdische und die
christliche Philosophie haben immer wieder betont, daß sie darauf beruht,
daß wir im Mitmenschen das Geschöpf Gottes und sein Ebenbild sehen.
Wenn dem so ist, so lieben wir im Mitmenschen etwas, was über seine
endliche Gestalt hinausreicht. Das sollte uns helfen, ihn zu halten und zu
tragen, auch wenn uns dies angesichts seiner möglichen Schwächen manchmal schwer fällt. Wir versuchen, durch sie hindurch einen Kern der Person
zu sehen und zu akzeptieren, der die Vollkommenheit seines Schöpfers
spiegelt.

Die Betrachtung der antiken und der modernen Tugenden ist für den
Erzieher kein Luxus, auch wenn sich daraus keine handfesten Schlußfolgerungen ergeben. Wenn wir ein Leben lang in der Schulstube stehen und die
schwierige Aufgabe des Erziehens jeden Tag aufnehmen und uns darin

bewähren müssen, so brauchen wir dazu Richtpunkte, die im Unendlichen liegen. Ihre Funktion ist es, uns in den unruhigen Gewässern des täglichen Kampfes zu orientieren und uns zu sagen, wo wir stehen und wo wir hinwollen. Wenn es uns auch immer wieder mißlingt, den großen Ideen der Ethik gerecht zu werden, und wir immer feststellen, daß wir weit von ihrer Realisierung entfernt sind, so bleiben sie doch notwendig und hilfreich. Der Seefahrer erreicht den Polarstern auch nicht. Aber er braucht ihn, um die Richtung zu halten. Einem solchen Seefahrer gleicht auch der Erzieher.

Kapitel 8: Theorien des sozialen Lernens und der sozialen Entwicklung

Der Schwerpunkt der vorangehenden Kapitel lag auf der Entwicklung einer konkreten Vorstellung der sozialen Prozesse, welche in einer modernen Schule zum Zuge kommen sollten. Das ist sicher das erste: ein Lehrer und eine Lehrerin sollten eine Vorstellung davon haben, was in ihrer Schule überhaupt möglich ist. Wie sollten sie es realisieren, wenn sie es sich nicht einmal vorstellen könnten?

So haben wir zu sehen versucht, wie sich soziale Prozesse und ihre Ordnungen verwirklichen: dort, wo autonome Persönlichkeiten (auch werdende!) in Selbständigkeit zusammenkommen und ihre gemeinsamen Probleme auf gerechte Weise lösen und dabei gerechte Gemeinschaften, just communities, erzeugen. Sie werden dabei Maß und Festigkeit an den Tag legen. Entscheidend ist, daß sie bei ihren Begegnungen mit dem Nächsten und bei ihrer gemeinschaftlichen und ordnungsstiftenden Tätigkeit von der Kraft bewegt sind, welche PESTALOZZI „sehende Liebe" genannt hat: die Kraft, die Wirklichkeit unvoreingenommen und in ihren großen Zusammenhängen zu sehen – was man auch Weisheit genannt hat – und die Fähigkeit, dem Nächsten Wohlwollen und menschliche Wärme, d.h. Liebe, entgegenzubringen.

Nun haben wir im Verlaufe unserer Darstellung dieser Leitgedanken immer wieder auf Formen und Möglichkeiten ihrer didaktischen und pädagogischen Realisierung hingewiesen. Das waren aber notwendigerweise heterogene Hinweise, denn der Schwerpunkt der Überlegungen lag auf den Zielen und Inhalten. Darum wollen wir nunmehr die Lernprozesse ins Zentrum unserer Überlegungen rücken und den Versuch machen, systematischer zu zeigen, wie soziales Lernen zustande kommt und wie diese Lernvorgänge durch pädagogische und didaktische Maßnahmen ausgelöst und gesteuert werden können. Wir entwerfen, mit anderen Worten, eine kleine Theorie des sozialen Lernens und ziehen daraus die pädagogischen und didaktischen Folgerungen. Zugleich werfen wir aber auch einen Blick auf die Theorien der sozialen Entwicklung, denn in ihrem Rahmen sind Einsichten gewonnen worden, die die Lernpsychologie weniger klar gesehen hat. Trotzdem besteht eine innere Einheit zwischen den Lern- und den Entwicklungstheorien. Denn mit einer gewissen Vereinfachung kann man Entwicklung als die Summe der Lernprozesse verstehen, welche ein Kind und ein Jugendlicher durchlaufen. (Die Vereinfachung ergibt sich aus der

Ausklammerung der Reifungsprozesse, die bei der Entwicklung mit im Spiele sind.)

Dabei müssen wir im Auge behalten, daß die sozialen Prozesse von großer Vielfalt sind. Sie sind es einmal bezüglich der *Komplexität*, denn soziales Lernen spielt sich auf der einen Seite schon zwischen dem Säugling und seiner Mutter, also in einer „dyadischen" (d.h. Zweier-) Beziehung ab. Auf der anderen Seite aber gibt es auch das äußerst komplexe Lernen ganzer Institutionen, z.B. in einer veränderten gesellschaftlichen oder wirtschaftlichen Situation, etwa dann, wenn eine Privatschule verstaatlicht wird oder wenn zwei verschiedenartige Schulen, etwa eine Berufsschule und ein Gymnasium, zu einer einzigen Schule fusionieren. Sodann bedenken wir, daß wir einenteils soziale Tätigkeiten bloß *darstellen* werden, mit dem Ziel, daß sie die Schüler verstehen lernen, während wir andere Prozesse im Rollenspiel *herstellen*: zwei grundlegend verschiedene Tätigkeiten, wie wir gesehen haben. Weiter geht es nicht in jedem Falle um soziale Prozesse im engen Sinne des Wortes, etwa um den Verlauf einer Revolution (darstellend) oder die Realisierung eines Projektes (herstellend), sondern auch um das Studium oder um die Ausbildung sozialer *Haltungen* und sozialer *Eigenschaften* wie z.B. Hilfsbereitschaft oder Solidarität. Und schließlich bedenken wir, daß sich alle diese Prozesse nicht bloß zwischen Menschen abspielen, sondern in der Regel auch in einem sachlichen Zusammenhang, den der Schüler seinerseits kennen und verstehen lernen muß.

Wir werden daher nicht erwarten, daß es eine einfache Theorie des sozialen Lernens gibt, noch daß die Gesetzmäßigkeiten, welche wir in der Folge nennen werden, für jeden dieser Vorgänge in gleichem Maße zutreffen. Trotzdem ist es möglich, einige grundlegende Formen und Gesetze des sozialen Lernens zu nennen (s. auch STRAKA & MACKE 1979).

Angeborene und gelernte soziale Reaktionen

Bevor wir die Prozesse des sozialen Lernens betrachten, grenzen wir sie ab von einer Gruppe von Vorgängen, die nicht gelernt werden, weil sie dem Menschen angeboren sind. Das ist notwendig, weil die Grenzlinie zwischen den angeborenen und daher unveränderlichen und den erlernten und daher veränderlichen Eigenschaften und Verhaltensweisen des Menschen immer wieder verschieden gezogen worden ist. Die „Nativisten" (natus, lateinisch, geboren, innatus: angeboren) haben dahin tendiert, den Anteil der angeborenen Wesenszüge der Menschen größer zu sehen als die Empiristen. (Empiristen sind Erfahrungsphilosophen.) So haben die einen z.B. Führereigenschaften oder Aggressivität als den Menschen angeboren angesehen, während die anderen sie als das Produkt von Erfahrung und Lernen betrachten, wobei insbesondere frühkindliche Erfahrungen häufig schwer von angeborenen Wesenszügen zu unterscheiden sind. Wir neigen auf die Seite der Empiristen, nicht, weil wir von jedem menschlichen Charakterzug wüßten, ob und in welchem Maße er anlage- oder umweltbedingt ist, sondern, weil wir es für eine gute Methode und erzieherische Haltung ansehen, vorerst einmal seine Bildsamkeit und Veränderbarkeit anzunehmen und zu versuchen, jungen Menschen beizubringen, was bei ihnen noch nicht vorhanden ist, statt vorschnell anzunehmen, daß man da nichts tun könne, weil der betreffende Wesenszug eben angeboren und der betreffende Mensch „so veranlagt sei".

Immerhin sind auch wir der Überzeugung, daß es einige allgemeinste Dispositionen in jedem Menschen gebe, die in seiner Natur angelegt sind und die in der Entwicklung und beim Erwerb sozialen Verhaltens eine Rolle spielen. Grundlegend ist sicher das *Aktivitätsbedürfnis* des Menschen, besonders des Kindes. Ein gesundes Kind ist ein aktives Wesen. Es will seine Kräfte betätigen, und es ist dankbar, wenn wir ihm die Gelegenheit dazu geben. Weiter kann man sagen, daß jedem normalen Kind *soziale Kontakte* und *Interaktionen* Freude bereiten. Schon das Kleinkind in der Wiege interessiert sich für menschliche Gesichter mehr als für unbelebte Gegenstände, die wir ihm hinhalten, und wenn wir mit ihm interagieren, indem wir z.B. Verstecken spielen, so erfreut es dies mehr und ruft es seine lebhaftere Beteiligung hervor, als wenn es sich nur mit seinen Spielsachen unterhalten muß. Natürlich gibt es in der Folge Menschen, die eher „introvertiert" und solche, die eher „extravertiert", also auf mitmenschliche Kontakte ausgerichtet, sind. Aber das ist eine Frage des Maßes. Grundlegend bleibt die Tatsache, daß der Mensch ein soziales Wesen ist, der die Anregung durch Wechselwirkungen mit Mitmenschen sucht und der sich in diesen Wechselwirkungen am besten entwickelt und verwirklicht. Darum ist es so wichtig, daß schulischer Unterricht soziale Beziehungen ins Spiel führt und nicht bloß auf der Idee des individuellen Lernens basiert.

Mit der sozialen Natur des Menschen hängt seine Empfänglichkeit für *Zuwendung und Wärme* zusammen. Zahllose Untersuchungen haben gezeigt, daß man mit Menschen mehr erreicht, wenn man Interesse an ihrem Wohl zeigt und wenn man ihnen zu merken gibt, daß man es gut mit ihnen meint. In der Entwicklungspsychologie hat man notiert, daß sich Kinder, die in einer warmen Atmosphäre aufwachsen und wissen, daß sie von ihren Mitmenschen, insbesondere natürlich von ihren Eltern, akzeptiert werden, günstiger entwickeln als Kinder, die kalte und ablehnende Erzieher haben. Ihre Entwicklung ist nicht nur im zwischenmenschlichen Verhalten günstiger, sondern auch im Bereiche der intellektuellen Leistungen und der Stabilität und Belastbarkeit. Wir schließen daraus, daß der Mensch ein Grundbedürfnis nach Wärme und Zuwendung hat. Auch bei den schulischen Kontakten sollten wir dies beachten.

Schließlich nennen wir eine dritte Reaktion, welche in zwischenmenschlichen Kontakten eine wichtige Rolle spielt: die *Angst*. Auf Bedrohung reagieren Mensch und Tier mit Angst. Diese kann momentan Kräfte mobilisieren, die z.B. die Fluchttendenz unterstützen. Ebenso häufig aber lähmt die Angst den Menschen. Auch in den Schulen gibt es mehr Angst, als man denkt: Prüfungsangst, Angst vor Mißerfolg und Versagen, Angst vor Lehrern und Kameraden, zum Teil generalisierte Schulangst. Das muß der Lehrer wissen. Es handelt sich hier um eine allgemein menschliche, angeborene Reaktion, die natürlich ist. Aber das heißt nicht, daß man die Hände in den Schoß legen dürfte, und noch weniger, daß man Angst benützen sollte, um die Schüler zu Leistungen zu motiveren, die sie sonst nicht erbringen. Es gibt, wie man weiß, eine ganze *Didaktik der Angstmotivation*, die darauf hin angelegt ist, die Schüler zur Arbeit anzutreiben. Es handelt sich dabei um eine Didaktik der Verzweiflung. Sie wird dort angewendet, wo es Lehrer aufgegeben haben, ihre Schüler für die Sache zu interessieren und wo es ihnen nicht gelingt, die Schüler davon zu überzeugen, daß gewisse Regeln des Zusammenlebens wesentlich und notwendig sind. Wir haben diese Überlegungen hier nicht auszuführen, sondern halten einfach fest, daß Angst eine universelle Reaktion von Menschen auf Bedrohung darstellt. Es geht nicht darum, dem Schüler ein jegliches Angsterlebnis zu ersparen, denn er soll es ja auch bewältigen lernen. Aber zum täglichen Brot darf die Angst für den Schüler nicht werden, denn dies schadet seinem Lernen und seiner Persönlichkeitsentwicklung.

Die häufigsten Kontroversen sind über die Frage der Anlage- oder der Umweltbedingtheit der *Intelligenz* geführt worden (AEBLI 1969, 1986). Wir brauchen diese Frage im Zusammenhang mit dem sozialen Lernen nicht ausführlich zu diskutieren. Es mag daher genügen, daß wir darauf hinweisen, daß in jeder Tätigkeit des Menschen seine intellektuellen Anlagen eine gewisse Rolle spielen, daß aber sein Lernen und seine Erfahrung, die seit seiner Geburt stattgefunden haben, in jeder Leistung mitenthalten sind. Die Beziehung ist dabei nicht etwa eine additive, sondern eine multiplikative. Wir müssen uns eine Leistung wie die Fläche eines Rechteckes vorstellen, die bekanntlich sowohl durch seine Länge (die Erfahrung) wie durch seine Breite (die Anlage) bestimmt ist. Nun ist es aber glücklicherweise so, daß auch schwachbegabte Menschen im sozialen Bereiche lernfähig sind. Zwar hat ihr Lernen engere Grenzen als dasjenige begabter Menschen, aber innerhalb dieser Grenzen können sie lernen und kann ihre Anpassung und die Qualität ihres Lebens verbessert werden. Was wir in der Folge über soziales Lernen zu sagen haben, ist so elementar, daß es für alle Schüler, die begabten und die weniger begabten, die jüngeren und die älteren, gilt.

Verstärkungslernen

Der elementarste Lernprozeß besteht in der Verstärkung bestehender Verhaltenstendenzen durch Belohnung und, allgemeiner, durch günstige Ergebnisse der ausgeführten Handlungen. Aus der Alltagserfahrung ist man versucht, hinzuzufügen: und in ihrer Abschwächung durch Strafe. Das stimmt jedoch nur teilweise. Betrachten wir daher vorerst den positiven Vorgang. Ein Kind tut im Kreise seiner Altersgenossen, vielleicht auch in Gegenwart des Lehrers, einen Ausspruch, der, möglicherweise durchaus überraschend für das Kind, alle zum Lachen bringt. Die Wirkung ist, daß es diese Bemerkung bei einer nächsten Gelegenheit zu wiederholen tendiert. Technisch sagen wir: die Auftretenswahrscheinlichkeit der Reaktion steigt. Die Reaktion ist durch den Erfolg „verstärkt" (reinforced) worden. Das Prinzip ist dasjenige der Dressur: wenn der Löwe tut, was der Dompteur von ihm erwartet, erhält er sofort ein kleines Stück Fleisch. Das verstärkt die betreffende Reaktion. SKINNER (1938, BOWER & HILGARD 1981/1983, 258) hat das *shaping*, das Formen einer Reaktion, genannt. Sie wird durch Belohnung schrittweise der gewünschten Form angenähert. Der Organismus, der sein Verhalten unter dem Einfluß von Belohnungen verändert, *lernt*. Man erkennt, daß Lernen hier im elementaren Sinne als einfache Verhaltensveränderung verstanden wird. Beim Menschen können bewußte Vorgänge, Deutungen der Absichten und Gründe für die Verhaltensveränderung hinzukommen. Das ist jedoch nicht notwendig. Der elementare Vorgang der Verstärkung funktioniert auch ohne diese gedanklichen Begleiterscheinungen.

Eine Bedingung muß allerdings erfüllt sein, damit Verstärkungslernen eintritt: Die Verstärkung muß attraktiv sein. Im einfachsten Falle ist sie es, weil der lernende Organismus ein Bedürfnis nach der Belohnung hat. So waren PAWLOWS Hunde und SKINNERS Ratten und Tauben hungrig, wenn sie bei den Lernversuchen drankamen. Darum wirkte das Futter als „Verstärker". Auch in unserem obigen Beispiel ist es klar, daß Kinder es als Erfolg erleben, wenn sie die anderen oder den Lehrer zum Lachen bringen. Dieses Beispiel zeigt aber zugleich, daß die Belohnungen nicht materieller Natur sein und keine biologischen Bedürfnisse befriedigen müssen. Man weiß heute, daß bei Menschen, insbesondere bei Kindern, Beachtung und Zuwendung äußerst wirksame Verstärker sind. Was tun Menschen nicht alles, um beachtet zu werden! Sogar Dummheiten, die Schülern Strafen eintrag, dienen häufig dazu, Aufmerksamkeit von ihren Mitschülern und sogar beim Lehrer zu erregen. Wichtige Verstärker sind auch beliebte Tätigkeiten. Das kennt jeder Turnlehrer. Er sagt: „Wenn ihr bei den Freiübungen gut mitmacht, spielen wir am Ende der Stunde noch zehn Minuten Fußball". Das wirkt. Fußballspiel ist ein „Verstärker".

Der Verstärker selbst kann auch wenig oder keinen Eigenwert haben, sondern bloß Zugang zu einer attraktiven Sache oder Tätigkeit verschaffen. In diesem Sinne ist Geld ein *„sekundärer Verstärker"*, denn es kann gegen interessante Dinge eingetauscht werden. In Institutionen der Psychotherapie hat man deshalb vielerorts sogenannte „Token", meistens eine Art Plastikgeld, eingeführt, welche vom Pflegepersonal abgegeben werden, sobald der Patient, beispielsweise ein kontaktarmer Schizophrener, mit einem Mitmenschen einen Kontakt herstellt. Das Prinzip der *unmittelbaren Belohnung* ist hier wichtig. Man hat auch in Schulen, vor allem mit kleinen Schülern, Systeme der *Verhaltensmodifikation* ausprobiert, zum Teil mit Erfolg. Es gibt hier aber auch einige Probleme, auf die wir hier nicht eingehen können. (Siehe aber Lepper & Green 1978.)

Auch im sozialen Lernen sind Verstärkungen wirksam. Grundlegend ist die Tatsache, daß ein Verhalten mindestens andeutungsweise vorhanden sein muß, damit der Lernprozeß durch Verstärkung einsetzen kann. Das ist häufig bei elementaren Verhaltensweisen, die der Schüler durchaus beherrscht, aber nicht regelmäßig anwendet, der Fall. So haben wir zum Beispiel gesehen, daß im Umgang der Menschen äußere Formen und Manieren eine Rolle spielen. Der Lehrer und die Lehrerin werden sich daher bemühen, den Schülern diese Verhaltensweisen (grüßen, aufeinander achten, nicht dreinreden, dem anderen nichts wegnehmen, sondern um den Gegenstand bitten) beizubringen. Zu diesem Zwecke loben sie Ansätze dazu und verstärken sie durch Zuwendung und Zustimmung.

Der umgekehrte Vorgang der Bestrafung ist problematischer. Dies rührt daher, daß durch Bestrafung zwar eine nicht erwünschte Reaktionstendenz geschwächt werden kann, daß der Schüler dabei jedoch einenteils Aggressivität lernen kann – dann nämlich, wenn in der Bestrafung ein Element der Aggressivität mitschwingt – und daß er nach der Elimination der unerwünschten Verhaltensweise eventuell noch nicht fähig und/oder willens ist, die erwünschte Reaktion zu produzieren. Wir denken hier zum Beispiel an einen Schüler, der dreinschlägt, wenn er ausgelacht wird. Das Dreinschlagen kann man ihm durch Bestrafung austreiben (wobei es gerade hier geschehen kann, daß man ihm selbst das Vorbild der Aggressivität gibt, indem man ihn etwa körperlich straft). Aber auch wenn die Elimination der aggressiven Reaktion gelingt, so ist das Problem für den Schüler noch nicht gelöst. Er muß lernen, sich mit anderen Mitteln als mit Dreinschlagen zu wehren, wenn er wiederum ausgelacht wird. Das setzt also einen zweiten Lernprozeß voraus. Die Elimination der unerwünschten Reaktion durch Bestrafung genügt nicht.

Viele Verstärkungen werden von Erziehern *unbewußt* abgegeben. Dies ist nicht wünschbar, denn es kann zu unkontrollierten Effekten führen. So sollte sich jeder Erzieher bewußt sein, daß das Ausmaß und die Art der Verstärkungen, die er verwendet, einen wichtigen Teil seines *Erziehungsstils* darstellt. Eines der wichtigsten Merkmale seines Verhaltens ist das Ausmaß der Lenkung und Kontrolle, das er bei seinen Zöglingen anwendet. Was traut er ihnen zu? Zu welchen eigenen Versuchen ermuntert er sie? Zu welchen selbständigen Leistungen bereitet er sie vor? Ängstliche Lehrer und Erzieher lenken und kontrollieren zu viel, leichtsinnige und nachläßige Lehrer und Erzieher tun es zu wenig. Nun soll der Erzieher wissen, daß ein wesentlicher Teil seiner Lenkungen und Kontrollen durch Verstärkungen für bestimmte Verhaltensweisen ausgeübt wird. Er tut daher gut daran, sich zu fragen, wie und mit welchen Mitteln er das Verhalten seiner Zöglinge kontrolliert und lenkt, und in welchem Ausmaß dies geschieht (DUBS 1978).

Es ist auch wichtig, daß der Erzieher immer wieder Bilanz über sein positives, ermutigendes, und sein negatives, rügendes, kritisierendes und – im Grenzfall – bestrafendes Verhalten zieht. Die Bilanz müßte zu Gunsten des positiven, ermutigenden Verstärkens ausfallen! Er müßte auch immer wieder die Kraft finden, seine Schüler durch Wärme und Zuwendung auf die rechte Bahn zu lenken. Diese „Verstärkung" ist ein wesentliches Element einer guten Klassenatmosphäre. (Der geneigte Leser hat längst gemerkt, daß hinter dieser „positiven Verstärkung" etwas viel Grundlegenderes steht, nämlich nichts anderes als das Wohlwollen zum Lernenden.)

Man hat die *Angst* einen „Antrieb" (drive) genannt. In der Tat: Menschen versuchen Zustände der Angst ebenso zu vermeiden wie Zustände des Hungers und des Durstes, die wir ja auch „Antriebszustände" nennen. Daher ist es möglich, über die Tendenz des Schülers, Angst zu meiden, Dinge zu erreichen, die sonst vielleicht schwer erreichbar sind. Wir haben schon die Schulen und Lehrer erwähnt, die die Schüler nur dadurch zur Arbeit antreiben, daß sie ihnen mit den Prüfungen und damit letztlich mit dem Hinauswurf aus der Schule drohen. Das ist natürlich eine traurige Form der Motivation. Nicht nur, daß hier alle negativen Mechanismen spielen, die wir schon bei der Bestrafung erwähnt haben. Hinzu kommt, daß die ganze Lerntätigkeit und, darüber hinaus, das vermittelte Kulturgut einschließlich der Schule selbst eine negative Gefühlsbesetzung erwerben. Die Schule als ein Ort der Angst? Lernsituationen als Situationen der Bedrohung? Der Erzieher, der einem jungen Menschen weiterhelfen sollte, als eine furchterregende Gestalt? Da stimmt etwas nicht! Welches immer die Leistungsmöglichkeiten des Schülers sind: er müßte das Lernen doch als einen attraktiven Vorgang erleben und den Lehrer als seinen Freund und Helfer. Damit wäre die Grundlage dafür gelegt, daß der Schüler, auch wenn er einmal nicht mehr durch Schule und Unterricht dazu gezwungen wird, von sich aus weiterlernt. Das aber wird er sicher nicht tun, wenn wir das Lernen zu einem angsteinflößenden Vorgang gemacht haben. Darüber müßte sich der Lehrer also auch bewußt werden: ob es ihm gelinge, Lernen so positiv zu verstärken, daß es vom Schüler als attraktiv und hilfreich erlebt wird, so attraktiv und hilfreich, daß er es einmal selbständig weiter betreiben möchte, wenn er die Schule verlassen hat.

Schließlich eine Bemerkung zur *Selbstverstärkung*. Wenn wir von „Verstärkung" sprechen, so denken wir in der Regel an eine Person oder an ein Ereignis, die oder das nach einem gelungenen Lernversuch auf den Lernenden zurückwirkt. Dieser entdeckt seinen Erfolg und läßt sich dadurch auf dem eingeschlagenen Weg bestärken. Nun hat man entdeckt, daß ein Lernender sich auch selbst verstärken kann, indem er sich für seine gelungene Leistung – oder auch nur die Tatsache, daß er einen Versuch gemacht hat, sie zu erbringen – lobt, ermuntert und/oder sich eine Belohnung bewilligt. MEICHENBAUM (1977, 177) gibt dazu einige schöne Beispiele: „Gut so, das hätte ich geschafft." „Das habe ich scheinbar richtig in die Hände genommen." „Ich wußte, daß ich es kann!" „Jetzt sage ich dem Lehrer gerade noch nicht, warum es mir diesmal gelungen ist." Selbstbekräftigung kann auch darin bestehen, daß sich der Lernende eine Pause, einen Spaziergang, einen Kaffee oder eine Schallplatte bewilligt. Das ist nicht nur Selbstverstärkung, sondern auch *Pflege (management) der eigenen Motivation*. Wir kommen weiter unten auf einige verwandte Techniken der Steuerung des Lernens zurück.

Die Gesetze der Verstärkung sind von der Lernpsychologie während Jahrzehnten gründlich studiert worden. Sie sind im menschlichen Lernen grundlegend und betreffen Verhaltensweisen von jeder Komplexität. Der kleine Schüler, der seine Kameraden zum Lachen bringt, unterliegt diesem Gesetz ebensosehr wie der große Politiker, der sich durch seinen Erfolg bestätigt fühlt und lernt, wieder und vermehrt zu sagen und zu tun, was bei der Öffentlichkeit „ankommt". Wenn wir unsere Schüler zum sozialen Lernen anleiten, so tun wir gut daran, den Gesetzen der Verstärkung Rechnung zu tragen.

Im sozialen Lernen, aber nicht nur in diesem, spielt die Übernahme von beobachteten Verhaltensweisen eine wichtige Rolle. Wir haben gesehen, daß Verstärkung nur dort wirken kann, wo ein Verhalten ansatzweise schon vorhanden ist. Durch Beobachtung nimmt der Lerner neue Verhaltensweisen ins eigene Repertoire auf. In Betrieben hat man beobachtet, daß Untergebene häufig die Zigarettenmarke ihres Chefs wählen, an Hochschulen fällt es immer wieder auf, daß Assistenten ähnlich sprechen und denken wie ihre Professoren. Kinder ahmen ihre Eltern nach, und auch der Lehrer und die Lehrerin sind natürlich wichtige Verhaltensvorbilder. Die Nachahmung betrifft nicht nur die Art, „wie man sich räuspert und wie man spuckt", sondern auch komplexe Verhaltensweisen wie z.B. die Art und Weise, eine Sitzung zu eröffnen und sie zu leiten, ein Anliegen darzustellen oder einen anderen von einem Anliegen zu überzeugen. Gerade im Bereiche des sozialen Lernens, in dem ja nur wenige bewußte Anstrengungen gemacht werden, um Neulingen etwas beizubringen (gewisse Unternehmungen der Kaderschulung oder der Verkaufsschulung vielleicht ausgenommen), kann man annehmen, daß der Großteil der Lernprozesse durch Beobachtung und Nachahmung ausgelöst wird.

Technisch sprechen wir von der Übernahme einer Verhaltensweise von einem „Verhaltensmodell". Im Amerikanischen nennt man dies „modelling": Verhaltensformung nach einem Modell. Der große Theoretiker dieses Vorgangs ist Albert BANDURA (1969, 1973/79, 1977). Auch PIAGET hat früh auf die Bedeutung der Nachahmung in der Entwicklung hingewiesen (PIAGET 1945/1969), zugleich jedoch auch auf ihre Grenzen. Verhaltensweisen, die das Niveau unseres eigenen Verhaltens stark übersteigen, können nicht nachgemacht und daher aus der Beobachtung auch nicht übernommen werden. Wir selbst (AEBLI 1983) haben darauf hingewiesen, daß dies wohl damit zusammenhängt, daß bei der Beobachtung eines Verhaltensmodells ein Vorgang der inneren Nachahmung stattfindet. Der Beobachter muß die zu erlernende Tätigkeit innerlich nachvollziehen können, damit die Tätigkeit in der Folge äußerlich nachgeahmt werden kann.

Zwischen dem Beobachtungslernen und der *Übernahme einer fremden Perspektive*, die wiederum *Einfühlung* voraussetzt, bestehen natürlich Zusammenhänge. Von einem anderen zu lernen, in dem man ihn bei einer Tätigkeit beobachtet, erfordert natürlich, daß man „in seine Haut schlüpft", sich also in seine Tätigkeit einfühlt oder eindenkt.

In den Vereinigten Staaten haben N. & S. FESHBACH (1979) ein eigentliches Empathie-Trainings-Projekt entwickelt, in dessen Verlauf die Schüler durch gezielte Übungen lernen, sich in die Lage eines anderen zu versetzen und zu empfinden, was dieser empfindet. Die Kinder sollen üben, die Gefühle des anderen differenziert wahrzunehmen und aus dem Ergebnis der so erzeugten Empathie richtig auf den anderen zu reagieren. Der Versuch scheint uns bedenkenswert. Wir meinen jedoch, es gehe nicht vor allem darum, derartige Übungen isoliert vom übrigen Unterricht zu betreiben, sondern die Einfühlung, die Perspektivenübernahme und die Rücksicht auf den Mitmenschen zu einer Grundhaltung zu machen, die die alltägliche Arbeit durchdringt.

Als Lehrer sollten wir uns der Chancen und der Gefahren des Beobachtungslernens bewußt sein. Die Chancen bestehen darin, komplexe, theoretisch nur teilweise verstandene soziale Verhaltensweisen durch Beobachtung und Nachahmung zu vermitteln. Dabei ist es möglich, auch *innerliche* Prozesse wie das Nachdenken und die Beurteilung von Situationen durch *lautes Vordenken* beobachtbar zu machen und dem Schüler zu ermöglichen, es durch Nachahmung zu übernehmen. Wir haben schon mehrmals auf dieses von MEICHENBAUM vertretene Verfahren hingewiesen: der Lehrer oder ein Schüler denkt vor einem Problem laut und läßt auf diese Weise die anderen mitdenken und nachvollziehen, wie er verfährt.

Auch das *Rollenspiel* ermöglicht Beobachtungslernen. Wenn einige Schüler vor der Klasse eine Szene durchspielen, so lernen nicht nur sie. Auch die Klasse, die die Szene beobachtet, lernt mit: indem sie den Vorgang innerlich mitvollzieht. Das geschieht zum Teil automatisch. Man kann die Schüler aber auffordern, bewußt und intensiv mitzuvollziehen, was die anderen vor ihnen im Rollenspiel tun und sagen.

Weiter denkt der Lehrer daran, daß auch seine Handlungen vor und gegenüber der Klasse von den Schülern beobachtet und mitvollzogen werden. Wir haben schon auf die Gefahren von aggressiven Strafen hingewiesen. Der Lehrer bietet damit ein Beispiel des aggressiven Verhaltens, das nachgeahmt werden kann. Wir bedenken auch, daß Handlungen des Lehrers, die er auf einen bestimmten Schüler oder eine Schülergruppe richtet, von den übrigen beobachtet werden. So mag er in gewissen Situationen zu Recht finden, daß „auf einen groben Klotz ein grober Keil gehört", und er mag einen solchen Schüler hart anfassen. Wir wollen nicht ausschließen, daß das dem Betreffenden in Ausnahmefällen auch gut tun kann. Der Lehrer muß sich dabei aber bewußt sein, daß die Beobachtung und der innere Nachvollzug dieses Geschehens bei einem sensiblen Schüler Angst auslösen kann, die völlig unbemerkt bleibt. Die Körperstrafe hätte damit mindestens beim nicht betroffenen Schüler Schaden gestiftet. Ganz allgemein kann man sagen, daß die Handlungen des Lehrers von den Schülern ständig beobachtet werden und daß von ihnen immer wieder Modellwirkungen ausgehen.

Natürlich wird nicht jedes Verhaltensmodell in gleichem Maße nachgeahmt. Die Merkmale des Modells, welche Nachahmung fördern, sind relativ genau bekannt, vor allem durch die Arbeiten BANDURAS und seiner Mitarbeiter. So wissen wir heute, daß das Prestige, die Kompetenz und die Macht des Modells, aber auch seine Beziehung zum Beobachter eine wichtige Rolle spielen. Gerade ein beliebter Lehrer und eine Lehrerin, die die Schüler gerne haben, sind also besonders wirksame Verhaltensvorbilder.

Strukturelles Lernen

Strukturelles Lernen bedeutet Aufbau, Ausbau und Transformation von Strukturen des Handelns und des Denkens. Während beim Verstärkungslernen eine Reaktion immer prompter, geläufiger und ausdauernder wird, sich also quantitativ verändert, so verändert sie sich beim strukturellen Lernen qualitativ. Im Grenzfall entsteht ein neues Handlungs- oder Denkschema. So, wenn die Schüler lernen, eine Reise oder einen Ferienaufenthalt (Landschulwoche, Ferienlager usw.) zu organisieren. Die Handlungselemente müssen in die richtige Ordnung gebracht werden. Man muß überlegen, welche Teilhandlungen welche anderen als Bedingung voraussetzen. (Man kann die Post nicht umleiten, wenn man die Ferienadresse nicht festgelegt hat).

Eine wichtige Form des Ausbauens und/oder Transformierens von gedanklichen Strukturen ist das *Problemlösen*. Viele Problemlösungen geschehen kooperativ. Das kann dadurch geschehen, daß eine Gruppe von Experten – oder Schülern – über ein Problem nachdenkt, ein Verfahren entwickelt oder ein Unternehmen plant. Es kann aber auch einfach dadurch geschehen, daß Menschen über längere Zeit gemeinsam arbeiten und von Zeit zu Zeit Verbesserungen des Verfahrens finden und in den Gruppenprozeß einbringen. So muß man sich vorstellen, daß in der Landwirtschaft verwendete Verfahren und Geräte nicht in eigentlichen Problemlöseprozessen „erfunden" worden sind, sondern daß sie sich über Jahrzehnte und Jahrhunderte schrittweise entwickelt haben, wobei einzelne Verbesserungen von einzelnen oder von kleinen Gruppen gefunden wurden und sich – sofern sie sich bewährten und den übrigen einleuchteten – allmählich allgemein durchsetzten. So hat wohl der Übergang vom Wagen mit fix mit den Rädern verbundener, sich drehender Achse zum Wagen, bei dem sich das Rad an der fixierten Achse dreht, stattgefunden. Der erstere Wagentyp war im Mittelalter in Europa allgemein verbreitet, und man kann ihn heute noch in Nordwestspanien finden. Der letztere ist der heute allgemein gebräuchliche. Das Beispiel zeigt auch deutlich, daß die genannten Transformationen in der Regel gedankliche *Umstrukturierungen* erfordern.

Das strukturelle Lernen braucht sich nicht nach der einfachen Planungs- und Problemlöseformel abzuspielen, die wir bisher skizziert haben. Es kann auch *dialektisch*, in einem Fortschreiten von *These, Antithese und Synthese* geschehen. Dieser Vorgang ist in den letzten Jahren vor allem von PIAGET und sodann von RIEGEL (1980) betont worden. PIAGET spricht von der *Äquilibration* von Auffassungen, die zuerst widersprüchlich sind, und er nimmt an, daß diese Widersprüche und ihr Ausgleich in einem neugefundenen Gleichgewicht (daher „Äquilibration") auch innerhalb einer zusammenarbeitenden und diskutierenden Gruppe, zwischen den einzelnen Mitgliedern und ihren Beiträgen vorkommen können. Der Zusammenhang zum Aufbau ist gerade bei PIAGET sehr deutlich.

In seinen bekannten Beispielen, etwa der Entwicklung der Invarianzbegriffe (PIAGET & SZEMINSKA 1941, PIAGET & INHELDER 1941) nimmt er an, daß die Kinder vorerst nur einen Aspekt eines Vorgangs sehen, etwa daß beim Umgießen einer Flüßigkeit aus einem breiten in ein schmales Gefäß der Wasserspiegel *steigt*, oder daß das Umgießen eben von einem breiten in ein schmales Gefäß erfolgt, wodurch der Durchmesser *abnimmt*. Die These lautet also: „Es ist mehr Wasser, weil das Niveau gestiegen ist". Und die Antithese: „Es ist weniger Wasser, weil das neue Gefäß schmaler ist". Die Synthese beruht dann auf der Verknüpfung oder Koordination der beiden Erkenntnisse: „Es ist gleich viel Wasser, weil das Niveau zwar gestiegen, das Gefäß aber auch schmaler ist." Damit hat das Kind einen Aufbauprozeß geleistet. Es hat die zwei Teileinsichten, nämlich der Veränderung in den beiden Dimensionen des Gefäßes, miteinander verbunden, um zu einer Einsicht höherer Ordnung zu gelangen.

Was wir hier berichten, hat PIAGET als Vorgang im individuellen Denken des Kindes postuliert. Man kann sich aber den Vorgang auch zwischen Proponenten und Opponenten, also zwischen Vertretern der These und der Antithese, vorstellen. Ein dritter Problemlöser mag dann fähig sein, zwischen den gegensätzlichen Meinungen zu vermitteln, indem er die Synthese zwischen ihnen leistet. So hat es ja in der Geschichte der Physik eine lange Kontroverse zwischen den Vertretern einer Wellen- und einer Korpuskeltheorie des Lichtes gegeben, die schließlich von DE BROGLIE zu Ende der zwanziger Jahre dieses Jahrhunderts in einer synthetischen Theorie vereinigt worden sind. Der Vorgang der Äquilibration kommt nicht nur im naturwissenschaftlichen Denken vor. Man hat vor allem auch im moralischen Denken bemerkt, daß hier immer wieder gegensätzliche Interessen aufeinandertreffen und zu einer ausgleichenden Lösung geführt werden. In diesem Sinne haben wir Rollenspiele vorgeschlagen, in denen Schüler einmal die eine Partei mit den einen Interessen und sodann die andere Partei mit ihren gegensätzlichen Interessen spielen sollen. Sie erleben so den

Interessenkonflikt am eigenen Leibe. Wenn es gut geht, gelingt es ihnen, den Gegensatz zu „äquilibrieren" und eine Lösung zu finden, welche beide Parteien befriedigt. (Zur Geschichte und Systematik des Dialektikbegriffs, s. den Artikel „Dialektik" bei RITTER 1972; zum allgemeinpsychologischen Dialektikbegriff: Klaus RIEGEL 1980 und zum denkpsychologischen Dialektikbegriff: AEBLI, 1981.)

Es gibt also sowohl ein individuelles als auch ein kollektives strukturelles Lernen. In diesem Kapitel interessiert natürlich besonders das letztere. Wir haben schon festgestellt, daß es sich im Rahmen von kooperativer Arbeit abspielt. Gruppendiskussionen spielen dabei eine grundlegende Rolle. Ein gemeinsames Problem ist im Geiste aller Mitglieder einer Gruppe lebendig. Jedes Mitglied produziert Lösungsgedanken und äußert sie. Im gegenseitigen Austausch treten die Lösungsgedanken teilweise in Konkurrenz zueinander, zum anderen Teil ergänzen sie sich und können kombiniert werden. Der Ideenaustausch ist also grundlegend. Er setzt voraus, daß die einzelnen Mitglieder der Gruppe nicht nur an ihren eigenen Beitrag denken, sondern auch willens und fähig sind, auf die Beiträge der anderen Gruppenmitglieder zu hören und die Ideen zueinander in Beziehung zu setzen. Wo konkurrierende Vorschläge vorliegen, müssen sie beurteilt werden. Das erfordert wiederum gemeinsame Kriterien, die sich in der Regel aus der Problemstellung, d.h. aus den Anforderungen an die Lösung, ergeben. Häufig wird man sich allerdings dieser Anforderungen erst bewußt, wenn bestimmte Lösungsvorschläge vorliegen. Damit entwickelt sich die Problemlösung gleichzeitig mit dem Anforderungsprofil, das an das Ziel gerichtet ist. Wir präzisieren und lösen die Aufgabe zugleich.

Dies sind die wesentlichen Vorgänge, die sich bei der Planung und Durchführung von realen und simulierten Projekten abspielen. Sie leiten uns bei der Durchführung von Diskussionen und Gruppenarbeiten. Wie das im einzelnen geschehen kann, haben wir in den „Zwölf Grundformen" dargestellt. Hier ist es wichtig, daß wir den engen Zusammenhang zwischen der Arbeit an der Sache und dem sozialen Lernen erkennen. Indem eine Klasse oder Gruppe innerhalb einer Klasse ein Sachproblem gemeinsam bearbeiten, interagieren zugleich die einzelnen Partner untereinander. Sie lernen nicht nur ein sachliches Problem lösen, sondern sie lernen dabei auch kooperieren und gemeinsam diskutieren.

Zugleich stellen sich im Zusammenhang derartiger Tätigkeiten auch *moralische* Probleme. Diese betreffen einmal das Verhältnis der Gruppe zu ihren äußeren Partnern. Das ist z.B. dann der Fall, wenn sich eine Klasse und ihr Lehrer fragen, ob sie zu einem Schulfest einen Beitrag leisten wollen, und welcher Art er sein könnte. Das Problem kann aber auch ganz unmittelbar das Verhältnis der Schüler untereinander betreffen, dann etwa, wenn es darum geht, dankbarere und weniger dankbare Rollen zu verteilen und zu übernehmen, oder wenn es sich zeigt, daß einzelne mit ihrer Aufgabe nicht zurechtkommen und Hilfe nötig haben, und schließlich auch dann, wenn einzelne Mitglieder die Arbeit der Gruppe durch mangelnde Fähigkeit, mangelnden Einsatz oder durch bestimmte charakterliche Eigenschaften belasten. Dann ist es notwendig, daß die Gruppe über das unmittelbare Lern- und Arbeitsziel hinaussieht und realisiert, daß es in einer Schule darum geht, jedem eine Lerngelegenheit zu geben, daß, mit anderen Worten, nicht das Arbeitsergebnis allein, sondern der Lernerfolg eines jeden einzelnen in der Gruppe optimiert werden muß.

Alle diese Lernvorgänge vollziehen sich nicht „naturwüchsig", indem wir die Schüler einfach tun lassen, was ihnen richtig erscheint. Soziales Lernen ist ein komplexer Prozeß, dessen Meisterung ein hohes Maß an sachlicher und sozialer Kompetenz erfordert. Es ist die Rolle des Lehrers, dafür zu sorgen, daß sowohl die sachliche Struktur als auch der Gruppenprozeß richtig gestaltet werden. Er wird also strukturelles Lernen im sachlichen wie im zwischenmenschlichen Bereich auf die richtigen Wege zu lenken versuchen, so daß die Schüler am Ende nicht nur etwas über Radachse und Wagen, sondern auch über die Art des Zusammenarbeitens und des gemeinsamen Lernens gelernt haben.

Handlungen und Haltungen internalisieren und interiorisieren: der Weg zur Selbststeuerung und zur Autonomie

Der lange Titel deutet eine zusammenhängende Gruppe von Prozessen des sozialen Lernens an. Der umfassende Vorgang ist derjenige der *Internalisierung*. Der junge Mensch, der in das Leben einer Gesellschaft eingetaucht ist, übernimmt schrittweise die Formen des Denkens und des Tuns, die er in seiner Umwelt wahrnimmt und an denen er zunehmend teilhat. Mehr als das: er übernimmt auch die Motive, Interessen und Werte, kurz: die Haltungen, die das Tun seiner Umwelt bewegen, und macht sie zu seinen eigenen. So können wir sagen, daß er die Strukturen und Haltungen, welche ihm vorerst unbekannt und fremd sind und die sozusagen außerhalb seines Denkens und Handelns liegen, in sich hineinnimmt und sie zu seinen eigenen macht. Das nennt man „Internalisierung".

In der Zeit, da sie die Vorstellungen und Haltungen seiner Umwelt noch nicht internalisiert haben, werden junge Menschen mit allerlei Sanktionen, sozusagen von außen, gelenkt – der amerikanische Soziologe RIESMAN (1950) hat das „Traditionslenkung" genannt. Mit der Internalisierung der

Vorstellungen, Verfahren und Haltungen geht daher auch ein Selbständigwerden einher. Dem kleinen Kind sagt man: „Halt die Gabel in der linken und das Messer in der rechten Hand!" „Trink Deine Milch nicht so schnell!" „Sag 'danke', wenn man Dir etwas reicht!" Später hat es die westliche Form des Essens mit Messer und Gabel „internalisiert", und wenn es gut geht, so hat es auch die Haltungen der Selbstkontrolle und des Dankens für einen geleisteten Dienst übernommen. Es ist in dieser spezifischen Hinsicht „autonom", d.h. fähig geworden, sein Verhalten selbst zu steuern.

Die Fähigkeit zur Selbststeuerung und die Autonomie hängen, wie wir sehen, eng zusammen. Das gilt nicht nur für so einfache Dinge wie die Eßmanieren. Mit der Übernahme eines bestimmtes Weltbildes und der Werthaltungen, die das Handeln leiten, wird der Mensch unabhängig von den momentanen Kräften, die auf ihn einwirken. Er folgt seinem eigenen Gesetz, ist „auto-nom", nämlich selbst-gesetzlich geworden (autos, griechisch: selbst, nomos: das Gesetz).

So der große Ablauf der Entwicklung. Wir finden ihn in den kleinen Lernschritten wieder. Dabei wird sichtbar, daß der Lernende am Anfang eines Lernprozesses häufig darauf angewiesen ist, bei der Ausführung einer Tätigkeit von außen gestützt zu werden. Indem er das Verfahren internalisiert, wird er von diesen Stützen unabhängig. Sie können abgebaut werden. So stützen wir den Schüler, der schwimmen lernt sogar in einem äußerlichen, physischen Sinne: wir halten die Hand unter sein Kinn und sorgen dafür, daß er kein Wasser schluckt. Zugleich wiederholen wir die Anweisungen für die Schwimmbewegungen, die er ausführen sollte. Auch diese Anweisungen „stützen" das richtige Verhalten. Wir erkennen damit einen wichtigen, wenn auch von den Lernpsychologen bisher wenig beachteten Lernprozeß. Er führt von der gestützten Ausführung einer Tätigkeit zur selbständigen Ausführung. Es ist ein Vorgang des Autonomwerdens. Nun kann man sich fragen, wie denn die selbständige Ausführung der Tätigkeit möglich werde. Die vorläufige Antwort, die zugegebenermaßen viele Fragen offen läßt, lautet: durch *Selbststeuerung*. Die russischen Psychologen WYGOTSKI (1969) und LURIA (LURIA & JUDOWITCH 1970) gehen einen Schritt weiter. Sie vermuten, daß Selbststeuerung mindestens in den frühen Phasen *Selbstinstruktion* des Lernenden erfordert. Statt daß ihm der Lehrer sagt, was er tun müsse, sagt er es sich selber. In der Tat hat man nachweisen können, daß geeignete Selbstinstruktionen dem Lernenden häufig helfen, eine komplexe Tätigkeit richtig auszuführen. So sagt sich der Fahrschüler, der am Berg anfahren lernt: „1. Kupplung hinunterdrücken, 2. Motor anlassen, 3. ein wenig Gas geben, 4. Bremse lösen, 5. rasch Gas geben und die Kupplung loslassen." Auch kooperative Tätigkeiten können durch Selbstinstruktion der Gruppenmitglieder gesteuert werden, indem sie sich beispielsweise sagen: „1. Einen Plan machen. 2. Die Einzelaufträge verteilen. 3. Die Einzelaufträge ausführen. 4. Über die Ergebnisse berichten. 5. Die Ergebnisse diskutieren. 6. Den Bericht für das Plenum formulieren." Man erkennt eine neue Bedeutung von Internalisierung. Instruktionen, welche dem Lernenden ursprünglich von einem fremden Ausbilder gegeben worden sind, werden von diesem übernommen und als Selbstinstruktion auf sich selbst bezogen. Die Fremdinstruktion ist zur Selbstinstruktion internalisiert worden.

Mit der Internalisierung darf man die *Interiorisierung* nicht verwechseln, auch wenn zwischen den beiden Prozessen Zusammenhänge bestehen. Unter Interiorisierung verstehen wir den Übergang von der effektiven Ausführung einer Handlung oder Operation zu ihrer vorgestellten Ausführung. Vereinfacht ausgedrückt, ist es der Übergang vom Handeln zum Denken. WYGOTSKI (1969) und PIAGET (1936, 1947) sind die wichtigsten Vertreter der Interiorisationstheorie. Der Verfasser dieses Buches hat diese didaktisch ausgewertet (AEBLI 1951/1973⁵, 1983). Wenn wir von Interiorisation sprechen, so denken wir vorerst an mathematische Beispiele. Der Vorgang des Messens wird beispielsweise anfänglich als effektive Handlung ausgeführt. In der Folge führen wir die Meßoperation nur noch in Gedanken aus, und schließlich transformieren wir sie in eine reine Rechenoperation. Auch soziale Handlungen können interiorisiert werden. Schon der innere Nachvollzug der Handlung eines anderen gehört hierher. Sodann ist das Planen nichts anderes als die gedankliche Vorausnahme dessen, was wir in der Folge effektiv ausführen. Die meisten sozialen Handlungen, die wir in der Schule ausführen und sodann interiorisieren, sollen den Schüler gar nicht zu einer praktischen Tätigkeit befähigen. Sie sollen ihn vielmehr erfahren und damit wissen lassen, wie diese aufgebaut ist. Darum stellen wir auf der Unter- oder Mittelstufe der Primarschule Käse her: Nicht weil wir kleine Käser ausbilden wollen, sondern um den Schülern die Vorstellung von dieser kooperativen Tätigkeit und den ihr zugrundliegenden biologischen Prozessen zu vermitteln. Wir stellen uns mit anderen Worten vor, daß der Schüler nach der effektiven Ausführung der Tätigkeit diese auch innerlich, vorstellungsmäßig, ausführen kann, daß er also „eine Vorstellung von der Käseherstellung" erwirbt. Dieser Übergang von der effektiven Ausführung zu dieser Vorstellung ist ein Vorgang der Interiorisation.

In diesem Zusammenhang ist darauf hinzuweisen, daß sich bloßes inneres Handeln als weniger wirksam als *sprachlich begleitetes* inneres Handeln erwiesen hat (BANDURA & JEFFREY 1973). Wir müssen sprachlich formulieren, was wir zuerst effektiv und sodann innerlich – vorstellungsmäßig – tun. Damit ist der Zusammenhang mit den oben besprochenen Selbstinstruktionen hergestellt. Wenn wir weiter bedenken, daß die Teilnahme des jungen

Menschen an den Tätigkeiten der Gesellschaft, die ihn umgibt, häufig als effektive Handlung geschieht und er in der Folge aus den entsprechenden Tätigkeiten ein Welt- und ein Handlungswissen extrahiert, so sehen wir, daß Interiorisation durchaus als ein Teilprozeß innerhalb des umfassenden Vorgangs der Internalisierung angesehen werden kann.

Was folgt didaktisch aus diesen Feststellungen? Zwei Schlußfolgerungen erscheinen grundlegend. Einmal werden wir im Rahmen des Möglichen versuchen, Prozesse der Internalisierung auszulösen, und sodann werden wir dafür sorgen, daß die Interiorisation sorgfältig und schrittweise eingeleitet wird. Wie kann die Schule dafür sorgen, daß Internalisierungsvorgänge stattfinden? Leicht ist das nicht, denn die Schule ist ja gerade eine künstliche Institution, die von den realen Lebenstätigkeiten abgeschnitten ist. In einer Schule läuft zu wenig. Sie ist vorerst ein leeres Haus mit Schulbänken und Wandtafeln, in der Folge bloß bevölkert mit Schülern, die lernen, und Lehrern, die lehren sollen. Es ist etwas ganz anderes, wenn ein Lehrling in einen Betrieb eintritt: da wird er in Arbeitsgänge integriert, die schon vor seinem Erscheinen im Gange waren. Er kann an diesen Vorgängen teilnehmen, und er lernt dabei. Für die Schule gibt es daher nur eines: wo immer möglich ihren sterilen Rahmen zu verlassen und die Welt der wirklichen lebendigen Tätigkeiten aufzusuchen. Dies ruft wiederum nach Praktika und nach polytechnischer Bildung. Betriebsbesichtigungen sind nicht genug, denn Internalisierung ist nicht „instant" zu haben. Immerhin: sie sind besser als nichts. Simulationen und Beschreibungen von realen gesellschaftlichen Tätigkeiten und Abläufen sind ein Ersatz für die Teilnahme an wirklichen Tätigkeiten. Auch sie sind besser als nichts! Drittens denken wir daran, daß es entscheidend wichtig wäre, daß der Lehrer eine lebendige Kenntnis des Geschehens außerhalb der Schule hätte. Er könnte dann wenigstens immer wieder darüber berichten, wie es in der „wirklichen Welt" zugeht, und er würde, was ebenso wichtig ist, auch die herkömmliche Schularbeit in einem Geiste betreiben, der dem Geiste des Arbeitens in der Gesellschaft gleicht.

Über die Stufen der Interiorisation haben wir in den „Zwölf Grundformen des Lehrens" ausführlich berichtet (s. 193 ff., 200 ff., 217 ff., 237 ff.). So wiederholen wir hier nur die Stichworte. Auf einer ersten Stufe der Verinnerlichung blicken wir unmittelbar nach der ausgeführten effektiven Tätigkeit auf die geleistete Arbeit zurück (*Arbeitsrückschau*). Auf einer zweiten Stufe stellen wir uns den Handlungsvorgang vor, indem wir nur noch die *bildliche Darstellung* einer oder mehrerer seiner Phasen vor uns haben. Auf einer dritten Stufe rekonstruieren wir den Handlungsablauf oder die Operation *aufgrund sprachlicher Notizen* (Stichworte usw.). Auf einer vierten und letzten Stufe durchlaufen wir das ganze Verfahren gedanklich, *ohne äußerliche Stütze*. Wenn es wahr ist, daß das Denken ein

Abkömmling des Handelns ist, dann ist der Weg von der praktischen Tätigkeit zur innerlichen Vorstellung und zum Gedanken grundlegend, und die Schule hat allen Grund, ihn sorgfältig und vollständig zu beschreiten.

Soziale Entwicklung

Wir haben oben schon bemerkt, daß soziale Entwicklung die Summe der Prozesse des sozialen Lernens ist, die ein junger Mensch durchläuft. Man muß dabei nur mitbedenken, daß der Organismus, in dem diese Lernprozesse stattfinden, selbst in einem Reifungsprozeß begriffen ist, und daß er sich nicht nur aufgrund des Lernens, sondern auch wegen der im Gange befindlichen Reifungsprozesse verändert. Indessen ist es sehr schwer abzuschätzen, was beim Menschen die Reifung allein bewirkt. Mit einer gewissen Vereinfachung kann man sagen, daß die Reifung des zentralen Nervensystems zwar zunehmende *Möglichkeiten* des Handelns und Denkens, des Wertens und des Fühlens eröffnet, daß aber praktisch alle Entwicklungsschritte durch Lernen und Erfahrung *realisiert*, also *ausgeschöpft* werden müssen. Somit bleibt es dabei: soziale Entwicklung ist die Summe der sozialen Lernprozesse.

Nun haben die Entwicklungspsychologen, allen voran der Genfer Jean PIAGET, eine ganze Reihe von Beobachtungen über die geistige Entwicklung des Kindes gemacht, welche von den Lernpsychologen nicht bemerkt worden sind. In seinem Werk über das moralische Urteil beim Kinde (PIAGET, 1932/1983) hat er Begriffe geprägt, die auch für eine Deutung des sozialen Lernens wichtig sind.

Einen Vorgang haben wir schon kennengelernt: die Überwindung des Egozentrismus zugunsten von „dezentrierten", die Perspektive des Mitmenschen übernehmenden Betrachtungsweisen. Soziales Lernen und soziale Entwicklung besteht wesentlich darin, daß das Kind lernt, sich in die Lage seines Mitmenschen zu versetzen und sich vorzustellen, wie eine gegebene Situation oder eine geplante, im Gang befindliche oder vollzogene Handlung von ihm gesehen wird. Das Zentrum der Betrachtungsweise ist damit nicht mehr einfach das eigene Ich, sein Standpunkt und seine Interessen. Das Denken ist „dezentriert".

PIAGET bringt diesen Fortschritt in Zusammenhang mit der grundlegenderen Entwicklung, in der das Denken des Kindes allmählich Systemcharakter erwirbt. Wir sagen heute auch, daß es sich zunehmend „vernetze". Das Weltbild wird zusammenhängender.

Innerhalb eines solchen Wissens wird dann auch *Beweglichkeit* möglich, sagt PIAGET. Beweglichkeit bedeutet ja nichts anderes als die Fähigkeit, einen Gedankengang nicht bloß in einer bestimmten Form und in einer bestimmten Richtung zu vollziehen, sondern ihn zu variieren und ihn von verschiedenen Punkten aus aufzurollen. Wenn wir dazu fähig sind, werden wir auch den Standpunkt eines anderen Menschen einnehmen und in unserem Handeln seiner Sicht und seinen Interessen Rechnung tragen können.

Was wir hier allgemein ausgeführt haben, wird von PIAGET insbesondere auch auf das moralische Urteil des Kindes und des Jugendlichen bezogen. KOHLBERG (1974) und OSER (1976, 1981) haben diese Gedanken aufgenommen und sie z.T. präzisiert. Sie haben sich dabei vor allem auf den *Gerechtigkeitsbegriff* konzentriert. Die Leitvorstellung ist diejenige der „gerechten Gemeinde" (just community). Sie wird von autonomen und kooperationsfähigen Bürgern, die nicht opportunistisch, sondern aus moralischen Prinzipien handeln, getragen. Sie sind fähig, ihre Probleme und möglichen Konflikte im gegenseitigen Einvernehmen, durch Interessenausgleich („ausgleichende Gerechtigkeit") zu regeln. Wenn sie die Handlungen des Nächsten betrachten, so sehen sie vor allem auf dessen *Absicht* und nicht auf das äußere Ergebnis der Handlungen. Das spielt natürlich besonders dort eine Rolle, wo eine Handlung bestraft oder belohnt werden soll. PIAGET hatte von einer *Moral der Innerlichkeit* gesprochen, und diese vom „moralischen Realismus", der die Handlungen nach ihren äußeren Wirkungen beurteilt, unterschieden. Sowohl bei Belohnungen als auch bei Bestrafungen gilt ein Prinzip der *Billigkeit* (equity). Hinter diesen Begriffen stehen bestimmte Vorstellungen vom sozialen Lernen. Es ist ein Lernen, das den Menschen aus der Heteronomie, d.h. aus der Abhängigkeit von den von der Umwelt in Aussicht gestellten Bestrafungen und Belohnungen heraus zur *Autonomie* führt. Diese beruht darauf, daß die moralischen oder, allgemeiner, die Regeln des zwischenmenschlichen Verhaltens internalisiert worden sind. Darum das „*Verhalten nach Prinzipien*" (principled behavior). RIESMAN (1950) hatte es ein *innengeleitetes* Verhalten genannt. Autonome Menschen, die fähig sind, unter sich rationale Konfliktlösungen zu finden, betrachten auch die Regeln und Strukturen der Gesellschaft nicht als ein für allemal gegeben und unveränderlich. Sie erkennen sie als Gewordene und weiter in Entwicklung Begriffene, und sie verstehen, daß sie an ihrer Entwicklung selbst mitwirken. Sie verstehen sich daher nicht als bloß geschobene und gestoßene Objekte der Geschichte, sondern als souveräne, ihre Welt selbst gestaltende Subjekte, als „Verursacher", wie DE CHARMS (1968) gesagt hat. Das ist der Lernprozeß der *Aufklärung*, ein Prozeß des vertieften Weltverständnisses und der vertieften Deutung der eigenen autonomen und souveränen Rolle in der Welt. In diesem Sinne kann man die Lern- und Entwicklungstheorie von PIAGET und KOHLBERG eine aufklärerische nennen. Letztlich ist sie durch intellektuelle Prozesse bestimmt. Die

Vernunft sichert die Moral: ein lernpsychologischer und entwicklungspsychologischer Rationalismus.

Es ist das große Verdienst von Piaget und Kohlberg, gezeigt zu haben, daß die soziale und die moralische Entwicklung – und die Lernprozesse, welche sie ermöglichen – ein kognitives Element enthalten. Auch im Bereiche des zwischenmenschlichen Verhaltens ist Reflexion notwendig. Einsichten müssen gewonnen werden, und diese kann man begrifflich erfassen. Soziales Lernen ist also nicht bloß eine Sache der Praxis, schon gar nicht der inhaltlosen Interaktion und der dabei gemachten Erlebnisse. Das ist für den Erzieher von größter Wichtigkeit. Es eröffnet nämlich die Möglichkeit, ja die Notwendigkeit, soziales Lernen *bei Gelegenheit der sachbezogenen Tätigkeiten* zu realisieren. Es braucht kein neues Fach „Soziale Interaktion". Es braucht nur den Willen und die Fähigkeit, bei der gemeinsamen Arbeit auch auf die Art und Weise zu achten, wie die Beteiligten miteinander umgehen, und es braucht eine Weltsicht, die bei allem Interesse für sachliche Prozesse die Menschen, die Gesellschaft und die Institutionen nicht vergißt, die sie tragen.

Eines sehen wir allerdings anders als Piaget und Kohlberg. Soziales Lernen und soziale Entwicklung ist nicht nur eine Entwicklung der Interaktion der Kinder und Jugendlichen unter sich. Wir haben es immer wieder gesagt: Die Erzieher, die gesellschaftliche und kulturelle Umwelt, in der junge Menschen aufwachsen, spielen in ihrem sozialen Lernen eine fundamentale Rolle. Sie sind mächtige Quellen der Verstärkung. Von ihnen gehen Modellwirkungen aus. Sie vermögen, strukturelles Lernen anzuregen und zu steuern. Letzlich aber sind alle diese Maßnahmen nur dann wirksam, wenn die jungen Menschen zugleich spüren, daß ihnen in der Person des Erziehers ein Mensch begegnet, der es mit ihnen gut meint, willens ist, ihnen etwas von sich selbst zu geben, sich ihnen zuzuwenden und sie zu akzeptieren. Das ist die tiefste Wirkung des Erziehers und der „Umwelt". Sie ist nicht instrumenteller Art. Sie hat den Charakter eines Geschenkes.

DRITTER TEIL
Lernmotivation und Motivlernen

Kapitel 9:
Motivation und Motive von Kindern und Jugendlichen

Kapitel 10:
Lernmotive, Interessen- und Wertbildung

Kapitel 11:
Erfolg und Mißerfolg, Zuversicht und Angst im Schulalltag

Kapitel 9: Motivation und Motive
von Kindern und Jugendlichen

In vielen Schulen herrscht eine paradoxe Situation: die Schüler klagen über den uninteressanten Unterricht, und die Lehrer klagen darüber, daß sich die Schüler nicht interessieren. Jeder sucht den Fehler beim anderen. In Wirklichkeit handelt es sich um einen einzigen Tatbestand: um fehlende Lernmotivation. Sie liegt dort vor, wo die Tätigkeiten, welche der Lehrer im Unterricht auszulösen versucht, bei den Schülern kein Echo findet, sie nicht „bewegt", mit dem Fremdwort: nicht motiviert (movere, lat., heißt bewegen). Wo aber die Lernmotivation fehlt, findet kein Lernen statt. Lehrer und Schüler verlieren ihre Zeit. Beide täten besser etwas anderes!

Aber Lernmotivation ist nicht nur eine notwendige Voraussetzung dafür, daß Schüler lernen. Es geht auch um den Lehrer. Wo die Lernmotivation der Schüler fehlt, wird der Unterricht für den Lehrer zur Mühsal. Er zehrt an seinen Kräften und reibt ihn auf. Lehrer brauchen ein positives Echo auf ihr Angebot. Wo es stattfindet, beflügelt es ihre Tätigkeit, und es fließen ihnen ungeahnte Kräfte zu. Plötzlich haben sie Zeit und tun Dinge außerhalb ihres Pflichtpensums. Es gibt für einen Menschen keine größere Freude als das Erlebnis, daß sein Angebot vom Partner aufgenommen wird. Die angeregte Stimmung wirkt auf ihn zurück. Die Spirale, welche sich bei fehlender Lernmotivation abwärts dreht, bewegt sich plötzlich aufwärts.

Wenn dem so ist, so lohnt es sich, daß wir dem Problem der Lernmotivation ein Kapitel widmen. Es kommt jedoch ein Zweites hinzu: Motivation ist nicht nur nötig, damit ein erfolgreiches und fruchtbares Lernen stattfindet, wir haben auch die Aufgabe, überdauernde Motive im Schüler zu wecken und zu festigen. Motivbildung, nämlich Interessen- und Wertbildung, ist ein wichtiges Erziehungsziel. Um sich davon zu überzeugen, braucht man sich nur konkret vorzustellen, was wir mit Unterricht eigentlich bezwecken. Da ist die Lehrerin, welche den Schülern der Unterstufe das Lesen beibringt. Muß sie nicht hoffen, daß die Schüler nicht nur fähig werden, auf Aufforderung hin korrekt zu lesen, sondern daß sie auch Freude am Lesen bekommen und daher unaufgefordert, aus eigener Initiative, zu lesen beginnen? „Freude am Lesen haben" ist aber nur ein anderer Ausdruck dafür, daß die Schüler zum Lesen motiviert sind. Ihre Motivation äußert sich im Lesen aus eigenem Antrieb.

Oder der Lehrer der Mittelstufe einer Primarschule, der mit den Schülern Pflanzen und Tiere beobachtet und mit ihnen auf erste ökologische Zusammenhänge eingeht. Seine Hoffnung muß doch sein, daß die Schüler nicht bloß auf Verlangen, in Prüfungen, einiges botanische und zoologische Wissen ausweisen, sondern daß sie von sich aus mit offenen Augen durch die Natur gehen und etwas von dem sehen, was ihnen der Unterricht nahegebracht hat. Und als Ergebnis der gemeinsam angestellten ökologischen Überlegungen wird der Lehrer wohl auch hoffen, daß die Schüler von sich aus und spontan einiges tun und einiges unterlassen, was mit den gewonnenen Einsichten übereinstimmt. Wenn dies stattfindet, so hat der Unterricht die Schüler nicht nur informiert, sondern auch motiviert. Die Information ist handlungsrelevant geworden.

Wir könnten diese Überlegungen weiterführen und an den Fremdsprachenunterricht denken. Wird der Schüler nach Jahren des Englisch- und des Französischunterrichts auch eine französische Zeitung oder ein englisches Buch kaufen und lesen? Wird er in das betreffende Kulturgebiet reisen, vielleicht dort gar zeitweilig eine Arbeit suchen? Wenn von alledem nichts geschieht, stimmt etwas nicht mit dem Fremdsprachenunterricht. Die wenigen erworbenen Kenntnisse und Fähigkeiten werden bald vergessen sein. Nur wo Interessen geweckt worden sind, werden sie dank der selbständigen Weiterführung der entsprechenden Tätigkeiten lebendig bleiben.

Allgemein können wir sagen: Erziehungs- und Bildungsziele sind nicht nur Wissen und Können, instrumentelle Fähigkeiten, sondern auch die Bildung von Motiven, nämlich von Interessen und Werten. Das Weltbild, das wir vermitteln, braucht eine dritte Dimension, wie SCHIEFELE (1978[2]) trefflich formuliert: eine Dimension der Interessen und der Werte. Aus dem flächigen Weltbild muß ein *Bedeutungsrelief* werden: gewisse Punkte und Regionen müssen aus der Fläche herausragen, weil sie interessant, wertvoll sind, für den jungen Menschen Sinn und Bedeutung erlangt haben und ihn daher zu spontaner Betätigung und zu konkretem Handeln und Entscheiden anregen. Wir werden also auch etwas über das Motivlernen, d.h. das Wecken von Interessen und die Bildung von Werthaltungen zu sagen haben.

Unser Kapitel ist folgendermaßen aufgebaut. In einem ersten vorwiegend psychologischen Teil klären wir den Begriff der Motivation und zeigen, welches die grundlegenden Motive der Menschen, also auch unserer Schüler, sind. Dabei werden wir zugleich sehen, inwiefern Interessen, Werte und Normen Motive sind, und welche Rolle sie im Verhalten des Menschen spielen. Diese Überlegungen beziehen wir auf die „natürlichen Lebenstätigkeiten", so wie sie sich außerhalb der Schule abspielen. Dann blicken wir auf die Schule. Hier treffen wir „veranstaltete" Tätigkeiten an und sehen, wie Lob und Tadel, Anerkennung und Kritik „verabreicht" werden. Das sind notwendige Maßnahmen im Umkreis des Motivationsproblems. Sie sind jedoch kennzeichnend für die künstliche Welt der Schule. Das Ideal wäre, daß die Formen der Motivation der Schularbeit derjenigen der natürlichen Lebenstätigkeiten gliche und daß sich hier Motive bildeten, so wie das außerhalb der Schule geschieht. In einem dritten Teil ziehen wir die konkreten und praktischen didaktischen, curricularen und pädagogischen Konsequenzen. Das Ziel ist klar: Wir suchen in der Schule Lernmotivation und Motivlernen zu ermöglichen, nicht, weil das nur gut für das Gelingen unserer Lektionen ist, sondern weil es dem Lehrer hilft, seine schwierige Aufgabe zu erfüllen, dem Schüler ermöglicht, zu lernen und sich zu entwickeln, und weil es der Gesellschaft Bürger sichert, die nicht nur Befehlsempfänger, sondern auch aktive und glückliche Gestalter ihres Schicksals sind.

Motivation in den natürlichen Lebenstätigkeiten

Der Mensch ist kein Natur- sondern ein Kulturwesen. Der Begriff der „natürlichen Lebenstätigkeiten" muß daher relativiert werden. Wir meinen nicht Tätigkeiten, die sich jenseits jeder Kultur, sozusagen in der „freien Wildbahn" abspielen, sondern einfach Tätigkeiten, die außerhalb der Schule und anderer Bildungsinstitutionen stattfinden. Beispiele wären die Tätigkeiten spielender und sich selbst beschäftigender Kinder und Jugendlicher, wenn sie z.B. eine Theateraufführung für Eltern und Verwandte vorbereiten, eine Hütte auf einem Baum bauen oder auch nur schwimmen gehen oder lesen. Wir denken auch an die Freizeitbeschäftigungen der Erwachsenen, ans Gärtnern des einen, an die Pflege des Autos oder des Motorrades durch den zweiten, an das Bergsteigen oder Schachspielen des dritten. Was kann man da beobachten?

Einmal, daß derartige Tätigkeiten freiwillig, spontan ausgeführt werden. Wenn die Bedürfnisse des Menschen befriedigt sind, legt er sich nicht zur Ruhe. Das Bild von der Schlange, die ihren Hunger gestillt hat und nichts mehr tut, bis sie das verschlungene Kaninchen verdaut und wieder erneut durch ihren Hunger zur Jagd getrieben wird, trifft auf den Menschen nicht zu. (Es trifft, nebenbei gesagt, auch auf die höheren Tiere nicht zu.) Der Mensch bleibt aktiv, auch wenn seine elementaren Bedürfnisse befriedigt sind. Mehr als das: Aktivität selbst ist ihm ein Grundbedürfnis. Leben bedeutet Aktivität. Der gesunde Mensch ist aktiv, und dies trifft für das Kind wie für das junge Tier in besonderem Maße zu. Man schaue nur einem dreijährigen Kind am Strand oder in der Sandkiste zu! Sogar im Schlaf findet, wie wir heute wissen, erstaunlich viel geistige Tätigkeit statt.

Die Aktivation des Menschen verläuft allerdings wellenförmig. Perioden der starken Aktivation werden durch solche der Ruhe abgelöst. Es ist ein

Pulsieren, gemäß einem inneren Rhythmus. Vieles, was allerdings wie Ruhe und Tatenlosigkeit aussieht, ist nichts anderes als eine Verlagerung der Aktivität von einem Tätigkeitsbereich in einen anderen: Das Kind läßt den Bären oder die Puppe liegen, um die Biene auf der Blüte zu beobachten oder in seinem Geiste ein Märchenschloß zu bauen. Häufig findet auch bloß ein Tätigkeitswechsel statt. Das Kind hat einen Sandberg gebaut und ihn vielleicht auch wieder zerstört. Nun beginnt es sich mit seinem Kameraden zu unterhalten oder zu balgen. Dann wird Wasser geholt und in der Sandkiste ein See gemacht. Dann ist die Schaukel frei, und es vergnügt sich dort eine Weile. Die Samstage von Erwachsenen sehen ähnlich aus. Wir können sagen, daß hintereinander verschiedene Tätigkeiten aktiviert werden. Es ist, wie wenn die Lebensenergie in verschiedene Handlungssysteme einflösse und sie aktivierte.

Äußere Bedingungen üben natürlich eine Wirkung auf das Aktivitätsniveau von Kindern und Erwachsenen aus. Einenteils stecken sich Kinder und Erwachsene zur Aktivität an. Wo eine angeregte Stimmung herrscht, wird der Neuankömmling einbezogen. Bald ist auch er in Stimmung. Aber auch die Schwierigkeit und das Gelingen von Tätigkeiten übt seine Wirkung aus. Wenn die Schwierigkeit richtig „gepaßt" ist, so, daß sie herausfordert, ohne daß das Problem unlösbar wäre, so hält sie den Problemlöser im Bann. Damit eine Tätigkeit über längere Zeit aufrechterhalten werden kann, ist es nötig, daß laufend gewisse Zwischenergebnisse erreicht und die entsprechenden Erfolgserlebnisse möglich werden. Zugleich muß mit jedem gesicherten Schritt das neue Teilproblem sichtbar werden.

Unter systematischen Gesichtspunkten stellen wir fest, daß Tätigkeit und Motivation vorerst ein Einziges sind: Tätigkeit ist motivierte Tätigkeit, und Motivation ohne einen Inhalt an Tätigkeit gibt es nicht: sie steckt in der Tätigkeit drin.

Das Ziel aktiviert die Mittel

Das Bild von der motivierten Tätigkeit, das wir hier entworfen haben, wird am reinsten beim Kleinkind sichtbar. Es gilt aber auch für gewisse Freizeittätigkeiten des Erwachsenen, etwa für das Spielen eines Instrumentes oder das Sich-mit-einem-sympathischen-Menschen-Unterhalten. Aber schon im Verlaufe des zweiten Lebensjahres vollzieht sich innerhalb der kindlichen Aktivität, wie PIAGET (1936) gezeigt hat, eine wichtige Differenzierung. Gewisse Tätigkeiten werden zu bloßen Mitteln und daher austauschbar, während ein anderer Teil der Tätigkeit zum Ziel wird. So entdeckt das Kind im Schwimmbad, daß es sich mit der Spritzkanne selbst eine Dusche verschaffen kann, was lustig ist und ihm angenehme Empfindungen verschafft. Es füllt die Spritzkanne immer wieder mit Wasser, um sie über sich zu halten und sich das Wasser über Kopf und Rücken zu gießen. Sich-selbst-mit-der-Gießkanne-Begießen ist die Zieltätigkeit, Zum-Wasser-Gehen-und-die-Kanne-Füllen ist die Mittelhandlung. Die Aktivation geht von der Zieltätigkeit aus. Sie ist die Quelle der Befriedigung. Die Energie fließt von der Zieltätigkeit oder ihrer Vorstellung, also der Zielvorstellung, in die Mittelhandlung. Diese ist an sich nicht interessant, und wenn das Kind eine einfachere Methode entdeckt, um sich das Wasser zu beschaffen, tauscht es die Mittelhandlung aus. Bei den Mitteln stellt es also Rechnungen über Aufwand (Anstrengung) und Ertrag an. Nicht so bei der Zielhandlung. Sie ist an und für sich, wir sagen: *intrinsisch*, interessant. Die Tätigkeit und die sie begleitende Wahrnehmung ist intrinsisch motiviert. Die Mittelhandlung empfängt ihr Interesse vom Ziel her. Sie ist nur interessant, weil sie der Zielerreichung dient. Sie ist *extrinsisch* motiviert.

Komplexe Handlungen sind dadurch gekennzeichnet, daß nicht nur *eine* Mittelhandlung zu einem Ziel hinführt, sondern daß Mittelhandlungen zweiten, dritten … bis n-ten Grades nötig sind, um das Endziel zu erreichen. Schon um die Gießkanne zu füllen, muß sie das Kind ins Wasser tauchen. Um sie ins Wasser zu tauchen, muß es zum Wasser hingehen, usw. Wenn man nun daran denkt, was ein Schüler alles tun muß, bevor er z.B. eine geometrische Konstruktion ausführen oder auch nur ein Lesestück (als Hausaufgabe) zusammenfassen kann, so erkennt man, wie komplex die Mittel-Zweck-Hierarchien menschlichen Handelns sind und was bei ihrer Planung und Durchführung auch alles schief gehen kann.

Wenn man eine derartige Struktur aufzeichnet, so entsteht ein Flußdiagramm, bei dem mehrere Handlungsstränge auf das Ziel hin konvergieren. Wir haben in den „Zwölf Grundformen" ein Beispiel dazu gegeben. Es betraf die Herstellung von Hartkäse. In „Denken: das Ordnen des Tuns" (AEBLI 1980/81) vertiefen wir die Idee der Handlungsstruktur.

In diesem Zusammenhang ist es nun wichtig, daß die Motivation vom eigentlichen, intrinsisch interessanten Ziel auf die Ziel-Mittel-Hierarchie weiterfließt bis zu jenen ersten Handlungen, die gemäß den verfügbaren Gegebenheiten unmittelbar ausführbar sind (AEBLI 1984, 1987b). Wir dürfen uns auch nicht vorstellen, daß das Ziel in jedem Falle ein konkretes Handlungsergebnis darstellt. Im oben gegebenen Beispiel mag die vom Lehrer verlangte geometrische Konstruktion oder die Zusammenfassung eines Lesestückes den Schüler überhaupt nicht interessieren. Aber diese Tätigkeiten und ihre Ergebnisse sind für ihn notwendige Mittelhandlungen, um eine gute Note zu erhalten, und diese wiederum ist Voraussetzung für den Eintritt in die nächsthöhere Schulstufe, was wiederum Voraussetzung dafür ist, daß der Schüler den Beruf ergreifen kann, der ihm vorschwebt. Es kann auch sein, daß sein Motiv nur darin besteht, sich die Zufriedenheit seiner Eltern zu sichern, eventuell auch das Lob und die Zuwendung des Lehrers oder der Lehrerin. Es wäre interessant, unter diesem Gesichtspunkt die Motivhierarchien der Schüler zu studieren und festzustellen, welche intrinsischen Zielvorstellungen und Zielzustände an ihrer Spitze stehen.

Den vorangehenden Überlegungen liegt die Annahme zugrunde, daß der handelnde Mensch eine aktivierte Zielvorstellung – eine Vorstellung, die in seinem Geiste „vibriert" oder „glüht" – zu realisieren sucht. Wenn im Geiste eines Jungen die Vorstellung brennt, daß er als kleiner Robinson in seiner Baumhütte sitzt und sein Reich überschaut, so wird das zur Folge haben, daß er die Mittelhandlungen der Beschaffung des Materials, des Planens und des Bauens auslöst. Die Zielhandlung motiviert die zum Ziel hinführenden *Konstruktionshandlungen*. Die aktivierte Zielhandlung kann jedoch auch eine andere Wirkung zeigen: die *Annäherung* an das Ziel. In der Tat werden ja nicht alle Ziele durch konstruktive Handlungen verwirklicht. Viele Zielzustände, welche Menschen anstreben, erfordern den Kontakt mit einem interessanten oder geliebten Objekt. Die Pilger des Mittelalters wollten Rom oder Jerusalem sehen und den dortigen Boden küssen. Der Bewunderer des Stonehenge freut sich, den prähistorischen Stein betrachten und betasten zu können und um ihn herum zu gehen. Der Geiger möchte einmal eine Stradivari- oder Amati-Geige in der Hand halten und spielen, und der Lapplandfan möchte einen richtigen Hundeschlitten betrachten, und, wenn nicht fahren, so doch einmal in die Hand nehmen. Auch die Liebe sucht den Kontakt mit der geliebten Person: das Kind die Mutter, der Liebende die Geliebte. So löst also die aktivierte Zielvorstellung nicht nur konstruktive, sondern auch Annäherungshandlungen aus. Diese schließen nicht nur Ortsveränderungen in sich, sondern auch *Handlungen des Erwerbs*. Indem ich das interessierende Objekt kaufe, bringe ich es in meine Nähe und in meine Verfügbarkeit: die Geige, das Auto, den Kupferstich.

Menschen sprechen häufig davon, daß sie sich für *bestimmte Sachen* interessieren. In einem vorläufigen Sinne ist die Rede von den Sachinteressen legitim. Wenn wir die betreffenden Fälle jedoch genau betrachten, so stellen wir fest, daß das eigentliche Interesse dem *Umgang* mit der Sache gilt. Im Grunde sucht der Kunstfreund nicht den Kupferstich, sondern er erstrebt die *Freude seiner Betrachtung*, einer Wahrnehmungstätigkeit. Auch das Auto ist nicht das letzte Ziel des Mannes, sondern das *Fahren* des Autos. Ähnliches gilt von der Stradivari-Geige: sie zu betrachten, zu hören und sie zu spielen, zieht den Geiger an. Erst in einem zweiten Schritt projiziert er alle diese attraktiven Erlebnisse auf das Objekt und erklärt er dieses zum Gegenstand seines Interesses. So bleibt es dabei: Grundlage der Motivation ist die belebte und belebende Vorstellung einer Tätigkeit und der Erlebnisse, die diese Tätigkeit dem Handelnden verschafft.

Im Zuge unserer Überlegungen über die Mittel-Ziel-Hierarchien haben wir schon eine weitere wichtige Erkenntnis gewonnen: daß Tätigkeiten nämlich *strukturiert* sind. Tätigkeiten haben ihren Aufbau. Zwischenziele sind den Mittelhandlungen übergeordnet. Das Endziel schließt die Hierarchie ab. Zum Teil müssen mehrere Bedingungen erfüllt sein, damit ein angestrebter Effekt erreicht werden kann. Dieser innere Aufbau der Handlung führt auch zur Unterscheidung von Phasen der Absichtsbildung und der Absichtsrealisierung und damit des bewußten Wollens und der damit verbundenen Möglichkeit der Willensschulung. (Vgl. HECKHAUSEN et al. 1986 und HECKHAUSEN 1986.)

Zusammenfassend können wir definieren:

Ein *Motiv* ist eine Zielvorstellung mit einem umschriebenen Inhalt, welche Handlungen auslöst, die zu ihrer Verwirklichung (Konstruktionshandlungen, Interaktionen) und zur Herstellung des Kontaktes mit dem Zielobjekt (Annäherungshandlungen, Erwerbshandlungen, Wahrnehmungstätigkeit) führen.

Unter *Motivation* verstehen wir dagegen die allgemeine Aktivation, welche wir uns inhaltlos vorstellen. Sie kann daher in verschiedene Verhaltensschemata und Vorstellungen einfließen und sie beleben, d.h. in Motive (im eben definierten Sinn) oder Zielvorstellungen verwandeln.

Hoffnung auf Erfolg, Angst vor Mißerfolg und der „Pygmalion-Effekt"

Die bisherigen Überlegungen können wir in der einfachen Formel zusammenfassen, daß natürliche Lebenstätigkeiten motiviert, zielgerichtet und strukturiert sind. Das Ziel ist die Quelle der Aktivation, diese fließt in die Mittelhandlungen. Wo immer der handelnde Mensch erkennt, daß ein Mittel Voraussetzung dafür ist, zu einem Zwischenziel oder zum Endziel zu gelangen, wird es interessant. Er ist motiviert, die Mittelhandlungen auszuführen, oder das gegenständliche Mittel in die Hand zu bekommen.

Eine vierte Bestimmung der Lebenstätigkeiten ergibt sich aus der Tatsache, daß der Mensch die Fähigkeit hat, das Eintreten der gewünschten Ergebnisse vorauszusehen und daß er daher *Erwartungen* über ihr Eintreffen bilden kann. Das ist natürlich besonders dort wichtig, wo der Erfolg seines Handelns nicht von vornherein gesichert ist. In dieser Situation der

Unsicherheit kann er auf den Erfolg seiner Handlung hoffen, oder er kann den Mißerfolg fürchten. *Hoffen auf Erfolg* und *Furcht vor Mißerfolg* sind komplexe Vorstellungen. Sie haben eine kognitive (intellektuelle) Seite: der Handelnde muß sich ausrechnen, was als Folge seines Tuns geschehen könnte oder sollte. Aber in der Hoffnung auf Erfolg ist die Erwartung in einer bestimmten Weise emotional gefärbt. Ein Gefühl der Zuversicht und der Vorfreude auf den guten Ausgang des Unternehmens aktiviert ihn. Anders im Falle der Furcht vor Mißerfolg. Auch hier rechnet er sich den wahrscheinlichen Ausgang des Unternehmens aus: ein intellektueller Prozeß. Dazu aber kommt eine negative emotionale Note. Der Ausgang, den er sich vorstellt, deprimiert ihn. Er fühlt sich bedroht, und er fürchtet sich davor (HECKHAUSEN 1980, 250 ff.).

Nun haben wir bisher den Zusammenhang zwischen der Berechnung des mutmaßlichen Erfolgs oder Mißerfolgs, also der Beurteilung der „Erfolgswahrscheinlichkeit" betont. Für die Persönlichkeitsentwicklung des Kindes und des Jugendlichen ist es jedoch wichtig, daß sich die Hoffnung auf Erfolg oder die Furcht vor Mißerfolg in der Regel zu allgemeinen Haltungen entwickeln, die von den einzelnen Berechnungen des mutmaßlichen Erfolgs oder Mißerfolgs unabhängig sind. Die einen Menschen sind Optimisten, die anderen Pessimisten, sie sind erfolgs- oder mißerfolgsmotiviert.

Wie entstehen derartige verallgemeinerte Erwartungshaltungen? Darüber weiß man wenig Sicheres. Es erscheint aber wahrscheinlich, daß sie nicht einfach angeboren sind, sondern daß die Summe der Erfahrungen des sich entwickelnden Kindes und Jugendlichen, insbesondere die frühkindlichen, in der Ausbildung von Erfolgszuversicht und Mißerfolgsängstlichkeit eine wichtige Rolle spielen, und zwar nicht bloß die Erfahrungen mit den Ergebnissen des eigenen Handelns, sondern auch die Reaktionen der Umwelt, insbesondere der Eltern und übrigen Erziehungspersonen. *Ihre* Erwartungen werden von den Kindern und Jugendlichen internalisiert.

Darauf beruht der sogenannte „Pygmalion- (oder Andorra-) Effekt"[1]. Zufällig ausgewählte Kinder in Schulklassen, die ihren Lehrern als „Aufblüher", d.h. als Kinder, deren Entwicklung sich demnächst beschleunigen würde, dargestellt wurden, entwickelten sich in der Tat günstiger als ihre Kameraden (ROSENTHAL & JACOBSON 1968, dazu allerdings kritisch ELASHOFF & SNOW 1971, dann aber wiederum bestätigend SCHERRER 1972, HECKHAUSEN 1976, 1980 und DWECK 1986). Diese Effekte sind ohne Zwei-

---

[1] Pygmalion, den König von Zypern, erfaßte nach Ovids Darstellung eine glühende Leidenschaft für die Statue einer Jungfrau, die er selbst gefertigt hatte. Aphrodite belebte sie auf seine Bitte, und er nahm sie darauf zur Gemahlin. In „My fair Lady" erfuhr das Thema bekanntlich eine moderne Fassung.

fel darauf zurückzuführen, daß diese Schüler die Erfolgserwartungen ihrer Lehrer übernahmen und – wie HECKHAUSEN zusätzlich postuliert – ihre Mißerfolge nicht mehr so sehr ihrer mangelnden Begabung, sondern der bisher fehlenden und nunmehr erhöhten Anstrengung zuschrieben. Sie hatten sich die Erfolgshoffnung ihrer Erzieher zueigen gemacht.

Was Kinder und Jugendliche zur Tätigkeit motiviert

Welches sind die grundlegenden Motive, welche die Menschen bewegen? Gibt es angeborene, in der Natur des Menschen angelegte Motive? Darüber haben Philosophen und Dichter seit Jahrhunderten nachgedacht. „Brot und Spiele", „Liebe", „Lustgewinn", „Macht" hat man gesagt. Was hier wahr ist, ist sehr schwer zu entscheiden, und zwar aus dem folgenden Grunde. Beim neugeborenen Kinde können sich die Motive naturgemäß erst sehr unvollkommen äußern. Im Verlaufe seiner Entwicklung aber, dann, wenn es prinzipiell möglich wäre, heranreifende Motive zu identifizieren, sind auch Prozesse des *Motivlernens* im Gange, so daß es praktisch unmöglich ist, zu entscheiden, ob hier nun angeborene Motive sichtbar werden oder ob bestimmte Motive gelernt worden sind.

Wir beschränken uns in diesem didaktischen und pädagogischen Buch darauf, eine Gruppe von Motiven aufzuzählen, die in erzieherischen Situationen grundlegend und wichtig sind, und lassen dabei offen, ob und in welchem Maße sie angeboren oder im Verlaufe der Entwicklung erworben sind. Im einem folgenden Kapitel kommen wir dann auf die Frage zurück, wie die Lernprozesse aussehen, durch die Motive erworben werden.

Soziale Ichmotive. Das Kleinkind sucht den Kontakt mit seiner Mutter und mit seinem Vater, und dies im ganz konkreten Sinne als Hautkontakt. Wärme und Geborgenheit bleiben ein Grundbedürfnis des Kindes. Damit verbunden ist das Bewußtsein, akzeptiert zu sein und daher Sicherheit bei den Eltern zu genießen. Diese Bedürfnisse überträgt das Kind auf die Lehrerin, den Lehrer und auf weitere Menschen seiner sozialen Umwelt. Sie treten auch im Zusammenhang mit den sachlichen Leistungen auf, die das Kind in der Schule erbringen muß. Auch hier stellt es sich die Frage, ob sie der Lehrer mit Wärme und Wohlwollen entgegennimmt und ob er sie akzeptiert. Aus der Annahme und positiven Bewertung seiner Leistungen schließt der Schüler immer wieder auf die Annahme und Bewertung seiner Person. Dies wiederum beeinflußt sein Selbstwertgefühl.

Eine Erweiterung des Bedürfnisses nach dem Akzeptiertwerden ist das *Zugehörigkeitsmotiv* (need for belonging, MURRAY 1938). Der junge Mensch möchte sich einer Gruppe anschließen und von ihr angenommen werden. Jeder kennt das traurige Erlebnis des Kindes, nicht in einem Spielkreis aufgenommen oder gar aus ihm ausgestossen zu werden. Das Zugehörigkeitsmotiv richtet sich auf Gleichaltrige. Das entsprechende *Affiliationsmotiv* richtet sich auf ältere und auf Autoritätspersonen. Es ist das Motiv, Anschluß an eine Person zu finden, von der man lernen kann, die aber auch Sicherheit zu bieten vermag: das uralte Motiv, das die feudalen Sozialverhältnisse begründet hat. Der junge Mensch muß im Verlaufe seiner Entwicklung diese Stellung der Unmündigkeit zu überwinden suchen. Aber in der Zeit, in der er auf Unterstützung angewiesen ist und lernen muß, ist das Affiliationsmotiv ebenso legitim wie das Zugehörigkeitsmotiv.

Einen Schritt weiter führt das *Bedürfnis nach Anerkennung* und nach *Geltung*, von dem der Wiener Psychiater Alfred ADLER (1912) geschrieben hat. Jemand sein, geachtet sein, beachtet, nicht ignoriert werden: natürlich beginnen sich hier Fragen des Maßes zu stellen. Aber welchem natürlichen Menschen und welchem Kind tut es nicht gut, geachtet und beachtet zu werden? Und wem wäre es gleichgültig oder täte es nicht weh, von Menschen, die einem wichtig sind, wie Luft behandelt zu werden?

Prosoziale Motive. Im Maße, wie das Kind selbständiger und handlungsfähiger wird, wächst es auch aus einer nur empfangenden Rolle heraus. Es kann einem Mitmenschen selbst etwas geben. Es wird fähig, Beziehungen der Freundschaft und der Kameradschaft aufzubauen und aufrechtzuerhalten. In diesem Sinne erweitert sich das Bedürfnis nach Zugehörigkeit zu der Fähigkeit und dem Bedürfnis, mit anderen zusammen eine Gruppe zu bilden und ihre Aktivität zu tragen. In der Schulklasse bilden sich Untergruppen von Freunden und Kameraden, und gewisse Schulklassen entwickeln einen „Klassengeist", d.h. sie werden selbst zur innerlich zusammenhängenden und solidarischen Gruppe. Verwandte Bedürfnisse des Kindes und des Erwachsenen hat man *prosoziale Motive* (im engen Sinne des Wortes) genannt. Die Annahme ist hier, daß der andere hilfsbedürftig oder daß das harmonische Zusammenleben nicht selbstverständlich ist und daher bewußte prosoziale Handlungen erfordert. Zur ersten Gruppe gehören alle Handlungen des Helfens, Unterstützens und Tröstens, zur zweiten die Handlungen des gerechten, freundschaftlichen Interessenausgleichs. Davon haben wir schon gesprochen. Neu ist hier die Aussage, daß diesen Handlungen grundlegende Motive des Menschen entsprechen. Damit ist nicht gesagt, daß sie angeboren seien. Sie sind es wahrscheinlich nicht. Aber wenn Kinder einigermaßen richtig erzogen werden, bringen sie diese Motive schon in die Schule mit, und diese hat die Aufgabe und die Möglichkeit, sie aufzunehmen und sie weiter zu entwickeln. Wir haben oben gesehen, worum es sich handelt: sich gegenseitig helfen, Solidarität zeigen,

Lasten und Güter gerecht verteilen, Rücksicht aufeinander nehmen, die Bedürfnisse des anderen achten, einander Wohlwollen entgegenbringen.

In dem Maße, wie diese Motive grundsätzlich und tief im Weltbild des Menschen begründet und in einem gewissen Maße abstrakt gefaßt und als Ideen objektiviert werden („Liebe", „Gerechtigkeit" usw.), sprechen wir nicht nur von Motiven, sondern von *Werten*. Diese wiederum dienen dem Menschen bei der Beurteilung eigener und fremder Handlungen nicht nur als Maßstäbe, sondern sie sind auch handlungsleitend. Beides sind wichtige Funktionen der Motive und Werte im Verhalten der Menschen. Indem sie eine Wertvorstellung als Maß an ihre eigenen und an fremde Handlungen anlegen („Habe ich hilfsbereit gehandelt?" „Haben wir gerecht geteilt?" „Hat er auf seinen Kameraden Rücksicht genommen?" und: „In welchem Maße ist dies geschehen?"), wird der Wert zur *Norm*. *Normen* sind nichts anderes als Werte, die wir wie einen Maßstab an die Handlung des anderen oder unserer selbst anlegen, um sie zu beurteilen. Die Summe unserer moralischen Normen schließlich nennen wir das *Gewissen* des Menschen. Es ist keine besondere, sozusagen richterliche Instanz im menschlichen Geiste, sondern die Summe der Normen, die wir als Maßstäbe an unser eigenes Verhalten anlegen, mit der Folge, daß wir es im Lichte unserer Idealvorstellungen als moralisch richtig oder falsch erkennen.

Wertbildung bedeutet daher zugleich *Gewissensbildung*, und unser Nachdenken über eigenes und fremdes Handeln und dessen Prüfung im Lichte moralischer Normen bedeutet *„Gewissensübung"*, d.h. Übung seines praktischen Einsatzes vor Fragen der sittlichen Güte unseres eigenen Handelns.

Individuelle Ich-Motive. Eine weitere wichtige Gruppe von Motiven kann man schon früh in der Entwicklung des Kindes beobachten. In dem Maße, wie es lernt, für sich selbst zu sorgen und die Handlungen, die dazu notwendig sind, zu meistern, beginnt es, die Hilfe seiner Umwelt immer häufiger abzulehnen. „Selbst," sagt es immer wieder. Es will den Löffel selbst zum Munde führen, das Kleid selber an- oder ausziehen, das Stühlchen selbst an den Tisch tragen. Das Selbertun scheint für es einen Wert darzustellen. Das zeigt: *Selbständigkeit, Autonomie* ist Inhalt eines grundlegenden, individuellen Ich-Motivs. Das gilt natürlich nicht nur für das Kleinkind. Auch ältere Kinder, die sich normal entwickeln, sind auf alles stolz, was sie selber erledigen können. Selbständigkeit ist attraktiv, weil sie zugleich Freiheit bedeutet.

Eine Abwandlung dieses Motivs ist das Bedürfnis, *Urheber* oder *Initiant* von Handlungen und Entscheidungen zu sein. Der amerikanische Psychologe DE CHARMS (1968, 1973) hat auf dieses Motiv hingewiesen. Der Mensch möchte nicht wie der Bauer auf dem Schachbrett geschoben und benützt werden, in bloß passiver, dienender Rolle. Er möchte die Vorgänge, die ihm wichtig sind, selber auslösen und sie selber steuern. Man spricht von einem *Verursachermotiv*. Die Beliebtheit von Fortbewegungsmitteln wie Mofas und Autos bei jungen Leuten beruht wohl auf diesem Motiv: selber steuern, selber entscheiden, wo man hinfährt, und in diesen Tätigkeiten sich selbst erleben. Natürlich gibt es hier viel Kümmerformen der Autonomie, und es ist offensichtlich, daß viele Jugendliche mit der Freiheit, die ihnen gewährt wird, nichts anzufangen wissen. Das sagt aber nichts gegen die Realität des Autonomiemotivs. Es sagt nur, daß man jungen Menschen auch zeigen müßte, was sie mit dieser Selbständigkeit und den zunehmenden Handlungsmöglichkeiten anfangen könnten und sollten.

Mit dem Urhebermotiv eng verwandt ist das *Selbstkontroll-* und das *Kompetenzmotiv*. Kontrolle wird hier als „Steuerung" verstanden. Es geht auch hier um die Frage, ob man von anderen gesteuert wird oder ob man sich selbst steuert. Die Betrachtungsweise ist nur eine ganzheitlichere. Es geht nicht bloß um einzelne Handlungen, die der Mensch selbständig initiieren möchte, sondern es geht um das Bedürfnis, sein Leben aus eigener Kraft zu meistern und die Situationen, denen man begegnet, mit den eigenen Mitteln und gemäß den eigenen Überlegungen und Urteilen zu bewältigen. Das Gegenteil ist beim Menschen der Fall, der die Abhängigkeit, die Affiliation, sucht, der immer beschützt und bedient sein möchte: eine Fehlentwicklung der Persönlichkeit.

Eine Abwandlung des gleichen Themas stellt das *Leistungsmotiv* dar (HECKHAUSEN 1980, 250 ff.). HECKHAUSEN betrachtet es als das Bestreben, sich in schwierigen Situationen als tüchtig zu erweisen. Die Situationen sind insofern schwierig, als man in ihnen auch scheitern kann, als darin sowohl Erfolg als auch Mißerfolg möglich ist. Dieser wiederum wird an einem Gütemaßstab – wir haben oben gesagt: an einer Norm – gemessen. Wir finden hier die Tatsache wieder, daß sich Menschen für ihre Tätigkeiten Ziele setzen, und daß es ihnen nicht gleichgültig ist, ob sie diese Ziele erreichen oder nicht. Wenn sie es tun und insbesondere, wenn es ihnen besser gelingt als einem anderen, der mit ihnen im Wettbewerb steht, reagieren sie mit Befriedigung, im Grenzfall mit Triumph. Wenn es ihnen nicht gelingt, d.h. wenn sie unterliegen, zeigen sie Zeichen der Verlegenheit und sind „geknickt", also enttäuscht und entmutigt. Die Theorie und die Experimente zur Leistungsmotivation sind dank den Arbeiten von McCLELLAND (1951, 1961), ATKINSON & BIRCH (1972), ATKINSON & RAYNOR (1974) und HECKHAUSEN (1964, 1974, 1980) außerordentlich stark verfeinert worden. Die Wertungen des Subjektes und seine Erwartungen von Erfolg oder Mißerfolg spielen darin eine wichtige Rolle.

Hier ist nicht der Ort, diese Experimente und Theorien auszubreiten. Denn trotz allem Interesse, das sie verdienen, sind die Grundannahmen dieser Versuche zum

Teil nicht so realistisch, wie es der Erzieher wünschen möchte. Insbesondere die explizite Zielsetzung und der explizite Vergleich von real erbrachter Leistung und Zielsetzung ist im Verhalten des Kindes nicht so verbreitet, wie es die Theorien der Leistungsmotivation anzunehmen scheinen. Wo Leistungen nicht meßbar sind, ist es in der Regel auch schwierig, von Erfolg oder Mißerfolg im Sinne der Erreichung oder Verfehlung des Ziels zu sprechen. Es stellt sich auch die Frage, ob hinter der scheinbaren Leistungsmotivation nicht häufig tieferliegende Motive am Werke sind, das Bedürfnis nach Geltung oder nach der Überwindung des Rivalen zum Beispiel. Aber diese Frage kann man natürlich bei einer ganzen Reihe von anderen Motiven, die wir hier behandeln, ebensogut stellen.

Tatsache ist sicher, daß junge und erwachsene Menschen in bestimmten Situationen und vor bestimmten Anforderungen das Motiv an den Tag legen, sich zu bewähren, daß sie verschieden hohe Ansprüche an ihre Leistungen stellen und daß sie mit Freude und Befriedigung reagieren, wenn es ihnen gelingt, die gesetzten Ziele zu erreichen. Im anderen Falle reagieren sie mit gedämpfteren Gefühlen, im Grenzfall mit Enttäuschung und Niedergeschlagenheit. Gerade die Schule hat allen Grund, dieses Motiv ernstzunehmen, nicht, um es unbedacht zu fördern, sondern um zu verhindern, daß durch die falsche Anwendung von Prüfungen und ähnlichen Maßnahmen über den Mechanismus der Leistungsmotivation und ihrer Enttäuschung Schaden gestiftet wird.

Nun gibt es noch eine Reihe von Motiven, die mit der Persönlichkeit des Menschen in oberflächlicherer Weise verknüpft sind. Wir denken hier insbesondere an die intellektuellen *Motive des Verstehens* und der *Ordnung*. Sind sie dem Menschen angeboren? Ihre Universalität könnte einen auf den Gedanken bringen. Daß sie anderseits in verschiedenen Kulturen so verschieden ausgeprägt sind, deutet darauf hin, daß der Anteil der Umwelt und der Erziehung an ihrer Ausbildung und Ausprägung bedeutend ist. Darum müssen diese Motive auch in der Schule gepflegt werden. Wir müssen alles tun, um dem jungen Menschen das Erlebnis des Verstehens zu verschaffen und ihm zu zeigen, wie befriedigend dieser intellektuelle Zustand ist. AESCHBACHER (1986) hat es an vielen unterrichtlichen Beispielen anschaulich gezeigt. Ähnliches gilt für das Ordnungsmotiv. Auch Ordnung sollte zum Bedürfnis des Menschen werden. Wir kommen im Zusammenhang mit dem Problem des Motivlernens auf diese Fragen zurück.

Intrinsische Ich-Motive, abgeleitete (extrinsische) Motive. Nun haben wir alle bisher behandelten Motive „Ich-Motive" genannt, ohne diese Bezeichnung noch zu rechtfertigen. Mit diesem Ausdruck weisen wir auf zwei Dinge hin. Einmal handelt es sich hier nicht um irgendwelche Bedürfnisse des Menschen (nach einer Süßigkeit, einem spannenden Film...), sondern um grundlegende Bedürfnisse, die den Kern seiner Persönlichkeit, des Ich, bilden. Sie spielen in seinem Leben eine wichtige Rolle, insbesondere dann, wenn er Entscheidungen treffen muß. Indem wir die Ausbildung dieser Motive fördern, treiben wir also Persönlichkeitsbildung. Denn diese ist wesentlich durch die *stabilen Motiv-Strukturen* des Menschen gekennzeichnet.

Das andere ist die Tatsache, daß die bisher genannten Motive großenteils *intrinsisch* sind, d.h., daß sie nicht im Dienste grundlegenderer Motive stehen und von diesen abgeleitet sind. Mindestens für den Erwachsenen sind sie an sich richtig und attraktiv. Beim Kind mag das noch nicht in allen Fällen so sein, insbesondere dann, wenn die Internalisierung noch nicht abgeschlossen ist. Dann mag noch einige Hoffnung auf Belohnung und Bestätigung mitschwingen, wenn das Kind z. B. „schön artig ist". Aber man wird sich in diesem Fällen das Ziel setzen, das Motiv intrinsisch werden zu lassen, durch einen Prozeß, den ALLPORT (1939) „das Autonomwerden eines Motivs" genannt hat. Es ist autonom, wenn es nicht mehr extrinsisch, durch Belohnung gestützt zu werden braucht, sondern zu einem Wert geworden ist, der keiner weiteren Begründung bedarf.

Kapitel 10: Lernmotive, Interessen- und Wertbildung

Der Ort des veranstalteten Lernens ist die Schule. Das ist ihr Problem (wir haben es schon gesehen): daß in ihr ohne die „Lernveranstaltungen" des Lehrers nichts läuft. Wir erinnern uns: im gewerblichen oder industriellen Betrieb, in den der Lehrling eintritt, „läuft etwas". Es sind Arbeitsvorgänge im Gang, in die er integriert werden kann. Das ist auch im Haushalt der Fall, aus dem der Schüler kommt. Da wird eingekauft, gekocht, gereinigt und gewaschen, ausgebessert, repariert usw. In der Schule versucht man etwas sehr Schwieriges: Lernen direkt auszulösen, ohne den Umweg über die echten Tätigkeiten. Der Schüler müßte daher ebenso direkt für das Lernen motiviert werden: noch einmal eine schwierige Aufgabe! Denn es ist relativ leicht, Menschen für Tätigkeiten zu motivieren, aber für das Lernen? Machen wir uns zuerst den Unterschied klar!

Tätigkeitsmotivation und Lernmotivation

Wir haben es gesehen: Lebenstätigkeiten sind zielgerichtet. Sie haben ihren inneren Aufbau. Der tätige Mensch erwartet von seinem Handeln ein Ergebnis. Dieses trifft in der Regel ein. Es ist häufig ein erzeugter Gegenstand oder eine veränderte Situation. Der Kuchen, den die Hausfrau gebacken hat, kann bewundert, gerochen und verzehrt werden. Der Garten, den man gejätet hat, sieht jetzt ordentlich aus. Wenn ein Haus gebaut worden ist, kann man es betrachten, darum herum und in es hineingehen, dann es beziehen, darin wohnen. Wenn wir einen Brief geschrieben haben, so kann man sich an seiner äußeren Form freuen, man kann ihn noch einmal lesen, dann abschicken. Er löst beim Empfänger eine Wirkung aus. Das sind alles konkrete Ergebnisse von Tätigkeiten. Sie wirken auf den handelnden Menschen zurück. Der Erfolg verstärkt die Tätigkeit. Er unterhält sie.

Lernen ist keine einfache Tätigkeit im beschriebenen Sinn, und Lernmotivation ist etwas anderes als Tätigkeitsmotivation. Lernen ist ein Prozeß zweiter Ordnung. Wir nennen ihn einen Metaprozeß. Die Tätigkeit erzeugt ein konkretes Ergebnis. Das Lernen erzeugt eine Veränderung der Tätigkeit: ihre Verbesserung. Das ist vorerst ein unsichtbarer Vorgang im Geiste des Lernenden. Er wird sichtbar, wenn die Tätigkeit wiederholt und mit der ursprünglichen Ausführung verglichen wird. Aber das ist häufig gar nicht leicht zu bewerkstelligen. Habe ich den Text jetzt besser gelesen als das erste Mal? Besser verstanden? Ist mir sein Inhalt jetzt klarer? Kann ich ihn jetzt besser wiedergeben? Aber: wie gut war denn meine erste Wiedergabe? Wenn ich sie nicht aufgeschrieben habe, fällt der Vergleich schwer. Sogar wenn ich die zwei schriftlichen Wiedergaben vor mir habe, braucht es mindestens einigen Aufwand, um die Texte zu vergleichen und den Fortschritt festzustellen. Ähnliches kann man in jedem Fache beobachten. Verstehe ich den Bruchbegriff nach einer Periode des Lernens besser? Ist mein Umgang mit dem Begriff beweglicher geworden? So kann man auch von einem naturwissenschaftlichen oder von einem sozialwissenschaftlichen Begriffe fragen, vom Begriff der Oxydation und der Reduktion, vom Begriff der Photosynthese oder vom Begriff des Merkantilismus, der Planwirtschaft und der Geldentwertung. Wenn wir vorläufig und grob zwischen qualitativen und quantitativen Lernfortschritten unterscheiden, so erkennen wir unmittelbar, daß fast nur die quantitativen Lernfortschritte problemlos beobachtet werden können. Dies sind in der Regel jedoch gerade die Fortschritte, die die entscheidenden strukturellen Lernvorgänge nicht erfassen, sondern nur deren Konsolidierung und Automatisierung. Alle oben genannten Beispiele betreffen qualitative Lernfortschritte. Wie sie sichtbar machen? Wie erreichen, daß sie auf die Motivation zurückwirken und sie aufrechterhalten – angenommen, sie sei einmal dagewesen.

Wir kennen nun das doppelte Problem der Schule. Es besteht vorerst darin, Tätigkeiten in Gang zu setzen, die motivierend sind. Erst wenn das geschehen ist, kann man sich das zweite Ziel setzen: für Verbesserung der Tätigkeit, also Lernen, und dafür sorgen, daß dieses seinerseits Motivation erzeugt und aufrecht erhält. Wir verstehen, warum Lehrer immer wieder erklären, daß die Lernmotivation Probleme stelle.

Motivation zu quantitativen und qualitativen Lernfortschritten

Ein rein quantitatives Lernen gibt es selten oder kaum. Meistens sind qualitative Veränderungen mit im Spiel. Aber viele Tätigkeiten und Ergebnisse von Tätigkeiten sind auf die eine und andere Art *meßbar*, und es ist das so gewonnene Maß, das einen quantitativen Lernfortschritt zeigt. So vor allem im Sport: der Skifahrer braucht bei der zweiten Abfahrt weniger Zeit als bei der ersten, und bei der dritten weniger als bei der zweiten. Natürlich ist das auf eine Vielzahl von qualitativen Veränderungen zurückzuführen: bessere Kenntnis des Geländes, angepaßtere motorische Reaktionen, größere Sicherheit und daher größere Wagnisbereitschaft usw.

Aber diese Dinge sind schwer zu erfassen. Leicht ist es, mit dem Start die Stoppuhr in Bewegung zu setzen und sie bei der Durchfahrt durch das Ziel anzuhalten. Wir erfassen die vollzogene Tätigkeit unter einem einzigen Gesichtspunkt, mit Hilfe eines einzigen Maßes: desjenigen der Zeit. Diese nehmen wir als Kennwert für die erbrachte Leistung.

Weiter sehen wir auch hier, daß Lernen Leistungsverbesserung ist: indem wir die Differenz aufeinanderfolgender Abfahrtszeiten berechnen, gewinnen wir ein Maß für den Leistungsfortschritt. Wir lesen das Lernen an der Verkürzung der Abfahrtszeit ab. Weil nun schon Kinder mit derartigen Meßoperationen vertraut sind und weil ihnen auch Zahlenvergleiche, hier also Vergleiche von benötigten Zeiten, leicht fallen, ist es leicht, Lernfortschritte sichtbar zu machen und daher auch Lernmotivation zu erzeugen.

Aber sogar in diesem Bereich fällt es auf, daß die Motive von Kindern, Jugendlichen und Erwachsenen nicht primär auf Lernfortschritte gerichtet sind. Was die Welt vor allem sehen will, ist nicht, daß sich der Sportler X gegenüber seiner früheren Leistung verbessert, also gelernt hat, sondern wie er den Sportler Y übertrifft. Das nützt man in der Schule ja auch aus, indem man in vielen Bereichen wettkampfartig übt. Auch hier ist das Ziel nicht der Lernfortschritt, sondern der Sieg im Wettkampf. Aber man erkennt auch den Preis eines solchen Vorgehens: der gute Vollzug der Tätigkeit und das Lernen wird damit zum extrinsischen Motiv. Intrinsisch motiviert ist der Sieg und das Ansehen, das man damit gewinnt. Und bald lernen die Kinder auch einmal, daß hinter dem Sieg das Geld und Vergünstigungen materieller Art winken. Das erfahren sie vorerst zwar noch nicht persönlich, aber sie lernen es „stellvertretend", indem sie den Standpunkt des Sporthelden einnehmen. Das sollte uns gegenüber dem wettkampfartigen Üben vorsichtig und zurückhaltend machen (siehe dazu Seite 343 f. der „Zwölf Grundformen" und DWECK 1986).

Das Messen von Leistungen ist nicht an und für sich verwerflich. Aber man muß seine Grenzen sehen. Die Ergebniszahl ist nur das äußere Zeichen für die qualitativen Veränderungen, die sich im Vollzug der Tätigkeit abgespielt haben. Der Vorteil der Messung ist ihre Objektivität und die leichte Ausführbarkeit. Aber sie riskiert immer wieder, das Entscheidende zu verpassen. So der Schüler, der auf Biegen und Brechen (zum Teil im wörtlichen Sinn!) seine Abfahrtszeit zu verbessern versucht. So auch der Schüler, der nur durch Anstrengung sein Ergebnis in der Rechenprüfung oder im Stundenaufsatz hochzuhalten sucht: die entscheidenden Lernprozesse können dabei verpaßt werden, ja er kann sogar ungünstige Verfahren und Haltungen erwerben.

Auf lange Sicht führt nur eines weiter: auf den Vollzug der Tätigkeit achten, sich selbst beobachten, merken, worauf es ankommt, die Leistung qualitativ verbessern. Die quantitative Verbesserung ist dann Nebenprodukt. Das macht auch viel Spaß: sich im Vollzug der Tätigkeit selbst erleben, sich am Gelingen, an der besseren Koordination, am harmonischeren Ablauf freuen, merken, daß man das, was man tut, auch besser versteht und darum die Leistung gezielt statt blind und erzwungen verbessert. Das ist der Blick nach innen, weg von der Stoppuhr, auch weg von der Note, die der Lehrer hinter die Arbeit schreibt. Wir entdecken hinter dem äußerlichen quantitativen Lernfortschritt den inneren qualitativen. Wir entdecken uns selbst, unser Tun und unser Erleben.

Qualitatives, oder, wie wir lieber sagen, „strukturelles Lernen" baut also neues Wissen und Können auf und verändert dieses, indem es es differenziert und ausbaut. In den „Zwölf Grundformen" haben wir innerhalb der strukturellen Lernprozesse vier Funktionen unterschieden: (1) den problemgeleiteten Aufbau, (2) das Durcharbeiten, (3) das Üben und (4) das Anwenden. Psychologisch betrachtet, handelt es sich (1) um die Konstruktion des neuen Gedankens oder der neuen Handlung, (2) das Beweglichmachen der Begriffe und Operationen, (3) ihre Konsolidierung und (4) ihren Einsatz vor neuen Situationen und Gegenständen. Das Verstärkungslernen, von dem wir in diesem Bande gesprochen haben, kommt vor allem beim Üben zum Zuge. Das Beobachtungslernen ist in der Regel eine Form des strukturellen Lernens, das nicht bloß durch eigenen Versuch und Irrtum, sondern durch die Beobachtung eines Verhaltensmodells, eines „Vorbildes" ausgelöst und gelenkt wird. Im folgenden betrachten wir die Vorgänge der Lernmotivation im Rahmen der vier Funktionen im qualitativen oder strukturellen Lernprozeß.

Motivation im problemlösenden Aufbau

Der Kern des strukturellen Lernens ist also der Aufbau eines Gedankens oder einer Handlungsstruktur: Verstehen, was ein Relativsatz ist, einsehen, wie es zur Loslösung der Vereinigten Staaten aus dem britischen Weltreich kam, die Motive Hamlets oder Don Quijotes erfassen, das Verhältnis von Japan und China historisch begreifen, verstehen, was die Eingriffe des Menschen im Ökosystem des Amazonasbeckens bewirken, die Zellteilung begreifen, den schiefen Wurf algebraisch darstellen, verstehen, was es heißt, einen Bruch zu kürzen, was ein Differentialquotient ist. Aber auch: ein Gedicht in sich aufnehmen, den Aufbau einer Sonate erkennen, eine Straßenflucht perspektivisch richtig zeichnen können; und schließlich: einen Plan entwerfen, um einem Fremdarbeiterkind den Anschluß an die Klasse zu erleichtern, die Herstellung und den Verkauf einer Klassenzeitung organisieren, einen Besuchstag für Eltern gestalten. Man erkennt: Wir finden hier die acht großen Gruppen von Tätigkeiten wieder, von denen wir gesprochen haben. Wenn wir sie gedanklich fassen und „auf den Begriff bringen", treiben wir Begriffsbildung.

Was bedeutet hier Lernen, und was bedeutet Lernmotivation? Lernen bedeutet, die neuen Gedanken, die neue Handlung aus Elementen aufbauen oder durch Differenzierung eines Vorbegriffs oder einer vorläufigen aber noch unvollkommenen Handlungsidee entwickeln. Der Kern des Vorgangs ist die Verknüpfung der Elemente, die Herstellung von neuen Beziehungen, die Differenzierung der Struktur. Woher kommt die Motivation zu diesen Lernleistungen? Aus dem Problem! Wir haben es immer wieder betont: das Problem entsteht aus dem Versuch, eine neue Situation mit vorhandenen Mitteln zu bewältigen und aus der Erfahrung, daß das noch nicht gelingt. Darum die Wichtigkeit eines umfassenden Tätigkeitsrahmens für die spezifischen Lernziele. Idealerweise ergeben sich in ihrem Kontext die ersten noch untauglichen Lösungsversuche. Die gedanklich gefaßte Schwierigkeit ist das Problem. Da die Schwierigkeit beim Versuch auftritt, etwas zu tun oder etwas gedanklich zu klären, steht hinter der Schwierigkeit eine Absicht, eine Zielsetzung, die wir vorerst nicht zu realiseren vermögen. Die Absicht ist Teil des großen gedanklichen oder praktischen Rahmens: schriftlich kommunizieren können und daher mit dem Satzbau zurechtkommen müssen. Die besondere Beziehung der USA zu Großbritannien und zur alten Welt verstehen, darum den Loslösungsprozeß rekonstruieren. Hamlet oder Don Quijote verstehen und daher das berühmte „To be, or not to be" analysieren, bzw.: das Wertsystem Don Quijotes deuten. Aber auch: eine Verbindung zwischen der Schule und dem Elternhaus herstellen und daher die Klassenarbeit am Besuchstag vorstellen. Wir sollten die Kraft der Lernmotivation aus einem mächtigen Strom des Denkens und des Handelns ableiten, so wie die großen Persönlichkeiten der Geistes- und der politischen Geschichte ihre Kraft aus einer großen Vision ihrer Aufgabe geschöpft haben, aus einem „Projekt", wie Julian MARIAS (1985) sagt.

Natürlich sind das Idealvorstellungen. Bescheidenere Formen der Problemstellung knüpfen an die Alltagserfahrungen und an die alltäglichen Lebenstätigkeiten an: Verstehen, wie sich ein junges Lebewesen entwickelt (durch Zellteilung z.B.), sich an einem Musikstück freuen und sich deshalb fragen, wie es denn eigentlich aufgebaut sei.

Wo eine Problemstellung ist, da liegt es auch nahe, mit den Mitteln, über die man verfügt, eine erste Lösung zu versuchen. Der relative Mißerfolg liefert die Basislinie, von der sich die schließliche, bessere Lösung abheben wird. So kann ein struktureller Lernfortschritt sichtbar werden. Also muß man das Ungenügen der ersten Lösungsvorschläge festhalten: Wir verstehen die treibenden Kräfte in Don Quijotes Handeln noch nicht. Er kommt uns nur sonderbar, verschroben, lächerlich vor, und doch merken wir, daß er nicht nur lächerlich ist. Auf eine Weise beeindruckt er uns auch. Was ist es eigentlich, das uns beeindruckt?

Es folgt die schrittweise Lösung des Problems. Wie das zugeht, haben wir in den „Zwölf Grundformen" dargestellt. Hier betonen wir nun, daß der Schüler merken sollte, daß er weitergekommen ist. Er sollte einen Fortschritt des Verstehens, die Vertiefung seiner Einsicht bemerken. Im Idealfall ereignet sich ein Aha-Erlebnis (BÜHLER 1907). Dann ist der Verstehensfortschritt mit Händen zu greifen. In anderen Fällen müssen wir uns bewußt zurückerinnern, wie wir die Lösung zu Anfang gesehen haben, was uns daran alles nicht befriedigte.

Hier stellen sich schwierige Probleme der *Sichtbarmachung von Fortschritten* der Einsicht und des Verstehens. Den Schülern hierbei zu helfen, erfordert vom Lehrer ein tiefes Verständnis der gedanklichen Prozesse, die sich in der Unterrichtsstunde abspielen. Aber dieses Verständnis muß ja nicht augenblicklich und ein für allemal vorhanden sein. In der Arbeitsrückschau kann man gemeinsam über den zurückgelegten Weg nachdenken und den Fortschritt zu bestimmen suchen.

Bei der Entwicklung von praktischen Verfahren, von Handlungen und von Operationen, fällt die Sichtbarmachung des Fortschrittes relativ leicht. Wir haben versucht, die Handlung oder die Operation auszuführen, und es ist uns nicht gelungen, auch nicht gedanklich. Wir haben nicht klar gesehen, wie der Besuchstag aussehen könnte oder wie man eine Klassenzeitung gestalten müßte, so daß man sie wirklich „an den Leser bringt". Schließlich ist aber der Besuchstag geplant, und er findet statt. Die Klassenzeitung ist gedruckt und sie wird gekauft. Hier ist *Bewährung* im klassischen Sinne des Pragmatismus möglich. So wird der Fortschritt wahrnehmbar. Der Erfolg motiviert zu weiterer Tätigkeit und zu weiterem Lernen.

Wo es sich um das Verstehen vorgegebener Phänomene handelt, ist nicht die gleiche Art der Bewährung möglich. Natürlich kann sich auch eine Erklärung, die man für eine Erscheinung gesucht hat, bewähren. In den exakten Wissenschaften sind dazu die Kriterien relativ deutlich definiert. Wenn mein Begriff des Differentialquotienten etwas wert ist, kann ich damit rechnen. Aber in den Geisteswissenschaften und – allgemeiner – in allen qualitativen Bereichen des Denkens ist das schwieriger. Wann habe ich Hamlet wirklich begriffen? Ist meine formulierte Deutung wirklich besser als meine erste Anmutung? Eigentlich müßte der Schüler die neu entwickelten Gedanken ihrerseits ausprobieren können, am besten an jemandem, der von der Sache nichts wüßte. Man könnte *ihm* die literarische Figur, den historischen oder geographischen Prozeß erklären, und man müßte ihn fragen, ob ihm das einleuchte und ob er die Sache nun besser verstehe. Aber dies ist nicht leicht in Szene zu setzen. Hier kann der Lehrer zum Teil als Ersatz dienen. *Er* läßt sich die Sache von den Schülern noch einmal erklären. Er zeigt deutlich, daß er sich bemüht, den Gedankengang genau nachzuvollziehen. Er sagt, wo ihm dieser noch nicht einleuchtet und wo ihn anderseits die Argumente der Schüler überzeugen. Das ist nicht ganz leicht, wenn er die Lösung mit den Schülern selbst zusammen erarbeitet hat. Aber er kann ja auch einmal den Laien und den Zweifler spielen. Auch die Schüler können das lernen und sich gegenseitig als Abnehmer der erarbeiteten Erklärungen dienen. Man erkennt den Grundgedanken: Wir simulieren im Rahmen des Unterrichts die Bewährung der erarbeiteten Lösungen in der Sicht des Abnehmers, dem sie noch nicht bekannt sind.

In diesem Zusammenhang weisen wir noch einmal auf die Möglichkeiten des Beobachtungslernens hin. Der Schüler kann einen neuen Gedanken, ein neues Verfahren auch beobachtend erlernen. Das Verhaltensmodell wird in der Regel der Lehrer sein. Er hat es nun in der Hand, am Anfang das Ungenügen seiner ersten Lösungs- und Bewältigungsversuche deutlich (wenn auch fingiert, da er es ja besser weiß) zu zeigen. Nachdem er die bessere Lösung handelnd und/oder laut denkend vorgezeigt hat, zeigt er ebenso deutlich ihre Vorteile, und er äußert dazu seine Befriedigung, so wie wir das bei Meichenbaum sehen. Die Schüler vollziehen nicht nur die Lösung innerlich mit, sie erleben auch stellvertretend den Lernfortschritt und die Befriedigung, die er bietet.

Ganz allgemein ist hier darauf hinzuweisen, daß Motivation *ansteckt*. Das ist leicht verständlich, wenn wir uns erinnern, daß Motivation Aktivation bedeutet und daß sich alle Arten von Erregung unter Menschen leicht ausbreiten. Man denke nur an die Ausbreitung von Panik in Menschenmassen. Hier haben wir eine freundliche und ungefährliche Variante des gleichen Vorgangs vor uns. Das Interesse und die entsprechende Aktivation des Lehrers und der ersten von ihm angesteckten Schüler breitet sich auf die übrigen Schüler aus. Nicht zufällig kann man beobachten, daß Schüler die Tendenz haben, jene Fächer interessant zu finden, für die sich auch der Lehrer erwärmt. Das ist nicht nur darum der Fall, weil der Lehrer hier einen guten und reichhaltigen Unterricht erteilt, sondern schon ganz einfach darum, weil sich die Motivation des Lehrers oder der Lehrerin in einem Prozeß der Ansteckung auf die Schüler überträgt. Damit erkennt man, wie wichtig die Ausbildung und die Weiterbildung der Lehrer ist und wie sehr es darauf ankommt, daß auch der Lehrer seine Interessen pflegt und unterhält. Wehe, wenn er sich nicht mehr für den Stoff interessiert, den er zu vermitteln hat!

Lernmotivation beim Durcharbeiten und Üben

Das Durcharbeiten von Operationen und Begriffen will diese beweglich und einsatzfähig machen. Das Verfahren, der Gedanke, soll sich von den Schlacken lösen, die ihm aus dem besonderen Zusammenhang anhaften, in dem er eingeführt worden ist. Darum betrachten wir eine Sache von verschiedenen Gesichtspunkten, drehen und wenden sie, bis wir völlig mit ihr vertraut sind. Eine Operation variieren wir vielfältig, um sie „in- und auswendig" kennenzulernen. Wir haben das beispielsweise für die Flächenberechnung des Rechteckes gezeigt (AEBLI 1951/1973[5]).

Im Zusammenhang des Durcharbeitens müßten wir den Schüler zur beweglichen Beherrschung des Begriffs und der Operation motivieren. Man erkennt unmittelbar, daß das nicht leicht ist. Wie soll der Schüler wissen, was das ist: beweglich mit einem Begriff oder einer Operation umgehen? Leichter ist es im Falle des Übens. Hier ist das Ziel, daß ein Vollzug rasch, sicher und geläufig geschehen kann. Das versteht der Schüler. Hier hilft auch die Möglichkeit, die Geläufigkeit zu messen: wie lange brauche ich, um 50 Einmaleinsaufgaben zu lösen? AESCHLIMANN (1983) benützt ein Sanduhrchen, das die Geläufigkeit der elementaren Operationen auf eine einfache und freundliche Weise zu kontrollieren erlaubt. Kannst Du das Gedicht aufsagen, ohne einmal anzustoßen? Wie viele Male könnt ihr den Ball in einer Minute aufprellen? Das sind die Messungen, die der Schüler auch aus dem Leistungssport kennt, und es fällt leicht, ihn für derartige Leistungen zu motivieren. Allerdings, so haben wir gesehen, gibt es auch im Bereiche des Übens und Wiederholens subtilere, nämlich qualitative Lerneffekte. Der Schüler denkt einen Grundgedanken mehrmals durch. Wie sicher kann er ihn nun reproduzieren? Vergißt er kein wesentliches Element? Oder er zieht mehrere Papierbilder auf eine Kartonunterlage auf. Gelingt es ihm immer besser? Er spielt ein Musikstück mehrmals. Ist sein Vortrag ausdrucksvoller, souveräner geworden?

Bei allen Lernfortschritten, deren Ziel die Schüler nicht klar zu sehen vermögen, kann man zwei Gruppen von Maßnahmen ergreifen. Einmal kann man *vorzeigen*, wie eine flexible Handhabung eines Begriffes oder einer Operation aussieht, und man kann ihnen sagen: „So könntet Ihr es auch lernen." Die Schwierigkeit besteht darin, daß hier der Lehrer das Verhaltensmodell ist und daß sich einige Schüler sagen: „Ja, der Lehrer kann das schon, aber wie soll ich armer Anfänger dahin gelangen?" Hier können Schüler als Vorbild helfen. Aber wie gelangen sie zu dieser Fähigkeit? Der schwächere Mitschüler hat Tendenz, die gute Leistung der Begabung seines Kameraden zuzuschreiben und nicht zu glauben, daß er am Ende des Durcharbeitens oder Übens zum gleichen Ergebnis gelangen kann. Immerhin: der Lehrer kann ermuntern und versichern, daß das möglich sei.

Darum die andere Gruppe von Maßnahmen: dem Schüler seinen *Fortschritt sichtbar* zu machen. Im Falle des Übens mit einem leicht meßbaren Ergebnis ist die Sache einfach. Wir versetzen den Schüler in die Lage, seinen Übungsfortschritt selber zu registrieren. Dazu dient beispielsweise AESCHLIMANNs kleine Sanduhr. Die subtileren Fortschritte erfordern besondere Maßnahmen, die von Fall zu Fall verschieden sind. Wichtig ist die Blickrichtung des arbeitenden Schülers: er soll lernen, sich selbst, seine Arbeitsweise, zu beobachten, auf die Ablaufcharakteristika und auf sein eigenes Funktionieren zu achten. Es geht also um die Selbstbeobachtung. Wir fördern sie, indem wir sie dem Schüler vorzeigen, und indem wir Ansätze zu dieser Haltung bei ihm verstärken.

In einzelnen Fällen werden wir dem Schüler besondere Aufgaben stellen, die ihm den Stand seines Beweglichwerdens und den Stand der Konsolidierung durch die Übung sichtbar machen. So zum Beispiel, indem wir zuerst Gruppen von gleichartigen Aufgaben lösen lassen, in deren Verlauf nur beschränkte Umstellungen notwendig sind. In der Folge stellen wir verschiedenartige Aufgaben in immer bunterer Mischung: einmal die Berechnung der Rechtecksfläche, dann die Berechnung der Breite aufgrund der gegebenen Fläche und der Länge, dann die Berechnung der Länge aufgrund der gegebenen Fläche und der Breite, dann wieder die Fläche, usw. … Oder wir legen den Schülern Lösungen vor. „Wie rasch erkennt ihr, ob dieser Lösungsansatz richtig oder falsch ist?" „Woran?".

Nach unseren Beobachtungen ist es durchaus möglich, den Schülern die Qualität ihres Denkens und Arbeitens zu Bewußtsein zu bringen. Es ist einfach notwendig, daß man ihnen diese Ziele deutlich vor Augen führt und sie bei der Beobachtung ihrer eigenen Arbeit in jeder Hinsicht unterstützt und ermuntert. Die Lernmotivation wird daraus Gewinn ziehen.

Lernmotivation beim Anwenden

Wenn es einmal soweit ist, daß wir einen neuen Begriff oder ein neues Verfahren in neuen Situationen oder vor neuen Gegenständen anwenden können, so vereinfacht sich das Problem der Lernmotivation. Denn eine Anwendungssituation ist wiederum eine Problemsituation, die zur Bewältigung reizt. Natürlich gibt es Anwendungssituationen und Anwendungssituationen. Je natürlicher und je lebensnaher sie gestaltet sind, desto eher wird sich der Schüler für sie interessieren. Weiter ist es notwendig, daß der Schüler das Bewußtsein hat, daß er mit der neuen Situation zurechtkommt.

Er müßte mindestens grundsätzlich ahnen, daß es wirklich eine Anwendungssituation ist, d.h. daß man sie mit Hilfe der im vorangehenden Unterricht erworbenen Begriffe und/oder Verfahren bewältigen kann.

Gewisse Unterschiede ergeben sich zwischen der erkennenden und der herstellenden Anwendung (AEBLI 1983). Man erinnert sich: wir sprechen von *erkennender Anwendung*, wenn wir einen neuen Gegenstand *betrachten* und ihn mit Hilfe der erworbenen Begriffe und Vorstellungen klären, also „erkennen". So mögen wir den Begriff des Eisenbahnknotenpunktes an einem ersten Beispiel erarbeitet haben. Nun lassen wir die Schüler auf der Karte einen neuen Eisenbahnknotenpunkt betrachten, mit der Aufgabe, sich nunmehr selbständig die relevanten Fragen zu stellen. („Welche Bahnen, Straßen, Wasserwege kreuzen sich hier?" „Warum gerade an dieser Stelle?" „Sehen wir Zeichen dafür, daß hier Industrie entstanden ist?" „Wie sah der Ort wohl aus, bevor die Bahnen kamen?" usw.). *Herstellende Anwendung* wendet die erarbeiteten Begriffe und Verfahren an, um in einer „leeren" Situation ein Objekt herzustellen. Nachdem die Schüler in der Geometrie gelernt haben, eine Tangente an zwei gegebene Kreise zu legen, geben wir Ihnen zwei neue Kreise: die Tangente soll „hergestellt", also konstruiert werden. Nachdem wir gelernt haben, wie eine Arbeitsgruppe eine Arbeit in Angriff nimmt, plant und durchführt, geben wir ihr einen neuen Auftrag zur Planung und Ausführung. Sie soll das Verfahren nun selbständig anwenden. Der Gegenstand ist nicht gegeben, um bloß erkannt (analysiert, erklärt, beschrieben) zu werden. Er wird in der neuen Situation erzeugt.

Man erkennt unmittelbar: es ist die herstellende Anwendung, die die Schüler am stärksten motiviert. Es wird ja etwas entstehen, was nicht da ist. Wenn das Ergebnis anschaubar ist, so ist der Sog der Motivation besonders groß: man kann verfolgen, wie es entsteht. Am Schluß freuen sich alle, wenn es vorliegt und betrachtet werden kann. Wenn das Ergebnis nicht anschaubar ist, so kommt es darauf an, ob die Schwierigkeit richtig „gepaßt" ist: nicht zu schwer und nicht zu leicht. Aber in jedem Falle erleben die Schüler, daß sie die Chance haben, etwas zu tun. Das motiviert sie.

Im Falle der erkennenden Anwendung ist es leicht, die Schüler zu motivieren, wenn es ein eindeutig richtiges oder falsches Ergebnis gibt. Wenn das nicht der Fall ist, muß man dafür sorgen, daß das Ergebnis sorgfältig evaluiert wird. Was haben wir herausgefunden? Können wir nun etwas sehen, sagen, was wir vorher nicht gesehen haben, nicht sagen konnten?

Häufig ist es gut, wenn das Produkt der Anwendung einen Abnehmer findet. Zu diesem Zwecke tragen die Arbeitsgruppen ihre Ergebnisse den Mitschülern vor. Der Lehrer kann den Schülern auch empfehlen, das

Ergebnis ihren Eltern vorzutragen. FREINET (1979²) ließ die Arbeiten der Schüler in der *Schuldruckerei* drucken und sie allen möglichen Abnehmern, einschließlich befreundeten Klassen, verteilen.

Grundsätzlich ist die Anwendung erarbeiteter Begriffe und Verfahren eine der dankbarsten und motivierendsten Arbeitsformen. Denn Anwendungssituationen haben den Reiz der Neuheit, die Spannung des Gelingens oder Mißlingens, die Befriedigung, eine neue Erkenntnis oder ein neues Produkt zu gewinnen oder herzustellen. Dabei muß man allerdings klar sehen, daß der wirkliche Lernfortschritt gar nicht so leicht sichtbar wird. Unser letztes Ziel ist es ja, den angewandten Begriff, die Operation, die Methode, das praktische Verfahren klarer und einsatzfähiger zu machen. Die Motivation entsteht nicht so sehr aus der Erwartung dieses Lernfortschrittes als aus der Erwartung des Ergebnisses der Anwendung. Wenn sich dabei das Denken und Handeln des Schülers in der rechten Richtung verändert, mag das in vielen Fällen genügen, auch wenn er sich dessen nicht bewußt ist. Doch von Zeit zu Zeit werden wir ihn darauf hinweisen, was im Zuge der Anwendung geschehen ist: daß er nun nämlich mit seinem Begriff oder seinem Verfahren arbeiten kann und daß er/es im Zuge dieser Arbeit auch einsichtiger geworden ist. Es fallen hier also *Lernmotiv* und *Kompetenzmotiv* zusammen.

Der amerikanische Psychologe WHITE (1959) hat zu Recht behauptet, daß es ein grundlegendes Motiv des Menschen sei, seine Kompetenz zu steigern und diese in neuen Situationen zu bewähren, um in ihnen eine Wirkung auszuüben und ihre Rückmeldungen und Reaktionen zu erfahren. Wenn wir Lernprozesse richtig gestalten, tun wir genau dies. Die Motivation zu lernen ist dann zugleich Motivation, kompetenter und leistungsfähiger zu werden. Das ist auch die Botschaft des Pragmatismus (DEWEY 1916): Handeln lernen, um sich vor neuen Aufgaben zu bewähren und sich in der Bewährung selbst zu erfahren.

Interessen- und Wertbildung

Es geht nicht nur darum, Schüler zum Lernen zu motivieren. Erziehen bedeutet immer auch, bestimmte Inhalte zu vermitteln, und diese Inhalte dürfen für die Schüler nicht nur die Rolle von Instrumenten spielen, die sie dort einsetzen, wo sie sie brauchen, die sie im übrigen aber kalt lassen. Erziehung bedeutet auch, jungen Menschen Ziele zu zeigen, auf die hinzugehen es sich lohnt. Unterrichten und Erziehen bedeutet mit anderen Worten immer auch Motivlernen, Interessen- und Wertbildung.

Es stellt sich daher die Frage, ob es möglich sei, Motive, Interessen und Werte im schulischen Unterricht zu vermitteln, und wenn ja, wie. Wir erkennen unmittelbar, daß das eine neue Fragestellung ist. Es geht nicht mehr um die Frage, welches die universellen Motive seien, die alle Menschen in ihrem Handeln und Urteilen bewegen: Bedürfnis nach Zuwendung, Geltung oder nach Aktivität. Es geht auch nicht darum, welcher grundlegende Mechanismus die Bereitschaft zum Lernen auslöst. Jetzt geht es um die Frage, wie man es beispielsweise erreichen könne, daß sich eine Schulklasse für die Geschichte ihrer Heimat, für die Erhaltung ihrer historischen Gebäude, für den Schutz der sie umgebenden Wälder interessieren könne. Es geht auch um die Frage, wie man Schüler motivieren könne, einen Autoren wie Gottfried Keller, Thornton Wilder oder Cervantes kennenzulernen. Oder um die Frage, ob es notwendig sei, daß in der durchschnittlichen Gymnasialklasse 50 - 80 % der Schüler am Ende ihrer Schulzeit finden, Mathematik sei ein Fach, bei dem man besser auf Distanz gehe.

Aber das ist noch in traditionellen didaktischen Begriffen gedacht. Wir bedenken weiter, daß auch das soziale Lernen der Schüler zur Folge haben sollte, daß die Formen des Zusammenarbeitens und Zusammenlebens nicht nur kühl zur Kenntnis genommen und eventuell eine entsprechende soziale Kompetenz, als instrumentelle Handlungsmöglichkeit, vermittelt wird. Wir wollten den Schülern ja auch die entsprechenden Werte nahebringen, so daß es ihnen zum Beispiel erstrebenswert erscheint, den Mitschüler zu verstehen, auf seine Anliegen einzugehen und ihm zu helfen, wo er es vielleicht nötig hätte. Es ginge darum, dem Schüler Werte wie Rücksicht, Achtung der Würde des anderen, Toleranz, aber auch Selbständigkeit und Mut und den Willen, sich für eine gute Sache einzusetzen, attraktiv zu machen. Wie kann so etwas geschehen? Es ist noch einmal die Frage der Motiv-, Interessen- und Wertbildung.

Bevor wir darauf Antworten suchen, denken wir noch ein Weiteres. Es geht natürlich nicht darum, im Denken und Erleben des jungen Menschen einen ungeordneten Haufen von Motiven und Interessen zu wecken. Es ist ja eines der Probleme unserer pluralistischen Welt, daß alle möglichen Instanzen um das Interesse der jungen Menschen werben und daß man von den verschiedensten Seiten versucht, sie zu vereinnahmen. Jugendorganisationen, wirtschaftliche Interessengruppen, politische Gruppierungen, ja sogar Sekten aller Art werfen ihre Netze nach der jungen Generation aus und versuchen, Anhänger, Kunden und Beitragzahler zu finden.

Vor dieser Situation wird nicht nur die Frage akut, welche Interessen und Werte wir zu vermitteln gedenken, sondern auch in welcher *Ordnung* sie zueinander stehen sollen. Weil nicht alle Interessen und Werte den gleichen Rang haben, stellt sich damit die Frage der *Motiv- und Werthierarchien.*

Schulen und Lehrer haben ihre Wertsysteme

Schulen haben zweifellos ihren „Geist". Sie übermitteln ihn ihren Schülern um so erfolgreicher, je stärker sie dabei von den bewußten und unbewußten Motiven der Elternhäuser und der übrigen Umwelt unterstützt werden.

WIENER hat (1981) zeigen können, daß es die englischen höheren Schulen in der zweiten Hälfte des neunzehnten Jahrhunderts fertiggebracht haben, den jungen Söhnen der Unternehmer, welche die industrielle Revolution getragen und aus England die führende Industrienation gemacht hatten, das Interesse am Unternehmertum, der Technologie und der Industrie zu verleiden. Die Ideale der Schulen waren diejenigen einer adeligen „leisure class", nämlich der Muße (leisure), aristokratischer Distanziertheit, Überlegenheit ohne Anstrengung und die nostalgischen Ideale des Landedelmannes. Hingabe an die Arbeit, Leistung und die entsprechenden Berufe, etwa des Ingenieurs, Chemikers oder Fabrikleiters, galten als unfein. So wurde in den höheren Schulen der Niedergang der Industrie und des Lebensstandards von Großbritannien im 19. Jahrhundert vorprogrammiert (BERNHEIM 1986). Die Entwicklung Englands müßte auch den Kontinentaleuropäern zu Ende des 20. Jahrhunderts zu denken geben. Welches ist der Geist des Gymnasiums, das immer höhere Prozentsätze der jungen Generation aufnimmt? Welche Ideale sind in diesen Schulen lebendig? Welche Entwicklungen werden hier für das 21. Jahrhundert vorprogrammiert?

Wertvermittlung durch die Schulen und durch den Unterricht ist also eine Tatsache, die wir nicht erst zu beweisen haben. Jeder Lehrer und jede Unterrichtsstunde leistet dazu einen Beitrag im positiven oder im negativen Sinne. Dabei sind die Motive und die Werthaltungen der Lehrer entscheidend. Dieses Buch kann sie nicht wesentlich beeinflussen. Wir gehen daher im folgenden so vor, daß wir annehmen, daß der Lehrer wisse, welche Motive, Interessen und Werte er bei seinen Schülern wecken möchte, und daß er sich frage, wie er sich verhalten müßte, um dies zu erreichen. Dazu sind einige psychologische Einsichten hilfreich.

Wir beginnen mit einer Vorüberlegung. Motivation kann man nicht machen, und das ist zum Glück auch nicht nötig. Motivation ist der ursprüngliche Trieb zur Tätigkeit lebendiger, insbesondere junger Menschen und Tiere. Sie ist in unseren Schülern vorhanden. Motivlernen bedeutet nichts anderes, als die Ströme der Aktivation auf die rechten Bahnen, d.h. auf die rechten Inhalte, zu lenken. Grundsätzlich gesehen, ist das auch nicht schwierig. Der junge Mensch möchte sich betätigen, ja, er sucht geradezu die Gelegenheiten dazu. Wo sie sich ihm bieten, macht er gerne mit. Also müssen Lehrer den Schülern diese Gelegenheiten schaffen. Aber was heißt das? Es geht natürlich nicht darum, eine oberflächliche Betriebsamkeit zu entwickeln. Noch weniger ist es möglich, die Schüler zu fragen, was sie tun möchten oder ihnen gar zu sagen, sie könnten tun, was sie wollten. Man kennt die berühmte Frage der Kinder, die dieser anregungslosen Freiheit müde waren: „Müssen wir heute wieder tun, was wir wollen?"

Echte Lösungen des Problems streben danach, mit den Schülern Formen der Tätigkeit und des Denkens aufzubauen, einfacher gesagt: Dinge zu lernen, bei deren Vollzug sie merken, daß sie aktiv sind, ein Ergebnis erzeugen und Rückmeldung erhalten. Es müssen Tätigkeiten und Überlegungen sein, die für den Schüler erfolgreich verlaufen. Indessen darf man „Erfolg" keinesfalls äußerlich verstehen. Es geht nicht um Anerkennung oder gar um äußere Vorteile, die man für sich gewinnt. „Erfolg" heißt hier, zu Ergebnissen gelangen, die attraktiv sind. Sie sind es, weil der Lernende dabei merkt, daß er weitergekommen ist. Wenn das geschieht, so ereignet sich eine Verwandlung des Denkens und/oder der Tätigkeit. Der Lerner weiß: Jetzt bin ich in einem Sachbereich zuhause. Er sucht ihn daher gerne wieder auf. Dem Verfasser dieses Buches ist als junger Lehrer vieles noch nicht gelungen; aber seine Turnstunden waren immer anregend und lustig. In den vielen Stellvertretungen, die er anfänglich zu übernehmen hatte, ereignete sich immer das gleiche. Innert zwei oder drei Wochen hatten alle Schüler gemerkt, daß bei ihm im Turnen „etwas lief", daß man hier die Chance hatte, sich in anregender und herausfordernder Weise zu bewegen und etwas zu lernen. Darum kamen sie mit Freude zur Turnstunde, und es löste Enttäuschung aus, wenn sie einmal ausfallen mußte.

Wie gesagt: in allen Fächern gelang es dem Verfasser nicht, die gleiche Begeisterung zu wecken. Aber es wurde ihm dort klar, wie es eigentlich sein müßte: Jeder Schüler müßte merken, daß er hier eine Chance hat, daß ihm die Tätigkeiten gelingen, daß er zu Ergebnissen gelangt und daß diese, entweder weil sie anschaubar sind, oder weil sie Rückmeldungen von anderen Menschen auslösen, zu neuen Tätigkeiten und Erkenntnissen weiterführen.

Dabei vergessen wir auch hier nicht, daß der Schüler derartige Angebote vorerst ganzheitlich aufnimmt. Die Persönlichkeit des Lehrers, von dem sie ausgehen, ist mit im Spiel. Dazu kann dieser allerdings nicht viel tun. Wenn er ein Mensch ist, der von den Schülern als attraktiv erlebt wird, dessen Nähe sie suchen, weil es ihnen da wohl ist, so hat er Glück gehabt. Eines kann er aber bewußt hinzufügen. Er kann dafür sorgen, daß er ein gutes Verhältnis zu den Schülern hat. Dieses stellt sich ein, wenn sie merken, daß er für sie da sein und ihnen weiterhelfen will, eine Grundhaltung, die im übrigen keineswegs ausschließt, daß er von ihnen etwas verlangt und daß er am richtigen Ort Konsequenz und Strenge zeigt.

Wir werden auch versuchen, auf die tiefen Motive des Schülers einzugehen. Der Schüler muß spüren, daß auch die alltäglichen Dinge ihren Hintergrund haben, daß sie exemplarisch für ein Grundsätzliches und Bedeutungsvolles stehen. Dann geht vom Lernen eine tiefe Anziehungskraft aus. Denn der Schüler sucht für seine Tätigkeit, genauso wie der Erwachsene, einen Sinn. Er möchte sein Leben ausrichten, wissen, daß seine Arbeit und damit er selbst als Arbeitender *für etwas da sind.* Dieses Bewußtsein kann er nicht aus eigener Kraft entwickeln. Wir stoßen hier an die Grenzen der Selbsttätigkeit. Der Lehrer muß es ihm zu Bewußtsein bringen. Er kann es tun, wenn er selbst grundlegend über die Bedeutung dessen nachgedacht hat, was er in seiner Unterrichtslektion vermittelt. Damit erhält auch der Begriff der Bewährung, den wir immer wieder verwendet haben, eine tiefe Bedeutung. Es geht nicht um den kleinen Erfolg. Der Schüler muß den Eindruck gewinnen, daß die Ziele, auf die er hinarbeitet, eine Ordnung in seinem Tun einführen, die gut ist für sein Leben, weil sie menschlich, d.h. ihm als Menschen gemäß, ist.

Hier kann es dem Lehrer natürlich noch einmal angst und bange werden: Woher soll er die Weisheit nehmen, um den Tätigkeiten und Gedanken, die er auslöst und zu lenken versucht, diesen Tiefgang zu geben? Müßte man da nicht ein Sokrates oder ein Pestalozzi sein? Wir wollen das Gewicht der Aufgabe nicht verharmlosen. Mit einigen psychologischen Tricks ist das Problem der Wertbildung wirklich nicht zu lösen. Aber der werdende Lehrer kann aus einer Tatsache Trost ableiten: Man braucht hinsichtlich dieser Anforderungen nicht vollkommen zu sein. Es ist nicht notwendig, daß man von jeder Tätigkeit und von jeder Idee den prinzipiellen philosophischen Hintergrund kennt. Es genügt, wenn der Schüler merkt, daß der Lehrer selbst nach diesem Prinzipiellen sucht und daß er dafür offen ist. Das heißt zum Beispiel, daß er in den Realfächern über die gesellschaftliche und menschliche Bedeutung der behandelten Phänomene nachgedacht hat und mit den Schülern darüber zu sprechen bereit ist, daß er in den Sprachfächern zeigt, daß hinter der einzelnen sprachlichen Erscheinung und dem einzelnen sprachlichen Produkt *die* Sprache und damit der Mensch und die Gesellschaft, die mit Sprache kommuniziert und handelt, steht. Es ist auch notwendig, daß er im Mathematikunterricht über die einzelne Operation und den einzelnen Begriff hinaus das mathematische Denken und die mathematische Deutung der Wirklichkeit sieht, und über diese hinaus vielleicht sogar die zeitlose mathematische Idee. Desgleichen stehen hinter den alltäglichen Problemen des sozialen Verhaltens, des Zusammenlebens und Zusammenarbeitens die großen Probleme der menschlichen Gesellschaft und der menschlichen Ethik.

Allerdings: wenn wir von den „Problemen" sprechen, die hinter den behandelten Stoffen stehen, dürfen es nicht nur verwirrende Fragen bleiben, die uns ratlos lassen. Ansätze zu einer Lösung, Blickrichtungen, in der wir die Lösung suchen, müßten sichtbar werden. Auch in diesem Bereich müßte der Schüler Hoffnung schöpfen, daß es nicht unmöglich ist, in einem tiefen Sinn zu Ordnungen und zu Ergebnissen zu gelangen, die attraktiv, weil menschlich befriedigend und dem Menschen – ihm selbst – gemäß sind.

Bei alledem vergessen wir nicht, daß die Schule alles dies ja nicht aus dem Nichts herbeizaubern muß. In der Welt des Schülers sind viele positive Kräfte am Werk. In den Familien werden zum Teil Dinge getrieben, an die man anknüpfen kann. Fast in jeder Klasse gibt es Väter, die den Schülern etwas Interessantes zu berichten hätten. (Der Lehrer müßte allerdings seinerseits dafür offen sein und den Mut und das Geschick haben, mit solchen Vätern Kontakt aufzunehmen und sie in die Schule zu holen.) Auch das Angebot der Medien ist nicht nur schlecht. Es liefert Anknüpfungspunkte, die weitergeführt werden können. Wertbildung ist kein isoliertes Geschäft. Wir sind als Lehrer dann erfolgreich, wenn wir aus unserer Kenntnis der Werte, die in der Welt des Schülers lebendig sind, am rechten Ort anknüpfen. Aber dazu müssen wir von dieser Welt Kenntnis nehmen, und das setzt voraus, daß wir es wagen, einige Schritte in sie hinein zu tun.

Schließlich haben wir gesagt, daß wir nicht bloß eine ungeordnete Vielzahl von Interessen und Werten vermitteln wollten. Wir haben von einem sinnhaften Weltbild, einem „Bedeutungsrelief" (SCHIEFELE 1978) gesprochen. Sicher wird man sich auch hier nicht vornehmen, den Schülern ein fertiges Weltbild und eine fertige Weltanschauung anzubieten. Wer hätte sie? Aber schon, indem wir hinter den vordergründigen Zielen das Grundsätzliche suchen, beginnt sich die Vielheit der Ziele zu gruppieren: in der Geschichte kehrt etwa das Motiv des gerechten Staates und des Wohls seiner Bürger ständig wieder. In den Sachfächern geht es immer wieder um die tiefere Einheit der physikalischen, der chemischen und der biologischen Prozesse und um ihre Bedeutung für den Menschen. In der Sprache finden wir die grundlegenden Probleme der Gesellschaft, die ihren Anliegen einen Ausdruck zu geben und sich darüber zu verständigen sucht. Derartige Leitideen reduzieren die Vielheit der einzelnen Ziele des Unterrichts. Dann stellt sich nur noch die Frage, ob es gelingt, diese Ideen ihrerseits zueinander in Beziehung zu setzen, so daß – wenn nicht eine einheitliche Hierarchie der Werte – so doch ein *Wertgefüge* entsteht.

Niemand würde es heute wagen, eine Werthierarchie abschließend und verbindlich aufzustellen. Es ist auch nicht nötig, daß dies systematisch geschieht, denn die erste Realität ist die *implizite oder gelebte* Werthierarchie. Indem wir auswählen, indem wir uns in unseren Gesprächen und in unseren Handlungen für das eine Anliegen erwärmen und vor dem anderen gleichgültig oder kühl bleiben, drücken wir unsere Wertordnung aus, und wir zeigen, welches für uns ihre Rangordnung ist. Das soll nicht heißen, daß wir nicht auch versuchen werden, auf den Begriff zu bringen und auszusprechen, was uns am Herzen ist. Eine Idealvorstellung, die wir beim Namen nennen können, ist in unserem eigenen Tun und im Umgang mit dem Nächsten wirksamer als ein unbewußtes, nicht formulierbares Ideal.

Kapitel 11: Erfolg und Mißerfolg, Zuversicht und Angst im Schulalltag

In den vorangehenden beiden Kapiteln haben wir vor allem die großen Zusammenhänge betont. Das war notwendig. Indessen stellen sich dem Praktiker zahlreiche Einzelprobleme der Tätigkeits- und Lernmotivation. Wir gehen im folgenden kurz auf sie ein.

Wir möchten in unserem Unterricht jedem Schüler ermöglichen, erfolgreich zu sein, zu Ergebnissen zu gelangen und dabei zu spüren, daß er weiterkommt. Das zu überblicken, war in Primarschulklassen mit 40 Schülern, die in Europa um 1950 noch die Regel waren, für die Lehrer und Lehrerinnen praktisch unmöglich. Heute, da die Schulklassen klein geworden sind, ist die Situation sehr viel günstiger geworden. Es müßte jetzt möglich sein, daß der Lehrer und die Lehrerin überblicken, wie der Unterricht, auch wenn er im Klassenverband stattfindet, vom einzelnen Schüler erlebt wird. Dazu wäre insbesondere zu wünschen, daß sie sich Rechenschaft darüber ablegten, wie die *individuelle Erfolgbilanz* eines jeden ihrer Schüler aussieht. Was soll das bedeuten?

Individuelle Erfolgsbilanzen: Auswirkungen auf das Selbstbild des Schülers

Im Frontalunterricht wie im Gruppen- und im Einzelunterricht stellen wir den Schülern laufend Probleme, die sie mehr oder weniger gut bewältigen. Wenn z.B. gerechnet wird, finden einige Schüler rasch das Ergebnis. Beim Lesen verstehen einige den Text unmittelbar, andere brauchen längere Zeit. Zum Teil geben sie falsche Antworten, die entweder einfach übergangen oder sogar gerügt werden. Ähnliches geschieht in den Arbeitsgruppen und beim Lösen individueller Aufgaben. Hier müßte sich der Lehrer und die Lehrerin bewußt sein, daß jede Schulstunde und jeder Schultag, jede Schulwoche und jedes Schuljahr ihre *Bilanz der Erfolge und Mißerfolge* für den Schüler hat. Man braucht sich diesen Gedanken nur zu vergegenwärtigen, um unmittelbar einzusehen, daß diese individuellen Bilanzen für die einzelnen Schüler einer Klasse grundverschieden aussehen. Gerade die Schüler, die Erfolg und Ermunterung am nötigsten hätten, kommen am schlechtesten weg. „Denen, die da haben, wird gegeben; jenen, die nicht haben, wird genommen", ist man versucht zu sagen.

FEND & HELMKE (1981) sind den Folgen dieser Situation nachgegangen. Sie haben zeigen können, daß Erfolg und Mißerfolg in der Schule starke Auswirkungen im Bereich des *Selbstbildes* von Kindern und Jugendlichen, insbesondere des Selbstbildes ihrer Begabung und Leistungsfähigkeit, haben. Diese wiederum wirken sich auf das *Selbstvertrauen* aus. Wer in der Schule Erfolg hat und die Anerkennung des Lehrers findet, traut sich etwas zu. Er ist davon überzeugt, daß er sein Schicksal in der Hand hat und die Problemsituationen, denen er begegnet, zu meistern vermag. Diese *„Kontrollüberzeugungen"* (auch hier bedeutet kontrollieren steuern) reichen über die unmittelbaren schulischen Probleme hinaus. Sie verallgemeinern sich zu der Überzeugung, eigene Handlungs- und Zukunftspläne realisieren zu können, und sie hängen mit dem Vertrauen zusammen, sich selbst durchsetzen zu können (Assertivität, FILIPP 1979). Das Selbstvertrauen wiederum hängt mit dem Sozial- und dem Leistungsverhalten zusammen. Kinder und Jugendliche mit hohem Selbstvertrauen streben häufiger anspruchsvolle Ausbildungen und Berufe an. In ihren Sozialkontakten sind sie unternehmungslustiger und – dank ihrem Selbstvertrauen – auch erfolgreicher.

Diese Mechanismen sind bei Kindern aus einfachen sozialen Verhältnissen besonders mächtig, denn Erfolg und Mißerfolg in der Schule sind für sie und ihre Eltern die einzige Information über ihre schulische und zum Teil auch über ihre mutmaßliche berufliche Leistungsfähigkeit, und das Lehrerurteil und die Ergebnisse von Prüfungsarbeiten werden durch sie und ihre Eltern viel eher zum Nennwert genommen als bei Kindern von Eltern, die selber eine höhere schulische Ausbildung genossen haben und die diese Informationen eher relativieren und wissen, daß diese korrigiert werden können. Genau die Kinder also, die häufiger Mißerfolge erleben, sind diesen viel stärker ausgeliefert als die Kinder, die erfolgreich sind. Ihre Widerstandsfähigkeit gegenüber schulischen Mißerfolgserlebnissen, das Vertrauen, daß sie es trotz Schwierigkeiten und Mißerfolgen schaffen können, ist geringer.

Zusammenfassend stellen FEND & HELMKE fest, daß bei der Ausbildung des Selbstbildes und des Selbstvertrauens der unmittelbare Erfahrungsraum des Schülers, nämlich das Geschehen in der Schule, der Schulerfolg und die Anerkennung durch den Lehrer, zentral sind und über die deutende und wertende Verarbeitung der Familie auf den Kern der werdenden Persönlichkeit durchschlagen. Das muß der Lehrer wissen. Von daher wird er danach trachten, in seiner Klasse nicht ein paar wenige Schüler Erfolg und Anerkennung finden zu lassen, sondern die Anforderungen so zu differenzieren und seine Anerkennung auf jene Charaktereigenschaften auszudehnen, die nicht von der Leistung allein abhängen, so daß jeder Schüler das Bewußtsein entwickeln kann, etwas zu können und jemand zu sein. Dies ist die Bedingung dafür, daß er sein persönliches Lernpotential ausschöpft und für sein ganzes künftiges Leben das Bewußtsein mitnimmt, daß er nicht zur Machtlosigkeit, Bedeutungslosigkeit und Hoffnungslosigkeit verurteilt ist, sondern der Welt und seiner Zukunft mit Zuversicht begegnen kann.

Nun wollen wir nicht so tun, als ob es immer leicht sei, einem jeden Schüler eine positive Erfolgs-/Mißerfolgsbilanz zu verschaffen. In diesem Bemühen begegnen sich sozialpsychologische und didaktische Probleme. Es geht einmal um die Breite und Variabilität der Leistungsanforderungen, die der Unterricht stellt. Der Lehrer und die Lehrerin werden sich bemühen, die gestellten Aufgaben und deren Schwierigkeit so zu differenzieren und zu variieren, daß begabte und weniger begabte Schüler eine Chance haben, einen positiven Beitrag zu leisten. *„Interne Differenzierung"* lautet das Leitmotiv. Sie besteht darin, daß sowohl im traditionellen Unterricht als auch in einem projektartigen Unterricht Aufgaben und Vorhaben von verschiedener Schwierigkeit realisiert werden. Diese können in einer einzigen Unterrichtsstunde gestellt und gelöst werden. Es ist aber auch denkbar, daß einzelne Gruppen von Schülern über längere Zeit an Aufgaben und Vorhaben verschiedener Schwierigkeit arbeiten. Bei der Realisierung umfassender Projekte wird man weiter darauf achten, daß nicht nur Aufgaben gestellt werden, die den Umgang mit eng definierten Zeichensystemen (Sprache, Mathematik), sondern auch anschauliche und praktische Leistungen erfordern.

Auch das Sozialverhalten spielt in diesem Zusammenhang eine Rolle. Kameradschaftlichkeit, Zuverlässigkeit, Gründlichkeit und Ausdauer sollen zum Zuge kommen, Qualitäten, die im außerschulischen Leben Schüler erfolgreich sein lassen, die in den theoretischen Schulfächern als mittelmäßig oder gar als schwach galten. Überall dort, wo verschiedene Schüler zusammenarbeiten und wo Konkurrenzsituationen entstehen – und dies ist schon im mündlichen Frontalunterricht der Fall, wo man Aufgaben an die ganze Klasse richtet und Antworten entgegennimmt – wird der Lehrer das Verhalten der leistungsfähigsten Schüler so zu lenken versuchen, daß sie sich zurückhalten, wenn man den schwächeren eine Chance gibt. Man wird den besseren Schülern auch nahelegen, diese Haltung bewußt einzunehmen, wo der Lehrer das Geschehen nicht direkt steuert, also zum Beispiel in der Gruppenarbeit.

Die hier angesprochenen Probleme stellen sich natürlich besonders akut beim *wettbewerbsartigen Üben*, von dem wir schon in den „Zwölf Grundformen" gesprochen haben. Die starken Motive der Rivalität, des Übertreffens und Besiegens des Gegners haben zur Folge, daß die Schüler Erfolg und Mißerfolg besonders dramatisch erleben. Hier sollte man daher besonders sorgfältig auf die Auswirkungen im Bewußtsein der einzelnen Schüler achten, und für „ausgleichende Gerechtigkeit" sorgen. Es genügt dabei nicht, daß man einfach auf den Einzelwettbewerb verzichtet und Gruppen gegeneinander kämpfen läßt. Denn es kann ja leicht geschehen, daß innerhalb der Gruppen die schwachen Schüler als Last und als Spielverderber (genauer: als „Siegverderber") behandelt werden. Besser ist es hier, ein Element des Zufalls einzuführen, das die reinen Leistungsvergleiche zum Teil korrigiert und zugleich für eine heitere Atmosphäre sorgt, welche weder Sieg noch Niederlage dramatisiert.

Allgemein erkennt man, daß die leistungshomogene Schulklasse, welche durch die Einführung verschiedener Schultypen auf dem Niveau der Sekundarstufe I und II ermöglicht wurde, sowohl eine Chance als auch Gefahren in sich schließt. Natürlich ist es leichter, eine Schulklasse zu unterrichten, die ungefähr den gleichen Leistungsstand aufweist, also zum Beispiel eine Hauptschul- (in der Schweiz Oberschul-), eine Realschul- (in der Schweiz: Sekundarschul-) und eine Gymnasialklasse. Hier erstaunt es den Außenstehenden immer wieder, wie leichtfertig vielerorts die Chance, innerhalb der Klassen ein vergleichbares Leistungsniveau zu erzielen, vertan wird, indem man die Mißerfolge und ihre demotivierenden Wirkungen sich kumulieren läßt, so daß dann beispielsweise in einer Mathematik- oder Französischklasse am Gymnasium doch wiederum sehr große Diskrepanzen entstehen.

Trotzdem bietet die leistungshomogene Klasse natürlich große Vorteile für die Unterrichtsgestaltung. Der Lehrer kann ein mittleres Niveau der Anforderungen einhalten, das von der ganzen Klasse mehr oder weniger erreicht wird. Anderseits sehen wir jetzt die Gefahren auch deutlicher. Durch die Fiktion der gleichen Leistungen aller Schüler schafft man ein Bezugssystem mit möglichen Leistungsvergleichen, die einige Schüler notwendigerweise als erfolgreich und andere als Versager erscheinen läßt. Wenn der Lehrer vor dieser Situation seine Schüler ausschließlich unter Gesichtspunkten einer intellektuell definierten Schulleistung beurteilt und bewertet, sind zwei Entwicklungen möglich. Entweder er ist eine attraktive Persönlichkeit und bei einer größeren Zahl der Schüler beliebt, dann wird er durch seine Haltung bei einigen leistungsfähigen Schülern ein elitäres Bewußtsein und bei den Versagern Schulangst und Resignation oder Ressentiment und Revolte erzeugen. Wenn er jedoch bei den Schülern nicht beliebt ist, so werden die schwächeren wie die besseren Schüler ihn und sein Fach ablehnen. So haben wir allen Grund, durch die Differenzierung der Tätigkeiten und ihrer Leistungsanforderungen einerseits und durch die Einführung komplexer, an viele Qualitäten der Lernenden appellierender Lernprojekte andererseits dafür zu sorgen, daß jeder Schüler eine Chance hat, einen positiven Beitrag zu leisten, sich zu bewähren und damit Selbstvertrauen und das Gefühl des eigenen Wertes zu entwickeln.

Prüfungsangst, Leistungsangst, Schulangst

Wie reagieren Schüler vor Anforderungen, denen sie sich nicht gewachsen fühlen? Wie verhalten sie sich in Prüfungen? Die klassische Reaktion ist die Angst. Angst ist die natürliche Reaktion des Menschen auf Bedrohung, und Drohungen lassen den Menschen erwarten, daß ihm etwas weggenommen wird, das er für sein Wohlbefinden braucht. Der Schüler, der den Anforderungen der Schule nicht genügt, weiß ganz genau, daß ihm am Ende der Hinauswurf aus der Schule, mindestens aus seiner Schulklasse, droht. Das aber ist ein Schritt ins Ungewisse. Er bedroht seine Sicherheit. Er weiß auch, daß sich sein Lehrer und seine Lehrerin über gute Leistungen freuen, und daß sie diese mit Zuwendung und Anerkennung (Lob, Interesse...) belohnen. Schlechte Leistungen haben zwar nicht immer und bei jedem Lehrer im gleichen Maße Verlust der Zuwendung und der Anerkennung zur Folge, aber im Durchschnitt der Fälle wohl doch. So ist es eine natürliche Reaktion des schwächeren Schülers, daß er in Situationen des Versagens mit Angst reagiert. Zwar gibt es große individuelle Unterschiede. Sie mögen dem Menschen zum Teil angeboren sein. Sicher spielen seine außerschulischen Erfahrungen in Familie und sozialer Umwelt mit eine Rolle.

Aber auch viele durchschnittliche und sogar überdurchschnittliche Schüler haben mindestens in Prüfungssituationen, aber zum Teil auch vor anderen prüfungsähnlichen Leistungen (etwas vor der Klasse vortragen, laut vorlesen, vorrechnen...) Angst. Man spricht daher nicht nur von *Prüfungsangst* (test anxiety), sondern von verallgemeinerter *Schulangst* und von *Leistungsangst* (SARASON et al. 1960/1971, zusammenfassend: HELMKE 1983). Schulangst hat zwei wesentliche Komponenten: Aufregung und Sorge (worrying). Der letztere Begriff, der im Deutschen schwächer als im Englischen ist, bezeichnet Selbstzweifel und das Voraussehen von negativen Konsequenzen, wie wir sie oben geschildert haben. Es sind Gedanken, die um das eigene Ich, sein Wohl oder Übel kreisen (HELMKE 1983, 195).

Wie reagieren Schüler nun auf Leistungsanforderungen? Die natürliche und pädagogisch erwünschte Reaktion besteht darin, daß sie sich der Aufgabe stellen, ihre Gegebenheiten und die gestellte Frage in den Blick nehmen und dann im Repertoire der eigenen Gedanken (Begriffe, Vorstellungen, Operationen, Verfahren, Methoden ...) nach Lösungsmöglichkeiten suchen. Sie versuchen die Aufgabe „in den Griff zu bekommen", das Problem zu lösen, eine Antwort zu finden, welche der Sachlage gerecht wird. Die finnischen Forscher OLKINUORA, SALONEN & LEHTINEN (1984) nennen das mit NICHOLLS (1979) und anderen *„Ausrichtung auf die Aufgabe"* (task orientation, siehe auch LEHTINEN, OLKINUORA & SALONEN 1986).

Der Begriff der „Ausrichtung auf die Aufgabe" deutet schon an, daß es Versuche der Situationsbewältigung (coping strategies) gibt, die anders geartet sind. Ängstliche Schüler wenden sich von der Aufgabe weg dem Lehrer zu, und sie nehmen ihm gegenüber eine Haltung ein, die seinen Schutz und seine Unterstützung hervorrufen soll. Sie blicken ängstlich auf ihn, suchen sich ihm anzupassen und zu erraten, welche Antwort er hören möchte. Sie achten ängstlich auf Zeichen seiner Zustimmung, stimmen übereifrig zu, wenn der Lehrer etwas sagt. In nicht-schulischen Situationen gibt es zwei verschiedene Typen dieser Schüler: die einen suchen die Nähe und den Kontakt des Lehrers oder der Lehrerin, etwa in der Pause, die anderen meiden ihn („approachers" und „avoiders", WADE 1981).

Wichtig ist dabei, daß der Schüler in dieser Haltung die Ausrichtung auf die Aufgabe vernachlässigt. Er stellt sich ihrem sachlichen Gehalt nicht mehr. Er ist nicht mehr „aufgabenorientiert", sondern *lehrerorientiert*, ausgerichtet auf die Person des Lehrers, den er als „starken Bruder" behandelt oder in sogar unbewußt in diese Rolle zu schieben versucht. LEHTINEN, OLKINUORA & SALONEN (1986) sprechen von „social dependence orientation". Dies hat zur Folge, daß kein echtes Nachdenken und Suchen nach der Aufgabenlösung mehr stattfindet. Vielmehr versucht der Schüler zu erraten, an welche Antwort der Lehrer denkt, und er achtet auf jedes kleine Zeichen, das ihm einen Hinweis auf die richtige Antwort geben könnte. Unnötig zu sagen, daß diese Bewältigungsstrategie wenig bis nichts taugt, und dies natürlich umso weniger, je weniger der Lehrer sich verlocken läßt, das Spiel des Schülers mitzuspielen und ihm seine Antworten zu verraten. Unnötig auch zu sagen, daß der Schüler sich damit in einen Teufelskreis begibt. Denn indem er sich von der Aufgabe weg auf die Person des Lehrers richtet, entfällt auch seine Chance, das anstehende Problem echt zu lösen und den notwendigen Lernschritt zu vollziehen. Beim nächsten, auf die vorangehende Aufgabe aufbauenden Problem wird seine Lösungschance daher noch geringer und die Versuchung noch größer sein, sich mit der untauglichen Ratemethode aus der Affäre zu ziehen.

Erlernte Hilflosigkeit bei Schülern

Aber auch wenn der Schüler nicht in dieser extremen Weise auf das echte Nachdenken verzichtet und eine Ratestrategie verwendet, sind die Auswirkungen der „Lehrerorientierung" auf den Lernerfolg ungünstig. Man muß hier bedenken, daß der Lernstoff häufig verschieden tief verstanden werden kann. Ein tiefes Verstehen besteht darin, daß der Schüler die wesentlichen Zusammenhänge zu erfassen und Einsicht in das Netz der Beziehungen zu gewinnen sucht (AEBLI 1980/81). Nun kann er sich aber auch aus der Affäre zu ziehen suchen, indem er sich einfach die wichtigen Eigenschaften des Lerngegenstandes merkt. Im Grenzfall merkt er sich den Wortlaut der Erklärung und gibt ihn später auswendig wieder (AEBLI 1951/1973[5]). Statt zu verstehen, wie das Klima, die Bodenbeschaffenheit und die Wirtschaft in Nordschweden und Nordfinnland zusammenhängen, merkt er sich die einzelnen Fakten isoliert und unverbunden: „Subpolares Klima, atlantische Winde, ehemals vergletscherte Urgesteinplatte, waldig, sumpfig, Holzgewinnung, Papierherstellung." Angst und Lehrerorientierung erzeugen ein primitives Lernverhalten. In extremen Fällen verliert der Schüler jegliche Hoffnung, den Anforderungen des Unterrichts gerecht zu werden. Er entwickelt eine Haltung, die man *„erlernte Hilflosigkeit"* nennt (SELIGMAN 1975/1979, zusammenfassend: HECKHAUSEN 1980, 494-515).

Diese besondere Reaktion auf unlösbare Probleme wurde ursprünglich bei Hunden beobachtet, die gewissen Schmerzeinwirkungen nicht ausweichen konnten. Als sie später in die Lage versetzt wurden, vor den schmerzhaften Einwirkungen zu fliehen, indem sie aus einem Teil ihres Käfigs in einen anderen hinübergesprungen wären, erlernten sie diese Vermeidungsreaktion nicht, sondern legten sich winselnd auf den Boden und ließen die schmerzhafte Einwirkung über sich ergehen. Sie hatten „Hilflosigkeit gelernt" (OVERMIER & SELIGMAN 1967).

Menschen, die immer wieder erleben, wie sie vor gestellten Aufgaben versagen, können ein ähnliches Gefühl der Hilflosigkeit erwerben und Hilflosigkeit lernen. Sie werden resignieren, nicht mehr versuchen, das Problem zu bewältigen und eine Lösung zu finden. Wo fehlt es dabei? Am Willen oder an der Fähigkeit zu lernen? Ist es ein Mangel an Motivation oder eine emotionale Störung (Aufregung, lähmende Angst ...), die den Willen schwächt oder die Lernfähigkeit zerstört? Diese Fragen sind noch weithin ungeklärt. Beim Menschen, Kindern wie Erwachsenen, spielen sicher die Deutungen der Situation und der eigenen Fähigkeiten eine wichtige Rolle (BANDURA 1986). „Ich bin unfähig, eine derartige Aufgabe zu lösen", oder: „Mit diesem Schulfach (Mathematik, Latein...) komme ich nie zurecht". Wenn der Lehrer nicht durch äußere Druckmittel dafür sorgen würde, daß der Schüler seine Arbeit irgendwie tut, so würde der letztere die betreffende Tätigkeit augenblicklich fallen lassen. Man kann es beobachten, sobald der Schüler aus der Schule austritt. Solange er zum Mitmachen gezwungen wird, wird er Mittel und Wege suchen, den Anforderungen der Aufgaben auszuweichen, sich zu drücken, wo es möglich ist, und er wird sein eigenes Versagen vor sich selbst, vor seinen Eltern und seinen Mitschülern mit echten und unechten Erklärungen zu rechtfertigen und, im ungünstigsten Falle, durch auffällige Handlungen (Störungen des Unterrichts, „humoristische Antworten"...) zu überspielen suchen. Die finnischen Forscher nennen dies Reaktionen des Selbstschutzes oder der Ich-Abwehr (ego-defensive reactions). Hinter diesen Verhaltensweisen steht jedoch meistens die Hoffnungslosigkeit, ja sogar die Verzweiflung der Hilflosigkeit.

Was kann man in diesen Fällen tun? Es ist einmal möglich, den Leistungsdruck zu mildern, insbesondere auf unkontrollierbare Ereignisse wie unangekündigte Prüfungen zu verzichten. Auch die Beziehung des Lehrers zum Schüler spielt eine Rolle: er kann sie positiv zu gestalten suchen und dem Schüler das Bewußtsein geben, daß er sich für ihn interessiert und ihm helfen möchte, die Schwierigkeiten zu überwinden. Drittens müssen wir auch hier wieder auf die Gefahren des wettbewerbsartigen Lernens und des damit verbundenen Konkurrenzdenkens hinweisen. Ganz allgemein wird man also vermeiden, den schul- und prüfungsängstlichen Schülern ständig die Norm der Klasse vorzuhalten. Man wird dem Schüler vielmehr *individuelle Bezugsnormen* für seine Leistungen vorgeben (RHEINBERG 1982), d.h. ihm seine bisherigen Leistungen zeigen und ihn auffordern, sich nun selbst ein neues Ziel zu stellen, um die Leistung zu verbessern. Auch einfache Maßnahmen wie die individuelle Besprechung von Schularbeiten, in deren Verlauf sich der Schüler über seine Erlebnisse aussprechen kann, haben sich als hilfreich erwiesen.

Bei alledem ist es nicht möglich, alle Mißerfolge und Ängste zu vermeiden. Das ist auch nicht notwendig, ja nicht einmal wünschbar, denn das Leben wird den Schülern seinerseits Mißerfolge und Ängste bescheren. Zwei Dinge sind jedoch notwendig: einenteils, diese Ereignisse nicht so häufig eintreten zu lassen, daß der Schüler jeden Mut verliert, hilflos wird und resigniert. Darum haben wir von der Notwendigkeit gesprochen, daß die Bilanz von Erfolgen und Mißerfolgen insgesamt für jeden Schüler positiv sein müßte. Zweitens aber müssen wir dem Schüler auch zeigen, wie er seine Mißerfolge erfolgreich verarbeiten kann. Er kann es, wenn er sich vom Lehrer und der Lehrerin letztlich angenommen weiß, auch unabhängig von seinen Leistungen, und wenn sie zeigen, daß auch sie Menschen sind, die Erfolg und Mißerfolg kennen, und daß es Verarbeitungen gibt, mit deren Hilfe man Erfolg und Mißerfolg bewältigt. Letztlich geht es um die Einsicht in die Unvollkommenheit jeglichen menschlichen Tuns und darum, daß man arbeiten und lernen lernt, auch wenn man weiß, daß das Ergebnis immer seine Grenzen haben wird.

Zusammenfassung

Wir haben uns im dritten Teil des Buches mit Lernmotivation und Motivlernen beschäftigt. Dazu war es notwendig, daß wir uns vorerst Klarheit über den Begriff der Motivation und des Motivs verschafften. Grundlegend war der Gedanke, daß Motivation in jeder Lebenstätigkeit enthalten ist. Motivation kommt nicht von außen zum Verhalten hinzu. Lebendige Organismen, besonders junge, sind gemäß ihrem Wesen tätig, d.h. zur Tätigkeit motiviert. Darum braucht die Schule Motivation auch nicht zu erzeugen. Sie kann sich darauf beschränken, sie auf ihre Mühlen zu lenken. Konkret bedeutet dies, daß Tätigkeiten, die auf konkrete Ziele und Ergebnisse ausgerichtet sind (Tätigkeiten ersten Grades) und Lerntätigkeiten, die die Verbesserung von Tätigkeiten ersten Graden anstreben (Tätigkeiten zweiten Grades), in der Schule in der Weise angeregt und gesteuert werden, daß die Kräfte der Aktivation in sie einfließen. Das ist dann der Fall, wenn der Schüler spürt, daß er bei der Tätigkeit Ergebnisse erzeugt, die attraktiv, weil anschaubar und Quelle von Rückmeldungen sind, und daß er im Zuge dieser Tätigkeiten weiterkommt, d.h. seine Kompetenz und seine Erlebnismöglichkeiten ausweitet.

Dazu müssen die Tätigkeiten, welche die Schule auslöst, an die tiefen Motive des Schülers appellieren. Wir haben sie in die sozialen und die individuellen Ich-Motive eingeteilt. Unter den ersteren haben wir das Bedürfnis nach Liebe, Zuwendung und Geborgenheit/Sicherheit, das Bedürfnis nach Zugehörigkeit und – besonders bei jungen Schülern – Affiliation und das Bedürfnis nach Anerkennung und Geltung gezählt. Hinzu kommen die prosozialen Motive des Helfens und Unterstützens, der Rücksichtsnahme und der Achtung. Zu den individuellen Ich-Motiven haben wir das Bedürfnis nach Selbständigkeit, nach Eigeninitiative („Verursachung"), nach Kompetenz und Leistung und nach Verstehen und Ordnung gezählt. Wenn wir in der Schule nun einenteils Lernmotivation und anderenteils Motiv-, Interessen- und Wertbildung anstreben, so müssen wir den Grundmotiven des Schülers Rechnung tragen. Das bedeutet, daß wir ihnen Gelegenheit geben, tätig zu sein und in dieser Tätigkeit die Zustände zu realisieren, die sie brauchen, um sich wohlzufühlen. Eine Schule braucht, mit andern Worten, attraktive sachliche und soziale Tätigkeiten. Zu erzwingen ist da nichts, und Appelle an Pflichterfüllung führen nicht weit. Die Ergebnisse der Tätigkeit und des Lernens müssen dem Schüler anziehend erscheinen. Er muß sie so aufsuchen, wie der Erwachsene in der Freizeit jene Tätigkeiten aufsucht und betreibt, die ihm etwas sagen.

Dies bedeutet keinesfalls, daß in der Schule eine oberflächliche Betriebsamkeit entwickelt wird. Sie verliert rasch ihren Reiz, genauso wie eine

Lehrerpersönlichkeit, die sich nur anbiedert, rasch unattraktiv wird. Der Schüler muß in der Tätigkeit spüren, daß sie seine Grundbedürfnisse befriedigt. Wenn dies der Fall ist, so hat diese auch ihre Leitmotive, die ins Grundsätzliche reichen und seiner Tätigkeit Sinn verleihen. Damit vermitteln wir keine isolierten Interessen und Werte, sondern Wertgefüge, die teilweise hierarchisch geordnet sind.

Reden und Argumentieren trägt dazu bei, zu klären und „auf den Begriff zu bringen", was als lebendige Realität schon vorhanden ist. Reden erzeugt, für sich genommen, jedoch keine Werte und keine Interessen. Entscheidend ist deren glaubwürdige Vertretung durch den Lehrer und die Erfahrung des Schülers, daß er in den Tätigkeiten, welche der Unterricht auslöst, zu attraktiven Ergebnissen gelangt und seine Kompetenz und sein Erleben vertieft. Wenn wir ihm dies ermöglichen, betreiben wir nicht nur individuelle Erziehung, wir lösen auch soziales Lernen aus und fördern die ganzheitliche Persönlichkeitsentwicklung des Schülers.

Schließlich haben wir einige schulpraktische Einzelfragen behandelt. In kleinen Schulklassen ist es notwendig und möglich, daß der Lehrer sich über die *individuelle Erfolgsbilanz* jedes Schülers Rechenschaft ablegt. Diese muß positiv sein. Die an den Schüler gestellten Anforderungen müssen so dosiert werden, daß seine Erfolgserlebnisse gegenüber den Mißerfolgserlebnissen überwiegen und er ein Selbstbild entwickeln kann, das durch Selbstvertrauen und positive Kontrollüberzeugungen bestimmt ist. Die *interne Differenzierung* der Leistungs- und Lernanforderungen dient diesem Ziel.

Wir versuchen auch zu verhindern, daß Schüler wegen ihrer Mißerfolgserlebnisse *Prüfungs- und Leistungsangst* entwickeln. Der Schüler soll zuversichtlich und „aufgabenorientiert" arbeiten, statt seine (erlernte) Hilflosigkeit durch „Lehrerorientierung" zu überspielen. Eine positive Beziehung zwischen Lehrer und Schüler und individuelle Bezugsnormen für sein Lernen tragen zu diesem Ziel bei. Wo schließlich trotz allem Mißerfolge auftreten, helfen wir dem Schüler, diese echt und erfolgreich zu verarbeiten.

VIERTER TEIL
Das Lernen lernen

Kapitel 12:
Autonomes Lernen

Kapitel 13:
Zur Didaktik des Lernenlernens

Kapitel 14:
Stillbeschäftigung und
Hausaufgaben: Gelegenheiten
zum autonomen Lernen

Kapitel 12: Autonomes Lernen

Fast jedermann ist heute überzeugt, daß junge Menschen nicht nur Inhalte, sondern auch das Lernen lernen sollten. Sie sollten autonome Lerner werden. Darum erhalten pädagogische Institute in regelmässigen Abständen Anfragen von Schulen, ob sie nicht einen kurzen Blockkurs für 16- oder 17-jährige Schüler veranstalten könnten, „etwas über das Lernen des Lernens". Das Interesse ist berechtigt. Aber was meinen wir genau, wenn wir vom Lernen des Lernens sprechen, und was stellen wir uns unter autonomem Lernen vor? Es braucht wenig Besinnung, um zu erkennen, daß hinter diesen Begriffen ganz verschiedene Interessen und Erwartungen stehen. Wir beginnen damit, sie auseinanderzulegen.

Wozu das Lernen lernen?

Die erste Erkenntnis ist ganz einfach: wir lernen zu lernen, um autonome Lerner zu werden. Wer zu lernen gelernt hat, braucht niemand mehr, der ihn zum Lernen anleitet. Er ist ein autonomer Lerner geworden, fähig, selbständig zu lernen. Was das bedeutet, kann man psychologisch erklären. Das wollen wir weiter unten tun.

Hier stellen wir zuerst eine praktische Frage: Wozu eigentlich autonomes Lernen? In welchen Situationen ist es wünschbar oder notwendig?

(1) Autonomes Lernen, um mehr zu lernen. Der erste Gedanke ist ganz bescheiden. Der Lehrer und die Lehrerin können nicht jegliches Lernen, das in der Schule notwendig ist, direkt anleiten. Zwar soll in den Unterrichtslektionen das Wesentliche geschehen. Einiges können die Schüler jedoch auch selbständig lernen. So genügt z.B. das Wenige, das man im Leseunterricht gemeinsam liest, weder, um dem Schüler eine genügende Lesefertigkeit noch genügend inhaltliche Anregung zu verschaffen. Wir erwarten, daß er zu Hause liest, um sich zu üben und um seine Erfahrung zu erweitern. Auch in der Mathematik lassen wir selbständig üben, in der Stillbeschäftigung und zu Hause. Ähnliches gilt für die meisten Fächer. Wir freuen uns, wenn die Schüler von sich aus turnen und zeichnen oder ein Instrument spielen, und in den Realfächern begrüßen wir die eigene Aktivität der Schüler. Wir wissen: indem die Schüler unabhängig von unseren Lektionen selbständig weiterarbeiten, lernen und erfahren sie einiges über das hinaus, was wir ihnen direkt vermitteln.

(2) Autonomes Lernen, um auf der nächsten Schulstufe zu bestehen. Der nächste Gedanke reicht schon ein wenig weiter. Wir wissen: wenn die Schüler von der Primarschule in die Realschule (Sekundarschule) oder ins Gymnasium hinüberwechseln und wenn sie von diesen Schulen in Berufsschulen, in Fachschulen oder in Hochschulen übertreten, so setzt man dort einige formale Fähigkeiten voraus. In der Realschule und am Gymnasium erwartet man, daß Schüler aufgrund ihrer Notizen und ihrer Lektüre in Büchern repetieren, was in der Unterrichtsstunde behandelt worden ist. Man erwartet, daß sie gewisse Texte zu Hause lesen, damit man im Unterricht über diese sprechen kann. Sie sollen auch ihre Hausarbeit so organisieren, daß sie mit den Aufgaben zurecht kommen, die die verschiedenen Fachlehrer stellen. Usw. Ähnliches gilt für den Hauptschüler, der in die Berufsschule übertritt.

Der Student an der Hochschule muß Bücher lesen, sie verstehen und bereit sein, darüber in Prüfungen Auskunft zu geben. Er muß Seminararbeiten verfassen, Laborberichte schreiben. Wir wollen offen lassen, ob man an Schulen nicht häufig zu viele formale Fähigkeiten voraussetzt, die an der Vorstufe hätten erworben werden sollen. Sicher ist, daß die letztere die Aufgabe hat, gewisse Lernaktivitäten so zu lehren, daß sie der Schüler oder Student auf der nächsten Stufe autonom ausführen kann.

(3) Autonomes Lernen, um im Beruf zu bestehen. Das moderne Berufsleben mit seinem Innovationsdruck, dem Wandel der Techniken und Märkte, erfordert von den Berufsleuten ständige Neuanpassungen (STRAUMANN 1987). Der Leser befrage nur einen dreißigjährigen Handwerker, was er in den zehn oder zwölf Jahren seit Abschluß seiner Berufslehre hat dazulernen müssen, und wieviel davon selbständig. Oder man befrage eine 45jährige Frau, die wieder in den Beruf einsteigt, nachdem ihre Kinder groß geworden sind, was sie an neuen Techniken (Textsysteme, EDV ...) am Arbeitsplatz vorgefunden habe und was sie habe lernen müssen, um Anschluß an die veränderte Berufswelt zu finden! Handwerker und Techniker müssen mit neuen Werkzeugen umgehen lernen. Diese erfordern neue Arbeitstechniken. Nach Stellenwechseln müssen sie sich mit dem neuen Tätigkeitsbereich vertraut machen. So mag eine Sekretärin von der öffentlichen Verwaltung zur Universität hinüberwechseln. Ein kaufmännischer Angestellter von der Bank in die Versicherungsbranche, ein Laborant von der Pharmazeutik in die Lebensmittelkontrolle ... Die Krankenschwester wird Oberschwester und muß die Pflegearbeit einer ganzen Abteilung organisieren. Der Techniker wird Vorgesetzter einer ganzen Arbeitsgruppe und trifft auf die ersten Führungsprobleme. Einiges lernt der Berufstätige in Weiterbildungskursen. Einen guten Teil muß er selbständig, meistens lesend, beobachtend und fragend, erlernen.

(4) Autonomes Lernen, um den Pflichten des Bürgers und des Privatlebens zu genügen. Wer eine Familie gründet oder ein Haus erwirbt, muß viel lernen: wie sich versichern, wie die Anschaffungen finanzieren usw. Wenn ein junger Mensch in die Politik eintritt oder in einer Vereinigung mitarbeitet, muß er sich das notwendige Wissen aneignen. Einiges kann man lernen, indem man Augen und Ohren offen hält. Ein fundiertes Wissen erwirbt man jedoch auch hier nur durch Selbststudium. Das ist ein anderer Ausdruck für autonomes Lernen.

(5) Autonomes Lernen, um seine Freizeit zu bereichern. Der Verfasser dieses Buches hat im Verlaufe seines Lebens ölmalen, Italienisch und Spanisch gelernt. Er hat sich einiges Fachwissen über kaukasische Teppiche, über wirtschaftliche Dinge, über Pilgerfahrten nach Santiago de Compostela und über das späte Mittelalter angeeignet. Er hat als Geigenspieler auch Klarinette und Kontrabaß spielen gelernt. Warum? Weil es ihm Spaß gemacht hat, und weil das erworbene Wissen und Können sein Leben bereichert haben. So halten es die meisten Menschen. Es kann auch das Fischen oder das Bergsteigen sein. Autonomes Lernen ermöglicht dem Menschen, mit der Freizeit, die sich bei einer 40-Stunden-Woche inzwischen auf etwa 4 wache Tage von 16 Stunden beläuft, zurechtzukommen.

Was lernen lernen? (Grundformen des autonomen Lernens)

Wir haben durch die vorangehenden Überlegungen ein konkreteres Bild von den Erfordernissen des autonomen Lernens in verschiedenen Situationen gewonnen. Die darin stattfindenden Tätigkeiten sind offensichtlich sehr vielfältig. Es fragt sich daher, ob wir sie auf wenige Gruppen reduzieren können, um *Grundformen des autonomen Lernens* und der autonomen Tätigkeit zu bestimmen. Wenn dies geschehen ist, können wir uns weiter fragen, welche Tätigkeiten und welche Lernprozesse in den einzelnen Schulfächern stattfinden und ob dies in einer Weise geschieht, daß junge Menschen ihren Aufgaben des autonomen Lernens gerecht werden und ihr Leben gemäß ihren Neigungen bereichern können.

Damit dies möglich wird, müssen fünf Dinge geschehen: Unsere Schüler und Studenten müssen fähig werden

(1) mit Sachen und Ideen selbständig in Kontakt zu treten,
(2) Erscheinungen und Texte selbständig zu verstehen,
(3) Handlungen selbständig zu planen und Probleme selbständig zu lösen,
(4) Tätigkeiten selbständig zu üben, Informationen gedächtnismäßig verfügbar zu machen,

(5) ihre Tätigkeits- und Lernmotivation selbständig aufrecht zu erhalten.

In einer guten Schule geschieht das meiste von diesen Dingen unter der Anleitung der Lehrerin und des Lehrers. Daß sie die Schüler auch selbständig zu sichern lernen, ist nicht selbstverständlich.

(1) Mit Sachen und Ideen selbständig in Kontakt treten: lesen und beobachten. Wir haben gesehen: von der Primarschule bis zur Universität wird der Anteil des lesenden Wissenserwerbs mit jeder folgenden Schulstufe gewichtiger. Auch in der beruflichen Weiterbildung und bei beruflichen Umstellungen ist der Anteil dessen, was lesend erlernt wird, bedeutend. Dasselbe gilt für das Privat- und das Freizeitleben, sobald die Probleme anspruchsvoller werden. Das Lesenlernen ist auf der Unterstufe der Primarschule nicht abgeschlossen. Es setzt sich fort bis zum Lesenlernen des Studenten: hier als der Umgang mit Fachliteratur, als das Zusammenfassen und Verarbeiten von Zeitschriftenartikeln und Büchern. Das ist, ob man es liebt oder nicht, die Realität in einer modernen Industriegesellschaft. Es stellt, wie man weiß, auch die schwierigsten Probleme für junge Menschen. Wer eine funktioneller Analphabet ist, d.h. faktisch unfähig, Information aus Texten zu entnehmen, hat schwerste Nachteile zu gewärtigen, in seinem Berufsebenso wie in seinem Privatleben.

Das Lesen erstreckt sich nicht bloß auf Texte. Ein moderner Mensch muß auch Tabellen, Graphiken und alle Arten von symbolischen Darstellungen (Karten, Wetterkarten, Konstruktionszeichnungen usw.) lesen können. Natürlich ist es auch immer wieder notwendig, die Dinge selbst zu beobachten. Aber hier stellen sich häufig noch einmal die Probleme der Verbindung von Informationen, die wir aus Texten entnehmen, mit Beobachtungen an der realen Sache: bei Gebrauchsanweisungen und Benutzerhandbüchern zum Beispiel.

Unter der Anleitung der Lehrerin und des Lehrers werden in Schulen täglich Texte gelesen und andere Darstellungen betrachtet. Auch das Beobachten kommt in einem anschaulichen Unterricht nicht zu kurz. Wir erkennen nun aber die besondere Aufgabe des Lernenlernens: daß die Schüler lernen, mit Texten selbständig zurechtzukommen, und daß sie eine Sache oder eine Situation selbständig ansehen und erfassen lernen.

(2) Erscheinungen und Texte selbständig verstehen. Die Grenze zwischen dem Lesen/Beobachten und dem Verstehen ist fließend. Unter dem Lesen und dem Beobachten verstehen wir eine vorläufigere, oberflächlichere Erfassung. Einen Tatbestand zu verstehen, bedeutet, seine wesentliche Struktur zu erfassen, zu erkennen, welches die Zusammenhänge innerhalb eines Gefüges von Beziehungen sind. Diese Aufgabe stellt sich vor sprach-

lich und graphisch gestellter Wirklichkeit ebenso wie vor der Sache, dem Prozeß und der Situation selber.

Wiederum stellen wir fest, daß in den sogenannten Einführungslektionen genau dies angestrebt wird. Aber auch hier müssen wir fragen, ob die Schüler bei uns lernen, ein Sachgebiet selbständig zu erarbeiten.

(3) Handlungen selbständig planen und Probleme selbständig lösen lernen. Jeder Mensch begegnet komplexen Problemen, die er möglichst adäquat lösen sollte. Aber auch schon die Planung einer komplexen Handlung hat Problemlösecharakter. Man denke nur etwa an die Planung einer Auslandreise. Die meisten Probleme lösen wir „mit der natürlichen Intelligenz". Aber was heißt das? Die Fähigkeit, Probleme zu lösen, ist kein Naturprodukt. Man erwirbt sie, indem man Probleme bewußt löst und dabei Regeln des Vorgehens und Findens (Heuristiken, „Finderegeln") entwickelt. Es existiert heute eine hoch entwickelte Problemlösepsychologie. Sie bringt auf den Begriff, was gute Lerner von jeher getan haben. Indem wir die entsprechenden Regeln formulieren und den Schülern Gelegenheit zu ihrer Anwendung geben, fügen wir ein weiteres wichtiges Element zu ihrer Fähigkeit des autonomen Lernens hinzu (NEBER 1983.

(4) Tätigkeiten selbständig üben, Informationen gedächtnismäßig verfügbar machen. Eine Sekretärin, der man ein neues Textsystem zur Verfügung stellt, ein Autobesitzer, der einen neuen Wagen erwirbt, ein Musikfreund, der sich vornimmt, Klarinette spielen zu lernen, muß das meiste aus eigener Kraft lernen. Instruktionen haben ihre Grenzen. Das ist vorerst eine Frage des Verstehens, dann jedoch eine Frage des richtigen Übens, mit dem Ziel, Kompetenz und Fertigkeit zu erwerben. Ähnliches gilt für das Einprägen von Informationen. Jeder Gelegenheitsredner muß lernen, wie man sich einen Text einprägt. Wer in ein neues Kollegium eintritt, sollte wissen, wie man sich die vielen neuen Namen merkt. Das sind alles Formen des elementaren Lernens. Dieses kommt in den Schulen durchaus zum Zuge, besonders in den Übungslektionen. Aber haben wir den Schülern auch erklärt, wie man übt und wie man etwas auswendig lernt? Haben sie das Üben und das Auswendiglernen gelernt? Im Fremsprachunterricht z.B., wo es um das Lernen von Vokabeln und das Geläufigmachen von geprägten sprachlichen Formen geht?

(5) Die Tätigkeits- und Lernmotivation selbständig aufrecht erhalten. Man kann sagen, das sei weder für den Schüler noch den Studenten und den Schulentlassenen ein Problem: in den Schulen sorge man für die Motivation – mit welchen Methoden immer –, und im Privatleben tue jeder, was ihn gut und richtig dünke. Das stimmt. Für die wesentliche Motivation ist in beiden Bereichen, der Schule und dem Erwachsenenleben gesorgt, auf extrinsische oder auf intrinsische Weise.

Im einzelnen stellen sich jedoch jedem Menschen Fragen der Aufrechterhaltung der Motivation. Das kann geschickter und weniger geschickt geschehen. Die Angelsachsen sprechen vom Management der eigenen Motivation. Die Art der Teilziele, welche wir uns bei der Durchführung einer Arbeit stellen, ist wesentlich. Sie sollen realistisch gestellt sein: anspruchsvoll, jedoch so, daß sie bewältigt werden können. Es geht auch um den rechten Kräftehaushalt. Man kann zu viel und zu wenig von sich verlangen, und man kann den Arbeitsrhythmus der eigenen Natur anpassen. Sodann ist es möglich, sich selbst zu belohnen, indem man sich z.B. eine Pause, eine Abwechslung, einen Kaffee, ein gutes Essen oder eine Schallplatte bewilligt, wenn eine Arbeitsphase oder die ganze Arbeit abgeschlossen ist.

Ein guter Lehrer bemüht sich, die Motivation seiner Schüler aufrecht zu erhalten, indem er die Arbeit richtig gestaltet. Aber lernen die Schüler auch, mit ihrer eigenen Motivation richtig umzugehen?

Das sind die unmittelbaren Inhalte des autonomen Lernens. Damit es wirklich fruchtbar wird, müssen allerdings einige weitere, tiefer in der Persönlichkeit des Lerners angelegte Fähigkeiten und Haltungen hinzukommen. Das autonome Lernen reicht auch in Probleme der *Sozial- und Persönlichkeitspsychologie* hinein. Nicht jedes autonome Lernen ist ja einsames Lernen. Im Gegenteil: wenn Menschen außerhalb der Schule weiterlernen, so geschieht dies meistens dadurch, daß sie sich Gruppen und Vereinigungen anschließen, mitarbeiten, und bei dieser Mitarbeit lernen. So tritt einer einem Bienenzüchterverein, ein anderer einer Fischervereinigung bei, der dritte macht in einem Orchester mit, der oder die vierte tritt einer politischen Partei bei.

In allen diesen Fällen muß der Lernende am Anfang einige Leistungen erbringen, die soziale Kompetenz und die entsprechende Motivation erfordern: mit Mitgliedern derartiger Gruppierungen Kontakt aufnehmen, herausfinden, wie es bei ihnen zugeht – nicht nur fachlich, sondern auch zwischenmenschlich – welche Verpflichtungen man durch die Beteiligung eingeht, welches der Zeitaufwand und welches der menschliche und fachliche Ertrag ist. Sehr viel Weiterbildung unterbleibt schon an diesem Punkt. Einige junge Menschen wagen es nicht, andere sind nicht fähig, sich die notwendigen Kontakte und die notwendige Information zu verschaffen. So stellen wir jetzt fest, daß man einen Menschen auch auf das autonome Lernen vorbereitet, wenn man ihn zur Betätigung und Arbeit in einer Gruppe befähigt und motiviert. Das soziale Lernen in der Schule dient also auch dem autonomen Lernen: ein Zusammenhang, der bis heute noch kaum gesehen worden ist.

Schließlich berührt das autonome Lernen auch Bereiche der *Persönlich-*

keitspsychologie. In den vorangehenden Überlegungen ist das schon deutlich geworden. Sobald der Mensch in eine Gruppe eintritt, ist er als ganzer involviert. Wenn er in Einsamkeit programmieren lernt, mag nur sein Intellekt beteiligt sein. Wenn er aber in und mit einer Gruppe lernt, kommt sofort der ganze Mensch zum Zuge. Seine persönliche Reife, seine Ausgeglichenheit, die Fähigkeit zur Identifikation und zum Engagement und eine reife Motiv- und Werthierarchie sind wesentliche Stützen des autonomen Lernens. Sein Erfolg hängt stark von diesen Persönlichkeitsmerkmalen ab. Alles, was wir als Erzieher für ihre Ausbildung und Entwicklung tun, dient auch dem autonomen Lernen.

Die drei Säulen des autonomen Lernens: Wissen, Können und Wollen

Wenn man die Grundformen des autonomen Lernens weiter analysiert, so erkennt man drei einfachere Komponenten, die in jedem autonomen Lernprozeß ihre Rolle spielen: eine Komponente des Wissen, eine solche des Könnens und eine solche des Wollens. Was soll das heißen?

(1) Die Wissenskomponente: Sein eigenes Lernen kennen – eine klare Vorstellung von günstig verlaufenden Lernprozessen haben. Jeder Lerner und jeder geistig Arbeitende hat zwei Probleme. Er sollte seinen Lern- und Arbeitsprozeß mit seinen Stärken und Schwächen kennen, und er sollte eine klare Vorstellung davon haben, wie diese Prozesse idealerweise ablaufen. Weder das eine noch das andere ist selbstverständlich. Die wenigsten Menschen haben eine gute Kenntnis ihres eigenen Verhaltens, schon gar nicht Kinder und Jugendliche. Sein eigenes Verhalten zu erkennen, setzt Selbstbeobachtung voraus. Jedermann kennt die Dinge, mit denen er umgeht, viel besser, als die Eigenart seines Umgangs mit den Dingen. Was wir hier sagen, gilt in noch höherem Maße für jenes Verhalten zweiter Ordnung, das wir Lernen nennen, für die Verhaltensverbesserung und seine Bedingungen.

Nun kann Selbsterkenntnis natürlich verschiedene Tiefen erreichen. Es geht nicht darum, aus jedem Schüler einen Philosophen oder einen Lernpsychologen zu machen. Was er von sich und seinen Lern- und Arbeitsprozessen wissen sollte, ergibt sich aus dem Vergleich mit idealen Lernprozessen. Das ist das andere. Der Schüler sollte eine Vorstellung haben, wie es zugeht, wenn wir in einen Text in optimaler Weise eindringen, wenn wir zu seinem Verständnis vorstoßen, wenn wir ein Problem gemäß unseren besten Möglichkeiten lösen oder eine Handlung richtig planen, wenn wir uns Informationen einprägen oder eine Fertigkeit üben und wenn wir schließlich unsere Motivation bestmöglich aufrechterhalten. Dieses Wissen besitzen die wenigsten Schüler. Das Lernen ist wie das Denken „eine unbewußte Tätigkeit des Geistes" geblieben (BINET 1922, 108).

Wer den idealen Verlauf eines Lernprozesses kennt, hat es leichter, bei sich selbst dessen realen Verlauf zu erkennen. Wer weiß, wie man einen Text liest, der kann auch die Schwächen seines realen Lesens erkennen, und wer weiß, wie man einen Übungsprozeß günstig gestaltet (durch richtige Zeiteinteilung zum Beispiel), der wird auch sein eigenes Üben richtig zu diagnostizieren vermögen.

Was wir hier sagen, hat man in den letzten Jahren *„metakognitives Wissen"* genannt. Der Ausdruck ist berechtigt, wenn man ihn weit genug faßt. Metakognition ist das Wissen über das Wissen. Eigentlich müßten wir von Meta-Lernen, Meta-Verstehen, Meta-Problemlösen, Meta-Üben/Einprägen und Meta-Motivation sprechen. Es ist nichts anderes als das Wissen über diese psychologischen Prozesse, also psychologisches Wissen. Allerdings, so haben wir gesehen, nicht als angelerntes theoretisches Wissen, sondern als ein Wissen, das wir auf uns selbst beziehen: *mein* idealer Lernprozeß und *mein* realer Lernprozeß, mit seinen Qualitäten und Schwächen.

Nun wird man sich fragen, ob es denn möglich sei, den Schülern ein derartiges psychologisches Wissen zu vermitteln. Wir werden zeigen, daß dies möglich ist. Hier bemerken wir nur, daß es sich um das klassische Problem jeder Didaktik handelt: dem Schüler ein Wissen zu verschaffen, das seiner Stufe entspricht. Genauso, wie wir mit ihm im Leseunterricht über menschliche Probleme sprechen, die er in ihrer ganzen Tiefe noch nicht versteht, und wie wir im naturwissenschaftlichen Unterricht über Erscheinungen sprechen, welche der Erwachsene und der Wissenschaftler sehr viel tiefer verstehen, genauso ist es auch möglich, auf jeder Stufe einfache und vorläufige Aussagen über die Vorgänge des Lesens, des Verstehens, des Problemlösens usw. zu machen. Einmal müssen wir ja beginnen. Es gibt keine Altersstufe, auf der wir plötzlich mit der „ganzen Wahrheit" kommen könnten.

(2) Die Könnenskomponente: Lernverfahren praktisch anwenden. Alles Wissen über Lernprozesse steht natürlich im Dienste seiner praktischen Anwendung. Lernen ist eine Tätigkeit. Wir möchten erreichen, daß sie der Schüler selbständig auslösen und richtig steuern kann. Das Lernziel heißt also: *Selbststeuerung (exekutive Kontrolle) des Lernens.* Daher muß das Wissen zum Können werden. Der Schüler soll nicht bloß über den Prozeß sprechen. Er soll sich zu seinem richtigen Vollzug anleiten können. Das geschieht wesentlich durch *Selbstinstruktion.* Der Weg ist klar. Der Schüler weiß: wenn man eine bestimmte Übungszeit nützen will, so muß man sie in

kleine Einheiten über mehrere Tage verteilen. Massiertes Üben ist unrationelles Üben. Aus diesem Wissen wird die Selbstinstruktion: „Ich verteile mein Üben (Wiederholen, Auswendiglernen ...) über mehrere Tage." Wir werden sehen, daß hierzu zwei Einsichten nötig sind: der Schüler muß die „Auslösebedingungen" für die Regel erkennen. Das ist der „Wenn-Teil" der Regel: „Wenn ich meine Übungszeit optimal nutzen will ...". Das andere ist der „Dann-Teil": „dann muß ich verteilt, statt massiert üben."

Aber die Auslösung und richtige Steuerung des Lernprozesses ist nur das eine. Das andere ist die *Selbstprüfung des Lernerfolgs.* Wir wollen wissen, ob sich die Lernmethoden, welche wir pflegen, auch bewähren. Wir wollen auch wissen, ob sich der methodische Aufwand, den wir betreiben, lohnt. Das erfahren wir, indem wir den Lernerfolg kontrollieren. Dabei handelt es sich nicht nur um globale Kontrollen: Kann ich das Gedicht auswendig aufsagen, ist das Ergebnis meiner Rechnung richtig? Es geht auch um die Kontrolle der spezifischen Wirkung der ausgeführten Operationen und der angewandten Methoden. Wenn ich einen Text konzentriert gelesen und im Geiste in Bedeutungseinheiten gegliedert habe: Kann ich ihn gemäß dieser Einheiten reproduzieren? Wenn ich die wesentliche Struktur eines Textes herausgearbeitet habe, kann ich ihn als Netz aufzeichnen? Wenn ich beim Lösen eines Problems die Übersicht, die mir zu entgleiten drohte, durch eine besondere Maßnahme wiederhergestellt habe, kann ich nun einen bestimmten Teilschritt, eine Teiloperation im ganzen situieren und sagen, warum sie gerade hier nötig ist?

Auch hier erkennt man, daß im herkömmlichen Unterricht die prüfende Instanz allzu häufig der Lehrer allein ist. Wir möchten dem Schüler beibringen, sein Lernen nicht nur selbst zu steuern, sondern dessen Ergebnisse auch selbst zu beurteilen, zu diagnostizieren. Das nennen wir die Selbstkontrolle des autonomen Lerners.

Wie erwirbt man nun praktische Lernverfahren? Es ist wie bei jedem anderen praktischen Lernen. Man muß die Verfahren ausprobieren, üben und vielfältig anwenden. Dabei muß man sich immer wieder selbst beobachten und die Verfahren mit ihrem Ertrag vergleichen. Demonstrationen des Lehrers können eine wichtige Rolle spielen. Wir haben schon mehrmals auf die Fruchtbarkeit des lauten Vordenkens und der lauten Selbstinstruktion hingewiesen.

(3) Die Willenskomponente: Vom Nutzen der Lernverfahren überzeugt sein und sie anwenden wollen. Die dritte Säule des autonomen Lernens ist eine Frage der Überzeugung und des Wollens. Wir empfehlen den Schülern im Verlaufe der Schuljahre sehr vieles, auch, wie man richtig arbeitet und lernt. Aber unsere Belehrungen sind nur wenig wirksam. Wenn es darauf ankommt, wenden sie die meisten Schüler nicht an. Wir werden im

Abschnitt über das Problemlösen sehen, warum das der Fall ist. Die Gründe hängen mit dem Aufwand der Lernverfahren zusammen. Der Schüler soll also günstige Verfahren des Lernens und Arbeitens nicht nur auf Aufforderung hin anwenden können. Er soll von ihrem Nutzen so überzeugt sein, daß er sie auch unaufgefordert und wenn ihn niemand kontrolliert, anwendet, beim Lösen der Hausaufgaben z. B. und auch nach der Schulentlassung.

Das Problem des Wollens hat aber noch eine andere Seite. Es betrifft die weitere Betätigung im Bereiche der Schulfächer überhaupt. Jeder Lehrer möchte doch wünschen, daß die Schüler nach Abschluß der Schulzeit jene Interessen, die dem Unterricht zugrunde gelegen haben, in der einen und anderen Weise selbständig weiterpflegen. Wenn Schüler nach Jahren des Französisch- und Englischunterrichts keine französische Zeitung, kein englisches Buch kaufen und lesen, so hat doch wohl der Fremdsprachunterricht in einem wesentlichen Punkt versagt, wie gut er im übrigen auch immer gewesen sein mag. Wenn Schüler nach Jahren des Botanik- und des Geographieunterrichts keine Pflanze und keine Landschaft mehr ansehen, so hat auch dieser Unterricht versagt, wie genial immer die Biologie- und Geographielektionen gewesen sein mögen.

Natürlich kann man nicht alles weitertreiben, was man in der Schule gelernt hat. Trotzdem sollte mindestens ein Interesse für die Fächer zurückgeblieben sein, und früher oder später, in dieser oder jener Situation, sollte man von sich aus wieder vornehmen, was man in der Schule betrieben hat, und sei es auch nur, wenn wir einem eigenen Kinde etwas erklären oder erzählen.

Grundsätzlich sagen wir: Die schulischen Tätigkeiten sollten sich in selbständigen Tätigkeiten fortsetzen, und schulisches Lernen sollte im autonomen Lernen ausmünden. Dies wird vor allem das Freizeitverhalten der ehemaligen Schüler beeinflussen. (Die Berufstätigkeit ist ja in der Regel sehr viel eingeschränkter als das Spektrum der Schulfächer.) Von diesen Zielen sind wir weit entfernt. An den höheren Schulen unterrichten die meisten Lehrer so, wie wenn die Schüler das Fach an der Universität weiterstudieren würden. Aber wieviele Prozent der Schüler sind dies? Ein Prozent? Zwei Prozent? Wie führen die übrigen 99 oder 98 Prozent das Interesse weiter? Wie sieht ihre Beschäftigung mit Geschichte, mit Chemie, mit Literatur aus? Werden sie noch einmal den Zeichenstift, ein Singbuch in die Hand nehmen? Sind sie darauf vorbereitet, sich in sinnvoller Weise körperlich weiter zu betätigen? Dies setzt Information über Ressourcen voraus, welche dies ermöglichen. Es bräuchte aber vor allem Freude an der Sache.

Es geht also nicht nur darum, die Schüler vom Nutzen einzelner Lernmethoden zu überzeugen und den Willen zu ihrer Anwendung zu fördern. Mit Blick auf die Schulfächer insgesamt geht es darum, den Schülern Möglichkeiten zu zeigen, sie autonom weiter zu betreiben. Das wird dann der Fall sein, wenn in ihrem Bereich echte intrinsische Interessen geweckt worden sind. Sie sind die Grundlage dafür, daß der Schüler und Student in ihrem Gebiet weiter lesen und sich auf dem laufenden halten und betätigen will. Darum sprechen wir von einer Willenskomponente.

Kapitel 13: Zur Didaktik des Lernenlernens

Der Ausdruck „das Lernen lernen" ist nicht unproblematisch, denn er könnte einen falschen Eindruck erwecken: daß es nämlich *das* Lernen, also einen einzigen und einheitlichen Lernprozeß gebe, den der Schüler nur kennen und sodann autonom auslösen und steuern lernen müßte. Nichts ist falscher als dies. Wir haben gesehen: Es gibt nicht einen, sondern viele Lernprozesse, und an jedem kann man noch einmal viele Teilprozesse unterscheiden. Nicht genug damit: damit der Lerner seinen Lernprozeß richtig organisiert, genügt eine bloße Lernpsychologie nicht. Es ist notwendig, daß er auch eine Vielzahl von allgemein-psychologischen Einsichten und Erfahrungen besitzt. Ja, zum Teil berührt das autonome Lernen auch Probleme der Sozialpsychologie und der Persönlichkeitspsychologie. Wenn dem so ist, wird man nicht erwarten, daß man den Schülern „das selbständige Lernen" in ein paar Spezialveranstaltungen, vielleicht sogar durch einen außenstehenden Psychologen gehalten, beibringen kann. Es braucht offensichtlich mehr.

Wie könnte es anders sein! Damit der Lehrer den Lernvorgang beim Schüler richtig anleitet, muß er in seiner Ausbildung pädagogische Psychologie, allgemeine Didaktik und Fachdidaktik lernen und sie in vielen Praktika erproben. Und nun nehmen wir uns vor, den Schüler diese gleichen Lernprozesse selbständig auslösen und durchführen zu lassen. Wird er das nach einem zweitägigen Blockkurs über „das Lernen des Lernens" können?

Ist das ein Grund, das Problem *ad acta* zu legen und es für unlösbar zu erklären? Keineswegs! Aber man muß sich ihm in seinem ganzen Umfang stellen. Dann wird man erkennen, daß die Aufgabe, selbständig lernen zu lernen eine Aufgabe ist, die *in jedem Fache* und *während der ganzen Schulzeit* verfolgt werden muß. Jeder Lehrer hat seinen Teil zu ihrer Lösung beizutragen, und er wird daran während der ganzen Zeit, da er die Schuler einer Klasse unterrichtet, arbeiten müssen. Dies ist auch darum nötig, weil jedes Unterrichtsfach seine besonderen *Strukturen des Denkens, des Problemlösens und des Lernens* hat. Das mathematische Denken ist ein anderes als das konkrete Denken der Realwissenschaften, und dieses ist noch einmal verschieden vom Denken und Schließen in den Geisteswissenschaften.

Also müssen sich die Schüler der Denk- und Lernformen der einzelnen Fächer bewußt werden, lernen, wie man im mathematischen, physikalischen, chemischen, geographischen, geschichtlichen, linguistischen, literarischen Bereiche denkt, und was in den Tätigkeiten der bildenden Kunst, der Musik, aber auch im Turnen und im Sport, zum Beispiel bei Mannschaftsspielen, geschieht.

Was braucht es nun, um die Prozesse des Lernenlernens im schulischen Unterricht in Gang zu setzen und zu einem guten Ende zu führen? Das, was es zum Erlernen jeglicher Tätigkeit braucht:

(1) eine Vorstellung von ihrer richtigen Ausführung gewinnen,
(2) sie selbst auszuführen versuchen,
(3) sich bei der Ausführung beobachten und die Beobachtungen diskutieren,
(4) Regeln der Steuerung und Kontrolle als Selbstinstruktionen des Lernens formulieren,
(5) diese mit neuen Inhalten praktisch anwenden,
(6) den Verlauf des Lernens und seinen Erfolg beurteilen.

Die ersten drei Schritte dienen dem Erwerb einer klaren Vorstellung vom idealen und vom realen Verlauf der Lernprozesse; die drei folgenden Schritte dienen ihrer praktischen Einübung. Diese betrifft sowohl das Können als auch die Aufrechterhaltung der Motivation, von der wir oben gesprochen haben (WEINERT 1983, EIGLER 1983).

Eine klare Vorstellung vom idealen und vom realen Verlauf des Lernprozesses gewinnen

Das Lehren des Lernens beginnt damit, daß wir einen Lernprozeß oder eine Problemlösung mit den Schülern unter Anleitung durchführen oder sie dies selbständig tun lassen. Wir lesen z.B. einen Text und suchen ihn zu verstehen, wir lösen eine Textaufgabe, oder wir lernen ein Gedicht oder einige Prosasätze auswendig, oder wir üben eine Fertigkeit wie z.B. die richtige Aussprache eines fremdsprachlichen Lautes, die Konjugation eines fremdsprachlichen Verbes oder den Umgang mit einem neuen Material und Gerät.

Die erste Aufmerksamkeit konzentriert sich auf die Sache. In der Folge lenken wir die Aufmerksamkeit jedoch auf den Lernprozeß. Dieser Schritt ist nicht leicht, denn es handelt sich dabei um Beobachtungen und Reflexionen höherer Ordnung. In einem gewissen Maße sind sie inhaltunabhängig. Wir fragen uns, was wir getan haben, um den Text zu erfassen und zu verstehen, wie wir beim Problemlösen vorgegangen sind, in welcher Weise wir auswendig gelernt oder geübt haben. Wir versuchen abzuschätzen, wo uns Schwierigkeiten begegnet sind und ob unserer Verfahren geeignet war, diese zu überwinden. In einer Klassendiskussion werden die verschiedensten Methoden genannt, und es werden die Vor- und Nachteile der einzelnen Verfahren erwogen.

Wir versuchen, zwischen diesen Vorschlägen zu vermitteln, die günstigen hervorzuheben, die Begründungen allen verständlich zu machen. Es kann auch sein, daß wichtige Möglichkeiten des Vorgehens von keinem Schüler gesehen werden. Dann ist es unsere Aufgabe, sie in die Diskussion zu werfen, das entsprechende Verfahren zu demonstrieren und auf seinen Nutzen hinzuweisen. Vielleicht folgen darauf eigene Versuche der Schüler mit dem vorgeschlagenen Verfahren und eine erneute Diskussion seiner Praktikabilität und seines Nutzens.

Nachdem wir auf diese Weise dafür gesorgt haben, daß die Schüler ihr eigenes Vorgehen beobachten und dessen Vor- und Nachteile ins Auge fassen, und wir ein ideales Verfahren herausgearbeitet, eventuell demonstriert haben, müssen wir unsere Beobachtungen sprachlich fassen. Dies geschieht in einer Weise, die der Entwicklungsstufe und der Erfahrung des Schülers angemessen ist.

Das Ergebnis dieser Phase des Lernenlernens ist ein Stück Wissen über das Lernen und eine klare Vorstellung, wie es sich richtigerweise abspielen sollte. Zugleich haben wir uns in die Lage versetzt, unser reales Lernverhalten an dieser Idealvorstellung zu messen und es zu beurteilen.

Die Selbststeuerung und die Selbstprüfung des Lernens einüben

Das Nächste ist, daß wir die Regeln formulieren, die unser eigenes Lernen steuern sollen. Sie ergeben sich aus unserer Vorstellung vom günstigen Verlauf des Lernprozesses. Wir formulieren sie wenn immer möglich als „Wenn-dann-Regeln": *Wenn* diese Auslösebedingung gegeben ist, *dann* tun wir jenes. Diesen Regeln geben wir die Form von Selbstinstruktionen: „Wenn ich …, dann tue ich …". Wir haben unsere Vorstellung eines günstigen Lernverlaufs an einem oder mehreren Beispielen gewonnen. Jetzt brauchen wir neue Beispiele oder neue Inhalte, um die Anwendung unserer Regeln einzuüben. Wir lesen einen neuen Text, beobachten einen neuen Gegenstand, betrachten eine neue Tabelle oder Graphik, lösen ein neues Problem, lernen ein neues Verb konjugieren oder üben ein neues Verfahren.

Vieles wird noch nicht gelingen. Auch hier beobachten wir uns selber und legen uns Rechenschaft über den Erfolg ab. So versuchen wir, unser Verfahren schrittweise zu verbessern. Wir wissen: das braucht nicht in einer Stunde oder in einer Woche zu geschehen. Wir haben Monate Zeit, können das Problem eine Weile ruhen lassen und es später wieder aufnehmen. Wichtig ist, daß wir die Aufgabe des Lernenlernens ständig im Auge behalten und immer wieder darauf zurückkommen, um weiterzuführen, was wir an einem gewissen Punkte stehen gelassen haben.

Entscheidend ist die zunehmende Bewußtheit des Lernens bei den Schülern. Wir fordern sie immer wieder auf, den Verlauf ihrer Lernprozesse und den Erfolg der angewandten Verfahren zu beurteilen. Wir lassen auch durchaus zu, daß sie persönliche Varianten der von uns vorgeschlagenen Methoden entwickeln, denn es gibt natürlich individuelle Unterschiede des Lernens, die sich auch in individuell verschiedenen Verfahren auswirken können. Allerdings verlangen wir, daß diese sorgfältig und mit Gründen entwickelt werden.

Im folgenden geben wir nun einige konkretere Beispiele des Lernenlernens. Das erste zeigt, wie wir schon auf der Unterstufe der Primarschule damit beginnen, den Schüler zum bewußten *Lesen und Verstehen von Texten* hinzuführen. Dann zeigen wir an einer Spezialstudie von WELTNER, wie Schüler dazu gebracht werden können, sich *selbständig in ein Sachgebiet einzuarbeiten*. Schließlich sagen wir etwas über das Lernen des *Problemlösens*.

Beispiel: Zweitkläßler lernen, was „einen Ausdruck verstehen" bedeutet und wie man sich eine Erklärung verschafft

Schon auf der Unterstufe der Primarschule beginnen wir damit, die Schüler auf die Lernprozesse hinzuweisen, die sich in ihnen abspielen. Kann sich ein Zweitkläßler beim Lernen selbst beobachten, und können wir mit ihm darüber sprechen? Gibt es Begriffe der Lernpsychologie, die er verstehen kann? Er kann sich selbst genauso gut beobachten, wie er einen anderen Menschen oder ein Tier beobachtet. Wir können mit ihm genauso gut über sein Lernen sprechen, wie wir mit ihm über ein anderes Verhalten sprechen. Zwei Bedingungen müssen nur erfüllt sein: die Lernprozesse müssen geeignet ausgewählt und die Begriffe, die wir verwenden, seiner Entwicklungsstufe angepaßt sein.

In unserem Beispiel aus dem *Lesenlernen* geht es darum, daß Schüler der Unterstufe der Primarschule sich darüber Rechenschaft ablegen, ob sie die Worte und Sätze, die sie in einem Lesestück antreffen, verstehen oder nicht („ob sie das Sprachzeichen mit einer Bedeutung verbinden", wie wir in der Sprache der Psychologie sagen würden).

Dazu ist folgende Übung denkbar. Wir haben mit einer zweiten Klasse ein einfaches Lesestück gelesen. Darin ist ein Ausdruck vorgekommen, von dem die Lehrerin vermutet, daß er nicht von allen Schülern verstanden wird. Niemand hat jedoch gefragt, was dieser Ausdruck bedeute. („Die Zwerge legten das tote Schneewittchen auf eine *Bahre* ...“). Nun sagt die Lehrerin: „Mich dünkt, einige von Euch haben nicht verstanden, was eine „Bahre“ ist. Wir wollen es einmal versuchen; wer kann es uns erklären?“ Sie ruft einige Schüler auf, die den Ausdruck zu erklären versuchen. Einigen gelingt dies nicht, ein oder zwei Schüler liefern eine einfache Erklärung. Die Lehrerin sagt: „Seht ihr, woran man merkt, daß man ein Wort verstanden hat?“ (… daran, daß man es erklären kann.) „Jawohl, und wenn man es nicht versteht, geht das nicht. Man kann es nicht erklären. Es kommt einem nichts in den Sinn, oder man sagt etwas, und alle merken, daß es das nicht sein kann. Man merkt es auch selber.

Wir wollen das einmal mit einigen Wörtern und Sätzen versuchen. Ich habe sie Euch hier an die Wandtafel geschrieben. Einige versteht ihr, die anderen versteht ihr wahrscheinlich nicht. Das ist auch nicht weiter schlimm; ein Zweitklässler kann noch nicht alle Worte verstehen, die es gibt. Darum machen wir es so: Zuerst sagt ihr mir von jedem Wort, ob ihr es versteht, und dann wollen wir sehen, ob wir das Wort erklären können oder nicht. Ihr wißt ja: Die Worte, die man versteht, kann man auch erklären. Hier sind sie:

die Erbse	garstig
die Spindel	silbern
singen	das Gold
schmeicheln	der Uhrkasten
entwischen	die Tanne.“

Im folgenden werden also zuerst einzelne Schüler aufgerufen, die sagen dürfen, ob sie ein Wort verstehen oder nicht. Nachdem sie sich entschieden haben, werden sie aufgefordert, das Wort zu erklären. Dabei wird man selbstverständlich keine formale Definition erwarten, sondern einfache Umschreibungen. Man wird auch einfache Beispiele gelten lassen. (Die Erbsen sind zum Erbsensuppe machen; singen tut man ein Lied.) „Spindel“, „entwischen“, „garstig“ und „der Uhrkasten“ werden von der Mehrzahl der Schüler wohl nicht verstanden.

In der Fortsetzung läßt man bei jedem Wort zuerst diejenigen aufstrecken, die es nicht verstehen, und dann diejenigen, die es verstehen. Dann ruft man ein Kind aus der ersten Gruppe auf und sagt ihm: „Du hast gemerkt, daß du das Wort nicht verstehst. Du denkst, daß du es nicht erklären kannst. Das ist sehr gut. Um ganz sicher zu sein, probieren wir es jetzt gerade einmal aus. Du versuchst nun doch, so gut es geht, das Wort zu erklären.“ Der Schüler wird es tun, und in der Regel wird es nicht gelingen. Das wird die Lehrerin loben und ihm sagen: „Ganz gut. Du hast genau gemerkt, daß dies ein Wort ist, das Du noch nicht verstehst, und darum hast Du es auch nicht erklären können. Man sieht, daß Du schon unterscheiden kannst, ob Du die Worte verstehst oder nicht.“ Ähnlich, aber mit umgekehrten Vorzeichen, verfährt man mit einem Kind, das von sich sagt, daß es ein Wort verstehe.

Was wir hier skizzieren, ist mit jeder normalen zweiten Klasse durchführbar. Ähnlich kann man auch mit kurzen Sätzen verfahren. Die Schüler erfahren so am eigenen Leib, was es heißt, einen Ausdruck zu verstehen oder nicht zu verstehen. Dies erlaubt uns auch, die Begriffe des Verstehens und des Erklärens bzw. des Erklärenkönnens einzuführen. Die Begriffe des Verstehens und des Erklärens sind der Altersstufe des Zweitkläßlers angepaßt. Von der „Bedeutung eines Wortes“ sprechen wir mit diesen Schülern natürlich noch nicht. Diesen Begriff werden wir etwa in der fünften Klasse einführen. Mit Achtkläßlern können wir den Begriff des Zeichens und seiner Verbindung mit einer Bedeutung verwenden. In der zwölften Klasse ist es möglich, den Begriff des Zeichens und des Symbols und deren Assoziation mit der Bedeutung einzuführen und vom Enkodieren (Verschlüsseln) und vom Dekodieren (Entschlüsseln einer Botschaft) zu sprechen und den Vorgang der sprachlichen Übermittlung zu untersuchen, wie wir das im psychologischen Teil der ersten Grundform „Sprachliche Kommunikation" (AEBLI 1983, 34 ff.) tun.

Nun geht es aber nicht bloß darum, dem Schüler Selbsterfahrungen des Lernens und ein entsprechendes Wissen zu verschaffen. Wir wollen ihn ja dem autonomen Lernen entgegenführen. Der Schüler soll den Lernprozeß, dessen er sich bewußt geworden ist, in einer günstigen, erfolgversprechenden Weise steuern lernen. Dazu ist es einmal notwendig, daß er eine klare Vorstellung vom gelingenden Lernprozeß hat. Dann muß er Verfahren erwerben, mit deren Hilfe er den Vorgang einleiten und zu einem guten Ende führen kann. Schließlich muß er sich selbst kontrollieren lernen, ob er sein Ziel erreicht hat. Wiederum stellt sich die Frage, ob man dies schon mit kleinen Schülern bewerkstelligen kann, und ob es in der Folge gelingt, die ersten einfachen Verfahren der Selbststeuerung und der Selbstkontrolle des Lernens schrittweise weiterzuführen und zu entwickeln. Wir zeigen das an einem Beispiel, das das soeben Gegebene weiterführt.

Es geht also um das Verstehen und Erklären von Wörtern und Sätzen in gelesenen Texten. Als erstes müssen wir entscheiden, welchen bescheidenen Anfang des autonomen Lernens wir von einem Zweitklässler erwarten können und wollen. Wir setzen uns das Ziel, daß sich der Schüler beim gemeinsamen Lesen meldet, sobald er einen Ausdruck nicht versteht, und die Lehrerin oder die Mitschüler um eine Erklärung bittet.

Die Lehrerin verfährt folgendermaßen. Sie sagt: „Es ist nicht schön, wenn man etwas liest, und man versteht es nicht. Das macht keine Freude. Es kann in einer Geschichte ja etwas Interessantes passieren, man möchte wissen, wie sie ausgeht, und dann versteht man es nicht und ist nicht zufrieden. Dabei ist es ganz natürlich, daß ein Schüler das eine und andere Wort nicht versteht. Wir wollen jetzt lernen, was man in einem solchen Falle tut. Das machen wir so: Wir lesen miteinander ein neues Lesestück, und sobald wir auf ein Wort stoßen, das wir nicht verstehen, halten wir die Hand hoch und sagen: ,Dieses Wort verstehe ich nicht. Kann es mir jemand erklären?' Dann gibt es vielleicht ein Kind; das das Wort versteht. Es erklärt es. Diejenigen, die es nicht verstehen, hören gut zu. Dann lesen sie den Satz noch einmal, jeder für sich, und sie schauen, ob sie den Satz nun verstehen. Ich frage euch dann, und ihr sagt mir, ob ihr den Satz jetzt versteht oder nicht.

Dabei kann es auch sein, daß ihr immer noch nicht draufkommt. Das macht nichts. Vielleicht ist ja die Erklärung nicht gut genug gewesen. Dann sagt ihr einfach: ,Ich verstehe den Satz immer noch nicht.' Dann versuchen wir es noch einmal. Vielleicht helfe ich noch ein wenig mit, bis es am Schluß alle verstehen. Das prüfen wir dann noch einmal, indem wir den ganzen Satz, in dem das schwere Wort vorkommt, erklären."

So wird verfahren. Die Lehrerin läßt langsam lesen und schaltet nach jedem Satz eine Pause ein, damit die Schüler Zeit haben, sich darüber Rechenschaft abzulegen, ob sie den Text verstehen. Sie zeigt Zustimmung und Befriedigung, wenn sich die Schüler melden, um ihr Nichtverstehen kundzutun. Sie verlangt, daß die Schüler die Formel „Ich verstehe das Wort ... nicht. Kann es mir jemand erklären?" verwenden, denn sie strebt an, daß sich die Mitschüler zuerst selbst zu helfen versuchen, bevor sie als Lehrerin eingreift. Nach einem oder mehreren Erklärungsversuchen läßt die Lehrerin den Satz, wie angekündigt, noch einmal lesen. Manchmal wird sie ihn, mit richtiger Betonung, selbst langsam und deutlich vorlesen. Dann folgt die Frage, wer den Satz nun verstehe und die Ermunterung, dies im anderen Falle mit der Formel „Ich verstehe den Satz immer noch nicht" zu melden. Sie wird dann geduldig neue Erklärungsversuche in die Wege leiten. Am Schluß sollten alle für sich sagen können: „Jetzt verstehe ich den Satz."

Auch diese kleine Lektion ist keine Hexerei. Sie ist mit Schülern der zweiten Klasse durchführbar. Wir arbeiten in dieser und vielen ähnlichen Stunden an der Entwicklung der Leitvorstellung des Verstehens eines Wortes und eines Satzes. Der Schüler erwirbt auch ein Verfahren: vor unverstandenen Ausdrücken nach der Bedeutung zu fragen. Dann geben wir ihm die Gelegenheit zur Selbstkontrolle des Lernerfolgs. Unser Verfahren ist hier relativ summarisch. Wir könnten auch weitergehen und ihm sagen: „Um zu prüfen, ob du den Satz verstanden hast, kannst du versuchen, ihn mit anderen Worten zu erklären. Wenn dir das gut gelingt, hast du den Satz oder das Wort sicher verstanden. Wenn es nicht gelingen will, so verstehst du das Wort noch nicht richtig." Wir vermitteln dem Schüler damit ein eigentliches *Prüfverfahren*. So haben wir hier alle Elemente der Selbststeuerung und der Selbstkontrolle eines Lernprozesses, die wir oben gefordert haben.

Das Verfahren hat auch eine tiefere persönlichkeitspsychologische Bedeutung. Es ist ein Stück psychische Hygiene, sich selbst und seinen Mitschülern zugeben zu lernen, daß man einen Ausdruck nicht versteht. Die Alternative bedeutet ja, sich selbst etwas vorzumachen, das nicht ist, und das ist nicht gut für die intellektuelle und die personale Entwicklung.

Weiter haben wir zu zeigen, daß auch dieses Verfahren ausbaufähig ist und bis zur Universität hinauf geführt werden kann. Es sind hier zwei hauptsächliche Entwicklungslinien denkbar. Einmal kann der Begriff des *Textverständnisses* vertieft werden. Es geht ja nicht bloß um das

- Verstehen von einzelnen Worten (Unterstufe der Primarschule), sondern auch um
- das Verstehen von Ausdrücken (etwa 4. Klasse), um das
- Verstehen von Zusammenhängen innerhalb eines Textes (etwa 6. Klasse), um

- das Erfassen der Hauptbeziehungen innerhalb eines Textes, so wie wir sie durch ein Beziehungsnetz ausdrücken (etwa 10. Schuljahr, AEBLI 1983, 253 ff., 1980/81) und schließlich um
- die Einsicht in verschiedene mögliche Tiefen oder Ebenen des Verständnisses (12. Schuljahr und Berufsbildung).

Sodann wird man die Verfahren der Auflösung von Unklarheiten ausbauen.

- Auf der Unterstufe der Primarklasse bittet der Schüler seine Mitschüler und die Lehrerin um die Erklärung des fraglichen Ausdruckes.
- In der 4. Klasse beginnt er, selbständig in einem Nachschlagewerk für Schüler nach einer Erklärung zu suchen.
- Im 6. Schuljahr versuchen wir, einen unverstandenen Ausdruck aus dem Zusammenhang zu erklären, indem wir weiterlesen und dann zum unklaren Ausdruck zurückkommen.
- Im 10. Schuljahr zeichnen die Schüler ein Beziehungsnetz auf, um sich darüber Rechenschaft abzulegen, ob sie den Text verstanden haben und um seine Beziehungen zu überblicken.
- Im 12. Schuljahr und in der Berufsbildung sucht der Schüler bei schwierigen Texten verschiedene mögliche Deutungen und vergleicht kritisch ihre Vorzüge und Nachteile.

Das Ziel des Verfahrens besteht darin, den Schüler zu einem selbständigen Umgang mit Texten zu befähigen. Am Anfang ist diese Selbständigkeit eine relative. Sie nimmt im Verlaufe der Schuljahre jedoch schrittweise zu. Mit dem Schulaustritt sollten die Schüler und Studenten zu „autonomen Lesern" geworden sein.

Beispiel: Schüler der Sekundarstufe II und der Hochschule
erarbeiten selbständig ein neues Sachgebiet

In der zweiten Hälfte eines Universitätsstudiums, im Berufsleben, aber auch bei anspruchsvolleren Freizeitbeschäftigungen müssen sich junge Erwachsene immer wieder ganze Wissenskomplexe selbständig erarbeiten. Wir denken an den Diplomanden, der sich in das Spezialgebiet seiner Diplomarbeit einarbeitet, an den Berufwechsler oder an den Deltaflieger oder -segler, der sich auf eine Brevetierung vorbereitet. Gegenwärtig lernen zahllose Menschen, wie ein Kleincomputer funktioniert und wie man ihn bedient. Der Kranke möchte etwas über seine Krankheit erfahren. Der Diabetiker lernt, wie er sich das nötige Insulin selber zuführt. Wer anfängt, mit Ölfarben zu malen, liest über die entsprechenden Techniken nach. Es geht hier also sowohl um notwendige und nützliche Lerntätigkeiten als auch um Lerntätigkeiten, die freiwillig geschehen.

Das *Lernen aus Büchern* ist eine Grundform des autonomen Lernens. Es stellt sich daher die Frage, ob dies in der Schule auch gelehrt und geübt werde und ob die Lehrbücher, welche die Schulen benützen, dazu geeignet seien. Über dieses Problem hat WELTNER (1978) eine interessante und wichtige Studie verfaßt.

WELTNER hat vor allem Sachbücher, zum Beispiel für den Geschichts-, den Geographie- und den naturwissenschaftlichen Unterricht untersucht. Seine Beobachtungen gelten jedoch auch für sprachwissenschaftliche und mathematische Lehrbücher. Er stellt ein charakteristisches Schwanken bezüglich ihrer Zielsetzung und ihrer Funktion im Lernprozeß fest. Die Frage ist immer, welche Phase dieses Lernprozesses das Buch unterstützen solle, die *„Lernphase"* oder die *„Kannphase"*.

Bücher, die sich an die *Lernphase* wenden, weisen eine hohe Redundanz der Aussagen aus: die Dinge werden ausführlich und breit mit vielen Wiederholungen (also: „redundant") dargestellt. Das ist notwendig, damit der Leser den Inhalt verstehen kann. Wir würden sagen: Das Lehrbuch baut den neuen Stoff schrittweise auf, und der Lernende vollzieht im Lesen den Aufbauprozeß nach. Diese Breite der Texte erzeugt jedoch Probleme in der *„Kannphase"*. Wenn der Schüler den Stoff einmal aufgenommen hat, so verwendet er das Buch nämlich als Nachschlagewerk. Er erwartet nun eine andere Darstellung: kurz, prägnant, ohne unnötige Wiederholungen. Auch die Gliederung sollte systematischer als in einem rein didaktischen Werk sein, so daß man das Gesuchte darin leicht findet.

WELTNERS Grundgedanke stellt nun eine Sonderform des autonomen Lernens dar: das Erarbeiten eines neuen Sachgebietes mit Hilfe eines *Leitprogrammes*. Dieses leitet den Lernenden dazu an, das in Frage stehende Sachgebiet mit Hilfe des Nachschlagewerks zu erarbeiten. Zu diesem Zwecke liefert das Leitprogramm alles, was wir oben als notwendige Vorbereitung zum autonomen Lernen kennengelernt haben.

Er unterscheidet drei Gruppen von Maßnahmen. (1) Vor der eigentlichen Lernphase fordert das Programm zur Erstellung eines individuellen Lernplans, der Festsetzung und Gewichtung der Lernziele und zur bewußten Auswahl der Lernaktivitäten auf. Es bereitet auch auf mutmaßliche Lernschwierigkeiten vor. (2) Dann führt der Lerner die Lerntätigkeiten aus. (3) In einer dritten Phase leitet das Programm den Lerner dazu an, den Lernerfolg selbst zu prüfen. Dabei spricht WELTNER, unseres Erachtens mit großem Recht, nicht einfach von der Prüfung, sondern von der *Diagnose*. Es geht ja nicht bloß darum, die Richtigkeit oder Falschheit des erworbenen Wissens festzustellen. Das Wissen ist ja ein komplexes Gefüge von Elementen. Also wird man dieses zu durchleuchten suchen, um festzustellen, ob noch Lücken, Schwachstellen oder Defizite vorliegen. Dazu schlägt das WELTNERsche Leitprogramm kompensierende, also korrigierende Lernaktivitäten vor. Es zeigt zugleich fakultative Ergänzungen der dargebotenen Information und weist darauf hin, wie sich der Lerner gewisse Belohnungen selber gewähren kann.

Man erkennt: Der Lernprozeß wird hier im einzelnen so angeleitet, wie das in der programmierten Instruktion geschieht. Das kann nützlich sein für

Medizin- oder Physikstudenten an der Hochschule, an die WELTNER primär denkt. Auf der Primar- und Sekundarstufe wird man sicher nicht so weit gehen. Trotzdem ergibt sich aus WELTNERS Studien ein fruchtbarer Gedanke. Er besteht darin, auch im normalen Klassenunterricht von Zeit zu Zeit darauf zu verzichten, einen neuen Stoff selbst darzustellen und ihn statt dessen durch den Schüler selbst aus einem oder mehreren Lehrbüchern und/oder Nachschlagewerken erarbeiten zu lassen. Dabei überläßt man den Schüler aber nicht sich selbst, sondern bereitet ihn im Klassenunterricht darauf vor, den Lernprozeß selbst zu steuern, genauso wie dies in WELTNERS Leitprogrammen geschieht. Der Lehrer erarbeitet also in einer Vorbereitungsphase mit den Schülern einen Lernplan, oder er leitet sie dazu an, einen Lernplan selbst zu erstellen. Er zeigt ihnen, wie man sich bestimmte Lernziele vornimmt und wie man diese gewichtet, und er wählt entweder mit den Schülern zusammen die Lernaktivitäten aus oder leitet sie dazu an, diese selbst auszuwählen. Schließlich geht er mit Ihnen auf die mutmaßlichen Lernschwierigkeiten ein und kehrt das Nötige vor, um diese zu minimieren.

Darauf folgt eine Phase des persönlichen Studiums, sei es individuell oder in Gruppen. Dann unterstützt der Lehrer den Schüler bei der Selbstdiagnose des Lernerfolges. Er nennt die Kriterien, welche an das Verständnis, an das bewegliche Verfügen über den Lernstoff, an seine Konsolidierung und an seine Anwendungsfähigkeit gelegt werden müssen. Er schlägt ihnen spezifische Formen der Selbstprüfung vor und läßt sie diese sodann selbst vornehmen.

WELTNERS didaktische Vorschläge sind realistisch und nützlich. Wir würden nur eine Ergänzung anbringen. Ob man ein Leitprogramm nach WELTNER anwendet oder die entsprechende Anleitung im Klassenunterricht gibt: das Ziel muß natürlich in jedem Falle sein, daß der Schüler nicht ständig von der vorbereitenden und nachbereitenden Hilfe des Programms oder des Lehrers abhängig bleibt. Er muß sich von ihr schrittweise emanzipieren. Das bedeutet, daß er die Instruktionen des Programms oder des Lehrers *internalisiert* und am Ende selber weiß, wie man sich auf eine Phase des Selbststudiums vorbereitet und wie man dessen Erfolg am Schluß diagnostiziert und, wo notwendig, korrigiert und ergänzt.

Dies führt zu einer neuen Sicht der Rolle der *Schulbibliothek*: als Lernort! Die vorbereitende Anleitung durch den Lehrer zeigt und erklärt, wie man Informationen in der Bibliothek aussucht, herausschreibt und erarbeitet, und wie man für Konsolidierung durch Übung und Wiederholung sorgt. Schließlich ist auch hier Selbstprüfung und Selbstdiagnose notwendig.

Mit einem derartigen Vorgehen nähert sich das schulische Lernen noch einmal dem Lernen des Erwachsenen. Wenn wir so verfahren, bestehen gute Aussichten, daß die Schüler die Lernaktivitäten, welche sie in der Schule kennengelernt haben, auch außerhalb und nach der Schulzeit weiterführen werden, statt daß die gesamte Lerntätigkeit zusammenbricht, sobald die Schuljahre zu Ende sind.

Autonomes Problemlösen

Das Leben verlangt von jedem Menschen, komplexe Handlungen zu planen und Probleme zu lösen. Die Grenze zwischen dem einen und anderen ist fließend. Wenn eine Hausfrau ein Nachtessen für zehn Gäste bereiten und zugleich als freundliche und entspannte Gastgeberin wirken soll: Ist das „Planen einer komplexen Handlung" oder Problemlösen? Und was ist das Lösen einer anspruchsvollen Konstruktionsaufgabe? In der Folge sprechen wir der Einfachheit halber nur noch von Problemlösen. Wir schließen in diesem Begriff denjenigen des Planens und Durchführens komplexer Handlungen ein.

Wenn das Problemlösen im Alltag und im Berufsleben eine so wichtige Rolle spielt, hat die Schule allen Grund, sich zu fragen, ob sie ihre Schüler darauf vorbereitet, mit Problemen zurechtzukommen, und zwar nicht nur unter der Anleitung des Lehrers, sondern auch selbständig. Befähigen wir unsere Schüler, über die elementaren Lernprozesse hinaus auch komplexe Problemlösungen selbständig zu meistern? Bilden wir autonome Problemlöser heran?

Es braucht mehr als angeborene Intelligenz oder Kreativität, um Probleme zu lösen. Entscheidend sind zwei Dinge: Fachwissen und Heuristiken. Für das Fachwissen sorgen Schulen und andere Ausbildungsstätten relativ erfolgreich. Aber einer, der viel weiß, ist deshalb noch lange kein guter Problemlöser. Wissen ist eine notwendige, aber keine hinreichende Bedingung für das erfolgreiche Problemlösen. Das andere sind die *Heuristiken*, nämlich die *Methoden des Problemlösens*. Wir formulieren sie als Regeln und unterschieden dabei *Strategien* und *Repräsentationsregeln* (AEBLI, RUTHEMANN & STAUB 1986). Strategien helfen uns, die gegebene Situation, das Ziel und den Weg, der die Situation mit dem Ziel verbindet, klarer zu sehen. Wir sagen: Strategien helfen uns, das Problem zu „strukturieren". Strategien sind daher Strukturregeln.

Jedermann weiß aber auch, daß es nicht gleichgültig ist, wie man ein Problem und seine Lösung darstellt oder „repräsentiert". Das ist nicht nur eine Frage der Ordentlichkeit einer Darstellung. Es stellt sich häufig auch die Frage, ob wir Worte oder Zahlen, Zeichen oder Bilder wählen oder ob wir gar ein Modell konstruieren.

Wir illustrieren dieses Problem am Beispiel einer neuen Art von Textrechnungen, die wir im Rahmen eines Forschungsprojektes (AEBLI, RUTHEMANN & STAUB 1986, AEBLI & RUTHEMANN 1987) entwickelt haben. Es handelt sich um eigentliche kleine Rechengeschichten mit Personen, die eine komplexe Handlung ausführen und dabei einiges berechnen müssen, um zum Ziel zu kommen und um unliebsame Zwischenfälle zu vermeiden. Hier ein Beispiel:

Die Hirtenaufgabe

Afghanistan ist ein gebirgiges Land wie die Schweiz, nur viel trockener. Im Sommer versiegen viele Flüsse und Bäche, und das Wasser ist rar und wertvoll. Die Afghanen sind Hirten und Bergbauern. Ihre Frauen weben die berühmten rot-schwarzen Afghan-Teppiche.

In diesem Land führt von einem Dorf ein Saumweg über einen Paß in ein kleines Städtchen. In der Nähe der Paßhöhe hütet ein Hirtenknabe ganz allein 15 Ziegen und 18 Schafe. Oberhalb der Alp liegt ein Schneefeld, das vom Juli an schmilzt und den Tieren reichlich Trinkwasser liefert, mehr als 500 l am Tag. Nun ist es aber noch nicht so weit. Die Tiere trinken bis dahin aus einem Wasserloch unter einem Felsen, in das das Wasser einer Quelle fließt. Diese liefert 350 l im Tag. Eine Ziege trinkt 3,8 l, ein Schaf 5,3 l pro Tag. Der Knabe ernährt sich von Ziegenmilch und den Eßvorräten, die er auf die Alp mitgenommen hat. Er trinkt im Tag 1,2 l Ziegenmilch.

Das Wasserloch ist schattig, aber nicht dicht. Daher verdunsten pro Tag nur etwa 5 l Wasser, aber es versickern etwa 120 l. Trotzdem bleibt jeden Tag einiges Wasser übrig. Das ist wichtig, denn von Zeit zu Zeit treiben die Bauern des Dorfes eine Anzahl Rinder über den Paß in das Städtchen, und sie finden nur auf dieser Alp Wasser für ihre Tiere.

Darum leitet der Hirtenknabe jeden Abend das Wasser aus dem Wasserloch durch ein kleines Bächlein in ein Felsenbecken, einige Meter unterhalb des ersten Wasserlochs. Es ist auch durch den überhängenden Felsen geschützt und zudem mit Stangen versperrt, damit die Schafe und Ziegen nicht daraus trinken können. Wenn die Bauern vorbeikommen, nehmen sie die Stangen weg und lassen die Rinder daraus trinken. Allerdings: beim Umleiten versickern jedesmal weitere 25 l Wasser.

Eines Abends kommt der Vater des Hirtenknaben spät abends auf die Alp und sagt: „Ich möchte möglichst bald 24 Rinder auf den Markt treiben. Die brauchen etwa 320 l Wasser aus dem Becken mit den Stangen. Hast du schon genug?" Der Knabe antwortet: „Ich kann ausrechnen, wann du vorbeikommen kannst. Im Moment reicht es nicht. Ich habe heute abend gerade nachgeschaut, wieviel Wasser im Becken ist. Es sind etwa 100 l."

Bei der Lösung dieser Aufgabe muß der Schüler zuerst verstehen, worin das Problem besteht: Es ist zu bestimmen, wann die geplante Handlung ausgeführt werden kann. Die Wanderung der Rinderherde kann dann erfolgreich durchgeführt werden, wenn auf der Alp genügend Wasser vorhanden ist. Damit der Schüler diese notwendige Bedingung klar erkennt, lernen wir ihn fragen: „Was braucht es, damit die Handlung ausgeführt werden kann?" Das Ergebnis der Anwendung dieser *Strukturregel* ist die Kennzeichnung des SOLL-Zustandes (320 l im Wasserloch). In diesem Zusammenhang soll der Schüler auch den IST-Zustand (100 l im Wasser-

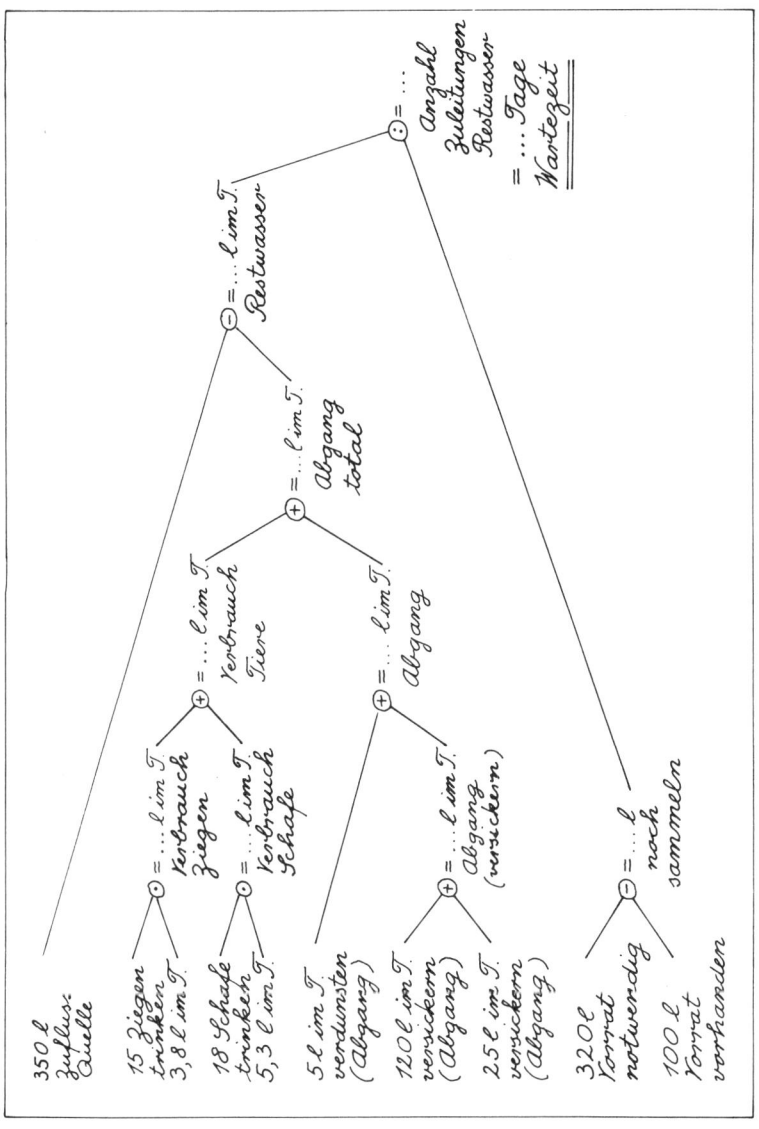

Abb. 2. Ein Lösungsbaum für die Hirtenaufgabe. Links schreibt der Schüler die gegebenen Größen auf. Jede Astgabel bedeutet eine mathematische Operation. Rechts außen steht das Ergebnis. ‚Zeichne den Lösungsbaum auf' ist eine Repräsentations- oder Darstellungsregel. Diese Beispiele werfen natürlich viele mathematische Fragen auf, die wir hier nicht behandeln können.

201

loch) und die Handlung, welche den IST- in den SOLL-Zustand überführt (an mehreren Tagen die Restmenge Wasser in das Wasserloch leiten), bestimmen.

Der Schüler muß aber auch die irrelevanten von den relevanten Zahlen, den „Einflußgrößen", unterscheiden. Dazu empfehlen wir dem Problemlöser, für jede Zahlenangabe zu fragen, ob sich das Ergebnis verändert, wenn die gegebene Größe verändert wird. (Um die Dinge zu vereinfachen, sagen wir: wenn sie verdoppelt wird.) Diese *Strukturregel* lautet also: „Verdopple jede angegebene Größe und überlege, wie sich das Ergebnis verändert" (ob es in der hier gestellten Aufgabe also mehr oder weniger Tage dauert, bis die Rinderherde ihre Wanderung antreten kann).

Eine *Repräsentationsregel* würde dagegen dazu anleiten, die Lösung in der Form eines „Lösungsbaumes" zu planen (Abbildung 2) oder schlicht eine Skizze zu entwerfen, in die die wichtigen Gegebenheiten der Aufgabe hineingeschrieben werden, zum Beispiel so wie in Abbildung 3.

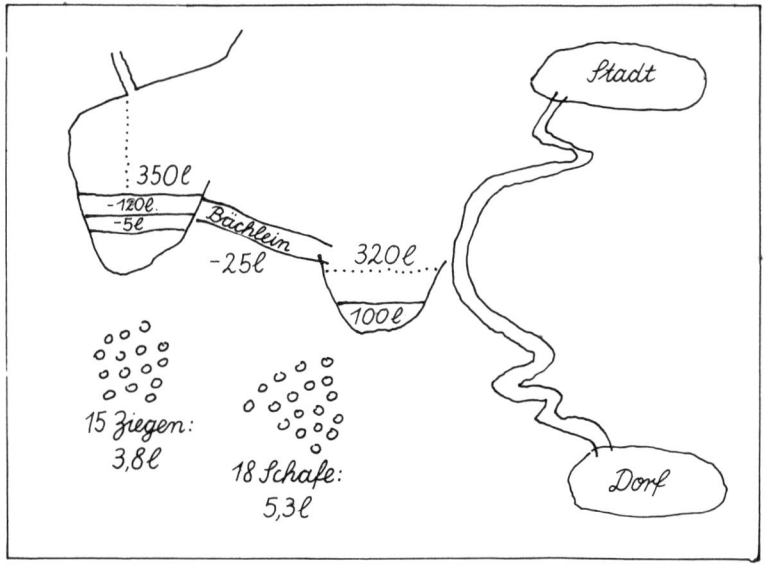

Abb. 3. Diese Skizze stellt die Problemsituation der Hirtenaufgabe dar und erlaubt es, die relevanten Größen einzutragen. „Zeichne eine Situationsskizze" ist auch eine Darstellungsregel.

Problemlösen in vier Schritten

Die allgemeindidaktische Frage, die sich vor einer derartigen Aufgabe stellt, lautet nun: Wie kann man Schülern derartige Regeln des Problemlösens vermitteln? Etwas spezieller: Wie können wir sie dazu anleiten,

(1) das gestellte Problem zu verstehen (dazu dienen die Beispielregeln),
(2) eine Lösung zu planen,
(3) die Lösung im einzelnen auszuführen und
(4) die Lösung selbständig zu prüfen?

Jeder von diesen vier Schritten ist wichtig, und zwar aus den folgenden Gründen:

(1) Viele Schüler fassen gestellte Probleme nicht tief genug auf. Das Verstehen eines Problems ist der erste Schritt zu seiner erfolgreichen Lösung. „Gut verstanden ist halb gelöst", könnte man sagen.

(2) Viele Schüler stürzen sich planlos und blind in die Einzelheiten der Problemlösung. Im Falle der Textrechnungen fangen sie sofort an zu rechnen. Dabei sehen sie ob den Bäumen den Wald, ob den Ausrechnungen die großen Linien (die „Struktur") der Lösung nicht.

(3) Daher verrennen sich auch viele Schüler bei der Ausführung der Lösung. Plötzlich wissen sie nicht mehr, was sie eigentlich tun und warum sie es tun. Sie wissen nicht mehr, was das Zwischenergebnis bedeutet, das sie ausgerechnet haben. Darum berechnen sie in der Fortsetzung auch sinnlose Größen oder geben diesen falsche Bedeutungen. Da sie keinen Plan haben, fehlt ihnen der Rahmen (eine „Metastruktur"), der es ihnen erlauben würde, den Lösungsablauf zu steuern und zu überwachen (*exekutive Kontrolle*). Zusammenfassend sagen wir: Sie haben bei der Ausführung der Arbeit keine Übersicht.

(4) Viele Schüler kontrollieren die Güte ihrer Lösung nicht. Wenn sie überhaupt eine Kontrolle versuchen, so rechnen sie bloß nach, und das bedeutet für sie, zu prüfen, ob sie keine Rechenfehler gemacht haben. So kann es geschehen, daß sie unsinnige Dinge genau ausrechnen. Wir schlagen demgegenüber vor, daß sie sich zwei Fragen stellen: „Beantwortet mein Ergebnis die gestellte Frage?" und: „Ist das Ergebnis im Lichte meiner allgemeinen Erfahrung plausibel?", in der Sprache der Schüler: „Könnte das sein, was ich als Ergebnis erhalten habe?".

Wenn wir nun den Schüler dahin bringen wollen, Probleme eines bestimmten Typs selbständig zu lösen, müssen wir mit ihm Regeln der beschriebenen Art erarbeiten und anwenden lernen. Nun haben wir schon gesehen, was es braucht, damit der Schüler seine Lernprozesse kennenlernt: *Reflexion* ihres realen und idealen Verlaufs, und wie er aufgrund dieses Wissens praktisch vorgehen lernt: durch die Entwicklung von Verfahren der Selbststeuerung und durch ihre Einübung. Beispiele von Heuristiken, d.h. von Regeln des Problemlösens, haben wir kennengelernt. Es bleibt daher, zu zeigen, wie wir diese durch Reflexion aus Erfahrungen des Problemlösens herausarbeiten und wie wir den Schülern die Gelegenheit zu ihrer selbständigen Anwendung geben.

Wenn wir mit den Schülern eine neue Art von Problemen in Angriff nehmen, werden wir diese in der Regel vorerst unter Anleitung lösen, so wie wir das in den „Zwölf Grundformen" als problemgeleitetes, fragend-entwickelndes Unterrichtsverfahren zeigen. Wenn wir uns in der Richtung des selbständigen Problemlösens bewegen, so fällt diese Anleitung allmählich weg. An ihre Stelle treten die Regeln. Im Idealfall hat der Lehrer seine Anleitung schon so gestaltet, daß darin die Regeln sichtbar geworden sind. Im Falle einer Textrechnung hat er zum Beispiel die Schüler aufgefordert, die Einflußgrößen und die Richtung, in der diese das Ergebnis beeinflussen, zu bestimmen. Er hat mit den Schülern zusammen den Lösungsbaum erarbeitet oder mit ihnen eine Skizze entworfen, in die die wesentlichen Größen eingetragen wurden. In diesen Fällen ist es für den Schüler relativ leicht, die Regeln des Vorgehens aus den unter Anleitung beschrittenen Verfahren herauszuarbeiten und die Instruktionen des Lehrers zu *Selbstinstruktionen* zu machen.

Wenn die Schüler die ersten Problemlösungen nicht unter Anleitung, sondern selbständig gefunden haben, ist die Aufgabe der Extraktion der verwendeten Regeln schwieriger. Verschiedene Schüler haben wahrscheinlich verschiedene Methoden gewählt, und sie sind sich ihrer zum Teil gar nicht bewußt geworden. Darum schließt an das „naive" Problemlösen eine Phase der „Arbeitsrückschau" und der Verfahrensreflexion an. Wie sind wir vorgegangen? Welche Schwierigkeiten haben wir angetroffen? Insbesondere: Was haben wir getan, um das Problem zu verstehen, die Lösung zu planen? Haben wir überhaupt einen Plan gehabt? Wie haben wir die Lösung ausgeführt? Wie haben wir sie geprüft? Und wie haben wir die Gegebenheiten der Aufgabe und die Lösung dargestellt? Diese Fragen können eine schwierige Arbeit der Bewußtwerdung erfordern, denn Vieles im Denken geschieht unbewußt. Als Ergebnis dieser Reflexion gewinnen wir die heuristischen Regeln, die auf den bearbeiteten Problemtyp passen. Zugleich werden wir uns des Lösungsverlaufs bewußt.

Man erkennt: hier ist der Lehrer darauf angewiesen, selbst über eine gute Psychologie des Problemlösens zu verfügen. Er braucht auch selbst Erfahrung im Problemlösen und muß diese *„kognitive Selbsterfahrung"* mit der psychologischen Theorie verbinden (BECK, BORNER & AEBLI 1986). Man möchte ihm daher wünschen, daß er in seiner eigenen Aus- und Weiterbildung derartige Erfahrungen gewonnen hat. Es ist schwierig, ein guter Beobachter und Anleiter des Problemlösens zu sein, wenn man sein ganzes Wissen eingetrichtert erhalten hat!

Die Regeln des Problemlösens anwenden können – und wollen

Bisher haben wir von Strukturregeln, zum Beispiel der Einflußgrößen- und den IST-SOLL-Regeln, und von Darstellungsregeln, zum Beispiel der Baum- oder der Skizzenregel, gesprochen. Wir unterscheiden aber auch zwischen *Standard- und Feuerwehrregeln*. Standardregeln steuern die Standard- oder Normalverfahren. Ihre Anwendung ist obligatorisch. Ob man sich dessen bewußt ist oder nicht: man muß sie anwenden, sonst kommt man nicht zu einer Lösung. „Versuche, die Frage zu verstehen" ist eine derartige Regel, „Bestimme die relevanten Größen", eine andere. Feuerwehrregeln setzen wir dann ein, wenn wir in Schwierigkeiten geraten. Sie dienen ihrer Bewältigung, dem Löschen des Feuers.

Standardregeln kann man sich einprägen und sie hintereinander anwenden. Bei den Feuerwehrregeln stellt sich die wichtige Frage, welche Merkmale der Situation ihre Anwendung auslösen. Offensichtlich muß sich der Problemlöser für gewisse Situationen sensibilisieren. Er muß sie als solche erkennen und wissen: „In dieser Situation gibt es eine Regel, die hilft. Jetzt muß ich sie anwenden, wenn ich weiterkommen will." Wir nennen dies die *Auslösebedingung* der Regel. Im Falle der Skizzenregel könnte sie etwa lauten: „Wenn ich den Eindruck habe, daß mir die Handlung, in der die Rechnung auftritt, unklar ist, zeichne ich mir die Lage und die Vorgänge auf und schreibe die richtigen Größen hinein."

Die Bestimmung der Auslösebedingungen für Feuerwehrregeln ist wichtig, wenn sie der Schüler unaufgefordert anwenden soll. Aber es braucht dazu noch mehr. Wir müssen ihn auch überzeugen, daß die Regel eine Wirkung hat und daß es sich lohnt, sie anzuwenden. Es ist natürlich leicht, dem Schüler zu befehlen, sie anzuwenden. Dann wird man aber häufig beobachten, daß er sie fallenläßt, sobald ihn niemand mehr zur Anwendung zwingt. Gerade in Prüfungssituationen kommen erstaunliche Rückfälle in primitives Lösungsverhalten vor. Nützliche Regeln werden beiseite gelassen. Dies hängt sicher mit dem Streß der Prüfungssituation zusammen. Es kann aber auch daher rühren, daß es uns nie gelungen ist, den Schüler den Nutzen einer heuristischen Regel wirklich wahrnehmen und erfahren zu lassen. Daraus ergibt sich die Aufgabe, für die *Wahrnehmung des Nut-*

zens von Verfahrensregeln zu sorgen und die Schüler davon zu überzeugen, daß der Nutzen eine Folge der Anwendung der Regel ist („daß er den Nutzen der Regelanwendung zuschreibt, attribuiert").

Man erkennt hier jenes spezielle Motivationsproblem, von dem wir im ersten Teil dieses Kapitels gesprochen haben. Es geht nicht mehr darum, daß der Schüler die Regel versteht und sie (auf Aufforderung) anwendet. Es geht darum, daß er sie anwenden *will*, weil er weiß: Die Regel hilft mir, bestimmte Schwierigkeiten zu überwinden und zu einer Lösung zu gelangen. Dies ist auch darum wichtig, weil die Heuristiken auch ihren *Aufwand* erfordern. Es bedeutet mehr Aufwand, einen Lösungsbaum oder eine Skizze aufzuzeichnen, als einfach mit dem Rechnen zu beginnen. Der Schüler muß also auch zum Schluß kommen, daß sich dieser Aufwand lohnt, und er muß ihn auf sich nehmen, auch wenn er in einer Prüfungssituation unter wirklichem oder vermeintlichem Zeitdruck steht (AEBLI & RUTHEMANN 1987).

Diese Erfahrung des Nutzens eines Problemlöseverfahrens kann der Schüler nur machen, wenn er Probleme selbständig löst. Dazu müssen wir ihm also Gelegenheit geben. Nach der Erarbeitung der Regeln, ihrer Formulierung und Besprechung ist es notwendig, daß wir den Schülern neue, ähnliche Probleme vorlegen, die sie selbständig zu lösen versuchen. Die Selbständigkeit braucht keine absolute zu sein. Der Lehrer kann die Schüler im Klassenverband ein Problem einmal angehen lassen, um dann zu helfen, wenn sie nicht weiterkommen. In der Folge muß die Hilfe jedoch abgebaut und die Selbständigkeit erhöht werden. Man wird die Schüler also mindestens phasenweise individuell oder in Gruppen arbeiten lassen. Dazu ist es notwendig, daß ihnen weitere ähnliche Probleme vorgelegt oder gestellt werden: weitere Textrechnungen, ein ähnliches Thema zur Abfassung eines Textes, ein ähnlicher Text zum Zusammenfassen, ein ähnliches Werkstück zur Herstellung oder zur Darstellung (Handwerker, Zeichner).

Entscheidend ist dabei, daß die selbständige Arbeit immer wieder durch Phasen der gemeinsamen und individuellen Reflexion unterbrochen wird. Die *Selbstbeobachtung* und die *Reflexion* der eigenen Tätigkeit muß die Lern- und Problemlösetätigkeit ständig begleiten, andernfalls ist ihr Ertrag ungenügend.

Unnötig zu sagen, daß auch der Lehrer sein eigenes Lernen immer wieder beobachten sollte. Indem er bei der Diskussion über die Erfahrungen beim Lernen und Problemlösen von seinen eigenen Beobachtungen und Einsichten berichtet, wird er zum glaubwürdigen und interessanten Diskussionspartner. Im andern Fall meinen einige Schüler, die vom Lehrer vorgeschlagenen Methoden seien nur für sie gut und spielten im Erwachsenenleben keine Rolle. Die Reflexion der persönlichen Erfahrungen befähigen den Lehrer zugleich auch, die Beiträge der Schüler besser zu verstehen, sich in die von ihnen gewählten Verfahren und Erfahrungen besser einzudenken und sie in der Folge daher besser anzuleiten (BECK, BORNER & AEBLI 1986).

Wenn wir so verfahren, wird in den Schulen eine *„Kultur des Problemlösens"* erwachsen, die allen Beteiligten Freude und Befriedigung verschafft. Denn Problemlösen heißt denken und geistig lebendig sein. Die Distanz der Schule zum außerschulischen, dem privaten wie beruflichen Leben wird ein Stück verkleinert. Die Schule ist nicht mehr bloß ein Ort, wo man Stoff lernt, sondern ein Ort, wo gehandelt und nachgedacht, also gelebt wird. Problemlösen ist Denken, und Denken ist Ordnen des Tuns, hier: autonomes Tun.

Kapitel 14: Stillbeschäftigung und Hausaufgaben: Gelegenheiten zum autonomen Lernen

Hausaufgaben: Von vielen Schülern widerwillig gelöst, von Eltern als Belastung empfunden, von Lehrern halbherzig gestellt und ungern korrigiert. Das ist keine glückliche Situation. Muß es so sein? Wir meinen: Nein, und die Gründe sind schon im vorangehenden Kapitel klar geworden. Hausaufgabenlösen ist „autonomes Lernen". Richtig vorbereitet, eröffnen sie Chancen des Lernens und der persönlichen Entwicklung. Aber betrachten wir vorerst den IST-Zustand!

Wie Hausaufgaben vielerorts gestellt werden und was sie bei den Schülern – und den Eltern – bewirken

Viele empirische Untersuchungen (NEUWAHL & VAN DEN BOGAART 1984, EIGLER & KRUMM 1972, WITTMANN 1970) haben gezeigt, daß die meisten Lehrer die Hausaufgaben in den letzten Minuten der Schulstunden in kurzen Worten erteilen. Häufig bestehen sie einfach darin, Arbeiten, die in der Stillbeschäftigung begonnen worden sind, fertigzuschreiben. Wenn sie selbständige Arbeiten umfassen, so betreffen sie das Wiederholen und das Üben, die Konsolidierung von Wissen und die Bildung von Fertigkeiten. Auch Anwendungsaufgaben werden gestellt. Aber da diese wiederum häufig kein echtes Denken und Problemlösen erfordern, sondern bloß eingekleidete Übungsaufgaben darstellen, setzen sie bloß die Übungsarbeit fort.

Die Korrektur dieser Aufgaben geschieht heute sehr häufig im Klassenverband, sei es, daß jeder Schüler seine eigene Arbeit korrigiert, sei es, daß die Hefte ausgetauscht werden. Der Lehrer oder die Lehrerin machen Stichproben und kontrollieren die äußere Form der Aufgaben. Die Korrektur beschränkt sich auf diese Weise im wesentlichen auf die Richtigkeit der gelieferten Antworten.

Auch Sprachübungen werden zum Teil durch die Schüler selbst korrigiert. Dies geschieht natürlich häufig ungenau. Denn es erfordert einiges Wissen und Können, um einen Text sorgfältig zu korrigieren. Aufsätze werden nicht in allen Schulen zu Hause verfaßt. An einigen Orten werden – zum Schaden der Schüler – nur Stundenaufsätze geschrieben. Man meint, die Bewertung dieser Leistungen erfordere die Abfassung unter kontrollier-

208

ten Bedingungen. Dies hat zur Folge, daß die Schüler nie lernen, einen längeren Text in Ruhe und aufgrund eines sorgfältigen Studiums der Sache zu verfassen. Kein Wunder, daß sie an der Universität Schwierigkeiten haben, ihre Seminararbeiten zu schreiben!

Wenn man diese Situation überblickt, so ist man versucht, die Hausaufgaben als ein didaktisches Stiefkind unserer Schulen zu bezeichnen. Das ist schade, denn so werden Lernchancen verpaßt. Denken wir also etwas grundlegender über die Rolle der Hausaufgaben im Lernen und in der Entwicklung unserer Schüler nach!

Die Stillbeschäftigung und die Hausaufgaben im Rahmen des schulischen Lernens

Wenn die Schule nur dazu da wäre, Wissen zu vermitteln, das man zu Hause nachläse, um es sich einzuprägen, und Techniken zu erklären, die zuhause geübt und konsolidiert würden, so wäre mit der gängigen Hausaufgabenpraxis alles zum besten bestellt. Leider – oder zum Glück – ist das nicht so. Wir haben in den Kapiteln dieses Buches schon die Vielfalt der Lernprozesse kennengelernt, die die Schule auslösen und anleiten muß, wenn sie junge Menschen auf das Leben vorbereiten will, und wir haben auch gesehen, daß alle diese Lernprozesse so gefördert werden sollten, daß sie der Schüler schließlich selbständig ausführen kann. Dies betrifft nicht nur einzelne Lern-, Erfahrungs- und Problemlöseschritte, es betrifft auch ganzheitliche Lernabläufe und Erfahrungsprozesse. Es genügt auch nicht, daß derartige Übungen in den letzten Schuljahren einige wenige Male zum Zuge kommen. Der Schüler soll das, was er gelernt hat, laufend selbständig erproben und ausführen. Wir bedenken weiter, daß die Informationsgewinnung vielerlei Tätigkeiten und Kontakte erfordert: Experimente, Beobachtungen, Erhebungen anstellen, Menschen befragen, Unterlagen, Dokumente, Quellen studieren usw. Weiter kommen im Rahmen von Lerntätigkeiten alle möglichen Darstellungstechniken zum Zuge: schreiben, zeichnen, Tabellen und Grafiken erstellen, Poster konzipieren usw.

Im Ablauf dieser vielfältigen Tätigkeiten gibt es immer wieder Phasen, die der Schüler individuell ausführen kann und soll. Dies führt zu Phasen der Stillbeschäftigung während des Unterrichts. Diese Tätigkeiten können aber auch in die Heimarbeit delegiert werden. Während der Stillbeschäftigung stehen noch die Hilfsmittel der Schule zur Verfügung, und der Lehrer kann die Arbeit teilweise kontrollieren und bei Schwierigkeiten nachhelfen. Bei der Hausarbeit weiß der Schüler, daß er auf sich selbst gestellt ist. Zugleich erhalten die Eltern die Gelegenheit, Einblick in die Schularbeit zu nehmen, und ihren Beitrag zur Motivation des Schülers und der Verstärkung seiner Lerntätigkeit zu leisten. Eine weitergehende Hilfe sollte, wie wir sehen werden, nicht notwendig sein.

Mit diesen Überlegungen sagen wir nichts gegen das Wiederholen, das Üben und das Anwenden in der Hausarbeit. Das sind Tätigkeitsformen, die legitimerweise außerhalb der Schulzeit ausgeführt werden, in Maßen natürlich. Es ist jedoch falsch und zeugt von unentwickelten Formen des autonomen Lernens, wenn zuhause nur wiederholt, geübt und angewendet wird. Ins Positive gewendet, ergeben sich die folgenden Forderungen:

1. Die Hausarbeit kann und soll in die Abläufe des schulischen Lernens integriert werden.
2. Der Schüler soll die spezifischen Lernziele einer gestellten Hausaufgabe und die Verfahren zu ihrer Erreichung kennen und akzeptieren.

Die möglichen Orte der Integration der Hausarbeit in den Ablauf der schulischen Lernprozesse ergeben sich aus den vier Stufen des Lernzyklus, den wir in den „Zwölf Grundformen" dargestellt haben: problemgeleiteter Aufbau, Durcharbeiten, Wiederholen und Üben, Anwenden. Wir wissen inzwischen, daß jede dieser Phasen vielfältige Methoden, Verfahren und Darstellungsmedien ins Spiel führt. Insbesondere der Aufbau eines neuen Wissens und Könnens erfordert das Studium von Texten, die Befragung von Menschen, das Anstellen von Erhebungen, Beobachten und Experimentieren. Wo immer es sinnvoll erscheint, eine Teiltätigkeit innerhalb der vier Stufen des Lernzyklus individuell oder in Gruppen auszuführen, kann das während der Unterrichtslektion als Stillbeschäftigung geschehen, und wo immer diese Tätigkeiten so gut vorbereitet sind und bezüglich anzuwendender Verfahren dem Schüler so vertraut sind, daß er sie mit guter Aussicht auf Erfolg selbständig durchführen kann, können sie in die Hausarbeit delegiert werden.

Konkret bedeutet dies, daß in der Hausarbeit erste Lösungen eines Problems gesucht werden können. So nähert sich der Schüler einem neuen Problembereich, indem er von seiner Alltagserfahrung und seinen Alltagsinteressen ausgeht. Wir verlangen in diesem Falle natürlich keine perfekten Lösungen. Das Ziel besteht darin, daß sich der Schüler dem Problem nähert und es zu seiner bisherigen Erfahrung in Beziehung setzt. Im Rahmen der nachfolgenden Erarbeitungsphase sind sodann die oben genannten Lektüren, Erhebungen, Befragungen, das Sammeln und Beobachten und das Experimentieren notwendig. Die Ergebnisse dieser Tätigkeiten und dieses Nachdenkens müssen in Texten, Tabellen, Graphiken und Zeichnungen festgehalten werden. Insofern sie dem Schüler vertraut sind und die Bedingungen zu ihrer Ausführung zu Hause gegeben sind, kann er sie als Hausarbeit ausführen und die Ergebnisse in die Schule zurückbringen. Das

Durcharbeiten und Üben geschieht, wie gesagt, schon heute zu einem guten Teil zu Hause. Aber der Schüler weiß in der Regel nicht, warum er diese Übungen ausführt, und häufig auch nicht, wie er lernen und das Ergebnis seines Lernens kontrollieren soll. Also müssen wir es ihm sagen. Das kann natürlich nicht in den letzten drei Minuten einer Lektion geschehen, sondern braucht mehr Zeit. Sie ist nicht verloren, denn es handelt sich ja um ein Stück Hinführung zum autonomen Lernen.

Wir sagen dem Schüler also genau, wie er den Text, aufgrund dessen er einen Stoff wiederholt, studieren soll: durchlesen, sich selbst Fragen dazu stellen, weitere Gedanken daran knüpfen, zusammenfassen, ein Netz von Stichworten aufzeichnen, die Sache der Mutter oder einem Geschwister vortragen usw. Wenn es um das Lernen von fremdsprachlichen Wörtern geht, sagen wir ihm, wie er dabei vorgehen soll: das Wort genau ansehen, womöglich seine Etymologie verstehen, sich die Endungen und andere Besonderheiten einprägen, dann aufgrund des deutschen Ausdrucks den fremdsprachlichen mündlich und schriftlich produzieren, vom fremdsprachlichen auch zum muttersprachlichen zurückgehen, dazu im Vokabular zuerst die eine, dann die andere Seite abdecken, sich die Worte merken, die man in einem ersten Durchgang nicht reproduzieren konnte oder falsch reproduziert hat, diese besonders wiederholen, dann die Worte in Sätze integrieren, sich typische Redensarten mit dem Wort merken usw.

Im Rechnen werden sehr viele Aufgaben gelöst, ohne daß der Schüler weiß, wozu. Also steht am Anfang die *Zielbestimmung*: zum Beispiel ein bestimmtes Verfahren automatisieren, so daß seine Teile prompt und sicher produziert und richtig aneinandergereiht werden können. Der Schüler muß also die Elemente der zu automatisierenden Tätigkeit genau kennen und eine klare Vorstellung von ihnen haben. Dann muß er wissen, wie man übt: durch Wiederholung, zuerst vom Sinn her geleitet, in der Folge jedoch mit immer geringerem Bewußtseinsgrad. Darum muß auch das Vorgehen (das „Normalverfahren") genau festgelegt sein. Der Schüler soll auch hier wissen, wie er sich prüfen kann. Dies kann so einfache Maßnahmen wie die folgende umfassen: die letzten Beispiele, die er rechnet, als Selbstprüfung verstehen, sich bei der Ausführung aufmerksam beobachten, sich die noch auftretenden Stockungen und Fehler merken, überlegen, warum sie aufgetreten sind, korrigierende Maßnahmen treffen. Das ist nichts anderes als die *diagnostische Haltung,* welche wir im Kapitel über das autonome Lernen als Grundhaltung bei der Selbstprüfung kennengelernt haben.

Schließlich die Anwendung. Der Schüler muß wissen, daß sie einenteils sein Verständnis des angewandten Begriffs oder der angewandten Operation prüft, daß anderseits jede gelungene Anwendung das Verständnis vertieft. Also soll er bewußt an seinem Verständnis arbeiten, nicht einfach irgendwie über die Runden zu kommen versuchen. Es geht darum, vor einer neuen Situation oder vor einem neuen Gegenstand ein erlerntes Verfahren, eine Operation oder den entsprechenden Begriff wiederzuentdecken oder wiederherzustellen. Regeln helfen, komplexe Probleme zu verstehen, Feuerwehrregeln, auftretende Schwierigkeiten zu überwinden. Also soll sich der Schüler vornehmen, diese Regeln bewußt anzuwenden. Dabei soll er sich auch auftretende Probleme notieren und sie in der nächsten Stunde zur Sprache bringen. Das Geschehen bei der Lösung von echten Anwendungsproblemen ist so komplex, daß sie niemals mit den wenigen Regeln allein bewältigt werden können, die man im Unterricht behandelt hat. Das ist ein gutes Zeichen für eine fruchtbare Durchführung von Hausaufgaben: daß die Schüler in den folgenden Stunden mit Problemen kommen, die sie dabei angetroffen haben. Es zeugt davon, daß sie bewußt gearbeitet haben und daß sie versucht haben, bestimmte Ziele zu erreichen. Ähnliches ist über die Tätigkeiten des Studiums und der Verfassung von Texten, über das Beobachten und Experimentieren und über andere Formen der Datenerhebung zu sagen. Auch hier muß der Schüler genau wissen, wie er vorgehen und seine Ergebnisse prüfen und diagnostizieren soll. Anweisungen wie „Schreibt einige Sätze über das Thema", „Schaut Euch den Text einmal an" genügen nicht.

Motivation und Selbstverantwortung beim Lösen von Hausaufgaben

Wo der Schüler durch den vorangehenden Unterricht und die Vorbesprechung der Hausaufgaben in die Lage versetzt ist, diese mit Erfolg zu meistern, ist auch schon die wichtigste Bedingung für seine Motivation erfüllt. Zwei weitere Maßnahmen tragen dazu bei: die klare Zielsetzung, mit Hinweisen auf die Möglichkeiten der Selbstprüfung, und die Rückmeldung des Lehrers nach Ablieferung der Arbeit.

Das vielbeklagte Fehlen der Motivation zur Hausarbeit ist häufig einfach Zeichen für die mangelnde Vorbereitung derselben. Der Lehrer hat selber keine genaue Vorstellung von der Ausführung der Arbeit, die er verlangt. Er weiß nicht, welche Probleme dabei auftreten und wie man sie überwinden kann. Darum bleibt der Schüler vor den Aufgaben ratlos. Er fühlt sich überfordert und entwickelt negative Haltungen und Gewohnheiten zur Bewältigung der unbefriedigenden Situation. Dem jungen Lehrer muß man daher anraten, die Aufgaben, die er den Schülern aufgibt, selbst zu lösen und sich dabei genau zu beobachten. Es ist so durchaus möglich, die Schwierigkeiten vorauszusehen, die die Schüler antreffen werden. Aber auch dem erfahrenen Lehrer tut es von Zeit zu Zeit gut, einen Aufsatz, den er seine Schüler schreiben läßt, selbst zu verfassen. Vielleicht gibt er ihn sogar einem Kollegen zur Korrektur und schaut sich die Note an, die er dafür erhält! Ähnliches gilt von anderen komplexen Hausarbeiten.

Es darf auf keinen Fall geschehen, daß sich die Lehrerin oder der Lehrer darauf verläßt, daß die Eltern bei den Hausarbeiten mithelfen. Das ist ungerecht. Nicht alle Eltern sind dazu in der Lage. Benachteiligt sind gerade jene Kinder, die der Hilfe am dringendsten bedürften. Die Hausarbeit muß so gut vorbereitet und die Hilfsmittel müssen in einer Form zur Verfügung stehen, daß die Schüler die Hausaufgaben ohne Hilfe bewältigen können. Wenn das nicht möglich ist, darf die Arbeit nicht ins Haus delegiert werden, sondern muß in der Schule geschehen, wo der Lehrer oder die Lehrerin helfend eingreifen können. Das gilt insbesondere für den Erstleseunterricht. Es ist nicht akzeptabel, daß eine Lehrerin hier erklärt, es sei eben notwendig, daß die Eltern zuhause mit dem Kind das Lesen üben, damit es dem Unterricht zu folgen vermöge. Was soll in dieser Situation eine Familie aus der Türkei oder aus Sizilien tun?

Weiter leuchtet es ein, daß der Schüler Arbeiten, über deren Durchführungsart er ins Bild gesetzt ist, gern ausführt. Auch die Selbstkontrolle erzeugt Motivation und erhält sie aufrecht. Das Profax-Übungsgerät (GLARNER 1971) für den Rechen-, Sprach- und Realienunterricht und AESCHLIMANNS (1983) Rechentraining mit dem Sandührchen sind aus diesem Grunde so stark motivierend. Beide Übungsformen ermöglichen es nämlich dem Schüler, unmittelbar und selbständig zu prüfen, ob er richtig geantwortet und ob er eine gegebene Aufgabenreihe in der vorgeschriebenen Zeit absolviert hat.

Schließlich müssen wir aber auch die Rückmeldungen des Lehrers und der Lehrerin als motivierende Faktoren erwähnen. Heute werden bekanntlich viele Hausarbeiten nur in der Klasse, durch die Schüler selbst, korrigiert. Das schließt eine ausführliche und persönliche Rückmeldung durch den Lehrer und die Lehrerin aus. Es genügt nicht, daß diese nur die anspruchsvolleren schriftlichen Arbeiten korrigieren. Auch die kleineren täglichen Arbeiten müssen zur Kenntnis genommen werden. Wir müssen dem Schüler zu Bewußtsein bringen, daß wir seine Arbeit gesehen haben. Der Schüler sucht diese Rückmeldung. Sie stellt eine Form des persönlichen Kontaktes mit uns dar, und sie erhöht daher seine Motivation. Wichtiger als eine Note ist der sprachlich gefaßte Kommentar und die persönliche Bemerkung, die zur guten Weiterarbeit ermuntert, die Hoffnung auf Erfolg unterhält und hilft, mögliche Fehler und Mißerfolge positiv zu bewältigen.

Praktisch-didaktische Hinweise zum Hausaufgabenproblem

Es stellt sich häufig die Frage, wie lang erstreckt die Hausarbeiten sein sollen: Kurzaufgaben von Stunde zu Stunde oder langzeitlich zu realisierende Aufgaben, Wiederholungen von ganzen Kapiteln und Unterrichtseinheiten, ganze Projekte, wie zum Beispiel die Durchführung eines Versuchs oder die Erstellung eines Posters. Diese Entscheidung hängt einmal vom Alter und der Fähigkeit der Schüler ab. Die erste Regel lautet daher: *Je jünger und je weniger begabt die Schüler, desto kürzer die Hausarbeit.* Oder umgekehrt: *Mit zunehmendem Alter und je günstiger die persönlichen und die häuslichen Voraussetzungen sind, desto eher können länger erstreckte Aufträge und Vorhaben hinzukommen.* Wir denken hier also vor allem an die Sekundarstufe I und II. Wenn sich der Schüler dem Abitur nähert, sollen größere Arbeiten verfaßt werden, die sich an der Hochschule in den Proseminar- und den Seminararbeiten fortsetzen.

Man hat sich zum Teil gefragt, wie „offen" Hausaufgaben, insbesondere komplexerer Art, gestellt werden sollen. Darauf gibt es eine einfache Antwort: *Hausaufgaben sollen so offen wie möglich und so geschlossen wie nötig gestellt werden.* Wo wir nämlich eine Aufgabe offen stellen, überlassen wir es dem Lernenden, die Art und Weise zu bestimmen, wie er sie lösen soll. Das können wir tun, wenn er weiß, wie er vorgehen soll, wenn er, mit andern Worten, über das notwendige Wissen und die Verfahren, Methoden und Techniken verfügt, um die Aufgabe zu lösen. Seine Kompetenz bestimmt also die mögliche Offenheit der Aufgabenstellung. Umgekehrt ist es nötig, ihm überall dort, wo dieses Wissen und Können fehlt, zu sagen, wie er vorzugehen hat, nicht um seine Freiheit einzuschränken, sondern um ihm eine erfolgreiche und angstfreie Arbeit an der Aufgabe zu ermöglichen. Natürlich können wir nicht in jedem Falle genau wissen, welche Ideen der Schüler vor einer gestellten Aufgabe entwickelt. Wir werden daher von Zeit zu Zeit das Wagnis eingehen, ihm eine Aufgabe „offen" zu stellen, auch auf das Risiko hin, daß er ihr nicht gewachsen ist, in der Hoffnung, es würden beim einen oder andern Schüler Kräfte und Fähigkeiten sichtbar, die wir nicht gekannt haben. Diese Haltung darf nun aber nicht zum Feigenblatt für ein gedanken- und konzeptionsloses Stellen von Hausaufgaben werden. In diesen Fällen sagen wir den Schülern, daß sie auf Schwierigkeiten stoßen und die Aufgabe eventuell nicht lösen können. Damit wird Unsicherheit und Angst verhindert. Man sieht: wir müssen wissen, welche Tätigkeiten die Lösung einer Hausaufgabe verlangt, und dafür sorgen, daß die notwendige Kompetenz bei den Schülern vorhanden ist.

Man hat auch gefordert, daß Hausaufgaben *differenziert* gestellt werden, einenteils nach der Leistungsfähigkeit der Schüler, aber auch nach ihren

Interessen und Neigungen. Damit stellt sich natürlich das allgemeinere Problem der inneren Differenzierung der Tätigkeiten und des Lernens in einer Klasse. Wir gehen in diesem elementaren Buch nicht auf dieses schwierige Problem ein, denn es ist hier leichter, Forderungen aufzustellen, als sie in der täglichen Arbeit zu erfüllen. Für die Hausaufgaben stellen wir fest, daß das grundlegende Wissen und Können von allen Schülern einer Klasse gemeistert werden muß und daß gerade die Erarbeitung dieses Wissens und Könnens in den Hausaufgaben vorbereitet und sodann gefestigt wird. Dies spricht gegen die Differenzierung.

Nun können es allerdings unterschiedliche Vorbildung und Begabung nötig machen, daß der eine Schüler mehr oder weniger Übungs- und Anwendungsgelegenheit braucht als der andere. Hier können Zusatzaufgaben für die Schwächeren und besonders anspruchsvolle und interessante Aufgaben für die Stärkeren hilfreich sein. Diese Art der Differenzierung ist durch viele Lehrmittel vorbereitet, leicht praktizierbar und daher empfehlenswert. Schließlich bemerken wir, daß im Rahmen komplexerer Vorhaben und Projekte einzelne Schüler und Gruppen von Schülern verschiedene Aufträge übernehmen und diese zum Teil auch zu Hause vorbereiten können. Hier ist eine differenzierte Aufgabenstellung angezeigt und fruchtbar.

Eine weitere Gruppe von Überlegungen betrifft die *äußeren Bedingungen*, unter denen Hausaufgaben gelöst werden sollen: daß der Schüler auf einem richtigen Tisch und Stuhl (und nicht etwa an einem Salontischchen auf den Knien), bei guter Beleuchtung und vor allem ungestört durch Radio, Fernsehen und Störungen durch Familienmitglieder und Besucher, arbeiten kann. Diese Dinge sind an und für sich selbstverständlich. Bei gewissen Schülern und ihren Eltern muß jedoch einige Überzeugungsarbeit geleistet werden, damit sie auch eingehalten werden. Wo das nicht geschieht, wo also Schüler beim Lösen der Hausaufgaben zum Beispiel das Radio laufen lassen oder sie sich sogar in der Nähe des laufenden Fernsehapparates plazieren, kann man in der Regel annehmen, daß sie im Unterricht nicht erfahren haben, worauf es beim Lernen ankommt. Sie haben eine oberflächliche Auffassung von der Funktion der gestellten Aufgabe und führen sie daher nicht bewußt und zielgerichtet aus.

Schwieriger ist es unter Umständen, die Eltern dazu zu bewegen, ihrem Kind geeignete Bedingungen für die Lösung der Hausaufgaben zu sichern. Elternabende können die nötige Information vermitteln. Die Crux besteht jedoch darin, daß die Eltern, welche es am nötigsten hätten, meistens nicht zum Elternabend kommen. Dann versuchen wir anläßlich eines Hausbesuchs, die Eltern dahin zu bringen, gute Arbeitsbedingungen für ihr Kind herzustellen. Der Hinweis auf die Zusammenhänge mit den Schulleistungen und mit dem Fortkommen des Kindes hilft in den meisten Fällen.

Es ist darum notwendig, daß man die Schüler in Abständen über die Umstände befragt, unter denen sie die Hausaufgaben lösen und daß man eingreift, wenn man ungünstige Entwicklungen oder eine Veränderung der Situation feststellt. Der Lehrer und die Lehrerin dürfen hier die Hände nicht in den Schoß legen und sich sagen, daß dies die Aufgabe einer jeden Familie sei. Gelegentlich haben wir als Anwalt des Kindes gegenüber uneinsichtigen Eltern aufzutreten. Schulleitung und Schulbehörden unterstützen diese Bemühungen. Sie müssen es von Gesetzes wegen tun.

Bei Gelegenheit dieser Elternkontakte ist es auch möglich und nützlich, den Eltern zu sagen, was sie zur Unterstützung des Kindes beim Lösen von Hausaufgaben tun und nicht tun sollen. Wenn der Unterricht alle Hilfen liefert, die der Schüler nötig hat, um die Lernziele zu erreichen, so kann man den Eltern sagen, daß sie ihrem Kind bei der Lösung der Hausaufgaben nicht zu helfen brauchen, gewisse außerordentliche Situationen wie Krankheit oder andere Ausfälle vielleicht ausgenommen. Sie brauchen die Schüler auch nach Abschluß der Lernarbeit in der Regel nicht „abzuhören", es sei denn, sie wollten sich Rechenschaft darüber ablegen, wie ihr Kind arbeitet und was in der Schule getrieben wird. Das einzige, was Eltern sinnvollerweise tun sollen, ist, darauf zu achten, daß der Schüler die Hausarbeit nicht unnötig hinausschiebt, daß er nicht unnötige Dinge treibt, bevor er die Hausaufgaben in Angriff nimmt, und daß er diese nicht ungerechtfertigt unterbricht. Am Schluß können sie ihn fragen, ob er seine Aufgaben ausgeführt habe. Mehr braucht es nicht.

Schließlich stellen sich überall dort, wo ein Fachlehrersystem besteht, Probleme der gegenseitigen Information der Lehrer und der Abstimmung der gestellten Aufgaben. Es geht darum, zu verhindern, daß sich die Aufgaben zu gewissen Zeiten häufen und daß zu anderen Zeiten zu wenige Aufgaben gestellt werden. Hierzu haben sich zwei Lösungen bewährt: das *Aufgabenbuch* der einzelnen Schulklasse und die *Aufgabentafel*. Im Aufgabenbuch, einer grossen Agenda, werden entweder am Tag, wo sie gestellt, oder am Tag, an dem sie abgegeben werden, die Aufgaben und der geschätzte Zeitaufwand eingetragen. Wenn die Agenda einen ganzen Monat als langes Faltblatt umfaßt, kann jedem Fach eine Zeile und jedem Tag des Monats eine Spalte reserviert werden. Dann kann sowohl der Tag, an dem die Aufgabe gestellt wurde, als auch der Tag, an dem sie abgegeben werden soll, als Kreis eingetragen und die beiden Kreise durch eine Linie verbunden werden. Die Schätzung der erforderlichen Zeit wird in die Kreise oder – über die Tage verteilt – auf der Linie eingetragen (UNMUTH 1981).

Die *Aufgabentafel* befindet sich in der Regel an einer Seitenwand des Schulzimmers. Es ist entweder eine Streifenwandtafel oder ein Anschlagebrett, auf dem eine Woche bis ein Monat schematisch aufgezeichnet sind. Das kann in der Form des Stundenplans der Klasse oder, wie oben dargestellt, mit einer Zeile je Fach geschehen. Der Lehrer oder ein beauftragter Schüler schreibt die Aufgabe und den geschätzten Zeitaufwand in die Tafel ein. Wenn es sich um ein Anschlagebrett handelt, kann der Lehrer schon bei der Vorbereitung ein Kärtchen anfertigen, das dort eingesteckt wird, wo die Aufgabe erledigt sein muß (FEIKS 1981).

FÜNFTER TEIL
Miteinander zurechtkommen

Kapitel 15:
Gesprächsführung und Beratung

Kapitel 16:
Lehrer-Eltern-Kontakte

Kapitel 17:
Die Autorität des Erziehers und das
Problem der Disziplin

Kapitel 18:
Die ruhige Festigkeit lernen: Assertivität

Kapitel 15: Gesprächsführung und Beratung

Lehrer und Lehrerinnen kommen immer wieder in die Lage, persönliche Gespräche mit Schülern, Eltern oder auch mit Kollegen zu führen. Es geht dabei in der Regel um geringfügige, leicht lösbare Probleme. Von Zeit zu Zeit sind diese aber schwieriger. Dann kann es sich darum handeln, den Schüler und/oder seine Eltern zu beraten, das heißt, ihnen Möglichkeiten und Wege der Bewältigung einer Schwierigkeit zu zeigen oder im gemeinsamen Gespräch zu suchen.

Nun lernt zwar jeder Mensch in seiner Alltagserfahrung, mit seinem Mitmenschen zu sprechen. Unter „Gesprächsführung" verstehen wir jedoch mehr als diese informelle Kommunikation. Insbesondere bei Beratungsgesprächen gibt es Regeln, die man beachten muß, wenn sie fruchtbar sein sollen. Wir wollen sie in diesem Kapitel zeigen und begründen.

Es kommt jedoch ein weiteres dazu. Vielen Lehrern fällt es nicht leicht, mit ihren Schülern ein persönliches Gespräch zu führen. Die Schüler nehmen sie als Autoritätspersonen wahr. Die Lehrer selbst müssen ja auch dauernd Normen und Regeln vertreten. Darum wirken sie relativ gespannt. Dies wirkt sich auf das Bild aus, das sich die Schüler von ihnen machen, und auf die Beziehung, die sie zu ihnen entwickeln – oder nicht entwickeln. Man denke nur an die Streiche, die Lehrern gespielt werden! Das tut man doch nur gegenüber Menschen, zu denen man keine persönliche Beziehung hat.

Auch viele Lehrer und Lehrerinnen sehen die Klasse als ein unpersönliches Ganzes. Es ist, wie wenn sie vergäßen, daß da Kinder und Jugendliche vor ihnen sitzen, die an diesem Morgen aufgestanden sind, gefrühstückt und sich von ihren Eltern verabschiedet haben, junge Menschen mit Sorgen und mit der Sehnsucht nach ein wenig Anerkennung und Wärme. Die unpersönliche Wahrnehmung der Klasse durch den Lehrer hängt wahrscheinlich auch mit der Angst vor den Schülern und der Notwendigkeit der Vertretung von Normen und Regeln zusammen.

All dies hat zur Folge, daß viele Lehrer das persönliche Gespräch mit ihren Schülern nicht suchen und daß sie, wenn sie es führen sollten, einige Schwierigkeiten haben, es richtig zu tun. Daraus folgt schon die erste und grundlegende Regel der Gesprächsführung: *Im Gespräch mit den Schülern versuchen wir, ihnen als Menschen zu begegnen, und wir suchen in ihnen den Menschen.* Unser Ziel ist es, eine persönliche Beziehung herzustellen. Das kann manchmal schwierig sein, insbesondere, wenn die Begegnung konflikthaft ist. Es ist aber auch eine einzigartige Chance. Man stelle sich vor, welche Veränderung es für viele Lehrer bedeuten würde, wenn sie im Unterricht das Bewußtsein hätten, eine Anzahl Schüler vor sich zu haben, zu denen sie ein je persönliches Verhältnis unterhielten! Dann gäbe es ja plötzlich in der Schule so wenig Dummheiten und Streiche, wie es sie in einer Familie oder an einem normalen Arbeitsplatz gibt! Der Lehrer hörte auf, eine komische Figur zu sein, und die Schüler verhielten sich ihrerseits so vernünftig, wie sie sich im persönlichen Kontakt mit ihren Mitmenschen verhalten...

Diese Chance eröffnet sich im Gespräch mit dem Schüler und mit seinen Eltern. In abgewandelter Form gilt das Gesagte auch für das Verhältnis des Lehrers und der Lehrerin zu ihren Kollegen. Um jedoch nicht unnötig allgemein und abstrakt zu werden, denken wir in der Folge vor allem an die Gesprächsführung mit und an die Beratung von Schülern und Eltern.

Aus welchen Anlässen suchen wir diese Gespräche? Die vorangehenden Überlegungen liefern die Leitlinien zu einer Antwort. Es geht also darum, zu verhindern, daß wir als Lehrer die Klasse als ein unpersönliches, beunruhigendes bis feindliches Etwas wahrnehmen, das wir mit autoritären Maßnahmen irgendwie im Schach halten. Es geht für den Schüler darum, daß er lernt, den Lehrer als Menschen wahrzunehmen, zu dem man eine ähnliche persönliche Beziehung aufbauen kann wie zu einem guten Bekannten oder erwachsenen Freund. Für die Eltern geht es darum, im Lehrer einen Verbündeten zu sehen, mit dem zusammen man versucht, ein Kind bestmöglich zu fördern und zu erziehen.

Daraus folgt, daß man mit Schülern nicht erst reden sollte, wenn Geschirr zerschlagen ist. Auch mit Eltern sollten wir regelmässig Kontakt halten (Kap. 16). Wir führen in Abständen mit jedem Schüler ein persönliches Gespräch, erkundigen uns nach seinem (schulischen) Ergehen, versuchen, ein Bild vom Verlauf der Schularbeit zu gewinnen und herauszufinden, ob irgendwo der Schuh drückt. Das kann, muß jedoch nicht in formellen Unterredungen geschehen. Für eine gewisse Formalisierung des Verfahrens spricht die Tatsache, daß man ohne diese nicht leicht mit jedem Schüler in Kontakt kommt. Anderseits kann man den Kontakt mit den Schülern auch auf informelle Weise unterhalten, indem man bei dieser und jener Gelegenheit ein Gespräch anknüpft.

In der Folge fassen wir den schwierigeren Fall ins Auge, der sich dann ergibt, wenn der Gesprächs- und Beratungsanlaß ein besonderes Ereignis, insbesondere auch ein Lern-, Verhaltens- oder Beziehungsproblem ist. Vieles von dem, was wir dazu sagen werden, gilt auch für das unproblematische informelle oder reine Routinegespräch.

Gespräche zwischen Lehrern, Schülern und Eltern können auf verschiedene Weise zustandekommen. Der häufigste Fall ist der, daß der Lehrer oder die Lehrerin ein Ereignis oder einen Zustand als „kritisch" empfindet und den Schüler zum Gespräch einlädt. Wenn das Problem schwieriger ist, suchen wir auch Kontakt mit seinen Eltern. Sodann gibt es auch den umgekehrten Fall. Ein Schüler hat ein Problem, und er sucht den Lehrer oder die Lehrerin auf, um Hilfe oder Rat zu finden. Man erkennt unmittelbar, daß dies die Gesprächsführung stark erleichtert. Der Schüler hat ja offensichtlich Vertrauen in den Lehrer oder die Lehrerin, die er aufsucht. Das gleiche gilt für den Fall, wo die Eltern oder ein Elternteil zum Lehrer kommen, um seinen Rat zu suchen oder um ihn auf ein Problem, das er bisher nicht wahrgenommen hat, aufmerksam zu machen. Natürlich sind hier auch Fälle denkbar, die für den Lehrer oder die Lehrerin schwierig verlaufen können, dann etwa, wenn sie von Eltern unter Druck gesetzt oder gar bedroht werden. Auf diesen Fall kommen wir zurück. Vorerst verschaffen wir uns Klarheit über das Wesen der oben genannten „kritischen Ereignisse und Zustände".

Kritische Ereignisse und kritische Zustände im Umkreis von Schule und Unterricht

Anlässe zu Gesprächen mit Schülern sind also häufig, wenn auch keineswegs immer, kritische Ereignisse oder Zustände innerhalb des schulischen und unterrichtlichen Geschehens. Um diese zu ordnen, erinnern wir uns daran, daß in jeder Schule sowohl sachgerichtete als auch soziale Tätigkeiten stattfinden. Beide schließen Austauschprozesse zwischen Lehrern und Schülern in sich, „Transaktionen", wie wir technisch sagen. Diese vollziehen sich nach bestimmten Regeln. In der Unterrichtslektion spielt jeder seine Rolle, Lehrer und Schüler, auch in der Pause und in vielen anderen Begegnungen am Rande des Schullebens. So hat zum Beispiel auch das Lösen von Hausaufgaben seine Ordnung: der Lehrer stellt sie, der Schüler löst sie, der Lehrer korrigiert sie. Alle Beteiligten spielen nicht nur ihre eigene Rolle, sie erwarten auch, daß der andere die seine spiele. Diese Erwartungen sind natürlich beim Lehrer und der Lehrerin besonders ausgeprägt. Sie erteilen Aufträge und erwarten ihre Erfüllung.

Verhaltens- und Lernstörungen entstehen dort, wo der eine oder der andere an den schulischen Transaktionen Beteiligte die von dem oder den anderen erwartete Rolle nicht spielt, wo er aus der Ordnung, dem Regelgefüge heraustritt. Äußerlich erkennt man es daran, daß das regelwidrige Verhalten den Partner stört. Wir sprechen daher von „Störungen", unter anderem von „Verhaltens- oder Lernstörungen".

Eine solche Betrachtungsweise ist nicht selbstverständlich. Sie ist „transaktionistisch" und nicht an der Vorstellung der Krankheit orientiert. Das bedeutet, daß es zu einer „Störung" immer zwei Teile braucht, ein Regelsystem mit Menschen, die aus ihm ihre Erwartungen ableiten, und einen „Abweicher", der aus ihm heraustritt. Eine an der Vorstellung der Krankheit orientierte Betrachtungsweise bedenkt dies nicht. Sie geht davon aus, daß eine Verhaltens- oder Lernstörung einem individuellen Zustand gleicht: Dieser Schüler ist „aggressiv", jener ist „faul", der dritte „frühreif", so wie ein Schüler kurzsichtig, ein anderer fettleibig und ein dritter rachitisch sein kann.

Warum ist eine transaktionistische Betrachtungsweise wichtig? Weil sie uns in Erinnerung ruft, daß wir nicht nur das „gestörte Verhalten", sondern auch das umgebende Regelsystem, die Erwartungen betrachten müssen, das der betreffende Schüler stört. Vielleicht ist der Schüler nur in unserem Unterricht „faul" und erwacht seine Initiative und sein Interesse, wenn es um die Reparatur eines Automotors oder um das Aufziehen eines Tieres geht.

Daraus leiten wir schon eine zweite Regel der Gesprächsführung ab: *Zu ihrer Vorbereitung versuchen wir, den Schüler und seine Familie im Kontext unserer Schulwelt und ihrer Erwartungen zu sehen.* Vielleicht sind diese dem Türkenknaben oder dem sizilianischen Mädchen einfach fremd, und vielleicht vermag sich auch der Sohn des Automechanikers einfach (noch?) nicht für unsere geistreiche Interpretation der Iphigenie zu begeistern... Grundlegender: vielleicht sind unsere Schule und unser Unterricht so geartet, daß gewisse Kinder deren Erwartungen nicht zu erfüllen vermögen. Mit diese Überlegungen wollen wir keinen bodenlosen Relativismus das Wort reden. Ein Erzieher muß von den Werten überzeugt sein, welche seine Arbeit leiten. Aber ein wenig Distanz von diesen und auch vom eigenen Schulbetrieb und seiner Besonderheit hilft sicher, den Schüler besser zu verstehen und ein fruchtbareres Gespräch mit ihm zu führen. Der Schüler soll dabei erkennen, daß auch wir in einem umfassenden System von Erwartungen und Werten stehen, darin unsere Rolle nach bestem Wissen und Gewissen zu spielen suchen und daß unsere persönliche Eigenart mit an der Entstehung der Schwierigkeit beteiligt sein kann. Betrachten wir nun kurz die Verhaltens- und Lernstörungen, welche Anlaß zu Gesprächen mit Schülern geben können.

Leistungsdefizite. Es kommt immer wieder vor, daß Schüler nicht das leisten, was sie leisten könnten. Der Lehrer hat einen Eindruck von ihrer möglichen Leistungsfähigkeit. Wenn diese in Prüfungen, in der Beteiligung am Unterricht und in den Hausarbeiten nicht erreicht werden, der Schüler also unter seiner Leistungsmöglichkeit bleibt (ein „underachiever" ist) so wird es nötig, daß wir den Gründen nachgehen. Das geschieht am besten in einem persönlichen Gespräch. Aber auch der gegenteilige Tatbestand, die hervorragende Leistung eines Schülers – wir denken zum Beispiel an einen sehr guten Aufsatz, eine außergewöhnliche naturwissenschaftliche oder mathematische Arbeit oder die Tatsache, daß ein Schüler oder eine Schülerin in einer Fremdsprache regelmäßig überdurchschnittlich arbeitet – kann der Anlaß dafür sein, daß wir unserer Freude Ausdruck geben und zu sehen versuchen, wie diese Leistungen zustande kommen, und ob daraus Schlüsse für die Berufs- oder Studienwahl zu ziehen seien.

Ungenügende Erfüllung von Aufträgen. Die Schule erwartet vom Schüler nicht nur bestimmte Leistungen. Es geht immer wieder um die Erfüllung von Aufträgen. Das charakteristische Beispiel sind die Hausaufgaben. Durch ihre Lösung verbessert der Schüler nicht bloß seine Leistungen. Er lernt auch – viel allgemeiner – was es bedeutet, Aufträge pflichtgemäß zu erfüllen. Im praktischen Berufsleben ist das grundlegend. Darum sagen wir dem Schüler ja auch nicht, es sei seine Sache, ob er die Hausaufgaben lösen wolle oder nicht, man sehe das Ergebnis dann in der Prüfung. Vielmehr verlangen wir eine gewisse Regelmäßigkeit in der Erfüllung dieser und ähnlicher Aufträge. Ähnlich ist es mit dem zeitigen Erscheinen in der Schule: der Schüler muß lernen, daß das Zuspätkommen das Funktionieren von Institutionen stört. Ganz allgemein verlangen wir eine gewisse Ordnung, die der Schüler sowohl in seinen persönlichen Effekten als auch in den Arbeiten beobachtet, die er uns vorlegt. Auch hier tun wir ihm einen Dienst, wenn wir ihm die entsprechenden Gewohnheiten beibringen. Bei wiederholten Abweichungen von legitimen Erwartungen werden wir mit dem Schüler sprechen und Mittel und Wege zu einer Korrektur des Verhaltens suchen. Im Grenzfall müssen wir ihm den Standpunkt klarmachen und deutlich zeigen, daß er seine Aufträge erfüllen muß.

Störungen des Unterrichts. Gewisse Verhaltensweisen von Schülern stören den Unterricht: Schwatzen, Unaufmerksamkeit, Zeitvertreib mit Tätigkeiten, die nicht zum Unterricht gehören. Diese Verhaltensweisen können sich ausdehnen zu solchen, die darauf angelegt sind, bewußt zu stören. In diesem Bereich kennen Schüler zahlreiche Techniken: Papierkügelchen nach vorn spicken, Töne erzeugen usw. Viele dieser Verhaltensweisen sind nicht nur darauf angelegt, den Lehrer zu ärgern, sondern auch die übrigen Schüler zum Lachen zu bringen. Ähnliche Dinge geschehen, wenn die Klasse im Schulzimmer allein ist, z.B. nach der Pause und wenn der Lehrer weggerufen wird, und am Rand des eigentlichen Unterrichts, in den Gängen, auf dem Pausenplatz, auf dem Schulweg. Der normale kindliche Unfug kann sich im Grenzfall in der Zerstörung von Einrichtungen bis hin zum Vandalismus fortsetzen. Hier ist eine „transaktionale Betrachtungsweise" besonders angezeigt. Der Lehrer und die Lehrerin müssen sich fragen, ob nicht an ihrer Unterrichtsgestaltung und am ganzen Verhältnis des Schülers zu seinem Lehrer und zu seiner Schule etwas schief ist, das korrigiert werden sollte. Auf jeden Fall müssen aber auch die Schüler wissen, daß es so nicht geht. Predigten an die ganze Klasse sind hier eines. In der Regel ist es wirksamer, wenn man das Problem mit dem betreffenden Schülern persönlich bespricht.

Gestörte soziale Beziehungen. Eine grosse Gruppe von Verhaltensproblemen betrifft das soziale Verhalten der Schüler, nicht nur gegenüber dem Lehrer, sondern auch gegenüber den Mitgliedern der eigenen Klasse, gegenüber jüngern Schülern und anderen erwachsenen Personen der Schule, z.B. dem Hauswart oder gegenüber Personen, mit denen die Schüler auf ihrem Schulweg in Kontakt kommen. Es gibt aber auch relativ unauffällige, das Schulleben nicht störende Zustände, die der aufmerksame Lehrer erkennt und zu korrigieren sucht. So mag er bei gewissen Schülern Prüfungsangst, Angst vor dem Auftreten vor der Klasse, übertriebene Schüchternheit, die Unfähigkeit sich zu wehren, beobachten. Auch das Gegenteil ist möglich: unverhältnismäßige Selbstsicherheit, Angeben, übertriebene Empfindlichkeit. Gewisse Schüler lassen sich verstossen, andere nützen ihre Stärke und ihre Machtposition aus.

Gewisse Probleme betreffen nicht den einzelnen, sondern Gruppen innerhalb der Schulklasse. Diese kann in feindliche Lager zerfallen. In harmlosen Fällen besteht einfach keine Kommunikation zwischen einzelnen Gruppen. Es kann auch sein, daß die Schüler nicht kooperieren, wie es möglich und wünschbar wäre, und daß dies nicht an ihrer Unerfahrenheit hängt, sondern an spezifischen Fehlhaltungen. Derartige Probleme wird man zum Teil mit der Klasse als ganzer besprechen. Es kann aber angezeigt sein, zusätzlich mit einzelnen Schülern zu sprechen.

Funktionale Störungen. Weiter gibt es funktionale Störungen, die Maßnahmen und vorbereitende Gespräche nötig machen. Ein Schüler mag stottern oder stammeln (gewisse Laute falsch aussprechen). Der Lehrer oder die Lehrerin mag die Kurzsichtigkeit oder die Schwerhörigkeit eines Schülers entdecken, die bisher nicht erfaßt worden ist. Hier sind natürlich korrigierende Maßnahmen durch den Arzt nötig. Zum Teil stellen sich jedoch auch Anpassungsprobleme im allgemeinen Verhalten, die mit dem Schüler und/oder seinen Eltern besprochen werden müssen.

Persönliche Probleme von Schülern. Schließlich können sich persönliche Probleme von Schülern auf ihr Verhalten und ihre Leistungen auswirken: die Trennung der Eltern, der Tod eines Elternteils, Familien- und Erziehungsprobleme. Auch in diesen Fällen kann es nötig und hilfreich sein, wenn der Lehrer mit dem Schüler über sein Problem spricht und ihm Hilfe zu deren Bewältigung anbietet.

Wenn man diese Anlässe zu Gesprächen mit Schülern überblickt, erkennt man die Vielfalt der möglichen Probleme. Ihre Behandlung durch den Lehrer hat keinesfalls den Charakter einer psychologischen Diagnose und Therapie. Sie bewegt sich im Bereiche des didaktischen und erzieherischen Aufgabenkreises. Sie stellt jedoch einen wichtigen Teil der beruflichen Aufgabe des Lehrers dar. Diese wird nicht in allen Schulen gleich deutlich wahrgenommen.

Insbesondere an Höheren Schulen werden derartige Aufgaben von den Lehrern z.T. explizit, als nicht zu ihrem Pensum gehörig, abgelehnt. Wir meinen, daß Lehrer, die sich so verhalten, nicht nur wichtige Funktionen, die natürlicherweise zu ihrem Aufgabenkreis gehören, vernachlässigen, sondern daß sie sich damit selbst schaden. Denn auf direkte oder indirekte Weise leiden sie auf jeden Fall an den Verhaltens-, Lern- und Beziehungsstörungen ihrer Schüler. Mindestens wird sich ihre Arbeit nicht so befriedigend gestalten, wie sie es könnte.

Es ist daher richtig, daß der Lehrer diese Aufgaben in sein Berufsbild aufnimmt und daß er sich bewußt wird, daß ihre Wahrnehmung Zeit und Energie erfordert. Zu seinem Trost sagt er sich, daß es gut angewendete Zeit und Energie ist. Bei der Aushandlung der Arbeitsbedingungen, insbesondere der Stundenpensen der Lehrer, sollte anderseits diesen Erfordernissen auch Rechnung getragen werden. Man kann nicht dergleichen tun, als ob der Lehrer nur ein Unterrichter wäre. Er ist es nicht.

Im Hinblick auf eine entsprechende Definition des Pflichtenheftes des Lehrers ist es gut, wenn er über seine Besprechungen und Beratungen Buch führt und jederzeit bereit ist, darüber Rechenschaft abzulegen. Es ist auch richtig, wenn diese Tätigkeiten im Rahmen größerer Schulen eine gewisse Ordnung erhalten und nach ähnlichen, gemeinsam erarbeiteten Regeln durchgeführt werden. Dies kann auch in jenen Fällen wichtig und hilfreich werden, wo der Lehrer mit einem Problemfall nicht zurechtkommt. Es ist dann wichtig, daß er weiß, daß er sich in dieser Sache an den Schulleiter wenden kann, ein Gespräch, beispielsweise mit schwierigen Eltern, in dessen Gegenwart durchführt und, wo nötig, auch die Hilfe der Schulbehörde in Anspruch nimmt. All dies setzt, um es noch einmal zu sagen, voraus, daß die beratende Tätigkeit des Lehrers ein offiziell anerkannter Bestandteil der Tätigkeit des Lehrers ist und daß dieser darüber auch Rechenschaft ablegt.

Allgemeine Ziele der Gesprächsführung

Wenn wir mit Schülern sprechen, so verfolgen wir verschiedene Ziele. Einmal steht natürlich ein spezifisches Problem zur Lösung an, und dies erfordert spezifische Maßnahmen. Auf diese kommen wir weiter unten zu sprechen. Vorerst betrachten wir die allgemeinen Ziele, die wir bei jedem Gespräch realisiert sehen möchten. Es sind die folgenden:

(1) Wir wollen den Schüler und die Art, wie er das anstehende Problem erlebt und wahrnimmt, kennenlernen.

(2) Er soll uns und unsere Sicht des Problems kennenlernen. Dabei soll allen Beteiligten klarer werden, welche Rolle wir als Lehrer im Problemkontext spielen.

(3) Wir streben die Entwicklung eines Vertrauensverhältnisses zum Schüler und gegebenenfalls zu seinen Eltern an.

(4) Dies soll dazu führen, daß der Schüler und seine Eltern unsere Lagebeurteilung, die gemeinsam entwickelten Zielsetzungen zu ihrer Korrektur und die Mittel und Maßnahmen zur Lösung akzeptieren und bei ihrer Durchführung kooperieren. WATZLAWICK et al. (1972, 1980) und GORDON (1981) haben zur Lösung dieser Aufgaben wichtige Vorschläge gemacht.

Den Schüler und sein Erleben des anstehenden Problemes kennenlernen. Ausgangspunkt ist jene Situation, die wir zu Anfang des Kapitels geschildert haben: es ist uns als Lehrer bisher vielleicht noch gar nicht gelungen, den Schüler überhaupt als Person und als Mensch kennenzulernen. Er war ein Teil einer Klasse, die wir bisher nur diffus als ganze, vielleicht sogar als bedrohliches Gegenüber, wahrgenommen haben. Nun sitzt der Schüler vor uns. Auch wir haben uns hingesetzt. Wir sagen ihm, welches der Anlaß des Geprächs ist: ein Problem, das gelöst werden sollte, und daß eine gute Lösung voraussetzt, daß wir seine Sicht der Lage kennenlernen. Durch unser Nachfragen erlangen wir über das Problem hinaus auch die notwendigen Informationen über seine Person. Das Problem kann auch seine Geschichte haben. Wir versuchen diese zu verstehen. Es kann mit seiner Familiensituation und mit seinen außerschulischen Aktivitäten zusammenhängen. Wir versuchen diese, selbstverständlich mit dem notwendigen Takt, zu verstehen. Wenn es sich um Leistungs- und um Probleme der Schularbeit handelt, versuchen wir zu sehen, unter welchen Bedingungen der Schüler zu Hause arbeitet und wie seine Arbeiten entstehen – oder auch nicht entstehen. Dies verschafft uns Einblick in die sozialen und – soweit für unser Problem relevant – über die wirtschaftlichen Bedingungen der betreffenden Familie. Es ist etwas anderes, ob die Familie am Existenzminimum oder aber in Wohlhabenheit lebt, und es ist nicht das gleiche, ob Vater und Mutter arbeiten oder ob die Mutter oder der Vater ständig zu Hause sind. Dies ist auch die Gelegenheit, etwas über die Interessen und die Freizeitbeschäftigungen des Schülers zu erfahren und bei älteren Schülern zu sehen, welches seine Zukunftsperspektive ist, welche Berufs- und Studienziele er hat – oder noch nicht hat – und wie realistisch diese Pläne sind.

Dabei kann es sein, daß wir ein klares Bild von der Person und der Lage des jungen Menschen gewinnen. Es kann aber auch sein, daß uns dies nicht gelingt. Dann sind weitere Maßnahmen notwendig. Insbesondere können wir uns entscheiden, mit den Eltern Kontakt aufzunehmen, eventuell indem wir sie zu Hause besuchen. Vorerst denken wir allerdings eher daran, die Eltern in die Schule einzuladen.

Der Schüler soll uns selbst und unsere Sicht des Problems kennenlernen. Wir haben oben auch gesehen, daß es dem Schüler in der Regel nicht leicht fällt, seinen Lehrer oder seine Lehrerin richtig zu sehen. Er sieht nur die Autoritätsperson. Nicht selten begegnet er uns in einer Mischung von Respekt und Opposition. Wie sein Problem in unserer Sicht aussieht und wie wir es erleben, kann er sich, besonders wenn er noch jünger ist, kaum vorstellen. Er weiß auch nicht, wie wir ihn wahrnehmen. Wenn die Beziehung konflikthaft ist, so meint er vielleicht, wir sehen in ihm nur den Sünder. Er glaubt nicht, daß wir in ihm auch Qualitäten sehen und daß wir ihm zutrauen, eine ganz andere Rolle zu spielen, als er sie bisher in der Klasse gespielt hat.

Es geht also darum, daß auch wir als Erzieher uns dem Schüler so weit offenbaren und unsere Wahrnehmung und unser Erleben darlegen, als es der Lösung des anstehenden Problems dient. Wir müssen uns also ein Stück weit zu erkennen geben. Dies erfordert Selbstvertrauen. Es braucht aber auch viel Takt, um hier das richtige Maß zu finden. SCHULZ VON THUN (1981) spricht von der Selbstoffenbarungsangst des Menschen. Auch der Lehrer spricht nicht gerne von sich selbst. Vielleicht fürchtet er, dies könnte als Schwäche ausgelegt werden. Es kann auch sein, daß er nicht gern zeigt, daß er sich im Problem des Schülers involviert sieht und daß ihn zum Beispiel eine freche Antwort oder ein dummer Streich des Schülers verletzt oder verunsichert hat. Er macht sich selbst vielleicht auch Vorwürfe, daß das anstehende Problem in seiner Klasse überhaupt auftritt, und er fragt sich, ob sein Unterricht genüge. Hier ist es wichtig, daß der Lehrer und die Lehrerin wissen, daß die Chancen, ein Problem zu lösen, steigen, wenn der Schüler ihre Person in einer menschlichen Art wahrzunehmen beginnt. Es kann ihn dies sein eigenes Verhalten plötzlich mit ganz anderen Augen sehen lassen. Insbesondere ist eine persönliche Wahrnehmung des Lehrers und der Lehrerin auch Voraussetzung dafür, daß sich zu ihm oder ihr ein Vertrauensverhältnis und eine natürliche Beziehung einstellt.

Nun haben wir bisher vor allem den Fall im Auge gehabt, wo wir uns dem Schüler von der menschlichen Seite zu zeigen versuchen. Diese „menschliche Seite" braucht aber nicht nur verstehend und entschuldigend zu erscheinen. Es kann auch sein, daß wir dem Schüler unseren festen Willen sichtbar machen müssen, eine Ordnung durchzusetzen, welche wir als richtig ansehen. Der Schüler soll in seinem Lehrer und seiner Lehrerin auch Überzeugungen und Werte erkennen. Hilfsbereitschaft und die Fähigkeit zu helfen erfordern auch Stärke. Das ahnt der Schüler. Er möchte nicht bloß einen alles verstehenden Lehrer vor sich haben. Es ist möglich, daß er auch erkennen muß, daß es ein richtiges und ein falsches, ein akzeptables und ein nicht akzeptables Verhalten gibt. In dieser Hinsicht bestehen große kulturelle Unterschiede. Am einen Ort treten Lehrer und Lehrerinnen heute noch in einer autoritativen Weise auf, die es im Gespräch notwendig macht, daß sie ihren verstehenden und helfenden Willen hervorkehren. Am anderen Ort ist dies so sehr die offizielle Rolle und Wahrnehmung des Lehrers und der Lehrerin, daß sie sich bemühen müssen, auch den anderen Pol, denjenigen der Festigkeit und der Stärke ihrer Überzeugung sichtbar zu machen. Diese beiden Aspekte schließen sich auch nicht aus. Ohne innere Stärke kann man nicht echt helfen.

Ein Vertrauensverhältnis zum Schüler und – gegebenenfalls – zu seinen Eltern herstellen. Damit wir einem Menschen helfen können, muß er uns vertrauen. Auch als Lehrer möchten wir so weit kommen, daß wir dem Schüler vertrauen können. Das ist der tiefere Sinn eines jeden Gesprächs. Über die Lösung spezifischer Probleme hinaus möchten wir es fertigbringen, daß wir zu den Schülern, die wir unterrichten, eine gute menschliche Beziehung unterhalten, so daß wir gern zur Unterrichtsstunde gehen, uns nicht fürchten und uns natürlich zu geben vermögen. Wir wissen, daß auf diese Weise auch die sachlichen Lernprozesse besser verlaufen, und wir ahnen, daß es uns ein derartiges Verhältnis auch möglich macht, über die Jahre der Berufsausübung natürliche Menschen zu bleiben, ein inneres Gleichgewicht zu bewahren und mit unseren Kräften zu Rande zu kommen. Wer es als Lehrer nicht fertig bringt, ein derartiges Verhältnis zu seinen Schülern herzustellen, leidet früher oder später an seiner eigenen Seele, und die Chance ist groß, daß er die Last des Unterrichtens auf die Dauer nicht erträgt.

Es gibt keine Technik, mit deren Hilfe man zu einem Menschen, auch zu einem jungen, ein Vertrauensverhältnis herstellen kann. Zwei Bedingungen haben wir schon genannt: daß wir den Schüler als Menschen sehen lernen und daß er uns so wahrnehmen lernt. Was braucht es sonst noch? Daß wir entschlossen sind, uns dem Schüler zuzuwenden und daß wir ihm helfen wollen. Wenn dieser Wille sichtbar wird, wird es uns wahrscheinlich gelingen, die Widerstände, die in ihm und vielleicht auch bei seinen Eltern vorhanden sind, abzubauen und eine echte Beziehung herzustellen.

Aus dem Helferwillen des Lehrers ergeben sich eine ganze Reihe von

Haltungen, die im Gespräch zum Ausdruck kommen: der Wille, den Schüler anzuhören, der Wille, sich in seine Lage zu versetzen, sich in ihn einzufühlen, grundlegender: ihn, so wie er ist, anzunehmen und mit ihm eine Lösung seines Problems zu suchen. Wir kommen auf einzelne dieser Punkte im technischen Teil des Kapitels zurück.

Den Schüler beziehungsweise seine Eltern dahin bringen, unsere Lagebeurteilung zu akzeptieren und bei der Lösung der anstehenden Probleme zu kooperieren. Wenn bei einem Schüler Verhaltens-, Lern- oder Beziehungsstörungen auftreten, so kann es sein, daß er und seine Eltern sich des Problems bewußt sind und daß er, beziehungsweise sie, es gleich wie der Lehrer sehen. Das ist aber eher die Ausnahme. Viel häufiger ist es, daß der Schüler das Problem ganz anders, häufig sehr viel oberflächlicher, sieht. Im Grenzfall ist er sich des Problems gar nicht bewußt.

Im folgenden wollen wir annehmen, daß der Lehrer oder die Lehrerin das Problem besser erkennen. Wir sind uns dabei jedoch bewußt, daß auch sie es im Verlaufe eines intensiven Kontaktes mit dem Schüler und seinen Eltern neu und tiefer sehen können. Überall dort, wo also ein Gefälle in der Güte der Problemsicht besteht, müssen wir uns vornehmen, den Schüler und seine Eltern dazu zu bringen, das Problem besser zu sehen. Häufig wird dies nicht leicht fallen. Was FREUD den Widerstand des Patienten genannt hat, finden wir auch im nicht-therapeutischen Kontakt mit Schülern und ihren Eltern. Es gilt also, sie zu überzeugen. Hier hat es der Therapeut leichter, denn der Patient kommt hilfesuchend zu ihm. Wenn wir den Schüler und/oder seine Eltern zu einem Gespräch eingeladen haben, ist diese günstige Voraussetzung nicht gegeben. Es kann also sein, daß wir beträchtliche Widerstände überwinden müssen. Unsere Autoritätsstellung hilft uns hier nur zum Teil. Sie kann die Widerstände auch verstärken.

Ähnliche Probleme ergeben sich, wenn wir mit dem Schüler und seinen Eltern zusammen die Zielsetzungen, welche zu einer Korrektur des Fehlverhaltens führen sollen, zu erarbeiten suchen und wenn wir die Wege ihrer Erreichung erkunden. Es kann sein, daß der Schüler unsere Zielvorstellungen nicht akzeptiert und daß er auch zu ihrer Erreichung nicht kooperieren will.

Was kann man hier tun? Auch hier gibt es keine einfachen Rezepte. Wir müssen darauf vertrauen, daß unsere tiefere Einsicht in die Zusammenhänge und unsere überzeugende Darstellung derselben wirksam ist. Auch hier spielt die Beziehung, welche wir im Gespräch zum Schüler und seinen Eltern aufgebaut haben, eine entscheidende Rolle. Wenn er uns vertraut, so wird er auch unsere Lagebeurteilung akzeptieren und bei der Lösung des Problems kooperieren. Allerdings müssen wir auch die innere Stärke und die Kraft finden, an den Schüler und seine Fähigkeit, sich zu verändern, zu glauben und ihn auf seinem Weg zu stützen. Dies ist bei Rückfällen und bei Enttäuschungen nicht leicht. In allen helfenden Berufen braucht der Helfer Kraft, um seine Rolle der Anleitung und der Stützung zu erfüllen.

Damit der Lehrer und die Lehrerin ihre helfende Rolle erfüllen können, brauchen sie daher eine Reihe von Persönlichkeitsmerkmalen. Eine erste Gruppe betrifft die *Fähigkeiten*. Hier sind Intelligenz, Energie und Flexibilität zu nennen. In zweiter Linie sind bestimmte *Haltungen* notwendig. Wir haben vom Helferwillen und dem Willen und der Fähigkeit, eine menschliche Beziehung herzustellen, gesprochen. Drittens aber ist es nötig, daß der Lehrer und die Lehrerin auch sich selbst und ihre eigenen Reaktionen kennen und daß sie einzuschätzen versuchen, wie sich diese auf den Schüler auswirken können. Überall, wo erzieherische Probleme auftreten, sind ja auch sie selbst involviert. Sie haben an den Transaktionen teil. Je besser sie ihre eigenen Reaktionen und deren Auswirkungen auf den Schüler kennen, desto realistischer werden sie auch die Störungen beurteilen, die sich bei den Austauschprozessen zwischen ihnen und dem Schüler ergeben, und desto realistischer werden die Lösungen sein, welche sie vorschlagen.

Die Teilziele und Phasen des Beratungsgesprächs

Im folgenden gehen wir davon aus, daß das Problem des Schülers komplex genug ist, um eine eingehende Prüfung und die Erarbeitung einer nicht-selbstverständlichen Zielvorstellung zu erfordern. Weiter nehmen wir an, daß Maßnahmen zur Zielerreichung gefunden und ausgeführt werden sollen. Dies führt zur Unterscheidung der folgenden Teilziele und Phasen des Beratungsgesprächs (CORMIER & CORMIER 1985[2]):

(1) Die Lagebeurteilung
(2) Die Erarbeitung der Zielvorstellung
(3) Die Bestimmung der zu treffenden Maßnahmen
(4) Die Evaluation der erreichten Ergebnisse.

Das Gespräch wird jeden dieser Punkte berühren. Man braucht aber nicht in jedem Falle gemäß diesen vier Schritten vorzugehen und den Gesprächsphasen genau diese Ziele zuzuordnen.
(1) Die Lagebeurteilung. Wir stellen uns Schüler vor, die in einem Verhaltens-, Lern- oder Beziehungsbereich Schwierigkeiten haben. Der eine ist z.B. ein Außenseiter in der Klasse, reagiert empfindlich auf Kritik und wird rasch aggressiv. Ein anderer zeigt ein Leistungsdefizit in einem Schulfach und hat bezüglich seiner Leistungsmöglichkeiten ein negatives Selbstbild

entwickelt. Ein dritter Schüler mag die Schule schwänzen und in den Supermärkten herumstreunen. Vielleicht ist er dort bei einem kleinen Diebstahl erwischt worden.

Wir haben den Schüler nach der Schule zurückbehalten und sagen ihm, daß wir mit ihm über den ganzen Problemkomplex sprechen möchten. Das erste ist, daß wir uns vornehmen, mit ihm zu einer sorgfältigen Lagebeurteilung zu gelangen. Wir lassen ihn zu diesem Zwecke den Hergang des oder der kritischen Ereignisse berichten. Der Schüler sagt uns, wie es zugeht, wenn er sich angegriffen und verletzt fühlt und meint, sich wehren zu müssen, wie er in seinem ungenügenden Fach arbeitet und was er vor, in und nach den Prüfungen empfindet oder wie es zum Schwänzen und zum Diebstahl im Supermarkt gekommen ist.

Im ersten Teil eines solchen Gespräches halten wir uns zurück. Wir lenken möglichst wenig und versuchen, den Schüler reden zu lassen. Das fällt nicht jedem Lehrer leicht. Er braucht vor allem Geduld, und man möchte zum Teil eingreifen, um offenkundig schiefe Darstellungen richtigzustellen. Das soll man nicht tun. Der Schüler soll Gelegenheit erhalten, sich auszusprechen, und er soll merken, daß wir wirklich wissen wollen, wie die Dinge in seiner Sicht aussehen. Wir zeigen auch keine Zeichen der raschen Wertung, sondern bleiben neutral am Tatbestand in der Sicht des Schülers interessiert. Nur wenn er nicht reden will, beginnen wir damit, ihm einige Fragen zu stellen. Sobald er in Fahrt kommt, lassen wir ihn frei weiterreden.

Nach dieser ersten nicht-direktiven Phase ist es häufig notwendig, zu einem tieferen Verstehen des Problems vorzudringen. Wir bitten den Schüler, die Ereignisse oder seine Gefühle genauer zu schildern, und wir nehmen nun die Haltung des *aktiven Zuhörers* ein. Wir *paraphrasieren* seine zentralen Aussagen. Das heißt: wir wiederholen sie in anderen Worten und versuchen so zu erreichen, daß er sie seinerseits elaboriert. In gewissen Fällen bitten wir ihn, uns zu sagen, ob unsere Paraphrase richtig ist, ob wir ihn, mit anderen Worten, richtig verstanden haben. Wir gehen auch auf affektive Aspekte seiner Äußerungen ein, spiegeln diese in unserer Paraphrase wider und versuchen zu erreichen, daß er seine eigene Gefühlsreaktion ausspricht und klärt, statt sie zu unterdrücken. Im ganzen Vorgang zeigen wir das Bemühen um Einfühlung (Empathie). Wir versetzen uns in seine sachliche und gefühlsmäßige Lage und versuchen, seine Reaktionen nachzuvollziehen. Wir gehen dabei auf das ein, was ihm wichtig ist, und halten uns mit unserem Urteil über Wichtigkeit und Unwichtigkeit einzelner Aspekte des Problems zurück. So helfen wir ihm, auch unbewußte Gefühle und Motive auszusprechen. Zum Teil liefern wir ihm sogar Worte des Ausdrucks, die er selber nur schwer findet.

Bei alledem soll der Schüler merken, daß wir ihn ernst nehmen, seine

Würde achten und uns bemühen, uns ihm zuzuwenden. Darum schauen wir ihn auch an und stellen den Augenkontakt her. Häufig ist es auch nötig, daß wir ihm sagen, daß wir als Lehrer unter der *Schweigepflicht* stehen, denn als Amtspersonen dürfen wir Geheimnisse, die uns anvertraut werden, nicht offenbaren.

Einige Probleme kann der Schüler selbst verstehen und gedanklich fassen. Zum Teil kennt er aber sein eigenes Problem nur unvollkommen. Er sieht nur die Symptome: die schlechte Note, die Tatsache, daß er die Schule geschwänzt und im Supermarkt gestohlen hat. Seine tieferen Motive, die Ursachen und Bedingungen, unter denen das Problem entstanden ist, kennt er nicht.

An dieser Stelle halten wir fest, daß es Verhaltens- und Beziehungsstörungen gibt, deren Diagnose und Therapie die Möglichkeiten des Lehrers und der Lehrerin überschreiten und die Hilfe des Schulpsychologen oder des Arztes erfordern. Wir meinen jedoch, daß es viele Probleme gibt, die ein versierter Pädagoge und ein reifer Mensch lösen kann. Durch seinen täglichen Kontakt mit dem Schüler verfügt er nämlich über Einflußmöglichkeiten, die der professionelle Therapeut nicht hat. Es gibt heute z. T. Fälle, in denen Lehrer allzu schnell den Spezialisten rufen, noch bevor sie die Mittel ausgeschöpft haben, die ihnen zur selbständigen Bewältigung des Problems zur Verfügung stehen.

So kann es also sein, daß wir den Eindruck gewinnen, daß es notwendig und möglich ist, dem Schüler zu einem vertieften Verständnis seines eigenen Problems zu verhelfen. Wir deuten ihm das Zustandekommen seiner eigenen Reaktion und versuchen zu erreichen, daß er diese nicht nur einsieht, sondern auch akzeptiert. So können wir ihm z.B. erklären, wie es zu seinem Leistungsdefizit in einem bestimmten Fach gekommen ist, oder wir können ihm die Motive seines Schwänzens verständlich machen. Das bedeutet Gedankenarbeit. Wir müssen das Problem strukturieren, typische Abläufe, die Bedingungen, unter denen sie zustandekommen, die Mechanismen, die dabei im Spiele sind, zu erklären suchen. Diese Dinge dem Schüler verständlich zu machen, ist eine hohe didaktische Leistung. Sie gelingt häufig nicht schon beim ersten Gespräch. Das ist auch nicht nötig. Auch für den Lehrer ist es gut, wenn er sich Zeit nimmt, über eine transaktionale Störung nachzudenken. Man wird also nach einem oder zwei Tagen das Gespräch wieder aufnehmen. Zum Teil wird man dabei mit Erstaunen feststellen, daß nur schon eine erste Aussprache und die Lagebeurteilung ihre Wirkung zu tun beginnen und Anzeichen einer Korrektur sichtbar werden.

Auch bei einem zweiten Gespräch braucht die Lagebeurteilung nicht abgeschlossen zu sein. Wenn man die Lösung des Problems weitertreibt, kann man immer wieder auf die Lagebeurteilung zurückkommen und diese vertiefen.

(2) Die Erarbeitung der Zielvorstellung. Damit ein Schüler sein Verhalten ändert und sein Problem überwindet, muß er eine klare Vorstellung von einem anderen, besseren Zustand haben. Das ist keineswegs selbstverständlich. Häufig fehlt ihm nämlich gerade die klare und plastische Vorstellung eines möglichen anderen Verhaltens und des besseren Zustandes, der sich danach einstellt. So unser isolierter Schüler. Er kann sich vielleicht gar nicht vorstellen, wie er mit seinen Kameraden zusammen spielen oder arbeiten, wie er auf eine scherzhafte Anspielung gutmütig und selbstsicher antworten und wie er auf eine sofortige aggressive Reaktion verzichten könnte. Der Schüler mit einem Leistungsdefizit und mit Prüfungsangst kann sich seinerseits nicht vorstellen, wie man sich vor einer Schwierigkeit sagt: „Ja, das scheint wirklich schwierig zu sein. Aber ich gebe nicht gleich auf, sondern ich probiere es noch einmal. Ich finde sicher eine Lösung."

Ein wichtiger Teil der Beratung besteht also in der Erarbeitung einer klaren und lebendigen Zielvorstellung. Es ist die Vorstellung eines anderen günstigeren Verhaltens und einer besseren Gesamtsituation. Hier muß der beratende Lehrer selbst Vorstellungen haben. Er entwickelt sie, indem er sich in die Lage des Schülers versetzt und für ihn und mit ihm denkt, um Alternativen zu entwickeln. Vielleicht ist ihm rasch klar, welche Veränderungen nötig sind. Es kann aber auch hier einiges Nachdenken und einige Phantasie erfordern. Gewisse Problemlösungen sind eigentliche kreative Leistungen!

Vorerst ist dies also eine Leistung des Lehrers. In der Folge wird es jedoch notwendig, den Schüler für die Alternative zu gewinnen. Das gelingt uns, wenn wir sie ihm plastisch und in ihrer Attraktivität darstellen. Dabei hilft es nichts, wenn wir sie ihm unrealistisch-rosenrot ausmalen. Er weiß ganz genau oder wird es mindestens beim ersten Versuch ihrer Verwirklichung erfahren, daß jede Lösung ihren Preis hat. Wir müssen es also fertigbringen, realistisch, in voller Kenntnis möglicher Schwierigkeiten und der Anstrengung, welche nötig ist, ein attraktives Bild des Zustandes nach einer Lösung des Problems zu entwerfen. Dazu demonstrieren wir ihm zum Teil, wie das andere Verhalten aussehen könnte. Darauf kommen wir zurück.

Im weiteren müssen wir es erreichen, daß sich der Schüler zutraut, das neue Ziel zu erreichen. Wie verschafft man einem Menschen das notwendige Selbstvertrauen? Es ist immer das gleiche: indem man zuerst einmal selbst die Kraft findet, es ihm zuzutrauen. Der Lehrer muß zuerst glauben, daß es geht, daß der Schüler sich ändern kann. Wenn dazu noch das Vertrauen des Schülers in den Lehrer kommt, besteht eine gute Chance, daß er, wenn auch zögernd, zu glauben beginnt, daß er sich ändern kann.

Dabei ist es natürlich wichtig, daß man auch alle Ressourcen und Hilfen mobilisiert, welche verfügbar sind. In der angelsächsischen Beratungsliteratur spricht man von „Unterstützungssystemen" (support systems). Das sind nicht nur Auffangnetze in Krisensituationen, sondern auch vor der Entwicklung krisenhafter Situationen zur Verfügung stehende Stützen und Hilfen. Das nächstliegende Unterstützungssystem ist natürlich die Klasse und der Lehrer selbst. Es kann auch sein, daß man einen Mitschüler ins Vertrauen zieht und ihn dafür gewinnt, seinem Kameraden in gewissen Situationen beizustehen. In vielen Fällen wird es auch notwendig, daß die Eltern das neue Verhalten unterstützen. Wir geben ihnen die entsprechenden detaillierten Hinweise.

Eine klare *Aufbaufolge von Therapieschritten* kann hier hilfreich sein. Wir geben dem Schüler, der mit einem Fach nicht zurecht kommt, genaue Anweisungen, wie er sein Lernverhalten verändern soll. Auch unserem aggressiven Schüler sagen wir genau, wie er sich im Kreise der Kameraden verhalten und nicht verhalten soll. An dieser Stelle geht das Vorstellen des besseren Zustandes in die Lernprozesse über, welche zu ihm hinführen. Dazu unten mehr.

Wenn es also gut geht, gelingt es uns, mit dem Schüler zusammen eine Zielvorstellung zu entwickeln, die er als attraktiv empfindet und die in ihm das Vertrauen und den Willen weckt, darauf hinzuarbeiten. Damit ist die Sache schon halb gewonnen. Jetzt kommt es nur noch darauf an, daß der Plan und die guten Absichten auch durchgeführt und daß die notwendige Anstrengung über eine längere Zeit aufrecht erhalten bleibt, so lange wenigstens, bis die ersten Früchte sichtbar werden und der Veränderungsprozeß eine positive Eigendynamik entwickelt.

(3) und (4) Bestimmung der zu treffenden Maßnahmen und die Evaluation ihrer Ergebnisse. Wie behebt man Verhaltens-, Lern- und Beziehungsstörungen? Fast in jedem Fall muß der betreffende Schüler auf die eine oder andere Weise *umlernen.* Im Gegensatz zu einer medizinischen Behandlung, die häufig, wenn auch keineswegs immer, auf einer rein materiellen Ebene abläuft, geschehen pädagogische „Behandlungen" fast immer auf der Verhaltensebene. Der Schüler muß lernen, gewisse Situationen anders zu sehen und zu deuten, als er es bisher getan hat, Begegnungen mit Mitschülern z.B., oder Prüfungen, oder die Schule und den Lehrer. Zum Teil muß er lernen, seine Umwelt anders zu gestalten: die Hausaufgaben nicht mehr im Wohnzimmer bei laufendem Fernsehapparat zu lösen, bei Gewichtsproblemen keine Süssigkeiten in Griffnähe liegen zu haben, usw. Charakteristische Schwierigkeiten muß er bewältigen lernen, gewisse Reaktionen bei sich bewußt hemmen: keinen düsteren Angstvorstellungen nachhängen,

sondern die naheliegenden Aufgaben angreifen, oder sich sagen: „Die wollen mich nicht verletzen. Sie meinen es im Grunde gut mit mir. Ich vertrage den Spaß und spiele nicht den Empfindlichen."

Es geht also um eine neue Beurteilung von Situationen, also um ein neues Sehen, und es geht um ein verändertes Handeln. In gewissen Fällen schließt dies *Umstrukturierungen* in sich, wie wir sie aus dem Problemlösen kennen. Häufig muß der Schüler auch sein Denken über Situationen verändern. Er muß lernen, innere und äußere Reaktionen zu entwickeln, mit deren Hilfe er die Situation bewältigt, statt ihr Opfer zu werden. Die Angelsachsen sprechen in diesem Sinn von „coping thoughts".

Die Maßnahmen, mit denen wir einem Schüler helfen, zielen also in der Regel Lernprozesse an. Welche Möglichkeiten stehen uns hier zur Verfügung? Es ist nicht anders als im normalen Unterricht. Die Grundprozesse heißen Vorzeigen und Nachmachen, Erklären und Instruieren und sodann Einüben. Damit meinen wir aber nicht bloß äußere Verhaltensweisen. Gerade bei der Bewältigung von Schwierigkeiten spielt ja das Sehen und Denken eine grundlegende Rolle. Daher müssen wir dem Schüler vormachen, wie man den Problemsituationen begegnet, sie richtig sieht und über sie denkt. Wir inspirieren uns hier von Techniken, wie sie MEICHENBAUM (1977) und BECK (1976) als „kognitive Verhaltensmodifikation" und als „kognitive Therapie" beschrieben haben. Wir zeigen dem Schüler *laut denkend* das richtige Verhalten. Wir lehren ihn, in bestimmten Situationen und vor bestimmten Ereignissen sich die richtigen *Selbstinstruktionen* zu geben. Er übernimmt diese und lernt sie seinerseits selbständig anzuwenden und abzuwandeln.

Wir geben ihm Gelegenheit, das Gelernte auszuprobieren und zu üben, einenteils innerlich, entsprechend dem *„mentalen Training"* der Sportler, aber auch im *Rollenspiel*. Entscheidend ist es sodann natürlich, daß er das Gelernte in entsprechenden Ernstsituationen selbständig anwendet. Dazu erhält er von uns zum Teil „Hausaufgaben", d.h. die Instruktion, das gelernte Verhalten auch außerhalb der Schule anzuwenden, den Erfolg zu beobachten und zum Teil sogar darüber Buch zu führen, etwa in der Form eines Tagebuches oder einer eigentlichen kleinen Statistik. So notiert er z.B. die Übungs- und Arbeitszeiten beim Lernen der fremdsprachlichen Wörter, die Ereignisse auf dem Schulweg, bei denen er sich früher durch die Mitschüler verletzt oder mißverstanden vorkam, oder er notiert, wie seine neuen Kooperationsversuche verlaufen sind. Diese Erlebnisse besprechen wir wiederum mit ihm, und wir stützen und leiten die weiteren Lernprozesse.

Der Leser mag sich an dieser Stelle nun fragen, ob wir hier nicht doch eine eigentliche Psychotherapie vorschlagen. Wir tun dies nicht. Wir finden vielmehr Mittel und Wege, die notwendigen Lernprozesse mit unserem Problemschüler nur zum Teil im persönlichen Gespräch zu entwickeln, im übrigen aber in Übungen einzubauen, die wir mit der ganzen Klasse durchführen. Demonstrationen des lauten Denkens vor Problemsituationen und Rollenspiele können nämlich sehr gut mit der ganzen Klasse geschehen. Dies gilt natürlich vor allem für die Primarschule und die Sekundarstufe I. Wenn wir den Unterricht in der höheren Schule seinerseits der Lebenwirklichkeit annähern, so bieten sich auch hier viele bisher nicht genutzte Möglichkeiten. Es erfordert natürlich, daß sich der Lehrer nicht im engen Sinne als Fachwissenschaftler versteht, sondern sich zutraut und es sich selbst gegenüber zu rechtfertigen vermag, seinen Stoff in ganzheitliche Lebensbezüge einzubauen, beziehungsweise den lebendigen Kontext der wissenschaftlich-sachlichen Tätigkeiten in seinen Unterricht einzubeziehen. So kann man auf jeder Stufe über die Prüfungsprobleme unter sachlichen wie unter psychologischen Gesichtspunkten sprechen, und es ergeben sich immer Situationen, in denen das richtige Sozialverhalten geübt werden kann. Wir wissen ja, wie wichtig dieses Verhalten an jedem Arbeitsplatz ist. Warum sollte man dann in einer Chemie- oder Geschichtsstunde ein entsprechendes Verhalten nicht üben dürfen?

Wenn wir das oben Gesagte nun ein wenig systematisieren, so sehen wir die Beratungsgespräche sich im normalen Unterricht fortsetzen, an dem unser Problemschüler teilnimmt. Es ist gar nicht notwendig, daß wir das der Klasse sagen. Seine Schwierigkeit ist ja mit hoher Wahrscheinlichkeit eine Schwierigkeit, welche mehrere andere Schüler in unterschiedlichem Maße und in verschiedener Ausprägung auch haben. Folglich brauchen wir hier unserem Problemschüler keinen Privatunterricht zu erteilen. Wir werden höchstens darauf achten, daß er im richtigen Moment, etwa beim Rollenspiel, Gelegenheit erhält, auszuprobieren und zu üben, was gerade er besonders braucht. Auch unsere Demonstrationen des lauten Denkens mit ihren Selbstinstruktionen und „coping thoughts" können wir sehr gut der ganzen Klasse geben.

„Hausaufgaben" zur Verhaltensveränderung können wir unserem Problemschüler individuell oder der ganzen Klasse geben. Höchstens die Besprechung des Erfolgs muß zum Teil im persönlichen Gespräch erfolgen.

Beratung: ein neues Element im Berufsbild des Lehrers und der Lehrerin

Wer sich in der Welt der Schule ein wenig auskennt, weiß, daß es seit jeher Lehrer und Lehrerinnen gegeben hat, die das, was wir in diesem Kapitel vorschlagen, praktizieren, zum Vorteil der Schüler und zu ihrer eigenen beruflichen Befriedigung. Er weiß aber auch, daß diese Beratungsaufgabe vielerorts nicht zum normalen Berufsbild des Lehrers gehört, weder im Bewußtsein der Lehrer und Lehrerinnen noch im Bewußtsein der Eltern. Auch die Behörden, die Berufsverbände und die Lehrerbildung denken normalerweise nicht in diesen Begriffen. Daher sind die rechtlichen Aspekte einer derartigen Tätigkeit vielerorts ungeklärt, und die Lehrer werden auch in der Regel nicht entsprechend ausgebildet. Lehrersein bedeutet in den meisten Ländern Schule halten, unterrichten.

Ein derartiges offizielles Berufsbild des Lehrers war in einer kleinräumigen Welt, im Dorf der Zeit vor 1914, durchaus möglich. Durch die mannigfaltigen informellen Kontakte des Lehrers mit den Eltern seiner Schüler und durch die traditionell geprägten Auffassungen über die Art, wie Kinder zu erziehen seien, aber auch durch die relativ bescheidene Rolle der Schulbildung im Verhältnis zu den gesamten erzieherischen Einflüssen der Gesellschaft, brauchte Beratung nicht im Pflichtenheft des Lehrers zu figurieren. Er tat es ohnehin in vielen Fällen sozusagen über den Gartenzaun, und im übrigen brauchten wohl auch weniger Schüler und Eltern eine persönliche Beratung.

Die moderne pluralistische Welt ist komplizierter geworden. Die Schulen nehmen höhere Prozentsätze der jungen Generation für immer längere Jahre auf. Bildungsfeindliche Kräfte konkurrieren und stören zum Teil die Arbeit der Schule. In den Familien ist die Unsicherheit in erzieherischen Belangen größer geworden. Familienprobleme komplizieren die Lage zusätzlich. Darum ist ja auch die Erziehungsberatung in vielen Ländern stark ausgebaut worden. So stellt sich der Schule und ihren Lehrkräften die Frage, ob sie ihren Beitrag weiterhin auf das Unterrichten im traditionellen Sinne beschränken oder aber ihren Teil zur Lösung der neuen Probleme leisten wolle. Die Antwort liegt nahe, wenn wir bedenken, daß wir ja auch im Rahmen des Unterrichts mehr als nur sachgerichtete Lernprozesse herbeizuführen versuchen: soziales Lernen, Lebenskunde, Persönlichkeitsbildung... Das hat zur Folge, daß wir als Lehrer auf Probleme der Schüler stoßen, die früher weithin unbemerkt blieben. Ist es unter diesen Umständen nicht natürlich, daß der Lehrer und die Lehrerin ihre Aufgaben auch in der Richtung der persönlichen Beratung erweitern? Die Schulklassen sind ja kleiner geworden, und wir sagen gerne, es sei nun ein Eingehen auf die persönlichen Probleme der Schüler möglich geworden. Ja, würden wir sagen, und wir geben diesem „persönlichen Eingehen" eine konkrete Bedeutung, indem wir einen Teil unserer Zeit und Kraft für die individuelle Beratung des Schülers und – wo nötig – seiner Eltern einsetzen.

Damit wandelt sich das Berufsbild des Lehrers und der Lehrerin. Sie dürfen sich nicht mehr nur als Spezialisten und als kleine Wissenschaftler verstehen, als Germanisten, als Chemiker, aber auch nicht bloß als Ortshistoriker oder Weber oder Töpfer(innen), die auch noch Schüler unterrichten. Die soziale Komponente im Lehrerberuf wird gewichtiger. Dieser nähert sich den helfenden Berufen an. Dabei ist es eine gute Sache, daß diese Hilfe und Beratung im Zusammenhang mit sachlichen Aufgaben und nicht als bloße „Jugendarbeit" durchgeführt wird, denn das Fehlen eines bestimmten Inhalts hat seine Probleme.

So sehen wir Lehrer einenteils weiterhin ihre Schulklassen als Ganze unterrichten. Dies bedeutet sachliche und soziale Tätigkeiten im Klassenverband, mit dem Ziel, Lernprozesse auszulösen und zu steuern. Aber schon diese Lehrtätigkeiten verstehen wir in einem tieferen Sinn, so nämlich, daß die Schüler bei den Tätigkeiten als Individuen teilnehmen, mit ihren Qualitäten und ihren Schwächen, ihren Leistungen und ihren Problemen. Wir meinen weiter, daß man nur dann von einem sozialen Lernen sprechen kann, wenn zwischen dem Lehrer und den Schülern und zwischen den Schülern unter sich echte menschliche Beziehungen bestehen. Der Lehrer und die Lehrerin müssen ihre Tätigkeit daher in einer Weise gestalten, daß sich diese Beziehungen richtig entwickeln. Dies erfordert eine Ausweitung der Lehrer-Schüler-Kontakte in der Richtung des persönlichen Gesprächs und der Beratung, und zwar nicht als neues, fremdes Element im Pflichtenheft des Lehrers, sondern als dessen natürliche Erweiterung und Abrundung. Nutznießer dieser neuen Auffassung von Schule sind nicht nur die Schüler, sondern auch der Lehrer und die Lehrerin. Ihr Beruf wird sinnvoller und bereichernder.

Kapitel 16: Lehrer-Eltern-Kontakte

Soziales Lernen in der Schule ist wesentlich davon abhängig, was der Schüler an Haltungen und Verhaltensweisen vom Haus auf die Schule überträgt. Umgekehrt wirkt das schulische Lernen auf das Leben in der Familie zurück. Darum müssen Schule und Eltern zusammenkommen und ihre erzieherische Arbeit koordinieren. Warum ist dies in der Praxis so schwierig? Und: wie können diese Schwierigkeiten überwunden werden?

Die Schwierigkeit der Elternkontakte

Um die Schwierigkeiten der Lehrer-Eltern-Kontakte zu verstehen, muß man auf die Geschichte unserer Schulen blicken. Sie sind als Institutionen der Kirche entstanden und haben, bei allen Abschwächungen dieser Vorstellung, immer etwas von der Autorität der Kirche bewahrt. Das gilt auch für das kulturelle Erbe, das die Schule vermittelt. Wenn es auch immer wieder als „theoretisch", „unzeitgemäß", „weltfremd" usw. kritisiert worden ist, so hat es doch in der Sicht der meisten Menschen seinen Wert und seine Stellung bewahrt. Der Lehrer ist der Vertreter dieser Kultur. Ihm haftet etwas von ihrer Würde an, ob ihm das gefällt und ob er sich dagegen wehrt oder nicht. Insbesondere bei Eltern aus einfachen sozialen Schichten – aber nicht nur bei diesen – schafft dies vorerst Distanz zur Schule. Sie finden in ihrer kulturellen Botschaft ihr eigenes kulturelles Überich wieder, und dies erzeugt Ehrfurcht, teilweise sogar Angst. Hinzu kommen natürlich die schulischen Erlebnisse der Eltern selbst. Wo diese ihrerseits mit Angst verbunden gewesen sind, überträgt sich diese auf den Lehrer, mit dem man Kontakt aufnehmen müßte.

Umgekehrt weiß man, daß viele Lehrer und Lehrerinnen auch die Eltern fürchten. Sie blicken Elternabenden mit Sorge entgegen, scheinen um die Ängste der Eltern zu wissen und diese sozusagen umzukehren. Die beiden Parteien fürchten sich gegenseitig. Hinzu kommt, daß die Lehrer natürlich auch die Grenzen und Schwächen ihrer eigenen Erziehungsarbeit kennen. Sie wissen oder meinen zu wissen, daß Eltern zum Teil mit ihnen unzufrieden sind, erwarten Angriffe, die sie vor den übrigen Teilnehmern am Elternabend bloßstellen würden. Sie fragen sich, was sie darauf antworten sollten, sehen die Eltern sich solidarisieren... Diese Situation wird in städtischen Verhältnissen, in denen die Eltern durch ihre Kinder viel von den

Lehrern hören, die letzteren die Eltern jedoch nicht oder kaum kennen, noch verschärft. Was kommt aus dem Kreis von 15 oder 20 Elternpaaren am Elternabend auf mich zu? Woher werde ich angegriffen? Wie stehe ich dann da? Was werde ich antworten? Man versteht die Gefühle der bangen Ungewißheit.

Wenn diese Diagnose der Schwierigkeit von Lehrer-Elternbeziehungen richtig ist, so müßten sich daraus auch die Leitlinien einer Therapie ergeben. Wir wollen sie kurz aufzeichnen. Unsere erste Feststellung lautet:
- *Ein jährlicher Elternabend ist nicht genug.*

Auch wenn der Lehrer seine Klasse erfolgreich führt, ein guter Redner ist und mit Erwachsenen umzugehen weiß, ist der vereinzelte Elternabend eine schwierige Übung. Die Eltern haben Mühe, sich im Kreise von 15 bis 20 Elternpaaren zu äußern; noch schwieriger ist es für sie, wenn ein ganzes Lehrerkollegium mitsamt dem Rektor der Schule gegenwärtig ist. Es reden dann nur die Selbstsichersten und Ungehemmtesten, und was sie sagen, ist der Sache nicht immer förderlich. Auch die Lehrer haben in dieser Situation Mühe, sich so zu zeigen und zu geben, wie sie es gerne möchten. Darum die zweite Feststellung:
- *Elternabende müssen durch individuelle Kontakte mit den Eltern ergänzt werden.*

Erste Kontaktaufnahme in der Schule

Wir wollen hier nichts über die Reihenfolge festlegen. Ein erster Kontakt in der Form eines Elternabends mag sinnvoll sein. Häufig jedoch wird man mit den Eltern vorerst einzeln zusammenkommen. Wo soll das geschehen? Das ist unsere dritte Feststellung:
- *Die ersten individuellen Kontakte mit den Eltern finden in der Schule statt.*

Der Lehrer lädt die Eltern am Rande der Schulzeit persönlich, sei es telefonisch, sei es durch einen freundlichen Brief, ein, mit ihm Kontakt aufzunehmen. Nicht schon, um über bestimmte Schwierigkeiten zu sprechen, sondern routinemäßig. Diese letztere Feststellung ist wichtig, damit die Eltern nicht voller Sorge zu der ersten Zusammenkunft kommen. Man verbindet die Einladung mit dem Hinweis auf die Möglichkeit, die letzte Schulstunde des Tages zu besuchen und so einen Eindruck von der Schularbeit zu gewinnen. Bei dieser Zusammenkunft betont der Lehrer, daß es ihm darum gehe, den Kontakt mit dem Elternhaus herzustellen, um zu erreichen, daß Lehrer und Eltern die erzieherische Aufgabe gemeinsam lösen. Es fällt dann leicht, über das Thema der Hausaufgaben auch auf mögliche Probleme zu sprechen zu kommen und gemeinsam Lösungen zu suchen.

Bei diesen Kontakten stellen sich natürlich die klassischen Probleme der Gesprächsführung. Wir haben sie im vorangehenden Kapitel kennengelernt. So viel sei hier nur wiederholt: Wir versuchen, eine natürliche, gelöste Atmosphäre herzustellen. Dies beginnt mit einer natürlichen Sitzordnung, so wie man sie auch zu Hause mit einem Gast wählen würde. Wir sprechen im Bewußtsein unserer Rolle, kehren dabei jedoch den Menschen und nicht so sehr die Amtsperson hervor. Wir weisen darauf hin, daß es vor allem um die sachliche Aufgabe gehe: dem Kind weiterzuhelfen, dafür zu sorgen, daß es seine Lernziele erreiche, diese letzteren in dem umfassenden Sinne verstanden, den wir in diesem Buche entwickeln.

Sodann ist es entscheidend wichtig, daß wir den Eltern zuhören. Man spricht von *aktivem Zuhören*, um auszudrücken, daß wir uns auf sie einstellen, ihre Anliegen ernst nehmen, sie zu verstehen suchen. Es zeigt sich dies in der Art, in der wir die Äußerungen der Eltern quittieren: nicht einfach durch Zustimmung, sondern indem wir gewisse Aussagen paraphrasieren, „spiegeln", variieren. Häufig wird es uns dabei gelingen, sogar besser auszudrücken, was die Eltern zu sagen versuchen. Das zeigt ihnen, daß sie verstanden werden. Wir zeigen dabei, daß wir die Probleme der Eltern unsererseits kennen, daß diese nichts Außergewöhnliches darstellen, sondern häufig vorkommen, und daß es dazu Lösungen gibt.

Vorerst werden wir aber die Gelegenheit benützen, unsere Sicht des Kindes darzustellen. Da die ersten Kontakte mit den Eltern früh hergestellt werden, werden wir dies in zurückhaltenden Formulierungen und unter Betonung der Vorläufigkeit unserer Feststellungen tun, denn das Bild kann sich ja im Verlaufe der Zeit noch ändern. Wir formulieren unseren bisherigen Eindruck also eher in der Form von Fragen und suchen dazu wiederum die Meinungen der Eltern.

Der Schlußteil eines solchen Gesprächs müßte von der gemeinsamen Diagnose zu den vorläufigen Maßnahmen oder doch den Leitlinien der künftigen Arbeit führen. Die Eltern sollten sie akzeptieren können, damit sie sie ihrerseits zu Hause unterstützen. Das Gespräch endet damit, daß weitere Kontakte in Aussicht genommen werden, entweder in größeren Abständen routinemäßig, oder aber nach Bedarf, sofern Probleme zu lösen sind und von beiden Seiten eine besondere Anstrengung erforderlich ist.

Wir haben den Ablauf eines Gesprächs zwischen Eltern und Lehrern hier in seinen groben Zügen geschildert. Unnötig zu sagen, daß er individuell variieren wird. Wir wollen auch nicht verschweigen, daß es Eltern gibt, mit denen diese Kontakte einfach und problemlos hergestellt werden können, während andere schwieriger sind. Sicher ist jedoch, daß in einer frühen Phase und im persönlichen Gespräch in der Regel keine unüberwindlichen Schwierigkeiten auftreten. Sehr wichtig ist auch die Tatsache, daß ein spaterer Elternabend ganz anders verläuft, wenn der Lehrer mit allen oder den meisten Eltern vorher einen persönlichen Kontakt hergestellt hat. Häufig wird dieser dann nur dazu dienen, bestimmte Orientierungen, etwa zum Übertritt in eine nächste Schulstufe oder über ein Klassenlager, eine Konzentrationswoche usw., zu geben.

Der Heimbesuch des Lehrers und der Lehrerin

Es stellt sich sodann die Frage, wo und in welcher Form die weiteren individuellen Kontakte des Lehrers mit den Eltern stattfinden sollten. Hierzu machen wir eine vierte Feststellung:
- *Es ist in hohem Maße wünschenswert, daß der Lehrer oder die Lehrerin die Eltern einmal zu Hause besucht.*
   Wir sollten eine Vorstellung von der Welt haben, aus der das Kind kommt. Wir sollten das Quartier kennen, in dem es spielt, eine Vorstellung von seinem Schulweg haben. Und vor allem: Wir sollten etwas von der Atmosphäre wissen, in der das Kind aufwächst. Das Problem ist nicht ganz leicht zu lösen. Gerade dort, wo diese Einsicht am wichtigsten wäre, ist es oftmals schwierig, die Eltern zu besuchen. Sie schämen sich zum Teil, uns bei sich zu empfangen, oder sie sind es nicht gewohnt, Gäste zu haben. Es kann auch sein, daß sie unsere Absicht mißverstehen und meinen, ihre private Sphäre verteidigen zu müssen. Allerdings: wenn sie dies meinen, so bedeutet das, daß es uns in den bisherigen Kontakten noch nicht gelungen ist, die Eltern davon zu überzeugen, daß es um das Kind und den erzieherischen Auftrag geht. Dann ist es einfach zu früh, an einen Heimbesuch zu denken. Daraus ergibt sich die fünfte Regel:
- *Ein Hausbesuch sollte erst ins Auge gefaßt werden, wenn wir das Vertrauen der Eltern gewonnen haben.*
   Wir werden also schon beim ersten Kontakt in der Schule die Möglichkeit und die Wünschbarkeit eines Hausbesuches erwähnen, allerdings den Zeitpunkt noch offen lassen. Wenn es dann so weit ist, werden wir den Besuch unter allen Umständen ankündigen, nicht nur, weil dies einer elementaren Höflichkeitsregel entspricht, sondern auch, um den Eltern Gelegenheit zu geben, sich auf den Besuch vorzubereiten. Würde der Besuch nicht angekündigt, so bestände ja die Gefahr, daß die Eltern durch den Besuch überrascht würden, fürchteten, daß sie einen schlechten Eindruck machen und sich entsprechend defensiv verhalten.
   Wie begeben wir uns zum Wohnort der Eltern? Zu Fuß, und zwar von der Schule aus. Auf diese Weise lernen wir den Schulweg des Schülers kennen. Wir werden ihn mit den Augen des Pädagogen, des Soziologen und

des Entwicklungspsychologen betrachten und uns die Frage stellen, welche Einflüsse von dieser Umwelt ausgehen, im Positiven und im Negativen. Es gibt Schulwege, auf denen sich goldene Jugenderlebnisse abspielen, und es gibt andere, die Alpträume verursachen können. Wenn wir in die Gegend kommen, in der sich die Wohnung oder das Haus des Schülers befindet, werden wir auch zu sehen versuchen, wo unser Schüler spielt und welcher Art die Spiele sind, die hier gespielt werden. Wiederum werden wir Welten von Unterschieden entdecken.

Ein Besuch im Elternhaus erfordert womöglich noch mehr Umsicht als eine Einladung der Eltern in die Schule. Wir verhalten uns nach den Regeln des Gastes. Bei allem Interesse für die Welt des Schülers und für die erzieherischen Verhältnisse, in denen dieser aufwächst, legen wir die nötige Zurückhaltung und den erforderlichen Takt an den Tag.

Soll der Schüler dabei sein? In einem ersten Teil des Besuchs sicher, denn es ist wichtig, daß der Schüler selbst den Besuch des Lehrers richtig deutet, versteht, daß dies eine normale Maßnahme ist, die wir zur Erfüllung unserer Aufgabe ausführen. Wenn der Schüler schon bei der Ankündigung erfährt, daß wir den Besuch routinemäßig bei allen Familien machen, so nimmt ihm dies seine Bedenken.

In einem gewissen Moment wird man den Schüler jedoch an seine eigene Arbeit schicken. Wenn dies die Eltern nicht von sich aus tun, so ist es gut, wenn wir es veranlassen, indem wir den Schüler etwa an seine Hausaufgaben erinnern. Der weitere Verlauf des Gesprächs folgt jenen Leitlinien, wie wir sie für den ersten Besuch skizziert haben. Wenn wir annehmen, daß seit dem ersten Besuch einige Monate vergangen sind, so haben sich inzwischen mit Sicherheit Probleme ergeben, welche mit den Eltern besprochen werden können. Unabhängig von diesen besonderen Anlässen aber ist es natürlich und sinnvoll, wenn wir den Eltern sagen, daß es uns ein Bedürfnis ist, die Welt, aus der das Kind kommt, kennenzulernen, damit wir unsere Aufgabe besser erfüllen können.

Wir zeigen auch für die Arbeit des Vaters und der Mutter Interesse und stellen in diesem Zusammenhang die Frage nach den Vorstellungen und Plänen der Eltern über die weitere schulische und berufliche Laufbahn des Kindes. Natürlich können das die Eltern bei einem Primarschüler noch nicht mit Bestimmtheit sagen. Auf der Sekundarstufe I und II wird es jedoch zum aktuellen Problem, das zu Laufbahn- und Berufsberatungsgesprächen führen kann. Schon die Eltern jüngerer Schüler machen sich indessen Gedanken über mögliche Laufbahnen ihrer Kinder, und ihre diesbezüglichen Äußerungen liefern wichtige Hinweise über ihre Erwartungen und Aspirationen. Diese wiederum lassen den Lehrer das Kind selbst besser verstehen und fördern.

Elternkontakte lohnen den Aufwand

Nun wird man sich natürlich fragen, welchen Aufwand all dies darstelle. Die Frage ist vor allem für die Fachlehrer der Sekundarstufe I und II wichtig, die eine große Zahl von Schülern unterrichten. Allerdings: was wir hier über die Notwendigkeit von Elternkontakten sagen, gilt vor allem für den Klassenlehrer. Er wird, genau gleich wie der Primarlehrer, die hier beschriebenen Kontakte herstellen. Die Zeit, welche wir für Elternkontakte einsetzen, ist gut angewendet. Sie ist es nicht nur darum, weil die Schularbeit davon profitiert, sondern auch darum, weil sie uns selbst eine tiefe und bereichernde Sicht unserer Arbeit und unserer Aufgabe vermitteln. Wir verstehen unsere Schüler besser, wenn wir dessen Eltern kennengelernt haben, und wir vermögen uns auch besser vorzustellen, was einmal aus dem Schüler werden könnte. Wir meinen dabei nicht einfach, daß der Junge einmal den gleichen Beruf wie sein Vater und das Mädchen wie die Mutter ergreifen werde, aber wir ahnen doch, in welcher Richtung sich die Aspirationen der Eltern bewegen.

Abschließend stellen wir fest: Die Aufgaben, welche wir hier entwickelt haben, fordern zwar Zeit und Energie. Ihr Ertrag ist aber sehr hoch. Wenn wir diese Aufgabe ernst nehmen, so wird sich unser Selbstbild und unsere Sicht der eigenen Aufgabe grundlegend verändern. Wir wachsen über das Lektionengeben hinaus und merken, daß wir im Leben und der Entwicklung der jungen Menschen, die uns anvertraut sind, eine wichtige und fruchtbare Rolle spielen. Natürlich ist das nicht das Berufsverständnis des Spezialisten und des bloßen Wissenschaftlers. Aber das haben wir schon gesehen: wer so denkt, sollte den Lehrerberuf gar nicht erst ergreifen. Als Lehrer haben wir eine soziale und eine erzieherische Aufgabe. Die Kontakte mit dem Elternhaus sind ein wichtiger Teil derselben.

Kapitel 17: Die Autorität des Erziehers und das Problem der Disziplin

Man sagt, in der modernen Welt gebe es eine Autoritätskrise. Das ist wahrscheinlich richtig. Falsch ist höchstens die Meinung, in der Vergangenheit habe es sie nicht gegeben. Wir werden in diesem Kapitel sehen, daß die Autorität der Erzieher mit den Werten einer Gesellschaft zusammenhängt. Werte aber haben sich immer verändert. Wo daher Wertwandel stattfinden, da wandelt sich die Autorität der Erzieher. Wenn dieser Wandel in dramatischer Weise geschieht, kann sich auch das Autoritätsproblem krisenhaft zuspitzen.

Aber auch Begriffe wandeln sich. Dabei kann es geschehen, daß ein Begriff wie ein alterndes Möbelstück nicht mehr mit Sorgfalt und gemäß seiner ursprünglichen Bestimmung behandelt wird. Dann höhlt sich seine Bedeutung aus. Er wird zum Zerrbild seiner ursprünglichen Bedeutung. Das ist im 20. Jahrhundert mit dem Begriff der Autorität geschehen. Autorität ist in der Wahrnehmung vieler zur autoritären Haltung geworden, und autoritär ist Synonym für selbstherrlich, gesetzlos und gewalttätig geworden. Wir versuchen, in diesem Kapitel zu zeigen, daß Autorität etwas anderes bedeuten kann.

Die Krise des Autoritätsbegriffs im 20. Jahrhundert hängt mit einer umfassenderen pädagogischen Bewegung zusammen: mit den Ideen der Reformpädagogik des ersten Teils dieses Jahrhunderts. Eine ihrer wichtigen Komponenten ist die *Ideologie des Wachsenlassens*. Ihr Vater ist ROUS-SEAU (1762). Sie vertraut auf die gute Natur, auf Anlagen des Kindes, die sich in einem Reifungsprozeß von innen heraus entfalten, ähnlich wie das körperliche Wachstum. Der Mensch braucht in dieser Sicht keine Erziehung. Daher braucht der Erzieher auch keine Autorität. Sie schadet dem Kind höchstens, insbesondere, wenn man sie als autoritäre Haltung versteht.

Viele Reformpädagogen sind allerdings auch als begnadete, charismatische Erzieher aufgetreten, begabt mit einer „natürlichen Autorität", der Strahlung des Erziehers, dem die Herzen zufliegen und der junge Menschen unmittelbar in den Bann seiner Persönlichkeit zieht. Auch diese Auffassung von Autorität hat dem durchschnittlichen Erzieher nur Probleme gemacht. Nicht nur, daß man ihm gesagt hat, daß eigentlich keine Autorität notwendig sein sollte. Man hat noch hinzugefügt: Du müßtest das Problem eigentlich mit der Strahlung deiner Persönlichkeit lösen. Ein guter Erzieher *hat* einfach Autorität. Also, wo ist deine Autorität, Lazarus?

Wir sehen die Autorität des Erziehers anders. Sie hängt ganz eng mit dem Auftrag der Schule zusammen. Grundlage ist die Tatsache, daß das Kind zu seiner natürlichen Entwicklung auf Erziehung angewiesen ist. Wenn es keine Erziehung bräuchte, gäbe es keine Verwahrlosung und keine kulturelle Deprivation, so wie man sie beispielsweise in ungünstigen sozialen Verhältnissen findet. Konkret bedeutet dies, daß die Schulklasse einen Lehrer braucht, der Tätigkeiten in Gang setzt und steuert, den Schülern Chancen zum Lernen gibt, der sich aber auch selber als Person in diesen Prozeß einbringt, so daß die Schüler eine Beziehung zu ihm aufbauen können, mit der Folge, daß sie bei dieser Erfahrung reifer werden und lernen.

Weil aber das Auslösen und das Steuern von Lernerfahrungen voraussetzt, daß Lehrer und Lehrerinnen Instruktionen erteilen, die von den Schülern gehört, ernst- und aufgenommen werden, so braucht es in einer Schule auch Lehrer und Lehrerinnen mit Autorität und Schüler, die gehorsam sind. Auch diesen Begriff müssen wir neu zu verstehen lernen. Der Ausdruck ist in seiner Etymologie ganz klar. Gehorsam kommt von hören. Er bezeichnet die Haltung dessen, der auf einen andern hören will. Autorität hat derjenige, auf den die anderen hören. Sie ist dann echt, wenn sie es tun, weil es ihnen weiterhilft. Der Lehrer möchte eine gute Ordnung im Leben und Lernen der Schulklasse realisieren. Darum muß er gehört werden. Das ist der tiefere Sinn seiner Autorität. Sie ist echt, wenn die Schüler seine Hilfe zu ihrem Lernen bereitwillig annehmen. Man sieht, diese Autorität hat nichts mit Kasernenhof zu tun.

Die meisten Menschen haben keine Autoritätsprobleme im Umgang mit einzelnen Kindern und Jugendlichen. Die Dinge komplizieren sich erst, wenn sie mit ganzen Gruppen umgehen müssen. Glücklicherweise können Lehrer und Lehrerinnen durch soziales Lernen dahin gelangen, mit Gruppen so menschlich und so natürlich umzugehen, wie sie es mit einzelnen tun. Die Grundannahme dieses Kapitels lautet daher: *Autorität ist lernbar.* Sie ist nicht nur wenigen charismatischen Persönlichkeiten gegeben.

Die Komponenten der Autorität

Was wir „die Autorität" nennen, ist in Wirklichkeit ein komplexes zwischenmenschliches Verhalten. Die gegenseitigen Rollen sind aufeinander eingespielt. Schon die Sprache hat Begriffspaare, welche, allerdings in archaischer Form, die komplementären Rollen kennzeichnen: Autorität und Gehorsam, Schutz und Geborgenheit, Fürsorge und Anhänglichkeit, Meister und Lehrling. Es fällt auch auf, daß nicht nur bei einem gut eingespielten Autoritätsverhältnis der Erzieher und der Zögling aufeinander abgestimmte und eingespielte Verhaltensweisen zeigen, sondern daß dies auch dort der Fall ist, wo das Verhältnis nicht spielt.

So können sich in einer Schulklasse immer die gleichen unglücklichen Szenen zwischen Lehrer oder Lehrerin und Schülern abspielen. Der Lehrer gibt eine unglückliche Anweisung, die Klasse empört sich oder ist ratlos. Einige protestieren oder treiben Unfug. Der Lehrer beginnt sich zu ärgern und ergreift weitere unglückliche Maßnahmen. Die Klasse antwortet mit erneuten Protesten oder weiterem Unfug usw.

Es geht also offensichtlich darum, daß beide Seiten, Lehrer und Schüler, ihre Rollen richtig gestalten lernen. Daß dies möglich ist, hängt zu einem guten Teil von den Maßnahmen des Lehrers und der Lehrerin ab. Autorität ist nicht einfach Autorität. Das gegenseitige Verhalten setzt sich aus verschiedenen Komponenten zusammen, aus dem Eltern-Kind-Schema, dem Dominanzschema, dem Gefolgschaftsschema und dem Kooperationsschema (AEBLI 1958). Der Ausdruck „Schema" sagt dabei nur, daß es sich um geprägte und übertragbare, aufeinander eingespielte Verhaltensweisen handelt, die abgegrenzt sind und derer innerer Aufbau angegeben werden kann (AEBLI 1980/81).

Das *Eltern-Kind-Schema* findet man bei Tier und Mensch. Die Eltern ernähren das Kind und bieten ihm Schutz und Geborgenheit. Dieses antwortet darauf mit Anhänglichkeit und Vertrauen. Wenn es sich bedroht fühlt, flieht es zum Vater oder zur Mutter. Deren Nähe und die emotionale Wärme, die sie ausstrahlen, ist Voraussetzung dafür, daß sich das Kind natürlich und normal entwickelt. Wo sie fehlen, treten emotionale Probleme und Entwicklungsstörungen auf (MACCOBY & MARTIN 1983).

Das Eltern-Kind-Schema ist übertragbar. Es wird vom Kind auf die Lehrerin und auf den Lehrer übertragen, in Formen, die der Schularbeit dienen, die sie aber auch belasten können. Jeder Lehrer ist dankbar, wenn ihm seine Schüler vertrauensvoll entgegenkommen und ihm eine der Alterstufe entsprechende Anhänglichkeit zeigen. Daneben gibt es aber auch Kinder, die gewohnt sind, überprotegiert zu werden, und es gibt anmaßende und distanzlose Kinder. Hier kann es dem Lehrer und der Lehrerin schwer fallen, das rechte Verhältnis zum Kind zu entwickeln. Disziplinprobleme sind hier z. T. Symptome persönlicher Probleme einzelner Kinder oder Jugendlicher.

Das *Dominanzschema* ist in seiner extremen Form durch Beherrschung und Unterwerfung gekennzeichnet. Hier geht es um die Frage, wer bestimme. In einer Schulklasse, in der nur das Dominanzschema gilt, ist der Lehrer entweder die dominierende Figur – oder aber das Opfer einer Klasse, die es fertiggebracht hat, die Oberhand zu gewinnen. Dies ist allerdings ein Zustand, der in der Regel nicht lange dauert, weil die Lage für Lehrer und Schule rasch unerträglich wird.

Auch das Dominanzschema kennt man sowohl in menschlichen als auch in tierlichen Gesellschaften. Man spricht von Hackordnungen (TINBERGEN 1958, LORENZ 1949), vom α- und vom ω-Tier. Es gibt sie in jedem Hühnerhof, aber auch in jeder Kuhherde. Die Kuhkämpfe, welche die Walliser beim Bezug der Alpen veranstalten, sind nichts anderes als die Kämpfe der Tiere um die α-Position.

Man erkennt die Problematik der Dominanzbeziehung. Es ist keine schöne Sache, wenn sich der Lehrer wie der Dompteur im Raubtierkäfig verhalten muß; es ist auch nicht gut für die Entwicklung der Schüler. Denn auch das Dominanzverhalten hat sein Gegenstück: die Unterwerfung bzw. die Unterwürfigkeit des Schülers.

Das *Gefolgschaftsschema* verbindet den Anführer mit dem Gefolgsmann. Es existiert in einer personalisierten Form und in einer ideell untermauerten Form. Es hat die grossen politischen Führer der Geschichte gekennzeichnet. Sie waren in der Regel gute Redner, fähig ihrer Gefolgschaft „aus dem Herzen zu sprechen", an ihre tiefen Wünsche und Bedürfnisse zu appellieren. Sie fühlen sich durch den Anführer angezogen, weil er das sagt, was sie bewegt und weil sie spüren (oder zu spüren vermeinen), daß er ihnen zur Verwirklichung ihrer tiefen Bedürfnisse verhilft. Es kann sein, daß der Anführer die Menschen an seine Person bindet. Man nennt diese Gefolgschaft seine „Klientel". Im Mittelalter waren dies die Feudalherren. In vielen Ländern der Welt bildet die Klientel noch heute die Grundlage des politischen Systems.

Die Idealform des Gefolgschaftsschemas beruht darauf, daß der Anführer Ideen und Werte vertritt, welche von seinen Gefolgsleuten geteilt werden. Er kann ihnen einen überzeugenden Ausdruck verleihen. Sie folgen nicht ihm persönlich, sondern der Idee, die er vertritt. Dann ist das Verhältnis in einem gewissen Maße objektiviert.

Man erkennt Gefahren und Chancen dieses Verhältnisses. Ein Anführer kann Demagoge, also Volksverführer sein. Er kann aber auch die legitime Rolle des Vertreters von Ideen und Werten spielen, die jemand aussprechen muß, damit sie sich verwirklichen können. Im Bereich der Erziehung gibt es einenteils die Lehrer, die sich von ihren Schülern bewundern und verehren lassen, anderseits aber auch die Erzieher, die eine Sache oder eine Idee glaubwürdig vertreten und die Schüler für sie begeistern. Es kommt also offensichtlich auf den Gebrauch an, den wir vom Gefolgschaftsschema machen.

Das vierte Schema ist dasjenige der *Kooperation*. Die Schüler lernen unter geeigneter Anleitung zusammenarbeiten, und sie lernen diese Arbeitsform schätzen. Dabei erfahren sie auch, daß die Zusammenarbeit eine bestimmte Form der persönlichen Beziehung nach sich ziehen kann. Sie lernen sich als Partner in dieser Arbeitsform schätzen. Derjenige, der dabei besonders integrativ, vermittelnd, problemlösend und zielführend wirkt, wird von den andern anerkannt. Er erwirbt eine Autorität, die auf seiner sozialen und sachlichen Kompetenz beruht.

Die Entwicklung der Autorität

Entwicklungspsychologisch stellen wir fest, daß die erste Beziehung, welche das Kind zu seiner Mutter und seinem Vater entwickelt, die Elter-Kind-Beziehung ist. Die Mutter ist die erste Quelle von Nahrung und Wärme für das Kind. Bei Mutter und Vater findet es Schutz und Geborgenheit, sobald es Unsicherheit und Angst kennenlernt. Aber schon Kleinkinder beginnen auch, sich gegenseitig zu tyrannisieren, und in einigen Sandkästen gibt es schon Hackordnungen.

Der Schulanfänger hat Tendenz, die Haltungen und Verhaltensweisen, die er gegenüber seiner Mutter entwickelt hat, auf die Lehrerin zu übertragen, später auch auf den Lehrer. Das ist, wie gesagt, eine Chance, wenn diese Haltung durch Vertrauen und echte Autorität gekennzeichnet ist. Aber es werden natürlich auch ungünstige Haltungen auf die Lehrpersonen übertragen. Dann kann sich die schwierige Aufgabe stellen, diese zu verändern.

In jeder Schulklasse entwickeln sich auch Elemente einer Dominanzordnung. Auch wenn nicht jeder seine genaue Stellung der Unter- oder Überordnung gegenüber jedem anderen erwirbt: sicher gibt es dominierende und marginale Mitglieder der Klassengemeinschaft. Aussehen, körperliche Fertigkeiten und schulische Leistungen spielen neben der Umgänglichkeit und der Gestimmtheit eine wichtige Rolle bei der Bestimmung der Stellung des Einzelnen in der Gruppe.

Mit der Pubertät und der Adoleszenz wird die α-Stellung des Lehrers zum Teil in Frage gestellt. Es ist, wie wenn in der Kuhherde einige junge Stiere heranwüchsen und die Position der Leitkuh oder des Leitstiers in Frage stellten. Dann muß sich der Lehrer wehren und schauen, daß er nicht unters Rad gerät. Im übrigen wandeln sich auch die Faktoren, auf denen die Dominanz beruht. Geistige Fähigkeiten und Leistungen spielen in einem entsprechenden Milieu eine zunehmende Rolle.

Das Gefolgschaftsschema ist im Primarschulalter häufig persönlich geprägt. Die Schüler lieben und bewundern den Lehrer und die Lehrerin. Mit zunehmendem Alter spielen die ideellen Grundlagen eine zunehmende Rolle. Die Schüler lassen sich für bestimmte Ideen und Tätigkeiten begeistern, werden zu Umweltschützern oder Volleyballspielern, und die Autorität des Lehrers oder der Lehrerin beruht darauf, daß sie diese Ideen vertritt und die entsprechenden Tätigkeiten zu fördern vermag. Im besten Fall gelingt es ihm oder ihr, die Gefolgschaft ganz zu versachlichen, so daß der Schüler fähig wird, die Idee oder die Tätigkeit weiterzupflegen, auch wenn die Unterstützung durch den Erzieher wegfällt.

Die Fähigkeiten der *Kooperation* sind in den Primarschuljahren noch wenig entwickelt. Vom dritten und vierten Schuljahr an beginnen sie jedoch sichtbar zu werden und dort, wo Kooperation auch im Unterricht stattfindet, ihre Rolle zu spielen. Im Jugendalter kann die Fähigkeit zur Kooperation eine wichtige Grundlage für die Stellung der Gruppenmitglieder werden. Das Kooperationsschema ist sicher das unproblematischste unter den vier hier besprochenen. Es vermittelt eine sachliche Autorität, die in jedem Falle der Gemeinschaft gut tut. Man wird daher alles tun, um seine Ausbildung zu fördern.

Der Lehrer seinerseits wird im Verlaufe der Jahre immer mehr zum Partner in den kooperativen Tätigkeiten der Schüler. Wenn er seine Rolle hier kompetent und in einer integrativen Weise spielt, wird er eine Autorität erwerben, die unbedenklich und bildend ist.

Aus der Verschiedenheit der Komponenten der Autorität des Lehrers und dem Wandel ihrer Qualität und ihres Gewichtes im Verlaufe der Entwicklung folgen einige wichtige Aufgaben für den Erzieher. Die Lehrerin auf der Unterstufe der Primarschule wird die Übertragung des Eltern-Kind-Schemas auf ihre Person in Rechnung stellen und sie in die rechten Bahnen zu lenken suchen. Sie wird ihre guten Wirkungen dankbar nutzen, zugleich aber dafür sorgen, daß keine Bindung entsteht, welche die Bindung des Schülers an seine Eltern konkurrenziert. Wo allerdings unglückliche soziale Verhältnisse vorliegen und ein Kind keine gute Beziehung zu seinen Eltern hat, kann es sein, daß die Lehrerin in einem beschränkten Maße eine Elter-Rolle übernimmt. Dabei wird sie sich jedoch bewußt bleiben, daß die Dauer, über die sie diese Rolle spielen kann, in jedem Falle begrenzt ist. Es ist legitim, daß die Autorität der Unterstufenlehrerin zum Teil auf ihrer weiblich-mütterlichen Rolle beruht und daß die Schüler ihr gegenüber jene Anhänglichkeit entwickeln, die sie auch mit ihren Eltern verbindet.

Die Frage der Dominanz spielt in vielen Klassen eine gewisse Rolle. Es gibt Klassen, die „es wissen wollen", nämlich: ob sich der Lehrer durchzusetzen vermöge. Das sind Prüfungen, denen er nicht ausweichen kann. Er muß sie bestehen. Wenn er jedoch einmal seine Stellung erobert hat, so gilt es für ihn zugleich, diese Komponente seiner Autorität abzubauen oder ihr doch die richtige Form zu geben. Das ist nicht in jedem Falle einfach.

Dominanzverhältnisse haben zum Teil die Tendenz, sich selbst zu perpetuieren. Der Lehrer hat angefangen zu imponieren und zu drohen. Die Schüler stellen sich darauf ein und unterwerfen sich. Nun müßte seine Autorität jedoch eine andere Basis finden. Die Wahrnehmung des dominierenden Lehrers verstellt jedoch die Wahrnehmung seiner anderen Qualitäten. Wenn er versucht, auf das äußere Dominieren zu verzichten, geht etwas schief. Wenn es schlecht geht, vermag er sich nicht davon zu lösen.

Die Schlußfolgerung ist klar. Dominanzverhalten soll vom Lehrer und der Lehrerin mit größter Zurückhaltung, eigentlich nur dort, wo es herausgefordert wird, an den Tag gelegt werden. Dabei ist darauf zu achten, daß auch die anderen Komponenten jederzeit sichtbar sind und daß sie in ihrem Gewicht schrittweise zunehmen, so daß das Dominanzverhalten abgebaut werden kann.

Das Gefolgschaftsschema ist so gut, wie die Person des Anführers und seine Werte sind. Es ist natürlich, daß junge Schüler Anhänglichkeit gegenüber ihrer Lehrerin entwickeln. Sie können aus dieser Bindung lernen. Entscheidend ist, daß der Lehrer und die Lehrerin ihre Rolle in einer reifen und menschlich einwandfreien Weise spielen. Insbesondere ist es notwendig, daß sie zunehmend sichtbar machen, daß sie nicht willkürlich und selbstherrlich handeln, sondern daß auch ihr Handeln Regeln und Prinzipien gehorcht. Wenn die Schüler im Verhalten des Lehrers und der Lehrerin zunehmend die personunabhängigen Regeln und Prinzipien und die dahinterstehenden Ideen und Werte erkennen, wird ihre Loyalität mit der Zeit der Idee und dem Wert und nicht der Person des Lehrers und der Lehrerin gehorchen. Dann ist die Klasse keine „Klientel" mehr, sie gleicht vielmehr einer Partei im Sinne der modernen Demokratie, einer Gruppe von Menschen also, die gewisse Ideen und Werte gemeinsam anerkennen und sich ihnen verpflichtet fühlen.

Das Kooperationsschema schließlich ist, wie wir gesehen haben, unproblematisch. Es kann über die Jahre der Schulzeit schrittweise aufgebaut werden. Es hat zur Folge, daß gewisse Schüler eine natürliche Autorität als gute Gruppenglieder erwerben. Der Lehrer und die Lehrerin ihrerseits werden eine natürliche Autorität als Person erwerben, die zur Zusammenarbeit anleitet und diese stützt, so daß sich alle Beteiligten wohl fühlen und das Bewußtsein haben, weiter zu kommen.

Bedingungen der Autorität

Schon die vorangehenden Überlegungen haben einiges über die Bedingungen, unter denen die Autorität des Lehrers und der Lehrerin möglich wird, ausgesagt. Im folgenden beziehen wir in unsere Überlegungen jene Fälle ein, in denen sich die Gewinnung von Autorität als schwierig erweist und die Disziplin im Unterricht gefährdet ist. Woran fehlt es in diesen Fällen und welche Bedingungen müßten bewußt herbeigeführt werden, um die Situation zu korrigieren?

Der Verfasser dieses Buches hat viele junge Lehrer und Lehrerinnen im Unterricht besucht. Einigen sind Autorität und Disziplin nie zum Problem geworden. Die Schüler verhalten sich in ihrer Gegenwart einfach, wie sie sollten. Das sind die Glücksvögel unter den Erziehern, und sie brauchen in diesem Kapitel nicht weiterzulesen. Die Mehrzahl der jungen Lehrer müssen jedoch ihre Erfahrungen sammeln und lernen, ihre Ordnung im Unterricht aufzubauen. Fast alle können es lernen. Nur ganz wenige haben immer Schwierigkeiten. Für sie wird der Beruf des Lehrers sehr schwer. Man muß ihnen anraten, eine andere Aufgabe zu suchen. Im folgenden denken wir also an den jungen Lehrer und an die junge Lehrerin, die „die Autorität lernen". Was braucht es dazu? Die zusammenfassende Antwort lautet: den *Willen*, die eigenen Ordnungsvorstellungen im Unterricht zu verwirklichen, und die *Fähigkeit* dazu.

Der Wille, die eigenen Ordnungsvorstellungen durchzusetzen: Das ist nach dem, was wir in der Einleitung gesagt haben, heute nicht mehr selbstverständlich. In unserer Welt kursieren seit nunmehr bald 250 Jahren Theorien, die uns zu sagen versuchen, daß der Lehrer zum Problem der Autorität eigentlich nichts tun müßte (ROUSSEAU 1762), sei es, daß Kinder sie nicht nötig haben, weil sie die Natur auf dem rechten Wege hält, sei es, daß der rechte Erzieher die Autorität einfach hat. Darum haben viele Lehrer ein schlechtes Gewissen, sich selbst und ihren Kollegen einzugestehen, daß ihnen die Disziplin im Unterricht und, allgemeiner, ihre Autorität Probleme macht. Sie reden im Lehrerzimmer nicht über ihre Probleme, auch nicht mit ihren Freunden. Sie meinen, daß sie etwas ganz verkehrt machen, daß die guten Kinder bei ihnen nicht einfach brav sind, oder sie schämen sich, daß sie das Charisma der natürlichen Autorität nicht besitzen. Darum gilt es in vielen Lehrerkollegien auch als unfein, darüber zu sprechen, welche Sanktionen man brauche, wenn stärkere Eingriffe nötig werden.

Damit haben wir schon eine wichtige Regel gewonnen. Wir halten fest, daß Ordnung und Disziplin im Unterricht keine Naturprodukte sind, sondern von den Schülern gelernt werden müssen, und daß es daher nötig ist, daß der Lehrer und die Lehrerin an dieser Aufgabe arbeiten und das Notwendige vorkehren. Da nun aber jede Schulklasse auch von dem beeinflußt ist, was in der übrigen Schule geschieht, ist es notwendig und gut, wenn die Lehrer unter sich über das Problem der Disziplin reden, ihr

Verhalten und ihre Maßnahmen diskutieren und sich gegenseitig beraten und unterstützen. Das Lehrerkollegium kann hier als ein „soziales Unterstützungssystem" (social support system) dienen, das dem jungen Kollegen und dem Kollegen, der Schwierigkeiten hat, beisteht. Damit diese Gespräche zustandekommen, ist Offenheit und, am Anfang, etwas Überwindung notwendig. Bald einmal werden alle Beteiligten mit Erleichterung feststellen, daß sie ähnliche Probleme haben und daß es dafür auch Lösungen gibt. Diese Erkenntnis hilft auch, das schlechte Gewissen zu überwinden. Eine Schwierigkeit zu haben, mit der auch der Kollege ringt, kann kein moralischer Defekt sein!

Wenn wir nun wiederum auf die inhaltliche Frage blicken, so stellen wir als erstes fest, daß sich der Lehrer und die Lehrerin davon überzeugen müssen, daß sie nicht nur das Recht, sondern auch die Pflicht haben, ihre Führungsaufgabe wahrzunehmen. Sie vergewaltigen damit nicht die Seele des Kindes, sondern sie helfen ihm, reif zu werden und in seinem späteren Leben dasselbe Problem, als Eltern oder als Vorgesetzte, seinerseits zu meistern. Dazu ist es natürlich auch notwendig, daß man sich eine hohe Idee von der richtigen Autorität schafft, daß man, mit anderen Worten, nicht selbst das Opfer jener ausgehöhlten und entwerteten Idee der Autorität wird, die in einem zweiten Schritt – dann berechtigterweise – aufgegeben wird.

Wenn wir diese Überlegungen sozusagen von der Oberfläche her aufrollen, so beginnen wir damit, uns davon zu überzeugen, daß wir den Schülern im Unterricht inhaltlich etwas anzubieten haben, das wert ist, gehört und aufgenommen zu werden. Das sind die Lernangebote, welche wir in den ersten Kapiteln dieses Buches in einem achtteiligen Würfel gruppiert haben: im sachlichen und im sozialen Bereich, im Bereich der Handlung und der Erkenntnis, Tätigkeiten mit realen und symbolischen Gegenständen. Indem wir uns mit diesen Inhalten ernsthaft und eingehend beschäftigen, wird uns ihr Wert bewußt, und wir gewinnen auch die Überzeugung, daß es notwendig und gut sei, diese Dinge jungen Menschen weiterzugeben.

Eine nächste Stufe erreichen wir, indem wir uns ein lebendiges und klares Bild von der Art und Weise machen, wie die Schularbeit und der zwischenmenschliche Umgang in der Klasse vor sich gehen sollte. Wenn wir uns davon überzeugen, daß diese Art des Arbeitens und des gegenseitigen Verkehrs gut und richtig ist, so gewinnen wir auch die Überzeugung, daß diese Ordnung von allen Beteiligten eingehalten werden muß. So verliert die Idee der Disziplin ihren hohlen Ton. Sie basiert auf der Idee der guten Ordnung des Zusammenlebens in der Klasse.

Dies führt zu einer dritten Stufe der Analyse und der Grundlegung des eigenen Handelns. Wir überzeugen uns davon, daß wir zu jedem einzelnen Schüler eine persönliche Beziehung aufbauen wollen und daß wir daher bereit sind, unsere Person in diesem Prozeß zu engagieren. Konkret bedeutet dies, daß wir bereit sind, alles für die Schüler zu tun, damit sie lernen und sich entwickeln können. Das Gegenstück dazu ist, daß wir auch erwarten, daß sie so mit uns zusammenarbeiten, daß diese Ziele erreicht werden können. So finden wir die Kraft, die notwendige Autorität in Anspruch zu nehmen.

Zusammenfassend halten wir fest: Die erste Bedingung der Autorität des Lehrers ist der Wille, sie in Anspruch zu nehmen und sie durch sein ganzes Verhalten zu rechtfertigen. Dieser Wille entsteht nicht aus dem Nichts, sondern aus dem Durchdenken des erzieherischen Auftrags und des Wertes dessen, was man den Schülern durch seinen Unterricht und durch sein persönliches Wirken anzubieten hat. Wir haben das Recht, Gehorsam in Anspruch zu nehmen, wenn wir etwas anzubieten haben, das wert ist, gehört zu werden.

Die didaktische Seite des Disziplinproblems

Das zweite ist die *Fähigkeit*, diese Ordnungsvorstellungen zu realisieren und sie nötigenfalls durchzusetzen. Damit dies möglich wird, sind im wesentlichen drei Bedingungen notwendig: ein Lehrangebot, das dem Schüler gemäß ist, die Fähigkeit, die Tätigkeit nicht nur einzelner Schüler, sondern einer ganzen Klasse in Gang zu setzen und zu steuern, und ein Repertoire von einfachen Maßnahmen, die geeignet sind, Schüler, die nicht mitspielen, in einer frühen Phase und mit minimalen Mitteln zurückzuholen und wiederum in die unterrichtliche Tätigkeit zu integrieren.

Das Problem der Disziplin hat auch eine psychologisch-didaktische Seite. Man merkt es daran, daß die gute Ordnung des unterrichtlichen Geschehens häufig dann gefährdet ist, wenn die Lektionen schlecht sind. Das bedeutet in der Regel, daß es einzelnen Schülern oder der ganzen Klasse nicht möglich ist, in einer Weise tätig zu sein, die sie als interessant und befriedigend erleben. Woran das liegen kann, ist nicht in einem Wort zu sagen. Eine gute Unterrichtsstunde hängt an vielen Bedingungen inhaltlicher und sozialer Art. Wichtig ist jedoch die Frage, ob unser Lehrangebot entwicklungsgemäß ist. Es sind die überforderten Schüler, die in der Regel ausklinken und sich eine andere Beschäftigung suchen: mit Gegenständen spielen, lustige Effekte hervorbringen usw. Natürlich kann man die Schüler auch unterfordern. Dann steigen zuerst die Begabten aus.

Aber es ist nicht nur eine Frage der Anpassung an die Entwicklungsstufe.

Wir müssen an die Interessen der Schüler anknüpfen, um schrittweise neue Interessen zu wecken. Eng damit hängt das Problem der Abwechslung zusammen. Ein monotoner, nach Inhalt und Form immer gleichartiger Unterricht läßt die Interessen und die Beteiligung der Schüler rasch erlahmen. Wir brauchen diese Dinge hier nicht auszuführen, sondern können zusammenfassend sagen, daß eine gute didaktische Gestaltung des Unterrichts auch Voraussetzung zur Meisterung des Disziplinproblems ist (dazu, und zum Folgenden: siehe auch DUBS 1978, 230 ff.).

Unterrichten heißt, nicht bloß bei einem einzelnen Schüler, sondern bei einer ganzen Klasse bestimmte Tätigkeiten in Gang zu setzen und sie auf der rechten Bahn zu halten. Das ist ein Problem der Organisation, der Wahrnehmung und der Steuerung. Damit 20 oder 30 Kinder oder Jugendliche beschäftigt sind, braucht es einige Organisation. Die notwendigen Materialien müssen verfügbar sein, und es braucht klare, für die Schüler verständliche Instruktionen. Dem jungen Lehrer fehlt die entsprechende Erfahrung. Darum ist es sehr wichtig, daß er in seinen Praktika Organisationsmodelle gut funktionierender Klassen kennenlernt und daß diese Probleme mit ihm eingehend besprochen werden. Gerade auf der Gymnasialstufe dürfen diese Probleme, „weil zu wenig geistig", nicht vernachlässigt werden. Auf der Unterstufe der Primarschule anderseits muß sich die Lehrerin der beschränkten Fähigkeit der Kinder, organisatorische Maßnahmen zu verstehen und sie zu befolgen, bewußt sein.

Im Unterricht selbst bemühen wir uns, die Fähigkeit der *distributiven Aufmerksamkeit* zu erwerben. Das ist die Fähigkeit, auch im Klassenverband jeden einzelnen Schüler wahrzunehmen (also die Aufmerksamkeit auf alle Schüler zu verteilen, zu distribuieren) und zu einem jeden eine Beziehung herzustellen. Auch wenn er unter 25 Kameraden sitzt, muß sich jeder einzelne durch uns angesprochen fühlen. Das fällt einigen jungen Lehrern nicht leicht. Als erstes müssen sie lernen, ständig einen Teil ihrer Aufmerksamkeit vom Stoff und den sachlichen Problemen abzuzweigen und sie den Schülern zuzuwenden. Sie dürfen nicht nur in sich hineinblicken. Sie müssen die Schüler während des Unterrichts ansehen und sozusagen mit jedem einzelnen reden. Das ist lernbar. Dazu sind unter anderem Übungsschule und Praktika da. Distributive Aufmerksamkeit ist notwendig, damit der Lehrer sieht, was in der Klasse vor sich geht, ob die Schüler dem Unterricht folgen oder ob sie abzuschweifen beginnen, ob das Interesse vorhanden ist oder ob es erlahmt usw. Wenn letzteres geschieht, müssen wir es sofort sehen. Die „Früherkennung" von Problemen ist grundlegend. Dies ist der Moment, wo die dritte der Fähigkeiten wichtig wird: in einer frühen Phase der Entwicklung von Problemen die notwendigen Korrekturmaßnahmen zu treffen.

Wenn wir beobachten, daß einzelne Schüler nicht mehr mitmachen, so fragen wir uns, ob wir zu schwierig gewesen sind. Wenn wir referieren oder erklären, wiederholen wir das Gesagte in einfacheren Worten, beim Üben streuen wir einige einfachere Beispiele ein. Wir variieren mit anderen Worten das Lehrangebot so, daß auch der schwächere und weniger oder anders motivierte Schüler zu seinem Recht kommt. Dies setzt natürlich einige didaktische Beweglichkeit voraus. Man erwirbt sie im Verlaufe der Zeit, aber auch durch sorgfältige Vorbereitung.

Die Maßnahmen, um Schüler, die ausklinken möchten, in die gemeinsame Tätigkeit zurückzuholen, sind sehr wichtig. Der Lehrer und die Lehrerin müssen hierzu ein Repertoire von einfachen Maßnahmen erwerben, die sie leicht und sicher beherrschen. Auch das ist lernbar. Wir nennen einige Beispiele. Angenommen, in der Schulstunde werde ein neuer Begriff oder eine Operation im Unterrichtsgespräch entwickelt oder man diskutiere über einen Gegenstand, einen Text, eine Sache oder einen Vorgang. Es mag auch sein, daß wir einfach erzählen oder über eine Sache referieren.

Nun bemerken wir, daß ein Schüler nicht mehr zuhört und mit dem Maßstab und dem Radiergummi auf der Schulbank zu spielen beginnt. Es kann auch sein, daß sich zwischen zwei Schülern eine Interaktion anbahnt, die uns nicht gefällt, die Vorstufe des Schwatzens.

Wenn uns der Schüler noch ansieht, sehen wir ihn unsererseits an, so daß er merkt: der Lehrer sieht mich. Es ist gut möglich, daß das schon genügt und er seine Beschäftigung abbricht und wieder mitarbeitet. Wenn er den Lehrer nicht mehr ansieht, so machen wir an einem Punkte unserer Ausführungen, wo keine Pause nötig wäre, eine Pause. Damit signalisieren wir, daß uns etwas stört. Der Schüler sieht auf und begegnet dem Blick des Lehrers. Wahrscheinlich genügt dies, um ihn zurückzuholen.

Auf einer nächsten Stufe bewegen wir uns einige Schritte in der Richtung des Schülers. Vielleicht sprechen wir ihn mit einer sachlichen Frage freundlich an: „Was meinst du dazu?" Es kann sein, daß er sich faßt und eine valable Antwort gibt, dann loben wir ihn. Er ist zufrieden und macht wahrscheinlich wieder mit. Kann er nicht antworten, weil er schon eine zeitlang nicht aufgepaßt hat, so stellen wir ihn nicht bloß. Wir wiederholen unsere letzten Überlegungen noch einmal, um ihm den Anschluß zu ermöglichen, und geben ihm zum Bewußtsein, daß er noch einmal glimpflich davongekommen ist.

Auf der nächsten Stufe ermahnen wir den Schüler. Dabei gehen wir ihn nicht frontal an, sondern sagen ihm: „Du störst uns mit deinem Spiel." Oder: „Wenn man das nicht begriffen hat, kann man das Folgende nicht verstehen."

Wenn die Situation in einer Klasse nicht schon ganz verfahren ist, so genügen diese Maßnahmen, um die Schüler zur Ordnung zu rufen. Wir sind freundlich geblieben. Es ist noch kein Konflikt entstanden. Der Schüler hat seinerseits das Gesicht gewahrt. Wenn wir die Fähigkeit haben, in dieser Weise früh und mit minimalen Mitteln zu reagieren, entstehen selten oder nie größere Probleme, und die Schüler werden es uns danken.

Auf der nächsten Stufe müssen wir mit einer Maßnahme drohen. Dies setzt voraus, daß wir wissen, welche Strafen wir zur Verfügung haben. Eine Drohung stellt eine Strafe in Aussicht. Damit sie nicht leer ist und sich rasch entwertet, müssen wir wissen, was wir tun wollen, und wir müssen willens und fähig sein, die Strafe auch durchzuführen, wenn die Drohung nichts nützen sollte.

Je nach der Schulstufe und den örtlichen Verhältnissen stehen verschiedene Möglichkeiten offen. Einige Lehrer lassen unaufmerksame oder störende Schüler eine Zeitlang aufstehen, oder sie setzen sie von den anderen weg. Das ist eine milde Form der Isolierung. Das „In-die-Ecke-Stehen" verstärkt diese Isolierung. Die Maßnahme ist bei jungen Schülern möglich. An einigen Orten stellt man die Schüler für eine zeitlang vor die Tür. Das soll man jedoch vorsichtig tun: nur einen Schüler aufs Mal, und nicht, wenn die Gefahr besteht, daß der Schüler wegläuft. Wir bedenken auch die möglichen Auswirkungen auf seine Stellung in der Klasse. Darauf kommen wir zurück.

Strafaufgaben stellen eine verschärfte Maßnahme dar. Sie sollten nur in Ausnahmefällen gegeben werden. Wenn wir es schon tun, dann lassen wir sie auch gerade von den Eltern unterschreiben. Damit nehmen wir uns vor, das Problem im Wiederholungsfall mit den Eltern zu besprechen.

Das Nachsitzen oder, wirksamer, das Früher-zur-Schule-Kommen, ist als solches nicht sehr wirksam. Es eröffnet jedoch eine grundlegende Möglichkeit: mit dem Problem-Schüler individuell und ausführlich zu sprechen. Dieses Mittel sollte man früh einsetzen, nicht erst, nachdem mehrere Strafen nötig geworden sind. Auf lange Frist ist es am wirksamsten. Man kann es gut einsetzen, wenn das Verhalten einer Klasse im Durchschnitt korrekt und problemlos ist. Dann ist es möglich, den einzelnen Schüler, der Probleme zu machen beginnt, sofort herauszunehmen und auf sein Problem einzugehen. Wenn die Lage verfahren ist, so wird es immer schwieriger, mit den Schülern zu sprechen. Man sollte es nie so weit kommen lassen.

Wie wir mit schwierigen Schülern verfahren

Wie man im persönlichen Gespräch mit dem Schüler verfährt, haben wir in einem vorangehenden Kapitel beschrieben. Hier sei einfach gesagt, daß die meisten Schüler im individuellen Gespräch zugänglich und einsichtig sind. Nicht selten kommen bei dieser Gelegenheit persönliche Probleme zum Vorschein, die den schwierigen Schüler selbst als hilfebedürftig erscheinen lassen. Wenn es uns gelingt, ihm bei dieser Gelegenheit zu zeigen, daß wir ihm helfen wollen, so ist das Problem häufig auch schon halbwegs gelöst. Erweist sich ein Problem wider Erwarten auch so nicht lösbar, so sollte man nicht zu lange zuwarten, sondern den Kontakt mit den Eltern des Schülers suchen. Wo ein Fachlehrersystem besteht, sprechen wir mit den Kollegen, um zu sehen, ob sie mit dem betreffenden Schüler ähnliche Schwierigkeiten haben. In diesem Falle können auch Maßnahmen gemeinsam beschlossen werden. Es kann sein, daß der Schüler in diesem Falle erkennt, daß es ernst ist und daß er sein Verhalten ändern muß. Da wir in diesen Fällen selbst unter dem Problem leiden, ist es uns auch eine Hilfe, wenn wir uns mit den Kollegen aussprechen können. Sollte sich dabei zeigen, daß bei ihnen der in Frage stehende Schüler kein Problem macht, so müssen wir uns fragen, ob nicht etwa wir die Sache ungeschickt angepackt haben und ob wir unsere eigene Praxis ändern müssen.

Wir kommen noch einmal auf die Maßnahmen zurück, welche wir während des Unterrichts treffen, um die gute Ordnung aufrecht zu erhalten oder wiederherzustellen. Wir treffen sie, wie gesagt, gegenüber dem einzelnen Schüler, der anfängt, den Unterricht zu stören. Wir müssen uns dabei bewußt sein, daß es nicht nur darauf ankommt, wie der Schüler unsere Maßnahme wahrnimmt, sondern daß sie auch die übrige Klasse als angemessen und gerecht empfinden sollte. Dann spürt der Schüler, daß er sich durch sein Verhalten isoliert, und er wird motiviert, in die Bahnen des normalen Verhaltens zurückzukehren. Empfindet die Klasse unsere Maßnahmen dagegen als ungerecht oder unverhältnismäßig, so wird sich die Klasse mit dem Schüler solidarisieren, gegen uns. Wenn wir dann die ganze Klasse gegen uns haben, wird alles sehr schwierig. Die Lage ist zwar nicht aussichtslos. Mit einer Mischung von Festigkeit, Vernunft und Wohlwollen kann auch ein Problem mit einer ganzen Klasse besprochen und gelöst werden.

Besser ist es jedoch, wenn dies nie geschieht. Dazu ist es notwendig, daß wir bei unseren disziplinarischen Maßnahmen sehr genau darauf achten, daß diese verstanden und von der Klasse akzeptiert werden. Wir erklären zu diesem Zwecke unsere Maßnahmen, nicht im Sinne der Entschuldigung, sondern der Begründung. Damit wird auch unsere gute Absicht sichtbar. Wir möchten dem fehlbaren Schüler ja helfen. Das versteht eine Klasse, und sie wird uns unter diesen Umständen wahrscheinlich unterstützen, mindestens aber nicht in den Rücken fallen.

Umgekehrt soll man auch vorsichtig sein, wenn man einen fehlbaren

Schüler psychologisch und/oder physisch isoliert, indem man ihn z.B. getrennt von den übrigen Schülern setzt. Häufig sind schwierige Schüler nämlich auch in der Klasse unbeliebt, im Grenzfall verstoßen, und die Schwierigkeiten im Unterricht finden ihre Fortsetzung und Entsprechung in den Schwierigkeiten des Schülers auf dem Pausenplatz und auf dem Schulweg, mit den Kameraden. In diesen Fällen wird man die Isolierung des Schülers und seine schlechte Stellung in der Klasse nicht ohne Not verstärken. Man wird vielmehr mit der Klasse reden und ihr das Problem des betreffenden Schülers verständlich zu machen suchen, mit dem Entschluß, ihm zu helfen, den Anschluß an die Klasse wieder zu finden. Derartige Gespräche führt man in der Regel in Abwesenheit des betreffenden Schülers. Man wird aber seinerseits mit ihm sprechen und ihm sagen, daß man das Problem mit der Klasse besprochen und beschlossen habe, ihm zu helfen. Wenn es gut geht, erkennt er seine Isolierung, möchte sie überwinden und versuchen, sein unsoziales Verhalten zu verändern. Wenn ihm Lehrer und Mitschüler dabei helfen, kann ein solcher Versuch auch ohne psychologische Begutachtung und Therapie gelingen.

Man erkennt bei alledem, wie wichtig es ist, daß unsere Maßnahmen und, allgemeiner, die Ordnung, die wir in der gemeinsamen Tätigkeit einzuführen suchen, von den Schülern akzeptiert wird. Diese Akzeptanz zu erreichen, muß unser Ziel sein. Wir erreichen es nicht, indem wir um die Gunst der Schüler buhlen, und schon gar nicht, indem wir von ihnen nichts verlangen – dafür dankt uns am Ende niemand –, sondern dadurch, daß wir deutlich machen, daß wir für sie da sein wollen, daß wir ihnen durch unseren Unterricht und durch unsere ganze Präsenz und den Aufbau einer guten menschlichen Beziehung zu jedem einzelnen weiterhelfen möchten. Dieser gute Wille, zusammen mit der nötigen sozialen Kompetenz, läßt uns das Problem der Disziplin lösen und die notwendige und erzieherisch wirksame persönliche Autorität erlangen.[1]

Wie man eine neue Klasse antritt

In der Tierpsychologie kennt man die Wichtigkeit der ersten Begegnung eines Tieres mit seinen Artgenossen. Der Eintritt in eine neue Gemeinschaft, in eine Herde oder (für einen Hund) in ein bestehendes Rudel, ist für es immer schwierig. Wenn es dabei Pech hat und in den rasch entstehen-

---

[1] Nach Abschluß dieses Kapitels hat der Verfasser das vorzügliche Selbsthilfeprogramm zur Bewältigung von Aggression und Störung im Unterricht von TENNSTÄDT, KRAUSE, HUMPERT & DANN (1986⁶) gelesen. Es liegt ganz auf der hier vertretenen Linie und kann auf das wärmste empfohlen werden.

den Auseinandersetzungen unterliegt, so ist seine ω-Stellung für längere Zeit besiegelt, und es kann sie nur mit kostspieligen Positionskämpfen verbessern.

Ähnliche Vorgänge spielen sich beim Menschen ab, z.B. auch dann, wenn ein Lehrer oder eine Lehrerin eine neue Klasse antritt. Auch hier ist es wichtig, wie die erste Begegnung verläuft. Der Neuankömmling hat daher allen Grund, sich sorgfältig auf sie vorzubereiten und alles zu tun, damit sie günstig verläuft. Wir gehen daher in diesem Buch, das sich wesentlich an den werdenden Lehrer wendet, mit einer gewissen Ausführlichkeit auf die Frage ein, wie man eine neue Klasse antritt, und beschreiben, worauf man dabei achten sollte.

Wenn die Klasse selber nicht neu zusammengesetzt ist, sondern in der gegebenen Zusammensetzung schon eine zeitlang funktioniert hat, so ist es gut, wenn sich der Lehrer und die Lehrerin bewußt sind, daß sie in ein äußert komplexes soziales Gebilde eintreten. Die Klasse hat dann nämlich sicher ihre Anführer und „opinion leaders", die Mitglieder, welche auf die Meinungsbildung einen entscheidenden Einfluß ausüben. Es sind die angesehenen und beliebten Schüler.

Sodann besteht in der Klasse ein Gewohnheitsrecht. Das sind bestimmte Ordnungen und Verfahren: so viele Hausaufgaben, an bestimmten Tagen keine Hausaufgaben, eine bestimmte Art, nach etwas zu fragen und sich zu entschuldigen (oder auch nicht) usw. Weiter gibt es bestimmte Einstellungen zur Schule und zu ihren Unterrichtsfächern: Mathematik ist vielleicht schwierig, Singen ist das Fach, wo man einigen Unfug anzustellen versucht, Grammatik ist langweilig … Die Schüler haben auch ein bestimmtes Bild von sich selber: Mathematik können wir nicht, im Turnen gibt es einige Stars und viele Würste, mit der Aussprache des Hochdeutschen haben wir alle Schwierigkeiten usw.

Die Klasse hat auch eine bestimmte Beziehung zum Lehrer gehabt, dessen Arbeit der neue Lehrer nun weiterführen sollte, eine gute, vertrauensvolle, oder eine distanzierte, von Mißtrauen geprägte … Schließlich und ganz elementar: die Klasse versteht das Schulzimmer als ihr Revier, sie kennt sich darin aus. Der neue Lehrer ist damit noch nicht vertraut, weiß noch nicht, wo die Dinge sind und wer wer ist.

In dieses neue Revier mit seinem Geflecht von Beziehungen und Gesetzen tritt der neue Lehrer oder die neue Lehrerin ein. Sie müssen sich darin zurecht finden und gegenüber der Klasse durchsetzen. Es ist wirklich, wie wenn ein neues Tier in ein bestehendes Rudel eintritt. Es gilt für den Neuen also, die Prüfungen erfolgreich zu bestehen, die auf ihn warten.

Das erste Prinzip lautet: sich vor dem Antritt der neuen Klasse soviel Information wie möglich über sie verschaffen. Wenn es möglich ist, besucht man die Klasse noch unter dem Lehrer, den man ablöst. Man wohnt einer Unterrichtsstunde bei und setzt sich vorn auf der Seite hin, so daß man die Schüler sehen kann (und nicht nur Rücken und Hinterköpfe, die man aus dem Fond der Klasse sieht). Man läßt sich vom Lehrer einen Sitzplan geben oder fertigt ihn sich an und beginnt schon, sich die Namen der Schüler einzuprägen. Man läßt sich vom Lehrer über die Schüler berichten, sagen, welches die Eigenart der Klasse und welches die Schüler sind, die besondere Aufmerksamkeit erfordern und/oder die bestimmte Funktionen in der Klasse haben. Dabei bleibt man sich bei aller Kollegialität bewußt, daß die Schüler unter der eigenen Leitung andere Eigenschaften an den Tag legen können, schwierige Schüler plötzlich problemlos sind und andere auffallen können, auch daß brave Klassen unter einer anderen Leitung schwierig und schwierige sich als leicht führbar erweisen können. Die „Eigenschaften" der Schüler sind keine fixen Merkmale, sondern zu einem guten Teil Reaktionen auf ein bestimmtes Lehrerverhalten.

Wichtig ist natürlich auch eine gute Orientierung über den Stand der Arbeit in den einzelnen Fächern. Diese dem neuen Lehrer zu geben, ist Pflicht eines abtretenden oder zeitweise abwesenden Lehrers. Der junge Kollege, der ihn ablöst, darf zeigen, daß er eine gute Orientierung erwartet.

Wenn diese vorgängigen Kontakte mit dem zu vertretenden oder abzulösenden Lehrer nicht möglich sind, versucht man Zugang zur betreffenden Schule und dem Klassenzimmer zu erhalten, bevor der Unterricht beginnt, am besten einen oder mehrere Tage vorher. Schulleiter und/oder Kollegen können einem meistens Informationen über die Klasse vermitteln. Man versucht insbesondere, die Klassenliste zu erhalten, und man merkt sich die Namen, welche in der oder den Klassen, die man antritt, vorkommen. Wenn man sie schon kennt, so hat man die Gesichter und die Erscheinungen rasch mit den Namen assoziiert. Wenn möglich schaut man sich auch die Adresse und den Vaterberuf in der Klassenliste an. Das hilft, die Schüler besser zu verstehen und rasch mit ihnen Kontakt zu finden. Wenn man Zugang zu den Schulräumen hat, so sieht man sich darin um. Man kann auch aus einem Schulraum viel über die Atmosphäre ablesen, welche in einer Klasse herrscht. Zudem ist es gut, wenn man weiß, wo die Dinge sich befinden und wenn man sich ganz allgemein schon ein wenig an den Raum gewöhnt hat. Vielleicht sind Schülerhefte und andere Arbeiten greifbar. Dies erlaubt, einen vorläufigen Einblick in den Stand der Arbeiten zu gewinnen, wenn man darüber nicht durch den anderen Lehrer orientiert worden ist.

Im weiteren konsultiert man den Lehrplan der betreffenden Klasse(n), studiert ihre Lehrmittel und erstellt einen provisorischen Arbeitsplan für die erste Woche. Wenn man nur eine Stellvertretung innehat, so bekommt man in der Regel schon eine Vorgabe durch den zeitweise abwesenden Lehrer. Im anderen Falle nimmt man sich vor, den Arbeitsplan für das Quartal, den man sich provisorisch zurechtgelegt hat, definitiv festzulegen, wenn man die Klasse besser kennt.

Die erste Begegnung

Vor allem geht es jedoch darum, den ersten Auftritt und den ersten Schultag sehr sorgfältig zu planen. Es ist ja eben der Tag der wichtigen ersten Begegnung mit der Klasse. Man nimmt sich vor, wenn immer möglich vor den Schülern im Schulzimmer zu sein und die Schüler bei ihrer Ankunft einzeln zu begrüssen und nach ihrem Namen zu fragen. Das erspart es uns, in ein von der Klasse besetztes Revier einzudringen, ein Vorhaben, das fast jedem Menschen Sorge bereitet und ihn unruhig erscheinen läßt. Wenn man so verfährt, gehen fast alle Schüler brav an ihre Plätze, und es wird nur leise geschwatzt. Mit dem Glockenzeichen stellt sich eine erwartungsvolle Stille ein.

Jetzt fassen wir uns ein Herz und tun folgendes. Als erstes stellen wir uns vor die Klasse, sagen, wie wir heißen und schreiben unseren Namen an die Wandtafel, wenn er nicht leicht verständlich ist. Wir sagen: „Ich bin euer neuer Lehrer für diese und jene Zeitspanne und unterrichte euch im Fache x und y (bei einem Fachlehrersystem)." Es folgt eine kurze Ansprache, in der wir unsere Absicht formulieren, gemeinsam tüchtig zu arbeiten und etwas zu lernen. Wir stellen in Aussicht, daß wir erwarten, daß die Klasse positiv mitarbeitet, und daß es auf diese Weise auch für alle Beteiligten interessant und befriedigend wird. Wir sagen auch, daß die gemeinsame Arbeit natürlich ihre Ordnung braucht und daß in der Unordnung niemand zufrieden ist. Wir erwarten daher, daß sich die Schüler auch in dieser Hinsicht kooperativ zeigen. Das Gegenstück ist, daß wir unsererseits alles tun werden, um den Schülern bei der Arbeit und beim Lernen zu helfen, und daß wir auch für sie da sein wollen, wenn sie einmal Schwierigkeiten haben sollten. Diese Worte variieren wir natürlich je nach dem Alter und den übrigen Eigenarten der Klasse. Wenn wir wissen oder spüren, daß die Disziplin bisher nicht die beste war, treten wir etwas bestimmter auf, wenn die Klasse eher schüchtern wirkt, versuchen wir schon jetzt, ermutigend zu wirken und Vertrauen zu schaffen. Allerdings werden wir in keinem Falle versuchen, die natürliche Zurückhaltung einer Klasse vor einem neuen Lehrer allzu rasch abzubauen, denn der Effekt könnte ins Gegenteil umschlagen und die Schüler die natürliche Distanz rasch verlieren lassen. Es schadet nichts, wenn einem die Herzen nicht schon am ersten Vormittag zufliegen. Wir haben Zeit, und es braucht sie auch, um eine gute menschliche Beziehung aufzubauen.

Bei alledem sind wir uns bewußt, daß es auch uns nicht ohne weiteres gelingt, bei dieser ersten Begegnung so zu wirken, wie wir es eigentlich möchten. Wahrscheinlich haben wir ja auch ein wenig Angst. Mindestens sind wir relativ gespannt und ein wenig aufgeregt. Das beunruhigt uns anderseits auch nicht. Wir sagen uns, daß dies bei der ersten Begegnung mit einer Klasse auch auf unserer Seite ganz natürlich sei. Um jedoch so entspannt und natürlich wie möglich zu wirken, haben wir uns vor der Ankunft der Schüler innerlich gesammelt, vielleicht sogar ein wenig meditiert und uns gesagt, daß wir die Klasse zwar mit Festigkeit, aber auch herzlich begrüßen wollen und daß wir sie als unsere Freunde, nicht etwa schon als unsere Feinde wahrnehmen wollen.

Wir nehmen uns auch vor, keine Empfindlichkeit zu zeigen, wenn etwas nicht verlaufen sollte, wie wir es erwarten, dann etwa, wenn ein Schüler eine Dummheit macht oder sonst eine kleine Provokation versucht. Wir wissen: Überreaktionen sind Zeichen der Schwäche und werden von den Schülern auch als solche verstanden. Wer seiner Sache sicher ist, läßt etwas auf sich zukommen, ohne sogleich unverhältnismäßig zurückzuschlagen. Sollte also etwas Unangenehmes passieren, so werden wir mit ruhiger Festigkeit und Freundlichkeit erklären, daß wir das lieber nicht sähen, weil es der gemeinsamen Arbeit und dem guten Einvernehmen schadet.

Wenn wir noch keinen Sitzplan der Klasse haben, so fertigen wir ihn mit jüngeren Schülern selbst an. (Bei den älteren beauftragen wir einen Schüler, diesen für uns anzufertigen.) Wir haben ihn schon vorbereitet, und es brauchen nur noch die Namen eingesetzt zu werden. Da wir diese aus der Klassenliste schon kennen, verstehen wir sie auch gut, wenn sie von den Schülern genannt werden, und wir werden nicht schon zum Amüsement der Klasse, weil wir „Sibyll Ladenbauer" zuerst als „Friedl Adenauer" verstehen. Namen sind nämlich kontextfreie Lautgestalten, die viel schwerer als Worte in Sätzen zu verstehen sind.

Auch wenn wir schlecht über den Stand der Arbeit ins Bild gesetzt sind, so beginnen wir nicht damit, uns von der Klasse sagen zu lassen, wo sie steht. Das sind mühsame Erkundigungen, die wir uns in der Pause oder nach der Schule durch einen oder zwei Schüler geben lassen. Wir beginnen viel mehr mit einer Lektion, von der wir den Schülern sagen, daß sie zeigen soll, wo sie in ihrer Arbeit stehen, und die den Schülern zeigt, wie wir mit ihnen zu arbeiten gedenken. Auf der Primarstufe beginnt man also zum Beispiel mit einer attraktiven Rechenstunde, die zwar Anforderungen stellt, aber den Schülern auch Erfolgserlebnisse verschafft. In einem Realfach beginnt man damit, ein Bild oder eine Sache, eventuell auch einen

Text, gemeinsam zu betrachten, wobei die Schüler zeigen können, was sie mit dem Gegenstand anfangen. Wir geben unsererseits einen Eindruck von dem, was daran zu lernen sei. In einem Sprachfach lesen wir einen Text oder absolvieren eine Übung, geben aber auch schon unsererseits einige interessanten Erklärungen und stellen in Aussicht, daß es dazu noch vieles Interessante zu lernen gibt.

Sofern wir vom Vorgänger gut ins Bild gesetzt sind oder aber ein neues Schuljahr beginnen und wir uns einzig nach dem Lehrplan richten müssen, sind die Dinge natürlich einfach. Wir beginnen einfach mit der Arbeit, so wie wir sie geplant haben.

Weitere organisatorische Maßnahmen verschieben wir auf später. Es ist jetzt wesentlich, daß die Schüler uns als einen Lehrer oder eine Lehrerin kennenlernen, der/die weiß, was er/sie will, einen vernünftigen Plan hat und einen interessanten Unterricht erteilt. Bei dieser ersten Begegnung werden wir vielleicht auch da und dort über den Leistungsstand der Klasse enttäuscht sein: die Aussprache des Hochdeutschen oder der Fremdsprachen erscheint uns unbefriedigend, die Schüler rechnen nicht so gut, wie wir es erwarten, und in den Realfächern wissen sie Dinge nicht, die wir eigentlich voraussetzen. Wir achten jedoch sorgfältig darauf, keinen Schüler bloßzustellen und unsere Enttäuschung über den mangelnden Leistungsstand nicht auszudrücken. Das würde unseren ersten Kontakt ja nur belasten. Wir verhalten uns also neutral, objektiv feststellend und nehmen uns nur im Stillen vor, dieses und jenes zu ändern.

In den Pausen verschaffen wir uns also von einzelnen Schülern die fehlende Information, oder wir bereiten uns als Fachlehrer auf den Empfang der nächsten Klasse vor. Wenn wir uns so verhalten, so besteht eine gute Chance, daß die Schüler einen ersten Halbtag oder Tag sehr gut arbeiten, so daß wir sie am Ende dafür loben können.

Der Anfang wäre also gelungen, und die Arbeit kommt normal in Gang. Nun ist nur noch eines wichtig. Wahrscheinlich haben wir uns bei dieser ersten Begegnung etwas strenger gezeigt, als es unserer Natur eigentlich entsprach, und es ist uns in dieser strengen Pose selbst nicht ganz wohl gewesen. Nun haben sich die Schüler am ersten Tag lammfromm gezeigt, und wir denken, daß diese Strenge eigentlich gar nicht nötig gewesen wäre. Wir beginnen also schon am zweiten Tag, die Zügel etwas locker zu lassen, machen einige lustige Bemerkungen und zeigen uns von der menschlichen Seite. Es kann auch sein, daß wir finden, die Beteiligung am Unterricht werde lebhafter und reichhaltiger, wenn wir uns rasch einmal so zeigen.

Damit ist die Wahrscheinlichkeit groß, daß ein klassischer Ablauf in Gang kommt. Lammfromme Schüler am ersten Tag unter straffer Führung und die ersten Disziplinschwierigkeiten am zweiten oder dritten Tag! Die

Schlußfolgerung ist klar. So brav, wie sie schien, ist die Klasse wahrscheinlich doch nicht, und es warten auf uns einige Bewährungsproben. Daher lassen wir nicht sofort die Zügel locker, sondern zeigen uns zwei oder drei Wochen weiterhin eher von der strengen Seite. Wir nehmen uns vor, genau zu beobachten, welche Regeln schon gefestigt und internalisiert sind. Erst dort gewähren wir zunehmende Freiheit. Denn die Grundregel lautet ja: Überall dort, wo die Schüler von sich aus das Rechte tun, also die notwendigen Regeln und Ordnungen internalisiert haben, können wir Freiheit gewähren. Wo das noch nicht der Fall ist, müssen wir führen. Allerdings darf das nicht so geschehen, daß die Schüler sich immer gegängelt fühlen. Wir vermitteln klare und verständliche Regeln. Dann geben wir laufend Gelegenheit zu ihrer selbständigen Anwendung, und wir evaluieren gemeinsam mit den Schülern, ob ihnen die selbständige Anwendung gelungen ist. Dies gilt nicht nur für akademische Leistungen, sondern auch für das Sozialverhalten, auch für das richtige Verhalten im Klassenverband, gegenüber dem Lehrer und zwischen den Schülern.

Organisatorische Regeln des Verhaltens in der Klasse

Wo Probleme der Disziplin auftreten, beobachtet man immer wieder, daß die Lehrer mit dem einzelnen Schüler durchaus zurecht kommen. Sie sind in seiner Gegenwart fähig, sich so natürlich, so bestimmt und so freundlich zu geben, wie sie es gerne möchten, und die Schüler verstehen sie auch und reagieren in der Regel ihrerseits so, wie man es von ihnen erwartet. Anders ist es sowohl beim Lehrer und der Lehrerin, die vor der Klasse stehen, und beim Schüler, der im Verband von 20 oder 25 Kameraden sitzt. Als Lehrer spüren wir meistens, daß wir ein wenig unsicherer und ein wenig gespannter sind, nicht gleich natürlich sprechen, Schwierigkeiten haben, unseren guten Willen und unser Wohlwollen sichtbar zu machen.

Die Schüler spüren dies natürlich ihrerseits, und sie reagieren auf die verschiedensten Weisen auf diese Spannung, die einen, indem sie diesen veränderten Menschen fürchten, die anderen, indem sie Impulse der Opposition haben, absichtlich etwas Dummes sagen, störende Geräusche erzeugen usw. Wenn dazu noch ungeschickte didaktische Maßnahmen kommen, sind die Disziplinschwierigkeiten bald einmal beträchtlich.

Was können wir in dieser Situation tun? Einmal versuchen, unsere Reaktionen zu kontrollieren und uns bemühen, uns vor der Klasse so zu geben, wie wir uns im individuellen Kontakt mit Kindern und Erwachsenen verhalten. Sodann einen individuellen Kontakt mit den einzelnen Schülern herstellen, indem wir sie wirklich kennenlernen, ihren Hintergrund sehen und uns für sie interessieren. Das merken sie, und zu einem solchen Lehrer verhalten sie sich anders als zu einer anonymen Lehrperson, die sie nicht kennen und die auch sie nicht kennt.

Nun ist all dies nicht ohne weiteres und sofort realisierbar. Es gibt jedoch eines, das jeder Lehrer und jede Lehrerin in der Hand hat: dafür zu sorgen, daß die Tätigkeiten, die man im Unterricht anregt, auch im Klassenverband funktionieren. Damit das gelingt, müssen zwei Bedingungen erfüllt sein: diese Tätigkeiten müssen dem Kind oder dem Jugendlichen gemäß, d. h. anspruchsvoll, aber zu bewältigen und interessant sein, und ihre Organisation muß funktionieren. Über den ersten Punkt haben wir schon gehandelt. Es bleibt jedoch noch etwas zum zweiten zu sagen.

Sowohl der Unterricht im engen Sinn des Wortes als auch die materiellen Rahmenbedingungen für den Unterricht erfordern organisatorische Maßnahmen. Man denke etwa an eine Zeichenstunde, in der die Schüler einen Klappsessel erhalten, mit ihrer Zeichenmappe und dem Zeichen- oder Malzeug und dem Papier an verschiedenen Punkten in der Nähe des Schulhauses sich niedersetzen und etwas abzeichnen. Oder man denke daran, was es braucht, damit eine Schulklasse gruppenweise einen Quadratmeter aus Packpapier ausschneidet und ihn mit Dezimeterstreifen und/oder mit Quadratdezimetern überklebt: viel Papier, Scheren, Kleister, Maßstäbe usw. Oder man denke schließlich daran, wie es zugeht, wenn man mit Schülern der Unterstufe der Primarschule ein gemeinsames Wandbild mit aufgeklebten Figuren herstellt. Damit keine Disziplinprobleme entstehen, müssen alle Schüler jederzeit beschäftigt sein. Denn wo es nichts zu tun gibt, fangen sie selbst etwas an, und das ist häufig nicht das, was der Lehrer gerne sieht. Im Grenzfall ist es Unfug.

Folglich gilt besonders für den wenig erfahrenen Lehrer die Regel, daß die Organisation der Stunden sorgfältig geplant werden muß: wie man das Material austeilt, wie man damit arbeitet, wer wo mit wem zusammenarbeitet, wie einzelne Arbeitsgänge koordiniert werden, an welchen Punkten man seine Arbeit dem Lehrer zur Kontrolle vorlegt, um das grüne Licht zur Fortsetzung zu erhalten, wie man am Schluß des Unternehmens das Material reinigt, was nicht im Besitz des einzelnen ist, wieder abgibt, seine Vollständigkeit und seinen Zustand kontrolliert usw. Dabei ist es gut, wenn gewisse Vorgehensweisen eingeübt werden. Eine gut funktionierende Klasse hat auch eine ganze Reihe organisatorischer Verfahren erlernt und wendet sie an, ohne daß jedes Mal neue Instruktionen gegeben werden müssen.

So gilt auch in der Schulklasse, was in jeder Organisation gilt: man muß instruieren, kontrollieren und korrigieren: I, K, K. Das erste und wichtigste aber ist, daß der Lehrer und die Lehrerin selbst eine klare Vorstellung vom

Ablauf der Dinge haben, daß sie es den Schülern klar und verständlich erklären und ihnen zu Bewußtsein bringen, daß es auch hier etwas zu lernen gibt, nämlich Verfahren des Arbeitens in der Gruppe, und daß wir uns das Ziel setzen, daß sich diese Dinge immer besser einspielen und immer weniger Worte brauchen. Der Verfasser dieses Buches ist am Ende des zweiten Weltkrieges als junger Soldat in eine Artillerieeinheit der Schweizer Armee eingetreten, die seit fast fünf Jahren regelmässig Dienst geleistet hatte (zum Glück, ohne in den Krieg verwickelt zu werden). Die Art, wie diese Truppe arbeitete, war ein kleines Wunder. Man hörte kaum einen Befehl. Die alten Kanoniere sahen zum rechten, die jungen wurden in die Abläufe freundlich, aber mit der Erwartung einbezogen, daß sie sich ihrerseits bemühten. Jeder wußte, was es zu tun gab, und er tat es kompetent und verantwortlich. So geht es glücklicherweise auch in vielen Unternehmungen zu. In der Schule haben wir die Aufgabe, mit den Schülern in einer Weise zu arbeiten, daß sie diese Verhaltensweisen erlernen können. Dann ziehen wir nicht einen Haufen von egozentrischen Individualisten heran, sondern junge Menschen, die am Ende der Schulzeit reif geworden sind, ihre Rolle im Wirtschaftsleben und im öffentlichen Leben zu übernehmen.

Wir bedenken auch, daß zwischen der guten Ordnung des gemeinsamen Arbeitens und der guten Ordnung der individuellen Arbeit ein Zusammenhang besteht, auch, daß gute Ordnung im Umgang mit dem gemeinsamen, der Schule gehörenden Material und die gute Ordnung der eigenen Effekte zusammenhängen. Wir scheuen uns daher nicht, von den Schülern zu verlangen, daß das persönliche Arbeitsmaterial (Schreib- und Zeichenwerkzeuge, Maßstäbe, Zirkel usw.) jederzeit vollständig und in funktionsfähigem Zustand ist und daß in Schultornistern und Mappen Ordnung herrscht. Jüngere Schüler instruieren wir in dieser Hinsicht sorgfältig, und auch älteren Schülern rufen wir diese Dinge von Zeit zu Zeit in Erinnerung und kontrollieren stichprobenweise, ob sie auch eingehalten werden. Natürlich wird das da und dort nicht gerne gesehen, und diese Maßnahmen müssen mit Überzeugung und begründet durchgeführt werden, am besten bei Anlaß von Vorkommnissen, wo deutlich wurde, daß bei fehlendem und nicht funktionstüchtigem Material auch die Arbeiten nicht gut herauskommen und die Lernprozesse leiden. Wir werden diese Dinge auch mit Takt und einem gewissen Respekt der persönlichen Sphäre durchführen.

Hierher gehört auch die Bedeutung der sorgfältigen und ordentlichen *Heftführung* durch die Schüler. Es fängt mit der Schrift an und endet mit der sorgfältigen Gedankenführung und der Gestaltung der schriftlichen Arbeiten. Auch in den Köpfen versuchen wir ja, für Ordnung zu sorgen, etwa in der Verarbeitung fremdsprachlicher Texte und beim Lernen von

Vokabeln. Hier spielt natürlich das Vorbild des Lehrers eine wichtige Rolle, denn an der Wandtafel und bei dem, was der Lehrer für seine Schüler schreibt, gelten natürlich die gleichen Regeln wie in den Heften der Schüler. Was wir an der Wandtafel säen, das ernten wir in den Schülerheften.

Wir erinnern uns auch, daß die Arbeit den Menschen immer wieder freut, wenn sie auch ein ordentliches Äußeres hat, eine Tatsache, die in der Wirtschaft sehr gut bekannt ist und daher beachtet wird. So scheuen wir uns auch bei größeren Schülern nicht, auf die Wichtigkeit einer leserlichen Schrift und ordentlicher Darstellungen hinzuweisen. Es fällt ja auch leicht, den Schülern zu beweisen, daß man von derartigen Texten und Darstellungen am besten lernt. Bei jungen Schülern erklären wir genau, wie die Hefte geführt werden, und wir korrigieren und kontrollieren, was wir instruieren.

Aber auch bei älteren Schülern sprechen wir von Zeit zu Zeit über die Probleme des geeigneten Notierens unserer Ausführungen und der Herstellung geeigneter Unterlagen für die persönlichen Arbeiten, und wir betrachten in diesem Zusammenhang gemeinsam Beispiele aus der Arbeit der Schüler. Zu diesem Zwecke stellen wir von Zeit zu Zeit einige Transparentfolien von Notizen der Schüler her, projizieren sie, analysieren ihren Inhalt und ihre Darstellung genau und vergleichen sie mit dem verarbeiteten Stoff.

Erziehung macht es nötig, daß wir dem Schüler auch im Einzelnen und Konkreten begegnen. Wenn wir ihm überzeugend erklären, daß es auch hier Verhaltensweisen zu lernen gibt, die erfolgreiches Arbeiten und Lernen ermöglichen, so wird er unsere Instruktionen, Kontrollen und Korrekturen akzeptieren.

Gerade an Höheren Schulen gibt es heute da und dort Verhältnisse, wo sich die Lehrer scheuen oder sich zu gut sind, auf diese einfachen Dinge zu achten. Sie meinen, es genüge, wenn in ihren Stunden der Geist wehe. Den Abstieg in die Niederungen der Sauberkeit und der Ordnung halten sie ihrer für unwürdig. Wir meinen, das sei eine gefährliche Haltung. Das Wehen des Geistes über Niederungen der Unordnung und der Untauglichkeit hat einen falschen Laut.

Keine Diskrepanz zwischen der guten Ordnung des privaten und des schulischen Lebens

Bei seinen zahlreichen Schulbesuchen hat der Verfasser dieses Buches viele Schulen und Schulräume gesehen. Von Zeit zu Zeit hat er Verhältnisse angetroffen, die schwer zu verstehen waren: Schüler, die sich zu ihren Lehrern frech und respektlos verhielten, Schulräume, die in ihrer Unordentlichkeit und Verwahrlosung abstoßend wirkten. Auf der andern Seite hat er natürlich viele Schulzimmer angetroffen, die im pestalozzischen Sinne menschlich waren, eigentliche Wohnstuben darstellten. Er hat sich dabei immer wieder gefragt, wie derartige Unterschiede zustandekommen, denn die Lehrer und Lehrerinnen waren ja meistens ordentliche Menschen, und wenn man mit ihnen einzeln sprach, so waren sie natürlich und freundlich. Warum dann diese Diskrepanzen im kollektiven Verhalten der Klassen?

Das muß damit zusammenhängen, daß viele Menschen sich verändern, wenn sie sich nicht mehr einzeln, sondern in der Gruppe begegnen. Zu Anfang dieses Jahrhunderts hat man viel von LE BONS Buch über die „Psychologie der Massen" (1895) gesprochen. Wenn da auch vieles fraglich ist, sicher verändern sich die meisten Menschen in der Gruppe. Wir bemühen uns also, Menschlichkeit und gute Ordnung des Verhaltens aus der privaten Sphäre in die Gruppe, d.h. die Schulklasse, zu übertragen und sorgen dafür, daß hier menschliche Beziehungen aufgebaut werden und das Schulzimmer ähnlich wahrgenommen wird wie eine Wohnstube (Pestalozzis Ausdruck) und man sich darin ähnlich bewegt wie dort.

Das ist eine wichtige Entscheidung. Wir nehmen uns vor, in unseren Klassen einen Geist und eine Ordnung zu verwirklichen, so wie er auch im privaten Leben herrscht. Dazu müssen wir selbst fähig werden, unsere eigene Menschlichkeit in der Schule sichtbar werden zu lassen und sie zu entfalten. Das ist angesichts unserer möglichen Angst vor den Schülern und unserer Unruhe und Gespanntheit nicht selbstverständlich, wie wir gesehen haben. Es ist ein Zirkel: überall dort, wo es uns gelingt, uns natürlich und menschlich zu geben, reagieren die Schüler natürlich und menschlich, und beide Seiten übertragen ihre privaten Qualitäten auf die Schule. Das erleichtert wiederum allen Beteiligten, ihre guten Eigenschaften an den Tag zu legen und sich näher zu kommen. Umgekehrt kann sich natürlich die Spirale auch abwärts drehen. Die Autorität des Lehrers und der Lehrerin, ihre glaubwürdige Vertretung einer guten Ordnung der Tätigkeit und ihre bereitwillige, vertrauensvolle Annahme durch den Schüler sind Facetten einer einzigen menschlichen und erzieherischen Wirklichkeit.

Kapitel 18: Die ruhige
Festigkeit lernen: Assertivität

Ein guter Lehrer und eine gute Lehrerin brauchen innere Stärke, um ihre Aufgabe zu erfüllen. Wir haben es im vorangehenden Kapitel gesehen: In jeder Klasse gibt es einige schwierige Schüler, und die ordentlichsten Kinder und Jugendlichen haben ihre schwierigen Momente. Für den Erzieher geht es nicht nur darum, sich zu behaupten. Er muß auch die Kraft finden, um mit Beständigkeit den erzieherischen Kurs zu steuern, den er für richtig hält, manchmal auch gegen Widerstände von Eltern-, Kollegen- oder Behördenseite.

Innere Stärke ist also die Grundlage. Aber diese Stärke muß sich in den entscheidenden Momenten auch in geeigneten Handlungen und Worten ausdrücken. Das soll mit ruhiger Festigkeit geschehen. Ist diese lernbar? Einige angelsächsische Psychologen sind dieser Meinung. So mag es dem angehenden Lehrer dienen, diese Gedanken und die daraus folgenden praktischen Grundsätze kennen zu lernen. Davon handelt dieses Kapitel.

Aber es geht nicht nur um die Lehrer und Lehrerinnen. Auch Kinder und Jugendliche brauchen Stärke, um ihre Aufgaben zu meistern. Die Welt, auf die sie zugehen, wird auch ihnen Probleme bescheren. Sie sollen sie mit ruhiger Festigkeit lösen lernen. Was daran lernbar ist, sollen auch sie lernen. Die folgenden Überlegungen zeigen, daß das Lernen ruhiger Festigkeit ein Grundproblem des sozialen Lernens und der sozialen Entwicklung ist.

Selbstlose, im Geiste des Dienens ausgeführte Handlungen werden nicht allgemein honoriert. Sie werden häufig als Schwäche ausgelegt. Das hat seine Gründe. Der Grat zwischen Entgegenkommen und Schwäche ist schmal. Die Unfähigkeit, nein zu sagen, einen Mitmenschen um einen Dienst zu bitten, sein eigenes legitimes Recht geltend zu machen, ist verbreiteter, als man denkt. Damit menschliche Zusammenarbeit möglich wird, sind diese Fähigkeiten jedoch notwendig. Als Glieder einer Gemeinschaft dürfen wir uns nicht nur auslöschen und vor allen Gegenwirkungen beugen. Jeder hat seine Aufgabe zu erfüllen. Damit er dies tun kann, muß er im richtigen Augenblick auch fest sein können, und dies nicht nur im Dienste des unmittelbar zu lösenden Problems, sondern auch mit dem Ziel, sich selbst als Person zu schützen und den notwendigen Handlungsspielraum zu sichern. So verstanden, besteht kein Gegensatz zwischen persönlicher Festigkeit und dem Willen, dem Ganzen zu dienen und nötigenfalls

Opfer zu bringen. Es soll ja ein Dienst am Ganzen, und es sollen nötigenfalls Opfer für eine gute Sache, nicht aber zum Vorteil eines andern sein,
der uns auszunützen versucht.

Der Begriff der Assertivität

Diese sozial- und persönlichkeitspsychologische Einsicht hat sich in den
angelsächsischen Ländern in den siebziger Jahren stark verbreitet. Man hat
dabei auf einen Begriff zurückgegriffen, den der Psychiater Joseph WOLPE
1958 geprägt und seither vertieft hat, denjenigen der *„Assertiveness"*
(WOLPE 1973[2]).

Man versteht heute unter diesem Begriff die Fähigkeit, im besten eigenen
Interesse zu handeln, dieses ohne übertriebene Angst zu verteidigen und
Gefühle natürlich auszudrücken, ohne anderen Unrecht zu tun (ALBERTI
1977, 22). *Asserere*, lateinisch, bedeutet *behaupten, in Anspruch nehmen*.
Daher auch das deutsche Fremdwort *assertorisch*, behauptend. Es fällt
nicht ganz leicht, Assertiveness ins Deutsche zu übersetzen. Man könnte
von „Nicht-verletzender Geltendmachung des eigenen Standpunktes" sprechen, aber dieser Ausdruck ist zu umständlich. Wir schlagen vor, den
Begriff mit „ruhiger Festigkeit" zu übersetzen. Die Meinung ist, daß diese
dazu dient, klarzumachen, was man empfindet, und legitime Interessen
angstfrei zu vertreten. Sie ist ruhig, insofern sie den anderen nicht verletzt.
Dies unterscheidet den Begriff von brutaler Durchsetzungsfähigkeit. Im
übrigen verwenden wir auch das Fremdwort „Assertivität".

Wer sollte „ruhige Festigkeit" lernen? Erwachsene, Jugendliche und
Kinder, die gegenüber Zumutungen wehrlos sind. Der Ärger, der sich in
ihnen aufstaut, kann zu gesundheitlichen Schädigungen führen. Gefährlich
ist es auch, wenn aufgestaute Gefühle dennoch durchbrechen und zu krisen-
haften Abläufen führen.

Einigen glücklichen Menschen ist ruhige Festigkeit gegeben, wir wollen
nicht sagen, „von Natur aus", sondern eher als Ergebnis glücklicher erzie-
herischer Umstände. Wo dieser Charakterzug jedoch ungenügend entwik-
kelt ist, kann man korrigierend und kompensierend eingreifen. WOLPE und
die klinischen Psychologen haben es gezeigt, und es existieren inzwischen
zahlreiche Lehrgänge, welche „Assertiveness" für verschiedene Personen-
gruppen und ihre charakteristischen Durchsetzungsprobleme lehren: für
Kinder und Jugendliche, insbesondere auch Mädchen und Fremdarbeiterkinder, für Behinderte, für Frauen, für Krankenschwestern, für Konsumen-
ten (ALBERTI 1977). In der amerikanischen Psychologie spricht man von
„Assertivenesstraining" (AT), was wir also mit „Training der ruhigen

Festigkeit" übersetzen müßten. Wir werden sehen, daß der Begriff des Trainings nicht ganz glücklich ist. Er umfaßt zwar Elemente, die man wie in einem Training üben kann. Die Grundlagen müssen jedoch reflektiert und diskutiert werden, so daß man wohl besser von einer „Schulung der ruhigen Festigkeit" sprechen sollte.

Die Psychologen sprechen im Gefolge von WOLPE (1973[2]) von Assertivenesstraining, weil dieser Autor ruhige Festigkeit durch das „Verlernen von Angst" (unlearning of anxiety) trainieren wollte. Seine Patienten sollten auf Situationen, die Angst erzeugen, mit bewußter Entspannung und Selbstbestätigung reagieren lernen. Das sollte sie für angsterzeugende Situationen desensibilisieren, d.h. unempfindlich machen. Zugleich sollten sie lernen, ihren Ärger ebenso wie ihre Freude natürlich auszudrücken, und Problemsituationen echt zu bewältigen.

Die folgende Darstellung der Assertivität und der „Schulung der ruhigen Festigkeit" beziehen wir auf den Schüler und den Unterricht. Wir zeigen, mit anderen Worten, wie der Schüler die ruhige Festigkeit lernt. Dabei ist es jedoch unsere Meinung, daß der Lehrer und die Lehrerin diese Dinge ihrerseits lernen sollten. In ihrer Grundausbildung kann dies in Übungen geschehen, die den hier beschriebenen gleichen, mit dem einzigen Unterschied, daß die Reflexion der Probleme vertieft und die begriffliche Fassung weitergetrieben wird, etwa so weit, wie wir dies in diesem Kapitel tun. Ähnliches gilt für die Lehrerfortbildung. Hier können Kurse zum Assertivitätstraining Lehrer und Lehrerinnen vereinigen, die nicht nur ihren Schülern, sondern auch sich selbst weiterhelfen möchten. Dies kann z.B. dann der Fall sein, wenn sie ihre mangelnde Festigkeit als einen Faktor in ihren Disziplinproblemen ansehen.

Schließlich aber können auch amtierende Lehrer und Lehrerinnen, indem sie mit ihren Schülern Assertivitätsschulung betreiben, selbst mitlernen. Sie durchdenken und üben die entsprechenden Verhaltensweisen selbst, indem sie sie mit den Schülern durchdenken und üben: eine glückliche Koinzidenz der Anliegen von Lehrern und Schülern.

Die drei Komponenten der Assertivität

Assertivität hat drei Komponenten, (1) eine *reaktive*, (2) eine *aktive* und (3) eine *expressive*.

(1) *Reaktive Assertivität*. Wir müssen fähig sein, Zumutungen und Forderungen, deren Befriedigung uns selbst schädigen oder dem anderen nicht wirklich dienen würde, abzulehnen, oder ihnen zumindest nur in Grenzen nachzukommen. So der Schüler, dessen Banknachbar seine Arbeitswerkzeuge (Farbstifte, Zirkel, Maßstab usw.) ständig vergißt und der von diesem ständig gebeten wird, das Fehlende auszuleihen. So auch die Schülerin,

der die Freundin die Ergebnisse der Rechenaufgaben abzuschreiben versucht, weil sie sie selber nicht gelöst hat, und so schließlich der gutmütige Schüler oder die Schülerin, dem oder der die anderen ständig die undankbaren Aufträge zuzuschieben versuchen („Geh du zum Hauswart...").

Besonders schwierige Aufgaben stellen sich Kindern, wenn sie sich gegenüber Erwachsenen durchsetzen sollten, etwa dann, wenn sie in Warteschlangen benachteiligt werden und andere sich vordrängen. Hier setzt sich das Nein-Sagen in einem legitimen Sich-Wehren fort. Die Probleme, die sich hier stellen, sind für einige Kinder schwieriger lösbar als für andere: für Mädchen schwieriger als für Knaben, für kleine und schwächere Kinder schwieriger als für die großen und starken, für Fremdarbeiterkinder schwieriger als für Einheimische, für Kinder aus bescheidenen Verhältnissen schwieriger als für solche aus der Mittelklasse.

(2) *Aktive Assertivität*. Die aktiven Verhaltensweisen bestehen darin, Mitmenschen anzusprechen, um von ihnen eine Auskunft oder einen Dienst zu erlangen. Um dies zu tun, muß man es wagen, den anderen anzugehen und seine Aufmerksamkeit in Anspruch zu nehmen. Man muß die Angst überwinden, in der bittenden Stellung abgewiesen, im Grenzfall lächerlich gemacht oder gedemütigt zu werden. Auch wenn es sich bloß darum handelt, einen Kontakt herzustellen, ist ähnliche Überwindung notwendig. Man erkennt: um dies zu leisten, braucht es ein gewisses *Selbstvertrauen*. Man muß von der Legitimität seines Anliegens überzeugt sein, und man muß vor allem über die Worte verfügen, um sein Anliegen zu formulieren. Das ist trainierbar.

(3) *Expressive Assertivität* ist die Fähigkeit, seine Gefühle in einer kontrollierten und daher angepaßten Weise auszudrücken. Damit menschliche Beziehungen und Zusammenarbeit funktionieren, müssen die Partner einander zeigen können, wie sie ihre Beziehungen erleben. Dies ermöglicht die immer wieder notwendige gegenseitige Anpassung. Wenn ein Partner Zeichen der Ungeduld zeigt, weiß der andere, daß er vorwärts machen, seine Mitteilung abkürzen, zu einem Ende kommen muß. Wenn der eine beim anderen Ärger wahrnimmt, kann er sich überlegen, warum das geschehen ist, und er kann sein Verhalten zu ändern suchen. Wenn Partner ihre Gefühle nicht zeigen, so sind diese Korrekturen nicht möglich. Der unerfreuliche Zustand dauert an, Gefühle stauen sich an, und früher oder später erfolgt ein Ausbruch, der mehr Schaden stiftet, als wenn die Gefühlsäußerungen beizeiten geschehen wären. Diese müssen natürlich in einer kontrollierten Weise erfolgen, denn es besteht die Gefahr, daß der Partner seinerseits verletzt wird. Sie muß also den Bedürfnissen des anderen Rechnung tragen. Kontrolle heißt hier, den Standpunkt des anderen zu erkennen und zu respektieren. Es ist ein Problem der Einfühlung. Gefühlsäußerun-

gen dürfen nicht „egozentrisch" sein, sie sollen eine Botschaft übermitteln. Man hat sie auch „Ich-Botschaften" genannt, weil sie über die Befindlichkeit des Ich Auskunft geben (GORDON 1981).

Die Schulung der Assertivität („Assertivitätstraining")

Man erkennt unmittelbar, daß es sich bei allen drei Komponenten der Assertivität um Verhaltensweisen handelt, deren Berechtigung eingesehen und deren Durchführung geübt werden kann. Der Lerner muß auch das gedankliche und das sprachliche Repertoire erwerben, um sich richtig zu verhalten. Grundlage ist die Einsicht in die gegebene Situation. Diese ist bestimmt durch die Sachzusammenhänge und durch die Bedürfnisse und die Intentionen der Beteiligten. Die Schulung der Assertivität vermittelt also *Sachkenntnis, soziale Wahrnehmung* und *Sensibilität für zwischenmenschliche Beziehungen.* Sodann aber sind auch immer wieder *Lösungsideen für zwischenmenschliche Probleme* nötig, und drittens brauchen die Partner *Worte,* um die Lösungen herbeizuführen und die entsprechenden Absichten auszudrücken. In der Literatur über das Assertivitätstraining gibt es dazu schöne Beispiele.

So haben COOLEY & HOLLANDSWORTH (1977, S. 79) zum Beispiel ihren Klienten vorgeschlagen, beim Nein-Sagen drei Komponenten zu unterscheiden: (1) Position beziehen, (2) Begründen und (3) Verständnis für die Lage des anderen ausdrücken. *Beispiel:* Ein Schüler möchte von seinem Kameraden das Reißzeug entleihen. Dieser antwortet: (1) Es tut mir leid, ich möchte es Dir nicht mehr leihen. (2) Weißt Du, als du es mir das letzte Mal zurückgegeben hast, ist die Reißfeder schmutzig gewesen, und es hat am Zirkel eine Schraube gefehlt. (3) Ich kann verstehen, daß Dich dies heute in Verlegenheit bringt, aber Du mußt dir anders helfen und schauen, daß Du Dein eigenes Reißzeug dabei hast.

Für das Bitten um einen Dienst oder das Geltendmachen eines Rechtes schlagen sie vor, die folgenden drei Komponenten vorzusehen: (1) Die unbefriedigende Situation darstellen, (2) Um den Dienst bitten oder den Anspruch formulieren und (3) Das Bedürfnis oder den Anspruch zusätzlich begründen. *Beispiel:* Eine Schülergruppe versucht, das ganze Eisfeld für ihr Eishockeyspiel in Anspruch zu nehmen, so daß die anderen darauf nicht mehr eislaufen können. Ein Schüler spricht mit dem Anführer der Eishockeyspieler: „(1) Hör einmal, es geht nicht, daß ihr das ganze Eisfeld für euer Spiel beansprucht. Wir sind eine ganze Anzahl, die hier auch laufen möchten, und wir haben auch das Recht dazu. (2) Seid bitte so gut, spielt auf dem halben Eisfeld, und laßt uns die andere Hälfte benützen. (3) Wir haben auch Eintritt bezahlt und möchten auch Schlittschuhlaufen können, verstehst Du?"

Gefühle wird man schließlich kontrolliert ausdrücken, d.h. darauf achten, der Lage und den Bedürfnissen des anderen Rechnung zu tragen und diesen nicht zu verletzen. *Beispiel:* Zwei junge Leute teilen in einem Klassenlager ein Zimmer. Der eine möchte lesen, der andere läßt sein Transistorradio mit einer Sportreportage laut laufen. Der Erste sagt: „Hör einmal, ich möchte jetzt lesen. Die Sportreportage stört mich. Ich kann so nicht lesen, und ich beginne mich zu ärgern. Könntest Du Dein Radio nicht leiser stellen oder die Kopfhörer anziehen? Du hörst die Reportage doch auch so."

Was wir hier sagen und durch die Beispiele illustrieren, klingt einfach. Die Praxis zeigt jedoch, daß es keineswegs selbstverständlich ist, daß junge Menschen ihre Probleme so lösen. Derjenige, der sein Recht geltend machen sollte, kann den Mut dazu nicht finden, mit anderen Worten: Angst haben. Er kann die Situation nicht richtig einschätzen, d.h. sich über seine eigenen Bedürfnisse und Ziele nicht im klaren sein und die Anliegen des anderen nicht deutlich genug sehen, und er kann drittens die Worte nicht finden, um sich in ruhiger Festigkeit auszudrücken und durchzusetzen.

Assertivität in der Schule lernen?

Wir stellen also die Frage, ob der schulische Unterricht einen Beitrag zur Entwicklung der Assertivität bei den Schülern leisten soll und kann.

Die Wünschbarkeit brauchen wir nach dem Vorangehenden kaum zu rechtfertigen. Wenn an einer Schule gemeinschaftliche Tätigkeiten stattfinden und junge Menschen zusammenarbeiten, so stellen sich laufend Probleme der Geltendmachung persönlicher Rechte. Ja, sie stellen sich sogar, wenn ein ganz traditioneller Unterricht stattfindet. Denn die informellen Kontakte der Schüler im Unterricht, im Pausenhof und auf dem Schulweg ebenso wie die Kontakte von Lehrern und Schülern erfordern von den Beteiligten laufend die Vertretung ihrer Standpunkte und Rechte. Wenn Schüler (und Lehrer) lernen, dies in einer ruhigen Form zu tun, wird das Schulleben daraus Gewinn ziehen, und die Schüler werden etwas lernen, was ihnen in ihrem ganzen Leben dient. Wie also verfahren? Und, solange der Unterricht in die klassischen Fachdisziplinen eingeteilt ist: In welchen Fächern?

Die letztere Frage ist einfach zu beantworten: wo ein Fach „Lebenskunde" existiert, können die Unterrichtseinheiten zur Assertivität sehr gut Platz finden. Dies gilt auch für das Fach „Sittenlehre" oder „Ethik", wobei hier die grundsätzlichen Fragen verstärkt mitbedacht werden sollten. Auch der muttersprachliche Unterricht kann sich mit den hier behandelten Fragen beschäftigen. Denn einmal müssen die meisten der hier behandelten Probleme mit den Mitteln der Sprache gelöst werden. Die Schüler müssen lernen, ihre Anliegen mit den geeigneten Worten zu formulieren. Das ist ein Grundproblem des Sprachunterrichts. Sodann bedenken wir, daß es seit jeher der Muttersprachunterricht ist, der vielfältige psychologische, soziale und gesellschaftliche Probleme aufwirft. Es geschieht daher in Übereinstimmung mit seiner gängigen Praxis, wenn auch die Probleme der Assertivität zur Sprache kommen und entsprechende Übungen stattfinden.

Schließlich meinen wir aber, daß in jeglichem Unterricht verschiedenartige Interessen von Schülern und von Schülern und Lehrern aufeinanderstoßen. Wenn sich der Lehrer nicht nur als Fachwissenschaftler versteht, sondern auch eine erzieherische Funktion auszuüben gedenkt, so hat er allen Anlaß, die Probleme des Ausgleichs von individuellen Rechten und Bedürfnissen zum Anlaß des Nachdenkens und der Übung zu machen. Dies führt ihn automatisch zu Überlegungen und Übungen, wie wir sie in der Folge skizzieren werden. Sie brauchen keine ganzen Stunden in Anspruch zu nehmen, sondern können in den üblichen Unterricht eingestreut werden. Welche Einzelziele sind dabei zu erreichen, und wie gehen wir vor?

In jedem Fall muß die Situation, in der das Problem der Geltendmachung von Bedürfnissen und/oder Rechten aufgetreten ist, geklärt werden. Das ist ein Stück angewandte Ethik, eventuell auch des Rechtes. Je älter die Schüler, desto eher können die grundsätzlichen Aspekte herausgearbeitet werden. Mit jungen Schülern wird man dem einfachen Rechtsempfinden folgen und dieses auf einer konkreten Ebene zu entwickeln suchen. Die Schüler sollen ein klares Bild davon gewinnen, was das Recht der Beteiligten in der gegebenen Situation ist, „your perfect right", wie es im Titel eines bekannten Buches über Assertivitätstraining treffend heißt (ALBERTI & EMMONS 1974[2]).

Sodann sollen die Gründe zur Sprache kommen, die Menschen davon abhalten, ihr Recht oder ihr Bedürfnis geltend zu machen. Es sind in der Regel Angstgefühle. Eine wichtige Aufgabe des Lehrers besteht darin, den Schülern klar zu machen, daß es keine Schande ist, Angst zu haben, daß Angst vielmehr eine natürliche und weit verbreitete menschliche Reaktion ist, die indessen häufig zu ungünstigen Reaktionen führt und die abgebaut werden kann.

Es geht also darum, bessere Lösungen zu finden. Die Schüler werden keine Schwierigkeiten haben, hierzu Vorschläge zu machen. Was fehlt, kann der Lehrer ergänzen. Das sind klassische didaktische Verfahren. Sie genügen jedoch nicht, um die Schüler zur ruhigen und festen Geltendmachung ihrer Rechte zu befähigen. Ein Element der Übung ist dazu notwendig. Hierzu bietet sich das *Rollenspiel* an. Die Problemsituation, die Anlaß zu den gemachten Überlegungen gegeben hat, wird rekonstruiert, und verschiedene Lösungen werden durchgespielt. Einige Autoren schlagen vor, daß hierbei ein quasi-dialektisches Verfahren gewählt wird. Die Schüler spielen vor der Klasse einmal die Szene durch, in der die entscheidende Person ihr Recht oder ihr Bedürfnis nicht geltend macht und ihre Gefühle nicht ausdrückt. Sodann spielt man das andere Extrem durch: statt mit ruhiger Festigkeit zu reagieren, produziert die Hauptperson eine aggressive Reaktion. Sie verletzt ihren Partner und erreicht keine angepaßte Lösung des Problems. Schließlich wird die „Reaktion der ruhigen Festigkeit" durchgespielt und beurteilt. Bei diesen Übungen hat es sich als sehr nützlich erwiesen, daß die Rollen der Spieler zum Teil vertauscht werden. Dies hilft, den Standpunkt des Anderen zu verstehen.

Der Videorecorder kann bei diesen Übungen hilfreich sein. Einmal können vorgefertigte Filmszenen abgespielt und an jenen Punkten unterbrochen werden, wo die Beteiligten reagieren müssen. Die Schüler schlagen dann, stellvertretend für sie, mögliche Antworten vor. Die verschiedenen Vorschläge werden verglichen und beurteilt. Dann betrachtet man die Fortsetzung des Films und vergleicht sie mit den eigenen Lösungen.

Auch die spontan gespielten Übungsszenen können aufgenommen und den Spielern und der übrigen Klasse wieder vorgespielt werden. Diese *Selbstkonfrontation* ist sehr wertvoll. Sie erlaubt der Klasse, Einsicht in die sozialen Prozesse zu gewinnen und die Wirkungen zu beurteilen.

MEICHENBAUM (1977) hat darauf hingewiesen, daß bei diesen Lernprozessen die *Selbstinstruktionen* und die *Selbstverstärkungen* eine wichtige Rolle spielen. Die Teilnehmer am Rollenspiel äußern ihre Gefühle, die Instruktionen, die sie sich selbst geben, und die Belohnungen, die sie sich dafür verschaffen, laut sprechend, statt nur innerlich denkend. Hier, in gekürzter Form, ein Beispiel (MEICHENBAUM 1977, 134):

Die Situation: Ein Jüngling spricht mit einem Mädchen, auf das er einen guten Eindruck machen möchte. Sie beginnt von einer Person des öffentlichen Lebens zu sprechen, von dem der Bursche noch nie etwas gehört hat. Sie sagt: „Was hältst Du von X?"

Selbstinstruktion: Nun äußert der Bursche seine Gedanken laut: „Sie hat mich erwischt. Ich muß ihr sagen, daß mich diese Person überhaupt nicht interessiert, sonst stehe ich blöd da. Politik ist mir sowieso egal... Vielleicht sollte ich die Beziehung zu diesem Mädchen gerade abbrechen ... Aber nein, das ist doch voreilig. Wenn ich so rede, merkt sie gleich, daß ich bluffe. Man kann ja auch einmal zugeben, daß man von X nichts weiß. Ich weiß doch wahrscheinlich auch eine Menge Dinge, die sie nicht kennt."

Selbstverstärkung: „Ja, es ist gescheiter, ich schaue das so an. Sie versucht doch auch nur, ein vernünftiges Gespräch mit mir zu führen. Da brauche ich doch nicht sofort Angst zu bekommen und sie vor den Kopf zu stoßen..."

MEICHENBAUM schlägt vor, den Schülern häufig durch lautes Denken zu demonstrieren, wie man eine Situation beurteilen und sich selbst zu einer adäquaten Reaktion instruieren und ermuntern kann.

In gewissen Fällen sind Anwendungsübungen *in vivo* möglich: man hat besprochen, wie man sich verhält, wenn es darum geht, ein Anliegen an eine fremde Person heranzutragen, sie zum Beispiel um einen Dienst zu bitten. Nun werden die Schüler ausgesendet, es zu versuchen, beispielsweise eine Person nach der Zeit zu fragen, sie zu fragen, wo sich das Postamt befinde, einen Polizisten zu fragen, ob das Schlußlicht am eigenen Fahrrad richtig leuchte, oder was man tun müsse, wenn man den Fahrausweis verloren habe. Ähnliche Übungen kann man sich an Schaltern und in Verkaufsgeschäften vorstellen. Das sind alles Anwendungen „im Felde". Die Schüler bringen eine reiche Ausbeute an Erfahrungen in die Schule zurück, die ausgewertet werden kann.

Schließlich wird man den Schülern auch sagen, wie man sich auf vorhersehbare Konflikte des täglichen Lebens *vorbereiten* kann. Richtiges Reagieren ist ja nicht in jedem Falle *ad hoc* möglich, auch wenn man im Unterricht einige klassische Situationen eingehend behandelt hat. Wenn man jedoch voraussieht, daß sich gewisse Konflikte wiederholen werden, so ist es möglich, die richtige Reaktion vorzubereiten. Man wird zu diesem Zwecke die Situation in Gedanken durchspielen und sich dabei die eigenen Gefühle und Reaktionen, ebenso wie diejenigen der Partner, genau vorzustellen suchen. Dann wird man nach Formulierungen suchen, um sich Gehör zu verschaffen. Dabei stellt man sich vor, wie man dies entspannt, in ruhiger Festigkeit und ohne Angst tut. Die gefundene Lösung wird man mehrmals laut durchspielen, bei bloß vorgestellten Partnern. Man wird sich auch den erfolgreichen Ausgang der Szene vorstellen und sich dadurch ermutigen, die geplante Bewältigung wirklich auch zu versuchen. Diese Selbstbekräftigung trägt dazu bei, die Angstgefühle in der Ernstsituation zu reduzieren.

Zusammenfassend stellen wir fest, daß Assertivität im zwischenmenschlichen Umgang eine nicht zu unterschätzende Rolle spielt. Als Lehrer sollten wir die entsprechenden Vorstellungen in unser Bewußtsein aufnehmen und sie zu Zielen des sozialen Lernens machen. Wir haben gesehen: Es geht nicht bloß um die Fähigkeit, seine Gefühle zu äußern, auf Zumutungen richtig zu reagieren und gegebenenfalls auch seine Angst zu überwinden und gewisse Kontakte herzustellen. Es geht auch darum, persönliche Rechte, die eigenen *und* diejenigen des Nächsten, richtig zu sehen und aus dieser Sicht die Kraft und die Festigkeit zu gewinnen, für sie einzustehen. So gesehen, reicht das Problem über den Erwerb einer „sozialen Fertigkeit" hinaus. Es geht letztlich um die Bildung eines lebendigen Bewußtseins dessen, was recht ist, und der Kraft, dafür einzustehen und ihm zum Durchbruch zu verhelfen.

SECHSTER TEIL
Lehrpläne, Lernziele und die
Unterrichtsvorbereitung

Kapitel 19:
Lehrpläne sind Lehrpläne:
das Curriculum

Kapitel 20:
Diachrone und synchrone Stoffanordnung
im Unterricht

Kapitel 21:
Lernziele

Kapitel 22:
Die Unterrichtsvorbereitung

Kapitel 19: Lehrpläne sind Lernpläne: das Curriculum

In ursprünglichen Gesellschaften, in denen die Sozialisation der jungen Generation durch Teilnahme an den Tätigkeiten der Erwachsenen und durch schrittweise Übernahme von Aufgaben und Verantwortungen vor sich geht, braucht es keine Didaktik und keine Lehrpläne. Diese werden notwendig, wo Schulen entstehen und wo man einen Teil der Erziehungs- und Bildungsaufgaben an Spezialisten der Erziehung und Bildung, an Lehrer und Lehrerinnen, delegiert. Sobald Schulen da sind, entwickeln diese ihr Eigenleben. Es wird daher notwendig, das Geschehen in ihnen zu planen. Dazu dienen die Lehrpläne.

Mit dem Ausdruck „Curriculum" sehen wir die Schüler, bildhaft gesprochen, dem Ziel ihrer Mündigkeit entgegeneilen. (Currere, lat., heißt laufen, curricula sind „Lernläufe".) Dieser Ausdruck erinnert uns daran, daß wir primär nicht den Verlauf des Lehrens, sondern denjenigen des Lernens durch den Schüler beschreiben sollten. Erst sekundär werden wir den Verlauf der Lehre, also die Maßnahmen beschreiben, die das Lernen der Schüler auslösen und steuern.

Nun kann man das Lehren und das Lernen von Tag zu Tag planen. Curricula haben eine andere Perspektive. Sie planen es über längere Zeiträume, über Monate oder Jahre. Wie weit sollte man den Planungshorizont erstrecken? Es ist sowohl langfristige als auch kürzerfristige Planung notwendig. Die offiziellen Lehrpläne müßten die gesamte Lebensspanne ins Auge fassen, mindestens aber die gesamte Schulzeit bis zum Eintritt des jungen Menschen in das aktive Berufsleben. Wir sagen ja gerne, daß wir „für das Leben lernen". Dann wird man wohl angeben müssen, *was* die junge Generation für das Leben lerne. Lehrpläne für den schulischen Unterricht sollten also idealerweise zeigen, wie die Schule den Schulneuling bei seinem in der Familie und im Kindergarten erworbenen Wissen und Können abholt und wie sie ihn als 16- oder 20jährigen, je nach der Dauer und der Art der Ausbildung, ins erwachsene Leben entläßt.

Dazwischen muß das schulische Lernen geplant werden. In den deutschsprachigen Ländern halten die offiziellen Lehrpläne nur die groben Züge des Geschehens innerhalb eines Schuljahres fest. Die übrige Planung obliegt dem Lehrer und der Lehrerin. Sie sind also in jedem Falle „Verfasser von Lehrplänen". Am Anfang des Schuljahres legen sie sich einen groben Jahresplan zurecht, wo Quartale und Quartalsferien existieren, und sie stellen einen Quartalsplan auf. Die tägliche Arbeit ist entweder von einem Wochenplan geleitet, oder sie präparieren sich von Tag zu Tag. Von diesen letzteren Unterrichtsplanungen werden wir in einem besonderen Kapitel sprechen (Kapitel 22).

In diesem Kapitel geht es um die länger erstreckten Lehrpläne. Lehrer und Lehrerinnen sind in jedem Falle mit ihrer Herstellung befaßt, sei es stellvertretend für ihre Kollegen bei der Erarbeitung der offiziellen Lehrpläne, sei es bei der Aufstellung der persönlichen Quartals- und Jahrespläne. Darum ist es wichtig, daß sie sich über die Grundsätze ihrer Konstruktion und die dabei anzuwendenden Betrachtungsweisen im klaren sind.

Idealerweise bilden Didaktik und Lehrplan eine innere Einheit. Der Lehrer und die Lehrerin sollen ihre Jahrespläne, Quartalspläne und Wochenpläne als Fortsetzung und Konkretisierung des offiziellen Lehrplans sehen können. Am Ende sollen sie die einzelne Unterrichtslektion aus den Leitvorstellungen des Curriculums und ihrer eigenen Pläne entwickeln können.

Damit erkennen wir die *Funktionen des Curriculums*. Für den Lehrer stellt dieses einmal den umfassenden Plan seiner Lehrtätigkeit dar. Er inspiriert zur eigenen langerstreckten Unterrichtsplanung und zur Ausarbeitung der einzelnen Unterrichtseinheiten. Zugleich aber liefert der Plan auch Kriterien zur Selbstkontrolle der Lernergebnisse durch die Lernenden (und, im Grenzfall, auch zur begründeten, das heißt nicht-willkürlichen Kontrolle durch außenstehende Instanzen). Angesichts des Lehrplans fragen wir uns von Zeit zu Zeit: Wo stehen meine Schüler in der Quartals-, in der Jahresarbeit? Und grundsätzlicher: Wo stehen sie auf ihrem Weg ins erwachsene Leben? Was wissen und was können sie? Welche Erfahrungen und welche Lernprozesse haben sie erfolgreich realisiert? Was fehlt noch? Was müssen sie noch erfahren, lernen, bei mir und bei meinen Kolleginnen und Kollegen, die sie übernehmen werden? Wir gewinnen auf diese Weise eine umfassende Perspektive für unsere Arbeit. Wir leben nicht mehr von der Hand in den Mund. Der Kleinkram der täglichen Arbeit erhält seinen Sinn aus dem großen Ablauf und aus dem umfassenden Ziel des Erwachsenwerdens der Schüler.

Als erstes betrachten wir die Leitfragen, die der Aufstellung von Lehrplänen zugrundeliegen sollten. Sie hängen mit den Zielvorstellungen für den Unterricht zusammen.

Die Mittel zur Bewältigung der Lebensaufgaben aufbauen

In den folgenden Abschnitten betrachten wir den Lehrplan sozusagen von außen: wir zeigen, daß er letztlich immer auf die Lebensbewältigung des heranwachsenden Menschen bezogen werden muß. Alles, was junge Menschen lernen, muß seine Anwendung schließlich im Leben (und nicht bloß in der Schule!) finden. Diesen Gedanken führen wir vorerst nur für jene Lehr- und Lerntätigkeiten aus, die das Können und das Wissen des jungen Menschen erweitern.

Wir haben in den einleitenden Kapiteln dieses Buches gesehen, daß der Unterricht Mittel des sachlichen und sozialen Handelns und des Erkennens sachlicher und sozialer Prozesse bereitstellt. Wir müssen daher fragen: Was leisten diese Handlungs- und Erkenntnismittel im Leben des Schülers? Diese Frage wird natürlich umso akuter, je mehr sich dieser dem Ende seiner Schulzeit nähert. Dann lautet die Frage: Wozu ist er persönlich qualifiziert, durch seine praktischen Fähigkeiten, durch sein Arbeiten- und Denkenkönnen? Über welche Mittel des Tuns, des Sehens und Deutens verfügt er, um sein außerberufliches Leben zu bestreiten?

Man sieht, hier fragen wir nach den *Kompetenzen* des jungen Menschen. Wer über Handlungs- und Erkenntnismittel verfügt und sie brauchen kann, ist ja „kompetent". Die Bereiche haben wir in diesem Buche in drei Dimensionen mit je zwei Werten eingeteilt: *Sachkompetenzen* und *soziale Kompetenzen,* Kompetenzen des *praktischen Handelns* und des *Erkennens* („Herstellungs- und Darstellungskompetenzen") und *reale Kompetenzen,* im Umgang mit den Sachen und den Menschen selber, und *symbolische Kompetenzen,* im Umgang insbesondere mit natürlichen und künstlichen Sprachen.

Aber die Qualifikationen des jungen Menschen haben noch eine andere Seite. Wir dürfen sie uns nicht bloß nach dem Leitmotiv der Werkzeugkiste vorstellen. (Was finden wir darin an Instrumenten des sachlichen und sozialen Handelns und Erkennens, des konkreten und des symbolischen Umgangs mit den Dingen und Personen der Welt?) Wir müssen auch nach dem *Weltbild* des jungen Menschen fragen. Jeder Mensch, auch der junge, hat ein Bild von der Welt, in der er lebt. Man kann es sich wie eine Landkarte vorstellen. Zuerst sind darin nur wenige Regionen ausgeführt, praktisch nur das Haus und der Wohnort, mit ihrem sozialen und sachlichen Geschehen. Hinzu kommen einige weitgehend unverbundene Flecken: beim Schulanfänger die Welt der Märchen und anderer Geschichten, die man ihm erzählt und die er am Fernsehen sieht, dazu einige Informationen, die das Kind von den Eltern und den älteren Geschwistern aufschnappt:

über den Betrieb, in dem der Vater arbeitet, über den Ort, wo die Mutter ihre Kindheit erlebt hat, usw.

Dieses Weltbild hat auch seine *Tiefendimension.* Mit zunehmendem Alter versteht das Kind die Welt besser, tiefer: was das für ein Betrieb ist, in dem der Vater oder die Mutter arbeiten, in welchen wirtschaftlichen Zusammenhängen er steht, wie diese mit dem Lohn, den die Eltern erhalten, zusammenhängen usw. PESTALOZZI hat davon gesprochen, daß sich die Welt des Kindes in *konzentrischen Kreisen* erweitern sollte. Das kann man auch von seinem Weltbild sagen. Dieses müßte jedoch um die schrittweise hinzukommenden Tiefenschichten des Verständnisses ergänzt werden.

So sehen wir die Bildung junger Menschen als einen doppelten Prozeß: einenteils als den Aufbau des Repertoires der Handlungs- und Erkenntnismöglichkeiten, andernteils als die schrittweise Erweiterung, Vernetzung und Vertiefung des Weltbildes. Wir dürfen uns die beiden Aspekte der geistigen Entwicklung nicht als getrennte Vorgänge vorstellen. Vielmehr ist es möglich, einzelne Wissenselemente aus dem Weltwissen herauszugreifen, isoliert abzurufen und in den Dienst des Handelns und Erkennens zu stellen.

Nun ist es klar, daß die Schule einen wichtigen Beitrag sowohl zur Entwicklung der Handlungs- als auch der Erkenntnismöglichkeiten des Menschen, ebenso wie zur Entwicklung seines Weltbildes leistet. Für die Theorie des Curriculums ergeben sich daraus wichtige Folgerungen. Wenn wir die großen Zusammenhänge ins Auge fassen, müssen wir immer fragen: Welchen Beitrag leistet eine gegebene Unterrichtseinheit zum Aufbau des Handlungs- und Erkenntnisrepertoires, und welchen Beitrag leistet sie zur Entwicklung seines Weltbildes?

Da lernen junge Menschen zum Beispiel vom Leben in der mittelalterlichen Stadt. Welche Erkenntnisoperationen und welche Begriffe erwerben sie dabei? Welche Erweiterung erfährt ihr Weltbild aus dieser Erfahrung? Resultiert aus dem gewonnenen Wissen auch etwas für das Handeln? Was?

Oder wir behandeln den „Dreisatz", beziehungsweise, und etwas moderner, den Begriff der Abhängigkeit einer Variabeln von einer anderen. Welche Handlungsschemata, welche praktischen Verhaltensweisen ziehen aus diesen Einsichten Gewinn? Welche neuen Erkenntnisse werden durch diese Einsichten möglich? Wie verändert sich das Weltwissen des jungen Menschen, indem er gewisse Zusammenhänge als Veränderung einer Größe in Abhängigkeit von einer anderen erkennt?

Oder wir stellen uns diese Fragen bei einem Absolventen eines humanistischen Gymnasiums. Was vermag er aufgrund seines Lernens von den wirtschaftlichen Prozessen zu verstehen, die sich in seiner Umwelt abspielen? Wie sieht sein Weltwissen im Bereiche des Rechtes aus? Oder bei einem Hauptschüler: Welche Tiefendimension hat das Wissen über menschliche Dinge, die er in der Schule erwirbt? Was erfährt er vom menschlichen Lebenslauf, von Geburt, Aufwachsen, Gesundheit, Krankheit, Tod? Welche praktischen Fähigkeiten vermittelt ihm die Schule? Welche

Probleme hat er lösen gelernt? In welchen Begriffen denkt er über die Familie, die Rolle von Eltern und Kindern, über die Schule, den Beruf, die Freizeit?

Man erkennt, daß das Problem der *Anwendung* schulischen Lernens auf diese Weise zu einem Grundproblem wird, nicht nur der Didaktik, sondern auch des Curriculums. Alles Wissen und Können, das wir zu vermitteln suchen, muß anwendungsfähig sein, und dies nicht bloß in den Anwendungsaufgaben, die die Schule stellt, sondern in den Lebenssituationen, die der Schüler in seiner Welt antrifft, und die er später, als junger Erwachsener, antreffen wird.

Interessen wecken, Werte bilden

Nun haben wir aber in diesem Buche immer wieder darauf hingewiesen, daß es in der Schule nicht nur darum geht, Können und Wissen zu vermitteln. Ohne Interessen und Werte haben unsere Schemata des Handelns und Erkennens bloßen Werkzeugcharakter. Wir brauchen sie, wenn wir sie brauchen, wenn nicht, so lassen wir sie liegen. Das Gleiche gilt von unserem Weltwissen. Man hat es mit einer Landkarte verglichen (TOLMAN 1932): auch sie benützen wir wie ein Werkzeug, wenn wir uns orientieren, zurechtfinden müssen. Sie braucht keinen Selbstwert zu haben.

Es kann aber auch anders sein. Handlungs- und Erkenntnismöglichkeiten können intrinsisch interessant werden. Wir betreiben etwas um seiner selbst willen, weil es uns interessiert, weil wir es gerne tun, bei der Betätigung Befriedigung erleben. Für den Forscher ist das Suchen nach neuen Erkenntnissen und Einsichten intrinsisch interessant. Er betreibt es auch, wenn ihn niemand dazu anhält und ob es ihm etwas einträgt oder nicht.

Ähnliches kann man vom Weltbild sagen. Wir erinnern uns an SCHIEFELES glückliches Bild vom „Bedeutungsrelief". In unserem Bild der Welt gibt es Regionen, die für uns Sinn haben, wertvoll sind, Regionen, in denen wir uns gerne aufhalten, physisch oder bloß in Gedanken. Damit wird das „Sich-in-seiner-Welt-Bewegen" intrinsisch interessant. Man merkt es einem Menschen an, den wir über bestimmte Bereiche seines Wissens befragen, über Fischerei oder Bienenzucht zum Beispiel, oder über romanische Kunst oder die Städte der Toskana: er beginnt sich zu beleben, und wenn wir ihm im Gespräch den Ball auch wieder gelegentlich zurückspielen können, so entsteht eine angeregte Diskussion.

Dabei dürfen wir uns die Interessen und Werte nicht als von den Handlungs- und Erkenntnisschemata getrennt vorstellen und schon gar nicht vom Weltwissen. Jede praktische Fertigkeit, jeder Begriff und jedes Beobachten und Wissen kann sich beleben, interessant und wertvoll werden. Der Inhalt (die „Struktur") ist der gleiche. Der Unterschied ist die Aktivation, die ihn (sie) zum Leben erweckt, erglühen oder vibrieren läßt.

Nun müssen wir auch diesen Gedanken auf die Ausbildung der jungen Menschen projizieren. Dann wird sichtbar, daß in ihrem Verlaufe Interessen erwachen und sich wandeln. Einige sterben auch wieder ab. So beginnt sich ein Schüler für die Geschichte des Mittelalters, für chemische Prozesse, für das Malen mit Pastellfarben zu begeistern. Der Lehrling beginnt sich für seine Berufsarbeit zu interessieren. Im Weltbild der jungen Menschen entstehen Regionen, die sie anziehen, in denen sie sich gerne bewegen und in denen sie zuhause, kleine Experten sind.

Nun sind diese Dinge nicht ohne weiteres planbar. Auch in einem Lehrplan kann man nicht festsetzen, daß der Schüler z.B. das Mittelalter oder die chemischen Prozesse im Hochofen interessant und als wertvoll empfinden muß. Aber die Unterrichtspläne sollten doch mindestens so geartet sein, daß sie dies nicht verhindern, mehr als das: daß sie es ermöglichen! Sie ermöglichen es z.B., wenn sich der Schüler in einem bestimmten Gebiet selbständig betätigen kann, selbst ein wenig Geschichtsforschung betreiben, an einer Ausgrabung teilnehmen, chemische Versuche selbständig durchführen, an einer Arbeitsgemeinschaft mitmachen kann. Das sollte im Lehrplan stehen.

Gefühlserziehung

Schließlich die Gefühlserziehung. Wir stoßen hier natürlich auf die Frage, was über Gefühl noch zu sagen sei, wenn wir das künstlerische, ästhetische Handeln, die Pflege der Musik, der bildenden Künste und die Körpererziehung (Rhythmik, Tanz usw.) und die Weckung entsprechender Interessen und Werte schon behandelt haben. Immerhin: es gibt Gefühle, die weder ästhetische Erlebnisse noch Werterlebnisse sind. Wir denken etwa an die Gefühle, die Menschen mit dem Umgang mit Tieren verbinden oder an die emotionalen Bindungen zu Mitmenschen, zu Kindern oder Eltern.

Derartige Gefühle sind noch viel weniger als Interessen und Werte machbar. Trotzdem ist es gut, wenn wir in den Lehrplänen den emotionalen Aspekt unterrichtlicher Tätigkeiten und der Beziehungen, die wir in ihrem Rahmen aufbauen, nicht vergessen. Denn es gibt Stoffe, die dem Erleben des durchschnittlichen Schülers und Lehrers näher, und solche, die ihm ferner sind. Sicher wird er bei der Lektüre von Shakespeares „King Lear" oder von Bernanos' „Tagebuch eines Landpfarrers" tiefere Gefühle erleben, als wenn er einen Text von Oscar Wilde oder von Voltaire liest. Das müßte bei der Konstruktion eines Lehrplans mitbedacht werden.

Auch hier werden wir einige entwicklungspsychologische Überlegungen anstellen. Wir bedenken, daß sich auch das Gefühlsleben des Schülers im Verlaufe der Jahre differenziert. Das bedeutet nicht nur, daß man in der Primarschule noch nicht ewarten kann, im Schüler Gefühle zu wecken, deren er erst im Jugendalter fähig wird. Es bedeutet auch, daß der Lehrer nicht versucht, seine besonderen emotionalen Reaktionen des Erwachsenen, etwa gegenüber Litcratur oder historischen Ereignissen, auf die Schüler zu projizieren und sie von ihnen zu erwarten – oder nicht zu erwarten.

So sind in den Lehrplänen und in Leselisten des deutschen Sprachraumes etwa die Schillerschen Dramen und Gedichte nur mehr schwach oder gar nicht mehr vertreten. Natürlich sehen wir diese Texte im Lichte der Erfahrungen des 20. Jahrhunderts nicht mehr so unproblematisch wie unsere Großväter. Trotzdem tun wir jungen Menschen Unrecht, wenn wir ihnen diese Erfahrungen vorenthalten. Hier bewährt sich der Gedanke der Rekapitulation: daß der junge Mensch das Recht hat und daß es für seine Entwicklung auch notwendig und gut ist, bestimmte Gefühle in naiver und ungebrochener Weise zu erfahren, von denen wir genau wissen, daß sie sich in der Folge komplizieren und zum Teil brechen werden.

Grundsätzlich bedeutet dies für die Entwicklung eines Lehrplans also einmal, daß im Rahmen des Unterrichts der junge Mensch ganzheitlich angesprochen und in gewissen Momenten auch emotional ergriffen wird und daß wir Stoffe und Tätigkeiten vorsehen, die diese Erlebnisse, entsprechend seiner Entwicklungsstufe, ermöglichen.

Auch hier wird der Lehrplan nicht versuchen, ein Gefühlsleben im geschlossenen Gefäß des Unterrichts zu pflegen. Der Schüler bringt seine Gefühle aus seiner außerschulischen Erfahrung mit. Dort haben sie sich entwickelt, im Kontakt mit seinen Eltern und Geschwistern, in Situationen, die echter und ernster sind als die schulischen Lernsituationen. Die Gefühle, die in der Schule lebendig werden, sollen mit den Gefühlen, die das Kind und der Jugendliche zu Hause, in der Familie, und in seinem nichtschulischen Alltag erlebt, vereinbar sein. Auch die Gefühle lernen wir „für das Leben", und nicht für einige Sternstunden des Literatur- oder des Kunstunterrichts. Sie sollen daher auch in die Welt des Schülers, seine gegenwärtige und spätere, passen.

Anknüpfungspunkte des schulischen Lernens:
Lernvoraussetzungen

Wir versuchen also, die Lernziele im Lichte ihrer Wirkungen im Leben zu sehen. Unsere Lehrpläne sind im weitesten Sinne „anwendungsorientiert".

Sie sind es, insofern wir uns vorzustellen versuchen, wie der Schüler sein Wissen und Können im außerschulischen Leben anwendet, wie er seine Interessen und Werte in seinem Leben verwirklicht, und wie schließlich auch die Gefühle, die er in der Schule ein Stück weit entwickelt, nämlich differenziert und vertieft hat, wiederum sein außerschulisches Leben bereichern und vertiefen.

Aber im menschlichen Handeln, auch im erzieherischen, sind Ziele das eine, das andere sind die *Bedingungen*, unter denen wir handeln, unsere Ziele erstreben und unsere Wirkungen auszuüben versuchen. Das gilt natürlich auch für das Lernen des Schülers. Es hängt von vielen Bedingungen ab. Wir nennen Sie die *Lernvoraussetzungen*. Dies führt zu den folgenden Fragen:

(1) Welches Können bringt der Schüler mit?

(2) Welches Wissen bringt er mit?

(3) Welche Interessen und Werte, allgemeiner: welche Motive bewegen ihn?

(4) Welcher Empfindungen und Gefühle ist er bis heute fähig?

Wir beginnen auch in diesem Falle damit, die Bedeutung der ersten beiden, intellektuellen (oder: „kognitiven"), Gesichtspunkte zu betrachten.

Jeder Lehrer weiß: Das Vorwissen, das ein Schüler in eine Lernsituation hineinbringt, ist für deren Gelingen von großer Wichtigkeit. Es stellt nicht nur die Anknüpfungspunkte für die Erarbeitung des Neuen dar, der Schüler bringt auch seine bisher gewonnenen Handlungs- und Erkenntnismittel in die neue Lern- und Erfahrungssituation ein, jene Fähigkeiten also, mit denen er seine neuen Erfahrungen konstruiert und verarbeitet. Nicht nur das: er bringt auch seine Interessen und Motive ein. Allgemein können wir sagen: Das Lernen ist zwischen Lernvoraussetzungen und Lernzielen aufgespannt. Lehrpläne dürfen nicht nur den letzteren, sie müssen auch den ersteren Rechnung tragen. Was bedeutet das?

Es gibt in jedem Unterricht zwei große Gruppen von Lernvoraussetzungen: solche, die der Schüler aus seiner Alltagserfahrung mitbringt, und solche, die er im bisherigen Unterricht erworben hat. Man könnte meinen, die zweite Gruppe sei die wichtigere. Dem ist nicht unbedingt so. Verglichen mit den Alltagserfahrungen sind die Ergebnisse des schulischen Lernens im Durchschnitt der Fälle blasser und oberflächlicher. Wenn es gut geht, sind sie zwar besser geklärt und systematisiert, aber sie führen die tiefen Kräfte der Person nicht ins Spiel. Häufig haftet ihnen eine papierene, theoretische, verbale Note an. Der Praktiker spricht vom Schulwissen. Es ist wahr: dieses erweist sich oft als angelernt und wenig tragfähig. Ähnliches kann man auch von Interessen, Werten und Gefühlen sagen, die sich nur im

Umkreis der Schule und des Unterrichts entwickelt haben. Auch sie reichen nicht tief und sind wenig tragfähig.

Demgegenüber hat die Alltagserfahrung große Qualitäten. In ihr sind Theorie und Praxis, Wissen und Können eng verbunden. Erkenntnis und Handeln bilden eine Einheit. Man weiß, was man wissen muß, um zu praktischen Zielen zu gelangen. Das Wahre und das Nützliche wohnen nahe beisammen. Das Handeln und das Erkennen des Alltags ist motiviert. Hier geschieht nur das, woran der Mensch interessiert ist. Das andere unterbleibt. Die Situationen und Vorgänge des Alltagslebens sind auch Ernstsituationen. Wenn hier etwas geschieht und wenn Menschen handeln, ist es in der Regel ernst. Daher haben diese Vorgänge für den Beteiligten ihre echte emotionale Tönung. Auch die Werte des Guten, des Schönen und des Wahren, beziehungsweise des Nützlichen, sind in der Alltagserfahrung in der Regel eng verbunden. Die Moral ist eine Moral des praktischen Handelns. Auch das Schöne verwirklicht sich in praktischen Handlungen: den Tisch zum Sonntag schmücken, eine Glückwunschkarte verzieren, sich zu gewissen Anlässen festlich kleiden ... In allen diesen Vorgängen kommt es jedoch auch darauf an, daß wir richtig handeln und denken, daß unser Handeln und Denken, mit anderen Worten, wahr ist. Schließlich ist es im Alltag in der Regel kein bloß individuelles sondern ein soziales: alle obigen Beispiele sind Beispiele des sozialen Handelns und des Denkens, das Austausch und Kommunikation in sich schließt.

Dies hat zur Folge, daß die Alltagserfahrung die wichtigsten und tragfähigsten Lernvoraussetzungen liefert. Die Schule muß sie nutzen. Darum muß man bei der Planung von Unterricht, und damit bei der Verfassung von Lehrplänen, immer bedenken, an welche Alltagserfahrungen man anzuknüpfen gedenkt.

Gedanklich erhellte Lebenspraxis: Theoriefelder

Durch den doppelten Bezug des Lehrplans auf die Alltagserfahrung als Voraussetzungsbereich und als Anwendungsbereich hat sich das einfache Bild eines nur auf seine eigenen Ergebnisse aufbauenden Lernens kompliziert. Es genügt nicht, im Lehrplan zu zeigen, wie sich im theoretischen Lernen Ergebnis an Ergebnis und in den praktischen Fächern Fertigkeit an Fertigkeit reiht.

Das neue Bild setzt sich aus zwei Hauptsträngen zusammen: einem Theoriestrang und einem Strang der Lebenspraxis. Wir stellen sie uns waagerecht nebeneinander herlaufend vor, über dem Praxisstrang der Strang der schulischen Theorie. In regelmäßigen Abständen schöpft der theoretische Unterricht seine Problemstellungen im Strom der praktischen Erfahrung. Er verarbeitet sie – wie, das werden wir noch im einzelnen sehen. Es konstituieren sich Elemente der Theorie. Wir nennen sie „Theoriefelder". Am Ende wendet sich die Theorie wieder dem Leben und der Praxis zu und sucht darin ihre Anwendung, ihre Konkretisierung und ihre Verwirklichung. Das ist der große Ablauf.

Als erstes suchen wir also Anschluß an das Wissen und Können, an die Interessen und Werte und an die Gefühlserfahrungen des Alltags. Dieser ganzheitliche Komplex von sachlichen und sozialen Erfahrungen mit seinen moralischen, ästhetischen und rationalen Aspekten stellt einen reichen Fundus von Strukturen und Kräften dar. Er ist jedoch weitgehend unreflektiert. Die darin enthaltenen Prozesse und Beziehungen sind dem Schüler nur in einem geringen Maße bewußt. Der Unterricht sucht sie zu ordnen und zu klären. Dies ist vorerst eine Aufgabe der *Analyse*. Praktische Probleme müssen besser verstanden werden. Wir fassen unsere Probleme schärfer, indem wir die Begriffe benützen, die wir erworben haben. Die Betrachtungsweise wird damit differenzierter, abstrakter. Unterscheidungen müssen eingeführt, Gegebenheiten neu betrachtet werden. Die praktische Schwierigkeit wird zum formulierten Problem. Dieses beginnt sich in die theoretischen Strukturen, in ihre Gesichtspunkte und Betrachtungsweisen, einzuordnen. Wissenschaftliche Zusammenhänge zeichnen sich ab. Zugleich müssen wir einiges in Frage stellen, was in der Praxis fraglos hingenommen wurde. Die Betrachtungsweise wird „*kritisch*".

Die differenzierende Betrachungsweise hat auch zur Folge, daß es eine Strecke weit nurmehr um Erkenntnis, also um die Wahrheit, oder um die praktische Wirksamkeit, also Nützlichkeit oder Effizienz, geht. Der Versuch muß gelingen, die Arbeit soll so rationell wie möglich durchgeführt werden. Der moralische Aspekt, die ästhetische Seite des Geschehens, fallen beiseite. Es kann jedoch sein, daß sie in einer anderen Stunde, in einem anderen Fach, wieder aufgenommen werden. In der Primarschule kommt es häufig vor, daß man im Sittenlehreunterricht oder im Kunstunterricht ein Thema aufnimmt, es neu, nämlich moralisch, beleuchtet und/ oder neu, nämlich ästhetisch, gestaltet. So etwas ist auch an der höheren Schule denkbar.

Der Weg von der Alltagserfahrung zu ihrer denkerischen Klärung im Rahmen der schulischen Disziplinen bedeutet also immer *Differenzierung, Analyse und Abstraktion*. Des Lebens goldner Baum verliert einiges an Farbe. Wenn es schlecht geht, wird er grauer. Einige Pädagogen sprechen davon, daß eine „*didaktische Reduktion*" stattfinden müsse: die Praxis und die Alltagserfahrung sind immer komplexer als das, was theoretisch gefaßt werden kann (zusammenfassend: REETZ & SEYD 1983).

Indessen sind die so gewonnenen Unterscheidungen, die Teilprozesse und Teilaspekte, die Elemente, die von allen Schlacken des Unwesentlichen gereinigten Begriffe und Operationen für die theoretische Erkenntnis nicht das Letzte. Auf die differenzierende, analysierende und abstrahierende Betrachtungsweise folgt eine Phase der Integration, der gedanklichen Synthese. Ihr Ergebnis ist ein Stück zusammenhängende Theorie, ein „Theoriefeld". Häufig kann man allerdings gar nicht sagen, wann die Analyse abgeschlossen ist und wann die Synthese beginnt. Analyse und Synthese, Unterscheidung und Verknüpfung, Zerlegung und Aufbau gehen ständig nebeneinander her und durchdringen sich.

Nun haben wir oben bemerkt, daß einige Betrachtungsweisen im Zuge der Problemlösung ausgegliedert und in ein anderes Fach delegiert werden. Für die Gestaltung der Lehrpläne ist das ein wichtiger Vorgang. Die Gefahr wird unmittelbar deutlich: indem gewisse Aspekte der Probleme ausgegliedert werden, z.B. der ethische in das Fach Lebenskunde oder der ästhetische in das Fach Kunstunterricht, aber auch der Gesichtspunkt seiner adäquaten sprachlichen Fassung in den Muttersprachunterricht oder seine quantitative Seite in den Mathematikunterricht, wird ein Problem blasser, theoretischer. Das ist zwar in der Regel notwendig, damit im eingeschränkten Problemfeld saubere Arbeit geleistet werden kann. Im Hinblick auf die Aufgabe, die Persönlichkeitsentwicklung des jungen Menschen ganzheitlich zu fördern, „ganze Menschen" zu erziehen, bedeutet dieses Vorgehen jedoch eine Einbuße. Es entsteht die vielgeschmähte *Zerfächerung des Unterrichts*, seine Zerlegung in Teildisziplinen. Wesentliche Zusammenhänge und Wechselwirkungen fallen aus der Betrachtung. Man hofft, daß der Schüler die Zusammenhänge und die Beziehungen selbst herstellt. Dies erweist sich jedoch häufig als eine Illusion. Wenn es schlecht geht, bildet sich in seinem Geiste die ganze Zerstückelung, ja das Chaos der einzelnen Teilergebnisse, ab. Der unzusammenhängenden Anhäufung von Wissen in einem unkoordinierten Lehrplan entsprechen unverdaute und unzusammenhängende Wissensmassen im Geiste des Schülers.

Die Forderung nach Synthese und Integration, die wir schon im eingeschränkten Feld der Lösung der einzelnen Probleme gestellt haben, gewinnt hier eine neue Bedeutung. An höheren Schulen kann sie nicht mehr vom einzelnen Lehrer geleistet werden. Es wird *horizontale Koordination* über die Fachgrenzen hinweg notwendig. Sie muß im Lehrplan vorgesehen und durch seine geeignete Gestaltung möglich gemacht werden. Wir kommen auf dieses Problem zurück und geben dazu Beispiele.

Der Rückbezug theoretischer Erkenntnis auf die Lebenspraxis: Anwendungsfelder

Bezüglich des dritten didaktischen Schrittes können wir uns kurz fassen. Wir haben das Wesentliche im Abschnitt über die Qualifikation der Schüler für die Lebenspraxis gesagt. Lehrpläne müssen vorsehen, daß die Lernergebnisse laufend auf das außerschulische Leben zurückbezogen werden.

Dort ist der Ort ihrer Anwendung und ihrer schließlichen Bewährung. Das gilt für das Wissen und Können ebenso wie für die Motive (Interessen und Werte) und die Gefühle, die der Unterricht weckt.

Am Ende steht die Verwirklichung der Ergebnisse im Leben und in der Erfahrung des Alltags. Wie häufig geschieht dieser Brückenschlag? Manchmal in jeder Stunde, manchmal am Ende einer Wochen dauernden Unterrichtseinheit.

Die Schule hat damit das Alltagsdenken des Schülers bereichert. Es hat in sich fachwissenschaftlich begründete Elemente, Begriffe, Operationen und Methoden aufgenommen. Das wissenschaftliche Denken hat sich seinerseits mit dem Alltagsdenken verbunden. Es ist nicht mehr bloß „angelernt", sondern beginnt zu leben, weil es nur praktisch angewendet wird. Zugleich hat sich auch das naive Weltbild des Schülers erweitert, extensiv und intensiv. Der Schüler weiß mehr, und er versteht besser, was er weiß. Was bedeutet dies nun für den Lehrplan? Eines ist sicher. Er ist nicht durch eine einfache Formel zu kennzeichnen. Wenn wir bloß den oberen, theoretischen Ausbildungsstrang beobachten, sehen wir *progressiven Aufbau* und progressive Differenzierung von Begriffen, Operationen und Verfahren. Wenn wir jedoch den Praxisstrang in die Betrachtung einbeziehen, sehen wir einen zyklischen Prozeß. Er ist durch die vier Takte (1) Problemstellung im praktischen Alltagsdenken, (2) Differenzierung, (3) Integration und (4) Anwendung gekennzeichnet. In den „Zwölf Grundformen" haben wir die vier Takte unter leicht veränderten Gesichtspunkten durch die vier Lernfunktionen (1) problemgeleiteter Aufbau, (2) Durcharbeiten, (3) Wiederholen und Üben, (4) Anwenden unterschieden. Die Beziehungen sind offensichtlich. Was in der Theorie der Lernfunktionen „problemgeleiteter Aufbau" heißt, das haben wir in den vorangehenden Überlegungen in die drei Teilprozesse der (1) Problemstellung im Alltagsdenken, (2) Differenzierung und (3) Integration aufgelöst. Wir haben hier keine Phase des Durcharbeitens und Übens erwähnt. Unter curricularen Gesichtspunkten brauchen wir das nicht zu tun. Der Lehrer weiß selber, was durch Übung und Wiederholung zu konsolidieren und zu automatisieren ist. Anderseits haben wir deutlicher als in den „Zwölf Grundformen" darauf hingewiesen, daß „Anwendung" letztlich immer Bezug des Gelernten auf die außerschulische Lebenswelt, die Alltagserfahrung, bedeutet. Dies schließt natürlich nicht aus, daß wir im Lehrplan auch wichtige Anwendungen des Gelernten auf Probleme und Tatsachen ausweisen werden, die im bisherigen Unterricht behandelt worden sind.

Dieses zyklische Geschehen enthält drei grundlegende Größen: (1) Die Lehrpläne müssen die *Problemfelder* angeben, in denen wir die Fragestellungen suchen. (2) Sodann müssen sie die Theorien, das heißt die Begriffe, die Operationen und die Verfahren definieren, die im Zuge der Problemlösungen theoretisch konstruiert werden. So konstituieren und vertiefen sich die *Theoriefelder*. Sie stellen die herkömmlichen Einheiten dar, welche die Lehrpläne angeben. (3) Das Dritte sind die *Anwendungsfelder*. Die Lehrpläne müssen sagen, in welchen Bereichen die gewonnenen Handlungs- und Erkenntnisschemata angewendet werden sollen. Natürlich werden die Anwendungsfelder häufig mit den Problemfeldern übereinstimmen. Wir bedenken jedoch, daß wir häufig in der Anwendungsphase *neue* Anwendungen suchen. Wenn wir das Delta am Beispiel des Rhein- oder des Rhonedeltas erarbeitet haben, so kann das Anwendungsfeld das Nil- und/oder das Amazonasdelta umfassen.

Wir erkennen auch, daß der Schüler mit jedem Durchgang durch den curricularen Grundzyklus ein Stück selbständiger wird: mit jeder Bereicherung seines Handlungs- und Erkenntnisrepertoires und mit jeder Erweiterung und Vertiefung seines Weltbildes haben wir ihn in die Lage versetzt, gewissen Situationen kompetent zu begegnen und sie mit den erworbenen Mitteln zu bewältigen, beziehungsweise sich in ihnen selbständig zu orientieren und zurechtzufinden. Er ist ein wenig mündiger geworden, seine „Emanzipation" hat einen Schritt vorwärts getan.

Dieses Mündigwerden ist nicht bloß eine Angelegenheit des Könnens und Wissens. Es ist auch eine Angelegenheit des Wollens, das heißt der Interessen und der Werte. Indem gewisse Schemata und das sie verbindende Weltwissen ihren Eigenwert erworben haben, beginnen sie das Verhalten des jungen Menschen zu orientieren, ihm bestimmte Ausrichtungen zu geben. Er interessiert sich für bestimmte Tätigkeiten, einen bestimmten Beruf. Bestimmte geistige und/oder weltanschauliche Werte werden in seinem Denken und Handeln lebendig. Das hat zur Folge, daß sein Verhalten an Autonomie, zu deutsch: an Eigengesetzlichkeit, gewinnt: ein Grundzug des mündigen Menschen. Ähnliches bewirkt die Entwicklung seines Gefühlslebens.

Zusammenfassung

Damit haben wir die Grobstruktur des Lehrplans gekennzeichnet. Sie zeigt, welche Handlungs- und Erkenntnismittel der Schüler in der Planungsperiode erwirbt und wie sich diese zu einem vorläufigen Bild der Welt zusammenfügen. Wir bedenken, in welchem Maße es möglich ist, dieses sich „in konzentrischen Kreisen" erweitern und zunehmend an Tiefe des Verstehens gewinnen zu lassen. Der Lehrplan zeigt weiter, in welchen Bereichen des Wissens und Könnens intrinsische Interessen und Werte geweckt werden sollen und bei welchen Stoffen man versuchen wird, den Schülern Erweiterungen und Bereicherungen ihres Gefühlslebens zu ermöglichen.

Sodann ist die Grobstruktur des Lehrplans durch die ständige Verknüpfung des Alltagswissens- und erlebens mit dem Strang des schulischen Lernens gekennzeichnet. Der Lehrplan zeigt, aus welchen Bereichen des Alltagswissens und der -praxis der Unterricht seine Probleme schöpft und wie er sie fachwissenschaftlich und theoretisch erhellt und entwickelt, mit anderen Worten: welche Theoriefelder er konstituiert. Schließlich aber zeigt er auch die Anwendungsfelder der vermittelten Theorien und Verfahren. Damit ist der Rückbezug auf das Alltagsdenken gesichert. Zugleich sorgt der Lehrplan aber auch dafür, daß mögliche Anwendungen innerhalb des schulisch vermittelten Wissens und Könnens realisiert werden und das Curriculum daher in sich zusammenhängend wird, und dies nicht nur auf dem Papier, sondern im „Laufe des Lernens" im Geiste des Schülers.

Kapitel 20: Diachrone und synchrone Stoffanordnung im Unterricht

Im folgenden denken wir nicht mehr so sehr an die großen Zusammenhänge, in denen der Lehrplan steht. Wir versetzen uns vielmehr in die Haut des Lehrers, der im Rahmen der für ein Schuljahr vorgegebenen Richtziele seinen Jahresplan und seine Quartalspläne aufstellt, und wir fragen uns, welche Notwendigkeiten und welche Wahlmöglichkeiten bei der Anordnung der Unterrichtstätigkeiten bestehen. Weil diese am Ende auch als „Unterrichtsstoffe" betrachtet werden können und weil der Lehrer sie sich auch häufig als solche vergegenwärtigt (sozusagen in kristallisierter Form, nicht mehr, oder noch nicht, als Tätigkeiten), so können wir auch von der Anordnung der Stoffe in den Jahres- und Quartalsplänen sprechen.

Diese Anordnungsprobleme wird man sinnvollerweise in Probleme der curricularen Diachronie und der curricularen Synchronie einteilen[1]: Diachronie bezeichnet hier die Gesetze und Ordnungen der Abfolge „durch die Zeit hindurch" (dia chronon = durch die Zeit) und Synchronie die Anordnung der Stoffe in jedem Zeitmoment dieser Abfolge (synchron = gleichzeitig).

Prinzipien der vertikalen (diachronen) Anordnung der
Unterrichtsstoffe

Wie sollen die Stoffe im Verlaufe des Schuljahres angeordnet werden? Nicht einmal in den durchsichtigen und systematisch aufgebauten Fächern wie der Mathematik oder der Physik gibt es ein einziges Prinzip der Anordnung, geschweige denn in den vielschichtigen und in der Struktur wenig durchsichtigen Fächern wie dem Muttersprachunterricht, der Geschichte oder der Biologie. Wir können in der Folge daher keine Abfolgeformeln angeben, die ausschließlich anzuwenden wären. Örtliche Verhältnisse und lokale Traditionen spielen in die Lösung der Frage hinein. Aber es ist möglich, Ordnungsgesichtspunkte zu nennen, die denjenigen, der ein Curriculum entwirft

---

[1] Wir übernehmen mit diesen beiden Begriffen die Ausdrücke, welche die Linguistik bezüglich der zwei möglichen Betrachtungsweisen von sprachlichen Erscheinungen eingeführt hat. Statt Diachronie wird z.T. der unschöne Ausdruck der „Sequenzierung" verwendet. Er hat auch den Nachteil, kein begriffliches Gegenstück im Sinne der Synchronie zu haben.

oder seinen Unterricht für eine längere Zeitperiode plant, klarer sehen lassen, was er bei seinen Ordnungsversuchen eigentlich tut. (Siehe zu diesem Problem auch die Übersicht von KLAUER und LÜHMANN, 1983.)

(1) *Zunehmende Differenzierung.* Wir haben gesehen, daß der Unterricht seine Probleme immer wieder aus Fragen des Alltagsdenkens heraus entwickelt. „Wir fahren heute in einer Stunde von Basel nach Bern. Wie ist man im Mittelalter von Basel nach Bern gelangt? Auf welchen Wegen? Mit welchen Verkehrsmitteln? In welcher Zeit? Zu welchem Preis?" „Bei einer modernen Verkaufswaage kann man zu jedem Gewicht auch gerade den Preis ablesen. Wie geht das zu? Wie hängen Preis und Gewicht zusammen?"

Am Anfang steht also das konkrete, anschauliche, im Alltag sich stellende oder doch in den Begriffen des Alltags formulierbare Problem. Die folgenden Unterrichtsstunden betrachten das Problem differenzierter. Sie analysieren es. Durch Abstraktion werden verschiedene Gesichtspunkte (Verlauf der mittelalterlichen Straße, Verkehrsmittel, Zeitdauer, Preis) herausgelöst. Dabei wird man das folgende Prinzip beachten: Je jünger die Schüler, desto weniger weit treiben wir die Analyse. Die Betrachtung bleibt ganzheitlicher, eher beschreibend als erklärend und analysierend.

Unabhängig von dieser umfassenden Gesetzmäßigkeit gilt jedoch die zweite Regel: Innerhalb der Unterrichtseinheit muß Differenzierung und Analyse stattfinden, auch mit jungen Schülern. Denn in der Folge soll ja ein Vorgang, ein Gegenstand, aber auch eine eigene Handlung besser verstanden, klarer strukturiert werden.

Was wir hier sagen, gilt nicht nur für intellektuelle Zuammenhänge. Die Vorgänge des Alltagslebens haben auch ihre werthafte und ihre gefühlsmäßige Seite. Auch hier gilt das Gesetz der zunehmenden Differenzierung. Mit jungen Schülern werden wir uns zwar erlauben, die Gegenstände des Unterrichts ohne bewußte Herauslösung der werthaften und gefühlsmäßigen Dinge ganzheitlich zu betrachten und zu erleben. Mit zunehmendem Alter soll diese Herauslösung jedoch geschehen. Wahrheitsfindung soll immer „objektiver" stattfinden. Wir versuchen, von unseren Werturteilen und Gefühlen zu abstrahieren, nicht um sie zu verneinen, sondern um sie an ihrem Platze zu thematisieren und zu verstehen. Dieses Thematisieren und Deuten werden wir wiederum erst im Verlaufe der Schuljahre und schrittweise einführen. Ja, einiges wird und darf bis zum Schluß unausgesprochen bleiben. Wir haben nur dafür zu sorgen, daß Werturteile und Gefühle die Wahrheitsfindung nicht korrumpieren.

(2) *Konzentrische Erweiterung der Erfahrungskreise.* Der Gedanke der konzentrisch sich erweiternden Lebenskreise stammt von PESTALOZZI (1801). Je jünger das Kind, desto eher versucht man, von den Erfahrungen

auszugehen, die es in seiner mitmenschlichen und physischen Umwelt gemacht hat oder machen kann. Im Verlaufe der Jahre erweitert man sodann den Erfahrungskreis und schreitet zu Stoffen und Problemen fort, deren räumliche und psychologische Distanz zum Standort des Kindes immer größer wird: Die Geographie löst die Heimatkunde ab, und innerhalb dieses Faches kommen immer entferntere Teile der Welt zur Sprache. Aber auch die psychologischen Distanzen zum Erfahrungskreis der Schüler nehmen zu: Man behandelt Probleme und führt Begriffe und Konzepte ein, die immer weiter von den einfachen Vorstellungen und Erfahrungen des Alltags entfernt sind.

(3) *Aufbau als Ordnungsprinzip.* Das grundlegende Prinzip der Anordnung der Stoffe innerhalb der einzelnen Fächer ist jedoch dasjenige des Aufbaus. Je stärker formalisiert eine Disziplin ist, umso deutlicher ist dies. Denn formalisierte Disziplinen, allen voran natürlich die Mathematik, vollziehen alle Aufbauschritte explizit. Die weniger formalisierten dagegen machen laufend Anleihen aus dem Alltagsdenken und beschränken sich häufig darauf, dessen Vorstellungen und Begriffe zu klären. In diesen Fällen sehen die einzelnen Unterrichtseinheiten immer wie Neuanfänge aus, und es ist unklar, woher die verwendeten Vorstellungen, Begriffe und Verfahren stammen. Wäre es möglich, ihre Geschichte im Leben des Individuums zurückzuverfolgen, so könnte man indessen erkennen, daß auch sie schrittweise aufgebaut worden sind.

Vorerst betrachten wir den Gedanken des Aufbaus am durchsichtigen Beispiel des Rechenunterrichts der Primarstufe. Hier bereitet die Handlung des Vereinigers von Mengen die Additionsoperation vor. Sie wird zur numerischen Addition, wenn die vereinigten Mengen gezählt und hintereinander auf der Reihe der natürlichen Zahlen abgebildet werden.

In einem nächsten Schritt wird die Zahlenreihe dekadisch gegliedert, und die Additionen und ihre Umkehrungen, die Subtraktionen, werden in der so gegliederten Zahlenreihe ausgeführt. Der „Zehnerübergang" ist die erste derartige Operation und daher von grundlegender theoretischer und praktischer Bedeutung ($7 + 5 = 7 + 3 + 2 = 12$).

Dann addieren wir mehrere gleiche Summanden und kommen so zur Multiplikation, wobei wir das Ergebnis der wiederholten Addition schon aus der Mächtigkeit der Summanden und aus ihrer Anzahl bestimmen lernen. Entsprechend ist das Messen eine wiederholte Subtraktion, bei der wir die Anzahl der wiederholt subtrahierten, gleichen Teile aus der Mächtigkeit der Gesamtmenge und der Größe der Teile bestimmen. Beim Teilen ist umgekehrt die Zahl der zu erzeugenden Teile verlangt, und wir haben ihre Größe zu bestimmen.

Das Bruchrechnen bezieht die Operation des Teilens auf das bisher als unteilbar behandelte Ganze, und die Dezimalbrüche verbinden den Gedanken des Zehntels, des Hundertstels usw. mit demjenigen des dekadisch gegliederten Zahlsystems. Das Prozentrechnen nimmt diese Gedanken seinerseits auf.

Es gibt einen zweiten Grund, der den Aufbaucharakter im Fortschritt des

Denkens nicht ohne weiteres sichtbar macht. Es ist die Tatsache, daß die Aufbauprozesse nicht linear erfolgen. Auch in einem einzelnen Unterrichtsfach gleicht das Aufbaugeschehen den vielfältigen Vorgängen auf einem großen Bauplatz. Der Aufbau wird an mehreren Fronten vorwärts getrieben und – was die Dinge besonders kompliziert – es werden laufend Elemente aus ganz verschiedenen Bereichen und Schichten des bisherigen Aufbaus abgerufen und in der Fortsetzung neu eingesetzt. Darum ist es in der Regel nicht möglich, einen Lehrplan zu entwerfen, der innerhalb eines Faches eine einzige Aufbaulinie angibt. Vielmehr muß der Lehrer vor jeder neuen Aufgabe überlegen, an welche Elemente aus dem vorhandenen Repertoire er zu appellieren gedenkt, bzw. ob und bis zu welchem Punkte die erforderlichen Elemente aufgebaut worden sind. Dabei muß er sich auch überlegen, wann dies geschehen ist und wie verfügbar die Voraussetzungen dem Schüler noch sind.

So etwa, wenn sich der Mathematiklehrer am Gymnasium vornimmt, mit den Schülern die Weg-Zeit-Funktion für den freien Fall $s = f(t) = g/2\, t^2$ zu differenzieren und die Geschwindigkeit des fallenden Körpers nach der Zeit t zu bestimmen. Bevor er die Gleichungen

$$\frac{\Delta s}{\Delta t} = \frac{s_1 - s_0}{t_1 - t_0} = \frac{f(t_0 + \Delta t) - f(t_0)}{\Delta t} = \frac{\frac{g}{2}(t_0 + \Delta t)^2 - \frac{g}{2} t_0^2}{\Delta t}$$

ansetzt, um in der Folge t gegen den Grenzwert 0 streben zu lassen, wird er sich versichern, ob den Schülern der Zusammenhang v = s/t, auch in seiner Darstellung als Gerade im Koordinatensystem mit t in der Abszisse, s in der Ordinate und v als der Steigung der Geraden vertraut ist, und ob sie die Funktion $s = g/2\, t^2$, GALILEIS Fallgesetz also, weiter den Gedanken der Ersetzung eines Wertes (s) in einer Gleichung durch seine Funktion f(t), und schließlich den Begriff des Grenzwertes kennen. Erst, wenn diese „Bausteine" verfügbar sind, wird er hoffen können, die neue Aufgabe erfolgreich durchzuführen.

Man sieht: das Aufbaugeschehen ist in der Regel zu komplex, als daß es in fertigen Curricula vorgeplant werden könnte. Der Lehrer selbst muß sich versichern, daß die notwendigen Elemente vorhanden sind oder, genauer: er muß so weit zurückgehen, bis er auf tragfähige Fundamente und auf verwendbare Bauelemente stößt, und er muß das Neue von daher aufbauen. Die Anordnung oder Bereitstellung der Stoffelemente gemäß den Erfordernissen des Aufbaus erfolgt also in der Regel *ad hoc*, im Hinblick auf die besondere zu lösende Aufgabe.

Ist es daher überhaupt nicht möglich, aus dem Gedanken des Aufbaus eine Regel für die grobe Anordnung der Stoffe im Lehrplan abzuleiten? Das hieße, die Dinge zu pessimistisch sehen. Man kann und soll für die aufeinanderfolgenden Schuljahre Reihen schrittweise komplexer werdender Begriffe und Operationen vorsehen, wobei einfach beachtet werden muß, daß die Grundlagen in verschiedenen Bereichen möglichst gleichmäßig vorangetrieben werden. Was wir hier am Beispiel der Mathematik veranschaulicht haben, gilt *mutatis mutandis* für alle, insbesondere aber die systematisch aufgebauten Unterrichtsfächer.

(4) *Vertiefung und Abstraktion*. Im Verlaufe kurzerstreckter Unterrichtseinheiten wie auch im Verlaufe der Schuljahre erfährt die Behandlung der Unterrichtsstoffe eine grundlegende formale Veränderung: wir betrachten sie immer tiefer und abstrakter. Vertiefung und Abstraktion stellen ein wichtiges diachrones Ordnungsprinzip dar. Wir gehen auch hier von einem mathematischen Beispiel aus, denn die Dinge sind hier am durchsichtigsten.

Schon in der Unterstufe der Primarschule löst man Anwendungsaufgaben, die den „Zwei-Satz" implizieren. 1 Liter Orangensaft kostet DM 2.50. Wieviel kosten 3 Liter? In 1 Stunde wandern wir auf der Schulreise 5 km. Wie weit kommen wir in 5 Stunden? Zuerst versteht der Schüler den Zusammenhang ganz konkret. Man wird die Dinge z.T. sogar hinlegen: neben die erste Orangensaftflasche DM 2.50, neben die zweite wiederum DM 2.50 usw. Die Tabelle drückt den Zusammenhang symbolisch aus:

Liter	Preis
1	2.50
2	5.—
3	7.50
4	10.—
5	12.50

Man kann den Zusammenhang aber auch in einem Koordinatensystem darstellen, in dem jeder Punkt eine Litermenge und einen Preis bedeutet, die senkrecht nach unten, bzw. waagrecht nach links hinüber abgelesen werden können. Später zeigen wir, wie ein Bildungsgesetz es erlaubt, jeder Mengenzahl (m) die Preiszahl (p) zuzuordnen, indem wir die Mengenzahl mit 2,5 vervielfachen: m x 2,5 = p, allgemein ausgedrückt: p = f(m). Der Preis ist eine Funktion der Menge, der Preis „ist abhängig von" der Menge, der Preis „verändert sich mit" der Menge, „je mehr Liter, desto mehr Franken" oder „je größer die Menge, desto größer die Kosten" usw. Diese Vertiefungsschritte können vollzogen werden, wenn das Problem nach Jahren wieder aufgenommen wird, sie können aber auch bei einer späteren Behandlung des Problems in rascherer Abfolge rekapituliert werden. Am Schluß kann die aufgebaute Struktur noch einmal abstrakter betrachtet werden, indem man vom Bildungsgesetz absieht und in der Funktion die elementare kognitive Struktur der Abbildung verwirklicht sieht: die Menge der Literzahlen wird in der Menge der Preiszahlen abgebildet.

Ähnliches geschieht in allen Bereichen: in der Unterstufe der Primarschule sprechen wir vom Wiewort, etwas später vom Eigenschaftswort, wieder etwas später erkennen wir, daß es sich um Attribute zum Hauptwort handelt, und der Gymnasiast, der etwas Aussagenlogik oder moderne Linguistik lernt, erfährt, daß man im Ausdruck „der zerbrochene Krug" „zerbrochen" als Prädikat (P) und Krug als Argument (a) behandelt: P(a), zerbrochen (Krug).

In gleicher Weise versteht der jüngere Schüler die Geschichte von Wilhelm Tell als spannende Ereignisfolge, der ältere als geschichtliche Überlieferung von beschränkter Verläßlichkeit. Eine weitere Stufe der Vertiefung wird erreicht, wenn man darin ein Symbol der Befreiung und der politischen Emanzipation, den Weg von der

Heteronomie zur Autonomie zu sehen lernt. Ähnliche Vertiefungsschritte wird man bezüglich des Begriffs der Verbrennung, des Stoffwechsels, des Temperaturausgleichs usw. wählen.

Im Zuge dieser Vertiefung vollzieht sich immer eine Abstraktion. Indem ein Begriff aber abstrakter wird, verallgemeinert er sich auch. Damit kann er auch auf weitere Bereiche der Wirklichkeit angewendet werden und vermag er diese Bereiche seinerseits zu klären und zu deuten. Vertiefung bedeutet damit immer auch Ordnung und Vereinheitlichung größerer Bereiche der Wirklichkeit. Sie steht daher wie die netzbildende Verknüpfung im Dienste des Aufbaus eines einheitlichen Weltbildes.

Prinzipien der horizontalen (synchronen) Koordination der Unterrichtsstoffe

In den bisherigen Überlegungen haben wir sozusagen „an den Begriffen entlang gedacht", d.h. wir haben verfolgt, wie sich die Begriffe im Verlaufe einer Unterrichtseinheit und auch über die Schuljahre hin verändern und differenzieren, wie sie allgemeiner und daher weniger mit dem unmittelbaren Erfahrungskreis des Kindes verknüpft, abstrakter und „tiefer" werden. Vor allem aber bauen sie sich schrittweise zu immer komplexeren Strukturen auf. So ergeben sich die Prinzipien der vertikalen Anordnung der Unterrichtsstoffe. Wir verfolgen die Begriffe sozusagen in der Zeit, diachron.

Aber dies ist nicht das einzige mögliche Ordnungsprinzip. Es gibt ein anderes, horizontales. Es widerspricht demjenigen der vertikalen Anordnung nicht, sondern ergänzt es. Es tritt innerhalb der Unterrichtsfächer und zwischen diesen auf.

Organische Ordnungsprinzipien innerhalb der Unterrichtsfächer. Innerhalb eines jeden Unterrichtsfaches werden Begriffe gebildet. Aber am Anfang steht, so haben wir immer wieder gesagt, nicht der Begriff, sondern die lebendige Realität, so wie sie der Schüler aus seiner Alltagserfahrung kennt. Die Frage ist nun, wie rasch wir von dieser Wirklichkeit abstrahieren sollen. Es kann sinnvoll sein, daß wir die organischen Zusammenhänge der Lebensgemeinschaft in die theoretische Betrachtung hineinretten und die Unterrichtsstoffe gemäß ihrer ganzheitlichen Ordnung darbieten. Das bedeutet, daß wir nicht dem einzelnen Prozeß und den entsprechenden Begriffen (die Photosynthese, die Oxydation, die Erosion, die Gesetzgebung) in allen möglichen Ausprägungen und in den verschiedensten Zusammenhängen nachgehen, sondern organisch gewachsene Ordnungen betrachten und zu verstehen suchen.

Betrachten wir zuerst die *Biologie!* Zwar nähert sich die Erforschung der Einzelprozesse, etwa an Zellmembranen oder bei der Speicherung und Übermittlung genetischer Information, immer mehr den Verfahren und den Theorien der exakten Naturwissenschaften. Es bleibt aber die Betrachtung des lebendigen Organismus als ganzen und seine Einordnung in die lebendige und tote Umwelt, in eine *Lebensgemeinschaft* (Ökosystem). Gerade diese Probleme sind im modernen Biologieunterricht, insbesondere, aber nicht nur, mit jüngeren Schülern, wertvoll. Der Unterrichtsstoff ordnet sich hier nach organischen Prinzipien: Bei der Behandlung des einzelnen Lebewesens folgt man der wechselseitigen Abhängigkeit und Bezogenheit der Organe und Prozesse von- und aufeinander: Nahrungsaufnahme – Verdauungsapparat – Blutkreislauf – Verbrennung in den Organen – Lunge – Atmung usw. Wenn sich die Betrachtung auf die Lebensgemeinschaft, moderner: das *Ökosystem,* erweitert, so wird man in ähnlicher Weise aufeinander bezogene und in Wechselwirkung stehende Organismen und Bedingungen nacheinander behandeln, so etwa den Wald mit seinen Pflanzen, seine geologischen Grundlagen, die klimatischen Voraussetzungen und Wirkungen, seine Tiere, seine Nutzung durch den Menschen. Man erkennt: hier ordnen sich die Stoffe nicht so sehr unter systematischen Gesichtspunkten der Hierarchie und des begrifflichen Aufbaus, sondern unter solchen der natürlichen Funktionalität und der organischen Bezogenheit und Wechselwirkung in der Lebensgemeinschaft. Dies schließt nicht aus, daß immer wieder auch die Einzelprozesse, etwa der Physiologie, vertieft und systematisch betrachtet werden.

Genau das gleiche Bild bietet sich in der *Geographie.* Hier treten an die Stelle der Lebensgemeinschaften die *Landschaften* mit ihren Elementen und Bedingungen, die auch hier aufeinander bezogen sind und in Wechselwirkung stehen. Auch hier liefert das Vorgehen nach Landschaften Prinzipien der organischen Anordnung der Stoffe. Natürlich werden wir nicht nur dieses organische Prinzip befolgen. Es gibt auch ein legitimes Vorgehen nach *Prozessen* (Formen der Erosion, der Bildung von Gebirgen, der Nutzung von Bodenschätzen usw.) und nach *typischen Erscheinungen* (Gletscher, Wüsten, Grabenbrüche, Häfen, Industriegebiete).

In der *Geschichte* schließlich liefert natürlich die zeitliche Abfolge der Ereignisse (die Diachronie) das erste, grundlegende Ordnungsprinzip für die Abfolge der Stoffeinheiten. Es bleibt aber die Frage, wie eng oder weit man das Bild der Situation zu einem gegebenen Zeitpunkt fassen soll und, sofern man nicht die Abfolge eng gefaßter Ereignisse darstellen will (die einzelnen Entdeckungsfahrten, die Geschicke der napoleonischen Armee), wie man die Teile und Aspekte der Situation zu einem gegebenen Zeitpunkt anordnen soll (etwa die Zeit um 450 n. Chr., um 1500, um 1790, um 1919). Auch hier bieten sich Ordnungsprinzipien an, die den organischen entsprechen. Man wird immer wieder das Bild einer ganzen *Zeitepoche* entwerfen, mit ihren vielfältigen Erscheinungen und ihren synchronen Bedingtheiten und Wirkungszusammenhängen, und dies sowohl innerhalb der Staaten, Gesellschaften und Kulturen, als auch zwischen ihnen, wo sie sich begegnen. Man wird dabei die Zusammenhänge zwischen politischen, ökonomischen, sozialen, kulturellen und technologischen Faktoren aufweisen und das Wirken der Individuen und Gruppen in sie einordnen.

Gesamtunterrichtliche Koordination zwischen den Unterrichtsfächern

Prinzipien der horizontalen Unterrichtskoordination zwischen den Fächern kursieren unter den verschiedensten Bezeichnungen. Man spricht von Gesamtunterricht, Blockunterricht, Projektunterricht, von Konzentrationsthemen usw. Wir wählen den neutralen Begriff des Gesamtunterrichts, um diese Bestrebungen zu kennzeichnen. Ihnen ist allen gemeinsam, daß sie eine Sache, eine Situation oder einen Vorgang unter den Gesichtspunkten verschiedener Fächer betrachten. Jedes Fach liefert seine charakteristischen Gesichtspunkte. In ihrem Zusammenwirken liefern diese ein reiches und realistisches Bild der untersuchten Erscheinung. Themen können sein: der Winter, der Hausbau, der Supermarkt, Energieerzeugung oder Energieverbrauch. Alle jene Fächer, welche formale Erkenntniswerkzeuge liefern, also vor allem der Sprachunterricht und die Mathematik, werden in den Dienst der Bearbeitung des gewählten Themas gestellt. Aber auch andere Fächer, so etwa die Geographie, die Naturkunde, liefern Gesichtspunkte, Betrachtungsweisen und Verfahren zur Bewältigung der Erscheinung. In der Geschichte wird ihre historische Dimension aufgewiesen. In den Kunstfächern können künstlerische Gestaltungen des gleichen Themas zur Sprache kommen oder von den Schülern selbst realisiert werden[2].

Ein Beispiel aus der Unterstufe der Primarschule (2. Schuljahr): Im Krankenhaus

Diese Unterrichtseinheit soll den Schülern das Krankenhaus und die damit verbundenen Probleme der Krankheit in ihren menschlichen und sachlichen Aspekten nahebringen.

- *Sachunterricht:* Wenn wir krank sind (Krankheiten, Maßnahmen, Heilung). Vom Pflegen der Kranken. Von Krankheiten, die Spitalpflege erfordern. Wie ein Kind ins Krankenhaus kam. Ein Besuch im Krankenhaus. Menschen im Krankenhaus (die Kranken, Ärzte, Schwestern ...). Was der Arzt alles tut, um den Kranken zu helfen, und was er dazu braucht.
- *Sprachunterricht und Sittenlehre/Lebenskunde:* Einem Kind einen Brief ins Krankenhaus schreiben. Wie man ein Kind, das sich vor dem Aufenthalt im Krankenhaus fürchtet, tröstet. Was wir tun und sagen, wenn wir ein Kind im Krankenhaus besuchen (wenn es Schmerzen hat; wenn es

---

[2] Die folgenden Beispiele sollen die Idee des Gesamtunterrichts illustrieren. Sie wollen weder vollständig sein noch sollen sie genau so und integral durchgeführt werden.

Heimweh hat; ...) Lesen und Erzählen: Geschichten, in denen Krankheit vorkommt.

– *Rechnen:* Zu- und Abgänge im Krankenhaus (Addition-Subtraktion). Zweier-, Dreier-, Vierer-Zimmer im Krankenhaus (Einmaleins). In der Wäscherei und in der Küche des Krankenhauses (alle Operationen). Wieviele Tage, Wochen ... Kinder schon im Krankenhaus sind, noch bleiben müssen (Zeitrechnung).
– *Zeichnen:* Der Krankenwagen, im Krankenzimmer, im Korridor des Krankenhauses, das Kind kommt aus dem Krankenhaus heim.
– *Singen:* Wir bereiten uns darauf vor, den Kranken im Spital einige Lieder zu singen.

Ein Beispiel aus der Mittelstufe der Primarschule
(5./6. Schuljahr): Der Wald

– *Botanik:* Waldarten. Die „Stockwerke" des Waldes. Exemplarische Behandlung von Pflanzen aus den verschiedenen „Stockwerken". Exemplarische Behandlung biologischer Prozesse, die zur Zeit der Behandlung dieser Unterrichtseinheit beobachtet werden können (z.b. Blüte, Samenverbreitung).
– *Zoologie:* Tiere in der Umwelt des Waldes (der Wald als Lebensgemeinschaft). Insekten (z.B. die Ameisen). Vögel im Wald (z.B. der Specht). Säugetiere im Wald (z.B. das Reh, das Eichhörnchen, der Dachs). Nahrungsketten im Wald.
– *Geographie:* Wald und Wasserhaushalt. Lufterneuerung durch den Wald. Bannwälder, Lawinenschutz.
– *Muttersprachunterricht:* Jagdgeschichten. Flurnamen, die mit dem Wald und seiner Rodung zusammenhängen. Sprichwörter und Redensarten im Umkreis des Waldes. Gedichte über den Wald. Das Forstamt um eine Auskunft bitten (Brief).
– *Rechnen:* Rechnungen aus dem Bereich der Holzverwertung. Prozentuale Zusammensetzung des Waldes. Probleme der Flächenberechnung.
– *Geschichte:* Vom Roden in früherer Zeit. Klostergründungen im Wald. Der Wald als Hindernis im mittelalterlichen Verkehr. Die Rolle des Waldes im Krieg.
– *Turnen:* Orientierungsläufe, Wandern im Wald. Einen „Trimm-Dich-Pfad" durchlaufen, planen.
– *Singen:* Lieder über den Wald.
– *Zeichnen und Werken:* Bäume zeichnen, malen. Holzschnitte. Mit Pflanzenfarben Stoff färben. Brutkästen bauen.

Ein Beispiel aus der Sekundarstufe
(8./9. Schuljahr): Das Licht

- *Physik/Chemie:* Was ist Licht? Die Spektralfarben. Prismen. Lichtmessung (lux). Die Brechung des Lichts. Linsen. Brillen. Das Licht zerstört bestimmte Stoffe. Das Bleichen. Lichtechte Farben.
- *Biologie:* Die Gesichtswahrnehmung. Das Auge. Sehzentren im Gehirn. Pflanzenwachstum. Photosynthese. Phototropismen.
- *Astronomie:* Die Erdrotation als Ursache von Tag und Nacht. Sonnen und passiv leuchtende Gestirne. Sonnenfinsternis und Mondfinsternis.
- *Geschichte:* Das Licht in den historischen Religionen. Zur Geschichte der Optik und der Astronomie und ihre Zusammenhänge mit den Entdeckungen (Kugelgestalt der Erde, KOLUMBUS, KOPERNIKUS, KEPLER, NEWTON).
- *Geographie:* Jahreszeiten als Folge des Auffallwinkels der Sonnenstrahlen. Klimatische Gürtel der Erde.
- *Technologie:* Künstliches Licht. Photozellen. Photographie.
- *Muttersprache:* Der Sonnengesang des FRANZ VON ASSISI. Gedichte über das Licht. Texte aus GOETHES Farbenlehre. Ein Schattenspiel verfassen (Figuren und Texte).
- *Mathematik:* Reflexionsgesetze. Lichtgeschwindigkeit und Distanzen der Gestirne von der Erde. Konstruktionen von Schatten.
- *Zeichnen und Gestalten:* Perspektive. Körperlichkeit durch Schattengebung. Das Licht in den gotischen Domen. Photographie und Film als Kunstform.
- *Musik:* Das Licht in HAYDNS Schöpfung und in den Jahreszeiten. DEBUSSY: Clair de lune.

Ein Beispiel aus der Oberstufe des Gymnasiums
(11. Schuljahr): Die Zeit des 30jährigen Kriegs

- *Deutsch (ev. Französisch, Englisch):* Literatur aus dieser Zeit: OPITZ, GRYPHIUS, GRIMMELSHAUSEN, CORNEILLE, SHAKESPEAREe, CERVANTES, LOPE DE VEGA, CALDERON.
  Literatur über diese Zeit: BRECHT: Das Leben des Galilei, Mutter Courage und ihre Kinder; C.F. MEYER: Gustav-Adolfs Page, Jürg Jenatsch; SCHILLER: Wallenstein.
- *Geschichte:* Der 30jährige Krieg. Die Gegenreformation. Die Kolonialisierung Amerikas. Puritaner, Baptisten. Die Entwicklung der Geldwirtschaft und des Bankenwesens.
- *Philosophie:* DESCARTES, COMENIUS, HOBBES.
- *Mathematik:* Die Erfindung des Koordinatensystems, der Logarithmen.

- *Physik:* GALILEIS Fallgesetze. Die Weiterentwicklung von Fernrohr und Thermometer.
- *Astronomie:* Die Vertretung des kopernikanischen Weltbildes durch GALILEI. KEPLER: Die elliptische Bahn des Planeten Mars.
- *Biologie:* Die Entdeckung des doppelten Blutkreislaufes durch HARVEY. Die Einführung der Kartoffel in Deutschland.
- *Chemie:* Die Begriffe „Atom" und „Element" bei SENNERT und JUNG.
- *Musik:* MONTEVERDI.
- *Bildende Kunst:* Spanien: EL GRECO, MURILLO, VELASQUEZ. Niederlande: BRUEGEL, FRANS HALS, REMBRANDT, RUBENS.
- *Architektur:* Die Peterskirche zu Rom, der Salzburger Dom, Teile von Versailles.
- *Religion:* Geistliche Musik: PRÄTORIUS, HEINRICH SCHÜTZ, FRANZ VON SALES, PAUL GERHARDT.

Begriffs- und methodenzentrierte Koordination zwischen den Unterrichtsfächern

Das andere Vorgehen ist dadurch gekennzeichnet, daß nicht die Sache, sondern das Erkenntnisinstrument im Zentrum der Unterrichtseinheit steht. Unter Erkenntnisinstrumenten verstehen wir Begriffe, Operationen, Methoden und Verfahren. Wenn wir in der Sekundarstufe II etwa den Begriff des Regelkreises eingeführt haben, so suchen wir Anwendungen desselben in verschiedenen Bereichen: in der Physik, in der Biologie, in der Ökonomie usw. Wenn wir den Begriff des Integrals eingeführt haben, so wenden wir ihn in verschiedenen realen Situationen, bzw. in den Fächern, welche solche Situationen behandeln, an. Auch hierzu geben wir einige Beispiele aus verschiedenen Stufen.

Ein Beispiel aus der Unterstufe der Primarschule:
Vom Anlegen von Vorräten

- Was die Menschen an Vorräten anlegen, und wozu sie sie brauchen.
- Die Mutter macht Früchte ein (Sachunterricht).
- Wie die Pflanzen Vorräte anlegen, und wozu sie sie brauchen (Unterrichtsgang).
- Wie die Tiere Vorräte anlegen.
- Das Sparen als das Anlegen eines Geldvorrates.
- Die Schulmaterialvorräte unserer Klasse – Rechnungen für die Lagerhaltung.

Ein Beispiel aus der Mittelstufe der Primarschule:
Vergangenheit und Gegenwart

- *Sprache:* sprachliche Mittel, mit denen wir Gegenwart und Vergangenheit ausdrücken. Verschiedene Beziehungen von Gegenwart und Vergangenheit (Vorgegenwart, Mitvergangenheit, Vorvergangenheit).
- *Geschichte:* gegenwärtige Ereignisse aus der Tagespresse, im Fernsehen. Wir lesen eine Zeitung, die einen Monat, ein Jahr, zehn Jahre, fünfzig Jahre, hundert Jahre alt ist. Zeugen der Vergangenheit in der Gegenwart: Gebäude, Dokumente etc.
- *Geographie:* alte Lebensformen, alte Wirtschaftsformen in Randgebieten unseres Landes. Der Zusammenprall derselben mit modernen Lebensformen.
- *Biologie:* lebende und ausgestorbene Tiere und Pflanzen. Gründe ihres Aussterbens.

Ein Beispiel aus der Sekundarstufe I: Die Darstellung von Messungsergebnissen im Koordinatensystem

- *Mathematik:* Das Koordinatensystem. x-Achse als Zeitachse, y-Achse für Messungsergebnisse. Der Durchschnitt, die Extremwerte der Streuung in y.
- *Geographie:* Temperaturmessungen, Messungen von Niederschlagsmengen über verschiedene Zeitabschnitte. Die mittlere Temperatur, Extremtemperaturen. Erklärung der Unterschiede.
- *Biologie:* Wachstumsmessungen. Wachstum unter verschiedenen Bedingungen.
- *Geschichte:* Einwohnerzahlen unserer Gemeinde über die Jahrzehnte und die Jahrhunderte. Gründe für die Veränderungen. Veränderungen der Realeinkommen. Kinderzahlen und Kindersterblichkeit im Verlaufe der Zeit. Gründe, Bewältigungsformen des Geburtenüberschusses.
- *Physik, Chemie:* Weg-Zeit-Funktionen. Messungen bei langsam verlaufenden chemischen Reaktionen.

Ein Beispiel aus der Sekundarstufe II:
Wahrscheinlichkeit und Determinismus

- *Mathematik:* der statistische Begriff der Wahrscheinlichkeit. Würfelexperimente. Die GAUSS'sche Verteilungskurve.
- *Sprache:* Linguistische Mittel zum Ausdruck von Wahrscheinlichkeit und Determiniertheit.
- *Geschichte:* Entscheidungen, die aufgrund von Wahrscheinlichkeitser-

wartungen gefällt werden mußten. Sind geschichtliche Abläufe determiniert?

- *Religionskunde:* CALVINS Prädestinationslehre und ihre Kritiker.
- *Philosophie:* das Problem der Freiheit und des Determinismus im Verhalten des Menschen.
- *Physik, Chemie:* Wahrscheinlichkeit und Determinismus in den physikalischen und chemischen Mikroprozessen.
- *Biologie:* Wahrscheinlichkeit und Determinismus in den Vererbungsmechanismen. Wirkungen des Rauchens, ausgedrückt in Wahrscheinlichkeiten des Erkrankens.

Man erkennt die grundlegende Situation: Es kann eine Sache oder ein Vorgang unter den Gesichtspunkten verschiedener Fächer beleuchtet werden, oder es können verschiedene Gegenstände im Lichte eines grundlegenden Begriffs untersucht werden. Im ersten Fall werden wir in der Folge von gegenstandszentrierter, im zweiten Fall von begriffs- oder methodenzentrierter synchroner Unterrichtskoordination sprechen (Abb. 4).

	Gegenstandszentrierte Unterrichtskoordination	Begriff- oder methodenzentrierte Unterrichtskoordination
Fachübergreifendes Thema des koordinierten Unterrichts	Ein Gegenstand (Sache, Vorgang, Erscheinung, historische Periode)	Ein Erkenntnismittel (Begriff, Gesichtspunkt, Methode, Verfahren)
	/ ↑ ↑ \	/ ↑ ↑ \
Beiträge der einzelnen Fächer (1,2 . . .)	1　2　3　4 . . .	1　2　3　4 . . .
	Verschiedene Erkenntnismittel : Begriffe, Gesichtspunkte, Methoden, Verfahren, eventuell Darstellungsformen (Zeichnen, dramatische Gestaltung)	Verschiedene Gegenstände (Sachen, Situationen, historische Perioden, Vorgänge)

Abb. 4. Vergleichendes Schema zur gegenstandszentrierten („gesamtunterrichtlichen") und begriffs- oder methodenzentrierten synchronen Unterrichtskoordination.

Die begriffs- oder methodenzentrierte Unterrichtskoordination ist bei weitem anspruchsvoller und daher schwieriger zu realisieren. Denn im Grunde handelt es sich darum, Anwendungen eines grundlegenden Begriffs oder einer Methode in verschiedenen Wirklichkeitsbereichen zu suchen oder zu realisieren. Wenn mehrere Lehrer kooperieren, müssen sie sich sehr genau über den Inhalt des Begriffs oder der Methode einigen, und es müssen diese sehr sorgfältig eingeführt sein, bevor die verschiedenen Anwendungen möglich werden, auch wenn man es offen läßt, daß der zentrierte Begriff oder die Methode im Zuge der Anwendung noch vertieft und differenziert wird.

Gegenstandszentrierte Unterrichtskoordination ist dagegen leichter zu realisieren. Jedes Fach trägt die Gesichtspunkte, Methoden, Verfahren oder Darstellungsmittel bei, die eine je neue Seite der zentrierten Erscheinung sichtbar machen. Wenn hier mehrere Lehrer kooperieren, so genügt es, daß sie sich über den Gegenstand *grosso modo* einigen. In der Folge reichert sich seine Erkenntnis durch den Beitrag eines jeden Faches um einen neuen Aspekt an. In Schulen mit einem Fachlehrersystem wird man also mit Vorteil mit dieser Form der Unterrichtskoordination beginnen. Auch auf den unteren Stufen des Unterrichts ist diese Form leichter möglich, denn sie stellt geringere Anforderungen an die Begrifflichkeit des Vorgehens.

Kapitel 21: Lernziele

Offizielle Lehrpläne ebenso wie die Pläne, die ein einzelner Lehrer für seine Jahres-, Quartals- und Wochenarbeit entwirft, legen einmal die großen praktischen und theoretischen Bereiche fest, in denen sich der Unterricht bewegen soll. Wir haben in diesem Sinn von den Tätigkeits- und den Theoriefeldern gesprochen. Nun ist das eine relativ statische Betrachtungsweise. Unterrichten heißt didaktisch handeln mit dem Ziel, daß die Schüler lernen. Also müssen wir über die Angabe der Tätigkeits- und Theoriefelder hinaus die Lernziele, die im Unterricht erreicht werden sollen, bezeichnen.

Wie genau sollen offizielle Lehrpläne die Lernziele festlegen?

Vor jeder inhaltlichen Bestimmung der Lernziele stellt sich eine grundsätzliche Frage: Wie allgemein oder wie spezifisch sollen Lernziele in offiziellen Lehrplänen festgelegt werden? Herkömmliche Lehrpläne definieren die Ziele häufig in sehr allgemeinen Begriffen. In der Geschichte verlangt man etwa die Behandlung der Klöster oder des Rittertums, in der Geographie werden Landschaften (die oberitalienische Tiefebene, die Finnische Seenplatte, die zentralasiatischen Hochländer) oder aber typische Erscheinungen angegeben (Grabenbrüche, der tropische Urwald, künstliche Bewässerung), in der Mathematik wird die Behandlung des Dezimalbruchs, der gewöhnlichen Brüche, der Gleichungen 1. Grades mit zwei Unbekannten, im muttersprachlichen Unterricht die Behandlung der Satzteile oder dieser und jener literarischen Stücke verlangt.

Zielbeschreibungen von dieser Allgemeinheit sind in den letzten Jahren in Verruf geraten. Man hat festgestellt, daß sie viele Lehrer darüber ratlos lassen, was sie nun wirklich zu behandeln hätten. Man hat daher eine größere Spezifität der Zielsetzung gefordert. Dazu kann man verfahrenstechnische Aussagen machen und das Problem vom Lehrer aus beleuchten.

Wer eine hohe Spezifität der Curricula fordert, muß zugleich *ihre laufende Revision* fordern, denn spezifische Inhalte verändern sich mit dem Fortschritt der Wissenschaften, der Didaktik und mit der Veränderung der Zeitprobleme rasch: man denke etwa, welche Bedeutung die Energieprobleme in den letzten Jahren gewonnen haben und wie rasch sich die Szene im Bereich des Muttersprachunterrichts wandelt. Es stellt sich also die Frage, ob es nicht eine kluge Grundhaltung sei, die Lehrpläne relativ allgemein zu halten und im weiteren davon auszugehen, daß dem Lehrer in Form von Lehrmitteln, von Stoffsammlungen und anderen didaktischen Materialien materielle und didaktische Grundlagen zur Verfügung stehen, mit deren Hilfe er die allgemeinen Richtlinien des Lehrplans mit spezifischen und aktuellen Inhalten und Verfahren füllen kann. Ein solches Material kann in kurzen Zeitabständen verändert werden, ohne daß eine komplexe Maschinerie der Lehrplanrevision in Bewegung gesetzt werden muß.

Das Problem hat aber eine andere Seite: Sie betrifft *das Verhältnis des Lehrers zu seinem Lehrplan*. Es stellt sich die Frage, welche Freiheiten der Auswahl und der Gestaltung man dem Lehrer für seinen Unterricht zubilligen will. Dies wiederum hängt mit der durchschnittlichen Qualität der Bildung und Ausbildung der Lehrer zusammen, an die man sich wendet - und die man für ein Schulsystem zu gewinnen gedenkt. Zum ersten: je begabter und je besser ausgebildet die Lehrer sind, an die man sich wendet, desto mehr Freiheit wird man ihnen zubilligen können. Je nach ihrem Selbstverständnis und dem Verständnis ihrer Aufgabe werden sie auch mehr oder weniger Freiheit verlangen.

Damit hängt das zweite Problem zusammen. Die Lehrpläne bestimmen wesentlich das Erleben der eigenen Aufgabe durch den Lehrer. Wenn man ihn als Befehlsempfänger und als ausführende Kraft behandelt, dem das Curriculum auf Schritt und Tritt vorschreibt, *was* er zu tun habe, und *wie* dies zu geschehen habe, wird der Lehrerberuf eine andere Art von jungen Menschen anziehen, als wenn man dem Lehrer Freiheitsgrade der Auswahl und der Gestaltung der Stoffe zubilligt. So hat ein Volk nicht nur die Regierung, sondern auch die Lehrer, die es verdient ...

Wenn wir aber den Lehrern die genannten Freiheiten geben, so müssen wir sie auch auswählen und ausbilden, so daß sie mit dieser Freiheit etwas anzufangen wissen. Wenn das Curriculum nicht auf dem Papier stehen und dem Lehrer im einzelnen sagen soll, was er zu tun habe, so muß es in seinem Kopfe lebendig sein, und er muß es aus seinem Fachwissen und aus seinem didaktischen Können heraus ständig neu verwirklichen.

Wenn diese Bedingungen erfüllt sind, so wird es dem Lehrer auch leichter fallen, das Curriculum den örtlichen Verhältnissen anzupassen, Verhältnissen, die sich in Europa nicht nur alle 500 oder 1000 km wie in Amerika, sondern alle 30 km entscheidend verändern können.

Inhalte und Formen der Lernzielbestimmung

Wir haben gesehen: die beiden großen Vorentscheidungen bei der Konstruktion eines jeden Lehrplanes betreffen die Tätigkeitsfelder und die

Theoriefelder, in denen sich der Unterricht bewegen soll. *Tätigkeitsfelder* betrachtet man mit Vorteil gemäß den drei Unterscheidungen, die wir zu Anfang dieses Buches eingeführt haben. Sie führen zu den folgenden drei Fragen:

1. Welche sachlogisch bestimmten Tätigkeiten und welche sozial bestimmten Tätigkeiten sollen stattfinden?

2. Welche herstellenden und welche erkennenden (darstellenden) Tätigkeiten sollen stattfinden?

3. Welche realen und welche symbolischen Tätigkeiten sollen stattfinden?

Entsprechende Fragen müssen wir auch bezüglich der Theoriefelder stellen. Sie lauten:

1. Welche Begriffe und Theorien vermitteln wir über sachliche Gegenstände und Prozesse einerseits und über soziale (private und öffentliche, spontane und institutionelle, aktuelle und historische) Vorgänge und Strukturen andererseits?

2. Welche herstellenden und welche erkennenden Anwendungen suchen wir für die vermittelten Begriffe und Theorien?

3. Auf welche realen und auf welche symbolischen Gegenstände und Prozesse beziehen sich die von uns vermittelten Begriffe und Theorien?

Zwischen den durchgeführten Tätigkeiten und den behandelten Theorien besteht keine genaue Entsprechung. Denn nicht jede Tätigkeit wird auch begrifflich und theoretisch reflektiert und gefaßt. Soziale Tätigkeiten, die man in der Klasse durchgeführt hat, können nur zum Teil begrifflich und theoretisch ausgewertet werden. Wir können und wollen nicht so viel Sozialpsychologie treiben, wie dazu nötig wäre. So werden häufig nur die sachlogischen Ergebnisse einer Tätigkeit in theoretische Aussagen übergeführt. Der sozialpsychologische Aspekt bleibt unverarbeitet. Wenn wir z.B. nach gruppenweise durchgeführten Interviews mit Förstern, Waldarbeitern und Waldbesitzern über die Probleme des *Waldsterbens* gesprochen haben, ist es nicht ohne weiteres möglich, auch die sozialen Probleme der *Befragung* zu thematisieren. Allerdings: im Rahmen des Möglichen werden wir es tun.

Umgekehrt ist es in den Fächern, in denen zwischenmenschliche Probleme zur Sprache kommen, nicht immer möglich (häufig jedoch auch hier in hohem Maße wünschbar!), die sachlichen Aspekte zu vertiefen. So z.B. wenn wir im Lebenskundeunterricht vom Konsumverhalten sprechen: Werden wir auch zu verstehen versuchen, wie im eigenen Land der Detailhandel und international der Rohstoffhandel funktionieren? Eine derartige

313

Ergänzung tut unserem Lebenskundeunterricht, allgemeiner: unserem sozialen Handeln und Denken, gut.

Die Unterscheidung der Herstellung und der Darstellung (des Erkennens) ist dagegen für die Strukturierung der Tätigkeits- ebenso wie der Theoriefelder wichtig. Hier wird man zum Beispiel entscheiden müssen, ob man Probleme der Botanik oder der Elektrizitätslehre praktisch-technisch weiterverfolgt, oder ob man sie bloß betrachtend, also im ersten Falle biologisch und im zweiten Falle physikalisch, behandelt. Es ist die Frage, ob man den theoretischen Unterricht vor allem kontemplativ-betrachtend oder auch an den Fragen der praktischen Anwendung orientieren werde. Die Frage ist nicht nur in naturwissenschaftlichen Curricula akut. Sie ist es auch im Bereiche des Unterrichts der Muttersprache und der Fremdsprachen.

Die dritte Frage fordert uns auf, die relativen Gewichte des direkten Kontaktes mit der Realität und ihrer bloßen symbolischen (sprachlichen, statistischen, ...) Darstellung in unseren Tätigkeiten und in unserer Begriffs- und Theoriebildung zu definieren. Häufig handelt es sich hier um kein Entweder-Oder. Der Unterricht schreitet vom Realitätskontakt zur symbolischen Erfassung und Behandlung fort. Aber auf den höheren Schulstufen, auf denen die symbolischen Tätigkeiten und die entsprechende Begriffs- und Theoriebildung an Gewicht zunehmen, wird es zur immer akuteren Frage, welche Realitätskontakte wir noch zu realisieren willens und fähig sind. Das Curriculum sollte dazu Richtlinien vermitteln. Es sollte z.B. sagen, wo und in welcher Art experimentelle und praktische Tätigkeiten zum Zuge kommen und den theoretischen Unterricht begleiten sollen.

Eine zweite Gruppe von Vorfragen bezieht sich auf die Motive und Gefühle und auf die ästhetischen Erlebnisse, welche wir im Unterricht zu wecken gedenken. Ihnen ist gemeinsam, daß sie sich abheben von den Erkenntnis- und den Nützlichkeitszielen, die wir erstreben. Wir haben die Probleme gesehen, die sich hier stellen. Weder Motive noch Gefühle und ästhetische Erlebnisse sind machbar. Lernziele müssen in diesem Bereiche daher zurückhaltender formuliert werden. Sie sollen eher Möglichkeiten als Forderungen umschreiben. Geprüft kann ihre Erreichung nicht werden. Aber der Lehrer und die Lehrerin können die Augen offenhalten, ob sie Anzeichen dafür sehen, daß entsprechende Ziele erreicht worden sind.

Kognitive Lernziele

Psychologisch betrachtet, gibt es drei große Gruppen von kognitiven Ergebnissen des Unterrichts: Operationen und Verfahren, Begriffe und Theorien, und Elemente des Weltwissens und des Weltbildes. Wenn dem so ist, sollten diese Ergebnisse auch in den Zielkatalogen der Lehrpläne auftauchen. Sie müßten, mit anderen Worten, eine Taxonomie von Unterrichtszielen liefern.

Operationen und Verfahren

Indem wir dem Unterricht das Ziel setzen, dem Schüler gewisse Operationen und Verfahren beizubringen, wollen wir erreichen, daß er etwas tun lernt. Das ist natürlich, wenn wir unseren Ausgangspunkt von Tätigkeitsfeldern des praktischen Alltags nehmen. Operationen sind die gereinigten Abkömmlinge des praktischen Tuns, hat PIAGET (1947) gelehrt, und wir haben das für die Didaktik wiederholt (AEBLI 1951/1973[5], 1983, 203 ff.). Diese Aussage gilt natürlich vorerst für den Mathematikunterricht, jedoch auch für die exakten Naturwissenschaften und ihre Vorläufer in der Primarschule. Beispiele sind:

– den ersten Zehner in zwei Additionsschritten überschreiten ($7 + 5 = 7 + 3 + 2 = 12$)
– ungleichnamige Brüche kürzen
– einen Winkel mit Zirkel und Maßstab halbieren
– die Steigung einer Straße aufgrund einer Landkarte mit Höhenkurven berechnen
– den Auftrieb eines Körpers von gegebenem Gewicht und Volumen in einer Flüssigkeit von gegebener Dichte berechnen
– die Energie berechnen, die bei der Gärung einer bestimmten Menge Zucker frei wird.

Im Bereiche der Sprache gibt es qualitative Operationen, die der Schüler erlernt. Zum Beispiel:

– einen Satz von der aktiven in die passive Form übersetzen
– eine Aussage statt als definitive Feststellung als bloße Hypothese formulieren
– eine Forderung mit angedrohten Sanktionen in eine Bitte (oder umgekehrt) übersetzen
– die Übereinstimmung eines Eigenschaftswortes im Französischen, Italienischen oder Spanischen mit dem Hauptwort bezüglich Geschlecht und Zahl herstellen
– die Übereinstimmung eines französischen oder italienischen Partizips der Vergangenheit mit dem vorangehenden Akkusativobjekt herstellen.

Mit den qualitativen Operationen bewegen wir uns in der Richtung der weniger hart definierten und der komplexen *Verfahren*. Sie setzen die Techniken fort, die wir im Bereiche der praktischen Tätigkeiten erlernen. Wenn wir sie durchdenken und formulieren, erhalten wir Regeln, Methoden und Heuristiken:

- in einer Textrechnung die Einflußgrößen bestimmen (siehe Seite 202 dieses Buches)
- einen Lösungsbaum aufzeichnen
- eine Lösung von rückwärts planen
- ein unlösbares Problem durch ein verwandtes, lösbares ersetzen, dieses lösen und sodann zum ersten Problem zurückkehren.

Es ist wichtig, daß unsere Lernziele immer wieder festlegen, was unsere Schüler tun können sollen. Wir stellen damit den Anschluß an die praktischen Tätigkeiten her. In der Anwendung werden sie die erlernten Operationen und Verfahren wiederum auf die konkrete Wirklichkeit, auf Gegenstände und Situationen beziehen, um diese zu erhellen und/oder darin bestimmte Strukturen zu entdecken oder herzustellen.

Dabei ist es jedoch wichtig, daß wir den inneren *Aufbau* der Operationen und Verfahren klarlegen. Es geht nicht einfach darum, daß der Schüler lernt, in gewissen Situationen etwas zu tun. Operationen und Verfahren sind keine bloßen „Reaktionen", die wir auf bestimmte Reize hin produzieren. Wir bauen sie aus einfachen Vollzügen auf. Wir bemühen uns, dem Schüler diesen Aufbau verständlich zu machen, eine Einsicht in das Wie und Warum des Vorgehens gewinnen zu lassen. Weiter unten werden wir sehen, daß uns dies von den „operationalisierten Lernzielen" der Neo- (oder Paleo-) Behavioristen trennt. Die sorgfältige *Sachanalyse* erschließt den inneren Aufbau der Tätigkeiten, Operationen und Verfahren.

Begriffe und Theorien

Ein Begriff ist wie ein Ding. Darum wird er durch ein Substantiv ausgedrückt: der Bruch, die Winkelhalbierende, die Steigung, der Auftrieb. GILFORD (1959) hat davon gesprochen, daß das Denken sich *kristallisieren* könne. Wir (AEBLI 1980/81) haben gesagt, daß sich die Denkakte im Begriff *objektivieren*. Der Begriff hat Objekt- oder Dingcharakter. Das ist ein großer Vorteil, denn so wird ein Begriffsinhalt handlich. Er ist sozusagen verpackt und angeschrieben, nämlich durch den Begriffsnamen. Darum kann man Lernziele auch sehr leicht formulieren, indem man die zu erarbeitenden und sodann von den Schülern zu kennenden Begriffe angibt. Typische Lernziele wären also etwa:
- das Erweitern und Kürzen von Brüchen
- der Auftrieb von Körpern in Flüssigkeiten verschiedener Dichte
- der Hausbau
- die Photosynthese
- die mittelalterlichen Verkehrsverbindungen zwischen Deutschland und Italien
- die Eroberung Mexikos durch die Spanier

- die Divina comedia zwischen Mittelalter und Renaissance
- das Theater Shakespeares
- die Botschaft Brechts
- die Tiefenstrukturen des Satzes bei Chomsky.

Das sind valable Lernziele. Man mag fragen: Was soll der Lehrer und was sollen die Schüler *tun*? Die Antwort ist einfach: sie sollen diese Begriffe erarbeiten. Wie das zu geschehen hat, weiß der Lehrer. Das sagt ihm seine Didaktik. Was soll der Schüler kennen, nachdem er diese Begriffe gelernt hat? Das ist auch klar. Er soll diese Begriffe selbständig erklären, d.h. ihren Aufbau rekonstruieren, und sie anwenden, d.h. auf gegebene konkrete Gegenstände und Situationen beziehen können, um deren Struktur zu erkennen oder diese neu herzustellen. Allgemein können wir sagen: der Schüler soll mit diesen Begriffen arbeiten lernen. Sie sollen für ihn Werkzeuge der geistigen Tätigkeit werden.

Man kann Begriffe aber auch anders betrachten. Dann wird man feststellen, daß sie in sich Netze von Beziehungen enthalten. Schon die Photosynthese stellt eine Welt von interagierenden biologischen Prozessen dar. So kann man auch einen Hausbau betrachten. Der Architekt stellt die unter sich zusammenhängenden Einzelarbeiten als Netzplan dar. Auch die mittelalterlichen Verkehrsverbindungen stellen Netze dar, und die Divina Comedia kann man ihrerseits als eine kleine Welt betrachten. CHOMSKY hat die Tiefenstruktur von Sätzen seinerseits in Netzform dargestellt.

Begriffe enthalten aber nicht nur Netze von Beziehungen. Begriffe sind auch unter sich vernetzt. Derartige regionale Netze nennen wir *Theorien*. Der Begriff des Auftriebs ordnet sich in ein Kapitel der klassischen Physik ein, derjenige der Photosynthese in die Theorie der Stoffwechselvorgänge in der Pflanze. Die Eroberung Mexikos ordnet sich in das Insgesamt der Entdeckung und Eroberung der Neuen Welt ein, Vorgänge, die die Neuzeit einleiten. Das Theater Shakespeares gehört zum elisabethanischen Zeitalter, ein Stück 17. Jahrhundert. CHOMSKYS (1969) Begriff der Tiefenstruktur ist ein Teil seiner Transformationsgrammatik. Der Unterricht lehrt den Schülern nicht nur isolierte Fakten, er wird ihnen Netze von Zusammenhängen vermitteln. Das sind die Theorien. Lernziele müssen sie bezeichnen. Zu ihrer Analyse und Darstellung verweisen wir auf KLAUERS und SCHOTTS Arbeiten zur Lehrstoffanlayse (KLAUER 1974, SCHOTT 1975, SCHOTT, NEEB & WIEBERG 1981).

Elemente des Weltwissens und eines Weltbildes

Hat es einen Sinn, über die theoretischen Lernziele hinaus davon zu sprechen, die Schüler sollten „Elemente des Weltwissens und eines Weltbildes" erwerben? Sind das Lernziele? Wir meinen, ja. Der Unterschied zu den

Lernzielen der Theoriebildung ist nur ein gradueller. Dahinter steht aber eine wichtige neue Betrachtungsweise. Sie ist in dem Sinn integrativ, daß wir die Fächergrenzen überschreiten und uns der Tatsache bewußt werden, daß sich das Insgesamt des Wissens unserer Schüler idealerweise zu einem einzigen Weltbild zusammenfügen müßte. Es ist ja letztlich nicht befriedigend, wenn wir uns das Wissen des Schülers am Ende seiner Schulzeit als ein Nebeneinander von unverbundenen Theoriestücken vorstellen.

Hinter der Idee des Weltbildes steht aber noch ein weiterer Gedanke. Wir haben ihn schon mehrmals angetroffen: Wir fügen im Geiste die Elemente des Weltwissens, die die einzelnen Unterrichtsfächer im Verlaufe der Schuljahre vermittelt haben, zu einem einzigen „Bild der Welt" zusammen und fragen uns, was das für ein Bild sei, das wir im Geiste der Schüler aufgebaut haben.

Ansätze zu einer derartigen Betrachtungsweise hat man in den letzten Jahren immer wieder gesehen. So hat man sich etwa gefragt, was für ein Bild der Frau, der Entwicklungsländer oder vergangener Epochen bestimmten Lehrmitteln oder Lehrplänen zugrundeliegen. Diese Fragen wurden häufig mit kämpferischer Absicht gestellt, was legitim ist. Wer der Meinung ist, daß Geschichte nicht bloß von den politischen und militärischen Großtaten gekrönter Häupter und berühmter Persönlichkeiten handeln sollte, sondern auch das Alltagsleben einfacher Menschen mit seinen sozialen und ökonomischen Bedingungen (aber auch mit ihren geistigen und religiösen Vorstellungen und Überzeugungen!) darstellen sollte, wird so oder so geartete Einseitigkeiten des Weltbildes aufweisen und bekämpfen. Wir haben diese Anliegen hier nicht zu behandeln, sondern stellen einfach fest, daß bei der Aufstellung der Lernziele auch das Anliegen der Vermittlung eines möglichst zusammenhängenden Weltbildes zum Ausdruck kommen sollte. Die entsprechenden Ziele sind nicht materialer Art. Es geht nicht primär darum, neue Inhalte anzugeben, sondern zu fordern, daß diese im Rahmen des Möglichen integriert, das heißt zueinander in Beziehung gesetzt werden, und daß man zum andern auch danach streben sollte, dem Weltbild auf jeder Stufe der Ausbildung den möglichen inneren Zusammenhang zu geben.

Diese Ziele sind nicht leicht zu realisieren. Man kann sie auch nicht mit einigen einfachen und sozusagen narrensicheren Maßnahmen verwirklichen. Sie deswegen als utopisch oder irrelevant zu bezeichnen, wäre andererseits ein pädagogisches Armutszeugnis, Ausdruck eines kruden Positivismus, den man sich höchstens in der relativ heilen Welt des 19. Jahrhunderts leisten konnte.

Wie werden wir also diese Lernziele formulieren? Angesichts der Schwierigkeiten, ja der Gefahren, die hier eine gewaltsame Suche nach Einheit in sich schließt, schlagen wir vor, eher Fragen zu formulieren, die sich Lehrer und Erzieher in regelmäßigen Abständen stellen und als Richtpunkte im Bewußtsein halten sollten:

(1) Stelle ich innerhalb der behandelten Begriffe, Theorien und Ausschnitte der Wirklichkeit die Beziehungen her, die möglich sind?

(2) Fügt sich das Weltwissen, das ich vermittle, zu einem Bild von relativer Kohärenz zusammen?

(3) Was haben meine Schüler im Verlaufe der bisherigen Schuljahre für ein Weltbild erworben? Ist mein Unterricht geeignet, zur Integration des bisher erworbenen Wissens beizutragen?

(4) Was werde ich selbst und was werden meine Kollegen in den Schuljahren, die meine Schüler noch vor sich haben, zu dem Weltbild hinzufügen?

(5) Fügt sich das, was ich im laufenden Schuljahr vermittle, in diesen großen Aufbau ein, so daß wir schließlich sagen können, wir hätten das Mögliche getan, damit sich das von uns vermittelte Weltwissen zu einem relativ zusammenhängenden Weltbild integriert?

Man erkennt unmittelbar, daß diese umfassende Zielsetzung vom einzelnen Lehrer nicht erreicht werden kann. Zusammenarbeit der Lehrer einer Schule, aber auch zwischen den Lehrern verschiedener Schultypen, ist dazu notwendig. Auch bei der Ausarbeitung von Lehrplänen ist diese Zusammenarbeit unter der hier behandelten Fragestellung notwendig. Sie ist auch fruchtbar. Die oben genannten Fragen zu stellen, wird den einzelnen Lehrer und ein ganzes Lehrerkollegium (z.B. in einer Weiterbildungswoche, die mit dem gesamten Lehrkörper einer Schule durchgeführt wird) bereichern und motivieren.

Nun kann man sich die Frage stellen, was denn das für Lehrvorgänge seien, durch die wir für die Zusammenhänge innerhalb des kindlichen Weltbildes sorgen. Es sind keine neuen Lernprozesse, sondern die in jedem strukturellen Lernen grundlegenden Vorgänge der Verknüpfung, Beziehungsbildung und Integration. Und diese sind ja ihrerseits schon dadurch vorbereitet, daß wir den Unterricht an die Alltagserfahrung unserer Schüler anknüpfen. Piaget hat schon in den 20er Jahren dieses Jahrhunderts darauf hingewiesen, daß das Kind jeder Altersstufe ein Weltbild besitze. Der Titel seines Buches ist in dieser Hinsicht programmatisch: „Das Weltbild des Kindes" (PIAGET 1926/1978). Es gelingt dem Kind, seine Alltagserfahrung mindestens teilweise zu integrieren. Erst die Schule bringt es fertig, den Kindern und Jugendlichen derartige Massen von unverdautem Stoff zu vermitteln, daß ihnen diese Integration nicht mehr gelingt und daß sie diesen unbefriedigenden Zustand hinnehmen.

Versuchen wir dem also entgegenzuwirken, indem wir den Ausgangspunkt immer wieder in der Alltagserfahrung nehmen und in der Anwendungsphase zu ihr zurückkehren! Wenn wir dazwischen die neuen Stoffe so erarbeiten, wie wir es in diesem Buche und in den „Zwölf Grundformen" zeigen, so bestehen gute Aussichten, die möglichen Beziehungen zwischen den Elementen des vermittelten Weltbildes herzustellen. Insbesondere die gesamtunterrichtlichen und die begriffs- und methodenzentrierten Koordinationen werden hierzu beitragen. Aber auch schon jeder echte Aufbauprozeß, der dem Schüler einen Begriffs- und Theorieinhalt in seiner Vernetzung sichtbar macht und diesen durchsichtig werden läßt, bereitet darauf vor, die Verknüpfungen und Beziehungsbildungen weiterzuführen. Denn verstandenes Wissen ist auch integrationsfähiges Wissen. Umgekehrt: was nicht oder nur halb verstanden ist, kann man auch nicht zu verwandten Einsichten, Operationen, Verfahren, Begriffen und Theorien in Beziehung setzen. Es bleibt bei den unverdauten Brocken, von denen Montaigne (1580) anschaulich gesagt hat, daß sie vom Schüler bloß unverdaut hervorgewürgt werden können.

Und die „operationalisierten Lernziele"?

Die Leser der 76er Ausgabe dieses Buches (Aebli 1976), wissen, daß wir dort noch gegen die „operationalisierten Lernziele" angetreten sind. Das war angesichts einer überraschenden Renaissance eines längst totgeglaubten Behaviorismus in den 60er und zu Anfang der 70er Jahre nötig. Inzwischen sind 10 Jahre ins Land gegangen. Zwar werden Magers kleine Büchlein (1971, 1973) von Studenten, die eine Nebenfachprüfung in Didaktik ablegen müssen, immer noch gerne gelesen. Aber niemand empfindet sie mehr als aktuell. Die „kognitive Wende" ist durchs Land gegangen und hat uns die Augen für Tatsachen geöffnet, die wir vorher nicht klar gesehen haben, vor allem die Tatsache der Vernetzung des menschlichen Wissens, auch beim Kind und beim Jugendlichen. Piaget hatte dies, wie gesagt, schon in den 20er Jahren gesagt, und man kann die Vorläufer dieses Gedankens über Dewey und Hegel bis zu Kant, Leibniz, Thomas von Aquin, Aristoteles und Plato zurückverfolgen.

Nun hätten aber Autoren wir Mager nicht so viel Erfolg gehabt, wenn in ihrer Botschaft nicht ein Körnchen Wahrheit gesteckt hätte. Man erinnert sich. Sie wollten die beobachtbaren Verhaltensweisen angeben, die zeigen, ob ein Lernziel erreicht worden sei. Operationalisieren heißt ja, den inneren psychologischen Tatbestand in eine beobachtbare Verhaltensweise überzuführen und zu diesem Zwecke die Bedingungen und Situationen anzugeben, in denen sie vom Lerner gezeigt werden können. So entstanden Lernzielbestimmungen wie die folgenden:

- die trigonometrischen Gesetze auf praktische Situationen anwenden
- Ursachen und Wirkungen, wichtige und unwichtige Einzelheiten in einem historischen Bericht erkennen
- in einem Werbe- oder Propagandatext die Techniken der Beeinflussung erkennen.
- Meinungen über Gesundheit kritisch beurteilen können.

Auf den ersten Blick meint man hier, Lernziele vor sich zu haben, so wie wir sie unter dem Titel der „Operationen und Verfahren" unsererseits genannt haben. In der Tat wollte ja der Behaviorismus den Lerner dazu befähigen, gewisse Reaktionen in bestimmten Situationen richtig zu vollziehen. Das wollen wir auch. Der Unterschied besteht nur darin, wie wir den inneren Aufbau der Operationen und Verfahren und ihre Beziehungen untereinander sehen. Über diesen inneren Aufbau hat der Behaviorismus nichts zu sagen, ebensowenig wie über die Beziehungsgefüge, welche die Begriffe und Theorieelemente unter sich verbinden. Diese Dinge sind für MAGER ebenso wie für WATSON (1924), den Begründer des Behaviorismus, „Vagheiten". Beziehungen zwischen Wissenselementen sind ja auch keine einfachen Reaktionen, die der Schüler auf Verlangen ausführen und dem Prüfer zeigen kann. Dementsprechend ist diesen Autoren ein Gedanke wie derjenige des inneren Zusammenhangs eines Weltbildes fremd.

Darum gleicht das Wissen und Können, das diese Neobehavioristen dem Schüler vermitteln wollen, auch einer Datenbank oder einem unzusammenhängenden Repertoire von einzelnen Fertigkeiten. Die in diesem Geiste erarbeiteten Lehrpläne sind auch für die Praktiker inzwischen zum Alptraum geworden: unübersichtliche Haufen von einzelnen Lernzielen. Arme Schüler, die sie sich in den Kopf pressen müssen!

Welches ist die Alternative? Natürlich nicht nur „große Zusammenhänge"! Auch nicht nur „Einsicht", bloße Betrachtung von Beziehungen. Auch wir wollen jungen Menschen ein Repertoire von Handlungsschemata und von Fertigkeiten vermitteln, und wir können auch die Bedingungen angeben, unter denen sie angewendet werden sollen. Aber es sind eben Handlungen und Operationen, keine bloßen Reaktionen. Sie kommen von den Alltagstätigkeiten her, sind durch kognitive Aufbauprozesse innerlich gegliedert und unter sich verknüpft. Und, was mehr ist, wir wissen, daß sich als Ergebnis des Erwerbs einzelner Operationen und Verfahren, Begriffe und Theorien eine Wissensbasis bildet, aus der heraus der Mensch in schöpferischer Weise immer neue Handlungen, Operationen, Erkenntnisse und Zusammenhänge erzeugen kann. Es geht nicht bloß darum, dem Schüler immer neue Handgriffe (und „Denkgriffe") anzudressieren. Es geht darum, ihm ein Wissen und Können zu vermitteln, das fruchtbar und schöpferisch ist und ihm immer neue Handlungs- und Denkmöglichkeiten, aber auch immer neue Wertungen, Interessenbildungen und immer neue ästhetische Erfahrungen ermöglicht. So meinen wir, daß die Neobehavioristen vom Schlage eines MAGER zwar eine Teilwahrheit richtig gesehen haben, daß diese aber in ihrer Bruchstückhaftigkeit gefährlich ist und daß eine Theorie der Lernziele, so wie wir sie hier entwickelt haben, diese Teilwahrheit mit umfaßt, ihr aber die notwendige Vertiefung und den notwendigen Rahmen gibt.

Zur Geschichte der Curriculumtheorie

Zum Schluß der drei Kapitel über Lehrpläne und Lernziele situieren wir die in diesem Buch vertretenen Auffassungen in der heutigen Szene der Curriculumtheorie.

Von „Curricula" hat man zu Anfang dieses Jahrhunderts im Umkreis der von DEWEY ausgelösten Bewegung der „progressive education" wieder zu sprechen begonnen (BOBBITT 1918). Die reformpädagogischen Curricula wandten sich gegen die rein stofflichen, an den Fachdisziplinen orientierten Lehrpläne des 19. Jahrhunderts. Diese sollten wieder zu Lernplänen werden, und das Lernen sollte im Geiste des DEWEYschen Pragmatismus Elemente der Erkenntnis und des Handelns, gewonnen in individueller und gemeinschaftlicher Arbeit, verbinden.

DEWEYs anspruchsvolle Ideen wurden in den USA höchst unvollkommen verwirklicht. Es gelang kaum, sowohl lebendige Erfahrung als auch solides Wissen und Können zu vermitteln. Nachdem die Sowjetunion den ersten Satelliten erfolgreich in den Weltraum befördert hatte, kam es in den USA zu einer Rückbesinnung auf die wissenschaftlichen Grundlagen der Lehrpläne. BRUNER (1960) prägte den Begriff der „Struktur der Disziplinen", und er entwarf das Modell des Spiralcurriculums, in dessen Verlauf die grossen Themen der Erkenntnis als Fragen, Begriffe und Theorien im Verlaufe der Schuljahre mehrmals aufgegriffen und – entsprechend dem höheren Ausbildungs- und Entwicklungsstand des Schülers – in immer größerer Tiefe durchdrungen und in immer umfassendere Zusammenhänge eingeordnet werden (Abb. 5).

Die Idee des Spiralcurriculums fügt der Reihe unserer Überlegungen zur Anordnung der Stoffe eine interessante Variante bei. Wichtiger ist jedoch der Grundgedanke: daß die „Disziplinen", also die großen Bereiche des Denkens und Handelns, ihre Strukturen haben und daß diese dem jungen Menschen im Verlaufe seiner Ausbildung vertraut werden müssen. Die

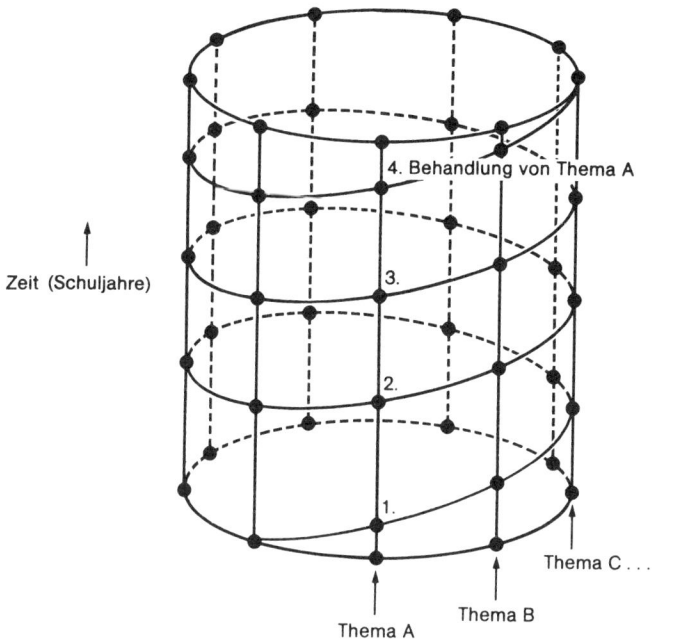

Abb. 5. BRUNERs (1960) Spiralmodell der Entwicklung und des Curriculums. Auf dem Basiskreis sind die großen Themen (Ideen, Prinzipien, Werte, d.h. Strukturen) des menschlichen Denkens und Lebens angeordnet. Über jedem Thema steigt eine Mantellinie senkrecht auf und markiert eine immer komplexere, symbolischere, formalere und abstraktere Behandlung oder Betrachtung des gleichen Themas. Der Unterricht bewegt sich im Verlauf der Schuljahre als Spirale auf dem Zylindermantel und trifft immer wieder auf die gleichen grundlegenden Themen, die jedoch von zunehmend höherer Warte aus behandelt werden. Beispiele solcher Themen sind nach BRUNER: Der Begriff des Tropismus, des Bösen, der Tragödie und der syntaktischen Transformation. (Die hier gewählte Darstellung stammt vom Verfasser.)

Grundbegriffe, Gesetze und Regeln des Denkens, aber auch die klassischen Erscheinungen der Literatur und der Geschichte, müssen nicht seelenlose, dem Menschen entfremdete Bleigewichte des Wissensballastes sein. BRU-NER versteht sie vielmehr im Geiste des amerikanischen Pragmatismus als Instrumente des Denkens und des Handelns, eine Auffassung, die auch wir seit 1951 vertreten haben (AEBLI 1951/73[5]).

Im deutschen Sprachraum ist das Interesse für die Curriculumtheorie durch S. B. ROBINSOHN, einem der ersten Kodirektoren des Max-Planck-Instituts für Bildungsforschung in Berlin, geweckt worden (ROBINSOHN 1967). ROBINSOHNs berühmter Aufsatz zeigte viele Aspekte des Curriculumproblems. Gezündet hat jedoch seine Forderung, die Lehrpläne von den (Lebens-) Situationen und den in ihnen geforderten Funktionen, beziehungsweise den zu ihrer Bewältigung notwendigen Qualifikationen her zu entwickeln. Die letzteren sah ROBINSOHN sowohl als Voraussetzungen wissenschaftlicher Tätigkeit, als Mittel zum Verstehen der Welt und als Instrumente des Handelns in „Verwendungssituationen".

Man erkennt die Weite dieses Konzeptes und die Nähe zu unseren Auffassungen. Diese Weite brachte dem Praktiker der Lehrplankonstruktion jedoch auch Probleme. Denn sowohl der Begriff der Lebens- als auch der Verwendungssituation konnte je nach den vorherrschenden Interessen sehr verschieden verstanden werden. Im Gefolge der 68er-Bewegung wurden diese z.T. einseitig politisch interpretiert.

In ihrer Suche nach harten Kriterien der Stoffauswahl hoffte man z.T., von einer anderen Seite Hilfe zu erhalten. 1956 war BENJAMIN BLOOM mit der Idee der operationalisierten Lernziele hervorgetreten. Zugleich hatte er diese in eine hierarchische Ordnung gebracht. Sie umfaßte die folgenden sechs Stufen: 1. Wissen, 2. Verstehen, 3. Anwendung, 4. Analyse, 5. Synthese und 6. Bewertung. Einige hofften, daß diese hierarchische Ordnung auch als Leitfaden für den Aufbau der Lehrpläne benützt werden könnte.

Man hätte dann im Ablauf einer Unterrichtseinheit damit begonnen, Wissen zu vermitteln. In einem zweiten Schritt hätte man es zu verstehen versucht, in einem dritten an mögliche Anwendungen gedacht, dann das Ganze analysiert und es wieder zusammengesetzt (Synthese), um es schließlich zu bewerten. Man erkennt: das ist nicht der Geist unserer Didaktik. Wer Wissen problemlösend erarbeitet, versucht von Anfang an zu verstehen, und dazu gehört Analyse und Synthese. Bewertungen können, müssen aber nicht, in jeder Phase des Lernprozesses dazukommen. Die Anwendung gehört an den Schluß eines Lernzyklus. Aber dann muß man auch vom Durcharbeiten und Üben reden, oder, in der Sprache der Lernziele, von Beweglichkeit und Sicherheit/Geläufigkeit, d.h. von Konsolidierung des Gelernten.

Zugleich machte man sich daran, Lehrpläne in der Form von umfangreichen Sammlungen von operationalisierten Lernzielen zu schreiben. Ihre Struktur blieb in der Regel undeutlich. Zum Teil wurden die einzelnen Lernziele oberflächlich klassifiziert: mittelalterlich-scholastische Ordnungsübungen an neo-behavioristischen Datenbanken! Dann erreichte die kognitive Wende auch die Curriculumtheoretiker, und es wurde still um die operationalisierten Lernziele.

Wo steht die Curriculumtheorie heute?

In der Mitte der 80er Jahre ist es um die Curriculumtheorie insgesamt stiller geworden. Das grosse *Handbuch der Curriculumforschung* von HAMEYER, FREY & HAFT (1983) macht den Versuch, die gesicherten Ergebnisse dieses Forschungszweiges zusammenzufassen und zu ordnen. Wir sehen darin die folgenden großen Ideengruppen.

Das reformpädagogische Interesse, das nicht nur von DEWEY inspiriert ist, sondern auch in der europäischen Reformpädagogik der Jahrhundertwende wurzelt, äußert sich in Lehrplan- und Unterrichtskonzepten, die den Schüler ins Zentrum rücken und sich daher *„schülerzentriert"* oder „schülerorientiert" nennen (z.b. WAGNER 1976). Vom „Kinde aus", hatte man um 1900 gesagt. Diese Auffassung kann sich mit einem pädagogisch-politischen Gedanken verbinden, in dem der Schüler zur kritischen Haltung und zur Emanzipation angeleitet werden soll (BÖNSCH 1978). Wir haben in diesem Buch gesagt, daß wir den Lehrplan auch als einen Lernplan verstehen, und daß wir den Schüler auf die Autonomie vorzubereiten suchen. Wir tun es, indem wir ihm die Mittel zur selbständigen Meisterung der Lebens- und Problemsituation in die Hände geben und indem wir diese mit ihm einüben. Zugleich sehen wir aber auch, daß die Freiheit nicht Selbstzweck ist, sondern der Entfaltung des Menschen und der Gesellschaft dient, die sich ihre eigene Ordnung geben.

Diese Ordnung zu definieren, streben eine Reihe von *anthropologischen Konzepten* des Curriculums an. So hat BALLAUFF (1975) die „edukativen Funktionen" umschrieben, die den Menschen für seine beruflichen und gesellschaftlichen Aufgaben und zu seiner Orientierung in den Fragen der Metaphysik und der Ethik ausrüsten. LOCH (1979) will dem Individuum „curriculare Kompetenzen" vermitteln, die es fähig machen, seiner Lebenswelt zu begegnen und seinen Lebenslauf zu gestalten. Diese umfassen u.a. Sprachfähigkeit, Denkfähigkeit, technische, wirtschaftliche und politische Kompetenz, aber auch Einbildungskraft, Selbstdarstellungsfähigkeit und Regenerationsfähigkeit. Ähnlich hat DERBOLAV (1975) dem Lehrplan einen anthropologischen Rahmen gegeben, der den Menschen in der Auseinandersetzung mit der Natur, mit den Schwächen der menschlichen Natur und mit dem Mitmenschen sieht und aus diesem System die großen Praxen der Technik, der Ökonomie, der Medizin, der Pädagogik, der Politik, der Rechts- und der Wehrpraxis, mit ihren Ausläufern in der Wissenschafts- und Religionspraxis, hervorgehen läßt. Unsere Anthropologie ist bescheidener. Mit der Taxonomie der menschlichen Tätigkeiten und der Ausleuchtung des sozialen Bereichs haben wir einen entsprechenden Versuch unternommen.

Eine weitere Gruppe von Curriculumtheorien sieht den Menschen vor allem in seiner Interaktion mit der Welt. Hier ist die *geisteswissenschaftliche Didaktik* und die entsprechende Auffassung von den Lehrplänen zu zählen. Ihr wichtigster Vertreter ist der frühe KLAFKI (1958, 1963). Diese Tradition sieht den Menschen vor allem vor den Gegenständen der Kultur, ihren Texten und Objekten. Diese stellen Objektivierungen des Geistes dar, die sich der Mensch verstehend wiedervergegenwärtigen muß. Daher bezeichnen die traditionellen deutschen Lehrpläne auch vor allem die „Unterrichtsgegenstände". Die Meinung ist, daß der Unterricht sie wiederum „erschließt". Das haben wir in diesem Buche das Erkennen der Welt und ihrer Gegenstände genannt. Diesem haben wir jedoch das Handeln an die Seite gestellt, das die Welt nicht bloß betrachtet und – etwas ganzheitlicher – erlebt, sondern handelnd in sie eingreift und Wirklichkeit „herstellt", also erzeugt.

Eine der fruchtbarsten curricularen Ideen, die man der geisteswissenschaftlichen Pädagogik zuordnen muß, geht aus WAGENSCHEINS Didaktik hervor. Hier ist das *genetische Prinzip* grundlegend, ein unterrichtliches Vorgehen, das nicht so sehr „darlegend, dogmatisch oder systematisch" verfährt, sondern zum Nachdenken auffordert, Fragen stellt, den Schüler zum eigenen Forschen und Entdecken anregt. Problemstellungen, die erst einmal beunruhigen, sollen eine echte Fragehaltung auslösen. Der Unterricht ist in diesem Sinne sokratisch. Für die Gestaltung der Lehrpläne ist die Idee zentral, daß er *„exemplarisch"* verfahren müsse. Denn wer zum echten Nachdenken anregen will, kann nicht alles lehren. Vielmehr wird er zentrale Probleme und Begriffe aufgreifen und diese anhand von beispielhaften Fällen oder Situationen behandeln, sozusagen in Brennpunkte der Erkenntnis hineinführen, hier Einsicht schaffen und Gelegenheit zu vielfältigen Anwendungen und Variationen geben. In diesem Sinne fordert WAGENSCHEIN auch eine zeitliche Organisation des Unterrichts, der dem Schüler die Muße verschafft, längere Zeit bei einer Sache zu bleiben. Dies sieht er in dem von ihm so genannten *„Epochenunterricht"* verwirklicht, der einige Wochen täglich mindestens zwei Stunden bei demselben Thema bleibt (WAGENSCHEIN 1970[3]).

Die pragmatistische Ausrichtung auf das Handeln steht im Zentrum der Curricula, die von *gesellschaftlicher Tätigkeit und ihren Feldern* sprechen. Sie sind heute wohl die lebendigsten und inhaltlich interessantesten. Auch KLAFKI hat sich diesen Gesichtspunkt nach 1968 zueigen gemacht (KLAFKI & SCHEFFER, 1981). ZIMMER (1973) will für den Vorschulbereich Situationen als real erfahrbare Ausschnitte sozialer Wirklichkeit schaffen, GEIPEL (1975) den Biographieunterricht nach Situationen des Arbeitens, Wohnens, sich Versorgens usw. strukturieren. NESTLE (1975) plädiert für einen integrierten Geschichts-, Politik- und Geographieunterricht, also für das, was die Amerikaner im Gefolge von DEWEY „social studies" nennen. Darin sind Handlungsfelder oder „soziale Subsysteme" wie Erziehung, Konsum, Gesundheit/Erholung, Kommunikation, Verwaltung, Recht, Verkehr, Handel, Sicherheit für die Alltagswirklichkeit konstitutiv. Auch GIEL, HILLER & KRÄMER (1974, 1975) wollen soziale Handlungsfelder untersuchen, und zwar soll dies „mehrperspektivisch" und fächerübergreifend geschehen.

Das ist der Geist des Projektunterrichts. Wir stehen ihm unsererseits nahe, mit der einzigen Reserve, daß wir angesichts der Vielfalt und der potentiellen Undurchsichtigkeit der Handlungssituationen und der Alltagspraxis das Anliegen des systematischen Aufbaus eines Repertoires von Erkenntnis- und Handlungsmitteln nicht vernachlässigt sehen möchten.

Wir sehen daher in SPRECKELSENS (1972) und seiner Mitarbeiter Versuche, die grundlegenden Begriffe der Physik und der Chemie ins Zentrum des Unterrichts zu rücken, auch ein notwendiges, von der Idee der Struktur der Disziplinen inspiriertes Gegengewicht gegen einen reinen Projektunterricht. Hier lautet die Devise nicht: „Rettet das lebendige Tun," sondern: „Rettet seine Ordnung!" Systematik ist ebenso wichtig wie Lebensnähe. (Ob SPRECKELSENS Unterrichtseinheiten allerdings jederzeit stufengemäß sind und ob sie Lehrern und Schülern die notwendige Gestaltungsfreiheit gewähren, wäre zu untersuchen.) Unser Konzept der zwei Entwicklungsstränge, eines theoretisch-systematischen und eines Stranges der Lebenspraxis, mit vielfältigen Wechselwirkungen, insbesondere der Problemstellung (oder „Problemschöpfung") und der Anwendung, versucht beiden Anliegen gerecht zu werden.

Diese Verbindung von Theorie und Praxis suchten auch BLANKERTZ und seine Schüler. In ihren *Strukturgittern*, die leider nicht immer ganz durchsichtig sind, kommt unter anderem der Gedanke einer Verbindung von fachwissenschaftlicher Betrachtungsweise und von praktischer Verwertung – wir sagen „Anwendung" – zum Ausdruck. Ob der Gedanke der Matrix – denn um diesen handelt es sich – diese Verbindung allerdings wirklich zu klären geeignet ist, möchten wir offen lassen. Wir sprechen, wie gesagt, eher davon, daß die Probleme aus Problemfeldern der Lebenspraxis geschöpft und in der Anwendung auf diese zurückbezogen werden (zusammenfassend BLANKERTZ 1973[3], darin LENZEN 1973[3]).

Wo stehen wir am Ende der 80er Jahre? Neue Ideen zur Struktur der Curricula sind kaum auszumachen. Was sich gewandelt hat, ist die Stimmung. Die Helden der Curriculumkonstruktion sind müde geworden. Die neue Generation sehnt sich nach dem einfachen Leben, dem Alltag. Sie will die Subjektivität pflegen, „die Sinne retten" und die Phänomene wieder auf sich wirken lassen. Wissenschaft und stringentes Denken ist an einigen Orten fast zum Schimpfwort geworden. Was soll man von der neuen Subjektivität halten? Sehr viel, wenn man diesen Begriff substantiell versteht, wenig, wenn er nur Atmosphärisches bedeutet. Wir haben in diesem Buche immer wieder von der Rolle des erkennenden und des handelnden, aber auch des wertenden und von Gefühlen bewegten Subjektes gesprochen. Daß alle diese Erfahrungen durch die Sinne vermittelt werden, ist eine Selbstverständlichkeit. Darum haben wir ja neben die symbolischen Tätigkeiten gleichberechtigt die realen gestellt. Aber die Tätigkeiten müssen einen Inhalt haben. Ihre Struktur möchten wir geklärt sehen. Das bedeutet nicht bloß Wissenschaft, es bedeutet auch Praxis, nicht bloß effiziente und wahre, sondern auch schöne und gute.

Kapitel 22: Die Unterrichtsvorbereitung

Es ist wahr: auf das Unterrichten ist derjenige vorbereitet, der seine Didaktik gelernt und sie in der praktischen Erfahrung bewährt hat. Dem Lernen der Didaktik dient dieses ganze Buch, zusammen mit den „Zwölf Grundformen". Wenn man sich von deren Grundgedanken durchdrungen und sie wiederholt in die Praxis umgesetzt hat, ist man „vorbereitet". Braucht es da noch ein besonderes Kapitel über die Unterrichtsvorbereitung? Hinter dieser Frage steht ein Mißverständnis. Es beruht auf zwei verschiedenen Bedeutungen von „Vorbereitung". Natürlich stellen Studium und Erfahrung die grundlegende Form der Vorbereitung dar. Sie führen zu einem lebendigen Besitz an Wissen und Können, aus dem heraus der kompetente Lehrer handelt. Damit beschreiben wir sein „Vorbereitetsein". Aber auch ein Lehrer, der so „vorbereitet ist", muß sich noch vorbereiten, genau so, wie sich der Redner oder Künstler auf sein Auftreten vorbereitet. In erhöhtem Maße gilt dies natürlich für den Anfänger im Lehramt.

Vorbereitung im zweiten Sinne des Wortes bezeichnet keinen Zustand des Wissens und Könnens, sondern die Tätigkeit dessen, der in Gedanken plant, was er später im effektiven Unterricht ausführen wird. Studium und Erfahrung kommen dem Lehrer sowohl beim Vorbereiten wie bei der Ausführung der Lektion zugute. Es gibt also ein unabhängiges Problem der Unterrichtsvorbereitung im zweiten Sinne des Wortes, und um diese geht es in diesem Kapitel.

Es ist die Frage, was sich ein Lehrer am Abend vor der Lektion oder am Samstag vor einer Woche des Unterrichtens gedanklich zurechtlegen und eventuell als Lektionsplan aufschreiben soll und – dem noch vorgeordnet – ob dies überhaupt notwendig und wünschbar sein. Der Lehrerstudent, den man zu diesen Überlegungen zwingt, wird sich zudem fragen, ob dies ein zu überwindender Zustand sei, charakteristisch für den Anfänger, aber vom erfahrenen Lehrer hinter sich zu lassen. (Wir bemerken daher schon jetzt, wie fruchtbar es ist, wenn Lehrer, die Praktikanten betreuen, ihren jungen Kollegen von Zeit zu Zeit Einblick in ihre Präparationen gewähren, damit diese sehen, daß und wie sich der *erfahrene* Lehrer präpariert.)

Für den Anfänger (den „Novizen", wie man in der Lernpsychologie seit einiger Zeit sagt) ist die Antwort klar: das soziale und inhaltliche Geschehen in einer Unterrichtslektion mit 20 oder 30 Schülern ist von so überwältigender Komplexität, und die Anforderungen an den Lehrer, der es steuern sollte, sind so mannigfaltig, daß er sie als Anfänger keinesfalls improvisierend erfüllen kann. Das kann nicht einmal der erfahrene Lehrer (der „Experte", wie wir heute auch sagen). Man muß Überlegungen im voraus machen, sich das Ziel in der Vorstellung zurechtlegen, den Weg dazu im Geiste durchlaufen und dabei die mutmaßlichen Reaktionen der Schüler vorauszusehen versuchen. Das ist der Sinn der Unterrichtsvorbereitung. Das tut ja auch jeder Mensch, der eine schwierige Aufgabe vor sich hat. So bereiten sich der Redner im Parlament und der Showmaster im Fernsehen vor, so bereiten wir uns auch auf eine schwierige Unterredung mit einem Mitmenschen vor. Und manch einer, der dies unvorbereitet tun mußte und dabei scheiterte, hat sich die Haare gerauft und gewünscht: „Hätte ich mich nur vorbereiten können". Das sollte sich auch der Lehrerstudent merken.

GRZESIK (1979, 23 ff.) stellt nun aber mit Recht die interessante Frage, was denn in einen Unterrichtsplan gehöre. Denn es ist ja offensichtlich unmöglich, den ganzen Ablauf und die ihn leitenden Gedanken in die Präparation hineinzunehmen. Die Frage stellt sich für den Novizen offensichtlich anders als für den Experten. Beide können sich sagen: Was ich kann und ohne besondere Vorbereitung richtig mache, brauche ich nicht zu planen und nicht aufzuschreiben. Wo ich mich jedoch täuschen und danebengreifen könnte, da ist es gut, die Dinge gedanklich vorzuklären, das heißt zu planen. Man kann es auch anders sagen. Der Experte hat viele Überlegungen immer wieder gemacht und sie sozusagen automatisiert. Er kann sie daher rasch und mit geringem Aufwand an Aufmerksamkeit in der Unterrichtsstunde ausführen. Der Novize ist in der gleichen Situation überfordert. Er braucht länger, bis er zur richtigen Entscheidung gelangt. Diese Zeit nimmt er sich am Abend oder am Samstag vorher. Wenn er sich „richtig vorbereitet hat", so sind die Entscheidungen an den Angelpunkten der Lektion richtig getroffen, die möglichen Reaktionen der Schüler richtig vorausgesehen. Dann kann an diesen Punkten wenigstens nichts mehr schief gehen. Die Aufgabe ist dann noch schwierig genug, und einige unerwartete Probleme werden mit Sicherheit noch auftauchen. Aber wenn dies nicht mehr an den Angelpunkten geschieht, so fühlt sich der Novize schon ein gehöriges Stück sicherer.

So sehen wir nun die Überlegungen, die wir in diesem Kapitel anstellen müssen. Es geht nicht darum, noch einmal alle Regeln der Didaktik zu wiederholen. Wir nehmen an, daß der Leser diese in den bisherigen Kapiteln, einschließlich derjenigen der „Zwölf Grundformen", zur Kenntnis genommen hat. Es geht jetzt um die Überlegungen, die der Lehrer und die Lehrerin mit Vorteil *vor* der Schulstunde, am Schreibtisch, anstellen sollte, weil sie wissen, daß diese zu schwierig und zu komplex sind, als daß sie sie in der Unterrichtssituation selbst richtig anstellen können.

Dabei werden sie sich auch vor Augen halten, daß es nicht nur um das

Überleben geht. Es geht auch darum, einen reichhaltigen und interessanten Unterricht zu machen. Natürlich gibt es einige einfache didaktische Verfahren, mit deren Hilfe man bald einmal über die Runden kommt: im Lehrbuch Lesen, einige Begriffe Erklären, Wiederholen und Zusammenfassen zum Beispiel. Aber was gibt das für einen Unterricht, wenn man ihn über Monate und Jahre betreibt! Wie langweilig ist das für die Schüler, und wie trocknet dabei die Seele des Erziehers aus! So ist es nicht wert, Lehrer zu sein. Wir möchten ja, daß in einer Schulstunde etwas geschieht. Lehrer und Schüler möchten erfahren, daß sie leben, während sie lehren und lernen, „fühlen, daß sie sind …".

Zum Abschluß dieser Einleitung weisen wir auf den Zusammenhang zwischen der Theorie der Unterrichtsplanung und der Curriculumtheorie hin. Das Curriculum ist ein Lehrplan. Auch die Präparation des Lehrers plant die Lehre. Es ist eine Frage der zeitlichen Erstreckung und der Urheberschaft der Pläne. An der Abfassung des Lehrplans ist die große Mehrzahl der amtierenden Lehrer und der Lehrerinnen in der Regel nicht beteiligt. Sie übernehmen seine Richtlinien als Rahmen für ihre Arbeit. Aufgrund des offiziellen Lehrplans arbeiten sie ihren persönlichen Jahresplan und ihre Quartalspläne aus. Das ist die Nahtstelle zwischen Lehrplan und Unterrichtsvorbereitung. In diesem Kapitel denken wir jedoch vor allem an die Erstellung der Wochenpläne und an die Vorbereitung der einzelnen Unterrichtsstunden. Hier wird ausgemünzt und im einzelnen durchgeführt, was in den offizellen und in den langfristigen persönlichen Lehr- und Unterrichtsplänen in großen Zügen vorgesehen ist.

Welches sind nun also die Überlegungen und Entscheidungen, die der Lehrer und die Lehrerin im Zuge der Unterrichtsvorbereitung, am erwähnten Abend vor der Lektion oder am Samstag vor einer neuen Unterrichtswoche anstellt und trifft? Sie zerfallen in zwei große Gruppen: in die *Zielklärung* und in die *Planung des Vorgehens.*

Das Ziel der Unterrichtseinheit klären

Wir stellen uns den Lehrer und die Lehrerin konkret vor. Er oder sie hat eine Unterrichtseinheit abgeschlossen und ist im Begriff, eine nächste in Angriff zu nehmen. Wahrscheinlich wird sie mehr als eine einzige Lektion umfassen, aber die ersten Stunden werden als Einführungslektionen natürlich besonders wichtig sein. Der Planungshorizont umfaßt also etwa eine Woche. Was darüber hinausreicht, steht im Quartalsplan und im Jahresplan und ist dort in groben Zügen festgelegt.

Wie sieht es also normalerweise im Bewußtsein der Lehrer und Lehrerinnen aus? Etwa so: In meinem Quartalsplan steht

– 4. bis 6. Woche: Das Überschreiten des Zehners (Rechnen, 2. Klasse), oder:
– 5. und 6. Woche: Die Ernährung der Höhlenmenschen (Geschichte, 5. Klasse), oder:
– 10. und 11. Woche: Direkte und indirekte Rede (Sprachlehre, 8. Klasse), oder:
– 7. bis 10. Woche: Das Zigarettenrauchen: gesundheitliche Gefahren, Werbung, sozialpsychologische Vorgänge in der „peer-group" (Teamteaching des Biologen und des Deutschlehrers, 10. Schuljahr), oder:
– 9. und 10. Woche: Matthias Claudius und Johann Peter Hebel (Literaturunterricht, 12. Schuljahr).

So ist der *Stoff* auch im durchschnittlichen Lehrplan bezeichnet. (Manchmal sind, entsprechend dem nicht mehr so neuen New Look der Lehrpläne, an diese Begriffe Verben wie „ausführen können, erläutern können, unterscheiden können oder bewerten" angehängt. Aber das fügt, wie inzwischen jedermann gemerkt hat, nicht viel zum Bewußtseinszustand des Lesers hinzu. Der Lehrer selbst hat wahrscheinlich längst aufgehört, diese Verben in seine Quartalspläne hineinzuschreiben.) Derartige Stichworte lösen einige weitere Vorstellungen aus. „Überschreiten des Zehners" läßt die Lehrerin denken: „Das ist die Sache mit dem $7 + 5 = 7 + 3 + 2 = 12$". Das Stichwort der „Ernährung des Höhlenmenschen" erinnert den Lehrer an ein Schulwandbild, in dessen Vordergrund man eine Höhlenfrau vor einem Steinmörser sitzen und etwas mit einem runden Stein zermalmen sieht und in dessen Hintergrund Männer ein erlegtes Tier heimtragen. Zur direkten und indirekten Rede sagt sich der Lehrer: „Das ist nicht schwer, da komme ich drauf". Über das Zigarettenrauchen existiert eine Broschüre. Zudem weiß der Biologielehrer, daß er etwas über den Zusammenhang von Teergehalt des Rauches und Krebsentstehung und die Deutschlehrerin etwas zur Psychologie der Zigarettenwerbung und zum Konformitätsdruck der Peergroup sagen wird. Bei Matthias Claudius denkt der Lehrer natürlich zuerst an das Gedicht „Der Mond ist aufgegangen..." und bei Johann Peter Hebel an das Schatzkästlein des rheinischen Hausfreundes, eventuell an eines seiner alemannischen Gedichte.

Allgemein können wir sagen: Die Vorbereitung einer Unterrichtseinheit beginnt im Bewußtsein des Lehrers in der Regel damit, daß er eine globale Vorstellung vom *Stoffziel* und von *gewissen Darstellungen der Sache*, insbesondere von *Texten* und *Bildern* hat. Er weiß auch, daß er gewisse Vollzüge selbst sehr gut beherrscht, allerdings als *Automatismen* und in einer sehr unkindlichen, stark überlernten Form. Für die Zweitkläßler sieht das mit Sicherheit sehr verschieden aus. Schließlich ist es möglich, daß sich der erfahrene Lehrer an gewisse Lektionen erinnert, die er selbst einmal zu dem gleichen Thema gehalten hat. Vielleicht hat er auch von einem Kollegen gehört, daß eine entsprechende Lektion besonders gut (oder schlecht) gegangen sei.

Allen diesen Vorstellungen ist gemeinsam, daß das Ziel der Lektion relativ undeutlich gesehen wird. Der Lehrer ist in der Lage des Menschen, der sich vor einem neuen Unternehmen fragt: Was will ich eigentlich? Seine Frage lautet: Was müßte bei der geplanten Unterrichtseinheit eigentlich herauskommen? Es geht hier offensichtlich darum, ein spezifisches Lernziel zu klären. Darum sprechen wir mit GAGEI (1986) von der *Zielklärung*.

Die Wichtigkeit und Schwierigkeit dieser ersten Aufgabe sollte man nicht unterschätzen. Der Verfasser dieses Buches hat in seinem Leben sehr viele Lektionen von Lehramtkandidaten gesehen. Wenn dabei etwas schief gegangen ist, so lag es in der Regel daran, daß sich der junge Lehrer keine genügend klare Vorstellung vom Ziel seiner Lektion verschafft hatte. Worum geht es dabei? Um drei große Gruppen von Überlegungen, die der Lehrer vorerst auf sich selbst und sodann auf den Schüler bezieht.

Vom Stoffziel zur Zieltätigkeit

Die erste Aufgabe kennen wir aus den ersten Kapiteln dieses Buches. Lehrplan und Überschriften von Lehrbüchern nennen gewisse Stoffe in der Regel in substantivierter Form: „das Überschreiten des Zehners", „die Ernährung der Höhlenmenschen", „die direkte und die indirekte Rede" usw. Aber Stoffe können dem Schüler nun eben nicht direkt eingegeben werden. Wir müssen es fertigbringen, daß der Schüler in der Lektion gewisse Dinge sieht, denkt und/oder tut. Das nennen wir die *Zieltätigkeit*. Natürlich geht es dabei nicht nur darum, dem Schüler gewisse Verhaltensweisen beizubringen. Von MAGERs Behaviorismus haben wir gesprochen. Am Schluß wird der Schüler über ein Wissen verfügen, das über die einzelne im Unterricht vollzogene Handlung hinausreicht. Aber am Anfang steht das Sehen, das Denken und/oder das Tun, mit anderen Worten, die Tätigkeit, die sich im Wissen objektiviert.

Diese Überlegung bezieht der Lehrende am besten zuerst auf sich selber: „Was tue ich eigentlich, wenn ich rechne ‚7 + 5 = 12'? Oder er nimmt das Bild, das wirkliche Objekt oder den Text vor und fragt sich: „Was sehe ich in dem Bild? Was habe ich zu sagen? Was erschließe ich? Aufgrund wovon?

In welchen größeren Rahmen ordne ich das ein? Was ist typisch (für die Ernährung der Höhlenmenschen, für die Zigarettenwerbung, für die Texte des Matthias Claudius)?"

Diese Art der Überlegungen hat die geisteswissenschaftliche Didaktik (zum Beispiel KLAFKI 1958) das *Erschließen* eines Gegenstandes genannt. Die Annahme ist, daß im Gegenstand potentielle Erkenntnisse stecken, die man „herausholen" kann. Wir sehen es ein wenig anders, meinen, daß es darum gehe, gewisse Erkenntnisakte (Beobachtungen, Schlüsse, Einordnungen, Aussagen) am Gegenstand zu vollziehen. Das ordnet diese erkennenden Handlungen den herstellenden Handlungen (Operationen und Tätigkeiten) bei: beim Zehnerübergang gibt es keinen Gegenstand zu erschließen, aber eine Operation richtig auszuführen, also zu erzeugen (sie „herzustellen"). Ähnliches gilt für jedes praktische Handeln. Für den Lehrer geht es bei der Vorbereitung darum, die von ihm überlernten, reflexartig ausgeführten Tätigkeiten zu analysieren. Er fragt sich: Welche Handlungen (Operationen usw.) führe ich eigentlich aus, wenn ich den Zehner überschreite, in der indirekten Rede spreche, mit Wasserfarbe male, ein Lied vom Blatt singe, Lauchsetzlinge richtig pflanze, ein Brettchen auf die richtige Länge abstoße? In allen diesen Fällen ist die Bewußtwerdung von Tätigkeiten gefordert, die der Lehrer und die Lehrerin vorerst weitgehend unbewußt ausführen.

Diese Bewußtwerdung muß der Lehrende vorerst an sich selbst vollziehen. Es wäre ganz gefährlich, wenn er bloß irgendwo lesen würde, wie eine Erkenntnis- oder Ausführungshandlung aufgebaut ist. Die *Selbsterfahrung* ist die Grundlage dafür, daß wir den Schüler gut verstehen und richtig anleiten (BECK, BORNER & AEBLI 1986).

Eine leicht veränderte Fragestellung ergibt sich dann, wenn der Lehrer und die Lehrerin überlegen, ob, und wenn ja, in welcher Weise, ihnen das zu behandelnde Problem in ihrem bisherigen Leben begegnet ist und ob sie dazu eine *persönliche Erfahrung* haben, die den Unterricht befruchten könnte. Wenn es um die Urgeschichte geht: Habe ich schon einmal an einer Grabung teilgenommen oder doch eine Fundstelle besucht und dabei selbst etwas gefunden oder beobachtet? Wenn es ums Zigarettenrauchen und den Lungenkrebs geht: Habe ich selbst einen Verwandten oder Bekannten, der die Auswirkungen des Rauchens erlebt hat? Vielleicht habe ich ihn im Spital besucht. Wie war das? Und wenn es um das Zu-rauchen-Anfangen und um das Aufhören geht, wie war das bei mir, und wie bin ich das Laster losgeworden? Wenn es uns gelingt, die persönliche Erfahrung in die Behandlung eines Stoffes einzubringen, so gewinnt er eine andere Note, als wenn er bloß aus dem Lehrbuch stammt. Es ist der Unterschied zwischen einer selbst zubereiteten Mahlzeit und der Mahlzeit aus der Büchse. SCHAR-

RELMANN (1928) sagt zu Recht: Wenn es uns gelingt, den Stoff zu „vermenschlichen", dann erreicht er den Menschen im Schüler. Den Menschen im Kind erreichen: darüber lohnt es sich nachzudenken.

Wenn wir diese auf uns selbst als Lehrer bezogenen Überlegungen angestellt haben, stellen wir uns den *Schüler* vor, der diese Tätigkeiten ausführt, und dies realistisch in der Unterrichtssituation, vor dem Objekt, dem Bild, dem Text oder vor einer entsprechenden Aufgabe. Das führt uns zu der Frage weiter, welches wohl seine Schwierigkeiten sein werden, die Tätigkeit auszuführen und welche Lernprozesse notwendig seien, damit er zur richtigen Ausführung gelange. Darauf kommen wir zurück.

Dieses Sehen des Stoffes in der Perspektive des Schülers setzt sich in einer weiteren Überlegung fort: *Wie wird er in seinem späteren Leben mit dem Stoff umgehen?* Oder, in der Sprache der Zieltätigkeit: Wie wird er sie in seinem späteren Leben ausführen? Das Überschreiten des Zehners ist ein Teil des Kopfrechnens. Wie stellen wir uns das Kopfrechnen der Menschen nach dem Jahre 2000 vor? Werden sie es noch brauchen? Oder hat jeder seinen in die Armbanduhr eingebauten Rechner, und ist das Problem gar nicht mehr akut? (Wir sind nicht so sicher!) Und wie ist das mit der Ernährung der Höhlenmenschen? Ist das Problem von Interesse für den Erwachsenen? Wäre es ein Ziel, ein intrinsisches Interesse an Frühgeschichte zu wecken? Hinge das mit Ideen über die Evolution des Menschengeschlechtes zusammen? Könnte man von da aus auf die Entwicklung der Menschheit in einem nachindustriellen Zeitalter kommen? Weiter: wie stellen wir uns den Umgang des jungen Erwachsenen mit Matthias Claudius und Johann Peter Hebel vor? Sind diese Autoren nur gut für Kinder oder vielleicht für Gymnasiasten? Oder sind wir davon überzeugt, daß sie einem reifen Menschen etwas zu geben vermögen? Vielleicht gerade ihm?

Die Fragen, die wir hier stellen, hat KLAFKI (1969[10]) die Frage nach der *Zukunftsbedeutung* des Unterrichtsgegenstandes genannt. Es ist in der Tat eine wichtige Frage, besonders, wenn wir sie realistisch auf die mutmaßliche persönliche Zukunft unserer Schüler beziehen. Kennen wir denn diese Zukunft? Natürlich nicht im einzelnen. Aber vielleicht wirken wir durch unseren Unterricht an ihrer Gestaltung mit, so daß es gar keine Frage der Zukunftserwartung, sondern der Zukunftsgestaltung wäre.

Etwas weniger weit gedacht, überlegen wir bei einem gegebenen Stoff und der entsprechenden Tätigkeit, welche Rolle er/sie in der Fortsetzung des Unterrichts spielen. So zum Beispiel die Ernährung der Höhlenmenschen: Werden wir auf die Ernährung der Seerandsiedler, der Römer, der Germanen, des mittelalterlichen Menschen, auf die Ernährung von heute zu sprechen kommen? Das ist die nahe didaktische Zukunft. Auch sie verdient, im Zuge der Unterrichtsplanung reflektiert zu werden.

Eine besondere Überlegung verdient die *Sozialform der Tätigkeit*. Hier geht es nicht mehr um die Tätigkeit am Unterrichtsgegenstand, um das Sehen, Denken und praktische Tun, sondern um die Art und Weise, wie diese Tätigkeit innerhalb der Klasse und zwischen den am Lernprozess Beteiligten organisiert wird.

Die Frage der Sozialorganisation wird natürlich überall dort besonders wichtig, wo die Interaktionen zwischen den Schülern intensiviert sind, zum Beispiel im *Gruppenunterricht*. Hier ist es besonders wichtig, daß wir uns vorzustellen versuchen, wie die Schüler in der Gruppe zusammenarbeiten und wie die Ergebnisse der Gruppenarbeit dann wiederum der ganzen Klasse übermittelt werden. Je nach dem Stande des sozialen und des autonomen Lernens werden wir dazu spezifische Hinweise geben oder aber es den Gruppen überlassen, ihre Arbeit und ihren Bericht an die Klasse selbst zu organisieren. Wir verweisen hierzu auf unsere Ausführungen über den Gruppenunterricht in den „Zwölf Grundformen".

Die Sozialform des Unterrichts muß nicht nur darum überlegt werden, weil sie für das Gelingen einer Lektion wesentlich ist, sondern auch darum, weil die Schüler aus ihren Kontakten mit den Mitschülern und dem Lehrer lernen sollen. Diese Prozesse sollen sich nicht einfach ereignen. Wir versuchen, uns ihrer bewußt zu werden und Fortschritte gezielt herbeizuführen.

Die Überlegungen zur Sozialform führen in gewissen Fällen weiter zur Erwägung einer möglichen *Projektform des Unterrichts*. Hier geht es nicht bloß um die Frage, wie Schüler und Lehrer bei der Durchführung der Unterrichtseinheit zusammenwirken, sondern darum, ob ein Produkt erarbeitet werden soll, das anschaubar ist und eine praktische Bedeutung hat, eine Ausstellung zu einem Sachproblem zum Beispiel, welche den Eltern und Angehörigen der Schüler zum Besuch offensteht. In derartigen Unternehmungen sind sachliche und soziale Zielsetzungen eng verknüpft. Sie müssen sorgfältig geplant werden. Dabei wird der Lehrer und die Lehrerin diese Planung mit Vorteil nicht in Einsamkeit durchführen, sondern die Schuler einbeziehen, so wie es FÜGLISTER (1978) beschrieben hat.

Von der Zieltätigkeit zu ihrer wesentlichen Struktur

Schon bei der Bestimmung der Zieltätigkeit haben wir versucht, deren wesentliche Struktur möglichst klar zu sehen. Was ist wesentlich an der Ernährung der Höhlenmenschen? An der Verwendung von direkter und indirekter Rede? Am Werk von Matthias Claudius? Was ist der Kern der Differentialrechnung? Aber auch: was soll der Schüler über die Wirtschaft oder die Geologie Finnlands, die Geschichte Spaniens im 16. Jahrhundert über die Entstehung des Krebses, über die Musik Vivaldis oder Bartoks oder über das Werk Picassos oder Le Corbusiers lernen? Diese Fragen stellen den Kern dessen dar, was man die *„didaktische Analyse"* genannt hat. Es ist die Frage nach dem Grundlegenden, Exemplarischen (WAGEN-SCHEIN 1973[3]), Kategorialen (KLAFKI 1959) an einer Erscheinung, einem Geschehen, einer Situation, einer Persönlichkeit, einem Land, einer Zeitepoche, aber auch einer Handlung, einem Verfahren, einer Operation, also an einer menschlichen Tätigkeit.

Diese Frage kann man natürlich nicht allgemein beantworten. Es hängt vom Standort des Fragenden ab. Für den Mittelamerikaner mag das Wesentliche ein anderes sein als für den Europäer oder Nordamerikaner, für den Sohn des Bauern ein anderes als für den Industriearbeiter, für den Mann als für die Frau. Und schließlich erinnern wir uns, daß die Antwort auf diese Frage für den Lehrer anders lauten kann als für das Kind und für den Jugendlichen. Allerdings: zum Glück gibt es einige Grundstrukturen der menschlichen Existenz, und wenn den Erwachsenen eine Sache wirklich am Herzen ist, so zögern sie in der Regel nicht, sie den Kindern und Jugendlichen zu vermitteln. In einem zweiten Schritt ist es jedoch gut, daß wir uns erinnern, daß das Wesentliche für den in Entwicklung begriffenen jungen Menschen anders aussehen kann als für den Erwachsenen.

Warum ist es so wichtig, nach der wesentlichen Struktur unserer Lernziele zu fragen? Weil wir Lehrende selber vorerst bloß oberflächlich sehen und verstehen, was wir wollen. Weil es eine bedeutende Leistung darstellt, in den Kern einer Sache vorzudringen und zu sehen, „was sie in ihrem Innersten zusammenhält". Aber das macht das Unterrichten auch zu einer schönen und aufregenden Sache: mit jungen Menschen über die grundlegenden Zusammenhänge in den Tätigkeiten und Erscheinungen dieser Welt nachzudenken und sie mit ihnen zu erkunden. Ein schlechter Unterricht berührt nur die Oberfläche der vermittelten Fakten, und er ertrinkt in ihrem Vielerlei. Ein guter Unterricht hat die Gnade des Weglassens, der Konzentration auf das Wesentliche, seines tiefen Durchdringens und Verstehens. Jeder Lehrer müßte ein wenig Philosoph sein. Es müßte ihm Freude machen, die grundlegenden Zusammenhänge in den Stoffen zu durchdenken und herauszuarbeiten. Und diese Haltung müßte er auch seinen Schülern beibringen. Damit sie erführen, was es heißt, eine Sache wirklich zu verstehen, statt bloß obenhin über sie zu reden. Und vielleicht müßte es mehr als ein tiefes Verstehen, ein „tiefes Fühlen" sein. So hat es PESTALOZZI immer wieder gesagt.

Wenn wir die Frage nach dem Bedeutungskern der Unterrichtsstunde nun etwas systematischer betrachten, so erkennen wir daran zwei Seiten: *die in der Zeit ablaufende Tätigkeit* und *das zeitlose Wissen*, in dem sich die Tätigkeit niederschlägt und aus dem heraus wir die Wiederholungen und Abwandlungen der Tätigkeit erzeugen, insbesondere wenn wir sie auf neue Gegenstände und Situationen anwenden. Der Gedanke ist klar. Einmal werden wir in der Geschichtsstunde allerlei Beobachtungen und Überlegungen am Schulwandbild der Höhlenmenschen anstellen. Das sind die Tätigkeiten. Am Schluß können wir diese Beobachtungen und Schlüsse einfach wiederholen, so wie wir sie in der Stunde ausgeführt haben, nacheinander, in der Zeit. Durch unser Denken und Sehen haben wir aber auch ein synoptisches Wissen über die Höhlenmenschen konstruiert. Es ist ein Netz von Beziehungen und hat den Charakter eines Ausschnittes aus dem Weltbild. Darum können wir sagen, es sei zeitlos, nicht, weil wir es nicht vergessen könnten, sondern darum, weil wir es nicht wie einen inneren Film, sondern wie eine geistige Landkarte oder ein Bild gespeichert haben. Allerdings, wenn wir es wiederum äußern, reproduzieren oder anwenden, müssen wir es in Worten oder in einem anschaulichen Medium hintereinander, also in der Zeit, hervorbringen. So hängen Tätigkeit und Wissen („Schema und System“, AEBLI 1981) auf das Engste zusammen. Es sind zwei Seiten des gleichen psychologischen Tatbestandes.

Diese Besinnung auf den wesentlichen Kern betrifft nicht nur die rationale Seite einer Sache. Sie kann auch ihren *Wert-* und ihren *Gefühlsgehalt* betreffen. Wie gelangt man dazu? Auch hier sind Selbsterfahrung und Introspektion grundlegend. Sich auf eine Unterrichtsstunde vorbereiten, heißt immer wieder, das eigene Erleben der Sache zu beobachten und den Versuch zu machen, die dabei auftretenden Wertungen und Gefühle zu erfassen. Zwar wissen wir: in der Unterrichtsstunde können wir sie dem Schüler nicht direkt übermitteln. Seine Wertungen und seine Gefühle sind häufig andere als die unseren. Aber es ist doch wichtig, daß unsere Wertungen und Gefühle vorerst einmal ihre Stimmigkeit haben und daß wir sie auch im Lichte unseres besten Urteils bejahen und vertreten können. Es gibt oberflächliche und wesentliche Wertungen und Gefühle, genau so wie es oberflächliche und wesentliche Gedanken gibt!

Was wir hier sagen, gilt einmal für das Erleben des Lehrers. Sodann aber erinnern wir uns auch hier, daß die Dinge beim Kind und beim Jugendlichen noch einmal anders aussehen können. Wir versuchen daher, uns in ihre Haut zu versetzen und vorauszusehen, wie ihre Reaktionen aussehen. Das ist zwar nicht leicht; aber auch hier bewirkt es schon etwas, wenn wir uns des Problems bewußt werden.

Von der Struktur der Unterrichtstätigkeit zu ihrer Repräsentation

Die Frage, in welcher Weise wir der Klasse einen Gegenstand näher bringen und wie wir eine Tätigkeit ausführen sollen, ist, technisch gesprochen, die Frage nach dem „Medium ihrer Repräsentation“. Dem Praktiker ist sie bekannt als die Frage nach der „Veranschaulichung": Wie werden wir dem Schüler zeigen, wie es im Umkreis der Höhlen der Steinzeitmenschen zugegangen ist? An welchem Material werden wir das Überschreiten des Zehners ausführen? Wie zeigen wir den Schülern, was „Konformitätsdruck der Gruppe" ist? Man erkennt, daß der Begriff der Veranschaulichung nur einen Teil der möglichen Repräsentationen einer Sache bezeichnet. Auch eine sprachliche Darstellung repräsentiert die Sache, etwa, wenn wir die Texte von Claudius und Hebel lesen. Die Idee der Veranschaulichung birgt in sich auch die Gefahr, daß wir vor allem an das Ansehen von Bildern denken. Wenn wir eine Tätigkeit ausführen, repräsentieren wir sie durch unsere eigene Handlung, und dies ist nochmals etwas anderes, als wenn wir eine Tätigkeit beobachten, d.h. innerlich mitvollziehen. BRUNER (1966/1971) hat die Repräsentationsformen in die drei großen Gruppen der enaktiven, der ikonischen und der symbolischen Repräsentationen eingeteilt. Innerhalb dieser Gruppen bestehen vielfältige Varianten und Mischformen (AEBLI 1981, Kap. VI und VII).

Die Wahl der Repräsentationsform ist wichtig. Glücklicherweise haben Lehrer ein gutes Gespür für die Vor- und Nachteile (und für den Aufwand), den die einzelnen Formen der Repräsentation von Gegenständen und Tätigkeiten in sich schließen. Höchstens dem Anfänger im Lehramt muß man sagen, daß er die Anschauungsmittel mit Vernunft einsetzt und daß er bei beschränkter Vorbereitungszeit gut überlegt, wieviel Zeit und Kraft er für die Herstellung und Beschaffung von Anschauungsmitteln auf der einen Seite und für das Durchdenken der Ziele und des Vorgehens auf der andern Seite verwenden will. Manch eine Lektion ist schief gegangen, weil der Kandidat ob der Beschaffung der Materialien nicht mehr zum sorgfältigen Planen des Lektionsverlaufs gekommen ist.

Zusammenfassend halten wir zum Problem der Zielklärung folgendes fest. In ihrem Verlaufe verwandelt sich im Bewußtsein des Lehrers der tote Stoff in eine lebendige, mit den Schülern auszuführende Tätigkeit. Diese findet ihre Sozialform. Unter Umständen weitet sie sich zum Projekt aus. Wir sind uns bewußt geworden, was uns der Gegenstand und die darauf bezogene Tätigkeit bedeutet. Wahrscheinlich verstehen wir sie nun selbst besser als je zuvor. Wir haben auch die konkrete Zukunftsbedeutung der Tätigkeit für den Schüler überlegt, und wir sehen diesen und die Lektion in einer großen zeitlichen Perspektive, im Grenzfall in der Perspektive der Lebensspanne. Schließlich sind wir auch zum wesentlichen Kern und den möglichen Repräsentationen des Gegenstandes und der Tätigkeit vorgedrungen: noch einmal eine Vertiefung des Verständnisses. Wir haben das Stadium des bloß oberflächlichen Verstehens der Lernziele überwunden. Wir sehen nun klar, was wir wollen. Die erste Bedingung für das Gelingen des Unterrichts ist damit gelegt, die zweite besteht darin, daß wir auch den Weg zum Ziel finden. Davon handeln die nächsten Überlegungen der Unterrichtsvorbereitung.

Das Vorgehen planen

Wer ein Ziel hat, kann sich daran machen, auf es zuzugehen. Dies will natürlich seinerseits geplant sein, denn auch hier müssen „vor Ort" so viele und komplexe Entscheidungen getroffen werden, daß sie der Anfänger unmöglich *ad hoc* richtig treffen kann. Zudem müssen natürlich auch Materialien, Texte und Beispiele bereitgestellt werden: alles Tätigkeiten, welche in die Vorbereitung fallen.

(1) Vom „Lernstand" des Schülers zum Lernziel. Nachdem wir uns das Lernziel vergegenwärtigt haben, überlegen wir uns, wo der Schüler im Hinblick auf dieses steht und wo wir ihn abholen müssen, um mit ihm dahin zu gelangen. Man spricht vom „Entwicklungsstand" und vom „Ausbildungsstand" des Schülers. Beide Ausdrücke sind berechtigt, aber zu global. Wir müssen uns den Stand des Lernens vorstellen, insofern es die Vorstufe dessen darstellt, was der Schüler in der Unterrichtseinheit lernen soll. Das nennen wir den „Lernstand". Im Falle des Überschreitens des Zehners ist es klar: der Schüler muß (1) innerhalb des Zehners addieren, (2) auf den vollen Zehner ergänzen und (3) die Zahlen von 1 bis 9 zerlegen können. Aus diesen Elementen konstruieren wir den Zehnerübergang. Aus diesem Beispiel sieht man zugleich, daß der Lernstand des Schülers in der Regel nicht eine einzige Operation oder einen einzigen Begriff umfaßt. Hier sind es deutlich drei verschiedene Operationen. Man sieht auch, daß diese die *Voraussetzungen* für das Gelingen des nächsten Lernschrittes darstellen. Der „Lernstand" bezeichnet die spezifischen „Voraussetzungen" der geplanten Lektion.

Wenn wir mit den Schülern über die Ernährung der Höhlenmenschen sprechen, sind die Voraussetzungen viel komplexer und daher schwieriger zu bestimmen. Anderseits stammen sie großenteils aus seinem Alltagsdenken und sind daher wahrscheinlich vorhanden. Er weiß, was es heißt, ein Tier zu jagen und ein Getreidemus herzustellen. Aber weiß er auch, was es heißt, das Tier „auszunehmen" und die Getreidekörner „in einem Mörser" zu zermalmen? Wenn er es nicht weiß, müssen wir noch einmal einen Schritt zurückgehen und die vorgeordneten einfacheren Begriffe suchen, die die neuen Begriffe erklären. Ähnliche Überlegungen stellen wir in den übrigen Fächern an. In den Kunstfächern fragen wir nach dem Können, das der Schüler mitbringt. Es stellt die Ausgangsbasis zum Erwerb neuer Fertigkeiten dar.

Eine Unterscheidung ist nützlich: diejenige der *globalen Vorform* oder des globalen Vorverständnisses einer Leistung und diejenige ihrer *Elemente*.

Es ist ein didaktischer Glücksfall, wenn wir bei der Durchmusterung des mutmaßlichen Vorwissens unserer Schüler auf eine globale Vorform dessen stoßen, was wir ihnen beibringen wollen. In den „Zwölf Grundformen" haben wir das Beispiel der Mühle als Vorbegriff des Kraftwerkes gesehen. Eine derartige Vorform enthält schon wesentliche Zusammenhänge dessen, was wir in der Folge in abgewandelter und differenzierterer Form sehen werden. Vom Mühlenweiher kommen wir auf den Stausee, vom Wasserrad auf die Turbinen zu sprechen. In beiden Fällen wird Wasserkraft genutzt. Manchmal hat der Schüler auch ein noch wenig durchdachtes Vorverständnis oder einen „Vorgebrauch" der Sache. So verwendet er natürlich schon selbst die direkte und die indirekte Rede in seinen Berichten. Wenn das der Fall ist, kann sich die Lektion darauf beschränken, zu durchdenken, was der Schüler praktisch schon tut. Das ist etwas anderes, als wenn eine Sprachform, wie etwa im Fremdsprachunterricht, sowohl praktisch als auch theoretisch neu eingeführt werden muß.

Die Alternative ist *der Aufbau* einer Handlung, einer Operation oder eines Begriffes *aus Elementen*. Die Besinnung auf den „Lernstand" besteht hier darin, sich zu fragen, welche Bausteine für den geplanten Aufbau im Repertoire vorhanden sind. Man wird dabei eher vorsichtig sein und so weit zurückgehen, daß die notwendigen Elemente sicher verfügbar sind. Man wird also zum Beispiel nicht annehmen, daß der Begriff des Mörsers bekannt ist, sondern diesen selbst noch in der Stunde mit Hilfe des einfacheren Begriffes des Steingefäßes oder des hohlen Steins erklären.

(2) Den Zugang zum neuen Stoff finden. Mit der Bestimmung des Lernstandes des Schülers und des Ziels der Unterrichtseinheit sind die beiden Angelpunkte gefunden, zwischen denen die Lektion aufgespannt wird. Nun setzen die klassischen didaktischen Überlegungen ein, die wir in den beiden Bänden dieser Didaktik vielfältig abgewandelt haben. Wir können uns daher kurz fassen.

Man hat immer wieder betont, man müsse einen „Zugang" zum neuen Stoff finden. Was soll das heißen? Offenbar nicht einfach, daß man vom Lernstand des Schülers – wie beschrieben – ausgehen müsse. Man erkennt, daß der Begriff des „Zugangs" sonderbar wenig sagt. Die Meinung ist offenbar, daß wir den neuen Stoff in einer Weise angehen müßten, die von Anfang an das *Interesse* des Schülers findet. Aber wie soll sich der Schüler für etwas interessieren, das er noch nicht kennt?

Darum unsere Lösung: *die Problemstellung selber aufbauen.* Wir haben gezeigt, wie man das tut. Wir entwickeln im Idealfall eine praktische Fragestellung, in der das theoretische Problem steckt. Es kann das eigene Handeln betreffen. Das ist im Mathematikunterricht häufig möglich. („Ursprünglich waren sieben Gäste angemeldet, jetzt kommen noch fünf dazu, wieviele Teller, wieviele Tassen etc. braucht es nun?" Weitere Beispiele in Kapitel VIII der „Zwölf Grundformen".) Man kann sich auch in die Haut eines anderen versetzen und sein Problem zu sehen versuchen. („Ihr habt auch schon einen Kuchen gebacken. Jetzt versucht euch einmal auszumalen, ihr hättet nur ein Häufchen Getreidekörner, Steine und ein Feuer zur Verfügung. Könntet ihr einen Kuchen machen?") Dies sind ergiebige Problemstellungen. Manchmal müssen wir bescheidener sein. Ein Vergleich kann helfen. Wir stellen die direkte Rede der indirekten gegenüber, fragen nach Gemeinsamkeiten und Verschiedenheiten der Form und des Gebrauchs. Ähnlich „komparativ" gehen wir im Literaturunterricht vor.

(3) Den Ablauf der Lektion planen. Dann durchlaufen wir die formalen Stufen des Lernzyklus (Kapitel X-XIII der „Zwölf Grundformen"). Auf jeder Stufe überlegen wir uns: Welche Fragen und Aufforderungen richten wir an die Schüler? Können sie darauf antworten, die vorgeschlagene Tätigkeit ausführen? Welches sind die mutmaßlichen Antworten? Wie reagiere ich darauf? Wie führe ich die Überlegung zum nächsten Schritt weiter?

Die Frage der Sozialform der Tätigkeit stellt sich hier im einzelnen. Sie ist ja nicht in jedem Fall während der ganzen Stunde oder der ganzen Unterrichtseinheit die gleiche. In den Stunden des Durcharbeitens und des Übens stellt sich eine allgemeine Frage besonders akut: diejenige der notwendigen Abwechslung, des Rhythmus der Tätigkeit. Eintöniges, immer gleiches Vorgehen tötet das Interesse, die Abfolge von Anspannung und Entspannung, auch der Wechsel der Tätigkeitsformen mobilisieren neue Kräfte. Hier planen der Lehrer und die Lehrerin die *Dramaturgie* ihrer Unterrichtsstunde.

In vielen Fällen überlegen wir uns auch die *mutmaßlichen Schwierigkeiten,* welche unsere Schüler beim Aufbau und der Differenzierung, beim Durcharbeiten und Üben und bei der Anwendung der neuen Verfahren antreffen werden. Parallel dazu verlaufen die Überlegungen über mögliche Hilfen, Vereinfachungen, „Reduktionen der Komplexität".

Der Novize muß sich *die praktischen Aspekte der Tätigkeit* genau überlegen. Ich hole die Klasse nach vorn: wie stelle ich sie auf, so daß alle sehen, was sie sehen sollten? Ich tue etwas mit einer Gruppe oder einem einzelnen Schüler: was tun die anderen in dieser Zeit? Es ist auch wichtig, daß wir mit den Materialien zurecht kommen: das Aufhängen des Bildes sollte klappen, der Versuch gelingen, die Demonstration klar herauskommen. Hierzu muß man dem Anfänger raten, schwierige Handlungen auszuprobieren, im Grenzfall zu üben. Das ist keine Schande und auch eines begabten Menschen nicht unwürdig. Auch große Politiker proben ihre Auftritte!

Der Lehrer muß auch wissen, was er vor der Stunde *bereitstellen* sollte. Vor einer schwierigen Klasse kann man keinen längeren Text an die Wandtafel schreiben, denn hinter dem Rücken des Lehrers geschehen Dinge. Also muß man den Text vorher an die Wandtafel schreiben und diese im geeigneten Augenblick einfach umdrehen. Wenn wir uns von der Klasse abwenden, um etwas anzuschreiben, geben wir ihr ein Problem zu überlegen. Unfug entsteht, wenn die Schüler nichts zu tun haben.

Die Einzelheiten der didaktischen Planung ergeben sich, wie gesagt, aus der gesamten Didaktik. Wichtig ist, daß der Lehrer und die Lehrerin einen klaren Plan über den Ablauf der Stunde im Kopf haben. Sie müssen die drei bis fünf *Hauptschritte der Lektion* mit ihrem ungefähren Zeitbudget, den leitenden Fragen und ihren Ergebnissen plastisch vor sich sehen. Am Schluß soll das angestrebte Lernziel erreicht sein, und zwar nicht nur faktisch, sondern auch im Urteil der Schüler. Also braucht es am Schluß Zeit, um sich Rechenschaft über den Ertrag der Stunde abzulegen. Wenn das Pausenzeichen ertönt, sollte man sich nicht mehr im Getümmel der Erklärungen und des Arbeitens befinden, sondern Zeit gefunden haben zu fragen: Haben wir nun verstanden, gelernt, gesichert, angewendet... was wir verstehen, lernen ... wollten? Ist es gut gegangen, oder haben wir Fehler gemacht ...im Umgang mit der Sache ...im Umgang mit dem Kameraden, mit dem Lehrer, mit uns selbst?

Schließlich die *Hausaufgaben*. Wir haben im entsprechenden Kapitel gesehen, welches ihre Bedeutung im Dienste des autonomen Lernens ist. Also müssen die Hausaufgaben sorgfältig besprochen und die nötigen Hinweise und Kriterien gegeben werden. Dafür ist im Lektionsplan Zeit einzusetzen. Dies wiederum zwingt bei der Erarbeitung des neuen Stoffes zur Beschränkung. Darin zeigt sich der Meister! Man kann nicht alles tun. Man muß das Wesentliche tun.

Eine letzte Gruppe von Überlegungen betrifft die *Diagnose* und die *Prüfung* des Lernerfolgs. Der Lehrer muß sich über das Ergebnis einer Unterrichtseinheit Rechenschaft ablegen. Er möchte ja in der Fortsetzung der Arbeit auf gesicherten Grund und nicht auf Sand weiterbauen. Der Schüler hat das gleiche Anliegen. Denn letztlich ist er das Opfer, wenn das konstruierte Lerngebäude ins Wanken gerät. Also ist es gut, wenn der Lehrer schon bei der Planung einer Unterrichtseinheit an die Diagnose und die Prüfung ihres Ergebnisses denkt. Während der Planung ist ihm der Stoff gegenwärtig. Während er Beispiele auswählt oder ausarbeitet, kann er mit Leichtigkeit einige weitere Beispiele beiseite legen, die er für die Zwecke der Diagnose und der Prüfung braucht. Wenn er die gleiche Arbeit drei Wochen später tut, ist alles umständlicher und schwieriger. Der Gedanke an die Prüfung und ihre Schwierigkeiten läßt uns zum Teil auch schon in der Unterrichtsstunde besser vorgehen, denn wir wissen schon jetzt, welche Leistungen die Schüler in der Folge selbständig erbringen sollen. So ersparen wir uns selber und den Schülern unangenehme Überraschungen.

Die äußere Form der Präparation

Im folgenden beschreiben wir die schriftlichen Unterlagen, welche wir bei der Planung einer Unterrichtseinheit herstellen und die wir bei ihrer Durchführung benützen. Wir nennen sie im folgenden die „Präparation". Das ist in der Praxis des Lehrers und der Lehrerin, die unbeaufsichtigt für sich selbst präparieren, in der Regel kein einheitliches Dokument mit durchnummerierter Seitenzahl. Es sind Zettel mit Notizen und Ideen aller Art. Immerhin: auch der Praktiker wird schließlich eine Unterlage herstellen, die er in die Unterrichtsstunde mitnimmt und die ihm bei der Durchführung der Lektion als Gedächtnisstütze dient. Das braucht jedoch kein selbständiges Dokument für jede einzelne Lektion zu sein. Es kann entweder mehrere Lektionen umfassen oder aber, in einer Primarschulklasse, einen ganzen Tagesplan darstellen. Davon möchten wir, von Ausnahmen abgesehen, allerdings schon an dieser Stelle warnen, denn es ist nicht geschickt, Präparationen zu so verschiedenen Fächern wie Sprache, Rechnen, Realien, Zeichnen, Singen und Turnen auf dem gleichen Dokument zu vereinen. Sie werden ja sicher nie mehr in der gleichen Abfolge gelehrt werden. Aber auch zu dieser Regel ist eine Ausnahme möglich: dann, wenn ein Thema fächerübergreifend behandelt wird, so daß in einem Tagesplan gezeigt wird, wie die Gesichtspunkte der einzelnen Fächer untereinander koordiniert sind. Aber derartige gesamtunterrichtliche Einheiten sind komplizierte Gebilde, und die Wahrscheinlichkeit ist groß, daß auch sie nie genau gleich wiederholt werden. Es ist daher auch hier vorzuziehen, daß man getrennte Unterlagen für die einzelnen Fächer herstellt.

Im Normalfall werden wir also für eine Lektion eine Unterlage herstellen. Als erstes stellt sich die Frage, wie wir diese verstehen: als Wegwerfprodukt oder als ein Dokument, das wir aufbewahren werden, um es in einem, zwei oder drei Jahren wieder hervorzunehmen? Ich meine, man soll seine Präparationen datieren und aufbewahren. Warum? Nicht, um die Lektion in einem oder zwei Jahren genau gleich, und diesmal ohne Vorbereitung, zu wiederholen. Ein lebendiger Mensch wird das nicht tun. Es macht ihm keine Freude, und er ist mit seinen letztjährigen und vorletztjährigen Ideen und Lösungen ohnehin nicht mehr zufrieden. Er kann es jetzt besser. Aber es ist wichtig, daß man vor der erneuten Bearbeitung eines Themas sieht, wie man es das letzte Mal versucht hat. Und es ist natürlich nützlich, wenn man sich weiterhin auf die Notizen, Literaturhinweise und auch auf die Ergebnistexte stützen kann, die man damals ausgearbeitet hat. Man braucht eine Plattform, um eine Stufe höher zu kommen. Im anderen Fall besteht die Gefahr, daß man immer wieder am gleichen Punkte beginnt und die gleichen Fehler macht. Es ist auch empfehlenswert, die Notizen aufzubewahren, damit man sich am Schluß eines Schuljahres Rechenschaft über seinen Ablauf ablegen kann. War es richtig, mit dem Einmaleins erst im letzten Quartal des zweiten Schuljahres zu beginnen? Wie weit waren wir in der Geschichte in der Mitte des sechsten Schuljahres? Was haben wir ein Jahr vor dem Abitur nun eigentlich im Muttersprachunterricht schon gelesen, noch nicht gelesen? Alle diese Fragen sind leicht zu beantworten, wenn man seine Unterlagen datiert und fachweise ablegt. Auch bei Konflikten mit Eltern oder Schulbehörden kann das eine Hilfe sein.

Es stellt sich daher auch die Frage der geeigneten Form der Ablage der Präparationen. Es gibt viele Lösungen. Viele Lehrer und Lehrerinnen verwenden Karteien und Ringhefte. Der Verfasser dieses Buches hat seine Präparationen als junger Lehrer jahrelang in Schuhschachteln karteiförmig (Postkartenformat A 6) abgelegt und ist damit gut gefahren. Die grossen Büroordner sind umständlich und schwer zu transportieren. Ringbücher des Formates A 5 oder A 4 sind vielerorts beliebt. Aber auch solide Hefte können günstig sein, denn da kommen die einzelnen Blätter sicher nicht durcheinander.

Es gibt also keine beste Lösung. Der Lehrer und die Lehrerin müssen auch ihre persönlichen Eigenschaften (und Schwächen) in die Entscheidung einbeziehen. Dem Anfänger kann man höchstens raten, nicht mit einem komplizierten und aufwendigen System zu beginnen, sondern eine zeitlang zu experimentieren und so jene Lösung zu entwickeln, die seinen Bedürfnissen entspricht.

In den bisherigen Überlegungen haben wir an den Praktiker in der definitiven Berufssituation gedacht. Die Lage des Lehrerstudenten, des Junglehrers und des Studienreferendars ist eine andere. Er steht in einem Lernprozess. Seine Erfahrung ist beschränkt. Daher muß er im Zuge der Unterrichtsvorbereitung gewisse Überlegungen bewußt und teilweise mühevoll anstellen, die dem erfahrenen Lehrer selbstverständlich sind. Da bei ihm auch die Gefahr besteht, daß er im Verlaufe einer Lektion die Übersicht verliert und von seinem Plan abweicht, muß er sich diesen relativ genau aufschreiben und sich daran halten (auch im übertragenen Sinn, um nämlich nicht „abzustürzen"). Hinzu kommt die Tatsache, daß er sich bei einer Probelektion meistens auch „auf dem Prüfstand" befindet, wie GAGEL

(1986) anschaulich sagt. Er muß seine didaktischen Entscheidungen begründen können. Wenn in der Lektion unerwartete Schwierigkeiten auftreten, ist es gut, wenn er zeigen kann, wie er sie sich eigentlich gedacht hat. Dies legt es nahe, relativ ausführlich zu präparieren. Es ist falsch, dies als künstlich abzutun. Es ist im Gegenteil natürlich, daß der Novize anders plant als der Experte.

Anderseits geschieht es an vielen Institutionen der Lehrerbildung, daß die Lehrerstudenten nur lernen, ausführliche Präparationen mit vielen Vorüberlegungen zu verfassen. Wenn sie dann in die ersten Praktika kommen, geraten sie in Schwierigkeiten, weil es ihnen nicht mehr gelingt, sich in dieser Breite zu präparieren. Es ist daher notwendig, daß man ihnen auch zeigt, wie man sich in realistischen Unterrichtssituationen mit höheren Stundenpensen vorbereitet.

Aus diesen Gründen werden auch wir hier zeigen, wie sich der Anfänger im Lehramt für seine ersten Unterrichtsstunden präpariert. Davon heben wir die Präparation des erfahrenen Lehrers im Schulalltag ab. Unsere Vorschläge versuchen also, realistisch zu sein und die gesamte Befindlichkeit des sich vorbereitenden Novizen oder Experten in Rechnung zu stellen.

Wir halten dabei fest, daß die Präparation die Überlegungen der Unterrichtsvorbereitung nicht in ihrem Ablauf, sondern in ihrem Ergebnis wiedergibt. Didaktische Alternativen, die gewählte Lösung und ihre Begründung und Rechtfertigung werden nur ausnahmsweise, an besonders wichtigen Entscheidungspunkten, genannt. Denn die Präparation soll handlich bleiben und auch von den Betreuungspersonen in relativ kurzer Zeit gelesen und kommentiert werden können. Wir gehen davon aus, daß der Lehramtskandidat Gelegenheit erhält, seine Lektion mit der oder den Betreuungspersonen, eventuell in Gegenwart seiner Studienkollegen, zu diskutieren und bei dieser Gelegenheit zu sagen, welche Alternativen der Stoffauswahl, des Vorgehens usw. er gesehen und mit welchen Gründen er eine bestimmte Lösung gewählt hat.

Wir verzichten in der Regel auch darauf, daß der Verfasser der Präparation eine „Sachanalyse" vorlegt. Der Betreuer und Beurteiler der Lektion trauen sich zu, aus dem Ergebnistext und dem in der Präparation dargestellten Verlauf der Lektion abzulesen, ob der Kandidat die Sache adäquat analysiert und verstanden hat, und dieser selbst läßt die Ergebnisse seiner Sachanalyse eben in seine Zielklärung, in die Vorgehensplanung und bei Wissenszielen in den Ergebnistext einfließen. Eine zusätzliche Sachanalyse führt zu unnötigen Wiederholungen. Die wollen wir vermeiden, um dem verbreiteten Eindruck entgegenzuwirken, daß Lektionspräparationen unnatürliche Spiele im Umkreis von Übungsschulen und Praktika darstellen. Auch eine Präparation ist ein Text. Er ist an einen Adressaten gerichtet, und er soll seine Botschaft mit sparsamen Mitteln übertragen. Wir plädieren mit anderen Worten für eine funktionale Betrachtung der Präparation.

Die ausführliche Präparation des Novizen

Im folgenden geben wir das Schema für eine ausführliche Präparation an, so wie man sie vom Anfänger im Lehramt verlangen kann. Es ist dabei selbstverständlich, daß je nach dem Fach gewisse Abwandlungen des Schemas angezeigt sind. Die äußere Form der Präparation wählen wir bewußt einfach. Insbesondere verzichten wir auf raffinierte graphische Darstellungen, zum Beispiel mit Hilfe verschiedener Spalten, die verschiedene Aspekte der Lektion beleuchten (Vorgehen, Sozialform, Ergebnisse usw.). Nach unserer Erfahrung bleiben bei dieser Darstellung immer wieder lange Abschnitte einzelner Spalten entweder weiß oder mit Bemerkungen gefüllt, die wenig Informationswert haben. Wir sehen daher nur drei Spalten vor, einen etwa 5 cm breiten Rand, der dem Betreuer dazu dient, seine Kommentare hinzuschreiben, eine Hauptspalte mit allen notwendigen Angaben und eine etwa 1 cm breite Spalte, in der die Zeiten des Unterrichtsverlaufs festgehalten sind. Alle übrigen Gesichtspunkte kennzeichnen wir durch geeignete Titel und Untertitel und, wo nötig, durch weitere Hervorhebungen. Im folgenden Schema (S. 348–350) sind die Untertitel normal, die erklärenden Bemerkungen und die durch den Lehramtskandidaten auszuführenden Teile kursiv gedruckt.

Wie man sieht, beschränken wir die einleitenden Bemerkungen auf die Angabe der Tätigkeit der Schüler, der Lernziele und der Lernvoraussetzungen. Sich über die Tätigkeit der Schüler Rechenschaft abzulegen, ist grundlegend. Hier sagen wir, was in der Stunde geschieht. Dies aber ist, wie wir inzwischen gesehen haben, nicht identisch mit dem, was die Schüler bei Gelegenheit ihrer Tätigkeit lernen. Daher die Bestimmung der Lernziele. Diese wiederum bilden den einen Pol, der andere Pol ist in den Lernvoraussetzungen gegeben. Der Leser wird sich vielleicht fragen, warum wir die Lernziele nicht an den Anfang stellen. Wir meinen, daß die meisten Lehrer eine klare Vorstellung von den Tätigkeiten haben, die sie mit den Schülern ausführen wollen. Es ist eine Überlegung zweiter Ordnung, innerhalb dieser Tätigkeiten zu bestimmen, welche Lernprozesse sie auslösen. Es wäre utopisch, wollte man davon ausgehen, daß der Lehrer in jedem Falle von den Lernzielen aus zu den Tätigkeiten gelange. Unser Vorgehen ist also insofern realistisch, als es zugibt, daß es in gewissen Fällen gar nicht so klar zu sein braucht, was die Schüler bei Gelegenheit einer Tätigkeit im einzelnen lernen.

Fach: Thema der Lektion

Die zentrale Tätigkeit der Lektion

- *Was die Schüler in der Stunde tun (nicht was sie lernen), an welchem Gegenstand (Objekt, Bild, Film, Text ...), als Reaktion auf welches Angebot (Demonstration, Geschichte, Referat, vorgespielte Schallplatte ...), mit welchem Gerät, Material.*
- *Das konkrete Produkt der Schülertätigkeit, das am Schluß der Stunde vorliegen soll (Aufsatzentwurf, Scherenschnitt, graphische Darstellung ...).*
- *Erworbenes Wissen nicht darstellen, sondern auf Ergebnistext (siehe unten) verweisen.*
- *Die Sozialform der Tätigkeit hier nennen, sofern sie während der ganzen Stunde gleich bleibt, sonst unter „Verlauf".*

Lernziele

(Die Schülertätigkeit soll Lern- und Erfahrungsprozesse auslösen.)
- *Welchen neuen Stand des Lernens, welchen Lernfortschritt soll der Schüler am Ende der Stunde realisiert haben? Bei Wissenzielen genügt Verweis auf Ergebnistext. Aber hier erwähnen, sofern explizit angestrebt:*
- *Interessen, die geweckt werden sollen*
- *Wertungen, die wir beeinflußen möchten*
- *Gefühlsreaktionen, die wir voraussehen*
- *Ergebnisse des sozialen Lernens*

Lernvoraussetzungen (der „Lernstand")

- *Welche spezifischen Lernvoraussetzungen (Erfahrungen, Wissen, Können) aus der Alltagserfahrung, aus dem bisherigen Unterricht sind gegeben?*

Unterrichtsverlauf	Zeit
Das Hauptproblem, die Hauptabsicht der Stunde – *Die vorläufige Problemstellung, der Tatbestand (Bild, Text- stelle, Experiment, Beobachtung), der eine Frage aufwirft.* – *Nach Vertiefung des Problems, der Absicht: definitive, ver- schärfte Fragestellung, Formulierung der Absicht. Vermutun- gen, Hypothesen. Der Arbeitsplan.*	0-te Min.
1. Teilproblem/1. Tätigkeitsphase: *(Inhaltlich kennzeichnen)* Material: *Aufzählen* Sozialform: *Nennen*	...te Min.
Lehrer: *Was der Lehrer sagt/tut, die 1. Leitfrage, der 1. Haupt- auftrag).* Schüler: *An wichtigen Punkten: Vermutete Schülerantworten. Wichtige Hilfen angeben.* Lehrer: ... *(Nur wesentliche Schritte!)* Schüler: ...	
1. Teilergebnis: *Formulieren. Sagen, wie das Teilergebnis festge- halten wird.* 1. Teilprodukt: *Nennen*	
2. Teilproblem/2. Tätigkeitsphase: *(Inhaltlich kennzeichnen)* Material: ... Sozialform: ...*(nur wenn verändert)*	...te Min.
Lehrer: ... Schüler: ... Lehrer: ... Schüler: ...	
2. Teilergebnis/Teilprodukt: ...	
3. (4., 5.) Teilproblem/3. (4., 5.) Tätigkeitsphase: ...	...te Min.
Wiederholung, Rückblick und Ausblick	...te Min.
– Inhaltlich: *Was haben wir getan, gelernt? Wie geht es weiter? (Verweis auf Ergebnistext, Wandtafel kann genügen.)* Sozial: *Wie haben wir zusammengearbeitet?*	

349

Besprechung der Hausaufgabe	...te Min.

– *Mutmaßlicher Zeitaufwand: ... Auf wann: ...*
– *Was tun, wie vorgehen? Was dabei lernen?*
– *Wie das Produkt selber prüfen? (Kriterien)*
– *Wie den Lernerfolg selber beurteilen? (Selbstdiagnose)*
– *Wie wird es der Lehrer zur Kenntnis nehmen, kontrollieren?*
– *Wie das Ergebnis der Klasse vortragen?*

Stillarbeit, autonome Tätigkeit, Hefteintrag	...te Min.

(Kann an beliebiger Stelle der Lektion stattfinden)
– Sozialform: ...
– Material: ...
– Instruktion: *(ähnlich wie bei Hausarbeit)*

(Ende der Lektion)	Gesamte Unterrichtszeit:	...Min.

Ergebnistext

Verweis auf Wandtafeltext kann genügen. In jeder Stunde, in der Wissen erarbeitet wurde, angeben, auch wenn nicht an Wandtafel oder im Schülerheft festgehalten. In der Sprache und Begrifflichkeit des Schülers. Durch Lehrer selbst formuliert, nicht aus einem Lehrmittel herauskopiert. Alternative: als Netz, Schema, Graphik dargestellt.

Wandtafel (Hellraumprojektor etc.)

Maßstäblich verkleinert, Raumverteilung wie im Original, so daß das Wandtafelbild und der Text gegebenenfalls durch den Schüler in sein Heft übernommen werden kann. Bis 6. Schuljahr: Normschrift.

Diagnose/Prüfung des Lernerfolgs

– Mögliche Prüfungsformen: ...
– Beispiele von möglichen Prüfungsaufgaben: ...

Nachbesinnung, Erfahrungen

Vom Lehramtskandidaten nach Durchführung der Lektion zu formulieren.

Wenn Lehramtskandidaten den Unterrichtsverlauf darstellen, so ist es unerläßlich, daß sie diesen deutlich *gliedern*. Daher unsere Untertitel, die die Angabe des Hauptproblems mit seiner Vertiefung und sodann die Lösung der Teilprobleme oder Teiltätigkeiten angeben. Ihre Kennzeichnung durch Untertitel mit inhaltlicher Bestimmung hat zur Folge, daß auch im Geiste des Lehrers eine klare Gliederung entsteht. Damit hindert sich der Lehrer daran, ins „Schwimmen" zu geraten. Innerhalb einer klaren Gliederung weiß er auch in jedem Moment, wo er steht, was er hinter sich hat und was noch zu geschehen hat.

Sodann haben wir in Übereinstimmung mit den theoretischen Kapiteln dieses Buches die *Arbeitsrückschau* und die Besprechung der *Hausaufgabe* und die *Stillarbeit,* welche auf das autonome Lernen hinführen, stark gewichtet. Wir meinen weiter, daß die Erarbeitung eines guten *Ergebnistextes* fundamental sei. Hier sollte sich der Lehrer jedes Wort überlegen. Er sollte sich bei jedem Begriff Rechenschaft darüber ablegen, ob er in seinem inneren Aufbau klar entwickelt worden sei und ob er im Verlaufe der Stunde auch anwendungsfähig geworden sei. Man könnte einwenden, daß das Ergebnis einer Stunde häufig ebenso gut in einer Zeichnung oder einer Graphik festgehalten werden könne. Das ist nur in Ausnahmefällen der Fall. Sehr häufig ist es nämlich den Schülern gar nicht klar, welche Erkenntnisse in einer Zeichnung oder in einer Graphik enthalten sind. Wenn jedoch ein Text formuliert wird, der sagt, was an einer Zeichnung oder an einem Schema zu sehen sei, so ist das Ergebnis klar festgelegt.

Selbstverständlich meinen wir nicht, daß derartige Ergebnistexte auswendig gelernt werden sollen. Wir meinen aber, daß ihre Sprache so klar und so vorbildlich sein müsse, daß wir vom Schüler auch erwarten können, daß er sich die entsprechenden Formulierungen einprägt. Auf diese Weise bereichert sich seine Sprache. Schließlich wird das *Wandtafelbild* genau so, wie es an die Tafel kommt und wie es ins Heft des Schülers übernommen wird, aufgezeichnet. Der Anfänger muß sich hier die Raumverteilung und die Gestaltung genau überlegen. Damit ist auch einer vorbildlichen Heftführung vorgearbeitet.

Die *Nachbesinnung* schließlich wird nicht in jedem Falle verlangt werden. Es ist jedoch eine gute Regel, daß Lehramtskandidaten nach ihren ersten Versuchen festhalten, was sie dabei erlebt und erfahren haben. Aber auch der erfahrene Lehrer wird immer wieder in kurzen Worten festhalten wollen, was bei einem bestimmtem Vorgehen oder bei bestimmten Materialien Schwierigkeiten bereitet und was sich bewährt hat. Bei einer Wiederholung der Lektion kann man diesen Erfahrungen Rechnung tragen.

Die Kurzpräparation des Experten

Der erfahrene Lehrer wird eine kürzere Präparation verfassen. Sie dient ja nur ihm selbst, ist niemandem zur Korrektur zu unterbreiten. Die Kurzpräparation umfaßt wahrscheinlich nur die folgenden Punkte:

Fach: ... Thema der Lektion: ...
Gegenstand: *(Objekt, Bild, Text ...)*, darauf bezogene Tätigkeit und Produkt der Schülertätigkeit *(Aufsatzentwurf, graphische Darstellung ...)*
Das Hauptproblem, die Hauptabsicht: ...
Evtl. Teilprobleme/Tätigkeitsphasen: ...
Hausaufgabe: ...
Ergebnistext und/oder Wandtafel (Hellraumprojektor): ...

Das Grundprinzip ist hier, daß sich der Lehrer alle jene Dinge notiert, die nicht selbstverständlich sind und die er bei einer neuen Behandlung der Lektion nicht erneut heraussuchen möchte. Er wird daher auch sorgfältig darauf achten, die Hinweise auf die Quellen und auf die Literatur so zu gestalten, daß ein rascher Zugriff möglich wird. Je nach dem Fach hat sich hier eine Notierung auf Karteikarten des Formats A5 oder A6 bewährt.

Auch der Anfänger im Lehramt wird sich eine derartige *Kurzfassung* herstellen, denn ein mehrseitiges Dokument ist eine schlechte Grundlage zur Durchführung einer Lektion. Er soll diese so im Kopfe haben, daß ihm eine einfache Gedächtnisstütze in Form einer Karte A5 oder A6 erlaubt, die Lektion durchzuführen.

Schließlich eine Bemerkung zu der Art und Weise, wie die Betreuer der Anfänger mit den Lektionspräparationen umgehen. Wir bedenken, daß der Anfänger viele Stunden aufwendet, um eine gute Lektion zu präparieren. Daher hat er auch ein Anrecht auf eine reflektierte und strukturierte *Rückmeldung* durch den Betreuer. Daher der breite Rand der Präparation. Der Betreuer korrigiert die Lektion zu Hause nach der Durchführung der Lektion durch den Kandidaten. Er kommentiert einzelne Punkte aus dem Verlauf der Lektion und gibt seinen Eindruck am Schluß der Präparation in einigen Sätzen oder stichwortartigen Bemerkungen relativ differenziert wieder. Dabei bedenkt er, daß die ersten Erfahrungen vor einer Klasse von vielen jungen Lehrern sehr ernst genommen und im Grenzfall dramatisch erlebt werden. Es ist daher außerordentlich wichtig, daß man ihnen hilft, diese Erfahrungen in positiver Weise zu verarbeiten und in ihnen die Hoffnung auf Erfolg im Bereiche der Lehrtätigkeit zu wecken, auch wenn einige Schwierigkeiten aufgetreten sind. In jedem Berufe sollten die ersten Gehversuch erfolgreich verlaufen, so daß der Anfänger mit Freude und

Zuversicht weiterarbeitet. Genau wie im Umgang mit den Schülern spielt hier also die Ermutigung und die positive Kritik eine grundlegende Rolle.

SIEBTER TEIL
Prüfen und Benoten

Kapitel 23:
Prüfen wozu?

Kapitel 24:
Gültige und verläßliche Prüfungen

Kapitel 25:
Wie man schriftliche Prüfungen
konstruiert und in mündlichen Prüfungen
verfährt

Kapitel 26:
Wie man Prüfungen bewertet:
die Notengebung

Kapitel 23: Prüfen wozu?

Prüfungen gehören zu den umstrittenen pädagogischen Maßnahmen. Das versteht man leicht, wenn man sich in unseren Schulen umsieht. Es ist wahr, daß Prüfungen vielerorts in einer Weise angewendet werden, die nicht nur ihr Ziel verfehlt, sondern den übrigen erzieherischen und didaktischen Absichten geradezu entgegenwirkt. In den Händen von einigen Lehrern, denen es aus eigenem Unvermögen oder als Folge einer insgesamt ungünstigen erzieherischen Situation nicht gelingt, ihre Schüler zum Lernen zu motivieren, stellt die Drohung mit der Prüfung, der ungenügenden Note und damit letztlich mit der Nicht-Promotion und der Ausweisung aus der Schule die letzte Waffe dar. Es ist die Waffe der pädagogischen Verzweiflung. Zum Teil spielen allerdings auch ganz archaische Reaktionen in die Praxis der Schulprüfungen hinein. So wird das Diktat mancherorts in einem Geiste angewendet, der an das Mittelalter erinnert. Vor allem Lernen wird dem Schüler sein Ungenügen bewiesen; dann hebt man den Niedergeschlagenen vom Boden auf und gibt ihm Gelegenheit, sich zu (ver-)bessern.

Aber diese letzteren Praktiken und Einstellungen sind in unserer Welt wahrscheinlich am Aussterben. Ja, der Kampf gegen die Schulprüfungen wird z.T. so radikal geführt, daß man fragen muß, ob sie nicht auch eine legitime Funktion haben und ob sich daraus eine Praxis ableiten lasse, welche dem Lernen und der Entwicklung der jungen Menschen diene, statt ihnen zu schaden. Wir meinen, daß dies möglich sei.

Legitime Funktionen der Prüfungen

Jeder Mensch, auch schon das Kind, möchte wissen: Wer bin ich? Dieses Wer-bin-ich aber bedeutet in unserer Gesellschaft, ob man es liebt oder nicht, immer auch: Was kann ich? Was vermag ich zu leisten? Um das einzusehen, braucht man nur Kinder und Erwachsene auf der Skipiste, auf dem Sportplatz oder im Schwimmbad zu beobachten. Wir sehen Kinder und Jugendliche sich selber prüfen und mit ihren Altersgenossen rivalisieren. Komme ich da hinunter, ohne zu stürzen? Wer ist der Schnellste? Gelingt es mir, bis auf den Grund zu tauchen? ... Dieses Verhalten ist nicht nur ein Produkt der westlichen Zivilisation. Man kann es in allen Erdteilen beobachten.

Das Bedürfnis der Selbstprüfung findet man auch beim Lernenden in ausgeprägtem Maße. Insbesondere dort, wo der Lernerfolg nicht unmittelbar sichtbar ist, möchte er wissen, wo er steht. So etwa der jugendliche oder erwachsene Schüler, der stenographieren lernt: es ist ihm wichtig, zu erfahren, wieviele Silben er nun in der Minute schreibt. Oder der Schüler oder Lehrling, der den Rechenschieber anwenden lernt: er möchte sehen, ob er eine aufgegebene Rechnung nun auch mit diesem neuen Gerät zu lösen vermag. „Frag mich etwas!" Welcher Vater und welche Mutter kennen diese Aufforderung nicht? Hinter all diesen Reaktionen steht das Grundbedürfnis nach Selbstprüfung. Eine realistische Selbsteinschätzung ist auch ein wichtiges Ergebnis von Erziehung und Entwicklung. Man kennt die unglücklichen Formen falscher Selbsteinschätzung: unrealistische Entscheidungen, falsche Hoffnungen, Enttäuschungen. Denn das Leben erspart keinem Menschen die Bewährungsprüfungen. Er muß wissen, was er sich zutrauen kann.

Mit der Selbsteinschätzung hängt das Selbstwertproblem zusammen. Es ist nicht so, daß nur der leistungsfähige Mensch ein wertvoller Mensch ist. Aber eine erste Reaktion geht doch häufig dahin, Leistung und Selbstwert zu identifizieren. Man sehe sich nur etwa HECKHAUSENS Photographien von Dreijährigen an, die im Wettbewerb mit Erwachsenen beim Turmbau den Kürzeren ziehen (HECKHAUSEN 1963, 15)! Es ist ein wichtiges pädagogisches Ziel, Selbstwert und Leistungsfähigkeit zu differenzieren und den Menschen zu Bewußtsein zu bringen, daß es mehr als die Zuneigung gibt, welche durch Leistung verdient wird. Diese Einsicht aber gewinnt man nicht, indem man die Augen vor der eigenen Leistungsfähigkeit verschließt. Man soll sich selbst erkennen – und dann kann man darüber hinaus lernen – und erfahren – daß es auch die unverdiente Zuwendung gibt.

Schulprüfungen können die Funktion haben, dem jungen Menschen seine Leistungsfähigkeit zu zeigen und ihm den Stand seines Lernens aufzuweisen. Sie haben aber auch eine zweite wichtige Funktion. Sie ermöglichen dem Lehrer, seinen eigenen Unterricht kritisch zu prüfen und dessen Wirkungen im Lernenden abzuschätzen. Man kann sagen, diese Wirkungen sehe er ja ständig im Unterricht selbst. Sicher kann man einiges sehen. Aber es ist auch für den erfahrenen Lehrer immer wieder erstaunlich, was ihm alles entgeht. Er erfährt es zum Beispiel, wenn er die Prüfungsarbeiten seiner Schüler betrachtet. Beide Rückkopplungsschleifen sind wichtig: die Beobachtung der Schüler während des Unterrichts und die Rückmeldung des Erfolgs, die sich aus den Schülerarbeiten, auch den Prüfungsarbeiten, ergibt. Sie halten den Lehrer dazu an, seinen Unterricht selbst zu evaluieren und ihn gegebenenfalls zu verändern.

Es geht aber nicht nur um den Unterricht als didaktische Maßnahme. Es geht auch um die Kenntnis des Schülers: das ist die dritte Funktion der Schulprüfung. Die Kenntnis der einzelnen Schüler und der Klasse als ganzer ist notwendig, damit der Unterricht ihrem Niveau und ihrer Eigenart angepaßt werden kann; er ist aber auch darum wichtig, weil der Lehrer häufig der Berater des Schülers und seiner Eltern bezüglich schulischer und beruflicher Laufbahnentscheidungen ist. Soll das Kind ins Gymnasium eintreten? Was soll der Jugendliche studieren? Welchen Beruf soll er ergreifen?

Und schließlich trägt der Lehrer auch gegenüber der Gesellschaft, konkreter: gegenüber einer weiterführenden Schule, gegenüber Lehrmeistern und Vorgesetzten im Betrieb, eine Verantwortung. Sie erwarten von ihm, daß das Zeugnis des Schülers über seine Fähigkeiten in einem gewissen Maße Auskunft gebe und daß es möglich sei, die Aufnahme des jungen Menschen in eine neue Ausbildungsstufe oder in eine berufliche Funktion z.T. auf diese Informationen zu stützen. Wenn es nicht diese sind, welche sollten es dann sein? Die Handschrift des Schüles? Sein soziales Herkommen? Man sieht: Schulprüfungen und Zeugnisse können auch eine Element der Gerechtigkeit in den Verlauf der Karriere eines Menschen einführen.

So sehen wir, daß Prüfungen Informationen liefern, die ganz verschiedene Abnehmer haben: den Schüler, den Lehrer selbst, die Eltern, evtl. auch Inspektoren und Behörden, weiterführende Schulen und Lehrmeister, mit denen der Schüler später zu tun haben wird. Die Verschiedenheit der Informationsbedürfnisse dieser Abnehmer macht es nötig, daß wir verschieden prüfen und die Ergebnisse verschieden auswerten. Das werden wir in diesem und den folgenden Kapiteln sehen. Vorerst sind jedoch noch einige Grundfragen zu klären.

Das Wesen der Prüfungen

Natürlich kann sich jeder Arbeitende, auch der Schüler, in seiner eigenen Arbeit kennenlernen. Auch der Lehrer kann sich, wie gesagt, ein Urteil über die Leistungen der Schüler aus deren Verhalten im Unterricht und aus ihren Arbeiten bilden. Was man gemeinhin als „Lehrerurteil" bezeichnet, basiert wesentlich auf diesen Eindrücken. Sie sind auf eine Weise umfassender und zum Teil besser fundiert als die Prüfungsnoten, denn sie fangen eine größere Zahl von verschiedenen Beobachtungen ein. Aber die eindrucksmäßige Schülerbeurteilung hat auch ihre Grenzen und ihre charakteristischen Unsicherheiten. Häufig weiß der Lehrer nicht genau, wie schriftliche Leistungen der Schüler zustandegekommen sind, besonders wenn sie zu Hause ausgeführt wurden. Auch ist die Schwierigkeit der gestellten Aufgaben häufig verschieden: dem einen stellt man diese Frage, dem anderen jene. Sodann gibt es starke Halo-Effekte: man kennt die extravertierten, anpassungsfähigen und beweglichen Schüler, welche ihre guten Noten mit beseeltem Zuhören und Zeichen der verständnisvollen Zustimmung erwerben, ohne daß sie etwas zu sagen bräuchten. Aus diesem Grunde mißtrauen z.T. sogar die Lehrer selbst ihrem „Erfahrungsurteil". Mindestens stützen sie es gerne auf Prüfungsergebnisse ab. Warum?

Prüfungen, die richtig organisiert sind, stellen für alle Prüflinge die *gleichen Bedingungen* her. Dies geschieht insbesondere dadurch, daß allen gleiche oder doch vergleichbare Aufgaben gestellt werden. Sodann sorgt man in Prüfungen dafür, daß allen die gleichen Hilfsmittel zur Verfügung stehen und daß die Antworten in einer Weise produziert werden, welche keinem Prüfling einen Vorteil verschaffen. So interessant es bei einer freien Arbeit ist, daß der eine schreibt und der andere zeichnet, der eine die Sache in Zahlen, der andere graphisch erfaßt: in der Prüfung soll diese Freiheit in der Regel nicht gegeben werden, denn dies kann den Vergleich der Ergebnisse erschweren.

Sodann ist eine Prüfung gezielter auf den zu prüfenden Stoff und auf den *Lernvorgang* bezogen, als dies normalerweise bei den Problemen der Fall ist, welche der Lehrer improvisierend im Verlaufe des Unterrichts stellt. Wir haben uns bei der Konstruktion der Prüfung ja besonnen, welches die zentralen Elemente und Zusammenhänge im Stoff sind, und wir tendieren dahin, sie in der Prüfung wiederum sichtbar werden zu lassen. Wir haben uns auch genau überlegt, welche Lernvorgänge im Unterricht stattgefunden haben, und werden die Prüfung entsprechend gestalten. Wenn die Schüler ein Normalverfahren automatisiert haben, so können wir anders prüfen, als wenn sie nur den Grundgedanken verstanden haben. Im ersten Fall ist eine Prüfung möglich, die Geläufigkeit und Sicherheit verlangt, im zweiten muß dem Schüler genügend Zeit eingeräumt werden, den Gedanken zu rekonstruieren und neu zu formulieren. Aber es kann auch sein, daß wir eine Prüfung oder gewisse Aufgaben einer Prüfung bewußt darauf richten, etwas über die *allgemeine Begabung* des Schülers zu erfahren. Wir tun dies, indem wir die Aufgabe gerade nicht direkt auf den gelernten Stoff beziehen, sondern ein neues Problem stellen. Wenn wir den Schülern den Grundgedanken einer solchen Prüfung erklären und sichern, daß sie richtig verstanden wird, so ist ein solches Vorgehen durchaus legitim. Es kann es ermöglichen, den Schüler besser kennenzulernen und eine Beratung besser zu fundieren, als dies bloß aufgrund der lernzielbezogenen Prüfungen möglich ist. Wir müssen uns dabei allerdings bewußt sein, daß wir uns in diesen Fällen in der Richtung der Testkonstruktion bewegen und daß dies einiges Wissen und Können voraussetzt, das besondere Vorbereitung und besondere Sorgfalt erfordert.

In den folgenden Überlegungen gehen wir davon aus, daß wir unsere eigenen Prüfungen konstruieren. Was immer man gegen derartige Prüfungen einwenden mag – etwa daß uns dazu die notwendigen technischen Kenntnisse fehlen – die *Einheit von Lehre und Prüfung* ist so wichtig, daß sie allen anderen Forderungen vorangeht. Das geht schon aus den obigen Überlegungen zur Rückmeldefunktion der Prüfung hervor. Die folgenden Überlegungen führen diesen Gedanken aus und vertiefen ihn.

Wir meinen, daß die Konstruktion und die Durchführung der Prüfungen für den Lehrer und die Lehrerin eine einmalige Gelegenheit darstellt, von ihrem eigenen Tun Distanz zu gewinnen und es kritsch zu beurteilen. Denn eine richtig konstruierte Prüfung beginnt damit, daß wir uns auf den Unterricht und das Lernen der Schüler besinnen. Wir stellen uns dabei die folgenden Fragen:

1. Welches waren meine Lernziele?
2. Wozu war es gut, sie so zu setzen?
3. Was können meine Schüler nun leisten, nachdem sie meinem Unterricht gefolgt sind?

Zur ersten Frage: *Welches waren meine Lernziele?* Wir legen uns hier noch einmal Rechenschaft darüber ab, was wir eigentlich zu lehren beabsichtigten. Die Vorfrage lautet: war der Gegenstand des Unterrichts vor allem *sachlich* bestimmt, ein *Wissen* und *Können*, oder handelte es sich um eine *Kommunikationstechnik* im Umkreis des sozialen Lernens, um die Entwicklung der Fähigkeit, einem andern etwas zu sagen, zu erkären, ihn zu überzeugen usw., oder handelte es sich um eine *Technik* der intellektuellen oder künstlerischen Darstellung oder der Herstellung eines Gegenstandes, die Fähigkeit etwa, eine Szene sprachlich zu beschreiben, einen Dialog zu verfassen oder ein Bild künstlerisch zu gestalten? Haben wir an der Sache selber praktisch arbeiten gelernt oder uns im Medium der Sprache bewegt? Sich diese Fragen noch einmal zu stellen – man hat sie sich schon bei der Vorbereitung der Lektion stellen müssen – tut gut, denn sie dient der rückblickenden Klärung der Unterrichtsabsicht, einer Klärung, die sich bei ähnlichen Vorbereitungen auswirken wird. Zugleich bestimmen diese Überlegungen natürlich die Prüfungsart.

Nun stehen in vielen Fällen die sachlichen Inhalte durchaus im Vordergrund der unterrichtlichen Absichten. In diesem Falle stellen wir uns die Frage nach ihrer *Struktur*. Wie sieht das Netz der Zusammenhänge aus, das ich vermitteln wollte, welches sind seine zentralen Elemente, welches die wichtigen Beziehungen? Sofern es sich um ein Verhaltensziel handelt: Wie sieht der Ablauf aus, den ich vermitteln wollte? Welches sind die Subroutinen, die untergeordneten Abläufe? Diese Fragen stellen sich bei praktischen Tätigkeiten, jedoch auch bei den elementaren Leistungen des Muttersprach- und des Fremdspracherwerbs. All dies ist in sachlichen Begriffen gefaßt. Wir denken uns die Ziele in Begriffen des „Stoffes".

In den „Zwölf Grundformen" haben wir zwischen Inhalten unterschieden, die bloß Gegenstand der Einsicht sind, und den anderen, denen wir zudem eine ganz bestimmte Form geben und diese automatisieren. Sofern die *Einsicht* im Vordergrund steht: Wurde die Operation, der Begriff durchgearbeitet, und ist er daher *beweglich* geworden? Welche Variationen haben wir geübt: Umkehrungen, Austausch von Gegebenem und Gesuchtem, Wechsel des Gesichtspunktes? Haben wir schon *Probleme der Anwendung* gelöst? Wie groß waren dabei die Transferschritte? Je nachdem werden Anwendungsprobleme in der Prüfung leichter oder weniger leicht gelöst.

Ist nun zu diesen einsichtfördernden Maßnahmen die *Automatisierung* hinzugekommen, so stellt sich die Frage, wie weit diese gediehen sei: Ist schon einmal unter Zeitdruck gearbeitet worden? Die Wahrscheinlichkeit ist hoch, daß die Prüfung für einige Schüler eben diesen Zeitdruck und die emotionale Belastung einführt. Ist das eine ganz neue Bedingung, so muß man die Prüfung anders beurteilen, als wenn die Bedingung (die durchaus auch in Lebenssituationen vorkommt) schon einmal im Unterricht vorsichtig und dosiert herbeigeführt worden ist.

Sodann stellt sich die Frage des *Mediums*, in dem der Schüler seine Gedanken auszudrücken gelernt hat und in dem er sie speichert. So etwa im Geographieunterricht: Hat er sich den Wasserkreislauf als Bild eingeprägt (Meer, Wolken, Niederschläge, Gewässer, die zum Meer zurückführen) oder als sprachlich gefaßte Erklärung? Oder ist das Medium, in dem der Schüler sein Wissen oder Können aufgenommen und gespeichert hat, dasjenige der *Handlung*? Werden wir den Lehrling, der gelernt hat, einen Vergaser einzustellen, in der Prüfung darüber *reden* lassen, wie man einen Vergaser einstellt, oder werden wir ihn zeigen lassen, was er praktisch handelnd auszuführen gelernt hat?

Zur zweiten Frage: *Wozu war es gut, diese Lernziele anzustreben?* Unter diesem Titel wendet sich unsere rückblickende Besinnung ins Grundsätzlichere. Es geht um die Begründung und Rechtfertigung der Ziele, die wir verfolgt haben. Dies führt zur ersten Frage: war der Gegenstand unseres Unterrichts Selbstzweck, oder war er Mittel zum Zweck? War er Selbstzweck, so müssen wir rückblickend sagen können: das, wovon wir im Unterricht gehandelt haben, war wert, um seiner selbst willen, wegen seines *intrinsischen Wertes* vermittelt zu werden. Es gehört zu jenen Dingen, mit denen der Schüler später einmal sein geistiges Leben nähren wird. In der Prüfung haben wir dann zu sehen, ob es gelungen ist, die Sache dem Schüler in der beschriebenen Weise nahe zu bringen.

Nun sind viele Unterrichtsziele nicht Selbstzweck, sie spielen die Rolle von Mitteln zu einem dahinterstehenden Zweck. Hier werden wir an jene *Lebenssituationen,* an die *Problemlagen* denken, zu deren Bewältigung der vorangehende Unterricht einen Beitrag geleistet hat. Oder genauer und etwas skeptischer: Werden die aufgebauten Qualifikationen dem Schüler wirklich helfen, Problemsituationen zu bewältigen, denen er in seinem zukünftigen Leben begegnen wird? Es braucht nicht so zu sein, daß eine bestimmte Lektion auf ganz bestimmte Problemsituationen ausgerichtet ist. (Es schadet aber auch nichts, wenn sie es ist!) Es kann auch sein, daß wir Einsichten, Haltungen, Verhaltens- und Verfahrensweisen im Auge haben, die in ganz verschiedenen Situationen wichtig sind. Trotzdem bleibt es dabei: Wir sollten diese im zukünftigen Leben unserer Schüler so plastisch wie möglich zu sehen suchen.

Daraus können sich wichtige Konsequenzen für die Gestaltung der Prüfung ergeben. Es kann sein, daß wir nämlich das Prüfungsproblem *der Lebenssituation nachbilden,* auf die unser Unterricht hingeordnet war. So mag es unser Ziel im Sprachunterricht sein, den Schüler unter anderem zu befähigen, einer Zeitung einen Leserbrief zu schreiben, der Aussicht hat, aufgenommen zu werden und der die Leser überzeugt. Wir werden dem Schüler daher in der schriftlichen Prüfung einen Zeitungsartikel vorlegen, auf den hin er einen Leserbrief verfaßt. Oder wir meinen, jeder Mensch komme einmal in die Lage, ein Möbelstück neu zu malen oder ein Zimmer zu tapezieren und dafür die nötige Farbe oder die nötige Zahl Tapetenrollen zu kaufen. Dann ist es im Anschluß an die Flächenberechnung ein sinnvolles Prüfungsproblem, die Oberfläche eines Möbelstückes oder die Wandfläche eines Zimmers von gegebenen Ausmaßen zu berechnen und von daher die nötige Farbmenge oder die Zahl der Tapetenrollen zu bestimmen.

Zur dritten Frage: *Was können meine Schüler nun leisten, nachdem sie meinem Unterricht gefolgt sind?* Diese Frage ist darum wichtig, weil eine Unterrichteinheit ihre Ziele in der Regel nicht in spezifischen Leistungen oder Verhaltensweisen definiert. Sie strebt vielmehr den Aufbau einer *Verhaltensbasis* an, die zu ganz verschiedenen Leistungen befähigt. Das ist, wie wir gesehen haben, ein großer Vorteil. Zugleich ergibt sich hier aber auch eine Gefahr: daß wir uns nämlich überhaupt nie ernsthafte Gedanken über jene Verhaltensweisen machen, die auf der Grundlage der vermittelten Begriffsinhalte und Bedeutungen möglich werden. Nun kann man sagen: die Konstruktion einer Prüfung zwingt uns ja eben dazu, Probleme zu erfinden, in denen der Schüler konkrete Verhaltensweisen produziert. Das stimmt. Aber die Praxis zeigt, daß vielerorts beliebige, ganz oberflächlich mit dem Unterrichtsstoff zusammenhängende Prüfungsprobleme gestellt werden. Es genügt eben nicht, daß man die Schüler irgend etwas fragt: Was sie in der Prüfung tun, muß zu etwas gut sein. Dabei kommen natürlich wieder die Gesichtspunkte zur Geltung, die wir unter der zweiten Frage abgehandelt haben: Sind es Verhaltensweisen, die in konkreten Lebenssituationen einmal erforderlich sein werden?

„Bildende Evaluation": dem Schüler helfen, die Prüfung zu verarbeiten

Im Zuge jenes Nachdenkens, das die Beziehungen zwischen dem Lernen des Schülers und der zu konstruierenden Prüfung herstellt, sollte der Lehrer noch einen anderen wichtigen Zusammenhang beachten: die Auswirkungen der Prüfung auf das künftige Lernverhalten des Schülers und, weiterreichend, auf seine Einstellung zu den Bildungsgegenständen und zu sich selbst.

Das Ganze beginnt mit seiner Wahrnehmung der Prüfung. Die erste Frage ist: Versteht er die spezifischen Intentionen, die den einzelnen Aufgaben zugrunde liegen? Weiß er, was der Lehrer erwartet, was in seinen Augen gute Antworten oder Problemlösungen sind? Je verwandter die im Unterricht behandelten Aufgaben, die dort durchgeführten Arbeiten auf der einen Seite und die Prüfungsfragen auf der anderen Seite sind, um so eher wird dies der Fall sein. Wenn der Lehrer mit neuartigen Problemen kommt, so ist es wichtig, daß ihr Sinn und die daran geknüpften Erwartungen und Forderungen vor der Prüfung expliziert werden, am besten nicht in der Prüfungsstunde selber, sondern am Schluß der Unterrichtseinheit. Dem Verfasser ist immer wieder aufgefallen, daß Schüler und sogar Studenten die Tendenz haben, den Sinn der Prüfungen sehr einfach zu sehen, etwa zu meinen, der Prüfende wolle vor allem Wissen abfragen und Automatismen ausführen lassen. Fragen wie: „Müssen wir alles auswendig lernen? Müssen wir alle Jahreszahlen wissen?" zeugen von solchen falschen Erwartungen. Vorangehende Erklärungen des Sinns der Prüfung und ihrer Methode haben die wichtige Auswirkung, daß der Schüler richtig auf die Prüfung hin lernt. Die Prüfung selbst sollte dann, wenn verschiedenartige Probleme gestellt werden, die Funktion eines jeden Problems deutlich machen. Einige kommentierende Worte genügen in der Regel.

Unabhängig von allen offiziellen Erklärungen über die pädagogische Einstellung der Lehrer einer Schule übt die Gestaltung der Prüfungen weitreichende Wirkungen auf das Lernverhalten der Schüler aus. Wo richtig geprüft wird und wo die Lehrer dafür sorgen, daß die Schüler die Intentionen und die Methoden der Prüfung richtig wahrnehmen, da lernen sie richtig. Wo dies nicht geschieht, sind Tür und Tor für ein geistloses Pauken geöffnet, ein sinnloses Lernen, das häufig auch noch von den Eltern unterstützt wird. Dies kann es nahelegen, daß an Elternabenden auch den Eltern erklärt wird, welches die Ziele der einzelnen Fächer sind und welche Gedanken den Prüfungen zugrunde liegen.

All dies ist unter einem weiteren Gesichtspunkt wichtig. Prüfungen und ihre Ergebnisse beeinflussen nicht nur das Lernverhalten der Schüler. Wie wir eingangs dieses Kapitels gesehen haben, sehen die Schüler in den Prüfungsergebnissen meistens auch ihre Leistungsfähigkeit und ihre Begabung. Und diese Schlüsse wiederum stellen nicht selten die Grundlage ihres *Selbstbildes* und ihres *Selbstwertgefühls* dar. „Ich habe versagt": diese Erkenntnis kann einem labilen Kind oder Jugendlichen schwer zu schaffen machen.

Daher stellt sich im Anschluß an die Durchführung nicht selten ein Beratungsproblem. Es ist notwendig, dem Schüler das Ergebnis und die Gründe, die zu ihm geführt haben, zu deuten und ihm zu helfen, es zu verarbeiten. An diesem Punkt geht das didaktische Problem der Prüfung in ein pädagogisches und in ein menschliches über, und der Lehrer jeder Stufe kann hier nicht mehr damit argumentieren, daß ihn diese menschlichen Aspekte seiner Aufgabe nicht interessieren. Prüfungen sind in unserer schulischen Welt entscheidende Momente des didaktischen Ablaufs und der Begegnung von Lehrer und Schüler. Bei der Vorbereitung, Durchführung und Auswertung ergibt sich für den Lehrer die Gelegenheit und die Notwendigkeit, sein unterrichtliches und erzieherisches Tun grundsätzlich zu reflektieren und sich über dessen Wege und Ziele, über seine kurzfristigen und langfristigen Ergebnisse und über die Auswirkungen auf das Lernverhalten und auf die Persönlichkeitsentwicklung des Schülers Rechenschaft abzulegen.

Wenn man diese Prozesse überblickt, so erkennt man die Berechtigung des Begriffs der „bildenden Evaluation" (formative evaluation), den BLOOM, HASTINGS & M. DAUS (1971) bekannt gemacht haben und der besonders in der französischsprachigen Didaktik eine wichtige Rolle spielt (ALLAL, CARDINET & PERRENOUD 1981, CARDINET 1984). Prüfungen sind nicht dazu da, Schülern Noten zu verpassen und ihnen ihren Platz zuzuweisen! Der junge Mensch ist ein lernendes, sich entwickelndes Wesen. Er hat in der Prüfung sein Bestes gegeben, um gewissen Anforderungen zu genügen. Das Ergebnis dieser Anstrengung will verarbeitet werden. Im individuellen Gespräch mit dem Schüler helfen wir ihm, seinen eigenen Lernprozeß zu verstehen. Insbesondere ziehen wir daraus Schlußfolgerungen zur Frage: Was kann ich? Was ist mir gelungen? Wo muß ich mich noch verbessern? Muß ich noch einmal antreten, um zu zeigen, daß ich es nun kann? Aber auch allgemein: Habe ich richtig gelernt? Was muß ich an meinem Lernen noch ändern, verbessern? Man erkennt den Bezug zum Lernen des Lernens, zur Ausbildung des autonomen Lernens. Und schließlich haben wir gesehen, daß die Besprechung von Prüfungsergebnissen dem Schüler helfen kann, sich selbst in einem tieferen Sinn zu verstehen und ein realistisches und positives Selbstbild zu entwickeln. Weil aber bei der Verarbeitung von Prüfungen auch die Eltern eine wichtige Rolle spielen, so ist es häufig angezeigt, daß der Lehrer bei seinen Elternkontakten auf die Prüfungsprobleme zu sprechen kommt und unter Umständen auch ihnen hilft, die rechte Einstellung dazu zu entwickeln.

Diese Dinge sind so wichtig und zum Teil so schwierig, daß es häufig auch angezeigt ist, daß der Lehrer hier das Gespräch und die Zusammenarbeit mit seinen Kollegen, die ähnliche Probleme haben, sucht. Es wird in unseren Schulen viel zu viel in Einsamkeit gearbeitet – und gelitten. Teamwork, gemeinsame Bearbeitung und Verarbeitung der Prüfungsprobleme führen zu besserem Unterricht und zu besseren Prüfungen.

Psychologische Tests, Schulleistungstests und Schulprüfungen

Nach dem Vorangehenden kann kein Zweifel bestehen, daß im Handel erhältliche Tests die vom Lehrer konstruierte Prüfung keinesfalls ersetzen können, sind diese doch nie auf den vorangehenden Lernprozeß bezogen. Trotzdem können Schulleistungstests in gewissen Situationen nützliche Informationen liefern. Sie beziehen sich, wie gesagt, auf die grundlegenden Stoffe einer gegebenen Schulstufe, und sie können dem Lehrer daher zeigen, wie das Leistungsniveau seiner Schüler sich zum durchschnittlichen Leistungsniveau der Schüler dieser Stufe verhält. Dies ermöglicht es dem Lehrer, seine eigenen Leistungsbeurteilungen zu überprüfen. Wir werden sehen, daß dies bei der Festsetzung der Noten für selbstkonstruierte Prüfungen sehr wichtig sein kann. Wenn ein Schulleistungstest zudem gut konstruiert ist, kann er spezifische Schwächen innerhalb eines Lernkomplexes sichtbar machen und dem Lehrer zeigen, wo in seinem Unterricht Ergänzungen oder Vertiefungen notwendig sind.

Psychologische Tests haben eine andere Funktion. Sie sind darauf angelegt, auf spezifische Wirkungen, die von der Erziehung, Schulung und – ganz allgemein – der Umwelt des jungen Menschen ausgehen, möglichst wenig anzusprechen und anderseits in möglichst hohem Maße die angeborenen oder früh erworbenen Fähigkeiten und Persönlichkeitszüge (Intelligenz, Temperament usw.) sichtbar zu machen. Zwar ist dies nie ganz möglich. Immerhin gelingt es den psychologischen Tests, viel näher an die grundlegenden Persönlichkeitszüge heranzukommen, als dies bei Schultests und gar bei direkt auf eine vorangegangene Unterrichtseinheit bezogenen Schulprüfungen der Fall ist (AEBLI 1969).

Nun besteht aber noch ein anderer Zusammenhang zwischen Schulprüfungen und psychologischen Tests: sehr viele methodologische Probleme liegen bei beiden sehr ähnlich. Die Verfasser von Schulprüfungen können sehr viel aus der Testtheorie lernen. Viele Betrachtungsweisen und Methoden, welche wir in den folgenden Abschnitten vermitteln, sind direkt aus der Testtheorie übernommen. Für den interessierten Leser kommen hier vor allem die folgenden Werke in Betracht: CRONBACH 1970[3], ANASTASI 1971[3], INGENKAMP 1977[7].

Lernzielorientierte und gruppenbezogene Prüfungen

Wenn Prüfungen die Aufgabe haben, dem Schüler den Spiegel seines eigenen Lernens vorzuhalten, und wenn wir uns als Lehrer die Aufgabe stellen, ihm durch unsere individuelle Beratung bei der Deutung und Verarbeitung seiner Prüfungsergebnisse zu helfen, so kann man sich fragen, wie denn Prüfungen beschaffen sein müssen, damit dieser Effekt am besten erreicht wird. Um dies zu sehen, muß man sich den Unterschied zwischen lernzielorientierten und gruppenbezogenen Prüfungen klarmachen: Lernzielorientierte Prüfungen geben Auskunft über Verlauf und Ergebnis der Lernprozesse, gruppenbezogene Prüfungen über die Stellung des Schülers in einer Bezugsgruppe, die nach zunehmender Leistung aufgereiht ist.

Wir haben gesehen, daß die Konstruktion von Prüfungen für den Lehrer Anlaß dazu ist, sich die Frage zu stellen, welche Lernziele er im vorangehenden Unterricht verfolgt hat. Die Prüfungsergebnisse sagen ihm, ob und in welchem Maße die Klasse diese Ziele erreicht hat. Aber das sind natürlich auch wichtige Fragen für den Schüler. Er war ja der Lerner. Er hat versucht, das Lernziel zu erreichen. Nun möchte er wissen, ob ihm dies auch gelungen ist. Indem wir das Prüfungsergebnis mit ihm zusammen betrachten, kann er sich sagen: jetzt beherrsche ich das kleine oder das große Einmaleins. (Oder: es fehlt noch einiges, ich muß noch einmal an die Arbeit.) Ich kann die wichtigsten Städte von Südamerika aufzählen und weiß, wo sie liegen. Ich habe verstanden, worum es in Schillers Drama „Don Carlos" geht. (Oder: mir ist ein wichtiger Gedanke entgangen, ich muß noch einmal über meine Hefte.) Ich kann einen Text, den der Lehrer aus der „Times" herauskopiert hat, in meine Muttersprache übersetzen. Usw. Die Prüfung war „lernzielorientiert", der Schüler hat daher etwas über seine Zielerreichung erfahren.

Die bildende Evaluation besteht darin, daß wir mit dem Schüler zusammen die Schlußfolgerungen über die gewonnene Kompetenz und den Lernprozeß ziehen. Die Beurteilung ist dabei eine durchaus qualitative. Bei der Betrachtung der Arbeit reden wir von der Sache, nicht von einer Note.

Nun hat man aber die Frage gestellt, ob es auch möglich sei, in Noten auszudrücken, in welchem Maße diese Lernziele erreicht worden seien. Das ist sehr schwierig, wenn auch nicht unmöglich (KLAUER, FRICKE, HERBIG, RUPPRECHT & SCHOTT 1972, 1977). Wir können dem Schüler zwar bestätigen, daß er eine bestimmte Leistung erbracht hat und daher die entsprechende Fähigkeit besitzt (das große Einmaleins beherrschen usw.).

Aber wie sollen wir das mit einer Zahl ausdrücken? Wir könnten natürlich sagen, daß er die von uns gesetzten Ziele in einem „ausreichenden, befriedigenden, guten oder sehr guten" Maße erreicht habe, und dafür könnten wir ihm auch Noten geben. Aber wie anspruchsvoll waren die von uns gesetzten Ziele? Man kennt die Lehrer, bei denen fast alle Schüler sehr gute Noten haben. Sie stellen einfach geringe Anforderungen. Bei anderen Lehrern ist es umgekehrt. Niemand vermag die von ihnen gesetzten Ziele zu erreichen.

Noch schwieriger werden die Dinge, wenn wir versuchen, die teilweise Erreichung von Lernzielen auszudrücken. Tun wir es in Prozenten? Aber was heißt es, eine Sache „zu 90 Prozent" oder „zu 60 Prozent" verstanden zu haben? Den Dreisatz „zu 90 % beherrschen"? Hamlets Motive „zu 70 % verstehen"? Eine Maschine „zu 50 % richtig bedienen"?

Man sieht schon jetzt: die Erreichung von Lernzielen ist ein wichtiger Gesichtspunkt bei der Verarbeitung der individuellen Prüfungsergebnisse mit dem Schüler. Aber sie ist als Grundlage für die Zeugnisnoten, die von Außenstehenden verstanden werden sollen, schlecht geeignet. Wenn wir das Ergebnis einer lernzielorientierten Prüfung schon formell feststellen müssen, so können die Prädikate nur „bestanden" und „nicht bestanden" lauten.

Darum der Gedanke und die Methode der gruppenbezogenen Prüfungsauswertung. Während eine lernzielorientierte Auswertung die Leistung des Schülers mit dem gesetzten Lernziel vergleicht, vergleichen wir den Schüler nun mit seinen Kameraden. Wir situieren ihn in einer Bezugsgruppe und teilen ihm darin, entsprechend seiner Leistung, seinen Rangplatz zu. Welche grundsätzlichen Überlegungen dazu nötig sind und wie man dazu im einzelnen verfährt, erklären wir im Kapitel über die Notengebung.

Hier stellen wir fest, daß lernzielorientierte und gruppenbezogene Prüfungen verschieden konstruiert werden müssen. Es geht um die „Deckenhöhe" der Prüfung, um die Frage, wie schwierig die schwierigsten Aufgaben sind, die wir stellen. Hier bieten sich zwei Möglichkeiten an. Wir können uns sagen: Wir setzen die Lernziele so an, daß sie von 60 oder 70% (oder 90% ...) der Klasse erreicht werden können. Entsprechend stellen wir die Aufgaben der *lernzielbezogenen* Prüfung. 60 % oder 70 % der Schüler sollen sie lösen können. Das hat zur Folge, daß sich in unserer Prüfung durchschnittliche gute und sehr gute Schüler nicht unterscheiden. Nur 40 % oder 30 % (oder 10 % ...) der Schüler antworten falsch oder fehlerhaft. Mit ihnen werden wir korrigierende Übungen anstellen. Wenn es gut geht, erreichen auch sie noch das Ziel. Das nennen die Angelsachsen „Mastery learning" (BLOOM, HASTINGS & MADAUS 1971).

Zeugnisnoten sollen mehr Information vermitteln als die Aussage, Schüler A habe ein (dem Leser des Zeugnisses unbekanntes) Lernziel oder eine Anzahl Lernziele (die man natürlich schwer zusammenfassen kann) erreicht oder nicht erreicht, die Prüfung bestanden oder nicht bestanden. Insbesondere weiterführende Schulen und auch potentielle Arbeitgeber möchten ein differenziertes Bild von der Qualifikation des Bewerbers erhalten. Dazu ist es nötig, Prüfungen so zu konzipieren, daß sie auf der ganzen Breite der Leistungen differenzieren. Das tun die *gruppenbezogenen* Prüfungen. Unter den gestellten Aufgaben müssen daher so schwierige Probleme sein, daß sie auch die guten von den sehr guten Leistungen unterscheiden. Dies ermöglicht es, die Schüler nach der erbrachten Leistung zu ordnen. Die Noten geben Auskunft über ihre Rangplätze. Die „Deckenhöhe" dieser Aufgaben ist also so hoch, daß jeder Schüler seine „Statur" zeigen kann. Bei den lernzielorientierten Prüfungen müssen sich die Größten wegen der niedrigen Decke bücken.

Man erkennt, daß es beide Arten von Prüfungen braucht. Die Frage ist, wieviele von jeder Sorte! Wir meinen, daß in den meisten Schulen zu viele gruppenbezogene und zu wenig lernzielorientierte Prüfungen veranstaltet werden. Die letzteren sollten die Regel bilden, denn sie helfen dem Schüler weiter, sie sind „bildend". Zwei Zeugnisse im Jahr genügen in den meisten Schulen, also werden die Lehrer in 20 Schulwochen je Fach zwei bis drei gut konstruierte gruppenbezogene Prüfungen ansetzen. Die übrigen Prüfungen, die die Mehrzahl bilden, sind informell, relativ leicht, und lernzielbezogen. Man könnte einwenden, daß sich auf diese Weise die begabten Schüler langweilen und die Anforderungen der Schule nicht mehr ernst nehmen. Aber was hindert uns denn daran, begabten Schülern schwierigere Zusatzprobleme zur Selbstprüfung zu geben und sie mit ihnen zu besprechen?

In diesem Zusammenhang stellt sich auch die Frage, von welchem Schuljahr an man überhaupt Zeugnisse mit Noten abgeben und daher gruppenbezogene Prüfungen veranstalten soll. Wir meinen, das sei in der ersten Primarklasse unnötig. Ein schriftlicher Schulbericht für die Eltern dient ihrer Orientierung besser und stellt eine natürlichere Beziehung zur Schule her. Auch in der zweiten Klasse sollten die Noten bei der Mehrzahl der Schüler noch nahe beim Durchschnitt liegen und damit signalisieren, daß die Beurteilung eine vorläufige ist. Der sprachlich formulierte Bericht sollte noch vorherrschen. Vom dritten Schuljahr an sind sodann gruppenbezogene Prüfungen möglich. Sie sollten jedoch noch sparsam verwendet werden.

Es geht also darum, das schulische Lernen aus dem Banne der gruppenbezogenen Prüfungen zu befreien! Der Schüler soll lernen, aus Interesse an der Sache zu arbeiten. Wir möchten, daß er intrinsische Interessen entwickelt. Und wir wissen: das Starren auf Prüfungen untergräbt gerade die intrinsischen Interessen (LEPPER & GREENE 1978). Darum sollen die lernzielorientieren Prüfungen, ergänzt durch Zusatzaufgaben zur Selbstprüfung für begabte Schüler, die Regel im Schulalltag bilden.

Kapitel 24: Gültige und verläßliche Prüfungen

Wir beginnen dieses Kapitel mit einem Beispiel, das jedem Lehrer bekannt ist: mit der Prüfung der Lehrbefähigung am Ende der Lehrerbildung. Diese Abschlußprüfungen liegen an der Nahtstelle zwischen Schule und Berufspraxis. Hier wird der doppelte Bezug einer jeden Prüfung sichtbar. Einmal bezieht sie sich auf das in der Vergangenheit Gelernte, zum andern aber versucht sie, künftige Leistungen des Prüflings vorauszusagen. So hat der Lehramtskandidat ein Repertoire an pädagogisch-didaktischen Begriffen und Fertigkeiten erworben. Die Prüfung soll zeigen, welches ihre Qualität ist: Das ist sozusagen der Blick in das vorhandene Instrumentarium – in die Werkzeugkiste, um es anschaulicher auszudrücken. Wir prüfen also einmal die Qualität der vergangenen Lernarbeit. Aber eigentlich interessiert uns das Vergangene nicht. Die Prüfer möchten voraussehen, wie gut die Leistungen des Lehrers in der praktischen Tätigkeit sein werden, bei der Ausübung seines Berufs. Das scheinen zuerst zwei völlig verschiedene Blickrichtungen zu sein. Indessen erkennt man rasch ihren inneren Zusammenhang. Der junge Lehrer wird seine berufspraktischen Leistungen mit Hilfe jenes Instrumentariums erbringen, das er in seiner Ausbildung erworben hat. Ist dieses gut, so wird er sich auch bewähren. (Man erkennt natürlich auch sofort die möglichen Komplikationen. Es sei nur die Hauptfrage genannt: Wie relevant ist das erworbene Repertoire für die praktische Berufsausübung?)

Was nun für eine Lehrerprüfung gilt, gilt sinngemäß auch für jede Schulprüfung. Sie bezieht sich einenteils auf *das erworbene Repertoire* an geistigen Gehalten und an Verhaltensweisen, andernteils versucht sie – spezifischer oder allgemeiner – *die künftigen Leistungen* des Prüflings vorauszusagen. Die Maturitäts- (Abitur-)prüfung prüft den Stoff, der am Gymnasium gelernt wurde. Zugleich sollte sie den mutmaßlichen Studienerfolg an der Universität prognostizieren. Eine Aufnahmeprüfung in eine höhere Schulstufe hat Leistungen zum Gegenstand, die auf der vorbereitenden Stufe erworben wurden. Sie versucht jedoch, die Schüler, welche sich auf der folgenden Stufe bewähren werden, von denjenigen zu scheiden, die dort am falschen Ort wären. Auch eine Lehrabschlußprüfung erfordert Leistungen, die in der Lehre gelernt wurden; zugleich versucht sie, einem künftigen Arbeitgeber eine Prognose der mutmaßlichen beruflichen Bewährung des Prüflings zu geben.

Die diagnostische Gültigkeit oder Validität einer Prüfung

Dies erlaubt es nun, eine Gruppe von Forderungen zu präzisieren, die an eine gute Prüfung zu richten sind. Insofern praktisch jede Prüfung bloß Stichproben aus dem Wissens- und Verhaltensrepertoire des Prüflings ziehen und diese kaum je in realistischen Situationen ins Spiel führen kann, insofern sie also eine kleine Gruppe von stellvertretenden Leistungen aus einem großen Leistungsrepertoire auswählt und sichtbar macht, ist zu fordern, daß diese Stichprobe eine gültige (valide) sei. Die Leistungsstichprobe soll – mit anderen Worten – ein getreues Abbild des gesamten Repertoires liefern und alle Qualitäten und Schwächen desselben sichtbar machen.

Dazu einige Beispiele. Wenn mit den Zweitkläßlern das kleine Einmaleins gelernt wurde, liegt ein relativ leicht überschaubares arithmetisches Leistungsrepertoire vor: es umfaßt $10 \times 10 = 100$ Multiplikationssätze. Wenn eine Prüfung zwanzig solche Einmaleinssätze umfaßt, so sollten diese eine repräsentative Stichprobe aus den 100 Sätzen darstellen. Im Fremdsprachunterricht sind ähnliche Überlegungen bezüglich des Vokabulars des Prüflings möglich. Dieses ist im Prinzip feststellbar, und es ist eine Wortschatzprüfung denkbar, die eine repräsentative Stichprobe daraus zieht.

Wenn man nun aber schon die syntaktischen Leistungen des Prüflings ins Auge faßt, so komplizieren sich die Dinge, denn syntaktische Regeln sind ja, wie die moderne Linguistik lehrt, *generativer* Natur. Aus wenigen Regeln vermag der Sprecher unendlich viele Sätze zu bilden. Dasselbe gilt für viele Verhaltensbereiche. Auch besteht das Problem häufig nicht darin, ein Repertoire sozusagen quantitativ auszuleuchten. Wir interessieren uns eher für die Eigenart der Schülerleistungen. Im einzelnen beginnen sich also rasch Probleme auf Probleme zu häufen. Trotzdem bleibt der Gesichtspunkt der Gültigkeit legitim und richtig: Die Prüfung soll ein möglichst getreues Abbild des Wissens- und Verhaltensrepertoires und seiner qualitativen Eigenart vermitteln. Dann nennen wir sie valide.

Um diese Forderung zu erfüllen, stellen wir uns bei der Konstruktion der Prüfung den vermittelten Stoff und die Eigenart der Leistungen, die er zu entwickeln versucht hat, möglichst vollständig und genau vor. Die Prüfungsaufgaben müssen so konzipiert sein, daß der ganze Stoffbereich, dessen Studium vom Schüler sinnvollerweise verlangt werden konnte, möglichst gut abgedeckt ist und daß zugleich alle wichtigen Merkmale der betreffenden Leistungen zum Ausdruck kommen. Man kennt die Prüfungen, in denen dies nicht der Fall ist: Sie betreffen unwesentliche oder periphere Stoffkomplexe, und es kommen darin weder die Leistungsmöglichkeiten des Schülers noch seine Schwächen adäquat zum Ausdruck. Der

Schüler verläßt die Prüfung frustriert: Sie hat nicht sichtbar gemacht, worüber er in Wahrheit verfügte.

Da diese Form der Gültigkeit einer Prüfung eine möglichst getreue Diagnose dessen anstrebt, worüber der Schüler verfügt, sprechen wir von der *„diagnostischen Gültigkeit oder Validität"* einer Prüfung.

Die prognostische Gültigkeit und das Problem der Aufnahmeprüfungen

Die kleinen Prüfungen, die der Lehrer im Verlaufe des Schuljahres veranstaltet, dienen in der Regel diagnostischen Zwecken: Er will erfahren, welches die Ergebnisse des Unterrichts waren, damit er sein weiteres Vorgehen entsprechend einrichten kann[1]. Anders ist es bei Prüfungen, die an Punkten des Übergangs von einem Schuljahr ins andere, von einer Schulstufe in die andere oder zum Abschluß bzw. Beginn einer Ausbildung, sei es in der Höheren Schule, sei es in einer Berufslehre, sei es an der Universität, veranstaltet werden. Es handelt sich hier um Prüfungen mit vorwiegend prognostischer Funktion.

Das Gültigkeitsproblem lautet hier: Werden sich die Schüler, die aufgrund ihres Prüfungsergebnisses in den neuen Schultyp oder in eine besondere Ausbildung aufgenommen werden, darin auch bewähren? Wenn man anderseits den abgewiesenen Schülern eine Chance in der neuen Ausbildungsstufe gegeben hätte: hätten sie dort wirklich versagt, und war es daher berechtigt, sie nicht zuzulassen? Man erkennt sofort: wenn sich aufgenommene Schüler nicht bewähren und wenn man aufgrund gewisser Anhaltspunkte schließen muß, daß sich abgewiesene Schüler durchaus bewährt hätten, wenn sie aufgenommen worden wären, so stimmt mit der Prüfung etwas nicht. Sie hat die Bewährung schlecht vorausgesagt, sie ist ein schlechtes prognostisches Instrument.

Aufnahmeprüfungen sind also immer prognostische Prüfungen. Dabei kann man mehr tun, als bloß zu unterscheiden, ob ein Schuler aufgenommen oder abgewiesen worden ist und ob er sich bewähre oder nicht. Man kann weiter folgern: Gesetzt der Fall, wir ordnen die Prüflinge einer Aufnahmeprüfung nach deren Abschluß in einer Rangreihe an, welche einem

---

[1] Im englischen und französischen Sprachgebiet spricht man von „summativen" Prüfungen und Evaluationen (Bloom, Hastings & Madaus 1971, Cardinet 1984). Wir halten das für sehr unglücklich, denn es erweckt den Eindruck, daß hier additive Mengen von Wissenselementen abgeprüft werden. Wir interessieren uns viel mehr für die Qualität der Wissensstrukturen. Daher sprechen wir von ihrer Diagnose und von diagnostischen Prüfungen.

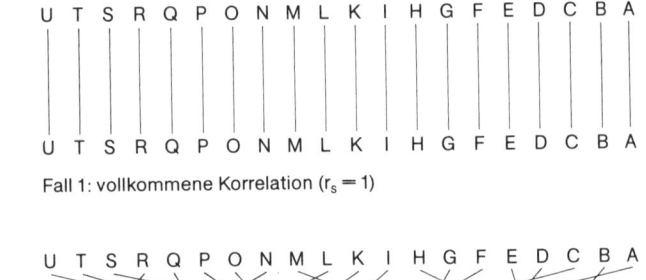

Fall 1: vollkommene Korrelation ($r_s = 1$)

Fall 2: kein Zusammenhang ($r_s \sim 0$)

Abb. 6. In den 4 „Fällen" bedeutet I immer die Rangreihe der Schüler nach dem Ergebnis der Aufnahmeprüfung und II die Rangreihe der Schüler nach der Durchschnittsnote in der neuen Schulstufe. Schüler A ist der beste Schüler in der Aufnahmeprüfung, Schüler B der zweitbeste, C der drittbeste etc. Im Fall 1 besteht eine perfekte Übereinstimmung zwischen dem Ergebnis der Aufnahmeprüfung und der Bewährung in der aufnehmenden Schule, im Fall 2 keinerlei, im Fall 3 ein genau umgekehrter Zusammenhang. Fall 4 zeigt einen gewissen Zusammenhang, so wie er bei einer gut konstruierten Prüfung vorkommt. Hier sind in Klammern auch noch fünf weitere Schüler angegeben, welche nicht in die neue Schulstufe aufgenommen

immer besseren Prüfungsdurchschnitt entspricht, und stellen sie nach einem, zwei oder drei Jahren aufgrund ihres Notendurchschnitts auf der neuen Schulstufe wieder in eine Rangreihe: was entsteht dabei für ein Bild? Die Abbildung 6 zeigt dazu vier theoretisch denkbare Ergebnisse. Der Fall 4 gibt wieder, was man von einer gut konstruierten Aufnahmeprüfung realistischerweise erwarten kann: Die Übereinstimmung ist nicht perfekt, immerhin sind die Besseren der Aufnahmeprüfung auch die Besseren in der Bewährungssituation und umgekehrt. Wenn man allerdings das linke Ende der Rangreihe ins Auge faßt und an die Schüler denkt, die gar nicht in die Schule aufgenommen worden sind (Schüler V bis Z), so kann man mit Sicherheit annehmen, daß sich einige von ihnen durchaus bewährt hätten, wenn sie in die Schule aufgenommen worden wären, wie ja auch einige „am Schwanz der Klasse" wahrscheinlich die Schule dann doch wieder wegen ungenügenden Leistungen verlassen müssen.

Dies legt nahe, daß man in der Randzone der Ergebnisse der Aufnahmeprüfungen liberal verfährt und den schwächer erscheinenden Schülern eine Bewährungschance einräumt, d.h. sie aufnimmt.

Damit ist der Begriff der prognostischen Validität einer Aufnahmeprü-

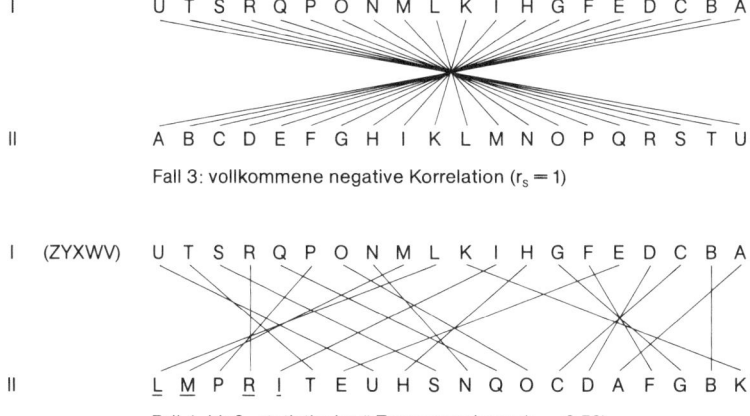

I U T S R Q P O N M L K I H G F E D C B A

II A B C D E F G H I K L M N O P Q R S T U

Fall 3: vollkommene negative Korrelation ($r_s = 1$)

I (ZYXWV) U T S R Q P O N M L K I H G F E D C B A

II L M P R I T E U H S N Q O C D A F G B K

Fall 4: bloß „statistischer" Zusammenhang ($r_s = 0,52$)

worden sind. (Zu ihrem Fall: siehe Text!) Anderseits nehmen wir an, daß die Schüler, die durch unterstrichene Buchstaben bezeichnet sind, die Schule wegen ungenügender Leistungen wieder verlassen müssen oder wollen.

Der Fall 3 ist rein theoretisch. Es wäre denkbar, daß die Schüler in der Aufnahmeprüfung einenteils und in der Bewährungssituation andernteils in genau umgekehrter Reihenfolge auftauchen, daß also der erste in der Aufnahmeprüfung der letzte in der Bewährungssituation und der letzte in der Aufnahmeprüfung der erste in der Bewährungssituation wären. Dieser Fall kommt in der Praxis nicht vor.

fung definiert: Sie ist um so gültiger, je besser die Ergebnisse der Aufnahmeprüfung mit der Bewährung in der neuen Ausbildungsstufe übereinstimmen. Der Grad der Übereinstimmung oder Korrelation kann mit einem Korrelationskoeffizienten (r_s) ausgedrückt werden. Je näher dieser bei $+1$ ist, um so größer ist die Gültigkeit der Prüfung.[2]

Man erkennt auch die Allgemeinheit der hier vorgeschlagenen Betrachtungsweise. Bei einer Lehrerabschlußprüfung müßten deren Ergebnisse mit der Bewährung im Beruf übereinstimmen; wenn eine Luftfahrtgesellschaft Pilotenanwärter auswählt, so müßte die Bewährung im Flugdienst mit den Ergebnissen der Aufnahmeprüfung korrelieren usw.

Man braucht dieses Problem nur so präzis zu stellen, wie wir es hier getan haben, um sich die enormen Schwierigkeiten einer befriedigenden Lösung

---

[2] Wir haben in unserem Beispiel eine einfache Betrachtungs- und Berechnungsweise der Korrelation gewählt, diejenige der „Rangkorrelation". Es gibt andere Arten, die Beziehung zwischen zwei Meßreihen zu ermitteln, insbesondere die Produktmomentkorrelation, die in der Statistik behandelt wird. Eine einfache Einführung gibt SCHRÖDER (1974).

bewußt zu machen. Dies legt nahe, daß größere Schulen bei der Konstruktion ihrer Aufnahmeprüfungen die Hilfe von Fachleuten, nämlich von entsprechend ausgebildeten Schulpsychologen, in Anspruch nehmen. Welche Informationen sollten zusätzlich zu den Ergebnissen der Aufnahmeprüfungen herbeigezogen werden? Unter diesen sind an erster Stelle die Beurteilung durch den Lehrer der abgebenden Stufe und ein guter Intelligenztest zu nennen (INGENKAMP 1969). Aus diesen drei Angaben: dem Ergebnis der Aufnahmeprüfung, dem Lehrerurteil und dem Intelligenztest kann ein kombiniertes Maß gewonnen werden, das besser als jedes einzelne die Bewährung in der folgenden Ausbildungsstufe voraussagt.

Was wir hier global von den Aufnahmeprüfungen sagen, kann man natürlich auch auf die Prüfungen in den einzelnen Fächern beziehen. So kann sich der Lehrer fragen: das Fach oder die Fächer, welche ich unterrichte, sollen doch dazu beitragen, daß sich die Schüler in der nächsten Ausbildungsstufe und in der Lebenspraxis bewähren. Dann müßten auch die Prüfungen, welche ich veranstalte, mit dieser Bewährung korrelieren. Wenn dies nicht der Fall sein sollte: Was prüfe ich eigentlich? Mehr als das: Was unterrichte ich? Wir stoßen hier wieder auf den Gedanken. daß der Unterricht den Schüler qualifizieren sollte, sich in den Lebenssituationen, denen er begegnen wird und die er gestalten wird, zu bewähren.

Nun ist die Frage der prognostischen Validität von Prüfungen, insbesondere von den im Verlauf des Schuljahres organisierten und primär auf den vorangehenden Unterricht bezogenen, dadurch kompliziert, daß wir häufig gar nicht wissen, welche spezifischen Anforderungen die künftige Lebenspraxis stellen wird. Dem Gymnasiallehrer für Mathematik mag noch einigermaßen vertraut sein, was ein künftiger Physiker unter seinen Schülern mit der Mathematik anfangen wird, die er am Gymnasium erwirbt. Und vielleicht hat auch der Deutschlehrer eine Vorstellung von dem, was ein künftiger Jurist mit seinen Muttersprachkenntnissen anfangen wird. Aber wie ist das mit den Mathematikkenntnissen für den Juristen und den Deutschkenntnissen für den Physiker?

Wenn wir sodann an die unteren Schulstufen denken, ist die zeitliche Distanz zwischen Ausbildung und Bewährung in der Lebenspraxis so groß, daß der Zusammenhang immer schwerer durchschaubar wird. Es ist daher verständlich, wenn die Lehrer der Primarschulstufe vor allem an die Bewährung ihrer Schüler in der nächsten Schulstufe und nicht an jene in der Lebenspraxis denken. Trotzdem sollten die Lehrer aller Stufen die schließliche Bewährung nie aus den Augen verlieren. Sie sollten ihren Unterricht so zu gestalten suchen, daß er dazu einen Beitrag leistet, und die Prüfungen sollten entsprechend nicht nur ihre prognostische Validität bezüglich der nächsten Schulstufe, sondern der Bewährung im Leben haben.

Welche praktischen Konsequenzen ergeben sich aus den vorangehenden Überlegungen? Für Schulen, die Aufnahmeprüfungen veranstalten, erkennt man die Notwendigkeit, daß sie die prognostische Gültigkeit ihrer Prüfungen ständig kontrollieren, indem sie Prüfungsergebnisse und die folgenden Zeugnisnoten vergleichen, und dies nicht nur über ein Jahr, sondern über die ganze Dauer der betreffenden Schule. Wenn die Übereinstimmung schlecht ist, müssen die einzelnen Prüfungen unter die Lupe genommen und verbessert werden. Es könnte dann beispielsweise sein, daß man darauf verzichtet, ein Diktat in die Aufnahmeprüfung einzubeziehen oder daß man das relative Gewicht der Rechenprüfungen, die bloße Rechenfertigkeit testen, zugunsten von Aufgaben, welche Anwendungsprobleme stellen, reduziert.

Für den individuellen Lehrer, der eine solche Untersuchung nicht ohne weiteres auf eigene Faust und mit eigenen Mitteln durchführen kann, ergibt sich ein anderer Auftrag: immer wieder der Frage nachzugehen, was die Schüler in der nächsten Schulstufe und schließlich im Leben mit dem Wissen und dem Können anfangen, das sie bei ihm erwerben. Diese Frage wird er nicht nur abstrakt und personenunabhängig stellen, sondern er wird sich auch konkret fragen: Schüler A hat bei mir, auch in meinen Prüfungen, so und so gearbeitet; wie hat sich A in der Sekundarstufe, in der Berufslehre, auf der Universität, im Beruf bewährt? Was hat er geleistet? Was ist aus ihm geworden?

All das sind natürlich längerfristig zu lösende Aufgaben. Sie erfordern, daß der Lehrer und die Schule die Unterlagen über die Schüler aufbewahren und zu gegebener Zeit darauf zurückgreifen. Sie erfordern aber vor allem, daß die Lehrer mit ihren ehemaligen Schülern Kontakt halten und sie in ihrem Werdegang verfolgen. Das tut nicht nur ihrem Unterricht und ihren Prüfungen gut; es bereichert den Lehrer auch menschlich.

Die Verläßlichkeit von Schulprüfungen

Wenn eine Schulprüfung keinen prognostischen Wert hat, so kann das zwei verschiedene Gründe haben. Sie kann diagnostisch gut konstruiert sein und richtig erfassen, was im vorangehenden Unterricht behandelt wurde, aber die erteilten Noten korrelieren nicht mit den künftigen Leistungen in den Bewährungssituationen. Wer etwa meinte, daß die Schulnoten im Mathematikunterricht mit dem künftigen Einkommen oder der sozialen Stellung zusammenhängen, würde stark enttäuscht: die Korrelation wäre nahe bei null, auch wenn die Mathematikprüfungen einwandfrei konstruiert werden. Umgekehrt kann es sein, daß zwischen einer Prüfungsleistung und einer

Ernstleistung (etwa zwischen einer Schwimmprüfung und der Fähigkeit, sich bei einem Schiffsunglück zu retten) prinzipiell durchaus eine Korrelation besteht, daß diese aber durch Fehlerfaktoren in der Organisation und Durchführung der Schwimmprüfung verdunkelt wird. Das ist der Sand im Prüfungsgetriebe. Er führt zu einer schlechten *Verläßlichkeit* oder *Reliabilität* der Prüfung. Ähnlich wie die Gültigkeit hat auch die Verläßlichkeit einer Prüfung verschiedene Seiten, die wir in der Folge betrachten wollen. Wir nähern uns damit den technischen Problemen der Prüfungskonstruktion und -durchführung.

(1) Meßfehler, die nur momentan wirksam sind:

Man kann eine Prüfung mit einer Messung vergleichen. Es wird an den Prüfling ein Maß angelegt. Er wird sozusagen gewogen. Aber sein Gewicht, bzw. die Meßoperation, kann durch irrelevante Faktoren (man nennt sie *Meßfehler*) verfälscht werden. Die Fehler können mit äußeren Umständen der Prüfungsdurchführung zusammenhängen: Die Prüflinge werden während der Prüfung abgelenkt, die atmosphärischen Bedingungen sind ungünstig, es ist heiß und die Luftfeuchtigkeit hoch. Fehlendes oder defektes Material kann den Prüfling irritieren: Er hat das Wörterbuch oder den Zirkel vergessen, die Tinte geht ihm aus etc. Aber auch außergewöhnliche innere Zustände können das Prüfungsergebnis beeinträchtigen: Aufregung, Prüfungsangst, Müdigkeit. In mündlichen Prüfungen kann sich die mangelnde Beziehung oder gar ein Antagonismus zum Prüfer auf das Ergebnis auswirken.

Dies sind Faktoren, die beim Prüfling wirksam sind. Sie können aber auch beim Prüfer auftreten. Er ist nach einem langen Prüfungstag ermüdet, beginnt schlecht zu fragen; er geht schlecht auf die Antworten des Prüflings ein, registriert gewisse Teile oder Aspekte der Antworten nicht mehr. Auch bei der Korrektur von schriftlichen Prüfungen sind vielerlei Mißgeschicke möglich, die wir hier nicht aufzuzählen brauchen.

Sofern diese Faktoren nur temporär und nur bei einzelnen Schülern wirksam waren, werden sie sichtbar, wenn man eine Prüfung wiederholt: Die Ergebnisse der ersten und der zweiten Prüfung stimmen nicht überein. Man spricht in diesem Fall von der mangelnden *Stabilität* einer Prüfung: die Ergebnisse variieren bei Wiederholungen. In der Testpsychologie wird dieser Effekt durch die Testwiederholung geprüft. Man spricht daher von der Test-Retest-Reliabilität oder einfach von der Stabilität bei Wiederholungen.

Bei Schulprüfungen sind kollektive Wiederholungen die Ausnahme. Indessen ist der Gesichtspunkt wichtig. Es folgt daraus die Aufgabe für die Verantwortlichen, die Augen offen zu halten und sorgfältig zu prüfen, ob nicht besondere Bedingungen die Prüfungsergebnisse verfälschen. Die Forderung leuchtet ein: Prüfungen sollten stabil, unabhängig von temporär wirksamen Störfaktoren sein.

(2) Meßfehler, die am Prüfungsinhalt und an der Prüfungsform hängen: Die Prüfungsleistung, welche wir provozieren, kann Leistungselemente umfassen, die mit dem Merkmal, das uns interessiert, nichts zu tun haben. So kann zur Lösung eines Problems ein spezielles Wissen oder Können notwendig sein, das nicht Gegenstand der Prüfung ist. Damit der Prüfling eine angewandte Rechenaufgabe lösen kann, ist es beispielsweise nötig, daß er einen besonderen Sachzusammenhang, ein Wort, einen sprachlichen Ausdruck kennt. In einer schriftlichen Prüfung muß er fähig sein, vier Stunden lang schnell zu schreiben. Wer den Krampf bekommt, ist benachteiligt. Bei der Lösung einer Gefälleberechnung hat der eine die Idee, zu kürzen, der andere müht sich mit Dividieren ab. Ein besonders irrelevantes Leistungsmerkmal ist die unverstandene Faustregel, der Automatismus, die Verständnis vortäuschen, wo es nicht ist. So mag der Schüler gelernt haben, auf das Stichwort „Flächenberechnung" hin gewisse unverstandene Berechnungen auszuführen (AEBLI 1973[5]). Oder er weiß: Wenn in einem Dreisatz die Rede von einer bestimmten Arbeit ist und die Arbeiterzahl wechselt, so muß man das Gegenteil dessen tun, was man sonst tut: dividieren, wo man sonst multiplizierte und multiplizieren, wo man dividierte. Ein drittes irrelevantes Merkmal ist die Vertrautheit bzw. Unvertrautheit mit gewissen Aufgaben- und Prüfungsformen. So ist der Verfasser dieses Buches als neuangekommener Student in den Vereinigten Staaten fast durch eine Prüfung gefallen, die statt einem Aufsatzthema 130 Mehrfachwahlfragen (multiple-choice-problems) stellte, eine Prüfungsform, die er als Europäer damals nur vom Hörensagen kannte.

Schließlich kann eine Aufgabe viele gekoppelte Einzelschritte enthalten. Ein früher Fehler kann alle folgenden Berechnungen oder Überlegungen belasten, obschon der Prüfling fähig wäre, adäquat zu reagieren. Auch Aufsätze sind solche komplexen Gebilde. Wer schlecht anfängt oder auf einen unglücklichen Seitenpfad gerät, kann benachteiligt sein. Dies spricht nicht generell gegen die Aufsatzprüfungen, mahnt aber zur sorgfältigen Problemstellung.

Die positive Forderung muß daher lauten, daß Prüfungsinhalt und Prüfungsform frei von irrelevanten Elementen seien. Da diese Meßfehler z.T. sichtbar werden, wenn man eine neue Prüfung konstruiert, spricht man von der „Fassungs-Unabhängigkeit" (alternate-form-reliability) einer Prüfung.

Das heißt: ihr Ergebnis ist nicht von der Eigenart der Fassung abhängig, die man zufällig gewählt hat.

Kapitel 25: Wie man schriftliche Prüfungen konstruiert und in mündlichen Prüfungen verfährt

Wenn man schriftliche Prüfungen richtig konstruieren und in mündlichen Prüfungen richtig verfahren will, so muß man eine Reihe von Regeln beachten. Sie gehen aus der Analyse des Geschehens in Prüfungen hervor und führen zur Unterscheidung verschiedener Typen von Fragen und Aufgaben und zu Regeln des Verfahrens beim Prüfen und Beurteilen der Leistungen des Prüflings.

Allgemeine Regeln zur Gestaltung von Prüfungen

Im folgenden nennen wir zuerst drei allgemeine Regeln der Gestaltung von Prüfungen. Sie gelten für schriftliche, mündliche und praktische Prüfungen.

1. Regel: Unabhängige Leistungsaspekte einzeln beurteilen (Differenzierte Notengebung)

Fast alle geistigen Leistungen setzen sich aus Teilfunktionen zusammen, die voneinander relativ unabhängig sind. Es ist daher sinnvoll, sie separat zu beurteilen und getrennt zu benoten. So verlangt die Lösung vieler Aufgaben einenteils Einsicht, Verständnis und fundiertes Wissen, andernteils Fertigkeiten der verschiedensten Art. *Angewandte Rechenaufgaben* appellieren primär an die Einsicht in die Mengen- und Zahlenverhältnisse, zugleich aber verlangen sie auch Automatismen, die rasch und sicher funktionieren. Um einen guten *Aufsatz* zu schreiben, muß der Schüler etwas zu sagen haben. Er bedarf eines Vokabulars, um seine Gedanken klar und lebendig auszudrücken. Dies setzt voraus, daß die Bedeutungen, welche der Schüler mit den Worten verbindet, nicht nur substantiell, sondern auch klar sind. Zugleich muß er die Formen, die Rechtschreibung und die Satzzeichenregeln beherrschen. Gutes *Lesen* setzt ebensoviel Sprachverständnis wie mechanische Lesefertigkeit voraus. Sogar bei *Turnübungen* sind Kraft und Feinheit der Motorik weitgehend unabhängige Teilfunktionen.

Wenn Prüfungsaufgaben solche komplexen Leistungen verlangen, sollte jede Teilfunktion mit einer besonderen Note beurteilt werden. Nur dann kann ein Außenstehender die Bedeutung der Noten überhaupt verstehen. Bei angewandten Rechenaufgaben sollte also mindestens eine Note für die gewählten Lösungswege (Rechenverständnis) und eine weitere für die

Richtigkeit der Ausrechnungen (Rechenfertigkeit) erteilt werden. Aufsatznoten sollten mindestens zwischen Inhalt, Rechtschreibung und Schrift unterscheiden. Form und Inhalt sind dagegen aus prinzipiellen Gründen oft schwer auseinanderzuhalten. Je nach der Aufgabe können weitere Gesichtspunkte in die Beurteilung eintreten und gesondert benotet werden (Originalität, Prägnanz der Darstellung usw.).

Bei der Beurteilung komplexer Leistungen muß sich der Lehrer der positiven und negativen „Halo-Effekte" bewußt sein, die von gewissen Aspekten einer Leistung auf die übrigen ausstrahlen. So werden sauber geschriebene und sauber dargestellte sprachliche und mathematische Aufgaben leicht unter allen Gesichtspunkten günstiger beurteilt als unsauber geschriebene. Auch von der Orthographie geht ein starker Halo-Effekt auf die Beurteilung des Inhalts aus. Desgleichen werden ja auch saubere, schöne und gehorsame Kinder meistens für intelligenter gehalten als unordentliche, häßliche und schwer zu führende.

2. Regel: Teilfunktionen in unabhängigen Prüfungen erfassen

Im vorangehenden Abschnitt sind wir von der Voraussetzung ausgegangen, daß nur eine einzige Leistung zur Beurteilung verschiedener Teilfunktionen zur Verfügung steht. Prüfungsordnungen und andere schwer zu ändernde Umstände fixieren häufig einen solchen Prüfungsmodus. Vom Standpunkt einer gültigen und zuverlässigen Gestaltung der Prüfungen ist vorzuziehen, daß die Teilfunktionen in unabhängigen Prüfungen erfaßt werden. Dies hat den Grund, daß sich in vielen komplexen Leistungen die Teilleistungen gegenseitig beeinflussen. Es ist allgemein bekannt, daß langsame Schreiber und Rechner in Stundenaufsätzen und Rechnungsprüfungen stark benachteiligt sind. Ein Schüler, der komplexe Perioden schreibt, hat mehr Gelegenheiten, Satzzeichenfehler zu machen, als einer, der nur Hauptsätze aneinanderreiht. Ein Schüler, der in seinen Ausrechnungen häufig Irrtümer begeht, ist bei der Lösung angewandter Aufgaben benachteiligt, nicht nur weil er viel Zeit mit der Kontrolle verliert, sondern auch, weil falsche Zwischenresultate den weiteren Verlauf einer Lösung belasten oder gar unmöglich machen können. Anderseits kann ein Schüler, der die Rechenfertigkeiten gut beherrscht, diese Fähigkeit nicht zeigen, wenn er bei keiner angewandten Aufgabe den Lösungsweg findet.

Die gegenseitige Beeinflussung von Teilfunktionen wird ausgeschaltet, wenn für eine jede eine besondere Prüfung bzw. ein besonderer Prüfungsabschnitt reserviert wird. Auf diese Weise kann jede Teilprüfung auf die Leistung ausgerichtet werden, die erfaßt werden soll. So ist es richtig, daß die Rechtschreibung und Satzzeichensetzung mit Hilfe von Diktaten oder die erstere gar mittels einfacher Wortlisten, unabhängig von den Aufsätzen, geprüft wird. Nacherzählungen zeigen das Verständnis von Texten und die Präzision des Ausdrucks, während der freie Aufsatz vor allem nach Form und Inhalt beurteilt werden soll. Natürlich können die anderen Aspekte auch beurteilt werden, sie sollen aber als unzuverlässigere Messungen in den Hintergrund treten. Im Rechnen erfaßt man mit reinen Zahlenbeispielen die Rechenfertigkeit; mit angewandten Aufgaben, die einfache Zahlenverhältnisse aufweisen, werden mathematische Zusammenhänge erfaßt. Die Anwendung dieses Prinzips auf die anderen Fächer ist leicht sichtbar.

3. Regel: *Kurze, voneinander unabhängige Aufgaben stellen*

Verlangt eine Prüfung eine lange Kette von Handlungen oder Denkoperationen, bei denen jeder folgende Schritt von der erfolgreichen Meisterung des vorangehenden abhängt, so kommt es leicht dazu, daß das Ergebnis ein falsches, nämlich ein zu schlechtes Bild von der Leistungsfähigkeit des Prüflings vermittelt. Denn Fehler in der ersten Phase der Arbeit können den Fortgang der Arbeit belasten. Jedermann weiß, daß eine frühe Fehlentscheidung bei einer Pflanzenbestimmung (z.B. „Fruchtknoten unterständig" oder „Fruchtknoten oberständig") den ganzen weiteren Verlauf der Bestimmung zum Scheitern verurteilt. Desgleichen bei mathematischen Aufgaben, deren Ergebnis über eine Kette von Zwischenresultaten erreicht wird: jeder Irrtum gefährdet den weiteren Verlauf der Lösung. Aber auch Aufsätze sind lange, zusammenhängende Ketten von Gedanken. Sofern man sich nicht die Aufgabe stellt, gerade eine solche Leistung vom Schüler zu verlangen (sie ist wichtig und soll von Zeit zu Zeit geprüft werden), so ist es immer klüger, statt eines langen Aufsatzes eine Reihe kurzer Antworten (einige Zeilen bis eine Seite) auf präzise Probleme zu verlangen. Solche Prüfungen sind insbesondere dann sinnvoll, wenn es um das Wissen und die Denkfähigkeit in einem Sachgebiet geht, also in den Naturwissenschaften, der Geographie, Geschichte und Staatskunde. Die Stichproben, welche auf diese Weise vom Wissen und Können des Schülers gewonnen werden, sind repräsentativer für den zu prüfenden Bereich als der einzige Sondenstich des langen Aufsatzes (LINDQUIST 1951). Das allgemeine Prinzip lautet also: Prüfungen sollten nur ausnahmsweise lange Ketten von Denkoperationen erfordern. In der Regel stellen wir eine Vielzahl kurzer, voneinander unabhängiger Aufgaben.

Typen von Prüfungsaufgaben

Aufgaben kann man unter ganz verschiedenen Gesichtspunkten unterscheiden. Zu meinen, daß es eine einzige Taxonomie (Klassifikation) von Prüfungsaufgaben (oder gar von kognitiven Lernzielen, BLOOM et al. 1972) gebe, zeugt von schlechter Psychologie und Didaktik. Im folgenden nennen wir die Gesichtspunkte, die uns am wichtigsten scheinen.

(1) Aufgaben in drei Medien

BRUNER (1971) hat davon gesprochen, daß ein Mensch etwas auf drei Weisen wissen könne. Das ursprünglichste Wissen steckt ganz in der *Handlung*. Es kann weder in ein Vorstellungsbild noch in Worte umgesetzt werden. BRUNER nennt es „enaktives Wissen". So mag ein Schüler im Werkunterricht oder in der Berufslehre gewisse Arbeiten erlernt haben. Ihnen wohnt durchaus ein Wissen über das Material und über die Werkzeuge inne. Der Schüler kann es jedoch sprachlich nur unvollkommen oder gar nicht ausdrücken. In den theoretischen Schulfächern und gar auf den höheren Schulstufen spielt dieses enaktive Wissen allerdings eine geringe Rolle. Ja, hier krankt der Unterricht gerade häufig daran, daß man über vieles nur redet, das viel eher als Handlung oder als Fertigkeit erlernt werden sollte.

Enaktives, praktisches Wissen kann man gut prüfen, allerdings mit einigem organisatorischen Aufwand. Dazu ist es nötig, daß wir den Prüfling auffordern, etwas zu tun und nicht bloß über Prüfungsstoff zu reden. So etwa, wenn wir in einer mündlichen Fremdsprachprüfung mit dem Schüler in der betreffenden Sprache sprechen und feststellen, ob er uns versteht und ob er sich ausdrücken kann. Desgleichen prüfen wir ihn im Turnen, indem wir ihn turnen und im Schwimmen, indem wir ihn schwimmen lassen, nicht indem wir ihn darüber befragen. Für das Kartenlesen gibt es keine bessere und direktere Prüfung als die Übung im Gelände. In einer Lehrabschlußprüfung schließlich sollte sehr genau bedacht werden, was man den Lehrling tun und worüber man ihn reden läßt. Wenn man ihn nur reden ließe, täte man guten Praktikern, die sprachlich weniger begabt sind, Unrecht.

Das zweite „Medium", in dem unser Wissen stecken kann, ist die *bildhafte Vorstellung*. Welche Seewege von Genua nach Batum am Schwarzen Meer, nach Bombay oder nach Lima führen, muß sich der Schüler im Kartenbild bildhaft vorstellen können. Wir sollten ihn nicht eine Wortkette von Ortsnamen, Kanälen und Meeresteilen hersagen, sondern diese Seewege auf der Karte *zeigen* lassen. Andere bildhafte Vorstellungen werden wir ihn *zeichnend reproduzieren* lassen: so (in vereinfachten Skizzen) die Umrisse Spaniens mit den wichtigsten Flüssen und Städten, das Gehörn der Gemse, ihre Spur im Schnee, den Aufriß der Salbeiblüte oder den Grundriß der Tulpe, ja vielleicht sogar Tracht und Ausrüstung der irischen Missionare. Auch hier ist es klar, daß eine solche Prüfungsform auf den Unterricht zurückwirkt, und dies sicher in günstigem Sinn. Dem verbreiteten Verbalismus wird damit ein starker Riegel vorgeschoben und ein anschaulicher und konkreter Unterricht gefördert.

Endlich gibt es jenes Wissen und Können, das *im Medium der Sprache* niedergelegt ist. Hier ist es sinnvoll, dem Schüler die Aufgabe zu stellen, daß er rede oder schreibe, bzw. sein Wissen sprechend oder schreibend sichtbar mache. Es kann auch sein, daß wir einen *Medienwechsel* provozieren. Wir fordern den Schüler beispielsweise auf, das bildhaft Vorgestellte sprachlich darzustellen oder das sprachlich gefaßte in eine Skizze umzusetzen. Solche Probleme der *Übersetzung von einem Medium ins andere* sind in jenen Fällen angezeigt, in denen wir verhindern wollen, daß der Schüler innerhalb eines Mediums einen Automatismus reproduziert, uns eine unverstandene Wortfolge vorsagt oder an einem Gegenstand etwas zeigt, das er nicht verstanden hat.

Grundlegend gilt die Regel, daß der Schüler sein Wissen und Können im angemessenen Medium zeigen soll: sein Handlungswissen in Handlungen, sein ikonisches, also bildhaftes Wissen zeichnend oder am Gegenstand zeigend, sein sprachlich gefasstes Wissen sprechend oder schreibend.

(2) Aufgaben, die das Verständnis prüfen

Verstandenes Wissen umfaßt durchsichtige und bewegliche kognitive Strukturen. Verstandenes Können bedeutet einsichtiges, reflektiertes Handeln, im günstigsten Fall „Operieren". Fertigkeiten dagegen sind Automatismen, die auch auf niedrigerem Bewußtseinsniveau ablaufen können. Daher macht es einen Unterschied, ob wir Verständnis oder Fertigkeiten prüfen.

Verständnis kann nicht direkt geprüft und gemessen werden. Man muß es indirekt erfassen. Wie kann dies geschehen? Eines ist sicher. Das Hersagen von Gesetzen, Regeln und auswendig gelernten Texten sagt überhaupt nichts darüber aus. Auch völlig unverstandene Dinge können memoriert werden. Die Worte, die dem Lehrer vielleicht sinnvoll erscheinen, können in Wirklichkeit bloße Wortketten, verbale Automatismen darstellen. Auch andere automatisierte Vollzüge brauchen nicht verstanden zu sein. Geometrische Konstruktionen, Rechenoperationen, ja sogar grammatikalische Regeln können völlig verständnislos angewendet werden, wenn sie nur genügend gedrillt worden sind.

Verständnis prüft man, indem man den Schüler (1) über *Zusammenhänge* berichten, (2) sein Wissen *umformen* und (3) sein Wissen und Können *anwenden* läßt.

4. Regel: Nicht Einzelwissen, sondern Zusammenhänge erfragen

In Prüfungen werden sehr häufig Einzelheiten abgefragt. Man läßt einzelne Begriffe definieren („Was bedeutet Legislative?"), einzelne Erscheinungen benennen („Wie nennt man die Zeiträume zwischen den einzelnen Eiszeiten?") oder einzelne Attribute eines Gegenstandes nennen („Wie viele Mitglieder hat der Bundesrat?"). Auf diese Weise erfaßt man das Verständnis einer Sache nicht. Verstehen heißt Einsicht in die Zusammehänge, Übersicht über dieselben besitzen. Einzelheiten kann auch einer kennen, der keinerlei Einsicht oder Übersicht besitzt. Definitionen vorgegebener Begriffe werden leicht auswendig gelernt. Einzelne Attribute einer Sache zu memorieren, ist nicht schwer, bedarf eher des Fleißes als des Verständnisses. Die Wissenselemente „Bundesrat" und „7 Mitglieder" werden leicht assoziiert.

Wenn daher schon Wissen geprüft werden soll, so lautet die elementare Regel: nicht Einzelwissen, sondern Zusammenhänge erfragen. Ursachen und Folgen in unbelebten Erscheinungen, Beweggründe und Absichten innerhalb des menschlichen Handelns stellen die wichtigsten Zusammenhänge dar. Indem der Schüler über sie Auskunft gibt, zeigt er, daß sein Wissen nicht aus isolierten Brocken besteht, sondern in sich zusammenhängt. Auch hier wirkt die Prüfungsform wohltätig auf den Unterricht zurück: wenn die kausalen und die finalen Zusammenhänge in der Prüfung im Vordergrund stehen, gewinnen sie auch im Unterricht ihren verdienten Platz. In den Prüfungen sollen aber nicht nur die Fragen „Warum?", „Welche Folgen?", „Wozu?" betont werden. Ganz allgemein soll der Schüler dazu angehalten werden, über größere sachliche Zusammenhänge zusammenhängend Auskunft zu geben.

5. Regel: Das Wissen umformen lassen

Umkehrungen und Variationen von Lösungswegen und Argumenten, die Beleuchtung einer Sache von einem neuen Gesichtspunkt aus, sie alle erfordern *Umformungen (Transformationen)* des eigenen Wissens und Könnens.

Die Umkehrung. Eine der grundlegenden Thesen der Intelligenztheorie PIAGETS besagt, daß verstandene Operationen im Geiste umkehrbar (reversibel) sind. Gewohnheiten, Fertigkeiten, Reflexketten sind irreversibel. Wenn ich diese Akte in einer Richtung vollziehen kann, so brauche ich deswegen noch nicht fähig zu sein, sie auch in der umgekehrten Richtung zu vollziehen. Nicht so, wo es sich um verstandene Operationen handelt. Die meisten verstandenen Operationen können unmittelbar und ohne vorherige Übung umgekehrt werden. Schon der Erstkläßler, der verstanden hat, daß 3 Nüsse und 4 Nüsse 7 Nüsse gibt, weiß auch, daß von 7 Nüssen 3 übrig bleiben, wenn man 4 wegnimmt. Der Schüler, der gelernt hat, eine zweistellige Zahl, etwa 25, nach der Formel $(a + b)^2 = a^2 + 2ab + b^2$ ins Quadrat zu erheben ($25^2 = 20^2 + 2 \times 20 \times 5 + 5^2$), muß auch dazu angehalten werden, diese Operationen im Geiste rückwärts zu vollziehen. In gleicher Weise muß der Schüler eine vollzogene Erweiterung durch die entsprechende Kürzung und eine vollzogene Multiplikation durch die entsprechende Division rückgängig machen können.

Hier liegt auch der formal bildende Wert der Kontrolle von vollzogenen Ausrechnungen durch ihre Umkehrung begründet. Der Schüler kontrolliert dabei das Ergebnis nicht auf äußerliche Weise, wie wenn er etwa die Neunerprobe vornimmt, sondern durch Benützung der Reversibilität, die ihrerseits Kriterium des Verständnisses ist.

Nun sind aber nicht nur mathematische Operationen reversibel. Auch physikalische Abläufe können immer in zwei Richtungen durchdacht werden. Man kann eine Kausalkette, von den Folgen zu den Ursachen aufsteigend oder von den Ursachen zu den Folgen absteigend, gedanklich durchlaufen. Ich kann davon ausgehen, daß der unüberlegte Kahlschlag von Wäldern die Erosion der Wildbäche fördert, daher sehr viel Geschiebe in den Talfluß gelangt, dieses die Flußsohle am Talausgang erhöht, der Fluß in der Ebene daher über die Ufer tritt und Überschwemmungen anrichtet, das Tal versumpft usw. Aber ich kann auch von den letztgenannten Folgen ausgehen und erklärend zu ihren ersten Ursachen aufsteigen. Wenn kontrolliert werden soll, ob die Schüler eine solche Kausalkette verstanden haben, werden wir sie nicht immer in der behandelten Ordnungsfolge wiedergeben lassen, sondern gelegentlich die Aufgabe stellen, sie in umgekehrter Richtung wiederzugeben.

Die Variation des Lösungsweges. Aus der Einsicht in die Zusammenhänge folgt die Möglichkeit, einen einmal beschrittenen Lösungsweg zu variieren. Schon die Tierpsychologie hat erkannt, daß die Möglichkeit, Umwege zu beschreiten, Symptom der Einsicht in die räumliche Situation ist. Wo ein Hund oder gar ein Schimpanse spielend über einen Umweg zum lockenden Futter gelangen, rennt die Henne mit blinder Hartnäckigkeit gegen das Hindernis (etwa ein Drahtgitter) an, das den direkten Weg versperrt. Umwegprobleme gehören auch zum eisernen Bestand der Intelligenzprüfung für Kleinkinder.

Im Schulunterricht finden sich die naheliegendsten Anwendungsmöglichkeiten dieser Tatsachen auf dem Gebiet des Rechnens. Ein Schüler, der verstanden hat, daß Prozente Hundertstel sind, muß 5% einer gegebenen Größe auf ganz verschiedene Weisen berechnen können: 5% = 5mal 1%, 5% = 1/20, 5% = ein halbes Zehntel, 5% = ein Zehntel der Hälfte. Aber auch eingekleidete Aufgaben können auf verschiedenen Wegen gelöst werden. Nachdem im Unterricht gemeinsam ein Weg beschritten worden ist, läßt man die Schüler zur Prüfung des Verständnisses häufig andere Lösungswege nennen und beschreiten. In allen Sachgebieten, in denen angewandte Mathematik zur Geltung kommt, sind Variationen der Lösungswege möglich.

Die Darstellung von einem neuen Gesichtspunkt aus. Eine weitere Grundthese PIAGETS (1972) sagt aus, daß jemand, der eine Sache verstanden hat, diese von verschiedenen Gesichtspunkten aus darstellen kann. Anwendungen dieser Tatsache sind nicht nur im räumlichen Bereich möglich. Sie können auch auf menschliche Beziehungen bezogen werden.

Angenommen, das Hochdruckkraftwerk sei anhand einer vergrößerten Luftphotographie besprochen worden. Der Schüler weist sich über sein Verständnis aus, indem er das Kraftwerk im Aufriß darstellt. Staumauer, Stausee, Zuleitungsstollen, Wasserschloß, Druckstollen und Generatorenzentrale werden nun in ihrer gegenseitigen Lage deutlich sichtbar; Höhenverhältnisse, Gefälle usw. werden nun adäquat dargestellt.

Hierher gehört es auch, daß Schüler räumliche Gebilde und die mit diesen zusammenhängenden Konstruktionen im Geometrieunterricht *in allen Lagen* erkennen und aufzeichnen können müssen. Beweise, etwa des pythagoreischen Lehrsatzes, sollten sie nicht nur bei bestimmten Lagen der Figur (z.B. waagrechte Lage der Hypotenuse) führen können.

Von hier aus blicken wir auf das Gebiet der sozialen Beziehungen, wie sie in der Geschichte, der Literaturwissenschaft und der Geographie zur Darstellung kommen. Wo menschliche Beziehungen zu erfassen sind, handle es sich um Faust und Mephisto oder um Parteien in einer kriegerischen Auseinandersetzung oder um Volks- oder Sozialgruppen, die einander gegenüberstehen (Weiße und Einheimische in fremden Erdteilen), entsprechen den Parteien verschiedene Gesichtspunkte. Wir lassen diese in Prüfungen wechseln, um das Verständnis zu erfassen.

Die Wiedergabe in eigenen Worten. Zum Schluß nennen wir eine logisch weniger anspruchsvolle Umformung, die jedoch in allen Fächern, besonders aber im Sprachunterricht, fruchtbar ist: die Wiedergabe eines Tatbestandes in eigenen Worten. Eine ähnliche, jedoch deutlich höhere Leistung erfordert die Aufgabe, eine vorgelegte Gegebenheit, etwa einen Text, ein Objekt oder eine Situation, zu deuten bzw. zu interpretieren. Der Schüler wird die Sache *mit seinen eigenen Worten, in seiner eigenen Sprache* darstellen. Es schadet gar nichts, wenn sein eigener Ausdruck nicht so elegant wie die auswendig gelernte Formulierung ist. Man wird vor allem auf die sachliche Richtigkeit achten.

6. Regel: Das Wissen und Können anwenden lassen

Die klassische Prüfung des Verständnisses aber ist die *Anwendungsaufgabe.* Sie bringt eine grundlegende kognitive Funktion ins Spiel, gibt es doch Anwendungen nicht nur im praktischen, sondern auch im Bereich der Begriffe und Operationen. Wir brauchen hier nicht auszuführen, was Anwendung ist. Das ist im entsprechenden Kapitel der „Zwölf Grundformen" geschehen. Wir erinnern bloß daran, daß es zwei grundlegende Formen der Anwendung gibt, eine erkennende und eine herstellende.

Im Falle der *erkennenden Anwendung* legen wir dem Prüfling einen konkreten oder abstrakten Gegenstand vor. Er muß erworbene Begriffe und Operationen auf diesen anwenden und ihn so klären oder erklären, also erkennen. Dies geschieht, wenn wir dem Schüler eine Formel, einen Text, ein Bild oder einen Gegenstand vorlegen. In mündlichen Prüfungen brauchen wir vorerst kaum mehr dazu zu sagen als: „Was siehst du da?" Wir erwarten, daß der Schüler von sich aus die relevanten Begriffe aus seinem gedanklichen Repertoire zieht und sie auf die vorliegende Sache anwendet. In anderen Fällen helfen wir, indem wir dem Schüler sagen, welchen Begriff, welche Struktur, welche Methode oder welches Verfahren er darauf anwenden solle. So zum Beispiel: „Die zwei Texte, die Sie soeben gelesen haben, wurden von PESTALOZZI in den Jahren 1780 (Abendstunde eines Einsiedlers) und 1815 (An die Unschuld, den Ernst und den Edelmut meines Zeitalters und meines Vaterlandes) geschrieben. Erkennen Sie darin den Wandel seiner Staatsidee?" Der anzuwendende Begriff heißt hier „PESTALOZZIS Staatsidee", von dem (so nehmen wir an) im vorangehenden Deutsch-, Geschichts- oder Pädagogikunterricht die Rede gewesen ist. Der Schüler muß die entsprechenden Zusammenhänge im Text wiederfinden und sie herauslösen. Zugleich wird er in ihrem Lichte Unterschiede feststellen. In ähnlicher Weise wird er in Landschaftsbildern charakteristische geographische oder geologische Erscheinungen erkennen, indem er die entsprechenden Begriffe anwendet (Schuttkegel, Trogtal, Klus, Savanne usw.). Er wird eine Pflanze, die man ihm vorlegt, charakterisieren, in einem physikalischen Zustand oder Prozeß einen mathematischen Zusammenhang finden oder aber in einer sprachlich geschilderten Situation, einer Textrechnung, eine bestimmte Verknüpfung von Operationen erkennen.

Die andere, anspruchsvollere Form der Anwendung ist die *herstellende*. Hier ist eine neue Situation gegeben, in der eine Struktur realisiert, also hergestellt, werden muß. Das Kraftwerkproblem gehört in diese Kategorie: in einer Schleife des Rheines soll ein Kraftwerk geplant und sodann zeichnend oder im Sandkasten hergestellt werden. In ähnlicher Weise schlägt der Schüler in der Chemieprüfung eine Methode vor, um einen bestimmten Stoff herzustellen, oder bildet er in der Fremdsprachprüfung in einer sozialen Situation die entsprechenden Sätze. Der Lehrling schließlich, der in der Lehrabschlußprüfung einen Gegenstand herstellt oder eine Reparatur ausführt, wendet gelernte Verfahren an. Er muß sie in der Problemsituation rekonstruieren, also wiederherstellen.

Fertigkeiten (Automatismen) prüfen wir dagegen auf andere Weise. Hier ist unsere Erwartung, daß sie sicher und geläufig vollzogen werden können. Es ist daher sinnvoll, daß wir eine Zeitgrenze setzen oder erwarten, daß in einer gegebenen Zeit eine bestimmte Zahl von Reaktionen richtig vollzogen wird. Das geschieht z.B. im Rechnen und im Sprachunterricht oder in gewissen praktischen Fächern. Wir werden diese Prüfungen der Fertigkeit keinesfalls mit Verständnisprüfungen verwechseln.

(3) Reproduktions/Rekonstruktions- versus
Wiedererkennungsaufgaben, Multiple-choice-Fragen

In allen bisher genannten Beispielen mußte ein Wissen, ein Begriff, eine Operation oder ein Verfahren reproduziert oder rekonstruiert werden. Es gibt jedoch eine klassische Prüfungsform, die ganz auf Rekognition, also auf Wiedererkennen baut: die sogenannte Mehrfachwahl-Aufgabe (das multiple-choice-Problem). Sie wird in gewissen kollektiven Tests verwendet, und man lobt an ihr die Objektivität des Verfahrens. Es ist wahr, daß die Beurteilung solcher Aufgaben im Prüfer keinerlei subjektive Faktoren ins Spiel führt; zudem können solche Prüfungen maschinell korrigiert werden, wenn die geeigneten Antwortbogen verwendet werden. Im Prinzip müssen Mehfachwahlprobleme auch nicht primitive Aufgaben sein. BLOOM gibt einige Beispiele von interessanten Fragen, von denen wir hier bloß eines zitieren. (B ist richtig.)

„Das Kriterium, das *Darwin* in Kapitel II der ‚Entstehung der Arten' benutzt, um die variablen Arten von den weniger variablen zu unterscheiden, besteht in:
A - der Anzahl der Individuen einer Art.
B - der Häufigkeit der individuellen Unterschiede einer Art.
C - der Anzahl der Variationen einer Art.
D - der Anzahl der nah verwandten Arten.
E - der Anzahl von verschiedenen klimatischen Bedingungen, unter denen eine Art lebt." (BLOOM, ENGELHART, FÜRST, HILL & KRATHWOHL 1972, 93)

In der Praxis hat es sich jedoch gezeigt, daß es sehr schwer ist, didaktisch gute Mehrfachwahlaufgaben zu stellen. Entgegen ihrer Absicht verfallen die Verfasser solcher Prüfungen immer wieder auf das Abfragen von elementarem Wissen bzw. auf das Ausführenlassen von einfachen Operationen.

Die größte Gefahr ist dabei, daß sich unter dem Einfluß solcher Prüfungen das Lernverhalten der Schüler ungünstig verändert. Sie merken, daß sie viele Einzelheiten wissen müssen und daß immer nur kurz erstreckte Vollzüge verlangt werden. Sie geben es daher auf, die größeren Zusammenhänge zu durchdenken, sie aktiv zu strukturieren. Das ist ein großer Verlust. Mehrfachwahlprobleme sollten daher sparsam angewendet werden, und es muß genau beobachtet werden, welches die Auswirkungen ihrer Anwendung im Lernverhalten der Schüler sind.

Die Reproduktion bzw. die Rekonstruktion unterscheidet sich von der Rekognition dadurch, daß die Sache nicht vorgegeben ist. Das Wissen muß vielmehr reproduziert, rekonstruiert werden. Bei dieser Leistung erwarten wir keine Transformation und keine Anwendung. Es darf so wiedergegeben werden, wie es aufgrund der Einführungslektion festgehalten und gelernt worden ist. Wenn der Lehrer die Schüler veranlaßte, sich aus gutem Grund eine gelungene sprachliche Fassung oder die optimale Ausführung einer Tätigkeit oder einer Operation einzuprägen, so kann es sinnvoll sein, daß er diese Leistung reproduzieren läßt.

Man muß sich dabei jedoch der großen Gefahr bewußt sein, daß der Schüler nicht aus dem Verständnis heraus reproduziert, sondern die bloße Abfolge der Worte oder Zeichen auswendig wiedergibt. In mündlichen Prüfungen kann man noch hoffen, aus der Art und Weise, wie die Sätze ausgesprochen werden, auf ihr Verständnis zu schließen. (Auch hier ist Vorsicht am Platze.) Bei schriftlichen Reproduktionen ist dies in der Regel nicht möglich. Der Lehrer muß sich also der engen Grenzen dieser Prüfungsform bewußt sein. Sofern Verständnis geprüft werden soll, genügt die Reproduktion oder Rekonstruktion einer Idee in festgelegter Form keinesfalls. Es müssen die oben behandelten Transformationen oder Anwendungen hinzu kommen.

Mündliche Prüfungen

Im Schrifttum über Prüfungsprobleme denkt man meistens an schriftliche Prüfungen. In den Schulen spielen jedoch auch die mündlichen Prüfungen eine bedeutende Rolle. Daher geben wir hierzu einige Hinweise.

Mündliche Prüfungen sind dadurch gekennzeichnet, daß ein Prüfer, der als Experte im Bereiche der Prüfung gilt, durch geeignete Fragen und Problemstellungen das Wissen und Können des Prüflings zu diagnostizieren sucht. Häufig erweitert er seine Beurteilung auch auf Merkmale der Haltung und der Persönlichkeit des Prüflings. Dies ist dann legitim, wenn begründet werden kann, daß diese Merkmale auf die gegenwärtigen und künftigen Leistungen des Prüflings im Gegenstandsbereich der Prüfung eine Rolle spielen. Dies ist z.B. der Fall, wenn Interessen des Prüflings sichtbar werden, die für die Entwicklung seiner Kompetenz günstig sind, oder wenn wir umgekehrt finden, daß ihn ein Persönlichkeitszug wie die Oberflächlichkeit oder die Überheblichkeit daran hindern werden, Schwächen in seinem Wissen und Können zu überwinden.

Für den Prüfer stellen sich zwei Hauptprobleme:

(1) Wie befrage ich den Prüfling, und
(2) worauf achte ich bei den Antworten des Prüflings?

Die Beantwortung beider Fragen muß von einer Vorstellung des zu beurteilenden Wissens und Könnens ausgehen. Die moderne kognitive Psychologie lehrt uns, das Wissen und Können des Prüflings als vernetztes Geflecht von Beziehungen zu verstehen. Wissen und Können hat Systemcharakter. Zugleich aber gibt es innerhalb dieser Beziehungsgeflechte Elemente, welche je nach der Situation abrufbar sein müssen. Das Wissen und Können hat daher auch Repertoirecharakter (AEBLI 1980/81). Wir werden also beide Aspekte des Wissens prüfen: die *Zusammenhänge* in den Wissenssystemen und die *Verfügbarkeit* über die Wissenselemente.

Wir bedenken auch, daß jedes Wissen darauf angewiesen ist, sich in einem Repräsentationssystem darzustellen. In der mündlichen Prüfung ist darunter natürlich vor allem die Sprache zu verstehen. Wir werden also auf die Sprache des Prüflings achten, ihn aber wo nötig auch an die Wandtafel schicken, um eine Graphik oder eine Skizze zu entwerfen, oder ihm einen Gegenstand oder ein Bild zur Interpretation vorlegen. In praktischen Prüfungen lassen wir ihn praktisch handeln und seine Maßnahmen sprachlich begründen. Damit entfernen wir uns allerdings von der typischen mündlichen Prüfung, die Gegenstand der folgenden Überlegungen ist.

Die besondere Chance besteht darin, daß der Prüfer sich dem Gedankengang des Prüflings anpassen, diesem nachgehen und daher gerecht werden kann. Dies erfordert vom Prüfer allerdings souveräne Beherrschung der besprochenen Sachfragen und geistige Beweglichkeit. Mündliche Prüfungen sind auch Prüfungen für den Prüfer, nicht nur für den Prüfling.

Damit diese Gedankengänge sichtbar werden können, ist es nötig, daß wir den Prüfling zu Worte kommen lassen. Er soll die Gelegenheit erhalten, über längere Strecken zusammenhängend zu sprechen und so einen Ausschnitt aus seinem Wissen und Denken sichtbar zu machen. Dies wird möglich, wenn wir dem Prüfling substantielle Probleme stellen. Abfragen von Einzelwissen ist schlechtes Prüfen. Es verleitet den Prüfling dazu, unverbundene Wissenselemente zu memorieren. Schüler, die in ein Sachgebiet tief eingedrungen sind und sich innerhalb seiner Beziehungen sicher bewegen, können dies nicht zeigen.

Gute Problemstellungen erfordern aber zwei Dinge: Vorbereitung und explizite Darstellung. Man kann nicht aus dem hohlen Bauch (oder Kopf) prüfen. Eine gute mündliche Prüfung muß genau so wie eine gute Lektion vorbereitet werden. Und ein gutes Problem kann man nicht in fünf Worten stellen. Dazu muß man selbst einige Sätze formulieren.

Dabei läßt der Prüfer nicht immer mit sich als demjenigen reden, der eigentlich alles schon weiß. Er spielt den Neuling, den Anfänger, den Außenstehenden und läßt die Sache von Grund auf erklären. Der Prüfer umschreibt seine Rolle genauer, indem er eine fiktive Situation herstellt. Er sagt z.B.: „Nehmen Sie an, ich sei ein orthodoxer Marxist (Idealist). Versuchen Sie, meine Auffassung zu widerlegen, daß ökonomische Tätigkeit die Grundlage aller gesellschaftlichen Erscheinungen, auch der Kunst, sei (bzw. zeigen Sie, daß kulturelle Erscheinungen nicht allein aus geistigen Kräften erklärt werden können)."

Man kann die mündliche Prüfung mit einer Reihe von Sondenstichen in einen Wissenskomplex vergleichen. Wieviele Sondenstiche sind angezeigt? Zwei Extreme sind falsch: die große Zahl von kleinen Sondenstichen ebenso wie der eine ganz tiefe Sondenstich. Im ersten Falle fragen wir den Prüfling aus, und er kommt nicht zum Sprechen und zum Nachdenken. Daher müssen wir mindestens zwei oder drei Minuten bei einem Teilproblem bleiben. Wenn wir anderseits nur einen tiefen Sondenstich führen, so kann es sein, daß wir wesentliche Elemente des Wissens und Könnens beim Prüfling überhaupt nicht ansprechen. Er führt vielleicht eine interessante Diskussion mit uns. Trotzdem verläßt er die Prüfung frustriert. Er hat nicht zeigen können, was er alles weiß und kann. *Alles* kann er uns zwar nicht zeigen, aber er soll doch eine repräsentative Stichprobe aus seinem Wissen vorweisen können.

Wie strukturiert sollen die Probleme sein, die wir stellen? Sie sollen so strukturiert sein, daß sie klar sind und zum Nachdenken anregen. Aber eine gewisse Offenheit ist legitim, wenigstens in den nicht-exakten Wissenschaften. Dies gewährt dem Prüfling einen gewissen Spielraum, die Frage selbst zu präzisieren, gewissen eigenen Betrachtungsweisen nachzugehen und seine persönliche Verarbeitung der Frage sichtbar zu machen.

Wie rasch soll der Prüfling antworten? Nicht wie aus dem Kanonenrohr! Die meisten Prüflinge beginnen drei bis fünf Sekunden, nachdem der Prüfer seine Frage gestellt hat, zu antworten. Das ist falsch. Ein gutes Problem erfordert Nachdenken. Das rasche Antworten des Prüflings ist Zeichen seiner inneren Spannung. Wir hindern ihn daher am raschen Antworten und fordern ihn auf, mindestens 30 Sekunden nachzudenken. Es darf auch eine Minute sein. Das ist eine lange Zeit; kaum ein Prüfling denkt so lange nach.

In der kognitiven Psychologie unterscheidet man zwischen *begrifflichem Wissen* und *Faktenwissen*. Welches wollen wir in den mündlichen Prüfungen sehen? Der Schwerpunkt liegt auf dem begrifflichen Wissen, denn wer klare und gut verankerte Begriffe besitzt, ist fähig, viele neue Probleme zu lösen. Wir haben es in den „Zwölf Grundformen" immer wieder gesagt: Begriffe sind die Werkzeuge unseres Denkens. Wer eine gut gefüllte Werkzeugkiste hat, ist neuen Situationen und Problemen gewachsen. Aber Vorsicht: das Bild des Werkzeugs hat seine Grenzen! Ein gutes begriffliches Repertoire ist vernetzt. Die einzelnen Begriffe hängen unter sich zusammen. Der eine stützt und erhellt den andern. Darum interessieren wir uns nicht für isolierte Begriffsdefinitionen. Wir lassen den Prüfling die Beziehungen zwischen den Begriffen zeigen.

Aber begriffliches Wissen ohne Tatsachenwissen ist unfruchtbar. Der Schüler muß über die grundlegenden Fakten eines Sachgebietes gedächtnismäßig verfügen. Gerade beim Einstieg in eine Prüfung ist es daher häufig angezeigt, ihn eine zeitlang referieren und dabei sein Tatsachenwissen zeigen zu lassen. Dann greifen wir einzelne Begriffe auf und fragen:
– „Was haben Sie gemeint, als Sie von … gesprochen haben?“
– „Wie würden Sie einem Laien erklären, was sie mit … meinen?“
– „Wie verhält sich ihr Begriff x zum Begriff y?“

Sehr häufig lassen wir den Prüfling sein begriffliches Wissen auf konkrete Situationen und Gegenstände *anwenden*, die wir nennen oder als Graphiken, Bilder oder Gegenstände vorlegen. Wir stellen damit jene grundlegende Situation her, in der der Schüler eine neue Situation mit seinem gedanklichen Repertoire bewältigen muß. *Vergleiche* zweier Erscheinungen haben ähnliche Wirkungen: Der Prüfling muß die Gesichtspunkte, also die Begriffe besitzen, unter denen Entsprechungen und Unterschiede sichtbar werden. Die Aufforderung, selbst ein Anwendungsbeispiel, das im Unterricht nicht behandelt worden ist, zu nennen und zu elaborieren, kann dagegen sehr schwierig sein. Wir stellen diese Frage nur dort, wo wir selber in kurzer Zeit mehrere gute neue Beispiele produzieren können.

Der Prüfling soll auch in der Lage sein, auf *Gegenargumente* und *Einwände* zu antworten. Wir machen aber deutlich, daß unsere Einwände didaktischen Charakter haben und dem Prüfling die Gelegenheit geben, gewisse Aspekte der anstehenden Frage zu beleuchten. Wenn wir unsere Einwände ohne diese Relativierung vorbringen, verunsichern wir den ängstlichen Prüfling, und das wollen wir nicht.

Die Beurteilung der Antworten

Worauf achten wir bei den Antworten des Prüflings? Das Meiste ergibt sich aus dem schon Gesagten. Das Wichtigste sind uns die Zeichen der begrifflichen *Klarheit*, der *Einsicht* und des *Verstehens*. Bei Problemlösungen, die an das deduktive Denken appellieren, achten wir auf die *Stringenz* der Gedankenführung. Der Prüfling soll seine Schlüsse begründen und zeigen können, daß sie mit Notwendigkeit aus den Prämissen folgen. Beim Faktenwissen kommt es natürlich auf die *sachliche Richtigkeit* an. Begriffliches Wissen und Faktenwissen sollen in sich zusammenhängend, *kohärent* sein. Anderseits aber soll das Wissen in Problemsituationen auch *verfügbar* sein. Auswendig gelerntes, unverstandenes Wissen ist weder verfügbar noch in sich zusammenhängend. Es kann nur in der auswendig gelernten Reihenfolge hergesagt werden (AEBLI 1951/1973[3]). Die Verfügbarkeit des Wissens und die Tatsache, daß es verstanden ist, zeigt sich, wie wir gesehen haben, am besten bei Anwendungsaufgaben.

Der Prüfling soll sein Wissen aber auch mit seiner persönlichen Erfahrung verbinden. Wir erwarten *verarbeitetes, assimiliertes Wissen*. Wir möchten sehen, daß der Prüfling gelernt hat, die Welt im Lichte des erworbenen Wissens zu sehen und praktische Erfahrungen mit Hilfe seiner Begriffe zu erhellen. Desgleichen erwarten wir, daß er die erworbenen Begriffe in seiner Sprache *spontan anwendet*.

Daher erwarten wir eine klare Sprache und eine präzise Wortverwendung. Darüber hinaus freuen wir uns, wenn der Schüler sich in der Prüfung auch als kommunikationsfähig erweist, unsere Fragen versteht und unseren Gedankengängen zu folgen vermag. Das soll allerdings nicht bedeuten, daß wir in der Prüfung lange Vorträge halten und daß wir die guten Noten für ein beseeltes Zustimmen zu unseren geistreichen Ausführungen erteilen. Wir sind uns auch bewußt, daß es begabte Prüflinge gibt, die allgemein oder in der Spannung der Prüfung nicht sehr kommunikationsfähig sind. Die Verbindung des theoretischen Wissens mit der konkreten Alltagserfahrung drückt sich anderseits häufig in einer lebendigen und anschaulichen Sprache aus. Auch darauf achten wir.

Wir beachten auch alle Zeichen des persönlichen Interesses, der Eigenständigkeit des Urteils, der Originalität und der Kreativität. Wo Ansätze solchen Denkens sichtbar werden, fordern wir den Prüfling auf, seine Gedanken auszuführen. Auch wenn wir nicht in jedem Punkte einverstanden sind, zeigen wir dafür wohlwollendes Interesse, denn wir wissen, daß diese Qualitäten im künftigen geistigen Leben des Prüflings eine eminente Rolle spielen werden.

Auch *Kritikfähigkeit* interessiert uns. Allerdings soll sichtbar werden, unter welchen Gesichtspunkten und Kriterien die Kritik stattfindet. Die geäußerte Kritik soll mit anderen Worten fundiert sein. Der Prüfling soll auch seine Überzeugungen zeigen dürfen.

In diesem Zusammenhang achten wir auf *Zeichen der Reflexivität*. Hat er Freude am Nachdenken entwickelt? Tut er dies aus eigenem Bedürfnis? Hat ihn dies zu selbständigen Einsichten geführt? Wo dies geschehen ist, sind wir zuversichtlich, daß der Prüfling auch ohne uns, aus eigener Kraft, weiterkommen wird. Daher freuen wir uns auch über Zeichen einer Verarbeitung des Prüfungsstoffes, welche über den Bereich des bloß Intellektuellen hinausreichen, dort etwa, wo der Prüfling von sich aus ethische oder weltanschauliche, aber auch ästhetische Betrachtungsweisen ins Spiel führt. Diese Anzeichen persönlicher Reife werten wir positiv.

So viel zur allgemeinen Theorie der mündlichen Prüfungen. Natürlich stellen sich hier noch viele Einzelprobleme, z.B. bei Textinterpretationen, die wir in Prüfungen verlangen oder bei komplexen Problemlösungen. Diese Fragen müssen jedoch im Rahmen der betreffenden Fachdidaktiken erörtert und gelöst werden.

Kapitel 26: Wie man Prüfungen bewertet: die Notengebung

Wenn wir eine Leistung in Noten ausdrücken, machen wir den Versuch, sie quantitativ zu fassen, sie zu quantifizieren. Wir benützen die Zahlenreihe, die uns wohlvertraut ist, um die Abstufung von Leistungen zu bezeichnen: 1 ist besser als 2, 2 besser als 3 etc. Oder auch: 6 ist mehr als 5½, 5½ ist mehr als 5 ... Wir bilden also *Rangreihen*. Das ist schon kleinen Kindern ein wohlvertrautes Verfahren. Man muß sie nur sehen, wenn sie vor der Turnstunde auf die Kletterstange oder auf die Sproßenwände klettern: „Ich bin der Erste", „Ich der Zweite", „Dritter" ...

Demgegenüber ist immer wieder gesagt worden, eine Zahl vermöge die qualitative Vielfalt der verschiedenen Schülerleistungen oder gar der Schülerpersönlichkeit nicht auszudrücken. Das ist wahr; aber wer sagt denn, man müsse diese qualitative Eigenart im Zeugnis ausdrücken? Die Frage ist, was wir in diesem Dokument aussagen wollen und was nicht. Wenn sich ein Mensch auf die Waage stellt, weiß er auch, daß dabei nur sein Gewicht und nicht die Schönheit seines Körpers oder seine Gesundheit gemessen wird. Und wenn wir feststellen, daß der eine den Speer oder den Diskus weiter wirft als ein anderer, so sind wir uns durchaus bewußt, daß hinter dieser Leistung ganz verschiedene Bewegungsabläufe und ganz verschiedene Motive stehen können. Trotzdem kann es interessant sein, Leistungen in einer Form auszudrücken, die einen einfachen Vergleich ermöglicht, sei es beim gleichen Sportler, sei es zwischen verschiedenen Sportlern. Also: die zahlenmäßige Erfassung von Leistungen ist an und für sich nicht schlecht. Sie wird es erst, wenn man auf diese einfachen Aussagen Dinge zu projizieren beginnt, die sie gar nicht enthalten, und wenn man von einer Zahl Dinge erwartet, die sie weder aussagen kann noch will.

Die Tatsache, daß Noten Schulleistungen auf abstrakte und wenig tiefreichende Weise kennzeichnen, hat aber auch ihre Vorteile, eben gerade, weil sie nicht die „ganze Persönlichkeit" zu erfassen vorgeben. Nehmen wir einmal an, ein Lehrer stellte sich diese anspruchsvolle Aufgabe! Könnte es nicht sein, daß er einem Schüler schwer unrecht täte? Wäre er ohne weiteres fähig, von jedem Schüler ein wahres Charakterbild zu entwerfen? Sollte ihm dies nicht gelingen, so wäre der Schaden sicher sehr viel größer, als wenn seine Note einen halben oder einen ganzen Punkt „daneben" läge!

Wir ziehen daraus eine erste Schlußfolgerung. Noten sind oberflächlichere Aussagen über den Schüler als sprachliche Beurteilungen, und sie sollen es auch sein. Das erklären wir den Schülern und ihren Eltern und helfen ihnen so, die Noten richtig zu deuten.

In der Folge zeigen wir ein System der Notengebung, das auf dem Gedanken des Vergleichs der Schüler mit einer Bezugsgruppe basiert. Es unterscheidet die Schüler auf der ganzen Breite der Leistungsmöglichkeiten. Insofern der Lehrer – vernünftigerweise – seine Lernziele so stellt, daß sie von einem guten Teil der Klasse erreicht werden können, macht es die Schüler sichtbar, die mehr leisten, als der Lehrer verlangt. Das ist in unserer Gesellschaft offensichtlich die Erwartung der Adressaten von Zeugnissen und ähnlichen Dokumenten: Sie möchten die besonders leistungsfähigen ebenso wie die schwächeren Kandidaten von den durchschnittlichen unterscheiden können. (Es gibt Aufgaben, die nur von wenigen bewältigt werden, und sie brauchen sich nicht nur auf das Gewinnstreben zu beziehen. Es können auch soziale und politische Aufgaben sein ...).

Wir meinen auch nicht, daß ein solches System der Notengebung notwendigerweise belastend sei. Es kommt alles darauf an, wie man die festgestellten Unterschiede deutet und verarbeitet. Die Schüler kennen in vielen Bereichen ihre relative Leistungsfähigkeit genau. Auch hier geht es nicht darum, sie zu vertuschen, sondern sie richtig zu betrachten und zu sehen, was sie bedeuten und nicht bedeuten. Insbesondere darf der Lehrer keine Beziehungen zum Wert und Unwert des Schülers herstellen. Er hat im Gegenteil die Aufgabe, ihm zu helfen, sein Selbstwertgefühl unabhängig von seinen Leistungen zu entwickeln.

In den folgenden Überlegungen verschaffen wir uns vorerst Klarheit über die grundsätzlichen Möglichkeiten, Noten zu definieren. Erst in einem zweiten Schritt zeigen wir, wie Klassenarbeiten benotet werden können. Es geht also zuerst um eine Definitionsfrage. Definitionen aber sind Setzungen und als solche weder wahr noch falsch. Sie sind günstiger oder ungünstiger, leichter oder schwerer zu handhaben.

Wie man Noten nicht definieren soll

Zuerst sagen wir, wie man Noten nicht definieren soll. Das ist kein unnötiger Umweg. Was wir hier als unzulässiges Verfahren beschreiben, wird noch heute in zahllosen Klassen und Schulen praktiziert. Wir geben zwei Beispiele. In einer Primarklasse veranstaltet die Lehrerin eine Rechenprüfung. Sie stellt zwölf Aufgaben. Im betreffenden Schulsystem wird eine Sechserskala angewendet. 6 bedeutet „sehr gut", 5 „gut", 4 „befriedigend", 3 „ungenügend", 2 „schwach" und 1 „sehr schwach". Nun verwendet die Lehrerin eine einfache Umrechentabelle: zwei richtige Aufgaben ergeben je einen Notenpunkt, also zwölf richtige Lösungen die Note 6, zehn richtige Lösungen die Note 5, acht die Note 4, sechs die Note 3, usw. Man erkennt den Gedanken der linearen Entsprechung zwischen der Zahl der gelösten Aufgaben und der Note. In einem Diktat verfährt ein anderer Lehrer, in dessen Schulsystem eine Einerskala verwendet wird, ähnlich. Er setzt fest: je zwei Fehler geben eine halbe Note Abzug vom Maximum. Für null Fehler erhalten die Schüler also die Note 1, für zwei Fehler die Note 1½, für vier Fehler die Note 2, für sechs die Note 2½ usw. Der Gedanke ist der gleiche. Zwischen Fehlerzahl und Noten besteht Proportionalität.

Die Folgen einer solchen Praxis kann man aus den Untersuchungen über Notendurchschnitte in verschiedenen Schulen und verschiedenen Jahren ersehen. UNDEUTSCH (1969) hat für einen Schulkreis in Westfalen die Notendurchschnitte im Rechnen und im Diktat erhoben, die in sechs aufeinanderfolgenden Jahren bei der Aufnahmeprüfung in die höhere Schule festgestellt wurden. Im Rechnen waren es die folgenden Werte: 1954 4,1; 1955 4,9; 1956 4,7; 1957 5,1; 1958 5,0 und 1959 4,9. Im Diktat lauteten die Durchschnitte in den gleichen Jahren 3,9; 3,8; 3,6; 3,8; 4,1 und 4,8! Entsprechend variierten die Prozentsätze der Schüler, die das Prädikat „ausreichend" oder besser erhielten, zwischen 38,4% und 10%. Die Zahl der Schüler war so groß, daß es nicht wahrscheinlich ist, daß die durchschnittlichen Leistungen von Jahr zu Jahr so stark variierten. Vielmehr muß man annehmen, daß die Lehrer bei ihrer Notengebung so verfuhren, wie wir es oben dargestellt haben, und daß dies der Grund für die grotesken Schwankungen in der Härte der Notengebung war. Denn bei der Anwendung dieses Verfahrens hängen die Noten ganz und gar von der Schwierigkeit der gewählten Aufgaben ab. Diese aber ist, wie die Erfahrung zeigt, auch für erfahrene Lehrer nicht immer leicht abzuschätzen.

Damit haben wir eine erste Erkenntnis gewonnen: Schulnoten darf man nicht gemäß einer im voraus festgelegten Skala, die eine lineare Abhängigkeit von Fehlerzahl und Noten annimmt, festsetzen. Wir brauchen ein gedankliches Modell, das sichert, daß die Durchschnittsnoten einer größeren Zahl von Prüflingen von Jahr zu Jahr gleich bleiben und welches auch den extremen Leistungen eine klare Bedeutung gibt. Das ist nur möglich, wenn man die Noten auf eine wohlumschriebene Bezugsgruppe bezieht. Das bedeutet, daß man die Zuordnung von Leistungspunkten und Noten erst dann vornimmt, wenn man alle erbrachten Leistungen in der Klasse überblickt und die Notenskala entsprechend anpaßt. Dabei geht man folgendermaßen vor:

Wie man Noten mit Hilfe von Prozentrangbereichen in einer Bezugsgruppe definiert

Um der Klarheit der Darstellung willen machen wir vorerst einige Annahmen, die in der Praxis nicht leicht zu erfüllen sind. Wir nehmen an, wir suchten Noten für eine eng umschriebene Leistung zu definieren, beispielsweise für den Weitsprung im Turnen. Als erstes setzen wir fest, innerhalb welcher Bezugsgruppe die Noten definiert werden sollen. Wir wählen alle Schüler eines gegebenen Jahrgangs in einer geographischen Region, beispielsweise in einer Stadt oder in mehreren benachbarten Dörfern, in denen ein ähnlicher Turnunterricht und ähnliche Übungsgelegenheiten gegeben sind. Nun stellen wir uns vor, daß wir die Sprungleistung aller Schüler eines gegebenen Jahrgangs in dieser Region registriert haben. Wir beginnen damit, diese Schüler in der Reihenfolge ihrer zunehmenden Leistung zu ordnen (Abb. 7).

Auf der anderen Seite betrachten wir die Notenskala, die wir verwenden wollen. Sie umfasse sieben Stufen. Diese Zahl von Abstufungen hat sich inbesondere dort bewährt, wo Leistungen nicht gemessen, sondern in ihrer Qualität abgeschätzt werden müssen. Feinere Unterscheidungen sind selten verläßlich. Wenn wir auf der anderen Seite weniger Abstufungen verwenden, so haben die Prüfer den Eindruck, Unterschiede, die sie genau wahrnehmen, nicht mehr ausdrücken zu können. Das einfachste wäre, wenn sich die sieben Notenwerte von 1 bis 7, ohne halbe Noten, erstreckten. In der Praxis kommen Skalen wie 1, 1½, 2, 2½, 3, 3½ und 4 oder 6, 5½, 5, 4½, 4, 3½, 3 relativ häufig vor. (In einer 6er-Skala brauchen wir also die Noten 1 bis 2½ nicht.)

Unsere erste Entscheidung bezieht sich auf die mittlere Note. Von sieben ganzen Noten wäre es die 4, in einer Einerskala mit halben Noten die 2½ und in einer Sechserskala mit halben Noten die 4½. In jedem Fall finden wir darunter und darüber drei weitere Leistungsniveaus. Diese mittlere Note soll also einer mittleren Leistung entsprechen. Damit meinen wir die Leistung jenes Kindes, das genau in der Mitte der Bezugsgruppe steht (statistisch gesprochen, handelt es sich um die Note für den Zentralwert, den Median). Das ist bei 1000 Kindern das fünfhundertste, bei 99 Kindern das fünfzigste und bei 9 Kindern das fünfte. (Es hat vier schwächere zu seiner Linken und vier bessere zu seiner Rechten.)

Das ist schon ein wichtiger Entscheid. Wir haben darauf verzichtet, von vorneherein zu sagen, wie weit ein Kind springen müsse, das die Note 2½ bzw. 4½ erhält, im Gegensatz zu dem Verfahren, das wir im vorangehenden Abschnitt geschildert haben. Wir haben die mittlere Note durch die Leistung des Kindes in der Mitte der Bezugsgruppe definiert. Wenn man davon ausgeht, daß die Leistung des Prüflings in der Mitte der Rangreihe auch die durchschnittliche Leistung der ganzen Gruppe darstellt, (was dann der Fall ist, wenn die Verteilung „normal" ist,) so kann es uns nun nicht mehr passieren, daß der Durchschnitt der ganzen Gruppe je nach der Höhe unserer Erwartungen oder der Qualität der Sprunganlage von Jahr zu Jahr variiert. Denn wir *setzen ja fest* und definieren gemäß unserem Willen: 2½ (oder 4½) soll heißen „die Leistung, welche der Schüler erreicht, der in der Mitte der Bezugsgruppe steht", bzw., „die durchschnittliche Leistung der Bezugsgruppe".

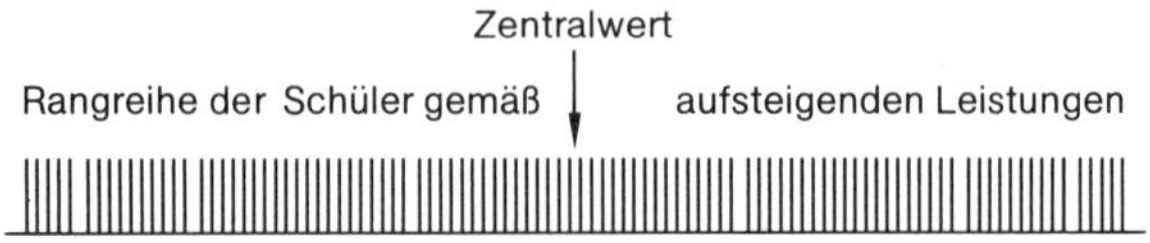

Zentralwert

Rangreihe der Schüler gemäß ↓ aufsteigenden Leistungen

Absolute Zahlen	50 100	200	300	200	100 50		total: 1000
Prozent-bereiche	5% 10%	20%	30%	20%	10% 5%		100%
Noten (Einerskala)	4 3½	3	2½	2	1½ 1		
Noten (Sechserskala)	3 3½	4	4½	5	5½ 6		

Abb. 7: Die Definition einer Notenskala in Prozenten einer Bezugsgruppe von Schülern, die die betreffenden Notenwerte erreichen.

Nun werden wir aber diese Noten nicht einem einzigen von 1000 Schülern zuteilen. Wir müssen eine mittlere Gruppe herausschneiden, die diese Note erhalten soll. Wieder setzen wir frei und willkürlich fest: die Note 2½ bzw. 4½ geben wir jenen 30% der Schüler, die genau in der Mitte der Gruppe stehen, 15% links und 15% rechts vom bisher allein betrachteten mittleren Schüler (dem Zentralwert). Was für ein Leistungsbereich ist das? Diese Frage kann beantwortet werden, weil wir die Schüler nach ihrer Leistung aufgereiht haben. Wir brauchen nur die Leistungen des besten und des schwächsten Schülers von diesen mittleren 30% anzugeben, dann wissen wir es.

Nun fehlen uns noch die Definitionen der übrigen Noten. Man erkennt, daß wir innerhalb der gesamten Bezugsgruppe weitere Untergruppen unterscheiden müssen. Ihre Leistungen definieren die Noten oberhalb und unterhalb der mittleren Note. Es kommt jedoch eine Überlegung dazu: Extreme Leistungen kommen seltener vor als durchschnittliche. Das kann man zwar für Schulleistungen nicht ohne weiteres beweisen, es ist jedoch auch hier eine plausible Annahme. Beim Weitsprung gilt sie sicher. Daher werden wir die sehr guten und die sehr schlechten Noten für kleinere Teilgruppen reservieren als die Noten, die in der Nähe der 2½ bzw. der 4½ liegen. Hier ein Vorschlag: wir definieren die Noten 2 und 3 (bzw. 5 und 4) derart, daß sie den Leistungen von Schülern zukommen, die Abschnitte von je zwanzig Prozent innerhalb der gesamten Rangreihe besetzen. Die anschließenden Abschnitte von je 10% kennzeichnen wir mit den Noten 1½ und 3½ (bzw. 5½ und 3½). Dann bleiben noch Abschnitte von je fünf Prozent, welche die Noten 1 und 4 (bzw. 6 und 3) definieren (Abb. 7).

Hat eine Notenskala statt sieben nur fünf Abstufungen und geht man weiterhin davon aus, daß die beste und die schwächste (ungenügende) Note durch die Leistung der untersten und obersten fünf Prozent der Bezugsgruppe definiert wird, so ergeben sich für die übrigen Notenstufen größere Abschnitte innerhalb der gesamten Rangskala. Wenn wir sie der Einfachheit halber mit den Noten 1, 2, 3, 4 und 5 kennzeichnen, so können die Prozentsätze folgendermaßen festgesetzt werden: Note 1: 5%; Note 2: 25%; Note 3: 40%; Note 4: 25% und Note 5: 5%.

Damit ist das Modell konstruiert. Wir betonen noch einmal, daß es sich hier nicht um empirische Ergebnisse, sondern um Festsetzungen handelt. Den Prozentbereichen entsprechen also Leistungsbereiche, die man in der Leichtathletik mit Maßzahlen, im Rechnen mit der Anzahl gelöster Aufgaben oder mit Fehlerzahlen, im Aufsatz mit Punktzahlen ausdrücken würde. Von jedem Bereich wissen wir also zwei Dinge: den prozentualen Anteil der betreffenden Teilgruppe in der gesamten Bezugsgruppe und deren Leistungsbereich. Also zum Beispiel: die stärkste Leistungsgruppe umfaßt die obersten 5% der Schüler, die zweitstärkste die nächsten 10%, die dritte die folgenden 20% usw. Weiter kennen wir die Leistungspunkte des stärksten und des schwächsten Schülers in jedem Abschnitt. So mag der beste Schüler der obersten Gruppe – er ist zugleich der beste der gesamten Population von 1000 Schülern – zum Beispiel 4.15 m und der schwächste dieses Abschnittes (also der 951ste von 1000) 3.75 m weit springen. So weit springt auch etwa der beste des nächsten Abschnittes, also der 950ste, während der schwächste des zweitobersten Abschnittes, also der 851ste von 1000 Schülern noch 3.42 m weit springt, usw. Wenn wir nun diesen Gruppen die Noten 1, 1½, … (6, 5½ …) usw. zuteilen, so können wir zwar im Einzelfall sagen, was dahinter für Leistungen stehen. Aber diese Leistungen hängen ja, wie gesagt, von den Umständen ab, unter denen sie zustande gekommen sind. Wenn wir dann noch verschiedene Leistungen zusammenfassen, ist es bald nicht mehr möglich, zu sagen, was für Leistungen hinter den Noten stehen. *Hier ermöglicht nun der Verweis auf die Gruppe trotzdem eine für den Außenstehenden verstehbare Aussage.* Auch wenn diesem die Einzelheiten über die Durchführung der Prüfungen nicht bekannt sind, kann er sich nun sagen: Wie immer die Prüfungen ausgesehen haben mögen: derjenige, der die Note 1 erreicht hat, gehört zu den besten 5%; derjenige, der die mittlere Note der Skala erhalten hat, gehört zu einer mittleren Gruppe, die 30% umfaßt usw. So wird es möglich, Leistungen zu kennzeichnen, auch wenn wir dem Außenstehenden nicht sagen können, welche einzelnen Leistungen hinter der Note stehen. Das ist eine realistische Annahme. Man denke nur, wie verschiedene Leistungen hinter einer Note im Fache Deutsch, Geographie oder Werken stehen.

Nun müssen wir aber vor einem weiteren Mißverständnis warnen. Wir haben bisher argumentiert, wie wenn wir eine ganze Bezugsgruppe hätten prüfen können und wie wenn die Aufgabe gelautet hätte, dieser ganzen Gruppe ihre Noten zuzuteilen. Das sind seltene Ausnahmefälle.[1] In der Regel ist es nicht möglich, die ganze Bezugsgruppe zu prüfen. Die Prüflinge einer gegebenen Prüfung stellen bloß eine kleine Teilmenge aus der Bezugsgruppe dar; wir nennen sie eine *„Stichprobe"* (eng. „sample").

Die Klasse als Stichprobe aus der Bezugsgruppe: Notengebung unter Berücksichtigung dieses Stichprobencharakters

Nun können wir zeigen, wie der Lehrer in der Praxis vorgehen kann, wenn er Schulprüfungen mit Noten versehen muß. Als erstes zeigen wir ein einfaches praktisches Verfahren. In einem zweiten Schritt sind dann noch einmal gewisse grundsätzliche Überlegungen notwendig. Sie stellen die Verbindung zu einer Bezugsgruppe her, deren Leistungsmerkmale wir nur unvollkommen kennen.

Erster Schritt: Punktwerte oder provisorische Notenwerte zuteilen und eine Rangreihe aufstellen. Zuerst ist eine grundsätzliche Entscheidung zu treffen: Ist es möglich, innerhalb der zu beurteilenden Leistung Teilleistungen zu unterscheiden, oder müssen wir die Leistung global beurteilen? Überall dort, wo einzelne Aufgaben gestellt oder Fehler einzeln gezählt werden können, ist das erstere der Fall. Hier werden wir Pluspunkte für richtig gelöste Aufgaben oder andere positive Teilleistungen und/oder Minuspunkte für Fehler oder Schwächen zuteilen. Diese gehen in die weitere Verarbeitung ein. Andere Leistungen werden global beurteilt, so etwa der Inhalt eines Aufsatzes, die Güte eines Pferd- oder Wassersprungs oder die Qualität einer selbständigen Arbeit in der Biologie. In diesen Fällen kenn-

---

[1] Ein solcher Fall ist etwa dann gegeben, wenn in einer größeren Gemeinde gewisse Schul- oder Lehrabschlußprüfungen zentral durchgeführt werden.

zeichnen wir die Leistung mit einem provisorischen Notenwert. Wir behandeln ihn genau gleich wie einen beliebigen Punktwert.

Im folgenden Beispiel gehen wir davon aus, daß wir in einer Klasse von 20 Schülern für eine Prüfung ein theoretisches Maximum von 20 Punkten geben wollten. Faktisch hat der beste Schüler 18 Punkte erreicht, der schwächste 5 Punkte. Wir haben die Punktzahl neben den Namen oben auf das Prüfungsblatt geschrieben und die Blätter in der Folge nach aufsteigender Punktzahl geordnet. Um die Sache anschaulich zu machen, zeichnen wir das Ergebnis graphisch auf, indem wir in der Waagrechten (x-Achse) die Rangreihe der Schüler vom schwächsten (links außen) bis zum besten (rechts außen) erscheinen lassen, im ganzen also 20 Rangplätze. In der Senkrechten zeichnen wir die Punktzahl auf (Abb. 8).

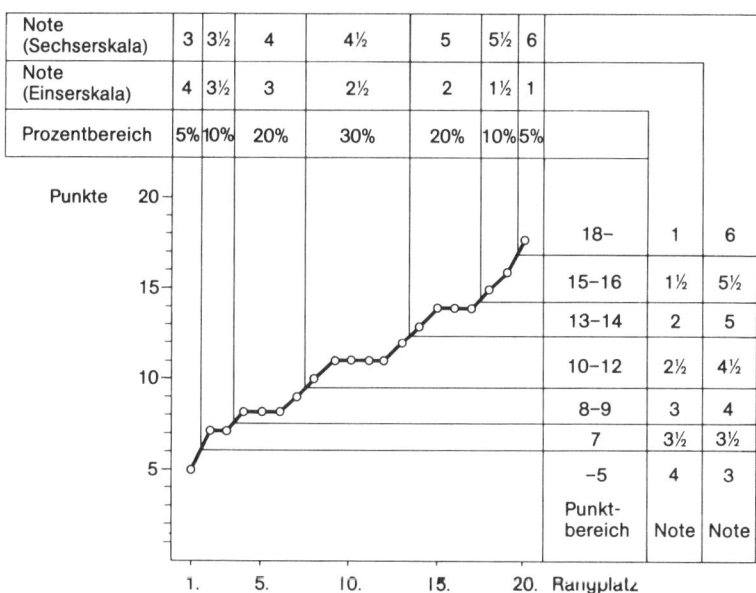

Abb. 8: Der Graph, der den Rangplatz der einzelnen Prüflinge und ihre Punktzahlen zeigt. Der Durchschnitt und die Extremwerte entsprechen den Werten der Bezugsgruppe, die dem Lehrer aus seiner Erfahrung oder aus einem vorliegenden Leistungstest bekannt sind. Hier ist der seltene Fall dargestellt, in dem die Noten genau nach den Prozentsätzen zugeteilt werden, so wie sie für die Bezugsgruppe definiert sind.

Zweiter Schritt: Den Abschnitten der Rangreihe die Noten zuordnen. Als erstes fassen wir die mittlere Gruppe ins Auge. Entspricht ihre Leistung dem, was entsprechend unserer Erfahrung oder gemäß vernünftiger Erwar-

403

tung als „durchschnittlich" bezeichnet würde? Oder handelt es sich um eine schwache Klasse, deren Durchschnitt unter demjenigen der Bezugsgruppe liegt, oder ist die Klasse zwar normal leistungsfähig, hat sie aber in dieser Arbeit schlechter abgeschnitten, als sie es im Durchschnitt der Prüfungen tut? Oder sind die Prüfungsaufgaben zu schwer oder zu leicht gewesen? Entsprechend diesen Überlegungen wird die Note der mittleren 6 Schüler festgelegt. (Es ist in unserem Fall eine 2½, die durchschnittliche Leistung.)

Sodann betrachten wir die extremen Leistungen. Ist die beste Leistung im Bereiche, der im betreffenden Schultyp und in der betreffenden Altersstufe etwa bei den besten fünf Prozent vorkommt? Oder ist der beste Schüler zwar gut, gehört aber dieser Spitzengruppe nicht an? Wir nehmen in unserem Fall an, das erstere sei der Fall, und teilen dem besten von 20 Schülern (das sind 5%) die Note 1 (bzw. 6) zu.

Dann betrachten wir die Leistung der schwächsten Schüler. Gehören sie jener Gruppe von 5% an, die man in der Bezugsgruppe als „ungenügend" zu bezeichnen pflegt? Oder ist die Leistung noch annehmbar? Wo ist die Grenze? Sind fünf Punkte wirklich zu wenig, kann man aber die sieben Punkte des nächstbesseren noch als annehmbar bezeichnen? Wird man also dem Schwächsten die Note 4 (bzw. 3), dem folgenden die Note 3½ geben? Natürlich wird man dabei nicht die Punkte, sondern die konkrete Leistung betrachten, und zugleich noch einmal all die Überlegungen zum diagnostischen und zum prognostischen Wert der Prüfung machen, die wir im vorangehenden Kapitel dargelegt haben.

Schließlich wird man in ähnlicher Weise die übrigen Schüler ansehen. Insbesondere darf es natürlich nicht geschehen, daß man die Prozentbereiche rein mechanisch abschneidet und Schülern mit gleicher Punktzahl verschiedene Noten gibt. Vielmehr wird man Notengrenzen gern dorthin legen, wo in der Abstufung der Punktzahlen, also der Leistung, größere Sprünge vorliegen.

Wir haben nun im ersten Beispiel angenommen, daß der seltene Fall vorliegt, wo wir zum Schluß kommen, daß sowohl die mittlere Leistung als auch die Extreme und die dazwischen liegenden Leistungsbereiche der Verteilung der Leistungen in der Bezugsgruppe entsprechen. Wir haben daher die Noten genau nach den Prozentbereichen der definierenden Bezugsgruppe zugeteilt. Ein Schüler (= 5% von 20 Schülern) erhält die ungenügende Note 4, zwei (= 10%) die Note 3½, vier (= 20%) die Note 3, sechs (= 30%) die Note 2½, vier (= 20%) die Note 2, zwei (= 10%) die Note 1½ und einer (= 5%) die Note 1[2].

---

[2] Hätten wir eine sechsstufige Skala anwenden müssen, bei der wir gemäß dem Modell links und rechts vom Zentralwert zwei Gruppen von je 30% hätten legen müssen, so wären in unserem Fall Schwierigkeiten aufgetreten, denn es wäre natür-

Korrekturen bei Klassenarbeiten, deren Mittelwert und Verteilung von der Bezugsgruppe abweicht (Abb. 9). Wir gehen im folgenden von der Voraussetzung aus, daß die Verteilung der Leistungen, so wie wir sie in Abbildung 8 gesehen haben, für die Bezugsgruppe stehen kann (statistisch: eine repräsentative Stichprobe, also ein verkleinertes, aber getreues Modell der Bezugsgruppe darstellt). Die entsprechenden Leistungen sind in Abbildung 9 noch einmal mit kleinen Kreisen eingezeichnet.

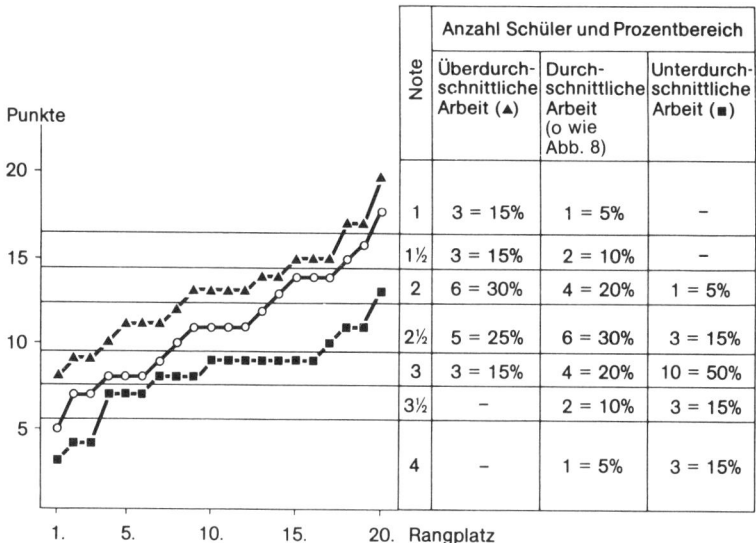

Punkte		Anzahl Schüler und Prozentbereich		
	Note	Überdurch-schnittliche Arbeit (▲)	Durch-schnittliche Arbeit (o wie Abb. 8)	Unterdurch-schnittliche Arbeit (■)
	1	3 = 15%	1 = 5%	–
	1½	3 = 15%	2 = 10%	–
	2	6 = 30%	4 = 20%	1 = 5%
	2½	5 = 25%	6 = 30%	3 = 15%
	3	3 = 15%	4 = 20%	10 = 50%
	3½	–	2 = 10%	3 = 15%
	4	–	1 = 5%	3 = 15%

Abb. 9: Drei verschiedene Klassenarbeiten mit ihren Punktzahlen und Rangplätzen. Rechts die zugeordneten Noten und ihre Häufigkeit in den drei Klassen.

Nun betrachten wir die Leistungen von zwei Klassen, deren Mittelwerte und Leistungsverteilungen von der Bezugsgruppe abweichen. Die obere Kurve, mit kleinen Dreiecken gekennzeichnet, stellt die überdurchschnittlichen Arbeiten einer Klasse dar. Sie können von einer normalen Klasse stammen, die sich besonders gut vorbereitet hat, oder von einer überdurch-

---

lich nicht angegangen, den mittleren vier Schülern mit je 11 Punkten verschiedene Noten zuzuteilen. Hier wird sichtbar, daß Notenskalen mit gerader Stufenzahl, also ohne eine mittlere Note, ungünstig sind, denn häufig erhalten gerade in der Mitte einer Rangreihe eine größere Zahl von Schülern die gleiche Punktzahl.

Mit einer fünfstufigen Punktskala wäre die Sache leicht zu machen gewesen. Die mittleren 40% hätten acht Schüler, d. h. den Notenbereich von 9 bis 13 Punkten, umfaßt.

schnittlich leistungsfähigen Klasse nach normaler Vorbereitung. Die untere Kurve repräsentiert eine unterdurchschnittliche Klassenleistung. Wie teilt der Lehrer nun die Noten zu? Er macht die gleichen Überlegungen wie im ersten Beispiel, aber er kommt zu anderen Schlußfolgerungen.

Betrachten wir die überdurchschnittliche Klassenarbeit. Zuerst die mittlere Gruppe: es gibt vier Schüler, welche 13 Punkte und zwei, die 14 Punkte erreichen. Nachdem der Lehrer diese Leistungen noch einmal in ihrer qualitativen Eigenart betrachtet hat, kommt er zum Schluß, daß sie besser sind, als was er normalerweise und in der Summe der Klassen, die er bisher unterrichtet hat, erwarten würde. Er beschließt daher, dieser mittleren Gruppe nicht die mittlere Note 2½ (oder, in einer Sechserskala, 4½) sondern 2 (bzw. 5) zu geben. Auch die Betrachtung der besten Leistungen bestätigt dieses Bild: der beste hat 20, zwei haben 17 Punkte erreicht. Alle drei erhalten die Note 1 (bzw. 6). Die drei dazwischen erhalten eine 1½ (5½). Nun betrachtet der Lehrer die untere Hälfte. Die schwächste Leistung ist 8 Punkte. Sie erscheint ihm genügend. Ja, er findet, sie sei sogar besser, als was gewöhnlich die unterste genügende Stufe liefert. Er teilt dieser Arbeit, zusammen mit den zwei folgenden, die Note 3 (4) zu. So bleibt noch eine Zwischengruppe von fünf Schülern, die das leisten, was normalerweise der Durchschnitt liefert: sie erhalten die Note 2½ (4½).

Genau entsprechend sind die Überlegungen bei der unterdurchschnittlichen Klassenarbeit. Was hier die mittlere Gruppe (7. bis 16. Rangplatz) leistet, ist unter dem Durchschnitt. Sie erhalten alle die Note 3. Nur drei Schüler erhalten eine 2½ und einer eine 2. Drei Noten entsprechen der untersten genügenden Stufe (3½), 3 Schüler oder 15% erhalten in dieser Arbeit eine ungenügende Note 4.

Man sieht: auch wenn wir ein Modell für die Definition der Noten entworfen haben, werden wir es nicht blind anwenden. Vielmehr dient uns dieses, zusammen mit unserer Betrachtung der konkreten Qualitäten der Arbeit, als Maßstab, um die Noten zuzuteilen. Nun könnte man einwenden: wenn wir ja doch von den Prozentsätzen des Modells abweichen, indem wir die Qualität der Arbeit ansehen, warum dann die ganzen statistischen Umtriebe? Wir antworten: darum, weil nur so gesichert ist, daß die Lehrer in der Summe ihrer Noten (oder: daß die Summe der Noten in einem Schulsystem) an die definierten Prozentsätze herankommen und den Noten ihre objektive Bedeutung geben. Das ist durchaus nicht selbstverständlich. Wir haben das Beispiel einer Aufnahmeprüfung in die Höhere Schule gesehen. Die Zahl der Prüflinge war größer als 200; es war also anzunehmen, daß die durchschnittliche Qualität der Leistungen von Jahr zu Jahr kaum variierte und daß auch die Extreme etwa gleich häufig vorkamen. Trotzdem schwankten die Durchschnitte von Jahr zu Jahr beträchtlich, mit allen Konsequenzen der Ungerechtigkeit bei der Aufnahme in die Höhere Schule. Das wäre nicht vorgekommen, wenn man sich so verhalten hätte, wie wir es hier vorschlagen.

Im weiteren kennt man in jeder Schule einzelne Lehrer, deren Notendurchschnitte chronisch unter oder über den entsprechenden Werten ihrer Kollegen liegen. Da muß etwas an der Definition der Noten durch den betreffenden Prüfer, an seinen Erwartungen oder an seiner Wahrnehmung der Schülerleistung nicht stimmen. Desgleichen kennen wir ganze (hohe!) Schulen, in denen eine Noteninflation stattgefunden hat, derart, daß fast nur die beiden besten Noten der Skala vergeben werden. All dies ist nicht möglich, wenn die Prüfer ein klares Modell vor Augen haben, das die Häufigkeit der einzelnen Noten in der Bezugsgruppe definiert.

Welche Bezugsgruppe?

Es gibt Lehrer, die den Schülern im Verlaufe der Jahre, in denen sie sie unterrichten, immer bessere Noten geben. Die steigenden Notendurchschnitte sollen offenbar zeigen, daß die Schüler etwas lernen, daß sie Fortschritte machen. Unbewußt erweitern diese Lehrer die Bezugsgruppe ihrer Beurteilung über die Gruppe der Gleichaltrigen hinaus auf mehrere Jahrgänge. Die Jüngsten kommen dann am schlechtesten, die Ältesten am besten weg. Das ist unzulässig. Die Altersgruppe soll die einzige Bezugsgruppe sein. Es gibt „sehr gute" Erstkläßler, wie es „sehr gute" Abiturienten und Doktoranden gibt. Die Note soll ja nicht eine absolute Leistung ausdrücken, sondern eine auf das Alter und damit auf die Möglichkeiten des Lernenden bezogene relative Leistungsfähigkeit. Eine andere Frage stellt sich dort, wo die Schüler einer gegebenen Altersstufe in verschiedenen Schultypen unterrichtet werden, in der Schweiz etwa in der Oberstufe der Primarschule, in der Sekundarschule und im Gymnasium, in Deutschland in der Hauptschule, in der Realschule und am Gymnasium. Hier müssen die Bezugsgruppen nach dem Schultyp und damit der Lerngelegenheit getrennt definiert werden. Es ginge ja nicht an, in jenen Schultypen, welche die schwächeren Schüler aufnehmen, die guten Noten nicht oder viel seltener zu geben als in den Gymnasien. Man muß sich dabei einfach bewußt sein, daß eine gegebene Note, z.B. eine 2, in einem Gymnasialzeugnis etwas anderes als in einem Zeugnis eines Hauptschülers bedeutet.[3]

Sodann fragt es sich, ob die Quartiere einer Stadt insgesamt als eine

---

[3] In den Gesamtschulen stellen sich besondere Probleme der Definition der Noten, auf die wir hier nicht eingehen können.

einzige Bezugsgruppe betrachtet werden sollen. Es könnte ja sein, daß unter diesen Umständen die Schüler in einem Quartier mit ungünstigeren sozialen Verhältnissen (oder die Schüler in abgelegenen landwirtschaftlichen Regionen) im Durchschnitt schlechtere Noten erhielten als die Schüler der bevorzugten Stadtquartiere. Wir meinen, daß hier keine Differenzierung der Bezugsgruppen am Platze sei und daß daher die Durchschnitte von Schule zu Schule, d.h. von Quartier zu Quartier wirklich differieren können.

Zusammenfassung des praktischen Vorgehens bei der Notengebung

Im folgenden geben wir stichwortartig an, wie man bei der Notengebung praktisch verfährt.

1. Sich im Lehrerkollegium über die Bezugsgruppe einigen, für die die Noten definiert werden sollen (Bezugsgruppe ist der Jahrgang, aber in welchem Schulbezirk? Welche verwandten Schultypen werden einbezogen?)

2. Sich über die prozentuale Häufigkeit einigen, in der die einzelnen Noten der Skala in der Bezugsgruppe vorkommen sollen. (Die Zahl der verwendeten Notenwerte soll ungerade sein. Für ungenügende Leistungen ist ein einziger Notenwert zu reservieren.) Das Ergebnis dieser Beratung ist eine Tabelle wie in Abb. 7.

3. Nach der Durchführung der Klassenarbeiten: Jeder Arbeit ihren Punktwert oder ihren provisorischen Notenwert zuteilen und diesen neben den Namen des Prüflings schreiben.

4. Die Arbeiten nach aufsteigender Punktzahl, bzw. aufsteigendem provisorischen Notenwert, ordnen.

5. Die um den Zentralwert liegende mittlere Gruppe der Arbeiten (etwa 30%) ins Auge fassen.

6. Sich fragen: Liegen die Leistungen dieser Mittelgruppe *im Durchschnitt ihrer Arbeiten* über, auf oder unter dem Durchschnitt der entsprechenden Leistungen in der Bezugsgruppe?

7. Sich fragen: Hat die Mittelgruppe *in der vorliegenden Arbeit* so gearbeitet, wie sie dies im Durchschnitt ihrer Arbeiten tut?

8. Der Mittelgruppe ihre Note zuteilen; wenn vorher provisorische Notenwerte gegeben worden sind, die notwendigen Anpassungen vornehmen.

9. Die ein bis drei besten Leistungen (etwa 5 bis 10% der Prüflinge) ins Auge fassen.

10. Entsprechende Überlegungen wie unter 6. und 7. anstellen.
11. Den besten Arbeiten die (definitive) Note zuteilen.
12. Der „guten Mitte" zwischen der Mittelgruppe von Punkt 5 und den Besten von Punkt 9 ihre Noten zuteilen.
13. Bei den Arbeiten unterhalb der Mitte entsprechend verfahren.
14. Die Häufigkeit, in der die einzelnen Noten zugeteilt worden sind, kontrollieren. Eventuell einen Graphen wie in Abb. 8 aufzeichnen.

Und die sprachlich gefaßten Prädikate?

In den meisten Schulsystemen bestehen außer den Noten sprachliche Prädikate. So heißt 1 (bzw. 6) in der Regel „sehr gut", 2 (5) „gut", 3 (4) „ausreichend" usw. Es ist durchaus in Ordnung, diese Prädikate anzuwenden. Nur darf man sich über ihre Aussagekraft keine Illusionen machen. Wie gut ist „sehr gut"? Wie gut ist „gut"? Es nützt auch nichts, weitere sprachliche Umschreibungen zu suchen. Sie haben nur einen Sinn, wenn sie sich direkt oder indirekt auf die Häufigkeit in der Bezugsgruppe beziehen, so wie dies die Abbildung 7 zeigt. Alle übrigen Prädikate, wie z.B.: „frei von gröberen Fehlern", „bemerkenswert" sagen praktisch nichts. Denn es ist immer wieder die gleiche Frage: Was ist ein grober Fehler? Was verdient, „bemerkt zu werden"? Es bleibt dabei: Hier kann nur der Hinweis auf die Bezugsgruppe und die Häufigkeit des Vorkommens einer Leistung Klarheit schaffen.

Etwas anderes ist es natürlich, wenn sich der Lehrer vornimmt, die Arbeiten des Schülers in Worten zu kommentieren und wenn er die Noten des Zeugnisses durch gewisse sprachliche Bemerkungen ergänzt. Das erstere soll er unbedingt tun. Wir haben es im Kapitel über das Prüfen gesagt. Man soll dem Schüler möglichst präzise sagen, was an seinen Arbeiten gut und was verbesserungsfähig ist. Wenn wir anderseits beginnen, im Zeugnis mehr als die Leistungen des Schülers zu kennzeichnen und in unseren sprachlichen Bemerkungen Aussagen über komplexere und tiefere Züge der Persönlichkeit des Schülers zu machen, so müssen wir uns bewußt sein, daß die Vor- und die Nachteile nahe beisammen wohnen. Bei jungen Schülern können einige aufmunternde Bemerkungen am Platz sein, ebenso gewisse zurückhaltend formulierte Punkte der Kritik. Bei älteren Schülern ist dies sehr problematisch. Insbesondere möchte man im Zeugnis, das er bei Bewerbungen usw. vorweisen muß, zeitweilige persönliche Schwierigkeiten nicht für alle Zeiten festhalten. Grundsätzlich gilt: diese Dinge sind Gegenstand der vertrauensvollen Unterredung zwischen dem Lehrer und den Eltern oder dem Lehrer und dem älteren Schüler. Gegebenenfalls können sie in einer brieflichen Mitteilung, die dem Zeugnis beigelegt wird, vorkommen. Grundsätzlich sollten sich die Zeugnisse der älteren Schüler auf die Kennzeichnung der Schulleistungen beschränken. So werden sie bedeuten, was sie bedeuten, und das ist – wie jedermann aus der Betrachtung menschlicher Schicksale weiß – nicht allzu viel. Leistungen sind Leistungen. Das Leben bewältigen wir aber nicht nur aus unseren Leistungen, schon gar nicht aus den Schulleistungen. Das sollte uns ein wenig beunruhigen. Es ist aber auch tröstlich, für die Schüler und für uns Lehrer.

Bibliographie

ADLER, A. (1912) *Über den nervösen Charakter.* München: Bergmann.

AEBLI, H. (1951) *Didactique psychologique. Application à la didactique de la psychologie de Jean Piaget.* Neuchâtel: Delachaux et Niestlé. (Deutsch: *Psychologische Didaktik.* Stuttgart: Klett. 1973[5].

AEBLI, H. (1958) Die drei Quellen der Autorität des Erziehers. *Schweiz. Lehrerzeitung,* No. 8.

AEBLI, H. (1969) Die geistige Entwicklung als Funktion von Anlage, Reifung, Umwelt- und Erziehungsbedingungen. In: ROTH, H. (Hrsg.) *Begabung und Lernen.* Stuttgart: Klett.

AEBLI, H. (1976[9]) *Grundformen des Lehrens.* Stuttgart: Klett.

AEBLI, H. (1980/81) *Denken: Das Ordnen des Tuns.* 2 Bde. Stuttgart: Klett-Cotta.

AEBLI, H. (1983) *Zwölf Grundformen des Lehrens.* Stuttgart: Klett-Cotta.

AEBLI, H. (1984) What is intentionality and who has intentions in a structuralist model of knowledge, action and thought. *Dialectica, 38,* 231–243.

AEBLI, H. (1985) Bildungsaufgaben vor einer veränderten Arbeitswelt. *Wirtschaft und Recht, 37,* 287–299 und: *Magazin Primarschule, 3,* 1/9–16.

AEBLI, H. (1986) Anlage und Umwelt, Reifung und Lernen: Woran soll sich der Erzieher halten? In: SVILAR, MAJA (Hrsg.) *Erbanlage und Umwelt.* Bern: Peter Lang.

AEBLI, H. (1987a) Mathematik und Sprache. In: *10. Schweizerisches Forum für Mathematikunterricht.* Bern: Sekretariat der Erziehungsdirektorenkonferenz.

AEBLI, H. (1987b) Mental Development: Construction in a Cultural Context. In: INHELDER, Bärbel, DE CAPRONA, D. & CORNU-WELLS, Angela (Hrsg.) *Piaget Today.* Frome, Somerset: Tradespools Ltd, 217–232.

AEBLI, H., MONTADA, L. & SCHNEIDER, U. (1968) *Über den Egozentrismus des Kindes.* Stuttgart: Klett.

AEBLI, H., RUTHEMANN, URSULA & STAUB, F. (1986) Sind Regeln des Problemlösens lehrbar? *Zeitschrift für Pädagogik, 32,* 617–638.

AEBLI, H. & RUTHEMANN, URSULA (1987) Angewandte Metakognition: Schüler vom Nutzen der Problemlösestrategien überzeugen. *Zeitschrift für Entwicklungspsychologie und Pädagogische Psychologie, 31,* 14–19.

AESCHBACHER, U. (1986) *Unterrichtsziel: Verstehen. Über die psychischen Prozesse beim Denkenlernen und Verstehen.* Stuttgart: Klett.

AESCHLIMANN, B. (1983) *Tempo 60 – das Sanduhr-Rechentraining (mit Lehrerheft).* Küsnacht: Profax-Verlag.

ALBERTI, R. E. (Ed.) (1977) *Assertiveness.* San Luis Obispo: Impact.

ALBERTI, R. E. & EMMONS, M. L. (1974) *Your perfect right: A guide to assertive behavior.* San Luis Obispo: Impact.

ALLAL, L., CARDINET, J. & PERRENOUD, Ph. (1981) *L'évaluation formative dans un enseignement différencié.* Berne: Lang.

ALLPORT, G. W. (1939) *Persönlichkeit.* Stuttgart: Klett.

ANASTASIS, ANNE (1971[3]) *Psychological testing.* London: Macmillan.

ATKINSON, J. W. & BIRCH, D. (1972) *An intruduction to motivation.* New York: Van Nostrand.

ATKINSON, J. W. & RAYNOR, J. O. (Hrsg.) (1974) *Motivation and Achievement.* Washington, D.C.: Winston.

AUGUSTINUS (um 400) *Der Gottesstaat (De civitate dei)*.

BALLAUFF, Th. (1975) Weshalb Schule? *Vierteljahresschrift für wissenschaftliche Pädagogik, 51,* 372–391.

BANDURA, A. (1969) *Principles of behavior modification.* New York: Holt, Reinhart & Winston.

BANDURA, A. (1973/1979) *Aggression: A social learning analysis.* Englewood Cliffs, N. J.: Prentice Hall. (Deutsch: *Aggression. Eine sozial-lerntheoretische Analyse.* Stuttgart: Klett-Cotta.)

BANDURA, A. (1977) *Social learning theory.* Englewood Cliffs, N. J.: Prentice Hall. (Deutsch: *Sozialkognitive Lerntheorie.* Stuttgart: Klett-Cotta, 1979.)

BANDURA, A. & JEFFREY, R. W. (1973) The role of symbolic coding and rehearsal processes in observational learning. *Journal of Personality and social Psychology, 26,* 122–130.

BECK, A. T., (1976) *Cognitive therapy and the emotional disorders.* New York: International Universities Press.

BECK, E., BORNER, ANNEMARIE & AEBLI, H. (1986) Die Funktion der kognitiven Selbsterfahrung des Lehrers für das Verstehen von Problemlöseprozessen bei Schülern. *Unterrichtswissenschaft, 3,* 303–317.

BECK, H., IPFLING, H.-J. & KUPSER, P. (Hrsg.) *Das Betriebspraktikum für Schüler und Lehrer.* Bad Heilbrunn: Klinkhardt.

BERNHEIM, R. (1986) Die Industriefeindlichkeit der britischen Elite. Neigung zu einem aristokratischen Lebensstil. *Neue Zürcher Zeitung, Nr. 159,* 5.

BINET, A. (1922) *L'étude expérimentale de l'intelligence.* Paris: Alfred Costes.

BLANKERTZ, H. (Hrsg.) (1973³) *Curriculumforschung – Strategien, Strukturierung, Konstruktion.* Essen: Neue deutsche Schule.

BLOOM, B. S., ENGELHART, M. D., FURST, E. J., HILL, W. H. & KRATHWOHL, D. R. (1956) *Taxonomy of educational objectives.* New York: David McKay. (Deutsch: *Taxonomie von Lernzielen im kognitiven Bereich.* Weinheim: Beltz, 1972.)

BLOOM, B. S., HASTINGS, J. Th. & MADAUS, G. F. (1971) *Handbook of formative and summative evaluation of student learning.* New York: McGraw-Hill.

BOBBITT, F. (1918) *The curriculum.* Boston: Mifflin.

BÖNSCH, M. (1978) *Ideen zu einer emanzipatorischen Didaktik.* München: Ehrenwirth.

BOWER, G. H. & HILGARD, E. R. (1981/83) *Theorien des Lernens.* 2 Bde. Stuttgart: Klett-Cotta.

BRUNER, J. S. (1960) *The process of education.* Cambridge, Mass.: Harvard University Press. (Deutsch: *Der Prozeß der Erziehung.* Düsseldorf: Schwann, 1979).

BRUNER, J. S., OLVER, R. R. & GREENFIELD, P. M. (1966) *Studies in cognitive growth.* New York: Wiley. (Deutsch: *Studien zur kognitiven Entwicklung.* Stuttgart: Klett, 1971).

CARDINET, J. (1984) *Pour apprécier le travail des élèves.* Neuchâtel: Institut romand de recherches et de documentation pédagogiques.

CERVANTES, M. (1605/1615) *Don Quijote.*

CHOMSKY, N. (1969) *Aspekte der Syntax-Theorie.* Frankfurt a. M.: Suhrkamp.

CLAPARÈDE, E. (1931) *L'éducation fonctionelle.* Neuchâtel: Delachaux et Niestlé.

COHN, R. (1975) *Von der Psychoanalyse zur themenzentrierten Interaktion.* Stuttgart: Klett.

COOLEY, M. L. & HOLLANDSWORTH, J. G. (1977) *A strategy for teaching verbal content of assertive responses.* In: ALBERTI, R. E. (Ed.) *Assertiveness* San Luis Obispo, California: Impact Publishers, Inc., S. 75–81

CORMIER, W. H. & CORMIER, L. SHERILYN (1985[2]) *Interviewing strategies for helpers.* Monterey, Calif.: Brooks/Cole.

CRONBACH, L. J. (1970[3]) *Essentials of psychological testing.* New York: Harper.

DE CHARMS, R. (1968) *Personal causation.* New York: Academic Press.

DE CHARMS, R. (1973) Ein schulisches Trainingsprogramm zum Erleben eigener Verursachung. In: EDELSTEIN, W. & HOPF, D. (Hrsg.) *Bedingungen des Bildungsprozesses.* Stuttgart: Klett.

DERBOLAV, J. (1975) Probleme der Lehrplanerneuerung. In: DERBOLAV, J. (Hrsg.) *Pädagogik und Politik.* Stuttgart: Kohlhammer.

DEWEY, J. (1916) *Democracy and education.* New York: Macmillan. (Deutsch: *Demokratie und Erziehung.* Braunschweig: Westermann, 1964[3]).

DOEBERT, R. & NUNNER-WINKLER, G. (1983) *Moralisches Urteilsniveau und Verläßlichkeit.* In: LIND, G., HARTMANN, H. A. & WAKENHUT, R. (Hrsg.) *Moralisches Urteilen und soziale Umwelt.* Weinheim: Beltz, 96–122.

DÖRNER, D., KREUZIG, H. W., REITHER, F. & STÄUDEL, Th. (Hrsg.) *Lohhausen. Vom Umgang mit Unbestimmtheit und Komplexität.* Bern: Huber.

DUBS, R., DELHEES, K. & METZGER, Ch. (1974) *Leistungsmessung und Schülerbeurteilung.* Aarau: Sauerländer.

DUBS, R. (1978) *Aspekte des Lehrerverhaltens.* Aarau: Sauerländer.

DUBS, R. (1982) *Der Führungsstil des Lehrers im Unterricht.* St. Gallen: Institut für Wirtschaftspädagogik.

DUBS, R. (1986) Curriculum-Entwicklung: Versuch einer Standortbestimmung. *Bildungsforschung und Bildungspraxis, 8,* 25–42.

DWECK, C. S. (1986) Motivational processes affecting learning. *American Psychologist, 41,* 1040–1048.

EDELSTEIN, W. & KELLER, MONIKA (1982) (Hrsg.) *Perspektivität und Interpretation.* Frankfurt a. M.: Suhrkamp.

EIGLER, G. & KRUMM, V. (1972) *Zur Problematik der Hausaufgaben.* Weinheim: Beltz.

EIGLER, G. & STRAKA, G. A. (1978) *Mastery learning – Lernerfolg für jeden?* München: Urban und Schwarzenberg.

EIGLER, G. (1983) Lernen lehren – erziehungswissenschaftlich betrachtet. *Unterrichtswissenschaft, 11,* 335–349.

ELASHOFF, JANET D. & SNOW, R. E. (1971) *Pygmalion reconsidered.* Belmont, Calif.: Wadsworth. (Deutsch: *Pygmalion auf dem Prüfstand.* München: Kösel, 1971).

ELLINGTON, H., ADDINALL, E. & PERCIVAL, F. (1982) *A Handbook of game design.* London: Kogan Page.

FEIKS, D. (1981) Unterrichtshygienische Gesichtspunkte zum Hausaufgabenproblem. In: FEIKS, D. & ROTHERMEL, G. (Hrsg.) *Hausaufgaben – Pädagogische Grundlagen und praktische Beispiele.* Stuttgart: Klett.

FEIKS, D. & ROTHERMEL, G. (Hrsg.) (1981) *Hausaufgaben – Pädagogische Grundlagen und praktische Beispiele.* Stuttgart: Klett.

FEND, H. & HELMKE, A. (1981) Die Konstanzer Untersuchungen über Verbreitung und Bedingungen psychischer Risikofaktoren. In: ZIMMER, D. (Hrsg.) *Gesundheit und Persönlichkeitsentwicklung von Kindern und Jugendlichen, Band 1.* Frankfurt: Campus.

FESHBACH, N. D. (1979) Empathy training: A field study in affective education. In: FESBACH, S. & FRACZEKA (Eds.) *Aggression and behavior change: Biological and social Processes.* New York: Praeger.

FILIPP, SIGRUN-HEIDE (1979) *Selbstkonzept-Forschung.* Stuttgart: Klett-Cotta.

FLAVELL, J. H. (1975) *Rollenübernahme und Kommunikation bei Kindern.* Weinheim: Beltz.

FRANKIEWICZ, H., ROTHE, B. & VIETS, U. (1986) *Handbuch produktiver Arbeit der Schüler.* Berlin (Ost): Volk und Wissen.

FREINET, C. (1979²) *Die moderne französische Schule.* Paderborn: Schöningh.

FREINET, ELISE (1981) *Erziehung ohne Zwang. Der Weg Célestin Freinets.* Stuttgart: Klett-Cotta.

FÜGLISTER, P. (1978) *Lehrzielberatung.* München: Kösel.

GAGE, N. L. & BERLINER, D. C. (1986) *Pädagogische Psychologie.* Weinheim: Beltz.

GAGEL, W. (1986) *Unterrichtsplanung: Politik und Sozialkunde.* UTB-Taschenbuch 1392. Opladen: Leske.

GEIPEL, R. (1975) Qualifikationsermittlung in der Geographie. In: FREY, K. (Hrsg.) *Curriculum-Handbuch.* München: Piper, Band II.

GEISSLER, E. & PLOCK, H. (1970) *Hausaufgaben – Hausarbeiten.* Bad-Heilbrunn: Klinkhardt.

GIEL, K., HILLER, G. & KRÄMER, H. (1974, 1975) *Stücke zu einem mehrperspektivischen Unterricht.* Stuttgart: Klett.

GLARNER, H. (1971) *Unser Kind lernt mit dem Profax.* Zürich: Profax Verlag.

GORDON, Th. (1981) *Lehrer-Schüler-Konferenz.* Reinbek: Rowohlt.

GRZESIK, J. (1979) *Unterrichtsplanung.* UTB-Taschenbuch 939. Heidelberg: Quelle & Meyer.

GUILFORD, J. P. (1959) The three faces of intellect. *American Psychologist, 14,* 469–479.

GUYER, W. (1949) *Grundlagen einer Erziehungs- und Bildungslehre.* Frauenfeld: Huber.

HABERMAS, J. (1975) *Erkenntnis und Interesse.* Frankfurt a. M.: Suhrkamp.

HAMEYER, U., FREY, K. & HAFT, H. (Hrsg.) (1983) *Handbuch der Curriculumforschung.* Weinheim: Beltz.

HARTER, SUSAN (1983) Developmental perspectives on the self-system. In: MUSSEN, P. H. (Ed.) *Handbook of child psychology, Vol. IV.* New York: Wiley, 275–386.

HECKHAUSEN, H. (1964) *Hoffnung und Furcht in der Leistungsmotivation.* Meisenheim: Hain.

HECKHAUSEN, H. (1974) *Leistungsmotivation und Chancengleichheit.* Göttingen: Hogrefe.

HECKHAUSEN, H. (1976) Lehrer-Schüler-Interaktion. In: WEINERT, F. E., GRAUMANN, C. F., HECKHAUSEN, H. & HOFER, M. *Pädagogische Psychologie, Teil IV.* Weinheim: Beltz.

HECKHAUSEN, H. (Hrsg.) (1980) *Fähigkeit und Motivation in erwartungswidriger Schulleistung.* Göttingen: Hogrefe.

HECKHAUSEN, H. (1980) *Motivation und Handeln.* Berlin: Springer.

HECKHAUSEN, H. (1983) The development of achievement motivation. In: HARTUP, W. W. (Ed.) *Review of child development research.* Chicago: University of Chicago press, 600–668.

HECKHAUSEN, H. (1986) Intentionsgeleitetes Handeln und seine Fehler. In: HECKHAUSEN, H., GOLLWITZER, P. M. & WEINERT, F. E. (Hrsg.) *Jenseits des Rubikon: Der Wille in den Humanwissenschaften.* Berlin: Springer.

HECKHAUSEN, H., BECKMANN, J., GOLLWITZER, P. M., HALISCH, F., LÜTKENHAUS & SCHÜTT, MONIKA (1986) *Wiederaufbereitung des Wollens.* München: Max Planck-Institut für Psychologische Forschung.

HELMKE, A. (1983a) *Schulische Leistungsangst – Erscheinungsformen und Entstehungsbedingungen.* Frankfurt: Lang.

HELMKE, A. (1983b) Prüfungsangst. Ein Überblick über neuere theoretische Entwicklungen und empirische Ergebnisse. *Psychologische Rundschau, 4,* 193–211.

HÖRMANN, H. (1976) *Meinen und Verstehen.* Frankfurt a. M.: Suhrkamp.

HUIZINGA, J. (1977[11]) *Herbst des Mittelalters.* Stuttgart: Kröner.

HUME, D. (1739/40) *A treatise on human nature.*

INGENKAMP, K. (1969) Möglichkeiten und Grenzen des Lehrerurteils. In: ROTH, H. (Hrsg.) *Begabung und Lernen.* Stuttgart: Klett.

INGENKAMP, K. (Hrsg.) (1977[7]) *Die Fragwürdigkeit der Zensurengebung.* Weinheim: Beltz.

JONES, K. (1980) *Simulations. A handbook for teachers.* London: Kogan Page.

KANT, I. (1781) *Kritik der reinen Vernunft.*

KANT, I. (1785) *Grundlegung zur Metaphysik der Sitten.*

KELLER, MONIKA (1976) *Kognitive Entwicklung und soziale Kompetenz.* Stuttgart: Klett.

KERSCHENSTEINER, G. (1928a) *Begriff der Arbeitsschule.* München: Oldenbourg (1953[10]).

KERSCHENSTEINER, G. (1928b) *Wesen und Wert des naturwissenschaftlichen Unterrichts.* München: Oldenbourg (1952[4]).

KLAFKI, W. (1958) Didaktische Analyse als Kern der Unterrichtsvorbereitung. *Deutsche Schule, 10,* 450–471.

KLAFKI, W. (1959) *Das pädagogische Problem des Elementaren und die Theorie der kategorialen Bildung.* Weinheim: Beltz.

KLAFKI, W. (1963) *Studien zur Bildungstheorie und Didaktik.* Weinheim: Beltz.

KLAFKI, W. (1969[10]) *Didaktische Analyse.* Hannover: Schroedel.

KLAFKI, W., SCHEFFER, U. et al. (1981) *Schulnahe Curriculumsentwicklung und Handlungsforschung.* Weinheim: Beltz.

KLAUER, K. J. (1974) *Methodiken der Lehrzieldefinition und Lehrstoffanalyse.* Düsseldorf: Schwann.

KLAUER, K. J., FRICKE, R., HERBIG, M., RUPPRECHT, H. & SCHOTT, F. (1972) *Lehrzielorientierte Tests.* Düsseldorf: Schwann.

KLAUER, K. J., FRICKE, R., HERBIG, M., RUPPRECHT, H. & SCHOTT, F. (1977) *Lehrzielorientierte Leistungsmessung.* Düsseldorf: Schwann.

KLAUER, K. J. & LÜHMANN, R. (1983) Sequentieller Aufbau eines Curriculums. In: HAMEYER, U., FREY, K. & HAFT, H. (Hrsg.) *Handbuch der Curriculumforschung.* Weinheim: Beltz, 457–462.

KOHLBERG, L. (1974) *Zur kognitiven Entwicklung des Kindes.* Frankfurt a. M.: Suhrkamp.

KÖHLER, W. (1921) *Intelligenzprüfungen an Menschenaffen.* Heidelberg: Springer (1963[2]).

KUHL, J. (1983) Leistungsmotivation: Neue Entwicklungen aus modelltheoretischer Sicht. In: THOMAE, H. (Hrsg.) *Enzyklopädie der Psychologie: Motivation und Emotion.* (Bd. 2). Göttingen: Hogrefe, 505–624.

KUHL, J. & WALDMANN, M. R. (1985) Handlungspsychologie: Vom Experimentieren mit Perspektiven zu Perspektiven fürs Experimentieren. *Zeitschrift für Sozialpsychologie, 16,* 153–181.

LE BON, G. (1895) *Psychologie des foules.*

LEHMANN, J. (Hrsg.) (1977) *Simulations- und Planspiele in der Schule.* Bad Heilbrunn: Julius Klinkhardt.

LEHTINEN, E., OLKINUORA, E. & SALONEN, P. (1986) *The research project on interactive formation of learning difficulties.* Report III: A preliminary review of empirical results. Annales universitatis turkuensis. Series A, Tom 171.

LEPPER, M. R. & GREENE, D. (1978) *The hidden costs of reward: New perspectives on the psychology of human motivation.* Hillsdale, N. J.: Erlbaum.

LENZEN, D. (1973³) Eine „edukative" Strategie für Curriculum-Konstruktion. In: BLANKERTZ, H. (Hrsg.) *Curriculumforschung – Strategien, Strukturierung, Konstruktion.* Essen: Neue deutsche Schule.

LINDQUIST, E. F. (1951) *Educational measurement.* Washington: American Council on Education.

LOCH, W. (1979) Curriculare Kompetenzen und pädagogische Paradigmen. *Bildung und Erziehung, 32,* 241–266.

LORENZ, K. (1949) *Tiergeschichten.* Wien: Borotha-Schoeler.

LUCHT, VERA, MUENKEMÜLLER, W. & OELKERS, HANNELORE (1978) Soziales Lernen im Primarbereich. In: PRIOR, H. (Hrsg.) *Soziales Lernen in der Praxis.* München: Juventa, 22–58.

LURIJA, A. R. & JUDOWITCH, J. (1970) *Die Funktion der Sprache in der geistigen Entwicklung des Kindes.* Düsseldorf: Schwann.

MACCOBY, ELEANOR E. & MARTIN, J. A. (1983) Socialization in the context of the family: parent-child interaction. In: MUSSEN, P. H. (ed.) *Handbook of child psychology.* New York: Wiley.

MAGER, R. F. (1971) *Lernziele und programmierter Unterricht.* Weinheim: Beltz.

MAGER, R. F. (1973) *Zielanalyse.* Weinheim: Beltz.

MARIAS, J. (1985) *España inteligible.* Madrid: Alianza.

McCLELLAND, D. C. (1951) *Personality.* New York: Holt, Rinehart & Winston.

McCLELLAND, D. C. (1961) *The achieving society.* New York: Irvington. (Deutsch: *Die Leistungsgesellschaft.* Stuttgart: Kohlhammer, 1966).

MEGARRY, J. (1977) *Aspects of simulation and gaming.* London: Kogan Page.

MEICHENBAUM, D. (1977) *Cognitive-Behavior Modification.* New York: Plenum.

MEIER, U. P. (1987) *Pestalozzis Pädagogik der sehenden Liebe.* Dissertation. Bern: Haupt.

MONTAIGNE, M. E. (1580) *Essais.*

MURRAY, H. A. (1938) *Explorations in personality.* New York: Oxford University Press.

NEBER, H. (1983) Denkforschung und Denkförderung. *Unterrichtswissenschaft, 11,* 350–360.

NESTLE, W. (1975) *Fächerübergreifender Unterricht in der Haupt- und Sonderschule.* Stuttgart: Metzler.

NESTLE, W. (Hrsg.) (1980 ff.) *Unterrichtsmaterialien: Arbeits- und Lehrerhefte für Unterrichtsprojekte.* Stuttgart: Metzler.

NICHOLLS, J. G. (1979) Quality and equality in intellectual development. The role of motivation in education. *American psychologist, 34,* 1071–1084.

NEUWAHL, N. M. E. & VAN DEN BOGAART, P. H. M. (1984) Enkkeli onderwijspsychologische aspecten van huiswerk. *Pédagogische studien, 61,* 296–303.

OELKERS, J. (1978) Soziales Lernen und pädagogisches Handeln im Hochschulunterricht. In: PRIOR, H. (Hrsg.) *Soziales Lernen in der Praxis.* München: Juventa, 215–253.

OLKINUORA, E., SALONEN, P. & LEHTINEN, E. (1984) *Toward an interactionist theory of cognitive dysfunctions.* Research project on the interactive formation of learning difficulties. Report II. Faculty of Education. University of Turku Publications.

OSER, F. (1976) *Das Gewissen lernen.* Olten: Walter.

OSER, F. (1981) *Moralisches Urteil in Gruppen, soziales Handeln, Verteilungsgerechtigkeit.* Frankfurt a. M.: Suhrkamp.

OVERMIER, J. B. & SELIGMAN, M. E. (1967) *Effects of inescapable shock upon subsequent escape and avoidance learning.* Journal of Comparative and Physiological Psychology, 63, 23–33.

OVERMIER & SELIGMAN (1967)

PAKULLA, R. (1966) *Hausaufgaben. Empfehlungen für Lehrer und Erzieher.* Berlin: Volk und Wissen VEB.

PESTALOZZI, J. H. (1780) *Abendstunde eines Einsiedlers.*

PESTALOZZI, J. H. (1781) *Lienhard und Gertrud.*

PESTALOZZI, J. H. (1799) *Pestalozzis Brief an einen Freund über seinen Aufenthalt in Stans.*

PESTALOZZI, J. H. (1801) *Wie Gertrud ihre Kinder lehrt.*

PESTALOZZI, J. H. (1815) *An die Unschuld, den Ernst und den Edelmut meines Zeitalters und meines Vaterlandes.*

PESTALOZZI, J. H. (1826) *Schwanengesang.*

PIAGET, J. (1926) *La représentation du monde chez l'enfant.* Paris: Alcan. (Deutsch: *Das Weltbild des Kindes.* Stuttgart: Klett, 1978.)

PIAGET, J. (1932) *Le jugement moral chez l'enfant.* Paris: Alcan. (Deutsch: *Das moralische Urteil beim Kinde.* Stuttgart: Klett-Cotta, 1983[2].)

PIAGET, J. (1936) *La naissance de l'intelligence chez l'enfant.* Neuchâtel: Delachaux et Niestlé. (Deutsch: *Das Erwachen der Intelligenz beim Kinde.* Stuttgart: Klett, 1973[2].)

PIAGET, J. (1945/69) *La formation du symbole chez l'enfant.* Neuchâtel: Delachaux et Niestlé. (Deutsch: *Nachahmung, Spiel und Traum.* Stuttgart: Klett, 1969.)

PIAGET, J. (1947/1980) *La psychologie de l'intelligence.* Paris: Colin. (Deutsch: *Psychologie der Intelligenz.* Stuttgart: Klett-Cotta 1980.)

PIAGET, J. (1972) *Essai de logique opératoire.* Paris: Dunod.

PIAGET, J., INHELDER, Bärbel (1971) *Die Entwicklung des räumlichen Denkens beim Kinde.* Stuttgart: Klett. (Französisch: *La représentation de l'espace chez l'enfant.* Paris: Presses Universitaires de France, 1948.)

PIAGET, J., INHELDER, Bärbel & SZEMINSKA, A. (1948) *La géométrie spontanée de l'enfant.* Paris: Presses Universitaires de France. (Deutsch: *Die natürliche Geometrie des Kindes.* Stuttgart: Klett, 1974.)

POLYA, G. (1967[2]) *Die Schule des Denkens.* Bern: Francke.

POSTMAN, N. (1983[2]) *Das Verschwinden der Kindheit.* Frankfurt a. M.: S. Fischer.

RADKE-YARROW, MARIAN, ZAHN-WAXLER, CAROLYN & CHAPMAN, M. (1983) Children's prosocial dispositions and behavior. In: MUSSEN, P. (Ed.) *Handbook of child psychology. Vol. IV.* New York: Wiley, 469–545.

REETZ, L. & SEYD, W. (1983) Curriculumtheorien im Bereich der Berufsbildung. In: HAMEIER, U., FREY, K. & HAFT, H. (Hrsg.) *Handbuch der Curriculumforschung.* Weinheim: Beltz.

RHEINBERG, I. (1982) Selbstkonzept, Attribution und Leistungsanforderung im Kontext schulischer Bezugsgruppen. In: TREIBER, B. & WEINERT, F. E. (Hrsg.) *Lehr-Lern-Forschung.* München: Urban & Schwarzenberg.

RIEGEL, K. (1980) Foundations of dialectical psychology. Ann Arbor: Ruth Riegel. (Deutsch: *Grundlagen der dialektischen Psychologie.* Stuttgart: Klett-Cotta, 1980.)

RITTER, J. (Hrsg.) (1972 ff.) *Historisches Wörterbuch der Philosophie.* Darmstadt: Wissenschaftliche Buchgesellschaft.

RIESMAN, D. (1950) *The lonely crowd.* New Haven: Yale University Press. Deutsch: *Die einsame Masse.* Hamburg: Rowohlt (rororo), 1958.

ROBINSOHN, S. B. (1967, 1973[2]) *Bildungsreform als Revision des Curriculum.* Neuwied a. Rh.: Luchterhand.

ROGERS, C. R. (1961) *On becoming a person. A therapist's view of psychotherapy.* Boston: Houghton and Mifflin. (Deutsch: *Entwicklung der Persönlichkeit. Psychotherapie aus der Sicht eines Therapeuten.* Stuttgart: Klett-Cotta 1979[3].)

ROSENTHAL, R. & JACOBSON, L. (1968) *Pygmalion in the classroom.* New York: Holt.

ROUSSEAU, J.-J. (1762) *Emile ou de l'éducation.*

SARASON, S. B., DAVIDSON, K. S., LIGHTHALL, F. F., WAITE, R. R. & RUEBUSH, B. K. (1960) *Anxiety in elementary school children.* New York: Wiley. (Deutsch: *Angst bei Schulkindern.* Stuttgart: Klett, 1971.)

SCHARRELMANN, H. (1928) *Die Kunst der Vorbereitung auf den Unterricht.* Braunschweig: Westermann.

SCHERER, J. (1972) *Änderungen von Lehrerattributierungen und deren Auswirkungen auf Leistungsverhalten und Persönlichkeitsmerkmale von Schülern.* Bochum: Diplomarbeit am Psychol. Institut der Ruhr-Universität Bochum.

SCHIEFELE, H. (1978[2]) *Lernmotivation und Motivlernen: Grundzüge einer erziehungswissenschaftlichen Motivationslehre.* München: Ehrenwirth.

SCHOTT, F. (1975) *Lehrstoffanalyse.* Düsseldorf: Schwann.

SCHOTT, F., NEBB, K.-E. & WIEBERG, H.-J. W. (1981) *Lehrstoffanalyse und Unterrichtsplanung.* Braunschweig: Westermann.

SCHRÖDER, H. (1974) *Leistungsmessung und Schülerbeurteilung.* Stuttgart: Klett.

SCHULZ VON THUN, F. (1981) *Miteinander Reden: Störungen und Klärungen.* Reinbek: Rowohlt.

SELIGMAN, M. E. (1979) *Erlernte Hilflosigkeit.* München: Urban & Schwarzenberg.

SKINNER, B. F. (1938) *Behavior of organisms.* New York: Appleton-Century-Crofts.

SPRANGER, E. (1921) *Lebensformen.* Halle.

SPRECKELSEN, K. et al. (1972) *Naturwissenschaftlicher Unterricht in der Grundschule – Lehrgang für den physikalisch-chemischen Lernbereich.* Frankfurt am Main: Diesterweg.

STRAKA, G. A. & MACKE, G. (1979) *Lehren und Lernen in der Schule.* Stuttgart: Kohlhammer.

STRAUMANN, M. (1987) *Berufsleben. Eine hermeneutische Interpretation der Berufsbiographien von Fernmelde- und Elektronikapparatemonteuren und Mechanikern in der Schweiz. Elektro- und Maschinenindustrie.* Bern: Dissertation an der phil.-hist. Fakultät der Universität Bern.

TAUSCH, R. & TAUSCH, ANNE-MARIE (1971[6]) *Erziehungspsychologie.* Göttingen: Hogrefe.

TENNSTÄDT, K.-Ch., KRAUSE, F., HUMPERT, W. & DANN, H.-D. (1986[6]) *Das Konstanzer Trainingsmodell (KTM): Ein integratives Selbsthilfeprogramm zur Bewältigung von Aggression und Störung im Unterricht.* Konstanz: Sozialwissenschaftliche Fakultät, Fachgruppe Psychologie.

THIEMANN, K. (1978[2]) *Planspiele für die Schule.* Frankfurt a. M.: Hirschgraben-Verlag.

TINBERGEN, N. (1955) *Tiere untereinander.* Berlin: Parey.

TOLMAN, E. Ch. (1932) *Purposive behavior in animals and men.* Berkeley: University of California Press.

UNDEUTSCH, U. (1969) Zum Problem der Begabungsgerechten Auslese beim Eintritt

in die Höhere Schule und während der Schulzeit. In: ROTH, H. (Hrsg.) (1976[10])
Begabung und Lernen. Deutscher Bildungsrat: Gutachten und Studien der Bildungskommission Bd. 4, 377–405.

UNMUTH, W. (1981) Hausaufgaben als Koordinationsproblem im Schulalltag. In:
FEIKS, D. & ROTHERMEL, G. (Hrsg.) *Hausaufgaben – Pädagogische Grundlagen und praktische Beispiele.* Stuttgart: Klett.

WADE, B. E. (1981) Highly anxious pupils in formal and informal primary classrooms: The relationship between inferred coping strategies and classroom behaviour. *British Journal of Educational Psychology, 51,* 50–57.

WAGENSCHEIN, M. (1970[3]) *Verstehen lehren.* Weinheim: Beltz.

WAGNER, A. C. et al. (1976) *Schülerzentrierter Unterricht.* München: Urban & Schwarzenberg.

WATSON, J. B. (1924) *Behaviorism.* Chicago: University of Chicago Press.

WATZLAWICK, P., BEAVIN, JANET B. & JACKSON, D. D. (Hrsg.) (1972) *Menschliche Kommunikation.* Bern: Huber.

WATZLAWICK, P. & WEAKLAND, J. H. (Hrsg.) (1980) *Interaktion.* Bern: Huber.

WEINERT, F. E. (1983) Ist Lernen lehren endlich lehrbar? *Unterrichtswissenschaft, 11,* 329–334.

WELTNER, K. (1978) *Autonomes Lernen.* Stuttgart: Klett-Cotta.

WHITE, R. W. (1959) Motivation reconsidered: the concept of competence. *Psychological Review, 66,* 297–333.

WIENER, M. J. (1981) *English culture and the decline of the industrial spirit 1850–1880.* Cambridge: Cambridge University Press.

WITTMANN, B. (1970) *Vom Sinn und Unsinn der Hausaufgaben.* Neuwied: Luchterhand.

WOLPE, J. (1958) *Psychotherapy by reciprocal inhibition.* Stanford: Stanford University Press.

WOLPE, J. (1973) *The practice of behavior therapy.* New York: Pergamon.

WYGOTSKI, L. S. (1934/1969) *Denken und Sprechen.* Frankfurt a. M.: S. Fischer.

ZIMMER, J. (Hrsg.) (1973) *Curriculumentwicklung im Vorschulbereich.* 2 Bände. München: Piper.

Namenverzeichnis

Abaelardurs 109
Adler 144
Aebli 20, 48, 75, 82, 90, 95, 98, 115, 120, 124, 127, 139, 156, 158, 172, 194, 196, 199 f., 204, 206 f., 249, 315 f., 320, 323, 334, 338 f., 367, 379, 391, 394
Aeschbacher 147
Aeschlimann 156 f., 213
Alberti 273, 278
Allal 365
Allport 148
Anastasi 367
Aristoteles 320
Atkinson 146
Augustinus 109 f.

Ballauf 325
Bandura 96, 120, 122, 127, 172
Beck 82, 204, 207, 237, 334
Bentham 43
Bernhard von Clairvaux 109
Bernheim 161
Binet 186
Birch 146
Blankertz 327
Bloom 324, 365, 369, 373, 383, 389
Bobbit 322
Bönsch 325
Borner 204, 207, 334
Bower 49, 116
Brentano 43
Bruner 322 f., 339, 383
Bühler 154

Cardinet 365, 373
Cervantes 56, 91
Chapman 108
Chomsky 317
Claparède 50
Cohn 68
Cooley 276
Cormier 232
Cronbach 367

Dann 261
De Broglie 123

De Charms 130, 145
Derbolav 325
Dewey 33, 39, 46, 87, 159, 320, 322, 325, 327
Döbert 103
Dörner 78
Dubs 118, 257
Dweck 142, 151

Edelstein 91
Eigler 190, 208
Elashoff 142
Ellington 79
Emmons 278
Engelhart 389

Feiks 217
Fend 167
Feshbach 120
Filipp 167
Flavell 90
Frankiewicz 82
Freud 231
Frey 325
Fricke 368
Füglister 336
Fürst 389

Gagel 333, 345
Galilei 300
Geipel 326
Giel 327
Gilford 316
Gordon 100, 228, 276
Green 117
Greene 370
Grzesik 330

Habermas 106
Haft 325
Hameyer 325
Harter 92, 108
Hartmann 110
Hastings 365, 369, 373
Heckhausen 67, 141 ff., 146, 172, 358
Hegel 104, 320

Helmke 167, 170
Herbig 368
Hilgard 49, 116
Hill 389
Hiller 327
Hollandsworth 276
Hörmann 82
Huizinga 39
Hume 106
Humpert 261

Ingenkamp 367, 376
Inhelder 123
Ipfling 82

Jacobson 142
Jeffrey 127
Jesus 109
Jones 79
Judowitch 126

Kant 28, 105, 108, 320
Keller 91
Kerschensteiner 53
Kilpatrick 46
Klafki 326, 334 f., 337
Klauer 298, 317, 368
Kohlberg 103, 130 f.
Köhler 20
Krathwohl 389
Krause 261
Krumm 208
Kuhl 67
Kupser 82

Le Bon 271
Lehmann 77, 79
Lehtinen 170 f.
Leibnitz 43, 320
Lenzen 327
Lepper 117, 370
Lindquist 382
Loch 325
Lorenz 250
Lucht 68
Lühmann 298
Lukas 109
Luria 126
Luther 109

Maccoby 249
Macke 113
Madaus 365, 369, 373
Mager 320 ff., 333
Marias 153
Martin 249
McCelland 146
Megarry 79
Meichenbaum 119, 121, 155, 237, 279
Meier 109
Montada 90
Montaigne 30, 320
Muenkemueller 68
Murray 143

Neber 183
Neeb 317
Nestle 326
Neuwahl 208
Nicholls 170
Nunner 103

Oelkers 68
Olkinuora 170 f.
Oser 103, 106, 130
Overmier 172

Pawlow 116
Perrenoud 365
Pestalozzi 68, 82, 84 f., 104, 109, 112,
    271, 286, 337, 388
Piaget 90, 103, 120, 123, 127, 129 ff.,
    138, 315, 319 f., 385, 387
Plato 102, 104, 320
Postman 95

Radke-Yarrow 108
Rahner 110
Raynor 146
Reetz 292
Rheinberg 173
Riegel 123 f.
Riesman 125, 130
Ritter 102, 124
Robinsohn 323 f.
Rogers 108
Rosenthal 142
Rothe 82
Rousseau 43, 103, 247, 254
Rupprecht 368
Ruthemann 199 f., 206

Salonen 170 f.
Sarason 170
Scharrelmann 334
Scheffer 326
Scherrer 142
Schiefele 136, 164, 287
Schneider 90
Schott 317, 368
Schroeder 375
Schulz von Thun 229
Seligman 172
Seyd 292
Skinner 116
Snow 142
Spinoza 43
Spranger 28
Spreckelsen 327
Straka 113
Straub 199 f.
Straumann 180
Szeminska 123

Tausch 108
Tennstädt 261
Thiemann 77, 79 f.
Thomas von Aquin 320

Tinbergen 250
Tolman 287

Undeutsch 398
Unmuth 216

Van den Bogaart 208
Viets 82

Wade 171
Wagenschein 326, 337
Wagner 325
Waldmann 67
Watson 321
Watzlawick 95, 97, 228
Waxler 108
Weinert 190
Weltner 192, 197 f.
White 159
Wieberg 317
Wiener 161
Wittmann 208
Wolpe 273 f.
Wygotski 50, 126 f.

Zahn 108
Zimmer 326

Sachverzeichnis

Abstraktion 292, 298, 301 f.
Ästhetik (s. Schönheit)
Aktivation 288
Alltagserfahrung 290 f.
Analyse
– begriffliche 292
– didaktische 337
Angst 115, 118, 170 ff.
– Verlernen von 274, 278
Anlage-Umwelt-Interaktion 115
Anpassung an die Entwicklungsstufe des
　Kindes 20, 51, 256, 289, 340
Anschauung 76
Anschauungsmittel 241, 339
Antrieb („drive") 118
Anwendung 157 ff., 211, 287, 294, 387 ff.
– erkennende 158, 388 f.
– herstellende 158, 388 f.
– von Lernverfahren 186 f.
– von Regeln des Problemlösens 205 ff.
Anwendungsaufgaben 76
Anwendungsfelder 294 f.
Äquilibration 123
Arbeitsrückschau 128, 204, 351
Aufbau 293, 316, 341
– als Ordnungsprinzip 299 f.
– der Problemstellung 342
– problemlösender 152 ff., 210, 294
Aufnahmeprüfungen 374 ff.
Aufsatz 33, 382
Autonomes Lernen 179 ff., 351
– Grundformen des 179 ff.
– in Hausaufgaben 208 ff.
– Zwecke des 179 ff.
Autonomie 126, 145, 295
– moralische 130
Autorität 247 ff.
– Entwicklung der 251 ff.
– Komponenten der 248 ff.
Autoritätskrise 247

Bedürfnisse (grundlegende) 114, 137,
　143 ff.
Begriffe
– als Netze von Sachzusammenhängen
　48, 317

– aufbauen 299, 316
– durcharbeiten 211, 294
– anwenden 387 f.
Begriffsbildung 153
Behaviorismus 320 f.
Belohnung 116 f.
Beobachtungs- und Nachahmungslernen
　49, 98, 120 ff., 155
Beratung 221 ff.
Beratungsgespräch 221 ff.
– Teilziele und Phasen des 232
Bewältigungsstrategien (coping Strate-
　gies) 171
Beweglichkeit (geistige) 129, 156, 386
Bewerten von Prüfungen (s. Notenge-
　bung)
Bezugsgruppe (bei der Notengebung)
　395, 407
Bezugsnorm, individuelle 173
Bildung, polytechnische 82
Biologie 303, 306 f.
Blockunterricht 304

Chemie 76
„Coping strategies" (s. Bewältigungs-
　strategien)
„Coping thoughts" 237 f.
Curriculum (s. auch Lehrpläne) 283 ff.
– Funktion des 284
Curriculumtheorie 322 ff.

Denken, lautes 374 f.
Diachronie, curriculare 297 ff.
Diagnose des Lernerfolgs 343
„Didaktischer Kurzschluß" 31
Differenzierung
– des Gefühlslebens 289
– des Unterrichtsstoffes 292, 294, 298
– interne 168 f., 175
von (Vor-)Begriffen 153, 298
Disziplinprobleme 31, 247 ff., 256 ff.,
　267, 274
Dominanzschema 249 f.
Durcharbeiten (von Operationen und
　Begriffen) 31, 156, 211, 294

Einfühlung (Empathie) 90 f., 120, 233, 276
Einsicht 107, 362, 385, 393
Eltern-Kind-Schema 249
Elternabend 242
Entwicklung
– der Autorität 251 ff.
– der Selbstachtung 108
– moralische 129 f.
– soziale 112 ff., 129 ff.
Epochenunterricht 326
Erwartungen 141 f.
– von Erfolg und Mißerfolg 141 f., 166 f.
Erziehungsberatung 239
Erziehungsstil 118
Exemplarisches Lehren 326

Fertigkeiten 389
Festigkeit, ruhige (Assertivität) 92
– lernen 272 ff.
– Komponenten der 274 f.
Furcht vor Mißerfolg 142

Gefolgschaftsschema 250
Gefühlserziehung 288 f., 298
Gemeinschaftskunde 58
Geographie 24, 35, 64, 76, 86
Genetisches Prinzip des Lehrens 326
Gerechtigkeit 105 f.
– Entwicklung der 130
– distributive 105
– kommutative 106
Gesamtunterricht 304 ff., 309 f.
Geschichte 25, 64, 85
Gespräche mit Schülern 221 ff.
– Anlässe zu 223 ff.
Gesprächsführung 221 ff.
– Ziele der 227 ff.
Gewissensbildung 145
Gruppenarbeit (-unterricht) 99, 124, 336
Gute, das 41 f.
– lernen 56 f.

Halo-Effekt 359, 381
Handeln, Handlung 21, 78, 139, 383
– aufbauen 48, 153, 341
– im Alltag 291
– planen 199
– soziale 91
– verinnerlichen 125 ff.

Handlungsfähigkeit 66
Handlungswissen 26
Haltungen, soziale 125
Hausaufgaben 208 ff., 343, 351
– Elternmitarbeit bei 213, 215 f.
– Gestaltung von 214
– im Ablauf schulischer Prozesse 209 ff.
– Ist-Zustand der 208
– Motivation beim Lösen von 212 f.
– Selbstverantwortung beim Lösen von 212 f.
Heuristik 199 ff.
Hilflosigkeit, erlernte 171 ff.
Hoffnung auf Erfolg 142

Ich-Botschaften 276
Impulsivität 92, 105
Instruktion, programmierte 197
Integration (s. Aufbau)
Interesse (s. auch Motive) 135 ff.
Interessenbildung 159 ff., 174, 287 f.
Interiorisation (Verinnerlichung) 125 ff.
Internalisation 125

„Kognitive Wende" 320, 324
Kompetenz 285
Konditionieren 49
Können 106, 285 ff.
– soziales (social skills) 66 f.
Konstruktion (s. Aufbau) 48
Konzentrationsthemen 304
Kooperationsschema 250
Koordination
– zwischen den Unterrichtsfächern (horizontale) 304 ff.
– begriffs- und methodenzentrierte 307 ff.

Lebenskreise, konzentrisch sich erweiternde (PESTALOZZI) 33, 71 ff.
Lebensplan (SPRANGER) 28 f.
Lebenskunde 64
Lehrer-Eltern-Kontakte 224 ff.
Lehrererwartungen 142
Lehrerpersönlichkeit 232
– Autorität der 96
Lehrpläne 283 ff., 311 ff., 331
Leistungsangst 146 f., 170, 175
Leistungsdefizite 224 f.
Leistungsdruck 173

Leistungsfähigkeit 20
Leistungshomogene Klasse 169
Leistungsmotiv 146
Lernen 149
– des Problemlösens 199 ff.
– durch Beobachtung und Nachahmung 49, 98, 120 ff., 155
– Formalstufen des 52, 159, 210 f., 294
– Lernen lernen (s. autonomes Lernen)
– soziales 63 ff., 112 ff.
– strukturelles 47 ff.
– verstärkendes 49 f.
Lernfortschritt 150 f.
– sichtbar machen 154, 157
Lernfunktionen (Formalstufen) 52, 159, 210 f., 294
Lernmotivation 44, 135, 149 f., 174
Lernpläne 283 ff.
Lernstörungen 223 f.
Lerntheorie, klassische 49
Lernverfahren 185 ff.
– Wissen über 185 f., 190 f.
– anwenden können 186 f.
– anwenden wollen 187 f.
Lernvoraussetzungen 290, 340
Lernziele 21, 24, 311 ff.
– begriffliche, strukturelle 314 ff.
– operationalisierte 320 ff.
Lesenlernen 192 ff.
Liebe (Nächstenliebe) 107 ff.

Maß 104
Mathematikunterricht 76, 200 ff., 315
Medien 199 ff., 339
Mehrfachwahl-Aufgaben (multiple-choice problems) 389 f.
Meßfehler 378 f.
Metakognition (Wissen über sein eigenes Lernen) 186
Motivation 43 f., 67, 141, 174
– beim Anwenden 157 f.
– beim Durcharbeiten und Üben 156 f.
– beim Lösen von Hausaufgaben 44, 212 f.
– beim problemlösenden Aufbau 153 f.
– der Schüler 44, 135 ff.
– des Lehrers 44, 135 ff.
– extrinsische und intrinsische 139
Motivbegriff 141
Motive 44, 135, 174 f.
– Affiliations- 144
– der Zugehörigkeit 143 f.
– des Verstehens 147
– individuelle (Ich-)
– prosoziale 144
– Selbstkontroll- und Kompetenz- 146, 159
– soziale (Ich-) 143 ff.
– Verursacher- 146
Motivlernen 135, 142, 159 ff.
Moral (s. Ethik)
Mündigkeit 283, 295
Mut 103 f.

Nachahmung 49, 98, 120 ff., 155
Nachbesinnung 89, 351
Netze, Netzwerke 48, 317
Normalverteilung 400 ff.
Normen 93, 136, 145
– moralische 145
Notengebung (Bewerten) 396 ff.
– differenzierte 380 f.
Notenskala 400 ff.

Operationen 156, 315 f.
– aufbauen 48, 316
– durcharbeiten u. üben 31, 156 f.
– anwenden 362
Ordnungsprinzipien, curriculare 297 ff.
– Abstraktion 302 f.
– Aufbau 299
– diachrone (vertikale) 297 ff.
– Differenzierung 298
– Erweiterung der Erfahrungskreise 298 f.
– horizontale Unterrichtskoordination (s. Gesamtunterricht)
– organische 302 f.
– synchrone (horizontale) 297, 302 ff.
– Vertiefung 301

Passung, optimale 20
Perspektivenübernahme 120 f., 129
Physik 76
Planspiele (gaming) 77 ff.
Pragmatismus 46, 154
Präparation (s. auch Unterrichtsvorbereitung) 344 ff.
Problemfelder 295
Problemlösen 76 f., 86, 122 f.

- im Alltag 294, 298
- Kultur des 207
- Methoden (Regeln) des 199 ff.
- Reflexion des 207
Projekt, Projektunterricht 46, 83, 87, 304, 327, 336
Prüfungen
- Bewerten (s. Notengebung)
- Funktionen der 357 ff.
- Gültigkeit (Validität) von 372 ff.
- lernzielorientierte vs. gruppenorientierte 367 ff.
- mündliche 390 ff.
- Regeln zur Gestaltung von 380 ff.
- Verläßlichkeit (Reliabilität) 377 ff.
Prüfungsangst 170, 175
Prüfungsaufgaben 382 f.
Pygmalion-Effekt 142

Qualitäten des Tuns 37 ff.

Rechenunterricht 200 ff., 299, 315, 380
Reduktion, didaktische 292
Reflexion 128, 204, 351
Reformpädagogik 46, 247, 325
Regeln des Problemlösens 199 ff.
- anwenden können und wollen 205 f.
Repräsentationsregeln 199 ff.
Rekonstruktion, Reproduktion 389 f.
Repräsentationsformen (Medien) 199 ff., 339, 383 f.
Rollenspiel 65, 77 ff., 87, 121, 237, 278
Rollenübernahme 90 f.

Sachanalyse 316, 346
Schönheit 39 f.
- lernen 55 f.
Schulangst 170
Schulleistungstests 366 f.
Schulprüfungen (s. Prüfungen) 366 f.
Schulwissen 290 f.
Selbständigkeit 145
Selbstbeobachtung 206
Selbstbild 167
Selbsterfahrung, kognitive 204, 334
Selbstinstruktion 92, 126 f., 186, 191 f., 204, 237, 279
Selbstkonfrontation 279
Selbstprüfung 187
- Bedürfnis nach 358

Selbststeuerung (exekutive Kontrolle) 126, 186, 204
- einüben 919 f., 204
Selbstverstärkung 119, 279
Selbstvertrauen 167, 235, 275
Simulationsprogramme 78 ff.
Solidarität 107
Soziales Lernen 63 ff.
Sozialisation 283
Spiralcurriculum 322 ff.
Sprechakt 33, 65
Staatskunde 34, 84 f.
Stillbeschäftigung 209 f., 351
Stoff (Unterrichts-) 20 f., 30, 332
- Wert- und Gefühlsgehalt der Stoffe 338
Stoffziele 332 ff.
Störungen
- funktionelle 226
- der sozialen Beziehungen 226
- des Unterrichts 225 f.
Strafen 117
Struktur 20, 48, 122, 156
Strukturelles Lernen 47 ff., 122 ff.
- individuelles 122
- kollektives 123 f.
Strukturregeln (Strategien) 195 ff.
Symbolische Interaktion 65
Synchronie, curriculare 297, 302 ff.

Tätigkeit 20 ff.
- Taxonomie von Tätigkeiten 21 ff.
Tätigkeitsfelder 313
Teamteaching 83
Tests, psychologische 366
Textrechnungen 200 ff.
Theoriefelder 291 ff., 313
Therapie, kognitive 237
Training, mentales 237
Tugenden 89, 102 ff.
- antike 102 ff.
- christliche 103, 107 ff.

Üben 208, 211, 294
- wettbewerbsartiges 168
Umstrukturierung 123, 237
Unterrichtsstörungen 225 f.
Unterrichtsvorbereitung (-planung) 329 ff.
Urteilsfähigkeit 66

Verhalten, prosoziales 108, 117
Verhaltensbasis 26 f., 363
Verhaltensmodifikation 117
– kognitive 237
Verhaltensstörungen 223 f.
Verinnerlichung 125 ff.
Verstärkungslernen 49 f., 116 f.
Verstehen 192 ff., 203 ff.
– Kontrolle von 154, 384, 393 f.
– von Texten 192 ff.
Vertiefung als curriculares Prinzip 301 f.
Vorbild des Lehrers 54 f.

Wachsenlassen
– Ideologie des 247
Wahrheit 37 f.
– lernen 53 f.
Wahrnehmung 40
– soziale 66, 276
Weisheit 107

Weltbild 27, 29, 136, 285 f., 317 ff.
Weltwissen 27, 287, 317 f.
Werte 135 ff.
Wertebildung 145, 159 ff., 145, 174, 287 f.
Werterziehung 70
Wertsysteme 161 f.
Wiedererkennen (Rekognition) 389 f.
Wiederholen 208, 211, 294
Wissen 287
– soziales 66 f.
– Taxonomie von 21 f.
– über sein Lernen (metakognitives) 185 f.

Zerfächerung des Unterrichts 293
Zielklärung 333 ff.
Zieltätigkeit 333 ff.
Zielvorstellung 140 f.
Zuhören, aktives 233, 243

Hans Aebli

Zwölf Grundformen des Lehrens
Eine allgemeine Didaktik auf psychologischer Grundlage

7. Auflage 1993. 409 Seiten
Kartoniert ISBN 3-608-93044-2

3. Auflage 1987
Leinen mit Schutzumschlag ISBN 3-608-93130-9

Dieser erste Band einer *Allgemeinen Didaktik auf psychologischer Grundlage* stellt die eigentlichen „Grundformen des Lehrens" dar. Sie sind neu gruppiert, vertiefen die psychologische Begründung und zeigen praktische Anwendungen. Zwei Kapitel sind ganz neu: über das Lesen und über das Verfassen von Texten.

Die zwölf Grundformen sind:
(1) Erzählen,
(2) Vorzeigen,
(3) Anschauen,
(4) Lesen,
(5) Texte verfassen.
Sie erklären den Aufbau:
(6) einer Handlung,
(7) einer Operation,
(8) eines Begriffs.
Der Lernprozeß umfaßt:
(9) Problemlösen,
(10) Durcharbeiten,
(11) Üben, Wiederholen,
(12) Anwenden.

Klett-Cotta